KB023873

임원경제지
권33-34

위선지

魏鮮志 1

林園經濟志

임원경제지
권33-34

위선지 魏鮮志 1

풍흉·길흉 예측 백과사전

권1·풍흉과 길흉의 예측(상)
권2·풍흉과 길흉의 예측(중)

풍석 서유구 지음 추담 서우보 교정
임원경제연구소 민철기, 최시남, 김용미, 정명현 옮김

풍석문화재단

임원경제지 위선지1 ⓒ 임원경제연구소

이 책의 출판전송권은 **임원경제연구소**와의 계약에 따라 **재단법인 풍석문화재단**에 있습니다.
저작권법에 의해 보호를 받는 저작물이므로 무단 전재와 복제를 금합니다.

이 책은 ㈜DYB교육 송오현 대표와 ㈜우리문화 백경기 대표 외
수많은 개인의 기부 및 문화체육관광부의 지원으로 완역 출판되었습니다.

임원경제지 위선지1

지은이	풍석 서유구
교 정	추담 서우보
옮기고 쓴 이	임원경제연구소 [민철기, 최시남, 김용미, 정명현]
	1차 교열 : 전용훈, 김정기
	교감·교열 : 임원경제연구소
	감수 : 전용훈(한국학중앙연구원 인문학부 철학 전공 교수)
펴낸 곳	자연경실 풍석문화재단
	펴낸 이 : 신정수
	진행 : 박시현, 박소해
	전화 : 02)6959-9921 E-mail : pungseok@naver.com
일러스트	임원경제연구소
편집디자인	아트퍼블리케이션 디자인 고흐
인 쇄	상지사피앤비
펴낸 날	초판 1쇄 2024년 2월 20일
ISBN	979-11-89801-66-3

* 표지그림 : 천상열차분야지도(국립중앙도서관 소장)
* 사진 사용을 허락해 주신 국립중앙도서관, 국립민속박물관, 국립중앙박물관,
  서울대 규장각한국학연구원, 고려대 도서관 한적실 여러분께 감사드립니다.

자연경실은 풍석문화재단의 출판브랜드입니다.

펴낸이의 글
《임원경제지·위선지》를 펴내며

　《임원경제지(林園經濟志)》16지 중 〈섬용지〉(3권), 〈유예지〉(3권), 〈상택지〉(1권), 〈예규지〉(2권), 〈이운지〉(4권), 〈정조지〉(4권), 〈보양지〉(3권), 〈향례지〉(2권), 〈전어지〉(2권), 〈전공지〉(2권), 〈예원지〉(2권), 〈관휴지〉(2권), 〈만학지〉(2권)에 이어 〈위선지〉를 2권으로 펴냅니다.

　이제 《임원경제지》 출간작업은 총 16지 중 14지가 출간되어, 〈본리지〉(5권), 〈인제지〉(26권)만 남았습니다.

　당초 2025년까지 마무리 예정이었던 《임원경제지》의 완역완간은 조금 늦어져 2027년 즈음에야 마무리될 듯 보입니다. 2003년부터 시작된 작업이 스무 해를 넘었지만, 아직도 몇 년은 더 기다리시게 된 것에 대해 독자 여러분들께 송구한 마음을 금할 길 없습니다.

　〈위선지〉 서문에서 서유구 선생은 "이 책을 농가에서 어렴풋이나마 근거로 삼아 밭 갈아 수확하는 일에 그르침이 없어야 한다"라고 쓰셨습니다.

　〈위선지〉는 "풍흉과 길흉의 예측"으로 3권, "바람과 비의 예측"으로 1권 총 4권으로 구성되어 있습니다. 우리나라를 포함하여 동아시아는 대부분 농경 국가로 농사가 모든 일에 가장 앞서 있었습니다. 농사를 짓는데 가장 중요한 것 중 하나는 절기와 기후, 날씨의 변화를 예측하는 것이었습니다. 나라에서는 이를 위해 책력(冊曆, 달력), 기상관측[천문(天文)], 기우제(祈雨祭) 등을 매우 중요시하였습니다. 《임원경제지》의 6번째 지인 〈위선지〉는 바로 문명의 이기가 부족한 시골에서 평범한 사람들이 해와 달, 바람, 구름, 안개, 초목, 금수 등 주변에서 볼 수 있는 자연과 동식물의 다양한 움직임을 통해 농사에 필요한 시기를 파악하는 데에 도움을 주기 위해서 편찬되었습니다.

〈위선지〉는《임원경제지》16지 중 6번째 위치하고 있는데, 〈본리지〉(곡식농사 전반), 〈관휴지〉(채소류, 약초류 등의 식용풀농사), 〈예원지〉(화훼농사), 〈만학지〉(과실·나무·풀열매 농사), 〈전공지〉(직물에 필요한 뽕·누에·삼·면화 등의 재배와 농사, 길쌈)의 다음에 배치되어 있습니다. 〈위선지〉 뒤로는 가축 사육과 사냥, 어로 및 낚시, 어명 고증을 다룬 〈전어지〉가, 그다음은 수확한 다양한 재료들을 이용해서 먹는 문제를 해결하기 위한 다양한 조리법을 총괄한 〈정조지〉가 연이어 위치해 있습니다. 이렇듯 체계만 보더라도《임원경제지》가 얼마나 삶의 본질에 충실한 책인지 새삼 감탄하게 됩니다.

《임원경제지》의 다른 지들도 그러하지만, 〈위선지〉에도 현대적 과학지식을 기준으로 보면 터무니없어 보이거나 잘못된 점도 적지 않습니다. 하지만 터무니없어 보이는 내용 이면을 잘 들여다보면 선현들의 합리적인 사유가 번뜩이는 경우를 종종 볼 수 있습니다. 독자 여러분들께서도 '온고이지신(溫故而知新)'이라는 말처럼《임원경제지》속에서 선현들의 깊은 사유를 곱씹으며 새롭게 앞으로 나아갈 수 있으시길 기원합니다.

금번 간행사를 통해 독자 여러분들께 기쁜 소식을 하나 전합니다.《임원경제지》중 음식요리 백과사전인 〈정조지〉를 시작으로 하여《임원경제지》전체를 영문 번역하여 출간하는 작업을 영국의 옥스퍼드 대학교에 재직 중인 조지은 교수를 주축으로 연구팀에서 최근에 시작하였습니다.

《임원경제지》는 인류 지식사에서 매우 독특한 의의를 갖는 독보적인 저술입니다. 먹고 사는 문제[식력(食力)]와 정신을 살찌우는 문제[양지(養志)]는 인간 삶의 가장 근본입니다.《임원경제지》는 이 근본 문제를 돕기 위해 우리나라의 실정과 처지에 맞게 당대의 지식을 모두 섭렵하여 방대한 분량의 백과사전으로 편찬한 것으로, 그 의의나 분량에서 동서양의 다양한 백과사전들을 뛰어넘는 위대함을 지니고 있습니다.

《임원경제지》는 또한 현대 대한민국에서 우리 전통문화의 뿌리와 원형을 찾아볼 수 있다는 점에서 현재적 의의도 매우 큽니다. 현재 풍석문화재단과 임원경제연구소를 비롯한 유관기관들과 정부 부처에서는《임원경제지》가 완역완간된 후,《임원경제지》의 유네스코 세계기록유산 등재 및 전통생활문화 원형복원 등을 후속 과제로 추진하고자 계획하고 있습니다. 이런 향후 계획 속에서《임원경제지》의 영문 번역 작업은 큰 계기가 되어 줄 것입니다.

지면을 통해 또 한 가지 축하해야 할 일이 있습니다.

2003년부터《임원경제지》번역을 시작하여 벌써 스무 해가 넘도록 이 일에 매달려온 사단법인 임원경제연구소(소장 정명현)가 '2023 문화유산보호 유공자 포상'(문화재청 주관)에서 대통령상을 수상하였습니다. 수상 사유는 "조선 최대의 실용백과사전인《임원경제지》번역을 21년째 진행하면서 학술연구와 대중화에 기여하였다"라는 점입니다.

임원경제연구소 구성원들과 후원자 여러분들에게 진심으로 축하와 감사말씀을 드립니다.

《임원경제지》완역완간이 진행되면서 많은 일들이 일어나고 있고, 많은 사람들이 뜻을 같이 하면서 힘을 보태 주시고 계십니다. 앞으로도 재단과 임원경제연구소, 그리고 뜻을 같이 하는 모든 분들과 힘을 합쳐 우리나라의 문화적 뿌리를 튼튼히 하고 이를 기반으로 전통문화가 더욱 창조적으로 계승될 수있도록 노력해 나가겠습니다.

2024년 2월
풍석문화재단 이사장 신정수

차례

위선지 권제2 魏鮮志 卷第二　임원십육지 34 林園十六志 三十四

풍흉과 길흉의 예측(중) 候歲(中)

1. 하늘로 점치다 占天

2. 땅으로 점치다 占地

19. 벌레나 물고기로 점치다 占蟲魚

20. 역일(曆日, 날짜)로 점치다 占曆日

21. 부록 곡식 농사에 좋은 날과 피할 날 附 耕播宜忌日

일러두기

- 이 책은 풍석 서유구의《임원경제지》를 표점, 교감, 번역, 주석, 도해한 것이다.

- 저본은 정사(正寫) 상태, 내용의 완성도, 전질의 구성 등을 고려하여 1·2권은 오사카
  나카노시마부립도서관본으로, 3·4권은 서울대학교 규장각한국학연구원본을 저본으로 했다.

- 위선지 1~4권은 현재 남아 있는 이본 가운데 고려대 도서관본으로 교감하고,
  교감 사항은 각주로 처리했으며, 각각 오사카본, 규장각본, 고대본으로 약칭했다.

- 교감은 본교(本校) 및 대교(對校)와 타교(他校)를 중심으로 하고, 필요에 따라서는 이교(理校)를
  반영했으며 교감 사항은 각주로 밝혔다.

- 번역주석의 번호는 일반 숫자(9)로, 교감주석의 번호는 네모 숫자(⑨)로 구별했다.

- 원문에 네모 칸이 쳐진 注와 서유구의 의견을 나타내는 按, 案, 又案 등은 원문의 표기와 유사하게 네모를
  둘러 표기했다.

- 원문의 주석은【 】로 표기했고, 주석 안의 주석은〔 〕로 표기했다.

- 서명과 편명은 원문에는 모두《 》로 표시했고, 번역문에는 각각《 》 및〈 〉로 표시했다.

- 표점 부호는 마침표(.), 쉼표(,), 물음표(?), 느낌표(!), 쌍점(:), 쌍반점(;), 인용부호(" ", ' '), 가운데점(·),
  모점(、), 괄호(( )), 서명 부호(《 》)를 사용했고 인명, 지명 등 고유명사에는 밑줄을 그었다.

- 字, 號, 謚號 등으로 표기된 인명은 성명으로 바꿔서 옮겼다.

서문

　2003년 2월 21일 《임원경제지》 번역사업을 시작하기 위해 역자들이 모여 16지의 번역을 분담했다. 16지의 개략적인 내용을 역자에게 알려주고 원하는 분야를 1지망, 2지망으로 적어 그 지망 순위에 따라 역자를 선정하는 과정을 거쳤다. 이중 《위선지》만 아무도 원하지 않았다. 농업기상을 점쳐서 예측하는 분야임을 알았기에 모두 꺼렸던 것이다. 그만큼 《위선지》는 대강의 소개만으로도 역자들에게는 공포의 대상이었다. 한참을 침묵 속에 눈치만 보던 중 역자 민철기가 희생을 자청했다.

　《위선지》에서 인용된 여러 문헌을 대조하고 번역하는 과정에서 막막한 느낌은 점점 커져갔다. 문장이 간단해서 번역이 비교적 쉬운 대목도 적지 않았지만 그 문장들조차도 의미를 이해하기가 어려웠기 때문이다. 이때 어렵다는 말은 현대 학문의 논리에 익숙했던 역자들이 《위선지》에서 펼쳐 놓은 예측 점들의 인과론에 접근할 수 없는 경우가 대부분이었음을 뜻한다.

　예를 들면 이런 식이다. "1월 2일은 개[狗]이다. 이날 하늘이 맑으면 주로 곡식이 아주 잘 익게 된다(二日, 狗. 晴, 主大熟)"(《위선지》 권제1 〈풍흉과 길흉의 예측 (상)〉 "1월점" '총점'). 개의 날인 1월 2일에 맑으면 어떤 인과 관계로 가을에 곡식이 잘 익는지를 알 수가 없다.

　밤하늘의 모든 별자리의 변화도 풍흉과 길흉 점의 대상이다. 다음과 같은 점 역시 흑색으로 변한 북두칠성과 물난리의 상관관계를 모른다. "북두칠성이 흑색이면 주로 물난리가 나게 된다(北斗色黑, 主水)"(《위선지》 권제3 〈풍흉과 길흉의 예측(하)〉 "별로 점치다" '2) 자미원(紫微垣)의 별자리' 2-5) 북두칠수(北斗七宿)〉.

《위선지》에는 이런 종류의 점들로 가득 채워져 있다.

《위선지》에서 보여주는 이 같은 기사들은 천지의 온갖 사물과 기상 변화 등이 모두 인간 사회에 영향을 주는 점의 대상임을 알려준다. 심지어 십간, 십이지, 음양오행, 역일(曆日), 운기(運氣) 등 상수학에서 주로 다루는 개념이나 요소들도 풍흉과 길흉을 예측하는 데 동원되었다. 이 예측들은 모두 불교의 기본 관점인 연기론(緣起論)에 따른 인과응보의 '천지 버전'이라 할 만하다.

이러한 점후의 구체적인 내용은 "A라는 현상이 있으면 B라는 결과가 일어난다."는 식의, 조건절과 주절로 구성된 문장이 대부분이다. 이 문장 구조로 인해, 독자들은 조건절에 명시된 원인이 왜 주절의 결과를 이끌었는지에 대해 더더욱 해명되어야 할 필요를 느끼게 된다. 그리고 그 원인과 결과는 우리가 논리적이나 합리적으로 이해할 수 있는 설명이어야 한다고 판단한다. 그러나 《위선지》 저자 서유구나 이 책에서 인용한 문헌들의 저자들 대부분은 이 같은 설명이 언제나 필요하다고 여기지는 않았다. 그 정도의 서술만으로도 설명은 더 이상 요구되지 않는다고 여겼다. 자연현상과 인간사회에 대한 이와 유사한 인식은 조선을 비롯한 전통 시대 지식인 대부분에게 공유되는 것이었다.

그 대표적인 사례가 성리학을 체계화한 주희(朱熹, 1130~1200)다. 과학사학자 김영식 교수가 주희의 자연철학을 치밀하게 분석하여 잘 보여주었듯이, 주희가 파악한 자연 세계는 우선 인간사회와 분리될 수 없는 영역이었다. 또한 기·음양·오행·십간·십이지와 같은 개념의 틀은 자연현상을 설명하는 주된 양식이었고, 이 개념들은 상호연관적이면서 순환적인 특성을 가졌다. 게다가 주희의 자연철학에서는 자연현상을 위의 틀들로만 이해하지 않고 경우에 따라서는 각각의 현상이나 문제를 있는 그대로 받아들이는, 개별론적 특성을 보이기도 한다.

이런 이유로 여러 자연현상에 대한 자신의 설명이 불일치하거나 모순이 생기는 경우도 있으나 그는 이를 문제라 여기지 않을 정도로 신축성 있게 자연을 이해하고 설명했다.[1] 전통 시대의 자연관을 현대과학의 논리로만 이해하려는 현대의 독자들이 《위선지》 진입을 어려워하는 이유가 자연을 이해하고 설명하는 방식에서 현대과학과 성리학의 이 같은 차이에 있다고 할 수 있다.

그렇기 때문에 《위선지》에서 보이는 이 수많은 인과의 합당한 관계를 규명하는 일은 난제이다. 우리 번역팀 역시 이 책에서 소개한 수천 가지 점(占)의 인과성을 해명할 수 없었고, 그중 극히 일부만 이해했다. 우리가 과문한 탓이 크다. 그러나 전통 시대의 세계관을 제대로 이해하지 못한 탓도 크다. 새로 알게 된 사항들과 그림 및 사진 등을 최대한 제시하려 했다. 부족한 대로 번역서를 상재한다.

2007년에 1차 원고를 마무리했다. 그 이후 16년이 지난 2023년에 《위선지》 출판을 위한 추가 번역을 추진했다. 여기에는 최시남·김용미·정명현이 참여했다. 《위선지》 원고가 이토록 늦게 정리된 이유는 우선 《임원경제지》의 다른 지들의 출판 순서를 기다렸기 때문이다. 그러나 순서에서 밀린 원인이기도 한, 이보다 더 근본적인 이유는 《위선지》 번역원고가 2012년부터 '저작권침해 소송'에서 핵심 증거물이었기 때문이다.

이 소송은 매우 많은 설명이 필요하지만 여기서 다 밝힐 수는 없기에 간단하게만 요약한다. 민철기 역자가 처음 번역한 이 《위선지》 원고에는 번역문과 원문, 그리고 관련 주석들을 담고 있었다. 이 원고가 외부에 유출되어 이를 바탕으로 한 번역서가 우리도 모르는 사이에 출판되었다(2011년). 이를 바로 잡기 위해 임원경제연구소에서는 《위선지》 번역서를 기획한 대학교의 기관, 역자, 출판사 이 3자를 대상으로 저작권침해 민사소송을 제기

---

[1] 이상에서 요약한 주희의 자연관에 대해서는 김영식, 《주희의 자연철학》, 예문서원, 2005, 531~550쪽을 참조 바람.

했다. 그 결과 우리는 가처분신청·1심·2심에서 모두 패소했다(2013~2019년).

임원경제연구소는 이에 불복하여 대법원에 상고했고, 그 결과 저작권침해는 결국 인정받지 못했다. 하지만 저자의 허락을 얻지 않고 원고를 사용한 피고들의 '불법행위'를 다시 판단하라는 취지로 고등법원에 파기환송되었다(2021. 6. 30). 이에 고등법원에서 심리가 재개되었고, 여기에서는 피고들의 '불법행위'를 인정하고 그에 대한 손해배상금을 원고에게 지급하라는 판결이 내려졌다(2022. 10. 27).[2] 이 판결에 불복한 피고 측에서 대법원에 상고했으나 기각되어 고등법원의 판결이 유지됨으로써(2023. 3. 16) 이 긴 소송은 마무리되었다.

10년이 넘는 기간 동안 소송을 포기할 수 없었던 이유는 우리의 원고를 본 적도 없고 따라서 참조한 적도 없다는 피고 측의 천연덕스러운 억지 주장들에 재판부가 세 번(가처분소송·1심·2심)이나 모두 손을 들어주었다는 데 있다. 이렇게 마무리되면 앞으로 고전번역을 하는 연구자들은 자신의 원고가 저작권의 침해를 받아도 법적으로 전혀 방어할 수 없게 되는 나쁜 선례를 만들게 되는 셈이다. 또한 연구자가 연구윤리에 분명히 위배되는 행위를 했는데도, 침해한 당사자는 전혀 그 책임을 지지 않은 또 하나의 사례가 고전번역 분야에서 만들어지게 된다.

부당하게 침해되었다고 우리가 판단한 저작권이, 침해되지 않았다는 법정에서의 판단은 당사자의 억울함을 차치하고서라도 향후 고전번역결과물이 법적 제약 없이 무단으로 사용될 여지를 만들어주었다. 이를 방지하기 위해서라도, 번역과 연구에 몰두해야 할 시간을 할애해가며 소송 답변서를 여러 차례 쓰면서 온갖 스트레스에 노출되어야 했던 것이다.

저작권이 침해되었는지를 판단할 때는 법률적으로 '의거성'과 '실질적 유

---

2   사건 "2021나2024347 저작권침해 등"의 판결의 주문의 제1항은 다음과 같다. "제1심 판결 중 아래에서 지급을 명하는 부분에 해당하는 원고(임원경제연구소) 패소 부분을 취소한다. 피고들은 공동하여 원고에게 30,000,000원과 이에 대하여 2014. 1. 19.부터 2022. 10. 27.까지는 연 5%, 그 다음 날부터 갚는 날까지는 연 12%의 각 비율로 계산한 돈을 지급하라."

사성', 이 두 가지 모두가 충족되어야 한다. 《임원경제지 위선지》 저작권침해 청구 소송에서는 우리의 초벌 원고 중 번역문은 피고가 의거하여 참고한 증거들이 확인된다는 '의거성'은 인정되기는 했다. 하지만 양 저작물 사이에 '실질적 유사성'은 없기 때문에 저작권침해까지는 아니라고 법원에서 결론지었다.

게다가 이 원고에는 역자가 공을 들여 한문 원문을 전산화한 연구, 거기에 텍스트 간의 오류를 대조하여 바로잡는 교감(校勘) 연구, 텍스트에 쉼표·마침표 등 문장부호를 표시하는 표점(標點) 연구가 반영되어 있다. 이러한 과정들은 누가 어떻게 진행했느냐에 따라 결과가 달라지기 때문에 결코 서로 다른 사람이 작업했을 때 동일하거나 거의 유사한 결과가 나오기가 어렵다. 하지만 우리 원고를 참조한 상대측의 출판물에는 우리의 결과와 유사하거나 동일한 부분이 매우 많은 곳에서 확인되었다. 재판부에도 이 부분들을 모두 증거물로 제출했다.

그럼에도 재판부에서는 한문 원문이 저작권 보호의 대상이 되지 않는다고 판단했다. 재판부가 이 같은 판단을 한 가장 핵심적인 근거는, 교감이나 표점은 비슷한 수준의 연구자라면 누가 이 작업을 해도 동일한 결론이 난다는, 근거 없는 판단이다. 그러므로 고전 원문에 가해야 하는 교감(校勘)과 표점은 애초에 저작권 보호의 대상이 아니라는 것이다. 이를 명시한 판결문은 다음과 같다.

> 甲 법인(임원경제연구소: 필자)과 동일한 학술적 사상을 가진 사람이라면 논리 구성상 그와 달리 표현하기 어렵거나 다르게 표현하는 것이 적합하지 않아 위 부분은 결국 누가 하더라도 같거나 비슷한 방식으로 표현될 수밖에 없으므로, 특별한 사정이 없는 한 甲 법인의 저작물 중 교감한 문자와 표점부호 등으로 나타난 표현에는 甲 법인의 창조적 개성이 있다고 보기 어렵다(대법원 2021. 6. 30. 선고 2019다268061 판결, 재판장 대법관: 노정희).

이 판결을 고전번역학계에 적용하면 번역 이전에 진행되는 원문의 전산화, 교감, 표점이라는 일련의 연구는 저작권을 전혀 보호받을 수 없게 된다. 가장 쉬운 예로, 한국고전번역원에서 위의 과정의 결과물로 제공하는 수많은 원전 텍스트의 가공물은 누구나 그 텍스트에 대해 새로 연구해도 동일한 원문입력과 교감과 표점을 할 수밖에 없다고 판단할 수 있다. 그러므로 누구든지 별도의 인용표기 없이 자신의 연구에 반영해도 법적으로 아무런 문제가 없게 되는 것이다. 고전번역 종사자들은 이 같은 재판부의 판단을 어떻게 생각할까? 그저 헛웃음만 나올 뿐이다. 원문을 가공하는 연구를 연구로 보지 않고 단순히 기계적으로 반복하는 동일한 활동으로밖에 보지 않았기 때문이다.

한문고전번역에 대한 소양이 없는 재판부가 참으로 황당한 판결을 내린 점은 사법 역사에서도 수치스러운 일이다. 저작권 침해를 인정하지 않는 대법원의 이 판결문을 심층적으로 분석한 논문(남형두, 〈고전 국역과 저작권 문제 —임원경제지 판결을 중심으로—〉, 《법학연구》 제31권 제3호, 연세대학교 법학연구원, 2021, 211~264쪽)은 그나마 그 소송이 어떤 의미를 남겼는지를 법리적으로, 그리고 학술적으로 되짚어볼 수 있어 위안으로 삼는다.[3]

대법원이 만들어낸 나쁜 판례를 악용하는 일이 다시 나와서는 안 된다. 다른 원고를 참조했으면 참조했다고 밝히고, 그렇게 하기 싫으면 독자적으로 번역에 임하면 된다. 그러면 누구도 문제를 제기하지 않는다. 떳떳하게 자신의 학술 활동을 세상에 내놓을 수 있다. 이전 원고 파일을 그대로 가져다 고쳐 썼으면서 그런 적이 없다고 주장했던 피고 측의 강변이 어떻게 세 번의 재판부에게 모두 통했을까.

---

3 이 논문을 좀 더 쉽고 짧게 대중을 대상으로 쓴 글로는 남형두, 〈교감校勘은 저작권법의 보호 대상이 아닌가〉, 《고전사계》, 한국고전번역원, 2022 가을호, 26~31쪽을 참조 바람.

그동안 우리 연구소도 많은 오해를 샀다. 거기에는 《임원경제지》를 독점한다는 비판이 주종을 이루었다. 《임원경제지》 연구는 임원경제연구소 아니면 안 된다고 우리가 생각한다는 것이다. 이런 류의 비판은 우리의 원고나 자료를 요청하는 학자들에게 때에 따라서는 제공하지 않은 데 대한 그들의 아쉬움 때문일 수도 있다. 선의로 공유했던 《위선지》 원고가 불법적으로 침해당하면서, 이전에는 연구자료를 자유롭게 공유했던 우리의 태도가 피해의식으로 인한 방어기제로 변한 것도 사실이다.

　　그러나 우리는 이런 일을 당한 뒤로도, 연구 목적으로 원고 협조를 원하는 학자들에게는 거의 모두 적극적으로 원고를 제공했다. 《임원경제지》 연구가 우리의 번역연구를 통해 확산되기를 바랐을 뿐, 우리가 그 연구를 독점하거나 관장하겠다는 아집을 가져본 적이 결코 없다. 그 어리석은 짓을 할 이유도 전혀 없다. 지금도 우리의 번역 원고를 활용한 연구가 여기저기서 꽤 이루어지고 있는 것으로 안다. 앞으로도 《임원경제지》 번역서를 활용한 연구와 현실에서의 적용 사례들이 줄지어 나오기를 바란다. 그것이 21년째에도 《임원경제지》 완역에 매진하는 이유다.

2023년 12월 26일

DMZ에 방치된 서유구 선생 묘소가 가까운
파주 임원경제연구소에서 정명현 쓰다

《위선지》해제[1]

서유구는《위선지》를 편찬하고《임원경제지》16지 중 여섯 번째 자리에 두었다. 제1~5지는《본리지》(곡식농사 전반),《관휴지》(채소류, 약초류 등의 식용풀 농사),《예원지》(화훼농사),《만학지》(과실·나무·풀열매 농사),《전공지》(직물에 필요한 뽕·누에·삼·면화 등의 재배와 농사, 길쌈)의 순서로 배치되어 있다. 제7지인《전어지》는 가축 사육과 사냥, 어로 및 낚시, 어명 고증 등을 다룬다. 제6지인《위선지》는 기상과 천문, 그리고 자연 현상을 관찰하여 농사의 풍흉과 세상사의 길흉 등을 예측하기 위한 자료를 집대성했다. 서유구는 제1지에서 제5지까지 농사의 모든 것을 다루는 체제를 마련해 두고, 그 뒤에는 농가의 풍흉 및 길흉 예측서로 마무리하려는 의도로 각 지의 배열을 안배했다. 그리고 제7지《전어지》에서 다룬 동물들을 통해서도 예측할 수 있는 내용도 추가했다.

1) 제목 풀이

서유구가 농사의 풍흉과 세상사의 길흉을 예측하는 책 이름으로 "위선(魏鮮)"을 채택한 까닭이 무엇인지는〈위선지 서문〉첫머리에 그 실마리가 있다. 서유구는 이렇게 말한다.

---

[1] 이 글은 민철기,〈위선지 해제〉, 서유구 지음, 정명현·민철기·정정기·전종욱 외 옮기고 씀,《임원경제지: 조선 최대의 실용 백과사전》, 씨앗을 뿌리는 사람, 2012, 595~612쪽에 실린 내용을 토대로 정명현·민철기가 증보·보완한 것이다.

재앙의 징조를 살피는 일, 풍흉과 길흉의 예측은 그 유래가 오래되었다. 전대에는 비조(裨竈)²와 재신(梓愼)³이 뛰어난 능력을 드러냈고 후대에는 위선(魏鮮)⁴이 그 명성을 이었다.

그러나 그 기술은 고찰하여 숙달할 수 있는 이가 드물었다. 그리하여 지금에 이르러서는 그 기술이 흩어져 사라지게 되었다. 게다가 잡다하게 전해오는 기록들은 대개 자질구레하고 잘못된 내용들이 대부분이다. 그러니 누가 비조·재신·위선과 같은 대가의 뒤를 이어 그 기술을 밝혀줄 것인가.

위선과 대비되는 인물로 나오는 비조와 재신은 중국 춘추 시대 정(鄭)나라의 비조(裨竈)와 노(魯)나라의 재신(梓愼)을 말하며, 고대의 천문점성가들을 통칭하는 표현이다. 위선은 정확한 활동 시기는 알려져 있지 않지만, 한(漢)나라의 천문점성가로, 일 년이 시작하는 날의 천문 기상을 보고 그해 농사의 풍흉이 어떠할지를 예측한 인물이다. 《사기(史記)》는 위선에 대한 사적을 다음과 같이 기록하고 있다.

일 년의 첫 시작 날은 그해의 기후를 점치는 날이니, 한나라의 위선(魏鮮)
【집해】 맹강이 "위선은 성명으로, 앞날을 점치고 예측하는 사람이다."라고 했

---

2 비조(裨竈) : ?~?. 중국 춘추(春秋) 시대 정(鄭)나라의 천문점성가. 자세한 사적은 미상이다. 《후한서(後漢書)》〈천문지(天文志)〉에 다음과 같은 기록이 전한다. "당우(唐虞)의 시대에는 희중(羲仲)과 화중(和仲)이 있었고, 하(夏)나라에는 곤오(昆吾)가 있었으며, 탕(湯)에는 무함(巫咸)이 있었다. 주(周)나라의 사일(史佚)과 장홍(萇弘), 송(宋)나라의 자위(子韋), 초(楚)나라의 당멸(唐蔑), 노(魯)나라의 재신(梓愼), 정(鄭)나라의 비조(裨竈), 위(魏)나라의 석신부(石申夫), 제(齊)나라의 감공(甘公)은 모두가 천문을 담당한 관리였다(唐, 虞之時羲仲, 和仲, 夏有昆吾, 湯則巫咸. 周之史佚, 萇弘, 宋之子韋, 楚之唐蔑, 魯之梓愼, 鄭之裨竈, 魏 石申夫, 齊國甘公, 皆掌天文之官)." 《後漢書》〈志〉第10 "天文" 上, 3214쪽.
3 재신(梓愼) : ?~?. 중국 춘추(春秋) 시대 노(魯)나라의 천문점성가.
4 위선(魏鮮) : ?~?. 중국 한(漢) 나라의 천문점성가. 납명일과 1월 1일로 그해 기후를 점쳤다고 한다. 《사기(史記)》〈천관서(天官書)〉에 다음과 같은 기사가 있다. "한나라의 위선(魏鮮)은 사시(四始) 중에서 납명일과 1월 1일을 모아서 팔풍(八風)으로 점쳤다(漢 魏鮮集臘明、 正月旦決八風)." 《史記》 卷27〈天官書〉第5, 1340쪽.

다]은 사시(四始) 중에서 납명일과 1월 1일을 모아서 팔풍(八風)으로 점쳤다.[5]

《사기》에 나오는 이 기록이 위선의 사적과 관련한 유일한 기록이다. 후대의 《한서(漢書)》와 《개원점경(開元占經)》 등 천문 관련 문헌에서도 《사기》의 위 기록을 그대로 인용하고 있을 뿐, 위선이라는 인물에 대한 다른 기록은 남아 있지 않다. 그럼에도 서유구가 《위선지》라 이름을 지은 까닭은, 비조와 재신 등의 다른 천문가와는 달리 위선이 기상과 천문을 보고 풍흉이나 길흉을 점치는 특별한 능력을 보여주었다는 점에 착안했기 때문으로 보인다.

《위선지》 전체는 단순한 천문서와 기상관측서가 아니다. 농사와 직간접적으로 연관 고리가 있는 기상 현상, 천문 현상, 동식물이 보여주는 자연 현상을 통해 앞으로 닥쳐올 농사 관련 미래를 '점쳐서 예측하는 책[占候書, 점후서]'의 성격을 띠고 있다. 서유구는 중국의 고대로부터 청나라에 이르기까지 전해 내려오는 천문서와 농서를 비롯하여, 경서(經書)·사서(史書)·유서(類書)·점서(占書)·병서(兵書) 및 민간 자료 등에서 농사일에 도움이 될 만한 천문과 기상 자료를 선별하고, 재배치했다. 그리고 이를 압축하는 편찬 방식을 동원해 농가에 유효한 점후서로 집대성했다.

여기서 짚고 넘어가야 할 부분이 있다. 점후서라고 하면 말 그대로 점서의 일종이기 때문에, 《위선지》는 현대의 프레임으로 볼 때 미신이나 비과학의 내용이 주종을 이루리라고 짐작할 듯하다. 그러나 지금의 프레임을 없애고 접근하면 《위선지》를 비과학서로만 볼 수는 없다. 과학은, 근대과학의 입장에서 몇 가지의 조건이 붙기는 하지만, 크게 보면 자연 현상을 인과론적으로 이해하려는 학문이다. 전통 시대 사람들도 기후 예측이나 풍흉을 예측하면서 인과론을 저버릴 수 없다. 무턱대고 "A이면 B가 일어나게

---

5 "四始者候之日而, 漢 魏鮮【集解 孟康曰: '人姓名, 作占候者.'】集臘明正月旦, 決八風." 《史記》卷 27 〈天官書〉.

된다."라는 점사를 남발할 수 없다. 근대과학의 또 다른 과학 정의에 들어 있는, '반복적으로 같은 결과'를 보여야 한다는 점 역시 이에 부합한다.

전통 시대 사람들은 A와 B 사이에는 반드시 인과 관계가 성립한다고 보았던 것이다. 이러한 인식이 시간이 지남에 따라 확고한 신념이 되었을 것이다. 다만 그중에는 현대과학의 틀에서 이해할 수 있는 인과론이 있고, 그렇지 못한 인과론이 있을 뿐이다. 예를 들어 이들이 인과성을 확신하기 위해 사용한 단어들에는 "驗"·"應"·"準"과 같은 글자가 있다. "驗"은 "~을 확인해보니, 그 결과가 그대로 일어났다."는 뜻으로 사용되거나, 점괘가 "잘 들어맞았다"는 뜻으로 사용된 사례가 많다(41회. 15/11/2/13. 뒤의 네 숫자는 각 권별로 나타난 회수. 이하 동일). 점괘가 "잘 응하여 그대로 일어났다."거나 "응당 ~한 결과가 일어나게 된다."는 의미로 쓰인 "應"은 56회(7/2/17/30)나 보였다. 또 "정확하게 들어맞았다."거나 "점괘대로 일어난 기준이 있다."는 뜻으로 사용된 "準"은 7회(2/1/0/4)가 나온다. 횟수는 나의 주관적 판단으로 센 결과이므로 다른 결과가 나올 수도 있으나 이와 크게 차이 나지는 않을 것이다.

이렇듯 전통 시대의 점후서들에서도 특정 자연 현상이 가까운 미래나 먼 미래에 어떤 직접적인 영향을 줄지를 예측하는 데에 검증되지 않은, 즉 반복적으로 확인된 인과성을 담보하지 못하는 속설을 무더기로 싣지는 않았다(물론 「위선지 서문」에서 말했듯이 속설이나 속담 등도 소개함). 비록 현대 과학처럼 정확한 인과 경로를 세밀하게 설명하지 않았고, 어떤 대목에서는 인과 관계를 도저히 짐작조차도 못할 경우도 있겠지만, 서유구가 《위선지》에 싣기에 무리 없고 합리적인 점들을 담으려 했다는 측면에서 접근할 필요가 있다. 《임원경제지》에서 현대 과학(기술이 아니라)의 성격의 일부를 찾고 싶은 과학사학자들에게는 연구 대상으로 건강과 양생을 주제로 한 《보양지》와 질병 치료를 다룬 《인제지》와 함께 단연 《위선지》를 빼놓을 수 없다.

2) 편집 체제[6]

서유구가 《위선지》를 저술한 목적은 농가에 도움이 될 만한 기상과 천문 자료를 일목요연하게 보여주려는 데 있다. 《위선지》는 원문 글자 수가 총 94,726자이며, 전 4권으로 묶여 있다. 권1에서 권3까지가 〈일 년의 예측[候歲]〉이고, 권4는 〈바람과 비의 예측[候風雨]〉[7]으로, 전체가 두 개의 대제목으로 묶여 있다. 서문과 목차를 제외하면 권1~3의 원문 글자 수는 76,094자로 약 80퍼센트이고, 권4의 원문 글자 수는 18,090자로 약 19.1퍼센트를 차지한다. 이렇듯 체제상으로는 두 부분으로 나누어져 있지만, 분량상으로는 〈일 년의 예측〉이 《위선지》의 4/5에 해당한다.

〈일 년의 예측〉 대제목 밑에는 40개의 소제목이 달려 있고, 〈바람과 비의 예측〉 밑에는 21개의 소제목이 달려 있다. 〈일 년의 예측〉 중 권1은 12개의 소제목 아래로 167개의 표제어가, 권2는 부록 6개를 포함해 26개의 소제목 아래로 129개의 표제어와 63개의 소표제어가, 권3은 2개의 소제목 아래로 62개의 표제어와 93개의 소표제어가 달려 있다. 권4 〈바람과 비의 예측〉은 21개의 소제목 아래에 142개의 표제어가 달려 있다. 《위선지》 전체 표제어는 소표제어를 포함해서 656개에 달한다(〈표1〉 참조).

---

6 인용문헌 및 조선문헌의 비중에 인용된 통계자료는 최시남·김용미가 조사했다.

7 〈위선지 서문〉에는 "占歲"와 "占風雨"로 기록되어 있다. 《위선지》 원문과 총 목차에는 "候歲"와 "候風雨"로 제목이 다르게 정해져 있다. 이 점에 대해 임원경제연구소 편집위원들은 2가지 가능성을 고려할 수 있다고 판단했다. 우선 서유구가 〈위선지 서문〉을 전체 저술이 완료되기 전에 쓰면서 "占歲·占風雨"로 대제목을 구상해놓았다가, 저술 진행 중 표현을 좀 더 다듬어서 "候歲·候風雨"로 교체했을 가능성이 하나 있다. 다른 하나는, 서유구가 "占歲·占風雨"와 "候歲·候風雨"가 서로 같은 표현이라고 생각했을 가능성이다. 이 책을 점후서(占候書)라고 부르는 이유도 서유구가 대제목을 이와 같이 명명한 데서 근거를 찾을 수 있다.

〈표1〉《위선지》 표제어류 및 기사 통계

권 번호	대제목 개수	소제목 개수	표제어 개수	소표제어 개수	기사 수	인용문헌 수	원문글자 수
서문							347
목차							195
1	1	12	167		534	68	18,508
2	1	26	129	63	464	68	19,191
3	1	2	62	93	945	39	38,395
4	1	21	142		352	63	18,090
합계	4	61	500	156	2,295	178(중복제외)	94,726

《위선지》에서 기사 이외의 글자 수를 제외하면 총 기사 원문글자 수는 90,430자에 달한다. 기사의 전체 개수는 서유구의 안설(案說) 포함 2,295개 이고, 기사당 평균 원문글자 수는 40자이다. 서문과 목차, 권수, 권제, 표 제어 등 기사 이외의 글자 수는 3,073자이다. 《위선지》 중 가장 긴 기사는 권4의 "총론" '가결(歌訣)' 항목으로 5,477자이고, 가장 짧은 기사는 권3의 〈별로 점치다〉 '천계(2)' 항목의 단 3자이다.

〈표2〉《위선지》 기사 당 원문글자 수

원문 글자 수	기사 이외의 글자 수	기사 글자 수	기사 수 (안설 포함)	기사당 원문 글자 수
94,726	4,296	90,430	2,295	39

《위선지》 권1에는 인용문헌 68종을 활용한 534건의 기사가 들어 있고, 권2는 68종의 인용문헌에 464건의 기사가, 권3은 39종의 인용문헌에 945 건의 기사가, 권4는 63종의 인용문헌에 352건의 기사가 실려 있다. 서유구 자신의 의견을 피력한 안설은 《위선지》 전체에 걸쳐 71건이 실려 있다. 권 1~4까지 소제목별 표제어류와 기사를 통계 수치로 분석한 결과는 아래와 같다.

<표3> 《위선지》 소제목별 표제어류 및 기사 통계

권번호	대제목 개수	소제목 개수	표제어 개수	부록 개수	소표제어 개수	기사 수	인용문헌 수	원문글자 수
서문								347
목차								195
권1	1	1	35			103	68	18,508
		1	13			38		
		1	11			42		
		1	15			47		
		1	18			75		
		1	9			30		
		1	13			39		
		1	16			41		
		1	8			23		
		1	11			39		
		1	8			31		
		1	10			26		
권2	1	1	5			11	68	19,191
		1	1			5		
		1	6			79		
		1	7			81		
		1	4			18		
		1	8			22		
		1	4			10		
		1	8			9		
		1	6			15		
		1	6			24		
		1	6			12		
		1	4			7		
		1	1			2		

권번호	대제목 개수	소제목 개수	표제어 개수	부록 개수	소표제어 개수	기사 수	인용문헌 수	원문글자 수
권2	1	1	3			3	68	19,191
		1	2			2		
		1	26			33		
		1	5			9		
		1	9			18		
		1	15			17		
		1	3			3		
		1		1	30	43		
		1		1	6	9		
		1		1	4	7		
		1		1	3	4		
		1		1	17	18		
		1		1	3	3		
권3	1	1	27		5	871	39	38,395
					3			
					3			
					5			
					9			
					16			
					9			
					12			
					13			
					12			
					6			
		1	35			74		
권4	1	1	1			11	63	18,090
		1	2			3		
		1	1			1		

권번호	대제목 개수	소제목 개수	표제어 개수	부록 개수	소표제어 개수	기사 수	인용문헌 수	원문글자 수
권4	1	1	10			40	63	18,090
		1	7			28		
		1	6			16		
		1	7			23		
		1	8			13		
		1	10			54		
		1	3			6		
		1	2			7		
		1	3			4		
		1	6			8		
		1	4			4		
		1	6			9		
		1	2			2		
		1	20			34		
		1	16			30		
		1	5			8		
		1	18			22		
		1	5			29		
총계		61	500	6	156	2,295 (안설, 원도 포함)	178 (중복 제외)	94,726

《위선지》의 특이한 점은 서유구 저술 이외의 조선문헌을 단 4종만 인용
했다는 사실이다. 아마도 서유구가 《위선지》의 내용에 부합하는 조선의 문
헌을 거의 찾을 수 없어, 중국문헌을 주로 사용하고, 자신의 《행포지》와

《금화경독기》, 〈운기입식(運氣入式)〉⁸ 등을 덧붙인 것으로 보인다. 《위선지》
중 서유구 자신이 직접 쓴 내용의 원문글자는 10,653자로 11.3퍼센트에 달
한다. 그 세부 내용은 아래 표와 같이 분석했다.

조선문헌 4종은 약 0.3퍼센트의 비중으로 실려 있다. 《어우야담(於于野
談)》, 《농사직설(農事直說)》, 《문견방(聞見方)》, 《북정일기(北征日記)》⁹가 그것이
다. 《어우야담》은 권1에 1회, 권4에 4회가, 《농사직설》은 권2에 1회, 《문
견방》은 권2에 1회 나온다. 《북정일기》는 권4에 1회 등장하는데, 특이한
점은 서유구가 "北程日記"로 표기를 바꾸어 기록했다는 점이다.¹⁰ 《위선지》
에서 서유구 자신의 글과 위의 문헌 4종을 합친 원문글자 수는 11.6퍼센트
의 비중을 차지한다.

〈표4〉《위선지》에서 서유구 저술의 비중

구분	글자 수	기사 수
서문	347	
목차	195	
권수, 권차, 권미제, 저자명, 교열자명 글자수	128	
대제목, 소제목, 표제어, 소표제어 글자수	2,403	
안설	1,912	71
행포지	982	26
금화경독기	570	30

---

8 〈운기입식〉: 서유구가 《소문입식운기론오(素問入式運氣論奧)》와 《의종금감(醫宗金鑑)》 등의 내
   용을 재구성해서 별도로 편집한 편명이다.
9 《북정일기》: 권득기(權得己, 1570~1622)가 광해군 즉위년인 1608년에 의금부 낭관으로서 왕명
   을 받아 유영경(柳永慶)을 압송하여 경흥(慶興)에 위리안치하고 돌아오는 과정을 일기체로 적은
   글이다. 《만회집(晩悔集)》 권4에 실려 있다. '한국고전종합DB'에서 검색 가능하다.
10 《北征日記》의 "征(치다, 征伐)"을 《위선지》에서는 "程(길이, 歷程)"으로 바꾸었다. 이런 식으로
   바꾸어 기록한 사례는 《임원경제지》 전체에서 흔하지 않다. 단순한 실수로 책명을 바꾸어 표기했
   는지, 아니면 어떤 문제의식을 가지고 바꾸었는지는 서유구에 대한 총체적 연구가 진행된다면 하
   나의 재밌는 논문 주제거리가 될 것이다.

구분	글자 수	기사 수
운기입식	4,078	30
기타(이외 글자수)	38	
합계	10,653	157
비율	11.3%(10,653/94,726)	6.9%(157/2,295)

〈표5〉《위선지》에서 조선문헌의 비중

구분	글자 수	기사 수
서유구 저술 이외의 조선문헌	305	8
서유구 저술	10,653	157
합계	10,958	165
비율	11.6%(10,958/94,726)	7.2%(165/2,295)

〈표6〉《위선지》에서 기사 이외의 글자

구분	글자 수
서문	347
목차	195
권수, 권차, 권미제, 저자명, 교열자명　글자 수	128
대제목, 소제목, 표제어, 소표제어　글자 수	2,403
합계	3,073

〈표7〉《위선지》에서 중국문헌의 비중

인용 중국문헌	글자 수	기사 수
무비지	12,955	349
군방보	11,802	356
관규집요	6,332	129
전가오행	5,842	164
측천부	5,477	1
오례통고	4,372	58

인용 중국문헌	글자 수	기사 수
거가필용	2,668	50
진서	2,445	75
농정전서	2,213	71
송사	1,993	59
증보도주공서	1,905	41
송양조천문지	1,792	80
탐춘역기	1,781	1
보천가	1,562	93
사기	1,449	44
기타 중국 저서11	1,232	20
성경	1,168	45
통지	1,096	59
도주공서	883	23
월령통고	827	31
예기	534	12
동방삭점서	503	1
황제점	484	7
회남자	481	5
28수풍우가	476	1
기력촬요	458	26
수법혹문	454	7
육갑점	446	1
가정현지	444	13
전가잡점	430	16
한서	406	14
몽계필담	372	2

---

11 기타 중국 저서:《위선지》권3의 원도에 포함된 글자 수와 권4의 출전이 누락된 기사 1개의 글자 수이다.

인용 중국문헌	글자 수	기사 수
사광점	353	15
경방풍각서	340	1
풍우점시	289	1
원사	237	5
상우서	236	7
공평중 담원	222	6
사기정의	216	9
우항잡록	212	2
사시점후	205	6
삼재도회	200	12
석신 성경	169	4
물리론	164	3
농상요람	164	5
가숙사친	158	5
수서	156	10
무함점	146	3
농점	126	4
속점28수풍우가	121	1
융사류점	118	5
편민서	114	2
역비후	107	2
청이록	104	4
만보전서	101	3
전원필고	95	1
월절서	90	1
양초적유	89	2
팔절점	88	4
편민도찬	87	4

인용 중국문헌	글자 수	기사 수
옥력선기	87	4
주후신추	85	2
금경	85	4
오하전가지	84	2
청대점법	82	1
상이부	82	5
연북잡지	80	2
춘추도	79	1
월령점후도	78	2
주익공일기	72	2
선택서	71	2
풍고수한사등초잡점	69	1
종수서	66	2
역위	65	2
후한서	63	2
거의설	62	1
세시기	59	1
세시잡점	59	2
역통괘험	55	3
문림광기	55	3
사시잡점	54	1
조공시주	53	1
본초강목	53	2
잡점	51	3
근이록	50	1
경방점	50	2
점험서	49	1
담총	49	2

인용 중국문헌	글자 수	기사 수
범승지서	47	1
잡음양서	46	1
악양풍토기	46	1
구당서	43	1
월령통찬	40	1
시경 소아	40	1
감덕 성경	40	2
을사점	38	1
사시찬요	38	1
고금언	38	2
박물지	37	1
풍각요결	35	1
주문공설	34	1
무함씨 찬	34	1
본초습유	33	1
호연재초	32	1
천문총론	32	1
박아	32	3
완위여편	31	1
장형점	30	2
통서	29	1
측천부 주	29	1
사기색은	29	1
관공명점	29	1
경방역점	29	2
천경	28	1
점기경	28	1
역점	28	2
계암만필	28	1

인용 중국문헌	글자 수	기사 수
춘추좌씨전	27	1
오색선	27	1
광여도	27	1
비아	26	1
구선신은서	26	1
오행서	25	1
담회	25	1
조야첨재	24	1
노농리어	24	1
경신점	24	1
망기경	24	2
주문공점	23	2
손자	22	1
행군월령	21	1
편민도찬	21	1
산해경	21	1
취검록	20	1
속박물지	20	1
상서선기감	20	1
기사점	20	1
유양잡조	20	2
개원점경	20	1
산당사고	18	1
법천생의	18	1
가선현지	17	1
행촉기	15	1
고문언	15	1
후산총담	14	1
초화보	14	1

인용 중국문헌	글자 수	기사 수
동성의	14	1
계신잡지	14	1
형주점	13	1
월령광의	13	1
역설	13	1
회남자 주	12	1
염철론	12	1
경방역후	12	1
객상규략	12	1
제왕세기	11	1
점몽서	11	1
산거사요	11	1
사중미점	11	1
가흥현지	11	1
춘추위	10	1
옥편	10	1
동방삭점	10	1
영헌	9	1
수서점	9	1
회계지	8	1
경위 시	8	1
합계	83,691	2,127
비율	88%(83,691/94,726)	93%(2,127/2,295)

〈표8〉《위선지》에서 일본문헌 비중

인용 일본문헌	글자 수	기사 수
화한삼재도회	77	3
합계	77	3
비율	0.1%(77/94,726)	0.1%(3/2,295)

3) 필사본 분석

《위선지》는 오사카본, 규장각본, 고려대본, 이렇게 3종의 필사본이 현존한다. 이중 고려대본은 권1에서 권4까지 《위선지》 전체 2책이 남아 있는 유일본이다. 오사카본은 권1·2를 묶은 전반부 1책만 남아 있다. 규장각본은 권3·4의 후반부 1책만 남아 있다. 현재 통용되는 보경문화사의 규장각본 영인본 중에서 《위선지》 권1과 권2는 고려대본 《위선지》를 빌려다 영인을 한 것이다. 규장각본 《임원경제지》의 유일한 결책이 바로 《위선지》 권1·2가 담긴 이 책이다.

오사카본에는 편집의 흔적이 일부 남아 있다. 총 11차례에 걸쳐 47글자의 두주가 기록되었다. 그 두주에는 차후 인용문헌의 저자를 확정하기 위해 저자명을 부기한 사례가 3군데('舊題東方朔著', '馬時可著', '唐宋居白著'), 오탈자나 빠진 글자가 있음을 염려하여 남겨놓은 부기 사례가 8군데('寸上疑有脫字', '旱疑皐', '缺字俟考' 등) 있다. 그 오탈자의 상당수는, 현재 《속수사고전서》 등의 고적으로 남아 있어 확인이 가능한 《전가오행》·《탐춘역기》·《군방보》 등과 대조해 보면 서유구가 보았던 당대 판본과 어느 정도 일치하는지를 대조할 수 있는 좋은 자료이다.

《위선지》 오사카본, 고려대본, 규장각본(왼쪽부터)

4) 인용문헌 소개

《위선지》의 인용문헌은 총 178종이다. 이중에서 인용 횟수가 가장 많은 두 문헌은 《무비지(武備志)》(12,955자)와 《군방보》(11,802자)이다. 그 다음으로 많이 인용된 문헌은 《관규집요(管窺輯要)》(6,332자), 《전가오행》(5,842자) 순이다. 따라서 인용문헌 178종 가운데 가장 중요한 4개의 문헌은 《무비지》·《군방보》·《관규집요》·《전가오행》이다. 네 인용문헌 기사 수의 합계는 997건, 분량상 비율로는 무려 43퍼센트(원문 글자 수 36,915자/94,726)나 차지한다.

《무비지》의 인용 기사는 《위선지》 전체 분량의 14퍼센트를 차지한다. 《무비지》는 명 말기에 모원의(茅元儀, 1594~1644)가 중국 역대 병법서를 조사, 검토하여 1621년 발간한 종합적인 병법 무예서이다.[12] 모원의는 약 15년간 역대로 전해 오는 병법서를 수집·참고하여 〈병결평(兵訣評)〉 18권, 〈전략고(戰略考)〉 33권, 〈진련제(陣練制)〉 41권, 〈군자승(軍資乘)〉 55권, 〈점도재(占度載)〉 93권 등 총 240권 체제로 《무비지》를 편찬했다. 이중에서 〈점도재〉는 《위선지》의 내용과 체제에 큰 영향을 미쳤다. 〈점도재〉의 "하늘로 점치다" 편은 《위선지》 권2·4의 체제와 제목이 대동소이하다. 《위선지》와 《무비지》 〈점도재〉 편의 체례를 도표로 대비하면 다음과 같다.

〈표9〉 《위선지》와 《무비지》 체례 대비

번호	《위선지》 권2 〈일 년의 예측〉	《위선지》 권4 〈바람과 비의 예측〉	《무비지》 〈점도재〉
1	하늘로 점치다【占天】	총론【總論】	占天
2	땅으로 점치다【占地】	하늘로 점치다【占天】	占日
3	해로 점치다【占日】	땅으로 점치다【占地】	占月
4	달로 점치다【占月】	해로 점치다【占日】	占星
5	바람으로 점치다【占風】	달로 점치다【占月】	占雲

---

12 《무비지》를 조선에서는 1738년 간행하여 각 지방에 보급했다("영조 14년 10월 20일: 《무비지》 50권을 평안 병영(兵營)에서 간행하도록 명하였는데, 지난해 사행(使行) 때 구득해 온 것이었다." 《영조실록》). 일본에서도 1792년 오사카[大阪]의 '賭春堂'이란 출판사에서 카에리텐(返り点)을 붙여 출판했다.

6	비로 점치다【占雨】	별로 점치다【占星】	占風雨
7	구름으로 점치다【占雲】	바람으로 점치다【占風】	占風
8	안개와 노을로 점치다【占霧霞】	비로 점치다【占雨】	占蒙霧
9	무지개로 점치다【占虹】	구름으로 점치다【占雲】	占紅霓
10	천둥이나 번개로 점치다【占雷電】	안개로 점치다【占霧】	占霞
11	서리나 이슬로 점치다【占霜露】	노을로 점치다【占霞】	占雷電
12	눈으로 점치다【占雪】	무지개로 점치다【占虹】	占雨雹
13	우박으로 점치다【占雹】	천둥이나 번개로 점치다【占雷電】	占霜露
14	얼음으로 점치다【占氷】	서리나 눈으로 점치다【占霜雪】	占冰雪
15	은하수로 점치다【占天河】	산수로 점치다【占山水】	占五行
16	초목으로 점치다【占草木】	초목으로 점치다【占草木】	⋮
17	곡식으로 점치다【占穀】	금수로 점치다【占禽獸】	
18	금수로 점치다【占禽獸】	벌레나 물고기로 점치다【占蟲魚】	
19	벌레나 물고기로 점치다【占蟲魚】	여러 점【雜占】	
20	역일로 점치다【占曆日】	시후로 점치다【占時候】	
21		역일로 점치다【占曆日】	

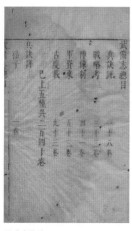

무비지 목차

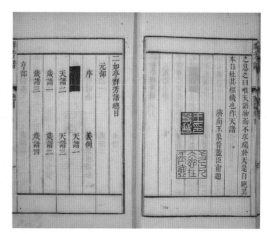

군방보 목차

《군방보》의 인용 기사는 《위선지》 전체 분량의 12.6퍼센트를 차지한다. 《군방보》는 명(明)의 왕상진(王象晉, 1561~1653)이 편찬한 총30권 분량의 유서(類書)로, 원래 명칭은 《이여정군방보(二如亭群芳譜)》이다. 왕상진은 산동 출신으로, 만력(萬曆) 연간에 벼슬길에 올라 절강성에서 우포정사(右布政使)를 역임했다. 《군방보》는 약 400여 종에 달하는 곡식·과일·채소·나무·꽃·차 등의 목록과 함께 이들 작물의 특성 및 약효, 재배, 원예, 병충해 처리, 파종 방법 등을 수록하고 있다. 이 책의 오류를 교정하고 식목 작물을 추가 보정한 《광군방보》는 강희제 47년(1708년)에 간행되어 유포되었다.

《군방보》는 〈천보(天譜)〉, 〈세보(歲譜)〉, 〈곡보(穀譜)〉, 〈소보(蔬譜)〉, 〈과보(果譜)〉, 〈다죽보(茶竹譜)〉, 〈상마갈면보(桑麻葛棉譜)〉, 〈약보(藥譜)〉, 〈목보(木譜)〉, 〈화보(花譜)〉, 〈훼보(卉譜)〉, 〈학어보(鶴魚譜)〉의 12보 체제로 되어 있다. 서유구는 《위선지》에서 주로 〈천보〉, 〈세보〉, 〈곡보〉의 내용을 인용하였고, 그중에서 특히 "점후" 항목에 들어 있는 자료 위주로 채록했다. 서유구는 《군방보》에 인용되어 있는 문헌을 전재하거나 압축하는 방식 등으로 다른 문헌을 여러 차례 재인용하고 있다. 예를 들면, 《군방보》에는 실려 있지만 현재 별도의 책으로 전해지지는 않는 《을사점(乙巳占)》·《경방점(京房占)》·《경신점(庚辛占)》 등의 서적도 인용문헌으로 기록한 것으로 보아 서유구가 이 책을 자료집으로 중요하게 활용했음을 알 수 있다.

《관규집요》의 인용 기사는 《위선지》 전체 분량의 6.8퍼센트를 차지한다. 《관규집요》는 청나라의 황정(黃鼎, ?~?)이 1653년 80권으로 편찬한 천문서이다. 표제지에 "천문대성집요(天文大成輯要)"라고 적혀 있어 《천문대성관규집요》라고도 부른다. 중국 전통 천문학의 종합적인 요점서라는 평가를 받는 이 책은 《한서(漢書)·천문지(天文志)》, 《감씨성경(甘氏星經)》, 《천문원감(天文元鑑)》, 《오행류사점(五行類事占)》, 《상이서(祥異書)》, 《이순풍을사점(李淳風乙巳占)》, 《천문점(天文占)》의 천문서와 점서, 유서, 사서 등 총 141종의

《관규집요》첫 면(일본국립공문서관)   《전가오행》표지(《續修四庫全書》 975)

서적에서 천문과 점후에 관한 내용을 인용하여 편찬한 책이다. 서유구는
《위선지》권1~4에 걸쳐 이 책에 나오는 점후의 사례를 폭넓게 수용했다.

　　《전가오행》의 인용 기사는 《위선지》전체 분량의 6.2퍼센트를 차지한
다. 《전가오행》은 원말(元末) 명초(明初)에 살았던 누원례(婁元禮, ?~?)의 저작
으로, 농업 기상에 관한 점후서이다. 그러나 《속서목(續書目)》에는 명나라
육영(陸泳)이 편찬한 책으로 전해지기도 한다.13 서유구 또한 누원례와 육영
을 합쳐 "누륙(婁陸)"이라고 부르고 있다. 서유구는 《위선지》전체에 《전가
오행》의 내용을 많이 수용했지만, 권3 첫 기사에서는 "누륙"을 언급하면서
이들의 점후가 성상(星象)에까지는 미치지 못한 한계를 말하고 있다. 권3에
는 《전가오행》의 기사가 단 1회도 인용되어 있지 않다. 서유구는 《위선지》
권1과 권2에 《전가오행》의 풍흉에 대한 점후를 많이 소개하였으나 이러한

---

13 《續修四庫全書·0976·子部·農家類》에는 "田舍子婁元禮鶴天述"이라고 표지에 표기되어 있고,
　《古今圖書集成·理學彙編·經籍典·諸子部·五行家類》의 '明 陳氏《續書目》'에는 "明 陸泳 撰"으
　로 기록되어 있다.

점후가 본격적으로 천문을 이해하기에는 부족하다고 판단했을 것이다.

《전가오행》의 체제와 《위선지》의 체제 역시 비슷한 점이 많다. 《전가오행》은 상·중·하 3권으로 전해지고 있는데, 상권은 정월에서 12월까지, 중권은 '천문', '지리', '초목', '새와 짐승[鳥獸]', '비늘 있는 물고기[鱗魚]' 분류로, 하권은 '삼순(三旬)', '육갑(六甲)', '기후(氣候)', '연길(涓吉)', '상서(祥瑞)' 분류로 이루어져 있다. 이중 상당 부분이 《위선지》로 들어와 있다. 특히 책 말미에 붙은 〈습유(拾遺)〉의 《동방삭탐춘역기(東方朔探春歷記)》는 1,781자 원문 전체가 《위선지》 권1에 실려 있다.

이상의 4개 문헌 외로 분량상 상위권에 있는 책들은 《측천부(測天賦)》·《오례통고(五禮通考)》·〈운기입식〉·《거가필용(居家必用)》·《진서(晉書)·천문지(天文志)》·《농정전서(農政全書)》 순서이다.

이중 《측천부》는 《위선지》에서 가장 긴 기사이다. 《성점(星占)》에 실려 있는 글을 서유구가 전문을 인용하였는데, 《무비지》에도 전한다.[14] 아마 서유구는 《무비지》에서 이 글을 재인용한 듯하다. 《보천가(步天歌)》와 같은 가결(歌訣) 형식으로, 천체 운행과 자연 현상의 대응을 노래한 글이다.

《위선지》 인용서목 중에서 유의해야 할 서적 중의 하나가 《오례통고》이다. 서유구는 권3의 기사 중 58회에 걸쳐 그 내용을 인용하고 있는데, 서적명을 첫 1회만 "五禮通考"로 기록해두고 그 이후 인용문헌을 표기할 때는 편찬자를 명시하여 "진혜전왈(秦蕙田曰)"이라 기록하거나, 당시의 측량 현황을 알리는 "금측(今測)"이란 표기를 빌려서 기록하고 있다.

일곱 번째로 많은 분량을 차지하는 〈운기입식〉이란 서적명은 실제 존재하는 서물이 아니라 서유구가 《소문입식운기론오(素問入式運氣論奧)》 및 운기

---

14 명(明) 류공소(劉孔昭) 편찬, 《星占》 3卷. 《측천부》는 《武備志》 卷263 〈占度載〉 "占風雨"에 전한다.

(運氣)와 관련한 서적을 참조하여 새롭게 재구성한 편명15이다.

위의 문헌 외로 《증보도주공서(增補陶朱公書)》·《보천가》·《월령통고(月令通考)》와 각 시대별 역사서의 〈천문지(天文志)〉 등이 중요 인용문헌으로 등장한다. 글의 분량과 빈도 수 통계는 위에 제시한 표와 같다.

5) 목차 내용에 대한 설명

《위선지》권1은 〈일 년의 예측(상)〉 대제목하에 "1월점(正月占)"에서 "12월점(十二月占)"까지 열두 달의 기상과 천문 현상이 풍흉과 길흉에 미치는 상응관계를 설명하고 있다. 각 달의 첫 표제어로는 '절기를 어길 때의 징후'를 배치했다. 이 표제어의 기사는 《예기(禮記)》〈월령(月令)〉에서 인용했다.

〈월령〉은 전국 시대 진(秦)의 재상 여불위(呂不韋, ?~B.C. 235)가 그의 빈객들을 후원하여 찬술하도록 한 《여씨춘추(呂氏春秋)》의 〈십이월기(十二月紀)〉와 내용이 거의 동일하다. 〈맹춘기(孟春紀)〉로 시작하는 《여씨춘추》는 천문·역술을 기본으로 하여 농정·군사·치수·제사 등과 관련해서 각 계절이나 절기마다 시행해야 할 정령(政令)과 백성에게 효시할 사항들을 조목조목 서술한 책이다. 《예기》의 편집자들은 이를 그대로 받아들여 《예기》의 한 편으로 삼았다.16

'절기를 어길 때의 징후'는 예를 들자면, 하령(夏令)은 농부들이 농사에 힘쓰게끔 권면하고 사냥을 금지하며 토목공사를 피하는 일을 말하는데,

---

15 "《소문입식운기론오》와 여러 책을 살펴보고, 그중 대강의 내용을 간추려서 각 해를 절기별로 나누어, '별로 점치다' 항목 뒤에 배치했다(攷素問入式諸書, 摭其梗槪, 分年候別, 系之星占之下)." 《위선지》권3 〈일 년의 예측(하)〉 "운기로 점치다" '총론'

16 《예기》〈월령〉의 원문 글자는 5,089자이고, 《여씨춘추》〈십이월기〉(34,754자)에 그 전문이 들어 있다. 〈십이월기〉는 열두 달 각각이 5편으로 이루어져 있다. 《예기》는 그중 각 달의 첫 편 모두를 〈월령〉으로 편입시켰다. 예를 들어 "맹춘(1월)"의 원문 중에 〈십이월기〉에는 '草木繁動', '草木早槁'로 기록되어 있는데, 〈월령〉에서는 이를 '草木萌動', '草木蚤落'으로 표현을 다듬었다. 또 '酒命'은 '乃命'으로, '率三公'은 '帥三公'으로, '無'를 '毋'로 바꾸는 편집 원칙을 적용한 외에는 전문이 동일하다.

이렇게 계절에 맞는 정령을 어길 경우에는 나라에 물난리나 흉년 등의 혼란이 일어나므로 절기에 맞는 정치를 행해야 한다는 글이다. 서유구가 각 달의 머리기사로 〈월령〉을 인용한 이유는 《예기》가 13경에 속해 있다는 사실과 더불어, '절기를 어길 때의 징후'에 인간이 적극적으로 풍흉과 길흉을 조절해야 한다는 신념을 담기 위해서였다.

각 달의 두 번째 표제어로는 '총점(總占)'을 배치했다. 총점은 그 달의 기상 천문 현상과 농사의 상응관계가 있을 만한 여러 자료를 《군방보》, 《관규집요》, 《동방삭점서》, 《농정전서》 등 여러 인용문헌에서 골고루 인용했다. '총점' 가운데 짧은 기사 하나를 소개한다.

1월에 눈이 땅에 내려 3일 안에 바로 녹으면 곡식이 잘 여물고, 사람들은 평안하게 된다. 내린 눈이 7일 동안 녹지 않으면 가을 곡식이 제대로 여물지 않게 된다. 《군방보》[17]

이 기사는 정월에 눈이 내려 7일 동안 녹지 않을 만큼 큰 추위가 닥친다면, 그해 가을에 알곡이 충분이 익을 만큼 기후가 따뜻하지 못할 것이라는 예측을 담고 있다. 주로 정월에 눈이나 비, 서리, 햇무리, 우박, 안개, 무지개 등이 나타날 경우, 그해 농사가 잘될지 그렇지 못할지를 예측하는 내용으로 이루어져 있다.

3번째 표제어로는 '초하루에 오는 절기(삭치절)'를 배치하였다. '삭(朔)'은 음력의 매월 첫날을 의미하고, '절(節)'은 24절기를 지칭한다. 가령 아래 기사처럼 음력 1월 1일이 입춘에 해당된다면 나라가 평안할 것이라는, 옛사람들의 역사상 경험한 사건 혹은 그 사건과 관련한 믿음이나 속담을 반영한

---

17 "正月雪至地, 三日內卽化, 歲成人安. 七日不消, 秋穀不成. 《群芳譜》"《위선지》권1 〈일 년의 예측(상)〉"1월점" '총점'.

내용들이 실려 있다.

1월 1일이 입춘이면 주로 백성의 삶이 크게 편안하게 된다. 속담에 "백 년이
지나도 세조춘(歲朝春)[18] 만나긴 어렵다."라 했다. 《월령통고》[19]

그 이후로는 각 절기와 특정한 날의 '일진(日辰)', '징후[日候]', '여러 점[雜占]'
등이 이어진다. '일진'은 그날의 간지가 60갑자 중 특정한 날에 해당되면 그
해 가뭄이나 물난리, 풍흉 등이 올 수 있다는 내용이다. 예를 들어 "갑자일
에 입춘이 들면 고지대는 풍작이 되고, 곡식이 잘되며, 물이 강둑에 1척 차
오르게 된다."[20]고 한다.

《위선지》 전체 내용 중에는 현재의 상식으로 이해하기 어려운 기사가
다수를 차지하고 있다. '징후'의 기사는 '그날의 날씨가 어떠하면, 그해의 농
사 풍흉은 어떠하다.'는 식의 문장들이 주류를 이루고 있다. 한 사례를 들
면 다음과 같다.

입춘일에 청명하고 구름이 적으면 그해에는 곡식이 잘 익게 된다. 입춘일에
흐리면 그해에는 가뭄이 들고 벌레들이 벼와 콩을 해치게 된다. 《무비지》[21]

그 다음에 이어지는 내용은 《위선지》 번역 과정 중 교열자들 간에 갑론
을박이 많았던 부분 중 하나이다. '갑(甲)이 든 날[得甲]', '신(申)이 든 날[得辛]'
의 패턴으로 특정한 날의 천간(天干)이 무엇인가에 따라 그해의 농사 수확

---

18 세조춘(歲朝春) : 1월 1일[歲朝]에 입춘이 드는 날.
19 "元日立春, 主民大安. 諺云: '百年難遇歲朝春.'《月令通考》《위선지》 권1 〈일 년의 예측(상)〉 "1
　월점" '초하루에 오는 절기(삭치절)'.
20 "甲子日立春, 高鄕豐稔, 水過岸一尺."《위선지》 권1 〈일 년의 예측(상)〉 "1월점" '입춘의 일진'.
21 "立春日晴明少雲, 歲熟. 陰則旱, 蟲傷禾豆.《武備志》《위선지》 권1 〈일 년의 예측(상)〉 "1월점"
　'입춘(立春, 양력 2월 3·4일경)의 징후'.

량을 점치는 내용이다.

1월 3일에 갑(甲)이 들면 그해의 수확은 상급이다. 4일에 들면 중급이다. 5일에
들면 하급이다. 1월 안에 갑인(甲寅)일이 들면 쌀이 싸진다. 《동방삭점서》[22]

이러한 내용은 번역자와 연구자뿐만 아니라 현대의 독자들에게도 유의
미한 정보 체계로 전달되지 않는다. 번역문과 원문 그 자체를 아무리 들여
다보아도 우리 깜냥으로는 해결할 수 없는 영역이라는 소회만 가득할 뿐이
다. 이러한 언어들이 기반하고 있는 세계관과 언어관, 그리고 역법 체계(캘
린더 시스템)를 꿰뚫고 있지 않으면 무의미한 점술 공식처럼 여겨질 뿐이다.
서유구가 가려 뽑은 이러한 기사의 근저에는 천간(天干, 갑을병정무기경신임
계)과 지지(地支, 자축인묘진사오미신유술해), 오행(五行, 목화토금수) 간의 상응 관계
가 전제되어 있다. 천간 중에서 갑을(甲乙)은 목에, 병정(丙丁)은 화에, 무기
(戊己)는 토에, 경신(庚辛)은 금에, 임계(壬癸)는 수에 속해 있다. 지지 중에서
인묘(寅卯)는 목에 속하고 동방에, 사오(巳午)는 화에 속하고 남방에, 신유(申
酉)는 금에 속하고 서방에, 해자(亥子)는 수에 속하고 북방에, 토는 진술축
미(辰戌丑未)와 사계(四季, 3·6·9·12월의 마지막 18일)에 모두 걸리고 중앙에 배정
되어 있다.
예를 들어 "갑(甲)은 만물이 껍질을 벗고 세상에 나온다는 뜻이다."[23]에
서 보듯이 '甲'은 봄에 씨앗이 묵은 껍질을 벗고 생명을 발산하는 의미를 담
고 있다. 인용한 기사 본문에서 3일에 갑(甲)이라는 천간이 들어가 있으면
그해의 수확이 좋다고 말한 이유는 "甲-春-三-木"으로 연결되는 오행의

---

22 "三日得甲, 爲上歲; 四日, 中歲; 五日, 下歲; 月內有甲寅, 米賤. 《東方朔占書》"《위선지》 권1 〈일
  년의 예측(상)〉 "1월점" '갑(甲)이 든 날'.
23 "甲者, 萬物剖孚甲而出也."《史記》〈律書〉 卷25.

운행이 모두 들어맞기 때문이다.

이같이 오행에 기반한 모든 사물의 대응 관계가 고대 사상가들의 머릿속에는 다음처럼 하나의 주기율표처럼 자리 잡고 있었다. 오성(五星)은 목성·화성·토성·금성·수성, 오시(五時)는 춘·하·토·추·동, 오방(五方)은 동·남·중앙·서·북, 오색(五色)은 청·적·황·백·흑, 오성(五聲)은 각·치·궁·상·우, 오상(五常)은 인·예·신·의·지, 오수(五數)는 8(3)·7(2)·5(10)·9(4)·6(1), 오미(五味)는 산·고·감·신·함, 오정(五情)은 희·락·욕·노·애, 오장(五臟)은 간·심·비·폐·신.

이러한 기호들이 유의미한 상징체계로 입력되어 있는 일군의 천문 점성가들이 위와 같은 내용의 기사를 저술하였고, 서유구 역시 그 자료가 아직도 유효하다고 판단해《위선지》에 수록한 것이다. 참고로 오행에 근거한 천간과 지지 등의 상응관계를 표로 만들면 다음과 같다[24].

〈표10〉 오행의 상응 관계

오행 (五行)	오성 (五星)	오시 (五時)	오방 (五方)	오색 (五色)	오성 (五聲)	오상 (五常)	오수 (五數)	오미 (五味)	오정 (五情)	오장 (五臟)	천간 (天干)	지지 (地支)
목 (木)	목성 (木星)	춘 (春)	동 (東)	청 (靑)	각 (角)	인 (仁)	8·3	산(酸), 신맛	희 (喜)	간 (肝)	갑을 (甲乙)	인묘 (寅卯)
화 (火)	화성 (火星)	하 (夏)	남 (南)	적 (赤)	치 (徵)	예 (禮)	7·2	고(苦, 쓴맛	락 (樂)	심 (心)	병정 (丙丁)	사오 (巳午)
토 (土)	토성 (土星)	토 (土)	중앙 (中央)	황 (黃)	궁 (宮)	신 (信)	5·10	감(甘, 단맛)	욕 (慾)	비 (脾)	무기 (戊己)	진술 축미 (辰戌 丑未)
금 (金)	금성 (金星)	추 (秋)	서 (西)	백 (白)	상 (商)	의 (義)	9·4	신(辛, 매운 맛)	노 (怒)	폐 (肺)	경신 (庚辛)	신유 (申酉)
수 (水)	수성 (水星)	동 (冬)	북 (北)	흑 (黑)	우 (羽)	지 (智)	6·1	함(醎, 짠맛)	애 (哀)	신 (腎)	임계 (壬癸)	해자 (亥子)

---

24 이 도표는 수隋나라 소길(蕭吉, ?~?)의《오행대의五行大義》를 기준으로 만들어졌다.

《위선지》를 읽는 독자들은 이러한 오행의 상응관계를 기억해놓지 않는
다면, 위와 같은 기사로 가득한 《위선지》를 읽으면서 이 책이 줄곧 영양가
없는 점후서라는 인상을 받을 수밖에 없다. 서유구 시대와 우리 시대는 시
간과 공간이 격절되어 있고, 특히 언어 상징체계를 달리하고 있는 까닭이
다. 《위선지》 번역자와 교열자들이 갖는 고민과 의문점을 독자들 역시 경
험하지 않을까 싶다.

1월에서 12월까지는 이와 같은 형식의 기사가 주를 이룬다. 특징적인 기
사 몇 개를 소개하는 식으로 각 권의 내용을 짤막하게 요약한다.

2월 2일을 농가에서는 '상공일'이라 한다【안 일꾼들이 이날 일을 시작한다】.
맑아야 좋다. 《군방보》[25]

겨우내 일을 쉬던 일꾼들이 본격적으로 일하는 날이기에 맑아야 좋다
는 내용을 담은 '상공일' 표제어에 실린 기사이다. 서유구가 안설을 달아 '上
工'의 의미를 서술했다. 상공일은 중국과 조선에서 매우 중요한 풍속일 중
의 하나였다. 상공일에 대한 《농정전서》의 설명도 이와 같은 내용이다.[26]
《동국세시기》에서는 2월 1일을 머슴날[奴婢日]이라고 해서, 정월 대보름에
세웠던 볏가릿대 속에 넣어 두었던 곡식으로 송편 같은 떡을 만들어 머슴
들에게 먹이고 하루를 쉬게 했다는 전승도 있다.[27]

---

25 "二日田家謂之'上工日'【按 傭工之人, 此日上工】, 宜晴. 《群芳譜》"《위선지》 권1 〈일 년의 예측
(상)〉 "2월점" '상공일'.

26 "2월 2일 봄 농사가 시작되는데, 민간에서는 '상공일'이라고 한다. 농사를 짓는 집의 품팔이 일꾼
들 모두가 이날 일거리를 맡게 되는 날의 시작이기 때문에, '상공'이라고 이름 지었다(初二日, 東
作興, 俗謂'上工日'. 田家雇傭工之人, 俱此日執役之始, 故名上工)."《農政全書》 卷10 〈農事〉 "授
時"(《農政全書校注》, 230쪽).

27 洪錫謨 撰, 崔南善 編, 《東國歲時記》, 朝鮮光文會, 1911, 20쪽.

청명에는 맑은 날씨를 좋아하고, 비를 싫어한다. 속담에 "처마 앞에 꺾꽂이한 버드나무가 푸르면 농사꾼은 쉬면서 맑은 날씨를 바란다. 처마 앞에 꺾꽂이한 버드나무가 말랐으면 농사꾼은 지극정성으로 작물을 키운다."라 했다. 《월령통고》[28]

위 기사는 청명에는 그 이름처럼 맑아야 좋을 것이라는 농부들의 기대 심리를 보여준다. 청명에 비가 와서 버드나무 잎이 푸르면 일손을 놓고 비개길 기다리지만, 그날 맑으면 한 해 농사는 잘 될 것이라는 믿음이 있기에 꾀를 부리지 않고 농사에 열심이다는 의미의 속담을 인용하고 있다.

서유구는 음력 5월 초하루를 대표하는 표제어로 '벼의 운세[禾本命]'를 붙여 놓았다. 5월 초순은 벼의 생장이 가장 활발한 즈음이라 이날 비가 오고 안 오고가 일 년 벼농사의 풍흉을 가름하는 중요한 날이라고 여겼기 때문이다. 《가정현지》·《군방보》·《농정전서》 등 여러 문헌에서 모두 5월 1일의 중요성을 강조하는 기사를 가려 뽑았다. 서유구는 이처럼 하나의 표제어와 관련된 내용을 가능한 한 자세하게 수록하기 위해 인용문헌 178종을 모두 살펴보고 그 표제어에 부합하는 기사를 배치하는 방식으로 《위선지》를 편찬했다. 이러한 편찬 방식은 《임원경제지》 곳곳에 적용되고 있다.

5월 1일 아침은 올벼의 운세를 보는 날[本命日]이니, 더욱 비를 꺼린다. 《가정현지》

5월 1일에 맑으면 주로 풍년이 들게 된다. 《군방보》

속담에 "5월 1일에 빗방울이 떨어지면 우물이 넘치게 된다. 2일에 빗방울이 떨어지면 우물이 마르게 된다. 3일에 빗방울이 떨어지면 물이 많아 태호(太

---

28 "淸明喜晴, 惡雨. 諺曰: '簷前揷柳靑, 農人休望晴; 簷前揷柳焦, 農人好作嬌.'《月令通考》"《위선지》 권1〈일 년의 예측(상)〉 "3월점" '청명의 징후'.

湖)29까지 이어진다."라 했다. 또 "1일에 비를 만나면 사람들이 온갖 풀로 연명하게 된다."라 했다. 또 "1일에 맑으면 한 해가 풍년 든다. 1일에 비가 내리면 한 해가 흉년 든다."라 했다.《농정전서》30

권2는 〈표9〉의 체례에서 밝혔듯이, 하늘, 땅, 해, 달, 바람, 비, 구름 등의 천문 기상 현상과 초목, 곡식, 금수, 곤충 등의 자연 현상을 통해 풍흉과 길흉을 점치는 내용으로 구성되어 있다. 권2의 첫 표제어인 '하늘의 빛깔'에는 아래와 같은 3개의 기사가 들어 있다. 이 기사들은 사건들의 인과 관계를 반영하는 역사적 사건이나 사실들의 기술이라기보다는 옛날 사람들이 하늘 빛깔에 대해 품고 있던 일반적인 통념이나 경험을 반영하는 자료이다.

하늘이 높고 빛깔이 백색이면 가뭄이 들게 된다.《무비지》
하늘의 빛깔이 황색으로 변하면 가뭄이 들고 작황은 흉작이며, 도적이 일어나게 된다.《무비지》
하늘이 갑자기 자욱해졌다가, 며칠간 이 기운이 흩어지지 않고 큰비가 오지도 않으면 천하에 크게 가뭄이 들게 된다.《관규집요》31

재밌는 기사를 몇 개 소개하면 다음과 같다. '하늘에서 가마솥과 시루를 내린다[天雨釜甑]'거나 '흰 가루[白麪]'가 나온다는 내용의 기사가 있어, 도대체 이 기상 현상이 무엇을 의미하는지 교열 과정에 여러 상상력을 동원

---

29 태호(太湖) : 중국 강소성(江蘇省)과 절강성(浙江省)에 걸쳐 있는, 중국에서 3번째로 큰 담수호.
30 "五月朔朝爲旱禾本命旦, 尤忌雨.《嘉定縣志》"; "一日晴, 主年豊.《群芳譜》"; "諺云初一雨落, 井泉浮; 初二雨落, 井泉枯; 初三雨落, 連太湖.' 又云 : '一日値雨, 人食百草.' 又云 : '一日晴, 一年豊; 一日雨, 一年歉.'《農政全書》"《위선지》권1〈일 년의 예측(상)〉"3월점" '벼의 운세'.
31 "天高色白, 爲旱.《武備志》"; "天色變黃, 旱荒盜起.《武備志》"; "天忽濛濛, 數日不解, 大雨不至, 天下大旱.《管窺輯要》"《위선지》권2〈일 년의 예측(중)〉"하늘로 점치다" '하늘의 빛깔'.

하여 다양한 해석을 내놓았지만 해결되지 않았다. 중국에서 어떤 시기에 일어났던 특이한 사건에 대한 사람들의 기억이 아래와 같은 역사적 기록물로 전해지는 사례라 생각된다.

작은 동전만 한 크기의 어떤 물건이 땅에서 나올 때, 그중 삼씨[麻]나 기장만 한 것이 있으면 '하늘이 가마솥과 시루를 내렸다[天雨釜甑, 천우부증]'라 한다【안 《관규집요》에 "세상 사람들은 '시루떡[蒸餠]'을 내렸다고 한다."라 했다】. 그해에는 주로 풍년이 들게 된다. 《송사(宋史)》〈천문지〉32

땅에서 흰 가루가 나오면 그해에 백성에게 기근이 들어 유랑하게 된다. 《무비지》33

권2 중 "천둥이나 번개로 점치다[占雷電]"와 "서리나 이슬로 점치다[占霜露]" 같은 소제목 아래 배치된 기사들에는 지금 상식으로 이해해도 개연성이 높은 점들이 주로 나온다. "구름이 없는데도 천둥이 치면 기근과 전염병이 크게 일어나게 된다."34는 말은 마른하늘에 날벼락이 치면 상서롭지 못하다는 요즘 생각과 맥락이 통한다. "봄에 서리가 내리면 주로 가뭄이 들고, 사람들이 병에 걸린다"35는 말은 봄철 지나치게 추우면 과일과 곡식의 씨앗이 추위를 이겨내지 못하니 흉작이 올 가능성이 높다는 말과 다름이 없다. "겨울에 서리나 눈이 없으면 1년이 지나지 않아서, 사람들이 서로 잡

---

32 출전 확인 안 됨; 《二如亭群芳譜》〈元部〉 "天譜" 卷1 '占候'(《四庫全書存目叢書補編》80, 58쪽).

33 "有物如小錢許大, 從地中出, 其中如麻黍稷大, 名天雨釜甑【안 管窺輯要云: '世人謂之蒸餠'】, 主歲穫. 《宋·天文志》"; "地生白麵, 其年民飢流亡. 《武備志》"《위선지》 권2 〈일 년의 예측(중)〉 "땅으로 점치다" '땅의 이상 현상'.

34 "無雲而雷, 飢 疫大起. 《占夢書》"《위선지》 권2 〈일 년의 예측(중)〉 "천둥이나 번개로 점치다" '맑은 날의 천둥'.

35 "春霜, 主旱, 人病. 《群芳譜》"《위선지》 권2 〈일 년의 예측(중)〉 "서리나 이슬로 점치다" '봄이나 겨울 서리'.

아먹게 된다."[36]는 말은 서리와 눈이 겨울에 적절하게 내려야 강수량이 유지되어 농사에 활용할 수 있다는 표현이나 다름없다.

권2의 "초목으로 점치다[占草木]" 항목에는 풀과 나무, 꽃 등의 생장이 곡식 농사와 긴밀히 연관되어 있음을 말해주는 내용들도 다수 등장한다. 연꽃과 복숭아, 자두, 살구의 사례만 예시한다.

연꽃을 '수화괴'라고 한다. 이 꽃이 하지 전에 개화하면 주로 물난리가 나게 된다. 《전가오행》[37]

복숭아나무나 자두나무에 열매가 많으면 다음해는 반드시 풍년이 들게 된다. 《염철론》[38]

살구나무에 열매가 많고 벌레가 먹지 않으면 이듬해 가을에 벼가 좋다. 《사광점》[39]

권2 말미에는 부록으로 "곡식 농사에 좋은 날과 피할 날[耕播宜忌日]"을 첨가했다. '의기일(宜忌日)'이란 손이 없어 좋거나[宜] 피해야[忌] 할 날을 말한다. 이어 채소 농사, 나무 심기, 누에 치기, 가축 기르기, 사냥과 고기잡이에 좋은 날과 피할 날들도 부록으로 수록했다. 심지어는 '소 코뚜레 뚫기 좋은 날과 피할 날', '고양이 데려오기에 길한 날', '개 사거나 데려오기에 좋은 날과 피할 날'도 기록해 두었다.

---

36 "多無霜雪, 不出一年, 人民相食." 《위선지》 위의 책, 같은 곳.
37 "藕花謂之'水花魁', 開在夏至前, 主水. 《田家五行》" 《위선지》 권2 〈일 년의 예측(중)〉 "초목으로 점치다" '수화괴(水花魁)'.
38 "桃李實多者, 來歲必穫. 《鹽鐵論》" 《위선지》 권2 〈일 년의 예측(중)〉 "초목으로 점치다" '복숭아나무나 자두나무'.
39 "杏多實不蟲者, 來年秋禾善. 《師曠占》" 《위선지》 권2 〈일 년의 예측(중)〉 "초목으로 점치다" '살구나무나 대추나무'.

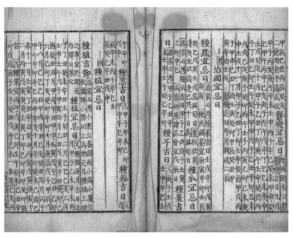

부록 기사 원문(오사카본 《위선지》 권2 '부록 채소 심기 좋은 날과 피할 날, 부록 나무 심기 좋은 날과 피할 날)

권3은 주로 〈별로 점치다〉라는 내용으로 구성되어 있다.

여기서는 자미원(紫微垣)·태미원(太微垣)·천시원(天市垣) 등 삼원(三垣) 별자리, 동서남북 방향의 각 7수, 즉 28수의 별자리, 토성·목성·수성·화성·금성 등 오성, 요성·객성·유성·혜성 등을 소개했다. 그리고 그 별자리의 이상 징후가 풍흉과 길흉에 미치는 영향을 서술했다. 이 내용이 권3의 거의 80퍼센트를 차지한다.

〈별로 점치다〉에 이어지는 후반부에는 60갑자와 간지를 이용하여 〈운기로 점치다〉라는 내용을 다룬다. 운기(運氣)는 오운육기(五運六氣)를 말한다. 오운은 금·목·수·화·토 오행의 운행을 말하고, 육기는 궐음(厥陰)·소음(少陰)·태음(太陰)·소양(少陽)·양명(陽明)·태양(太陽)을 뜻한다. 사실 '운기'라는 용어로 표현되는 세계 역시 현대의 독자 거의 대부분이 접근이 어려워서 이해가 불가능한 술수학(術數學)의 영역이다. 현대인에게 술수학이 주는 이미지는 '미신'이다. 미신이라면 당연히 '비과학'으로 받아들일 것이다.

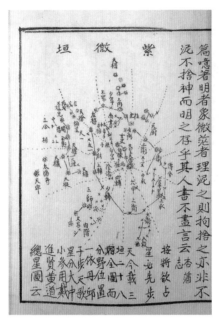

자미원 원도(고려대본)

그럼에도 풍석은 현대에 미신이나 비과학으로 여길 만한 영역을 통해서도 풍흉과 길흉 예측하는 법을 소개했다.

먼저 〈별로 점치다〉를 설명하겠다. 서유구는 〈별로 점치다〉의 일부인 권3의 첫 기사에서 천체의 현상이 인간세계에 긴밀한 영향을 주고 있다고 역설했다. 그러나 《전가오행》과 같이, 이 점을 소홀히 한 이전의 점후서에서 다루지 않은 별점을 여기에서 집중적으로 소개하겠다고 했다. 천체 현상이나 자연 현상이 곧 인간 사회에 영향을 미치고, 인간 세계의 활동 역시 천지에 영향을 준다는 이 '상관적 사고(correlative thinking)'는 동아시아의 오래되고 강고한 사고방식이었다. 《위선지》 전체가 이 같은 세계관을 반영했다. 그중 〈별로 점치다〉에서 서유구는 천문과 관련된 예측이 필요한 까닭을 아래와 같이 밝혔다.

나는 무릇 물난리나 가뭄, 풍년이나 흉년은 더욱 칠정(七政, 일월오성)과 연계되어 있는데도 누원례(婁元禮)나 육영(陸泳)의 점과 예측이 별들의 상(象)에까지 개괄하여 미치지 못했던 이유는 무엇 때문인지 홀로 이상하게 여겼다. 그러므로 지금 위로 거슬러 올라가서 전국 시대의 감덕(甘德)과 석신(石申), 아래로는 한나라의 사마천(司馬遷)과 장형(張衡), 당나라의 이순풍(李淳風) 등 여러 학자에 이르기까지 풍흉과 길흉의 예측과 관련된 내용을 모아서 이 편에 기록했다.

아! 드러나서 밝은 것은 상(象)이요, 은미하여 알 듯 모를 듯 아득한 것은 이치[理]이다. 그러므로 상에 너무 집착하면 구애된다. 그렇다고 이를 저버리는 일도 옳지 않다. 너무 집착하지도 말고 버리지도 말아야 한다.[40]

하지만 전문가가 아니면 이런 방식의 세계관이 실제로 반영된 구체적 사례를 알기는 어려웠다. 서유구가 〈별로 점치다〉에서 별점 자료를 망라한 시도는 바로 이런 상황의 해소를 목표로 삼았다. 별점을 치기 위해서는 무엇보다도 우선 별자리 모양이 가장 중요한 요소이다. 그러므로 이를 위해 각 별자리 설명에 앞서 해당 대목에서는 별자리 그림을 총 16컷으로 실었다. 여기에는 3원 28수 및 오성이 수록되었다. 특히 오성 그림은 서양 천문학에서 망원경을 통해 파악한 그림을 수록했다.

---

[40] "余獨怪夫水旱、豐荒尤繫七政, 而婁、陸占侯不槪及於星象者何也. 今上溯甘、石, 下逮司馬遷、張衡、李淳風諸家, 撮其有關於候歲者, 著之于篇. 噫! 著明者象, 微茫者理. 泥之則拘, 捨之亦非, 不泥不捨."《위선지》권3〈별로 점치다〉"총론". 서유구는 이 글에서《위선지》를 저술하면서 도움을 받은 대표적인 학자들을 언급하고 있다. 감석(甘石)은 전국 시대 제(齊)나라의 감공(甘公)과 위(魏)나라의 석신(石申) 두 천문가를 함께 부르는 말이다. 사마천(司馬遷, BC 145?~BC 86?)은《사기(史記)》의 저자이다. 장형(張衡, 78~139)은 후한(後漢) 시기의 천문학자로, 혼천설의 대표자이자《영헌(靈憲)》,《혼천주(渾天注)》등의 저술자이다. 이순풍(602~670)은 당나라의 천문학자로《진서(晉書)》와《수서(隋書)》의〈천문지〉·〈율력지(律曆志)〉를 편찬했고,《산경상서(算經上書)》를 주석했으며,《을사점(乙巳占)》등을 저술했다.

이어서 각 별자리마다 천구상에서의 위치가 어디인지, 몇 개로 구성되었는지를 밝힌다. 7언시로 구성된 천문서인《보천가(步天歌)》에서 이와 관련된 정보가 인용된다. 예를 들어 태미원에 속한 별자리인 '3-1) 서번(西藩, 서쪽 담장) 5성과 동번(東藩, 동쪽 담장) 5성'에 대해서는《보천가》에 다음과 같이 소개했다.

이곳이 좌집법(左執法)[41]과 우집법(右執法)[42]이 일을 보는 장소라서,

동원(東垣)[43]에는 상상(上相, 재상)·차상(次相, 부재상) 늘어서 있네.

차장(次將, 부대장)·상장(上將, 대장)도 연이어 빛나서,

서쪽(오른쪽) 담장도 이 관리의 숫자와 같지만,

다만 차장·상장 등의 순서가 반대여서 남쪽으로 간다네.[44]

그러나 원도로 실린 16컷의 별자리 그림으로는 각각의 별자리를 세밀하게 파악하는 데 한계가 있었다. 이를 해결하기 위해 번역 과정에서《보천가》·《성경(星經)》·《오례통고(五禮通考)》와 같은 서적에 수록된, 보다 상세한 별자리 그림을 소개했다. 이와 함께《천상열차분야지도(天象列次分野之圖)》를 돌에 새긴 각석(刻石)의 탁본과 비교할 수 있도록 그 그림도 제시했다. 《천상열차분야지도》는 조선 시대에 1년 동안 밤하늘에서 볼 수 있는 별자리를 모두 모은 천문도이다. 1395년(태조 4)에 제작되어 세종(1433년)과 숙종(1687년) 때에 복각되기도 했다. 국립중앙도서관의 소장본(청구기호: 한古朝66-56-2)을 임원경제연구소에서 촬영하여 활용했다. 이 그림들과 함께 기사를

---

41 좌집법(左執法) : 태미원 중 서번 5성의 제1성. 형벌을 담당하는 관리인 정위(廷尉)를 상징한다.

42 우집법(右執法) : 태미원 중 동번 5성의 제1성. 관리들의 규찰을 담당하는 관리인 어사대부(御史大夫)를 상징한다.

43 동원(東垣) : 태미원의 왼쪽 담장.

44 《위선지》권3〈별로 점치다〉"태미원(太微垣)의 별자리".

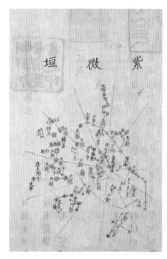

자미원 규장각본 원도

토성·목성·수성·화성·금성
규장각본 원도

주운도·주기도 규장각본 원도

따라가면 별자리 모양과 본문의 이해에 적지 않은 도움이 될 것이다.

예를 들어 '서번(西藩, 서쪽 담장) 5성과 동번(東藩, 동쪽 담장) 5성'에서 제시한 《오례통고》와 《천상열차분야지도》, 그리고 임원경제연구소에서 새로 만든 그림은 다음과 같다. 새로 만든 그림은 해당 대목 원문의 또 다른 인용서인 《진서·천문지》의 해설을 반영한 그림이다.

이후 기사에서는 특정 별의 위치를 천구상에서의 특정 기준점에서의 수치로 알려주었다. 역대로 이 별자리들의 위치를 혼천의와 같은 천문 의기(儀器)로 측정한 값을 안내해준 것이다. 천문 기구를 이용해 별자리의 정확한 위치를 수치화한 이 같은 내용은 주로 《송양조천문지(宋兩朝天文志)》나 《오례통고(五禮通考)》에서 왔다. 역시 '서번 5성과 동번 5성'의 해당 기사를 보면 다음과 같다.

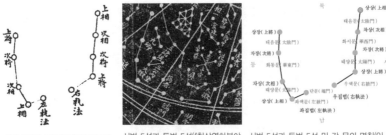

서번 5성과 동번 5성(《오례통고》)　서번 5성과 동번 5성(《천상열차분야　서번 5성과 동번 5성 및 각 문의 명칭(임
지도》)　원경제연구소)

우집법은 북극거리가 84도이고, 경도가 익(翼)수에서 12.5도 들어간다. 좌집
법은 북극거리가 86도이고, 경도가 진(軫)수에서 1.5도 들어간다. 《송양조천
문지》

좌집법은 황경(黃經)이 9궁 1도 16분이고, 황위(黃緯)는 북으로 1도 25분이다.
동번 상상은 황경이 9궁 5도 46분이고, 황위가 북으로 2도 50분이다.
적경(赤經)이 9궁 6도 25분이고, 적위(赤緯)가 북으로 1도 18분이다.
동번 차상은 황경이 9궁 7도 5분이고, 황위가 북으로 8도 40분이다.
적경이 9궁 9도 57분이고, 적위가 북으로 5도 9분이다.
우집법은 황경이 8궁 22도 42분이고, 황위가 북으로 1도 43분이다.
적경이 8궁 23도 35분이고, 적위가 북으로 3도 34분이다.
서번 상장은 황경이 8궁 14도 18분이고, 황위가 북으로 1도 42분이다.
서번 차장은 황경이 8궁 13도 08분이고, 황위가 북으로 6도 7분이다.
서번 차상은 황경이 8궁 9도이고, 황위가 북으로 9도 42분이다. 〈금측(今
測)〉[45]
위 인용문의 말미에 적힌 '금측'은 《오례통고》에서 온 글이다. 《오례통

---

[45] 《위선지》, 위와 같은 곳.

고》의 편찬자 진혜전(秦蕙田, 1702~1764)이 "현재의 측정 결과[今測]" 부분, 즉 당시의 측정 결과를 인용한 내용이다.

또 그 별자리의 이칭과 함께 별자리의 상징이 무엇인지도 소개했다. 이로 써 인간 사회와의 연관성을 필연으로 받아들이도록 했다. 이와 관련해서는 중국 전국 시대에 저술되었다고 알려진 《성경(星經)》 등이 그 역할을 한다.

예를 들어 동방7수 중 하나인 저수에 대해 '5-4) 저수(氐宿) 4성'에는 다 음과 같이 그 이칭과 그 상징을 표현했다.

저수 4성은 천숙궁(天宿宮, 천자가 머무는 궁전)이다. 일명은 '천근(天根)'이다. 2 번째 이름은 '천부(天符)'이다. 황후나 비빈(妃嬪)을 주관한다. 앞의 큰 2성은 정비(正妃, 정실 왕비)이고, 뒤의 2성은 좌우의 빈(嬪)이다. 《성경》46

이상과 같이 특정 별자리에 대한 소개가 끝나면 이 별자리의 변화가 인 간 사회에 어떤 영향을 미치는지에 대한 점사들을 정리하면서 그 별자리 기사가 마무리된다. 예를 들어 견우와 직녀로 유명한 견우성을 해설한 '7- 8) 우수(牛宿, 소) 6성'에서의 점사의 일부는 다음과 같다.

견우가 밝으면 관문이나 수로가 통하고, 천하가 편안하게 된다.
밝지 않으면 오곡이 제대로 여물지 않고, 소가 대부분 재앙을 겪게 된다.
별빛이 변하면 오곡이 제대로 여물지 않게 된다.
달이 견우를 침범하면 소가 대부분 전염병에 걸리고, 소·말·양이 갑자기 죽 게 된다.
목성이 견우 옆을 차지하면 천하가 화평하게 된다.

---

46 《위선지》 권3 〈별로 점치다〉 "동쪽 각(角)·항(亢)·저(氐) 3수".

화성이 견우 옆을 차지하면 소가 10배 비싸지고, 사람들이 기근을 겪어 서로 잡아먹게 된다.

수성이 견우 옆을 차지하면 큰물이 솟아나오고, 호랑이와 이리가 사람을 해치며, 오곡이 제대로 여물지 않고, 소가 대부분 죽게 된다.

창백(蒼白)색 구름 기운이 견우로 들어오면 소가 대부분 죽게 된다.

적색 기운이 견우를 관통하면 소나 말이 대부분 죽게 된다. 《군방보》47

점사에서는 보통 해당 별자리의 밝기와 색깔의 변화, 다른 별이나 유성·혜성·패성·오행성 등의 침범, 구름 기운의 침범 등이 일어날 때의 영향을 서술한다. 위의 우수(牛宿) 사례에서 보듯이 우수의 변화가 그 상징인 소나 그밖의 가축 및 들짐승의 길흉에 영향을 줄 뿐만 아니라 풍흉이나 천하의 평화에도 변화를 준다는 식인 것이다.

이 같은 내용을 살피면 천문 현상의 변화가 인간 사회에 미치는 영향이 얼마나 지대하다고 여겼는지를 알 수 있다. 국가 차원에서는 말할 것도 없고 민간에서조차도 천문도를 익혀서 미래를 대비해야 할 이유가 여기에 있다고 풍석은 판단한 것이다. 이를 위해 별점과 관련된 오래된 서적은 물론이고 비교적 최근에 편찬된 문헌(《군방보》·《무비지》·《관규집요》·《오례통고》 등)도 적극적으로 반영했다. 지금은 이상과 같은 점사를 전혀 믿지 않겠지만 전통 시대 사람들은 대부분 자신들이 알고 있는 여러 이유나 사회적 통념 및 합리적이라고 여겼던 논리들을 통해 별을 통한 점을 의심하지 않았을 것으로 보인다.

《위선지》에는 원도(原圖)가 19개 나오는데, 그 전체가 권3에 몰려 있다. 주로 별자리와 행성, 운기(運氣)에 관한 그림이다. 이 그림 중 〈원도1~11〉의

---

47 《위선지》 권3 〈별로 점치다〉 "북쪽 두(斗)·우(牛)·여(女) 3수".

출전은 찾지 못했지만 《보천가》 혹은 《천문유초》를 참조하여 그린 듯하다. 〈원도13~19〉의 출전은 《의종금감(醫宗金鑑)》[48]이다. 오행을 그린 〈그림12〉의 출전은 아직 확인하지 못했다.

〈표 11〉《위선지》 그림 목록

권 수	번 호	제 목	글자 수
권3	〈원도1〉	자미원의 별자리[紫微垣]	1,221
	〈원도2〉	태미원의 별자리[太微垣]	
	〈원도3〉	천시원의 별자리[天市垣]	
	〈원도4〉	동쪽의 각·항·저 3수[東方角亢氐三宿]	
	〈원도5〉	동쪽의 방·심·미·기 4수[東方房心尾箕四宿]	
	〈원도6〉	북쪽의 두·우·여 3수[北方斗牛女三宿]	
	〈원도7〉	북쪽의 허·위·실·벽 4수[北方虛危室壁四宿]	
	〈원도8〉	서쪽의 규·누·위 3수[西方奎婁胃三宿]	
	〈원도9〉	서쪽의 묘·필·삼·자 4수[西方昴畢參觜四宿]	
	〈원도10〉	남쪽의 정·귀·유 3수[南方井鬼柳三宿]	
	〈원도11〉	남쪽의 성·장·익·진 4수[南方星張翼軫四宿]	
	〈원도12〉	토성(土星)·목성(木星)·수성(水星)·화성(火星)·금성(金星)	
	〈원도13〉	주운도(主運圖)	
	〈원도14〉	주기도(主氣圖)	
	〈원도15〉	객운도(客運圖)	
	〈원도16〉	객기사천재천간기도(客氣司天在泉間氣圖)	
	〈원도17〉	오운절령도(五運節令圖)	
	〈원도18〉	육기절령도(六氣節令圖)	
	〈원도19〉	육십년운기상하상림도(六十年運氣上下相臨圖)	

---

48 《의종금감》: 청나라 고종(高宗)의 칙령으로 오겸(吳謙)과 유유탁(劉裕鐸) 등 70여 명의 의학자가 1742년 편찬한 90권 분량의 종합 의서이다.

다음으로 〈운기로 점치다〉에서는 어떤 내용을 다뤘는지 설명하겠다. 먼저 "총론"에서는 왜 운기 점이 필요한지 역설했다. 서유구에 따르면 천지의 끊임없는 변화 속에 오운과 육기가 섞이면서 인간 사회에 재앙이나 행운과 같은 징조를 보여주기 때문이라는 것이다.

> 운(運, 오운)은 기(氣, 육기)와 하늘과 땅 사이에서 섞이며, 따르거나 거스르고, 침범하거나 이기면서, 인간세의 재앙과 행운의 징조를 보여준다. 또 한 기운이 너무 왕성하여 해가 되면 다른 기운이 나와서 이를 제어하고, 사특함이 횡행함을 용납하지 않으며, 길흉의 징후를 보여주어 온갖 사물이 이지러지나 자라나는 모습을 손바닥처럼 훤히 볼 수 있다.[49]

그렇기 때문에 전통 시대에는 실제로 사람을 치료할 때 의사들은 이 운기를 응용하여 처방에 활용했다. 풍석은 치료뿐만 아니라 풍흉이나 길흉을 점칠 때도 이 같은 술법이 필요하다는 판단을 했다.

> 나는 운기의 정교한 술법이 의료 기술의 핵심을 위해서만이 아니라 점성가를 위해서는 더욱 무시해서는 안 된다고 생각한다. 지금 《소문입식운기론오(素問入式運氣論奧)》 등 여러 책을 고찰하여 그 대강을 정리하고 해의 절기를 나누어 별점 항목의 아래에 별도로 붙여 놓았다. 《행포지》[50]

그 결과 기존의 저술들을 자신이 다시 정리하여 정리해 놓았던 것이다. 이어서 육십갑자가 든 날이나 해를 점치는 내용이 이어진다. 예를 들어 첫 번째로 소개한 갑자(甲子)와 갑오(甲午)년이 든 해에서는 먼저 그 해에 해당하

---

49 《위선지》 권3 〈운기로 점치다〉 "총론".
50 《위선지》, 위와 같은 곳.

는 운기 상의 특성을 다음과 같이 설명한다.

> 돈부(敦阜)의 기(紀)이고, 순화(順化)의 연(年)이다. 이해는 토 기운이 너무 지나
> 치고, 우습(雨濕, 비나 습기)이 유행한다. 소음(少陰)이 사천(司天)하고, 양명(陽
> 明)이 재천(在泉)한다.[51]

돈부니, 순화니, 사천이니, 재천이니 하는 용어들이 매우 낯선 현대인들
에게는 이 글이 마치 암호 문구처럼 보인다. 그렇기 때문에 이 용어들의 의
미를 이해하는 일이 급선무이다.

이어서 1년을 360일로 보고, 이를 6개의 구간으로 나누어 각 구간에서
의 운기 상으로 알 수 있는 점을 제시한다. 이 6개의 구간은 ①춘분 전 60
일, ②춘분 후 각 60일, ③하지 전후 각 30일, ④추분 전 60일, ⑤추분 후
각 60일, ⑥동지 전후 각 30일이다.

예를 들어 ①춘분 전 60일에 대해서 갑오와 갑자가 든 해에는 다음과
같은 점이 제시되었다.

> 춘분 전 60일【첫 번째 기(氣)이다. 객기(客氣)인 태양(太陽)이 주기(主氣)인 궐음
> (厥陰)에 더해진다】에는 찬바람이 냉기를 더하고, 서리가 내리거나 눈이 오며
> 물이 얼게 된다.[52]

위의 인용문을 소략하게 풀이하면 다음과 같다. "갑오년과 갑자년의 춘
분 전 60일에는 궐음에 태양이 더해지는 특성으로 인해 바람이 냉기를 더
해 더욱 춥고, 서리나 눈이 와서 물이 어는 현상이 일어나게 된다."

---

51 《위선지》 권3 〈운기로 점치다〉 "갑자(甲子)와 갑오(甲午)".
52 《위선지》, 위와 같은 곳.

인용문의 소주 란([ ])에 적힌 "객기(客氣)인 태양(太陽)이 주기(主氣)인 궐음 (厥陰)에 더해진다."는 말은 특정 해에 고정된 주기(主氣)와 그해에 변화된 객 기(客氣)의 조합으로 한해의 기후변화를 예측하게 된다는 의미이다. 주기와 객기의 조합은 본문에서 참고할 수 있도록 제시한 '60년객기방통도(六十年客 氣旁通圖)'를 참조하면 된다.

"갑자와 갑오"로 시작한 운기점은 이후 "계사와 계해"까지 총 30개의 표 제어로 제시되었다. 그리고 그 표제어들의 기사에는 위에 제시한 인용문과 유사한 형식을 띠면서 각각 1년 중 6개의 구간으로 모두 정리되었다. 이를 합하면 총 180개의 구간이다.

이렇게 육십갑자가 든 해의 점을 다룬 뒤, "태세(太歲)[53] 총점", "5가지 침 범[五干]", "3가지 표징[三表, 삼표]"을 소개했다. 태세는 자축인묘로 시작하는 12지가 든 해를 말한다. '태세 총점'은 해당 12지가 든 해의 점을 정리했다. "단알(單閼)의 해[묘(卯)가 든 해]에는 그해 날씨가 화평하다. 벼·콩·맥류·누에 가 창성한다. 백성은 5승의 식량을 먹게 된다."[54]라는 점이 그중 한 예이다.

'5가지 침범'은 자(子)가 든 5일(갑자·병자·무자·경자·임자)의 기가 서로 침범 할 때의 점이다. 예를 들면 다음과 같은 식의 내용이 전개된다.

병자의 기가 갑자의 기를 침범하면 겨울잠을 자던 벌레가 일찍 나온다. 그러 므로 천둥이 일찍 치게 된다.
무자의 기가 갑자의 기를 침범하면 동물의 태아는 일찍 죽고 새의 알은 곯게 되며, 새와 벌레가 많이 상하게 된다.
경자의 기가 갑자의 기를 침범하면 전쟁이 나게 된다.

---

53 태세(太歲): 위 '13) 목성[歲星, 세성]'의 각주를 참고 바람.
54 《위선지》 권3 〈운기로 점치다〉 "태세(太歲) 총점".

임자의 기가 갑자의 기를 침범하면 봄에 서리가 내리게 된다.[55]

'3가지 표징'은 5행의 오기 중 금기·목기·수기·화기가 서로의 세력을 이겨서 양기나 음기가 세질 때 나타나는 징후를 점친다. 이를 통해 8가지 곡식이 비싸질지 싸질지를 알 수 있다고 했다. 다음과 같은 점이 그러한 예이다.

금(金)기의 세력이 목(木)기를 이기면 양기의 축적이 너무 왕성해서 오히려 금기가 목기 때문에 죽게 된다. 그러므로 목기 안에 있는 화(火)기가 이와 같으면 그해 농사가 매우 잘 되어서 8곡이 모두 싸진다.[56]

〈운기로 점치다〉의 마지막은 "운기의 일정함과 변화"이다. 여기에서는 운기가 일정할 때는 본래의 운기와 같지만, 변할 때는 달라진다는 전제를 가진 점법을 소개한다. 운기가 변할 때의 기상 징후를 종(從)과 역(逆), 음(淫)과 울(鬱), 승(勝)과 복(復), 태과(太過)와 부족(不足)이라는 8개로 나누었다. 그리고 그에 따라 점을 치고 변화에 대처하기를 주문했다. 이상이 권3에 들어 있는 내용이다.

〈바람과 비의 예측〉이란 대제목으로 묶여 있는 권4는 〈표9〉와 마찬가지로 권2와 체례가 비슷하다. 다소 차이가 있다면 비와 바람에 관한 기사들 위주로 실려 있다는 점이다. 비가 내릴지 바람이 불지를 예측하는 데에 한 권의 분량을 배정했다면, 이를 통해 전통 시대에 기상 변화 중 바람과 비가 얼마나 백성의 높은 관심의 대상이었는지를 추측할 수 있다.

먼저 "총론"에서는 바람과 비와 관련된 점사를 외우기 쉽게 지은 가결(歌

---

55 《위선지》권3 〈운기로 점치다〉 "5가지 침범[五干]".
56 《위선지》권3 〈운기로 점치다〉 "3가지 표징[三表, 삼표]".

訣) 한 편이 소개되었다. 이 가결은 분량만으로도 50쪽에 달한다. 그러나 실제 가결은 이보다 훨씬 적다. 왜냐하면 가결 원문을 해설한 소주(小注)가 많은 비중을 차지하기 때문이다. 이 한 편의 출전은 《풍우점시(風雨占詩)》이다. 이 가결은 이후에 다룰 여러 요소의 총론의 성격을 띤다.

이어서 20개의 소제목을 앞세워 비와 바람을 예측하는 법에 대해 본격적으로 소개한다. 이를 점치기 위해 필요한 요소에는 천지자연은 물론 앞에서 언급했던 육십갑자나 별자리, 절기 등까지 포함되었다. 권4에서 점을 치기 위해 사용된 유무형의 대상은 다음과 같다. 하늘, 땅, 해, 달, 별, 바람, 비, 구름, 안개, 노을, 무지개, 천둥이나 번개, 서리나 눈, 산수(山水), 초목, 금수, 곤충이나 물고기, 아궁이 연기, 아궁이 재, 등불, 금(琴)과 비파, 기둥과 벽, 사람 소리, 시후, 역일(曆日).

오늘날 경륜 있는 노인들이 손자 손녀에게 옛사람들의 지혜로 들려줄 만한 기사들도 다수 있다. 지금의 과학 상식으로 접근한다면, 개미나 물고기, 아궁이재 등이 습기나 비와 같은 기상현상과 어떤 연관관계를 갖는가라는 문제의식을 해명할 만한 단초를 제공해 줄 수도 있을 만한 기사들 몇 개를 소개하는 것으로 권4의 해제는 가름한다.

개미가 집을 지으면 큰비가 내리게 된다. 《역점》[57]
물고기가 수면 위로 떠서 다니면 주로 비가 내리게 된다. 《군방보》[58]
아궁이재가 온기를 띤 채 덩어리가 되면 날씨가 변하려는 현상이므로 비의 징조가 된다. 《농정전서》[59]

---

57 "蟻封穴戶, 大雨將至. 《易占》" 《위선지》 권4 〈바람과 비의 예측〉 "벌레나 물고기로 점치다" '개미'.
58 "魚浮水面, 主雨. 《群芳譜》" 《위선지》 권4 〈바람과 비의 예측〉 "벌레나 물고기로 점치다" '물고기'.
59 "竈灰帶溫作塊, 天將變作雨兆. 《農政全書》" 《위선지》 권4 〈바람과 비의 예측〉 "여러 점" '아궁이재'.

어린아이가 입에 거품을 뿜으며 소리를 내면 주로 비가 내리게 된다. 《행포지》[60]

6) 자료적 가치와 번역 과정

《위선지》에 실려 있는 자료들은 중국과 조선의 유서(類書)와 천문서 등을 통틀어서 가장 독특한 내용과 체제를 갖고 있다.[61] 중국의 유서와 천문서, 점서를 종합하고 압축하여 조선의 실정에 맞는 점후서로 재구성해 놓은 《위선지》는 학계에서 제대로 조명받지 못했다. 과학사학계에서도 아직 본격적인 탐구를 하지 못한 상태이다.

오행과 운기, 일진 등에 대한 개념사적 연구, 나아가 천문 기상·자연 현상과 농사 풍흉의 상관관계에 대한 역사적 통계 자료 연구가 뒷받침되어야 《위선지》의 학술적 가치가 제대로 조명될 것이다. 임원경제연구소의 해제와 번역은 훗날의 연구를 위한 아주 작은 초석에 불과하다. 그러나 후속 연구와 일상에의 적용을 위한 기초를 다지고자 작은 한 걸음을 내딛었다.

우리 연구소의 《위선지》 번역·교열팀은 교열 과정에서 풀리지 않는 난제들을 놓고 수없이 격론을 벌였다. 그러나 관련 분야의 연구들이 선행되지 않고서는 《위선지》의 온전한 해석에 도달하기까지 갈 길이 멀다. 초기역자 및 해제자인 민철기의 2년의 번역 기간 이외로도, 정명현·김정기·전

---

60 "孩兒噴沫作聲, 主雨. 《杏蒲志》"《위선지》 권4 〈바람과 비의 예측〉 "여러 점" '사람 소리'.

61 《위선지》와 비슷한 내용의 책으로 일본에는 《임원월령(林園月令)》이라는 책이 있다. 타치 류완(館柳灣, 1762~1844)이라는 학자가 1831년 金生堂에서 간행한 이 책은 16책으로 이루어져 있다. 1책에서 8책까지가 제1부, 9책에서 16책까지가 제2부이다. 책의 구성은 정월에서 12월까지 '占候', '下種', '分栽', '移植', '樹藝', '收探', '彙考', '麗藻' 등의 항목하에 여러 인용문헌에서 기사를 발췌해놓은 형식으로 되어 있다. 특기할 사항은 책 제목에 "林園"이라는 어휘를 사용한 점, 각 달의 첫 기사로 《위선지》와 같이 《예기》〈월령〉의 문장을 배치한 점, 《전가오행》, 《군방보》, 《본초강목》, 《사시찬요》, 《월령광의》 등 《위선지》의 인용서적과 공통되는 책들의 기사를 많이 모아 두었다는 점이다. 하지만 이 책은 본격적인 점후서와는 내용상이나 체제상으로 다소 거리가 있다. '훌륭한 문장[麗藻]' 항목이 이 책에서 가장 많은 분량을 차지하는데, 이 항목은 이전의 유명한 문인들의 율시와 절구 등을 각 절기에 맞게 모아 놓았을 뿐, 책 전체에 걸쳐 저자 자신의 주석이나 안설은 거의 찾을 수 없다.

용훈 등의 교열자들이 역자와 약 11개월 동안(2006~2007년) 격주로 만나거나 온라인상에서 함께 교열을 진행했다. 그 과정에서 많은 오역 구문, 어색한 표현, 잘못된 표점 등을 바로잡을 수 있었다. 그렇지만 번역을 매끄럽게 하고도 현대적 의미로 해석할 수 없는 기사들을 무수히 마주치면서《위선지》의 난해함에 적잖이 곤욕을 치른 기억이 생생하다.

그만큼《위선지》는《임원경제지》에서도 독특한 자리를 점하고 있다. '자연 현상 및 기상과 천문을 관찰하여 농사의 풍흉과 일상의 길흉 예측하기.'《위선지》를 한마디로 정의할 수 있는 문구이다. 서유구가 이 책을 집필한 의도는 진정 무엇일까? 서유구의 서문과 안설, 인용문헌 분량과 기사 추출 방식 등을 면밀히 살펴볼 때, 풍석은《관규집요》·《보천가》·《성경》 등의 천문서와《무비지》·《전가오행》 같은 점후서의 한계를 넘어서길 원했다. 그렇기에 서유구는 천문서와 점후서는 물론,《군방보》·《농정전서》·《사기》 등 유서와 농서, 사서(史書)를 망라하는 178종의 책을 적재적소에 활용하여 농사에 필요한 천문 기상 점후서로 종합할 수 있었다.

민철기(임원경제연구소 선임연구원)

정명현(임원경제연구소 소장)

《위선지》 서문 ＝ 魏鮮志引

재앙의 징조를 살피는 일, 풍흉과 길흉의 예측은 그 유래가 오래되었다. 전대에는 비조(裨竈)[1]와 재신(梓愼)[2]이 뛰어난 능력을 드러냈고 후대에는 위선(魏鮮)[3]이 그 명성을 이었다.

그러나 그 기술은 고찰하여 숙달할 수 있는 이가 드물었다. 그리하여 지금에 이르러서는 그 기술이 흩어져 사라지게 되었다. 게다가 잡다하게 전해오는 기록들은 대개 자질구레하고 잘못된 내용들이 대부분이다. 그러니 누가 비조·재신·위선과 같은 대가의 뒤를 이어 그 기술을 밝혀주겠는가.

그 기술 중 일부분을 들어보면 다음과 같다. 날과 달의 간지(干支)로 그해 풍흉의 징조를 알고, 각

氛祲之察、候占之稽, 其來尚矣. 裨、梓著異於前, 魏鮮踵名於後.

然其爲術, 尠能考摧, 至今散佚, 而雜於傳記者, 槪多猥瑣謬悠者. 孰從而明之也.

試提一端, 以日月之干支, 徵其豐歉; 觀氣節之陽陰,

---

1 비조(裨竈):?~?. 중국 춘추 시대 정(鄭)나라의 천문점성가. 자세한 사적은 미상이다.《후한서(後漢書)》〈천문지(天文志)〉에 다음과 같은 기록이 전한다. "당우(唐虞)의 시대에는 희중(義仲)과 화중(和仲)이 있었고, 하(夏)나라에는 곤오(昆吾)가 있었으며, 탕(湯)에는 무함(巫咸)이 있었다. 또 주(周)나라의 사일(史佚)과 장홍(萇弘), 송(宋)나라의 자위(子韋), 초(楚)나라의 당멸(唐蔑), 노(魯)나라의 재신(梓愼), 정(鄭)나라의 비조(裨竈), 위(魏)나라의 석신부(石申夫), 제(齊)나라의 감공(甘公)은 모두가 천문을 담당한 관리였다(唐、虞之時義仲·和仲, 夏有昆吾, 湯則巫咸. 周之史佚·萇弘、宋之子韋、楚之唐蔑、魯之梓愼、鄭之裨竈、魏石申夫、齊國甘公, 皆掌天文之官)."《後漢書》〈志〉第10 "天文" 上, 3214쪽.
2 재신(梓愼):?~?. 중국 춘추 시대 노(魯)나라의 천문점성가.
3 위선(魏鮮):?~?. 중국 한(漢)나라의 천문점성가. 납명일과 1월 1일로 그해 기후를 점쳤다고 한다.《사기(史記)》〈천관서(天官書)〉에 다음과 같은 기사가 있다. "한나라의 위선(魏鮮)은 사시(四始) 중에서 납명일과 1월 1일을 모아서 팔풍(八風)으로 점쳤다(漢 魏鮮集臘明、正月旦決八風)."《史記》卷27〈天官書〉第5, 1340쪽.

魏鮮志引

氛祲之察候占之稽其來尚矣稗梓著異於前魏鮮
睡名於後然其為術勘能效推至今散伏而襪於傳
記者槩多猥瑣謬悠者就從而明之也試提一端以
日月之干支徵其豐歉觀氣節之陽陰判其澇暵夫
支干起於人為非皇穹之收關節氣屬於意排釜水
火之强牽照則務實者烏乎適從粵稽往聖惟子胥
餘氏敷陳大法於其徵也才說月之從星此誠的見
之眇恉也惟茲一語講劇者絕疇人子弟離遴而不
傳史家識於五行而總多鑿攜高氏求於三際而猶

自怡經室藏

절기의 음양을 관찰하여 물난리나 가뭄이 들지를 판단한다. 무릇 간지는 인간의 행위에서 시작된 개념이지, 하늘의 소관이 아니다. 또한 절기는 인간의 의도적 안배에 속할 따름이니, 어찌 수기(水氣)나 화기(火氣)와의 연관성을 견강부회하겠는가? 그렇다면 실질에 힘쓰는 사람은 무엇을 따라야 하는가?

判其澇暵. 夫支干起於人爲, 非皇穹之攸關; 節氣屬於意排, 豈水火之强牽? 然則務實者, 烏乎適從?

예전 성인들을 살펴보니 오직 기자(箕子)[4]만이 그 징조로부터 큰 법을 제왕에게 진술했다. 기자가 지었다고 하는 《서경(書經)》〈홍범(洪範)〉에서 '달이 별을 따른다'[5]라 했다. 이는 참으로 정확한 견해이다. 그런데 지금 오직 이 한마디를 배우고 익히려는 사람은 그 대가 끊어졌다.

粵稽往聖, 惟子胥餘氏敷陳大法於其徵也. 才說"月之從星", 此誠的見之眇恉也. 惟玆一語講劘者絶.

예를 들면 천문역산가[疇人, 주인]의 후손들은 오래전에 흩어져 그 기술이 전해지지 않는다. 역사가들은 오행에 대한 지식은 있지만 대부분을 억지로 끌어다 붙인다. 고씨(高氏)[6]는 삼제(三際)[7]에서 지식을 구하려 했으나, 오히려 정확성이 부족했다.

疇人子弟離逖而不傳, 史家識於五行而總多鑿搆, 高氏求於三際, 而猶欠眞確.

지금 자질구레한 사안들의 점을 친 내용들은 농부나 시골 사람의 말을 귀동냥하거나, 과거 사례

今所占測零瑣者, 廁於田民·鄕夫之口, 裒往跡之影

---

4 기자(箕子) : ?~?. 성은 자(子), 이름은 서여(胥餘). 중국 은(殷)나라 주왕(紂王)의 숙부(叔父). 주왕의 폭정에 대해 간언을 하다가 유폐되었다.

5 달이……따른다 : 군주의 정치가 상도를 벗어나면 그 나라가 어지러워진다는 의미이다. 이 구절의 앞과 뒤의 문장은 다음과 같다. "해와 달이 운행하면 겨울에 적합한 길이 있고 여름에 적합한 길이 있다. 달이 적합한 길을 벗어나서 별을 따르면 바람이 불거나 비가 오게 된다(日月之行, 則有冬有夏. 月之從星, 則以風雨)."《尙書正義》卷12〈洪範〉第6(《十三經注疏整理本》3, 382쪽).

6 고씨(高氏) : 미상. 중국 명나라의 희곡작가 고렴(高濂, ?~?)으로 추정된다. 그는 일상생활 백과사전인《준생팔전(遵生八牋)》을 지었다. 월령·수양·양생·택일·음식·의학·취미 등에 대한 내용이 풍부하고 은자(隱者) 100명의 일화가 기록되어 있다.

7 삼제(三際) : 미상.

의 효험들을 모으거나, 옛사람들의 자투리 지식을 본뜬 결과이다. 이러한 점들을 근거로 눈앞에서 실제로 점이 들어맞는지 확인하는 일[實驗]이 가능하다고 말할 수 있겠는가?

響, 摸昔人之蒭穢. 據以爲目前之實驗, 可云乎哉?

대체로 태양은 지구 주위를 둘러싸고 돌며, 달과 별은 모두 태양의 기를 받는다. 태양과 달과 별의 운행에는 추위와 더위의 징조가 있고, 물난리와 가뭄의 징조도 있다. 또 바람과 비의 징조가 있고, 흐림과 맑음의 징조도 있다. 이러한 도리를 밝게 아는 사람이라야 풍흉이나 길흉을 예측하는 실제에 대해서 말할 수 있을 것이다.

大凡太陽包環於地球, 而月星皆受太陽之氣. 於其運也, 有寒暑焉, 水旱焉, 風雨焉, 陰晴焉. 明此道者, 庶可語於候占之實也.

그러나 아직까지 세상에는 그 기술을 연구하는 사람이 없었다. 그리하여 내가 예로부터 전해지는 말들을 간략하게 추려서 한때나마 살펴볼 수 있도록 책으로 갖추었다. 이 역시 마땅한 일이다.

然且世未有究其術者. 惟當略掇流傳之語, 以備一時之覽, 亦所適宜也.

지금 이《위선지》에 채록해 놓은 글은 4권이다. 이를 '풍흉과 길흉의 예측[占歲]'·'바람과 비의 예측 [占風雨]'[8] 2개의 조항으로 묶었다. 대개 시골 속담이나 민간 점의 비결들이 대부분이다. 이렇게 한 이유는 이 책을 농가에서 어렴풋이나마 근거로 삼아 밭 갈아 수확하는 일에 그르침이 없어야 한다는 뜻에 도움을 주고자 해서이다.

今此志中所蒐採者爲四卷, 以"占歲"·"占風雨"兩條括之. 槪多里諺·俗占之訣, 要以資稼穡家依俙考憑耕穫無愆之義也.

---

8 《위선지》 본문에는 "후세(候歲)"·"후풍우(候風雨)"로 기록되어 있다.

欠眞確今所占測零瑣者厠於田民鄉夫之口衆往

跡之影響摸昔人之蓁穢據以為目前之實驗可云

乎哉大凡太陽包環於地球而月星皆受太陽之氣

於其運也有寒暑焉水旱焉風雨焉陰晴陽明此道

者庶可語於候占之實也然且世未有究其術者惟

當略掇流傳之諺以備一時之覽亦所適空也今此

志中所蒐採者為四卷以占歲占風雨兩條括之繁

多里諺俗占之詼要以資稼穡家依俙考憑耕耰無

愆之義也

1

위선지 권제 1
魏鮮志卷第一①

임원십육지 33
林園十六志三十三

I. 풍흉과 길흉의 예측(상)

우리나라에서는 그해의 풍흉과 길흉을 점칠 때 정월 보름날에 달 살피는 일을 제일
중요하게 여긴다. 어떤 사람은 이 일이 아무런 의미가 없다고 비아냥거리지만 나는
그렇지 않다고 생각한다. (중략) 그렇다면 물난리와 가뭄을 점치면서 달을 살피는 일
이 어찌 아무런 의미가 없다고 하겠는가. (중략) 《행포지(杏蒲志)》

1 林園……第一 : 저본에는 "林園十六志卷第一 魏鮮志一". 고대본에 근거하여 수정. 오사카본은
 각 지(志)의 순서가 정해지지 않은 초기의 모습을 보여준다.

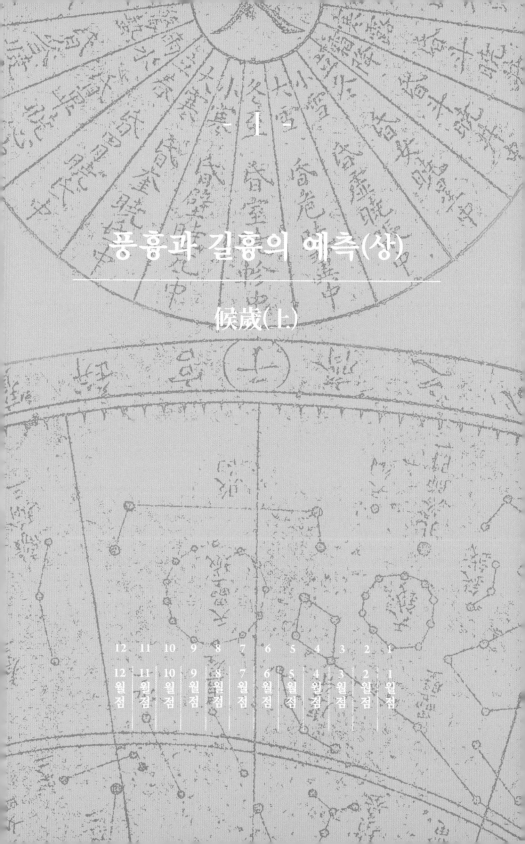

- Ⅰ -

풍흉과 길흉의 예측(상)

候歲(上)

1. 1월점

正月占

1) 절기를 어길 때의 징후

愆候

1월[孟春]에 하령(夏令)¹을 시행하면 비가 알맞은 때를 어기고, 풀과 나무가 일찍 시들게 된다.

추령(秋令)²을 시행하면 백성이 큰 역질에 걸리고, 광풍과 폭우가 한꺼번에 닥치게 된다.

동령(冬令)³을 시행하면 물난리가 낭패가 되고, 눈이나 서리가 크게 쏟아져서 기장[稷]처럼 제일 먼저 심은 곡식[首種]⁴을 거두어들이지 못하게 된다. 《예기(禮記)》〈월령(月令)〉⁵⁶

孟春行夏令, 則雨水 ② 不時, 草木蚤落;

行秋令, 則其民大疫, 猋風暴雨總至;

行冬令, 則水潦爲敗, 雪霜大摯, 首種不入. 《禮記·月令》

---

1 하령(夏令) : 여름에 시행할 정책과 법령. 《예기》〈월령〉에 의하면 하령은 농부들이 농사에 힘쓰도록 권면하고, 사냥을 금지하며, 토목공사를 피하고, 백성을 동원하는 일 등이다.
2 추령(秋令) : 가을에 시행할 정책과 법령. 성곽과 창고를 축조·수리하고, 곡식을 수확하고 비축하는 데 힘쓰며, 형벌을 엄하게 집행하고, 군사를 뽑고 병기를 마련하여 불의를 토벌하는 일 등이다.
3 동령(冬令) : 겨울에 시행할 정책과 법령. 요새를 보완하고, 변경을 수비하며, 농군을 위로하여 휴식을 취하게 하고, 지세(地稅)와 수세(水稅)를 거두어들이고, 토목공사의 시작은 보류하며, 관리들 중 불필요한 직위와 인원은 파출하고, 이듬해 농사를 계획하는 일 등이다.
4 제일 먼저 심은 곡식[首種] : 정현(鄭玄)의 주(注)에 의하면 기장[稷]을 말한다. 공영달(孔穎達)의 소(疏)에 의하면 모든 곡물 중 기장을 제일 먼저[首] 심었다고 한다. 《禮記正義》卷14〈月令〉(《十三經注疏整理本》13, 547·549쪽). 진기유(陳奇猷)의 《여씨춘추신교석(呂氏春秋新校釋)》에서는 '수(首)'에 대한 정현의 주석은 의미가 불분명하므로 '首'는 '맥(麥, 맥류)'으로 풀어야 한다고 본다. 그는 일년 중에 가장 먼저 수확하는 작물이 맥류이기 때문에, 봄에 겨울의 정령을 시행하면 한기(寒氣)가 음습해 맥류가 성숙하지 못한다는 것이다. 《呂氏春秋新校釋》卷1〈孟春紀〉, 20쪽.
5 월령(月令) : 《예기》총 49편(小戴禮) 중 6번째 편. 진(秦)의 재상 여불위(呂不韋, ?~B.C. 235)가 그의 빈객들을 후원하여 찬술하도록 한《여씨춘추(呂氏春秋)》의 〈십이기(十二紀)〉와 내용이 거의 동일하다. 〈십이기〉는 천문·역술을 기본으로 하여 농정·군사·치수·제사 등과 관련해서 각 계절과 절기마다 시행해야 할 정령(政令)과 백성에게 효시할 사항들을 조목조목 서술했다. 《예기》의 편집자들은 이를 거의 그대로 받아들여《예기》의 한 편으로 삼았다.
6 《禮記正義》卷14〈月令〉(《十三經注疏整理本》13, 547쪽).
② 雨水 : 공영달(孔穎達)의 소(疏)에는 "風雨"로 고쳐야 한다고 했음.

2) 총점

1월 1일은 닭[鷄]이다.[7] 이날 하늘이 맑으면 사람들은 평안하고 나라는 태평하게 된다.

2일은 개[狗]이다. 이날 하늘이 맑으면 주로 곡식이 아주 잘 익게 된다.

3일은 돼지[猪]이다. 이날 하늘이 맑으면 주로 군주가 평안하게 된다.

4일은 양(羊)이다. 이날 하늘이 맑으면 주로 봄은 따뜻하고 신하는 잘 따르게 된다.

5일은 말[馬]이다. 이날 하늘이 맑고 밝으면 천자가 사망(四望)[8]의 제사를 지내 원망의 기운이 없게 된다.

6일은 소[牛]이다. 이날 해와 달이 빛나고 밝으면 곡식이 아주 잘 익게 된다.

7일은 사람[人]이다. 이날 하늘이 맑고 밝으면 백성은 평안하고 군주와 신하는 화합하게 된다.

8일은 곡식이다. 이날 밤에 하늘이 맑아서 별이 보이면 오곡이 풍년 들도록 잘 익게 된다.《동방삭점서(東方朔占書)[9]》[10]

總占

一日, 鷄. 天晴, 人安國泰.

二日, 狗.③ 晴, 主大熟.

三日, 猪. 晴, 主君安.

四日, 羊. 晴, 主春暖臣順.

五日, 馬. 晴明, 四望無怨氣.

六日, 牛. 日月光明, 大熟.

七日, 人. 晴明, 民安君臣和.

八日, 穀. 夜見星辰,④ 五穀豊⑤熟.《東方朔占書》

---

7 1월……닭[鷄]이다: 1월 1일을 '닭', 2일을 '개' 등이라고 부르는 풍속은 옛부터 있었다. "正月一日爲鷄, 二日爲狗, 三日爲羊, 四日爲猪, 五日爲牛, 六日爲馬, 七日爲人" 진(晉) 동훈(董勛)의 《답문례속(答問禮俗)》에도 이와 같은 내용이 실려 전해진다. 삼국 시대 이전부터 전해지는 우리나라의 윷놀이도 정초에 1년 농사를 점치는 풍속과 관계가 있다. '도'는 돼지, '개'는 개, '걸'은 양, '윷'은 소, '모'는 말을 의미한다.

8 사망(四望) : 천자가 사방의 산천에 가서 지내는 고대의 제사 이름.

9 동방삭점서(東方朔占書) : 기후·풍운·성월·길흉을 점치고 증험하는 방법을 다룬, 저자 미상의 책. 총 3권. 옛부터 '동방삭'의 이름을 빌어 전해오는 점서가 다수 있으나 대부분 동방삭과의 관련은 찾기 어렵다.

10 출전 확인 안 됨 ;《二如亭群芳譜》〈元部〉"歲譜" 卷1 '正月'《四庫全書存目叢書補編》80, 161쪽).

③ 狗 :《二如亭群芳譜·元部·歲譜》에는 "犬".

④ 見星辰 :《二如亭群芳譜·元部·歲譜》에는 "晴".

⑤ 豊 :《二如亭群芳譜·元部·歲譜》에는 없음.

빈풍도. 《시경》 〈빈풍〉 "칠월" 시의 1장에 해당하는 그림(청, 작자미상, 국립중앙박물관)]

七月流
火九
月授衣

一之日
觱發二
之日
栗烈無
衣無
褐何以卒
歲三之日
于耜四之
日舉趾
同我婦子饁
彼南畝
田畯至喜

빈풍칠월도첩. 《시경(詩經)》〈빈풍(豳風)〉 "칠월(七月)" 시의 1장에 해당하는 그림(조선, 이방운, 국립중앙박물관)]

1월 6일에 맑으면 주로 곡식이 아주 잘 익게 된다.　　　正月六日晴, 主大熟.[6]

8일에 맑고 따뜻하면 고지대 밭에서 자라는 곡식　　八日晴暖, 宜穀高田大熟.
이 아주 잘 익는 데 좋다.《군방보》[11][12]　　　　　　《群芳譜》

1월 5일에 비가 내리면 밭작물은 많이 거두지만　　五日雨, 田大收, 蠶不收.
누에는 잘 거두지 못하게 된다.

7일에 바람이 불고 비가 내리면 재해가 많게 된다.　七日風雨, 多災.

8일 저녁에 비가 내리면 저지대 밭의 작물을 잘　　八日夕雨, 低田收.
거두게 된다.

16일에 비가 내리면 그해 곡식은 잘 여물고 두루　　十六日雨, 歲俱收.
두루 잘 거두게 된다.

그믐날 바람이 불고 비가 내리면 시장의 곡식값　　晦日風雨, 糴貴禾惡. 同上
이 비싸지고, 벼가 여물지 않게 된다.《군방보》[13]

1월 상순 중 묘(卯)가 든 날에 비가 내리면 곡식값　上旬雨卯, 穀貴一倍.
이 2배로 비싸진다.

중순 중 묘가 든 날에 비가 내리면 곡식값이 10　中旬雨卯, 穀貴十倍. 同上
배로 비싸진다.《군방보》[14]

1월에 서리가 내려 사물에 붙어서 해를 보고도　　正月霜下着物, 見日不消,
사라지지 않으면 오곡과 여러 작물이 열매 맺지 못　五穀萬物不實, 牛馬多疫

---

11 군방보(群芳譜) : 중국 명나라의 왕상진(王象晉, 1561~1653)이 편찬한 식물서. 청나라의 왕호(汪灝, ?~?)
　가 이를 증보하여 《광군방보(廣群芳譜)》를 편찬했다. 《위선지》에서 두 번째로 많이 인용한 문헌이다.
12 《二如亭群芳譜》〈元部〉 "天譜" 卷2 '日'(《四庫全書存目叢書補編》80, 63~64쪽).
13 《二如亭群芳譜》〈元部〉 "天譜" 卷3 '雨'(《四庫全書存目叢書補編》80, 126쪽).
14 《二如亭群芳譜》, 위와 같은 곳.
[6] 문장 구조상 이곳에 쌍반점(;)을 찍어도 좋으나, 이와 유사하게 병렬되는 구분의 단락을 나누어 보여 주기
　위해 온점(.)으로 표기했다. 이후의 유사한 문장 구조에서도 이와 동일하게 적용했다.

하고, 소와 말은 대부분 전염병에 걸려 죽게 된다. 서리가 나무에 붙어서 나뭇가지에 냉해를 입히면 풀과 나무를 죽이게 된다. 이것을 '음륭(陰隆)'15이라고 한다. 《군방보》16

死. 着木凍損木枝, 殺草木, 是謂"陰隆". 同上

1월에 눈이 땅에 내려 3일 안에 바로 녹으면 곡식이 잘 여물고 사람들은 평안하게 된다. 내린 눈이 7일 동안 녹지 않으면 가을 곡식이 제대로 여물지 않게 된다. 《군방보》17

正月雪至地, 三日內卽化, 歲成人安. 七日不消, 秋穀不成. 同上

1월에 큰 안개가 끼면 인민에게 재해가 많게 된다. 5일 동안 안개가 끼면 곡식을 상하게 하고, 인민도 상하게 한다. 《군방보》18

正月大霧, 人民多災. 五日有霧, 傷穀傷民. 同上

1월에 무지개가 나타나면 7월에 곡식이 비싸게 된다. 일설에는 "무지개가 동쪽에 나타나면 주로 가을에 쌀이 비싸게 되고, 서쪽에 나타나면 주로 누에가 비싸지고 서리가 많고 가물게 된다."라고 했다. 《군방보》19

正月虹見, 七月穀貴. 一云: "東見, 主秋月米貴; 西見, 主蠶貴霜多旱." 同上

1월 병(丙)·정(丁)이 든 날에 햇무리가 지면 주로 가뭄이 있게 된다.

正月日暈丙、丁日, 主旱.

---

15 음륭(陰隆): 음기가 지나친 현상.
16 《二如亭群芳譜》〈元部〉 "天譜" 卷3 '霜'(《四庫全書存目叢書補編》 80, 140쪽).
17 《二如亭群芳譜》〈元部〉 "天譜" 卷3 '雪'(《四庫全書存目叢書補編》 80, 141쪽).
18 《二如亭群芳譜》〈元部〉 "天譜" 卷3 '霧'(《四庫全書存目叢書補編》 80, 136쪽).
19 《二如亭群芳譜》〈元部〉 "天譜" 卷3 '虹霓'(《四庫全書存目叢書補編》 80, 115쪽).

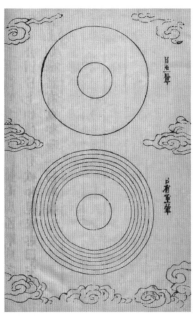

햇무리(《관규집요》)

무(戊)·기(己)가 든 날에 햇무리가 지면 홍수나고　戊、己, 大水土工起.
토목공사가 일어나게 된다.

경(庚)·신(辛)이 든 날에 햇무리가 지면 병화(兵禍)　庚、辛, 兵.
가 있게 된다.

임(壬)·계(癸)가 든 날에 햇무리가 지면 양자강과　壬、癸, 江、河決溢.
황하의 물길이 터져 넘치게 된다.

4월점도 이와 같다. 《군방보》[20]　四月同. 同上

---

20 《二如亭群芳譜》〈元部〉"天譜" 卷2 '日'(《四庫全書存目叢書補編》 80, 64쪽).

1월 1·2일에 달무리가 지면 주로 홍수로 인한 토목공사가 있게 된다.

正月一、二日暈, 主土功.

3일에 달무리가 지면 그때 별자리에 해당되는 분야(分野)[21]의 나라는 곡식이 조금만 익게 된다.

三日暈, 所宿國小熟.

8·9·16일에 달무리가 지면 삼월에 덕합(德合)[22]이 있게 된다.

八日、九日、十六日暈, 三月有德合.

10일에 달무리가 지면 주로 큰 가뭄이 들게 된다.

十日暈, 主大旱.

12일에 달무리가 지면 날벌레들이 대부분 죽게 된다.

十二日暈, 飛蟲多死.

23·24일에 달무리가 지면 오곡이 제대로 여물지 않게 된다.

廿三、廿四暈, 五穀不成.

25일에 달무리가 지면 모시풀이 비싸진다.

廿五暈, 枲貴.

일설에는 다음과 같이 말했다.

一說:

"1월 상순에 달무리가 1번 지면 수목에 벌레가 꾀게 된다.

"正月上旬一暈, 樹木蟲.

달무리가 2번 지면 곡식에 벌레가 꾀게 된다.

二暈, 禾穀蟲.

달무리가 3번 지면 천둥이 만물을 흔들게 된다.

三暈, 雷震物.

달무리가 4번 지면 백성은 재해를 겪고 그해 곡식은 여물지 않게 된다.

四暈, 民災歲惡.

달무리가 5번 지면 재해와 변고가 있게 된다.

五暈, 有災變.

달무리가 7·8번 지면 길에 죽은 사람이 많게 된다."《군방보》[23]

七、八暈, 路多死人."同上

---

21 분야(分野) : 중국 전국 시대에 지상(地上)의 영역을 하늘의 28수(宿)에 배당하여 나눈 영역.
22 덕합(德合) : 어두운 밤에 밝은 달빛이 길을 비춰준다는 뜻의 길조.
23 《二如亭群芳譜》〈元部〉 "天譜" 卷2 '月'(《四庫全書存目叢書補編》80, 70쪽).

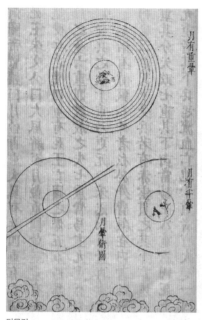

달무리

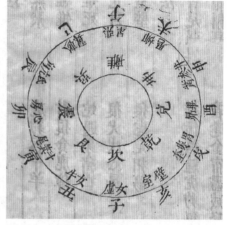

8괘·28수·지지도(이상 《관규집요》)

《사기》 〈천관서〉를 따라서 동·남·서·북의 순서로 배열한 분야와 28수

방위	10천간(天干)	12지지(地支)	분야	28수
동(東)	갑(甲)·을(乙)	인(寅)	연(燕)	미(尾)·기(箕)·두(斗)
		묘(卯)	송(宋)	방(房)·심(心)
		진(辰)	정(鄭)	각(角)·항(亢)·저(氐)
남(南)	병(丙)·정(丁)	사(巳)	초(楚)	익(翼)·진(軫)
		오(午)	주(周)	성(星)·장(張)
		미(未)	진(秦)	귀(鬼)·유(柳)
서(西)	경(庚)·신(辛)	신(申)	진(晉)	자(觜)·삼(參)·정(井)
		유(酉)	조(趙)	묘(昴)·필(畢)
		술(戌)	노(魯)	규(奎)·누(婁)·위(胃)
북(北)	임(壬)·계(癸)	해(亥)	위(衛)	실(室)·벽(壁)
		자(子)	제(齊)	허(虛)·위(危)
		축(丑)	오(吳)	우(牛)·여(女)

《천상열차분야지도(天象列次分野之圖)》(국립중앙도서관)

1월에 해가 핏빛처럼 적색이면 큰 가뭄이 들게 된다. 《군방보》[24]

正月日赤如血, 大旱. 同上

1월 갑(甲)·을(乙)이 든 날에 달무리가 지면 사람이 전염병에 걸리게 된다.

月正月甲、乙日暈, 人疾疫.

병(丙)·정(丁)이 든 날에 달무리가 지면 가뭄이 들게 된다.

丙、丁日暈, 旱.

무(戊)·기(己)가 든 날에 달무리가 지면 홍수가 나게 된다.

戊、己日暈, 大水.

임(壬)·계(癸)가 든 날에 달무리가 지면 양자강과 황하의 물길이 터져 넘치게 된다.

壬、癸日暈, 江、河決溢.

【또 "사계절마다 임(壬)·계(癸)가 든 날에 달무리가 지면 모두 물난리가 일어나게 된다."라고도 했다】 《무비지(武備志)[25]》[26]

【又曰: "四季壬、癸日暈, 皆爲水"】《武備志》

1월에 달무리가 3번 지면 그해 곡식은 여물지 않게 된다. 《무비지》[27]

月正月三暈, 歲惡. 同上

건인(建寅)[28]인 1월에 귀문(鬼門)[29]을 울릴 때에, 천둥이 치는 현상을 '때를 잃었다[失時]'라고 한다. 이때

正月建寅爲震鬼門, 正月雷鳴, 謂之"失時", 主疾疫死

---

24 《二如亭群芳譜》〈元部〉 "天譜" 卷2 '日'(《四庫全書存目叢書補編》80, 63쪽).
25 무비지(武備志) : 중국 명 말기의 모원의(茅元儀, 1594~1640)가 중국 역대 병법서를 조사, 검토하여 1621년 발간한 종합 병법무예서. 약 15년간 2000여권의 역대 병법서를 참고, 연구한 뒤 총 240권의 분량으로 정리했다. 《위선지》에서 가장 많이 인용한 문헌이다.
26 《武備志》卷152 〈占度載〉 "占月" 1 '月之暈', 6113쪽.
27 《武備志》卷152 〈占度載〉 "占月" 1 '月之暈', 6114쪽.
28 건인(建寅) : 북두칠성의 손잡이가 십이진(十二辰) 중 인(寅)을 가리키는 일. 이때가 하력(夏曆)으로 정월이다.
29 귀문(鬼門) : 음양가들이 동북쪽[艮]을 이르는 말. 이 방위에 음악(陰惡)의 기운이 모이고 여러 귀신이 산다고 믿는다. 서북쪽[乾]은 천문(天門), 동남쪽[巽]은 지문(地門), 서남쪽[坤]은 인문(人門)이라 한다.

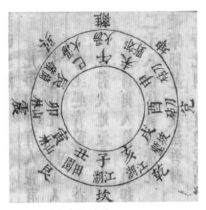

8괘·28수·지지도(《관규집요》)

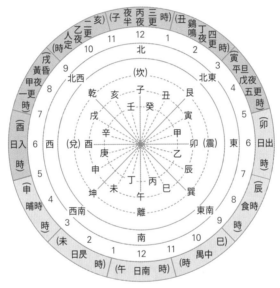

24방위표. 회색 구간을 밤, 청색 구간을 낮으로 본다
(임원경제연구소, 《동양연표》 참조)

는 주로 전염병에 걸려 사람들이 죽고, 오곡은 익지 않게 된다. 이때는 마땅히 천둥의 기운이 발산하는 방위에 있어야 한다. 《무비지》[30]

喪, 五穀不熟. 應在所發之 方. 同上

---

30 《武備志》卷167 〈占度載〉 "占雷電", 6829쪽.

1월에 우박이 떨어지면 사람들이 부스럼병에 많이 걸리게 된다. 《월령통고(月令通考)31》32

正月雹, 人多瘡痍. 《月令通考》

1월 1일[朔日]에 비가 내리면 봄 가뭄이 들어 사람들은 곡식 1승(升)만 먹게 된다.

朔日雨, 春旱, 人食一升.

2일에 비가 내리면 사람들은 곡식 2승(升)을 먹게 되다가 점점 양이 늘게 된다.

二日雨, 人食二升, 以漸而增.

5일에 비가 내리면 곡식이 아주 잘 익게 된다. 《농점(農占)33》34

五日雨, 大熟. 《農占》

처음에 드는 갑신(甲申)일에서 기축(己丑)일까지 6일간, 경인(庚寅)일에서 계사(癸巳)일까지 4일간 비가 내리면 주로 시장의 곡식값이 비싸진다.

初甲申至己丑, 庚寅至癸巳雨, 主糴貴.

갑인(甲寅)·을묘(乙卯)일에 비가 내리면 여름 곡식값이 비싸진다. 《농점》35

甲寅、乙卯雨, 夏穀貴. 同上

1월 중 갑(甲)、을(乙)이 든 날에 먼저 비가 내리면 봄에 홍수가 나게 된다.

正月甲、乙先雨, 春有大水.

병(丙)·정(丁)이 든 날에 먼저 비가 내리면 여름에 홍수가 나게 된다.

丙、丁先雨, 夏有大水.

경(庚)·신(辛)이 든 날에 먼저 비가 내리면 가을에

庚、辛先雨, 秋有大水.

---

31 월령통고(月令通考) : 중국 명(明)나라의 학자 노한(盧翰, ?~?)이 지은 책. 총 16권. 각각의 절기에 해당하는 여러 고사와 속담·풍속 등을 천도·지리·민용(民用)·섭생·점후 등의 편목으로 구성하여 농가에서 참조할 수 있도록 편집했다.

32 출전 확인 안 됨;《二如亭群芳譜》〈元部〉"天譜" 卷3 '雹'《四庫全書存目叢書補編》80, 138쪽).

33 농점(農占) : 미상.

34 출전 확인 안 됨;《二如亭群芳譜》〈元部〉"天譜" 卷3 '雨'《四庫全書存目叢書補編》80, 126쪽).

35 출전 확인 안 됨;《二如亭群芳譜》〈元部〉"天譜" 卷3 '雨'《四庫全書存目叢書補編》80, 125~126쪽).

홍수가 나게 된다.

임(壬)·계(癸)가 든 날에 먼저 비가 내리면 겨울에   壬、癸先雨, 冬有大水.
홍수가 나게 된다.

무(戊)·기(己)가 든 날에 먼저 비가 내리면 6월[季   戊、己先雨, 季夏有水.
夏]에 물난리가 나게 된다.

【안】 일설에는 "사계절 중에 이와 같은 날만을 만   【按】 一云: "四時但遇此日,
나면 반드시 비가 내리게 된다."라 했다】《관규집요   必雨"》《管窺輯要》
(管窺輯要)36》37

---

36 관규집요(管窺輯要) : 중국 청나라의 황정(黃鼎, ?~?)이 편찬하고 범문정(范文程, 1597~1666)이 서문을
   쓴 천문·기상·점복서. 총 80권.《위선지》에서 세 번째로 많이 인용한 문헌이다.
37 《管窺輯要》卷59〈雨占〉(《管窺輯要》19, 22면). 교감 대본으로 사용한《관규집요》는 일본 국립공문서관
   (國立公文書館)본(도서번호 : 漢 9629)이며, 80권의 본문이 총 24책으로 묶여 있다. 출처에 적은 면수는
   해당 책 전체의 면수가 아니라, 각 권마다 판심에 적힌 숫자이다. 이하 마찬가지이다.

3) 초하루에 오는 절기(삭치절)

1월 1일이 입춘(立春)[38]이면 주로 백성의 삶이 크게 편안하게 된다. 속담에 "백 년이 지나도 세조춘(歲朝春)[39] 만나긴 어렵다."라 했다. 《월령통고》[40]

朔值節

元日立春, 主民大安. 諺云: "百年難遇歲朝春." 《月令通考》

---

38 입춘(立春) : 24절기 중 첫째 절기. 양력 2월 3·4일경. 대한(大寒)과 우수(雨水) 사이에 들며, 봄의 시작을 알리는 절기이다.

39 세조춘(歲朝春) : 1월 1일[歲朝]에 입춘이 드는 날.

40 출전 확인 안 됨 ; 《御定月令輯要》 卷5 〈正月令〉 "占驗" '歲朝春' 《文淵閣四庫全書》 467, 250쪽) ; 《田家五行》 卷上 〈正月類〉 《續修四庫全書》 975, 324쪽).

4) 입춘의 일진

① 갑자(甲子)일에 입춘이 들면[41] 고지대는 풍작이 되고, 물이 강둑에 1척 차오르게 된다【봄비는 돈처럼 귀하고, 여름비는 골고루 내리게 된다. 가을비는 계속 이어지고, 겨울비는 바라기 어렵게 된다】.

② 병자(丙子)일에 입춘이 들면 고지대는 풍작이 되고, 물이 강둑에 1척 차오르게 된다【봄비에 바람 많고, 여름비는 밭과 거의 평평해지게 된다. 가을비는 옥처럼 귀하고, 겨울비는 계속 이어지게 된다】.

③ 무자(戊子)일에 입춘이 들면 고지대는 풍작이 되고, 물이 강둑에 1척 차오르게 된다【봄비는 장마까지 이어지고, 여름비는 강둑과 거의 평평해지게 된다. 가을바람은 두텁지 않고, 겨울눈은 기약하기 어렵게 된다】.

④ 경자(庚子)일에 입춘이 들면 저지대는 곡식이 잘 익고 고지대는 곡식이 잘 익지 않으며, 물이 강둑에 0.7척 도달하게 된다【봄비는 늦게 내리고, 여름비는 때를 넘기게 된다. 가을비는 강둑과 거의 평평해지고, 겨울비는 연못을 이루게 된다】.

⑤ 임자(壬子)일에 입춘이 들면 고지대와 저지대 모두 곡식이 잘 익고, 물이 강둑과 거의 평평해지게

立春日辰

甲子日立春, 高鄕豐稔, 水過岸一尺【春雨如錢, 夏雨調均, 秋雨連綿, 冬雨高懸】.

丙子日立春, 高鄕豐稔, 水過岸一尺【春雨多風, 夏雨平田, 秋雨如玉, 冬雨連綿】.

戊子日立春, 高鄕豐稔, 水過岸一尺【春雨[7]連梅, [8]夏雨平岸[9], 秋風不厚, 冬雪難期】.

庚子日立春, 低處熟, 高鄕不熟, 水懸岸七寸[10]【春雨來遲, 夏雨過時, 秋雨平岸, 冬雨成池】.

壬子日立春, 高低熟, 水平岸【春雨出鼠, 夏雨漸

41　갑자(甲子)일에…… 들면 : 태음력에서는 60갑자를 해마다 1개씩 배당하여 세차(歲次)라 하고, 다달에 배당하여 월건(月建)이라 하며, 나날에 배당하여 일진(日辰)이라 한다. 본문은 일진에 해당한다. 태양의 움직임을 기준으로 하는 24절기의 간지는 음력으로는 매번 다르게 나타난다.

[7]　雨 : 《東方朔探春歷記》에는 "水".

[8]　梅 : 저본에는 "綿". 《東方朔探春歷記》에 근거하여 수정.

[9]　平岸 : 《東方朔探春歷記》에는 "寸岸一". 《探春歷記》에는 "寸岸".

[10]　七寸 : 저본에는 "寸". 《東方朔探春歷記》에 근거하여 보충. 저본에는 "寸上疑有脫字(寸자 위에 탈자가 있는 듯하다)"라는 두주가 있다.

된다【봄비는 쥐를 몰아내고, 여름비는 차츰 내리게 된다. 가을비는 일정하지 않게 내리고, 겨울비는 설해(雪害)를 부르게 된다】.

來, 秋雨無定, 冬雨雪災】.

⑥ 을축(乙丑)일에 입춘이 들면 저지대는 풍작이 되고 물이 강둑에 1.1척 도달하게 된다【봄비는 고르게 내리더라도, 여름비는 그치지 않게 된다. 가을비는 금처럼 귀하고, 겨울비는 세차게 퍼붓게 된다】.

乙丑日立春, 低處稔熟, 水懸岸一尺一寸【春雨雖均, 夏雨無晴, 秋雨如金, 冬雨沈沈】.

⑦ 정축(丁丑)일에 입춘이 들면 저지대는 곡식이 잘 익고 고지대는 콩농사가 좋으며, 물이 강둑에 4척 도달하게 된다【봄비는 쉬지 않고, 여름비는 고르게 된다. 가을비는 내리지 않아 내리기를 바라고, 겨울에 마른 바람만 불게 된다】.

丁丑日立春, 低鄕熟, 高鄕豆好, 水懸岸四尺【春雨不息, 夏雨均均, 秋雨懸望, 冬有乾風】.

⑧ 기축(己丑)일에 입춘이 들면 저지대는 곡식이 잘 익고, 물이 강둑에 4.5척 도달하게 된다【봄비로 바람에 우박 떨어지며, 여름비는 더디게 된다. 가을비는 하루걸러 내리고, 겨울비는 기약 없게 된다】.

己丑日立春, 低鄕熟, 水懸岸四尺五寸【春雨風雹, 夏雨遲遲, 秋雨隔日, 冬雨無期】.

⑨ 신축(辛丑)일에 입춘이 들면 고지대와 저지대는 풍작이 되고, 물이 주로 강둑과 거의 평평해지게 된다【봄비에 벌레 생기고, 여름비는 희소하게 된다. 가을비는 장맛비처럼 방울져 내리고, 겨울비는 바람 속에 많이 내리게 된다】.

辛丑日立春, 高低豐稔, 水主平岸【春雨生蟲, 夏雨少希, 秋雨霖滴, 冬雨風濃】.

⑩ 계축(癸丑)일에 입춘이 들면 고지대와 저지대는 모두 곡식이 잘 익고, 물이 주로 강둑과 거의 평평해지게 된다【봄비는 여름까지 이어지고, 여름비

癸丑日立春, 高低皆熟, 水主平岸【春雨連夏, 夏雨多風, 秋雨天晴, 冬雨三[11]

---

[11] 三 : 저본에는 "三疑誤(三자는 오류인 듯하다)"라는 두주가 있다. 《東方朔探春歷記》에도 "三".

는 비와 함께 바람 많게 된다. 가을비로 하늘이 맑
아지고, 겨울비는 봄까지 이어지게 된다】.

⑪ 병인(丙寅)일에 입춘이 들면 고지대와 저지대는
풍작이 되고, 물이 강둑에 0.5척 도달하게 된다【봄
비는 청명하고 시원하며, 여름비는 경사지와 거의
평평해지게 된다. 가을비는 미미하고, 겨울비는 봄
까지 이어진다】.

⑫ 무인(戊寅)일에 입춘이 들면 저지대 밭은 풍작
이 되고, 물이 강둑에 4척 도달하게 된다【봄비는 눈
보라가 되고, 여름비는 적어 밭이 마르게 된다. 가을
비에 여름 질병 돌고, 겨울비는 요원하게 된다】.

⑬ 경인(庚寅)일에 입춘이 들면 고지대와 저지대
모두 곡식이 잘 익고, 물이 강둑에 1.3척 도달하게
된다【봄비에 바람 거세고, 여름비에 눈과 우박 떨어
지게 된다. 가을비는 봄과 같고, 겨울도 비가 거세
게 된다】.

⑭ 임인(壬寅)일에 입춘이 들면 고지대와 저지대
는 풍작이 되고, 물이 강둑과 거의 평평해지게 된
다【봄비는 강둑에 도달하고, 여름비는 갑절 내리게
된다. 가을물이 넘쳐흐르고, 겨울눈은 때를 어기게
된다】.

⑮ 갑인(甲寅)일에 입춘이 들면 저지대는 풍작이 되
고, 물이 강둑에 6척 도달하게 된다【봄비는 많이 맹렬
하고, 여름비는 비에도 밭이 마르게 된다. 가을비는 커

春】.

丙寅日立春, 高低豐稔, 水
懸岸五寸【春雨晴陰, 夏雨
平傾, 秋雨微微, ⑫冬雨連
春】.

戊寅日立春, 低田豐稔, 水
懸岸四尺【春雨雪風, 夏雨
田乾, 秋雨夏疾, 冬雨懸
懸】.

庚寅日立春, 高低熟, 水懸
岸一尺三寸【春雨風惡, 夏
雨雪雹, 秋雨如春, 冬又雨
惡】.

壬寅日立春, 高低豐稔, 水
平岸【春雨到岸, 夏雨相
倍, 秋水浩瀚, 冬雪不時】.

甲寅日立春, 低處豐稔, 水
懸岸六尺【春雨多顆, 夏雨
乾田, 秋雨滴瀝, 冬雨高

⑫ 微 : 저본에는 "晴". 《東方朔探春歷記》에 근거하여 수정.

서 방울져 떨어지고, 겨울비는 하늘의 별 따기이다】.　　　天】.

⑯ 정묘(丁卯)일에 입춘이 들면 고지대와 저지대 모두 곡식이 잘 익고, 물이 강둑에 0.5척 도달하게 된다【봄비에 바람도 많고, 여름비는 흔적이 없게 된다. 가을비로 날씨는 다시 청명하게 돌아가고, 겨울비는 하늘의 별 따기이다】.

丁卯日立春, 高低熟, 水懸岸五寸【春雨多風, 夏雨無跡, 秋雨晴復, 冬雨高空】.

⑰ 기묘(己卯)일에 입춘이 들면 저지대 곡식은 아주 잘 익고 고지대 곡식은 잘 익지 않으며, 물이 강둑에 8척 도달하게 된다【다른 판본에는 "물이 강둑에 4척 도달한다."라고 되어 있다. 봄비는 금처럼 귀하고, 여름비는 하늘의 별 따기이다. 가을비에 곡식 싹이 상하고, 겨울눈은 펄펄 그득히 내리게 된다】.

己卯日立春, 低鄕大熟, 高處不熟, 水懸岸八尺【別本 "水懸岸四[13]尺." 春雨如金, 夏雨高天, 秋雨苗損, 冬雪滔滔】.

⑱ 신묘(辛卯)일에 입춘이 들면 고지대 곡식은 잘 익고, 물이 강둑에 2척 차오르게 된다【봄비는 잇대어 내리고, 여름비는 밭과 거의 평평해지게 된다. 가을비는 때를 어기고, 겨울에는 가뭄으로 가련하게 된다】.

辛卯日立春, 高鄕熟, 水過岸二尺[14]【春雨連連, 夏雨平田, 秋雨傷時, 冬旱可憐】.

⑲ 계묘(癸卯)일에 입춘이 들면 고지대는 풍작이 되고, 물이 강둑에 1척 차오르게 된다【봄비는 무한하고, 여름비는 낮게 흩날리게 된다. 가을비는 무한하고, 겨울비는 기약하기 어렵게 된다】.

癸卯日立春, 高處豐稔, 水過岸一尺【春雨無限, 夏雨低飛, 秋雨無限, 冬雨難期】.

⑳ 을묘(乙卯)일에 입춘이 들면 저지대는 풍작이 되고, 물이 강둑과 거의 평평해지게 된다【봄바람에

乙卯日立春, 低處豐稔, 水平岸【春風多雪, 夏雨連

---

[13] 四:《東方朔探春歷記》에는 "一".
[14] 尺:《東方朔探春歷記》에는 "寸".

눈이 많이 내리고, 여름비는 이어 내리게 된다. 가
을비는 곡식 익을 때 장맛비처럼 내리고, 겨울비에
눈도 거세진다】.

連, 秋稔霖霖, 冬雨雪傾】.

㉑ 무진(戊辰)일에 입춘이 들면 고지대와 저지대
모두 풍작이 되고, 물이 강둑과 거의 평평해지게 된
다【봄비는 격일로 내리고, 여름비는 계속 이어 내리
게 된다. 가을비로 바람 속에 우박이 떨어지며, 겨
울비는 이어 내리게 된다】.

戊辰日立春, 高低豐稔, 水
平岸【春雨隔日, 夏雨連
綿, 秋雨風雹, 冬雨連連】.

㉒ 경진(庚辰)일에 입춘이 들면 고지대와 저지대는
곡식이 아주 잘 익고, 물이 강둑에 0.9척 도달하게
된다【봄비는 방울져 떨어지고, 여름비는 강둑과 거
의 평평해지게 된다. 가을밭에 또 비가 내리고, 겨
울비는 매우 많이 내리게 된다】.

庚辰日立春, 高低大熟, 水
懸岸九寸【春雨滴瀝, 夏雨
平岸, 秋田又雨, 冬水極
濃】.

㉓ 임진(壬辰)일에 입춘이 들면 고지대는 공사를
하기 좋고, 물이 강둑에 1.2척 차오르게 된다【다른
판본에는 "물이 강둑에 1.2척 도달한다."라고 되어
있다. 봄비에 바람 불고, 여름비는 거세게 흐르게
된다. 가을비는 여름 장마[黃梅]처럼 내리고, 겨울비
에 바람도 거세진다】.

壬辰日立春, 高處好施工,
水過岸一尺二寸【別本"水
懸岸一尺二寸." 春雨有風,
夏雨流傾, 秋雨黃梅, 冬雨
風惡】.

㉔ 갑진(甲辰)일에 입춘이 들면 고지대와 저지대
모두 풍작이 되고, 물이 강둑과 거의 평평해지게 된
다【봄비는 장맛비처럼 굵고, 여름비는 서로 따르며
내리게 된다. 가을비는 개지 않고, 겨울비는 보잘것

甲辰日立春, 高低豐稔, 水
平岸⑮【春雨霖滴, ⑯ 夏雨
相隨, 秋雨不返, 冬雨低
微】.

⑮ 岸:《東方朔探春歷記》에는 "平".
⑯ 滴:《東方朔探春歷記》에는 "漓".

없게 된다】.

㉕ 병진(丙辰)일에 입춘이 들면 저지대 곡식이 잘 익고, 물이 강둑에 6척 도달하게 된다【봄비는 금처럼 귀하고, 여름비는 몹시 내리게 된다. 가을비에 바람 높고, 겨울비는 연말까지 내리게 된다】.

丙辰日立春, 低鄉熟, 水懸岸六尺【春雨如金, 夏雨大作, 秋雨風高, 冬雨到年】.

㉖ 기사(己巳)일에 입춘이 들면 저지대는 풍작이 되고 고지대는 가뭄이 들며, 물이 강둑에 0.4척 도달하게 된다【봄비는 강둑에 차오르고, 여름비는 많지 않게 된다. 가을비는 많아서 넘치고, 겨울눈에 비도 많게 된다】.

己巳日立春, 低鄉豐稔, 高處旱, 水懸岸四寸【春雨過岸, 夏雨不多, 秋雨多沒, 冬雪雨多】.

㉗ 신사(辛巳)일에 입춘이 들면 고지대는 풍작이 되고, 물이 강둑에 0.6척 차오르게 된다【봄비는 고르고, 여름비는 경사지와 거의 평평해지게 된다. 가을비에 바람 불고, 겨울눈은 펄펄 퍼붓게 된다】.

辛巳日立春, 高處豐稔, 水過岸六寸【春雨調均, 夏雨平傾, 秋雨風作, 冬雪沈沈】.

㉘ 계사(癸巳)일에 입춘이 들면 고지대는 농사가 좋고, 물이 강둑에 1척 도달하게 된다【봄비는 고르고, 여름비는 강둑에 낮게 차오르도록 내리게 된다. 가을비는 하늘의 별 따기이고, 겨울비는 적고 따뜻하게 된다】.

癸巳日立春, 高鄉好, 水懸岸一尺【春雨均均, 夏雨低岸, 秋雨高天, 冬雨微暖】.

㉙ 을사(乙巳)일에 입춘이 들면 고지대는 곡식이 아주 잘 익고, 물이 강둑과 거의 평평해지게 된다【봄비는 때를 어기고, 여름비는 지면과 거의 평평해지게 된다. 가을비는 깊고 넓게 내려 넉넉하여, 겨울눈은 어떨지 미리 알게 된다】.

乙巳日立春, 高鄉大熟, 水平岸【春雨不時, 夏雨平地,[17] 秋雨湛溥, 冬雪前知】.

----

[17] 地:《東方朔探春歷記》에는 "池".

㉚ 정사(丁巳)일에 입춘이 들면 저지대는 풍작이 되고, 물이 강둑에 5척 도달하게 된다【봄비는 내리지 않고, 여름비는 많지 않게 된다. 가을비는 방울조차 없고, 겨울비는 물결을 만들 정도로 많게 된다】.

丁巳日立春, 低鄕豐稔, 水懸岸五尺【春雨不落, 夏雨無多, 秋雨無滴, 冬雨生波】.

㉛ 경오(庚午)일에 입춘이 들면 고지대는 풍작이 되고, 물이 강둑에 0.2척 도달하게 된다【봄비는 강둑과 거의 평평해지고, 여름비는 많이 내려 모종을 해치게 된다. 가을비는 적어서 길하고, 겨울눈에 짙은 서리가 내리게 된다】.

庚午日立春, 高處豐稔, 水懸岸二寸【春雨平岸, 夏雨傷苗, 秋雨少吉, 冬雪濃霜】.

㉜ 임오(壬午)일에 입춘이 들면 고지대와 저지대 모두 곡식이 잘 익고, 물이 강둑에 0.5척 도달하게 된다【봄비는 무수히 내리고, 여름비는 밭을 해치게 된다. 가을바람과 함께 많은 비 내리고, 겨울눈은 적게 내려 형체도 없게 된다】.

壬午日立春, 高低盡熟, 水懸岸五寸【春雨無數, 夏雨傷田, 秋風多雨, 冬雪無形】.

㉝ 갑오(甲午)일에 입춘이 들면 고지대와 저지대 모두 풍작이 되고, 물이 강둑과 거의 평평해지게 된다【봄비에 눈 내리고, 여름비는 장마까지 이어지게 된다. 가을바람과 함께 적은 비가 내리고, 겨울비에 눈 내리고 전염병이 돌게 된다】.

甲午日立春, 高低豐稔, 水平岸【春雨雪落, 夏雨連梅, 秋風小雨, 冬雨雪疫】.

㉞ 병오(丙午)일에 입춘이 들면 저지대 밭은 곡식이 아주 잘 익고, 물이 강둑에 3.5척 도달하게 된다【봄비에 사람들은 전염병이 걸리고, 여름비는 미미하게 된다. 가을비는 장맛비처럼 쏟아지고, 겨울눈은 쌓이기 어렵게 된다】.

丙午日立春, 低田大熟, 水懸岸三尺五寸【春雨人疫, 夏雨微微, 秋雨淋淋, 冬雪難積】.

㉟ 무오(戊午)일에 입춘이 들면 저지대는 곡식이 잘 익게 되고, 물이 강둑에 5척이 도달하게 된다【봄

戊午日立春, 低處得熟, 水懸岸五尺【春雨不多, 夏雨

비는 많지 않고, 여름비는 지면과 거의 평평해지게 된다. 가을비는 잇대어 내리고, 겨울눈에 추운 날이 많아진다】.

平地,[18] 秋雨相連, 冬雪寒多】.

㊱ 신미(辛未)일에 입춘이 들면 고지대는 곡식이 적게 익고, 물이 강둑에 1.3척 도달하게 된다【봄비는 내리지 않고, 여름비는 폭풍과 함께 내리게 된다. 가을비는 강둑에 차오르고, 겨울눈은 요원하게 된다】.

辛未日立春, 高鄕少熟, 水縣岸一尺三寸【春雨不至, 夏雨顚風, 秋雨過岸, 冬雪懸懸】.

㊲ 계미(癸未)일에 입춘이 들면 고지대와 저지대 모두 풍작이 되고, 물이 강둑에 0.3척 도달하게 되다【봄비는 여러 날 내리고, 여름비는 밭둑과 거의 평평해지게 된다. 가을비는 많은 전염병이 돌 정도로 내리고, 겨울눈은 봄까지 이어지게 된다】.

癸未日立春, 高低豐稔, 水縣岸三寸【春雨累日, 夏雨平塍,[19] 秋雨多疾, 冬雪連春】.

㊳ 을미(乙未)일에 입춘이 들면 저지대는 풍작이 되고, 물이 강둑에 1.5척 도달하게 된다【봄비는 고르게 내리고, 여름비는 내리지만 장마가 짧게 된다. 가을비와 함께 눈이 내리고 우박도 떨어지며, 겨울비는 가을처럼 내리게 된다】.

乙未日立春, 低鄕豐稔, 水縣岸一尺五寸【春雨調均, 夏雨損霖, 秋雨雪雹, 冬雨如秋】.

㊴ 정미(丁未)일에 입춘이 들면 고지대와 저지대 모두 곡식이 아주 잘 익고, 물이 강둑과 거의 평평해지게 된다【봄비에 병이 많아지고, 여름비는 마구 쏟아지게 된다. 가을비는 장맛비처럼 내리고, 겨울비에 눈 내리고 전염병이 돌게 된다】.

丁未日立春, 高下大熟, 水平岸【春雨多病, 夏雨浪滴, 秋雨如梅, 冬雨雪疫】.

---

[18] 地:《東方朔探春歷記》에는 "池".
[19] 塍: 저본에는 "勝".《東方朔探春歷記》에 근거하여 수정.

⑩ 기미(己未)일에 입춘이 들면 고지대와 저지대 모두 곡식이 잘 익게 되고, 물이 강둑에 0.5척 도달하게 된다【봄비는 요원하고, 여름비는 가을까지 이어지게 된다. 가을비는 미미하여 적고, 겨울비와 눈이 적게 된다】.

己未日立春, 高低得熟, 水懸岸五寸【春雨迢遙, 夏雨連秋, 秋雨微少, 冬雨雪少】.

⑪ 임신(壬申)일에 입춘이 들면 고지대는 곡식이 아주 잘 익고, 물이 강둑에 0.5척 도달하게 된다【봄비는 고르게 내리고, 여름비는 밭에 차오르게 된다. 가을비는 햇볕을 가려 곡식이 상하고, 겨울비는 하늘의 별 따기이다】.

壬申日立春, 高鄉大熟, 水懸岸五寸【春雨均均, 夏雨過田, 秋雨暗傷, 冬雨高天】.

⑫ 갑신(甲申)일에 입춘이 들면 고지대는 풍작이 되고, 물이 강둑과 거의 평평해지게 된다【봄비에 전염병이 많이 들고, 여름비는 밭과 거의 평평해지게 된다. 가을비는 강둑과 거의 평평해지고, 겨울비에 건조하고 춥게 된다】.

甲申日立春, 高鄉豐稔, 水平岸【春雨多疫, 夏雨平田, 秋雨平岸, 冬雨乾寒】.

⑬ 병신(丙申)일에 입춘이 들면 저지대는 곡식이 잘 익게 되고, 물이 강둑에 4척 도달하게 된다【봄비는 미미하고, 여름비는 비와 함께 서풍이 불게 된다. 가을비는 적어 지키기 어렵고, 겨울 우박과 눈은 천둥 치며 떨어지게 된다】.

丙申日立春, 低處得熟, 水懸岸四尺【春雨微微, 夏雨風西, 秋雨難保, 冬雹雪雷】.

⑭ 무신(戊申)일에 입춘이 들면 고지대와 저지대 모두 풍작이 되고, 물이 강둑과 거의 평평해지게 된다【봄비는 고르게 자주 내리고, 여름비는 장마 지나도 내리게 된다. 가을비에 바람 불고 홍수 나고, 겨울눈은 쌓여 언덕이 된다】.

戊申日立春, 高低豐熟, 水平岸【春雨調霖, 夏雨過梅, 秋雨風水, 冬雪成堆】.

⑮ 경신(庚申)일에 입춘이 들면 저지대는 곡식이

庚申日立春, 低處熟, 水懸

잘 익고, 물이 강둑에 4척 도달하게 된다【봄비는 적당하거나 적고, 여름비는 평평하게 흐르게 된다. 가을비는 미미하고, 겨울비에 바람이 거세게 된다】.

岸四尺【春雨中少, 夏雨平流, 秋雨微微, 冬雨風急】.

⑯ 계유(癸酉)일에 입춘이 들면 고지대와 저지대 모두 풍작이 되고, 물이 강둑과 거의 평평해지게 된다【봄비에 천둥이 잦고, 여름비는 강둑과 거의 평평해지게 된다. 가을비는 너무 많아 강둑을 뚫고, 겨울비는 하늘의 별 따기이다】.

癸酉日立春, 高低豐稔, 水平岸【春雨多雷[20], 夏雨平岸, 秋雨透岸, 冬雨高天】.

⑰ 을유(乙酉)일에 입춘이 들면 저지대는 곡식이 잘 익고, 물이 강둑에 4척 도달하게 된다【봄비에 바람이 없고, 여름비에 하늘이 어둡게 된다. 가을비는 밭과 거의 평평해지고, 겨울비는 그치지 않게 된다】.

乙酉日立春, 低處熟, 水懸岸四尺【春雨無風, 夏雨天陰, 秋雨平田, 冬雨不息】.

⑱ 정유(丁酉)일에 입춘이 들면 고지대와 저지대 모두 곡식이 잘 익고, 물이 강둑과 거의 평평해지며, 병으로 많은 사람이 죽게 된다【봄비는 전무하고, 여름비는 차올라 흘러가게 된다. 가을비에 바람이 몹시 심하고, 겨울비는 미미하게 된다】.

丁酉日立春, 高低盡熟[21], 水平岸, 病多死人【春雨全無, 夏雨過流,[22] 秋雨風惡, 冬雨少微】.

⑲ 기유(己酉)일에 입춘이 들면 고지대와 저지대 모두 곡식이 아주 잘 익고, 물이 강둑과 거의 평평해지게 된다【봄비에 바람 없고, 여름비는 장마에 이르게 된다. 가을비는 흠뻑 내리고, 겨울비는 살짝

己酉日立春, 高低大熟, 水平岸【春雨無風, 夏雨到梅[23], 秋雨淋漓, 冬雨依依】.

---

[20] 雷 : 저본에는 “□”. 《東方朔探春歷記》에 근거하여 보충. 저본에는 “缺字俟考(빠진 글자는 더 살펴야 한다)”라는 두주가 있다.

[21] 盡熟 : 저본에는 “□□”. 《東方朔探春歷記》에 근거하여 보충. 저본에는 “缺字俟考”라는 두주가 있다.

[22] 流 : 《東方朔探春歷記》에는 “連”.

[23] 梅 : 저본에는 “□”. 《東方朔探春歷記》에 근거하여 보충. 저본에는 “缺字俟考”라는 두주가 있다.

흩날리게 된다】.

⑩ 신유(辛酉)일에 입춘이 들면 저지대 곡식은 잘 익게 되고, 물이 강둑에 2척 도달하게 된다【봄날은 청명하여 적은 비가 내리고, 여름비는 고르고 윤택하게 된다. 가을비는 경사지와 거의 평평해지고, 겨울비에 눈도 많게 된다】.

辛酉日立春, 低處得熟, 水懸岸二尺【春晴㉔少雨, 夏雨調澤, 秋雨平傾, 冬雨雪多】.

㉑ 갑술(甲戌)일에 입춘이 들면 저지대는 풍작이 되고, 물이 강둑에 5척 도달하게 된다【봄비는 하늘의 별 따기이고, 여름비는 요원하게 된다. 가을비에 병충해를 입고, 겨울에 눈더미를 쌓게 된다】.

甲㉕戌日立春, 低處豐熟, 水懸岸五尺【春雨高天, 夏雨懸懸, 秋雨蟲損, 冬積雪團】.

㉒ 무술(戊戌)일에 입춘이 들면 고지대와 저지대 모두 곡식이 아주 잘 익고, 물이 강둑에 1척 도달하게 된다【봄비는 제때 화답하고, 여름비는 요원하게 된다. 가을비에 바람이 거세고, 겨울비에 눈은 드물게 된다】.

戊戌日立春, 高低大熟, 水懸岸一尺【春雨應時, 夏雨高危, 秋雨風惡, 冬雨雪稀】.

㉓ 경술(庚戌)일에 입춘이 들면 고지대와 저지대 모두 곡식이 잘 익고, 물이 강둑에 1척 차오르게 된다【봄비에 바람은 불지 않고, 여름비는 가늘어 자욱하게 된다. 가을비는 촉촉하게 내리고, 겨울비는 흔적이 없게 된다】.

庚戌日立春, 高低盡熟, 水過岸一尺【春雨不風, 夏雨濛濛, 秋雨霑潤, 冬雨無踪】.

㉔ 임술(壬戌)일에 입춘이 들면 고지대는 풍작이 되고, 물이 강둑에 차오르게 된다【봄비는 때를 어기고, 여름비는 밭과 거의 평평해지게 된다. 가을비

壬戌日立春, 高鄕豐稔, 水過岸㉖【春雨不時, 夏雨平田, 秋雨不降, 冬雨多連】.

㉔ 晴 : 저본에는 "時". 《東方朔探春歷記》에 근거하여 수정.
㉕ 甲 : 저본에는 "壬". 《東方朔探春歷記》에 근거하여 수정. 이 다음에 "丙戌日"의 일진이 있어야 하지만 《東方朔探春歷記》와 《探春歷記》 2곳 모두 없음.
㉖ 岸 : 저본에는 "岸下有脫字(岸자 아래에 탈자가 있다)"라는 두주가 있음. 《東方朔探春歷記》에는 "岸" 아래에 "다른 판본 중 하나에는 '평안(平岸)'이라 되어 있다(別本一作平岸)", 6자가 세주 형태로 더 있음.

는 내리지 않고, 겨울비는 많이 이어지게 된다】.

⑤ 을해(乙亥)일에 입춘이 들면 고지대는 곡식이 잘 익고, 물이 강둑에 1척 차오르게 된다【봄비는 여름까지 이어지고, 여름비는 가을까지 이어지게 된다. 가을비는 강둑에 뿌리고, 겨울비로 재난을 근심하게 된다】.

⑤ 정해(丁亥)일에 입춘이 들면 고지대는 곡식이 잘 익고, 물이 강둑에 1척 차오르게 된다【봄비는 제때 내리고, 여름비에 바람 불고 우박 떨어지게 된다. 가을비는 계속 이어지고, 겨울눈은 물거품모양으로 얼어버리게 된다】.

⑤ 기해(己亥)일에 입춘이 들면 고지대는 풍작이 되고, 물이 강둑과 거의 평평해지게 된다【봄비에 사람들이 병들고, 여름비는 계속 쏟아지게 된다. 가을비는 살짝 흩날리고, 겨울비에 눈 내리고 우박 떨어지게 된다】.

⑤ 신해(辛亥)일에 입춘이 들면 고지대는 풍작이 되고, 저지대는 잠기며, 물이 강둑과 거의 평평해지게 된다【봄비는 보잘것없고, 여름비는 연못에 차오르게 된다. 가을비에 눈 내리고 우박 떨어지고, 겨울눈은 소소하게 된다】.

⑤ 계해(癸亥)일에 입춘이 들면 고지대와 저지대 모두 풍작이 되고, 물이 강둑에 1척 도달하게 된다【봄비는 아주 고르고, 여름비는 밭보다 낮게 내리게 된다. 가을비는 차츰 적게 내리고, 겨울은 따

乙亥日立春, 高鄕熟, 水過岸一尺【春雨連夏, 夏雨連秋, 秋雨播岸, 冬雨災憂】.

丁亥日立春, 高鄕熟, 水過岸一尺【春雨時作, 夏雨風雹, 秋雨連綿, 冬雪泡凍】.

己亥日立春, 高處豐稔, 水平岸【春雨人疾, 夏雨淋淋, 秋雨依依, 冬雨雪雹】.

辛亥日立春, 高鄕豐稔, 低處潦沒, 水平岸【春雨低微, 夏雨過池, 秋雨雪雹, 冬雪些兒】.

癸亥日立春, 高低豐熟, 水懸岸一尺【春雨均均, 夏雨低田, 秋雨漸漸, 冬暖高天】.《探春歷記》[27]

---

[27] 探春歷記 : 저본에는 "舊題東方朔著(옛날 제목에는 '동방삭저'라는 내용이 더 있다)."라는 두주가 있다.

뜻하여 겨울비는 하늘의 별 따기이다】.《탐춘역기

(探春歷記)42)》43

---

42 탐춘역기(探春歷記) : 1권. 일부가 《속수사고전서》 975권 농가류 《田家五行》 말미에 《東方朔探春歷記》란
  이름으로 전해진다. 《위선지》 권제1의 '입춘의 일진'에 그 전문이 수록되었다. 동방삭(東方朔)이 편찬했다
  고 하지만 가탁일 가능성이 높다. 매우(梅雨) 등의 용어가 자주 등장하는 것으로 보아, 명대 강남(江南)인
  이 기록한 당시 농가의 천문 경험담 모음집의 책으로 보인다.
43 《東方朔探春歷記》(《續修四庫全書》975, 354~357쪽);《探春歷記》(《叢書集成初編》711, 1~9쪽).

5) 입춘(立春, 양력 2월 3·4일경)의 징후

입춘의 기운이 마땅히 다다를 때가 되었는데도 다다르지 않으면 전염병이나 학질이 많아지게 된다. 《역설(易說)44》45

입춘일에 청명하고 구름이 적으면 그해에는 곡식이 잘 익게 된다. 입춘일에 흐리면 그해에는 가뭄이 들고 벌레들이 벼와 콩을 해치게 된다. 《무비지》46

입춘 되는 날에 그 구름을 보고 한해의 길흉을 알게 된다. 해가 평상시처럼 새벽녘에 떠오를 때 동쪽에 청색 구름이 보이면 여름 맥류[夏麥]를 심어야 좋다. 남쪽에 적색 구름이 보이면 주로 콩을 온전히 수확하게 된다. 서쪽에 백색 구름이 보이면 찰벼와 메벼를 심어야 좋다. 북쪽에 흑색 구름이 보이면 메주콩을 심어야 좋다. 하늘 중앙에 황색 구름이 보이면 여러 밭작물을 심어야 좋다.

낮부터 어두운 밤까지 흐린 날씨가 전혀 개지 않으면 곡식싹이 부실하다. 다만 흐린 날씨가 개느냐 개지 않느냐로는 오곡에 손익이 있음을 알게 될 뿐이다. 《무비지》47

立春日候

立春氣當至不至, 則多疾癘. 《易說》

立春日晴明少雲, 歲熟. 陰則旱, 蟲傷禾豆. 《武備志》

立春之日, 觀其雲而知吉凶. 日平旦, 東方見靑雲, 宜夏麥; 南方見赤雲, 主豆全收; 西方見白雲, 宜秔穄; 北方見黑雲, 宜大豆; 中央見黃雲, 宜雜田.

至日夜暗陰全不食, 卽苗不實. 但食與不食, 卽知五穀損益. 同上

---

44 역설(易說): 중국 서한(西漢)의 학자 경방(京房, B.C. 77~B.C. 37)이 지은 주역 해설서. 이와는 다른 책인 《경씨역전(京氏易傳)》과 함께 현재 일실되었으며, 여러 책에 인용되어 일부가 전한다.
45 출전 확인 안 됨;《欽定授時通考》卷3〈天時〉“春” '正月'(《文淵閣四庫全書》732, 45쪽).
46 《武備志》卷165〈占度載〉“占風”, 6729쪽.
47 《武備志》卷165〈占度載〉“占雲氣” 1 '氣之災瑞', 6544쪽.

입춘일에 따뜻하면 산란기에 날이 추워서 모든 새들의 알을 죽인다. 《증보도주공서(增補陶朱公書)48》49

立春日暖, 凍殺百鳥卵. 《增補陶朱公書》

입춘에 날씨가 흐리고 바람이 없으면 그해에 백성은 평안하고, 양잠과 맥류의 수확이 10배가 된다. 동풍이 불면 길하고, 인민이 평안하며, 과일과 곡식이 풍성해지게 된다. 《구선신은서(臞仙神隱書)50》51

立春天陰無風, 民安, 蠶麥十倍. 東風吉, 人民安, 果穀盛. 《臞仙神隱書》

입춘에 비가 내리면 그해에 오곡을 상하게 한다. 《사광점(師曠占)52》53

立春雨, 傷五禾. 《師曠占》

---

48 증보도주공서(增補陶朱公書) : 중국 춘추 시대 월(越)나라 관리 범려(范蠡)가 쓴 것으로 추정되는 책. 농사·목축·원예·의약·역법·기후 등 일상생활에 필요한 내용을 정리했다. 범려는 화식(貨殖)에 뛰어났기에 상왕(商王)으로 불렸다. 중국 명(明)나라 말기의 문인 진계유(陳繼儒, 1558~1639)가 지은 유서인 《중정증보도주공치부기서(重訂增補陶朱公致富奇書)》에 그 내용의 일부가 보인다.

49 출전 확인 안 됨.

50 구선신은서(臞仙神隱書) : 중국 명나라 태조의 17번째 아들 주권(朱權, 1378~1448)이 지은 농업기술서. 4권. 식목·채소·목축·의약·수의(獸醫) 등 농가에서 해야 할 일을 월별로 정리했다. 구선(臞仙)은 저자의 호이다.

51 《欽定授時通考》卷3〈天時〉"春"'正月'(《文淵閣四庫全書》732, 46쪽);《廣群芳譜》卷2〈天時譜〉"正月", 39쪽.

52 사광점(師曠占) : 중국 춘추 시대 진(晉)나라의 맹인 음악가 사광(師曠, ?~?)이 지은 점서(占書). 원서는 일실되었고 《개원점경(開元占經)》 등에 일부가 전한다.

53 출전 확인 안 됨;《欽定授時通考》卷3〈天時〉"春"'正月'(《文淵閣四庫全書》732, 45쪽).

6) 입춘의 여러 점

입춘에 곧은 장대를 들판 한가운데 세우고 나서, 햇볕에 비친 장대의 그림자 길이를 측정한다.

그림자 길이가 1척이면 큰 기근과 가뭄이 들게 된다.[54]

2척이면 풀 한 포기 없이 붉은 땅이 천리나 되는 심한 재난이 들게 된다.

3척이면 가뭄이 들게 된다.

4척이나 5척이면 저지대의 밭은 수확이 많게 된다.

6척이면 수확이 아주 많게 된다.

7척이면 그다음으로 많게 수확하게 된다.

8척이면 큰 장마가 오게 된다.

9척이나 10척이면 큰 물난리가 나게 된다. 《군방보》[55]

立春雜占

立春立竿野中, 量日影.

一尺, 大飢旱;

二尺, 赤地千里;

三尺, 旱;

四尺、五尺, 低田收;

六尺, 大收;

七尺, 次收;

八尺, 澇;

九尺、一丈, 大水. 《群芳譜》

---

54 원문의 흐름 상 아래 내용은 모두 한 단락의 성격이나 가독성을 고려하여 나누었다. 원문도 그에 맞게 분리했다. 이후에도 이와 비슷한 문단에 대해서도 마찬가지다.

55 《二如亭群芳譜》〈元部〉"天譜"卷2 '日'(《四庫全書存目叢書補編》80, 63쪽).

7) 우수(雨水)[56]의 여러 점

우수 뒤에 흐린 날이 많으면 주로 물이 적고, 고지대와 저지대 모두 곡식이 아주 잘 익게 된다. 우뢰가 많이 치면 주로 인민이 불안하게 된다. 월식이 있으면 곡식[栗]이 싸진다. 무지개가 보이면 주로 7월에 곡식이 비싸진다.《증보도주공서》[57]

우수 절기에 마른 가마솥에 불을 때서 찹쌀을 튀긴다. 이를 '패루화(孛婁花, 튀밥)'라 한다. 이때 찹쌀이 터져서 생긴 색깔로 점을 친다. 올벼부터 늦벼까지 모두 한 웅큼씩 튀긴 다음, 이를 각각 그릇에 나란히 배열한다. 쌀이 터져서 갈라진 개수를 합하고 그 수에 따라 순위를 매긴다. 튀밥에 백색이 많은 쪽이 더 길하다.《전가오행(田家五行)[58]》[59]

雨水雜占

雨水後陰多, 主少水, 高下大熟. 雷多, 主人民不安. 月食, 粟賤. 虹見, 主七月穀貴.《增補陶朱公書》

雨水節燒乾鑊, 以稬稻爆之, 謂之"孛婁花". 占稻色, 自早禾至晚稻皆爆一握, 各以器列比, 竝分數, 斷高下以番. 白多爲勝.《田家五行》

---

56 우수(雨水) : 24절기 중 두 번째 절기. 양력 2월 18·19일경. 입춘과 경칩 사이에 들며, 눈이 녹아서 비가 된다는 뜻이다.

57 출전 확인 안 됨;《田家五行》卷上〈正月類〉(《續修四庫全書》975, 327쪽);《二如亭群芳譜》〈元部〉"天譜" 卷2 '日'(《四庫全書存目叢書補編》80, 63쪽);《二如亭群芳譜》〈元部〉"天譜" 卷2 '月'(《四庫全書存目叢書補編》80, 70쪽);《二如亭群芳譜》〈元部〉"天譜" 卷3 '虹蜺'(《四庫全書存目叢書補編》80, 115쪽).

58 전가오행(田家五行) : 중국 원말명초(元末明初)의 학자 누원례(婁元禮, ?~?)가 지은 농업·기상·점후(占候) 관련 저술. 3권.

59 《田家五行》, 위와 같은 곳;《欽定授時通考》卷20〈穀種〉"稻" 1 '御稻米'(《文淵閣四庫全書》732, 304쪽).

8) 1월 1일에 든 십간(十干)으로 보는 점

1월 1일에 갑(甲)이 들면[60] 곡식이 싸지고 사람들은 전염병에 걸리게 된다.

을(乙)이 들면 곡식이 비싸지고 백성은 병에 걸리게 된다.

병(丙)이 들면 4월에 가뭄이 들게 된다.

정(丁)이 들면 명주[絲綿, 사면][61]가 비싸진다.

무(戊)가 들면 쌀과 맥류, 생선과 소금이 비싸진다.

기(己)가 들면 쌀이 비싸지고, 누에가 상하고, 바람과 비가 많게 된다.

경(庚)이 들면 밭곡식이 잘 익고, 백성은 병에 걸리며, 금과 쇠가 비싸진다.

신(辛)이 들면 쌀은 평작이지만 맥류와 삼이 비싸진다.

임(壬)이 들면 견(絹)[62]과 베와 콩이 비싸지고, 쌀과 맥류는 평작이 된다.

계(癸)가 들면 주로 벼가 상하고, 비가 많이 내리며, 인민이 죽게 된다.

일설에 "1월 1일에 무(戊)가 들면 주로 봄에 45일간 가뭄이 들게 된다."고 했다. 《군방보》[63]

元朝日干

元朝值甲, 穀賤人疫;

乙, 穀貴民病;

丙, 四月旱;

丁, 絲綿貴;

戊, 米麥, 魚鹽貴;

己, 米貴蠶傷, 多風雨;

庚, 田熟民病, 金鐵貴;

辛, 米平麥麻貴;

壬, 絹布豆貴, 米麥平;

癸, 主禾傷多雨, 人民死.

一說: "元日值戊, 主春旱四十五日." 《群芳譜》

---

60 갑(甲)이 들면: 갑자, 갑술, 갑신, 갑오, 갑진, 갑인처럼 십간십이지(十干十二支)의 십간에 갑(甲)이 들어 있는 날을 말한다.

61 명주[絲綿, 사면]: 명주실로 무늬 없이 짠 피륙.

62 견(絹): 생사(生絲)를 주(紬) 조직과 같은 꼬임이 없이 평직(平織)으로 짠 직물.

63 출전 확인 안 됨; 《欽定授時通考》 卷3 〈天時〉 "春" '正月'(《文淵閣四庫全書》 732, 45~46쪽).

9) 1월 1일의 징후

1월 1일에 하늘이 맑고 햇볕색이 없으면 주로 풍년이 들게 된다. 이날 햇무리가 있으면 주로 곡식이 적게 익게 된다. 천둥이 치면 주로 한쪽 지역이 편안하지 않게 된다. 번개가 치면 사람들이 재앙을 겪게 된다. 노을 기운이 있으면 주로 병충해가 생기고, 양잠의 수확이 적으며, 부녀자들에게 재앙이 있지만, 과일과 채소는 풍성하게 된다.

서리가 내리면 주로 7월에 가뭄이 들지만 벼싹에게는 길하다. 안개가 끼면 주로 뽕나무가 비싸지고, 백성은 질병에 걸리게 된다. 눈이 내리면 주로 여름에 가뭄이 들고, 가을에는 물난리가 나게 된다. 입춘이 지나지 않은 해의 1월 1일에 눈이 내리면 주로 풍년이 크게 들게 된다. 《편민서(便民書)[64]》[65]

1월 1일 동쪽 지역에 청색 구름이 끼면 사람들이 병에 걸리고, 비가 많이 내리게 된다. 적색 구름이 끼면 봄에 가뭄이 들게 된다. 백색 구름이 끼면 8월에 가뭄이 들게 된다. 흑색 구름이 끼면 봄에 비가 많이 내리게 된다. 남쪽 지역에 적색 구름이 끼면 여름에 가뭄이 들고, 쌀이 비싸진다. 《편민서》[66]

새해 첫날 아침에 날씨가 맑고 환하며 기온이 온

元朝日候

元日晴和無日色, 主有年; 日有暈, 主小熟; 有雷, 主一方不寧; 有電, 人殃; 霞氣, 主蟲蝗蠶少, 婦人災, 果蔬盛;

有霜, 主七月旱, 禾苗吉; 有霧, 主桑貴而民疾; 有雪, 主夏旱秋水; 如未過立春而元日雪, 主大有年. 《便民書》

元日東方靑雲, 人病多雨. 赤雲, 春旱. 白雲, 八月旱. 黑雲, 春多雨. 南方赤雲, 夏旱米貴. 同上

歲朝天氣晴朗氣溫和, 主

---

64 편민서(便民書) : 미상. 농업·역법·기상·점후 관련 저술로 추정된다. 《흠정수시통고(欽定授時通考)》 卷3과 《옥지당담회(玉芝堂談薈)》 卷21에 인용되었다.

65 출전 확인 안 됨; 《欽定授時通考》 卷3 〈天時〉 "春" '正月'(《文淵閣四庫全書》 732, 46쪽).

66 출전 확인 안 됨; 《二如亭群芳譜》 〈元部〉 "天譜" 卷3 '雲'(《四庫全書存目叢書補編》 80, 110쪽).

화하면 주로 백성은 편안하고 나라는 태평하며, 오곡은 풍년이 들어 잘 여물고, 사람들은 병에 걸리는 이가 적으며, 희생(犧牲)으로 쓸 가축은 왕성하고, 도적들이 없어지게 된다. 《월령통고》[67]

民安國泰, 五穀豐登, 人少病, 犧牲旺, 寇盜息.《月令通考》

1월 1일 사방에 황색 구름이 끼면 곡식이 잘 익게 된다. 청색 구름이 끼면 병충해가 생기게 된다. 적색 구름이 끼면 가뭄이 들게 된다. 백색 구름이 끼면 전쟁이 일어나게 된다. 28수(宿)[68] 중 동정(東井)[69] 위에 구름이 끼면 그해에 큰 물난리가 나게 되니, 고지대 밭을 갈아야 한다. 《월령통고》[70]

元朝四方有雲黃, 卽爲熟; 靑, 爲蝗; 赤, 爲旱; 白, 爲兵; 東井上有雲, 歲澇, 宜耕高田. 同上

1월 1일에 안개가 끼면 주로 사람들이 전염병에 걸리고, 그해에는 기근이 들며, 양잠이 널리 퍼져 뽕나무는 싸진다. 또한 주로 큰 물난리가 나게 된다. 《월령통고》[71]

元朝有霧, 主人疫歲飢, 蠶廣桑賤, 又主大水. 同上

---

67 출전 확인 안 됨;《欽定授時通考》, 위와 같은 곳.

68 28수(宿):하늘의 적도를 따라 남북에 있는 별들을 28개로 구획하여 구분한 별자리. 각 구역에는 여러 개의 별자리들이 있다. 그중 대표적인 것을 그 구역에 있는 수(宿)라고 정했다. 전부 28개가 되므로 28수라 부른다. 이를 7개씩 묶어 4개의 7수(宿) 또는 7사(舍)로 구별했고, 이를 각각 사방을 상징하게 배치했다. 동방7수는 각(角)·항(亢)·저(氐)·방(房)·심(心)·미(尾)·기(箕) 등 7개, 북방7수는 두(斗)·우(牛)·여(女)·허(虛)·위(危)·실(室)·벽(壁) 등 7개, 서방7수는 규(奎)·누(婁)·위(胃)·묘(昴)·필(畢)·자(觜)·삼(參) 등 7개, 남방7수는 정(井)·귀(鬼)·유(柳)·성(星)·장(張)·익(翼)·진(軫) 등 7개의 성수들을 말한다. 28수 별자리의 명칭이 온전하게 처음 등장하는 문헌은 《여씨춘추(呂氏春秋)》이다. 《여씨춘추》는 하늘의 구야(九野)와 땅의 구주(九州)를 맞대응시켰다. 28수의 별자리를 동서남북 그리고 중앙 5개의 하늘에 배정하는 방식이다. 일반적으로 동북서남의 순서로 28수를 배열하는 데 비해, 《사기》〈천관서〉에서는 동남서북의 순서로 28수를 배열했다.

69 동정(東井):28수 중 남방7수를 대표하는 정수(井宿).

70 출전 확인 안 됨;《二如亭群芳譜》〈元部〉"天譜" 卷3 '雲'(《四庫全書存目叢書補編》80, 110쪽).《이여정군방보》에는 출전이 《편민서》로 되어 있다.

71 출전 확인 안 됨;《二如亭群芳譜》〈元部〉"天譜" 卷3 '霧'(《四庫全書存目叢書補編》80, 136쪽). 《이여정군방보》에는 출전이 《전가오행》으로 되어 있다.

1월 1일에 날씨가 온화하고 습도가 있으며, 바람은 나뭇가지를 흔들지 못할 만큼 가볍게 불고, 구름이 끼어 해를 맞이하면 그해 농사가 잘 되고, 사람들에게 병이 없게 된다. 1일의 늦게부터 3일간에 걸쳐 바람과 비가 없고, 흐리면서 온화하며, 햇볕을 보지 못하면 주로 1년 내내 농사가 아주 잘 된다. 《융사류점(戎事類占)72》73

正朔之日, 天氣和潤, 風不鳴條, 有雲逆[28]日者, 歲美無疾. 朔日晚至連三日內, 無風雨而陰和, 不見日色者, 主一歲大美.《戎事類占》

1월에 하루가 흐리면 사람들이 하루에 먹을 수 있는 밥은 1승(升)이 될 것이다. 이틀이 흐리면 사람들이 하루에 먹을 수 있는 밥은 2승(升)이 될 것이다. 《기력촬요(紀歷撮要)74》75

一日陰, 人料食一升; 二日陰, 人料食二升.《紀歷撮要》

강남의 백성은 1월 1일이 맑으면 만물이 모두 제대로 여물지 않게 된다고 말한다. 원풍(元豐)76 4년(1081) 1월 1일 강남에 있는 구강군(九江郡)77의 하늘에 구름 한 조각, 바람 한 점이 없고, 날이 쾌청했다. 이해에는 과연 가뭄이 들었다. 공평중(孔平仲)78

江南民言, 正朝晴, 萬物皆不成. 元豐四年, 正朝九江郡天無片雲風, 日明快, 是年果旱. 孔氏《談苑》

---

72 융사류점(戎事類占) : 중국 원(元)나라 이극가(李克家, ?~?)가 천문·병법·점후에 관한 내용을 모아 정리한 책. 21권.

73 출전 확인 안 됨;《欽定授時通考》, 위와 같은 곳.

74 기력촬요(紀歷撮要) : 중국 당(唐)나라의 녹문노인(鹿門老人, ?~?)이 지은 농학·천문서. 1권. 저자가 명나라의 누원례(婁元禮)라는 설도 있다.

75 《紀歷撮要》〈正月〉(《續修四庫全書》975, 358쪽).

76 원풍(元豐) : 중국 송(宋)나라 신종(神宗) 때의 연호. 1078~1085.

77 구강군(九江郡) : 중국 강서성(江西省) 구강시(九江市) 일대.

78 공평중(孔平仲) : 1044~1111. 중국 북송의 관리·학자·시인. 공자의 후손. 저서로 《담원(談苑)》·《속세설(續世說)》·《양세사증(良世事證)》·《석패(釋稗)》·《시희(詩戲)》 등이 있다.

[28] 逆 :《欽定授時通考·天時·春》에는 "迎送出入".

《담원(談苑)[79]》[80]

1월 1일 아침 사방에 황색 기운이 있으면 그해에는 큰 풍년이 들게 된다. 이는 황제(黃帝)[81]가 힘을 쓴 영향이다. 흙의 기운이 황색으로 사방에 고르게 퍼져 있으면 여러 곡식이 잘 익는다. 청색 기운에 황색 기운이 섞여 있으면 벼이삭을 먹는 멸구가 꾀게 된다. 적색 기운이 있으면 큰 가뭄이 들게 된다. 흑색 기운이 있으면 큰 물난리가 나게 된다. 《물리론(物理論)[82]》[83]

正月朔朝, 四面有黃氣, 其歲大豐. 此黃帝用事. 土氣黃均四方, 竝熟; 有靑氣雜黃, 有螟蟲; 赤氣, 大旱; 黑氣, 大水. 《物理論》

1월 1일에 목성[歲星][84]을 보고 점칠 때, 그 위에 청색 기운이 있으면 뽕나무농사가 좋다. 적색 기운이 있으면 콩농사가 좋다. 황색 기운이 있으면 벼농사가 좋다. 《물리론》[85]

正朔占歲星, 上有靑氣, 宜桑. 赤氣, 宜豆. 黃氣, 宜稻. 同上

1월 1일에 비나 눈이 내리면 길하다. 속담에 "세배 어려우면 밭농사 쉽다."라고 했다. 일설에 "1일에 비가 오면 사람들은 온갖 풀을 먹는다."라고 했다. 또한 "1일에 맑으면 일년 농사 풍년이고, 1일에 비

元祖雨雪, 吉. 諺云: "難拜年, 易種田." 一云: "一日値雨, 人食百草." 又曰: "一日晴, 一年豐; 一日雨,

---

79 담원(談苑): 중국 북송의 공평중이 지은 필기류 저서. 송대의 역사, 일화, 시화, 물명 고증 등이 실려 있다.

80 《談苑》卷2(《文淵閣四庫全書》1037, 130쪽).

81 황제(黃帝): 중국 건국신화의 제왕. 문명의 창시자로 숭배된다. 오행 사상에서는 황색·중앙·흙[土]과 연관된다.

82 물리론(物理論): 중국 삼국 시대 오(吳)나라의 사상가 양천(楊泉, ?~?)이 지은 책. 16권. 양웅(揚雄, B.C. 53~18)·왕충(王充, 27~97?)·장형(張衡, 78~139)의 자연철학을 계승하여 우주론을 논술했다.

83 출전 확인 안 됨;《欽定授時通考》卷3〈天時〉"春"正月(《文淵閣四庫全書》732, 45쪽).

84 목성[歲星]: 태양계에서 가장 큰 행성이며 태양에서 5번째에 있다. 공전주기가 약 12년으로, 목성이 머무는 12차의 별자리 이름으로 그해의 이름을 지었다. 그래서 목성을 '세성(歲星)'이라고도 한다.

85 출전 확인 안 됨;《欽定授時通考》, 위와 같은 곳.

내리면 일년 농사 흉년이다."라고도 했다. 《농점》[86]　　一年歉. 《農占》

당 장수(長壽)[87] 2년(693) 1월 1일에 큰 눈이 내렸다. 임금이 여러 신하들에게 "1월 1일에 눈이 내리면 모든 곡식에 풍년이 든다는 말이 있는데, 이 말에 무슨 전거(典據)가 있는가?"라고 말했다. 이에 요숙(姚璹)이[88] "《범승지서(氾勝之書)》[89]에서 '눈은 오곡의 정화'[90]라 했습니다."라 했다. 《구당서(舊唐書)[91]》[92]

唐 長壽二年元日, 大雪. 上謂群臣曰 : "元日雪, 百穀豐, 此語有何故實." 姚璹[29]曰 : "《氾勝之書》云 : '雪是五穀之精'". 《舊唐書》

1월 1일에 큰 눈이 내리면 그해는 풍년이 들고 가을에 물이 넘친다. 1월 1일에 입춘이 아직 들지 않았다면 그해 맥류와 곡식이 번성하고, 인민과 6가지 가축이 모두 평안하게 된다. 1월 1일에 3번 눈이 내리면 맥류농사가 좋다. 《군방보》[93]

元朝大雪, 年豐秋水. 若未交立春, 則麥穀蕃盛, 人民、六畜俱安. 若三次雪, 宜麥. 《群芳譜》

1월 1일에 우박이 내리면 주로 도적이 들고, 부스럼과 옴병이 생기게 된다. 《군방보》[94]

元朝雹, 主盜賊, 瘡疥. 同上

---

86 《二如亭群芳譜》〈元部〉 "天譜" 卷3 '雨'(《四庫全書存目叢書補編》80, 126쪽).

87 장수(長壽) : 중국 무주(武周) 측천무후(則天武后) 때의 연호(692~694).

88 요숙(姚璹) : 632~705. 중국 당나라의 관리. 측천무후 통치 기간에 2번 재상을 역임했다. 경학과 역사에 밝고 말재주가 좋았다고 한다. 위 고사는 《구당서》〈요숙전(姚璹傳)〉과 〈측천무후본기(則天武后本記)〉에 등장하지 않는다.

89 범승지서(氾勝之書) : 중국 서한(西漢)의 관리 범승지(氾勝之, B.C. 32~B.C. 7)가 지은 농학서. 2권. 농사의 원칙, 파종 시기, 종자 처리법, 수확하는 법, 저장법 등을 수록했다. 원서는 북송 초기에 산실되었으나, 북위(北魏)의 가사협(賈思勰)이 지은 《齊民要術》에 인용되어 일부가 전해진다.

90 눈은……정화 : 《氾勝之書》〈溲種法〉에는 "눈 녹은 물은 오곡의 정화이다(雪汁者, 五穀之精也)."라 나온다.

91 구당서(舊唐書) : 중국 당(唐)나라의 정사(正史)를 정리한 책. 10세기에 후진(後晉)의 유후(劉昫) 등이 편찬했으며, 본기(本紀) 20권, 지(志) 30권, 열전(列傳) 150권, 총 200권으로 구성되어 있다.

92 출전 확인 안 됨 ; 《唐會要》卷28〈祥瑞〉上(《文淵閣四庫全書》606, 398~399쪽) ; 《廣群芳譜》卷2〈天時譜〉 '正月', 29쪽.

93 《二如亭群芳譜》〈元部〉 "天譜" 卷3 '雪'(《四庫全書存目叢書補編》80, 141쪽).

94 《二如亭群芳譜》〈元部〉 "天譜" 卷3 '雹'(《四庫全書存目叢書補編》80, 138쪽).

[29] 璹 : 저본에는 "壽". 《唐會要·祥瑞》·《廣群芳譜·天時譜·正月》에 근거하여 수정.

1월 1일 아침에 구름이 창색(蒼色)[95]이면 맥류가 잘 익게 된다. 구름이 청색이면 병충해가 생기고, 맥류의 반이 손상을 입게 된다. 《군방보》[96]

元朝雲蒼色, 麥熟; 靑, 蝗災, 麥半損. 同上

1월 1일에 큰바람이 불면 주로 가뭄이 든다. 바람이 불지 않으면 여름에 밭곡식이 잘 익지 않고, 벼와 기장이 조금 비싸진다.

正朝大風, 主旱. 無風, 夏田不熟, 禾黍小貴.

약간 흐리고 동북풍이 불면 주로 곡식이 아주 잘 익게 된다. 속담에 "1월 1일에 동북풍이 불면 오곡이 아주 잘 익게 된다."라 했다. 세월이 지나면서 쌓인 경험에 의하면 이런 경우에는 물난리와 가뭄이 고르게 조화를 이루고, 고지대와 저지대 모두 곡식이 잘 익을 징조가 많았다. 그 밖의 나머지 설들은 모두 거짓이다.

微陰東北風, 主大熟. 諺云: "歲朝東北, 五禾大熟." 歷年經驗, 多是水旱均調、高下皆熟之兆. 餘說皆譌.

일설에 "이날 큰바람이 불고 비가 오면 그해는 수확이 아주 나쁘게 된다. 작은 바람이 불고 비가 오면 수확이 조금 나쁘게 된다. 바람결에 슬픈 울음소리가 들리면 질병이 많게 된다."라 했다. 또 "쌀이 비싸지고 많은 누에가 손상을 입게 된다."라고도 했다. 《군방보》[97]

一曰: "大風雨, 其年大惡; 小風雨, 小惡; 風悲鳴, 多病." 又云: "米貴多蠶傷." 同上

1월 1일에 천둥이 치면 벼와 맥류가 모두 길하다. 눈이 내리면 여름과 가을에 큰 가뭄이 들게 된다. 해가 뜰 때에 홍색 노을이 있으면 주로 명주실이 비

元日有雷, 禾麥皆吉; 有雪, 夏秋大旱; 日出時有紅霞, 主絲貴; 天晴, 爲上.

---

95 창색(蒼色): 청색·쪽색·녹색·하늘색 등을 말한다.
96 《二如亭群芳譜》〈元部〉"天譜" 卷3 '雲'(《四庫全書存目叢書補編》80, 110쪽).
97 《二如亭群芳譜》〈元部〉"天譜" 卷3 '風'(《四庫全書存目叢書補編》80, 103쪽).

싸진다. 하늘이 맑으면 그해의 수확은 상급이다. 서북풍이 불면 주로 쌀이 비싸진다. 매달 1일도 서북풍이 불면 이와 같다. 속담에 "1월 1일에 동북풍이 불면 오곡이 아주 잘 익게 된다."라 했다.

西北風, 主米貴. 每月如之. 諺云: "歲朝東北, 五禾大熟."[30]

임계(壬癸)와 해자(亥子)[98]의 방위는 '수문(水門)'이라 한다. 그 방위에서 바람이 불어오면 주로 물난리가 나게 된다. 속담에 "1월 1일에 서북풍이 불면 큰비가 내리고 거의 농사를 방해하게 된다."라 했다.

壬癸、亥子之方, 謂之"水門". 其方風來, 主水. 諺云: "歲朝西北風, 大雨定妨農."

서남풍이 불면 주로 쌀이 비싸진다. 동남풍과 남풍이 불면 모두 주로 가뭄이 들게 된다【입춘일에도 점의 내용이 같다】. 《도주공서(陶朱公書)[99]》[100]

西南風, 主米貴; 東南及南風, 皆主旱【立春日同占】. 《陶朱公書》

1월 1일에는 다음과 같이 팔풍(八風)[101]으로 점친다.[102]

正月朝決八風.

---

98 임계(壬癸)와 해자(亥子): 오행에서는 수(水)에 해당하고 방위로는 북쪽에 해당한다.

99 도주공서(陶朱公書): 중국 춘추 시대 월(越)나라 관리 범려(范蠡)가 쓴 것으로 추정되는 책.

100 출전 확인 안 됨; 《重訂增補陶朱公致富奇書》卷4〈占候部〉"正月占"(《重訂增補陶朱公致富奇書》中, 45쪽); 《欽定授時通考》卷3〈天時〉"春"'正月'(《文淵閣四庫全書》732, 45쪽).

101 팔풍(八風): 팔방에서 부는 바람. 《여씨춘추》·《회남자》·《설문해자》 등에 나오는 8풍의 각 명칭에는 차이가 있다. 《여씨춘추》의 예를 들면 다음과 같다. "무엇을 8풍이라 하는가? 동북방에서 부는 바람은 염풍(炎風), 동방에서 부는 바람은 도풍(滔風), 동남방에서 부는 바람은 훈풍(熏風), 남방에서 부는 바람은 거풍(巨風), 서남에서 부는 바람은 처풍(凄風), 서방에서 부는 바람은 요풍(飂風), 서북방에서 부는 바람은 여풍(厲風), 북방에서 부는 바람은 한풍(寒風)이라고 한다(何謂八風? 東北曰炎風, 東方曰滔風, 東南曰熏風, 南方曰巨風, 西南曰凄風, 西方曰飂風, 西北曰厲風, 北方曰寒風)."《呂氏春秋》〈有始覽〉.

102 1월……점친다: 《사기》〈천관서〉에 있는, 위 내용의 앞 구절은 다음과 같다. "일반적으로 한 해의 풍흉과 길흉을 예측할 때는 한 해의 처음을 신중히 살펴야 한다. 한 해의 처음 또는 동지일(冬至日)에는 생산하는 기운이 싹트기 시작한다. 12월에 여러 신께 제사를 지낸 다음날인 납명일(臘明日)에 사람들이 한 해를 보내고 한데 모여 마시고 먹으며 양기를 발산한다. 그러므로 한해의 처음이라 한다. 1월 1일[正月旦]은 왕이 정한 한 해의 첫머리이다. 입춘일(立春日)은 4계절의 시작이다. 이 4가지 시작하는 날[四始]이 바로 한 해의 풍흉과 길흉을 점치는 날이다. 그런데 한나라의 위선(魏鮮)은 이 사시(四始) 중에서 납명일과 1월 1일을 모아서 팔풍(八風)으로 점쳤다(凡候歲美惡, 謹候歲始. 歲始或冬至日, 產氣始萌. 臘明日, 人衆卒歲, 一會飲食, 發陽氣, 故曰初歲. 正月旦, 王者歲首. 立春日, 四時之始也. 四始者, 候之日. 而漢 魏鮮集臘明, 正月旦決八風)."《史記》卷27〈天官書〉第5, 1340쪽.

[30] 五禾大熟: 《重訂增補陶朱公致富奇書·占候部·正月占》에는 "好種田".

① 바람이 남쪽에서 불어오면 큰 가뭄이 들게 된다.　風從南方來, 大旱;

② 서남쪽에서 불어오면 작은 가뭄이 들게 된다.　西南, 小旱;

③ 서쪽에서 불어오면 전쟁이 나게 된다.　西方, 有兵;

④ 서북쪽에서 불어오면 융숙(戎菽, 완두)[103]이 잘 익는다[爲]【주 융숙은 오랑캐콩[胡豆]이다. 위(爲)는 익는다는 뜻이다】.　西北, 戎菽爲【注 戎菽, 胡豆也. 爲, 成也】,

적은 비[小雨]가 내리면【주 다른 본에는 소우(小雨) 이 두 글자가 없다】 갑자기 전쟁이 난다【주 촉(趣)은 음이 촉(促)이다. 바람이 서북쪽에서 불어오면 융숙이 잘 익고, 또한 적은 비가 내리면 그 나라에 갑자기 전쟁이 일어난다는 말이다】.　小雨【注 一無此二字】, 趣兵【注 趣, 音促. 謂風從西北來, 則戎菽成, 而又有小雨, 則其國趣兵起也】.

⑤ 북쪽에서 불어오면 그해는 중급의 수확을 하게 된다.　北方, 爲中歲;

⑥ 동북쪽에서 불어오면 상급의 수확을 하게 된다.　東北, 爲上歲;

⑦ 동쪽에서 불어오면 큰 물난리가 나게 된다.　東方, 大水;

⑧ 동남쪽에서 불어오면 백성이 전염병에 걸리고 그해 곡식은 여물지 않게 된다.　東南, 民有疾疫, 歲惡.

그러므로 팔풍은 그 맞은편에서 불어오는 바람과 맞부딪칠 때 많은 쪽의 바람이 이긴다. 많은 바람이 적은 바람을 이기고, 오래 지속하는 바람이 짧게 부는 바람을 이기며, 빠른 바람이 느린 바람을 이긴다.　故八風各與其衝對, 課多者爲勝. 多勝少, 久勝亟, 疾勝徐.

① 동트는 때부터 아침밥 때까지의 바람은 맥류 농사와 연관이 있다.　朝至食, 爲麥;

② 아침밥 때부터 해가 기울 때[昳]까지의 바람은　食至日昳, 爲稷;

---

103 융숙(戎菽, 완두): 쌍떡잎식물 이판화군 장미목 콩과의 한·두해살이풀. 고대 중국 북쪽 흉노족의 일족인 산융(山戎)족이 심었던 콩.

조[稷]104농사와 연관이 있다.

③ 해가 기울 때부터 저녁밥 때[餔]105까지의 바람
은 기장농사와 연관이 있다.

昳至餔, 爲黍;

④ 저녁밥 때부터 저녁밥 먹은 뒤[下餔]까지의 바
람은 콩농사와 연관이 있다.

餔至下餔, 爲菽;

⑤ 저녁밥 먹은 뒤부터 해가 완전히 지기까지의
바람은 삼농사와 연관이 있다.

下餔至日入, 爲麻.

하루 종일 비가 내리고, 구름이 끼며, 바람이 불
고, 해가 나오면 좋다【주 1월 1일에 그날 하루 종일
바람이 불고, 해가 나오면 한 해 동안 오곡이 잘 익
어 풍년이 들고 재해가 없다】. 하루 중 그 시각에 해
당하는 농작물은 무성해지고 열매가 많아진다.106

欲終日有雨, 有雲, 有風,
有日【注 正月朝, 欲其終
一日有風, 有日, 則一歲之
中五穀豐熟, 無災害也】,
日當其時者, 深而多實.

구름이 없고, 바람 불며 해가 나오면 그 시각에
해당하는 농작물은 무성해지지는 않지만 열매는 많
아진다. 구름 끼고 바람 불며 해가 나오지 않으면 그
시각에 해당하는 농작물은 무성해지나 열매는 적어
진다.

無雲有風日, 當其時, 淺而
多實; 有雲風, 無日, 當其
時, 深而少實.

해 나오고, 구름 끼며 바람 불지 않으면 그 시각
에 해당하는 농작물은 수확을 망친다. 이 날씨가 이
어지는 시간이 밥 한 그릇 먹는 정도로 짧다면 수확
을 작게 망친다. 그러나 쌀 5두(斗)를 쪄서 익힐 만큼

有日, 無雲, 不風, 當其時
者稼有敗; 如食頃, 小敗;
熟五斗米頃, 大敗.

---

104 조[稷] : 서유구는 '직(稷)'을 메기장이 아니라 조[粟]와 같은 곡식으로 본다. 이 주장은《임원경제지 본리지
(林園經濟志 本利志)》권7에 나온다. 서유구 지음, 정명현·김정기 역주,《임원경제지 본리지》2, 소와당,
2009, 499~502쪽.

105 저녁밥 때[餔] : "포(餔)"는 신시(申時, 오후 3~5시)에 먹는 밥을 뜻하므로 본문에서도 이때를 가리킨다.
"餔, 申時食也."《說文解字注》〈食部〉, 220쪽.

106 하루…… 많아진다 : 예를 들어 이른 아침에 이 세 가지가 있으면 맥류가 풍작이고, 저녁밥 때에 이 세 가지
가 있으면 콩이 풍작이라는 의미이다.

긴 시간 이어지면 크게 망친다.

바람이 다시 불고 구름이 끼면 그 농작물은 다시 살아나게 된다. 이런 식으로 각각 그 시간과 구름의 빛깔을 이용해서 그에 좋은 곡식이 무엇인지를 점친다. 비나 눈이 내리면서 춥다면 그해 곡식은 여물지 않게 된다.《사기(史記)》〈천관서(天官書)[107]〉[108]

則風復起, 有雲, 其稼復起. 各以其時用雲色占種其所宜, 其雨雪若寒, 歲惡.《史記·天官書》

정월 1일에 바람이 북쪽에서 불어오면 그해의 수확은 중급이 된다. 동북쪽에서 불어오면 그해의 수확은 상급이 된다. 동쪽에서 불어오면 큰 물난리가 나게 된다. 동남쪽에서 불어오면 사람들이 병에 걸리고, 그해 곡식은 여물지 않게 된다.

正月朔風北來, 爲中歲. 東北來, 爲上歲. 東來, 大水. 東南來, 人病歲惡.

만약 바람이 너무 뜨겁거나 차갑거나 하는 이상한 현상이 있거나, 급작스러운 바람으로 어둡고 탁해지면 8괘(八卦)의 방위[109]에서 부는 폭풍을 점쳐야만 한다.

若風熱冷異常, 或暴急昏濁, 又當以八卦暴風占之.

① 건(乾)괘 방위에서 바람이 불어오면 걱정스런 전쟁이 일어나게 된다.

從乾來, 有憂兵;

② 감(坎)괘 방위에서 불어오면 큰 물난리가 있게 된다.

坎來, 有大水;

③ 간(艮)괘 방위에서 불어오면 사람들이 전염병

艮來, 人疾疫, 有蝗蟲;

---

107 천관서(天官書): 중국 전한(前漢)의 역사가 사마천(司馬遷, B.C. 145 ?~B.C. 86 ?)이 상고 시대의 오제(五帝)부터 한나라 무제까지 중국과 그 주변 민족의 역사를 포괄하여 저술한 《사기(史記)》 중에서 천문학 지식과 천체의 사건, 별점 등을 기록한 부분.
108 《史記》, 위와 같은 곳. 사마천 지음, 정범진(丁範鎭) 외 옮김, 《史記2 表序·書》, 까치, 1996, 참조.
109 8괘(八卦)의 방위: 문왕팔괘방위도(文王八卦方位圖)에 의하면 건(乾)괘는 서북쪽, 감(坎)괘는 북쪽, 간(艮)괘는 동북쪽, 진(震)괘는 동쪽, 손(巽)괘는 동남쪽, 이(離)괘는 남쪽, 곤(坤)괘는 서남쪽, 태(兌)괘는 서쪽이다.

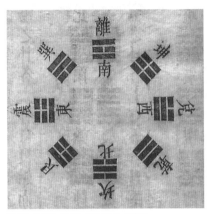

문왕팔괘방위도(文王八卦方位圖,《주역》)

에 걸리고, 메뚜기떼로 해를 입게 된다.

④ 진(震)괘 방위에서 불어오면 큰 가뭄이 들게 된다.

⑤ 손(巽)괘 방위에서 불어오면 바람이 많이 불어 오곡이 상하게 된다.

⑥ 이(離)괘 방위에서 불어오면 그해에는 가뭄이 들고, 아주 더우며 화재가 많이 일어나게 된다.

⑦ 곤(坤)괘 방위에서 불어오면 전염병에 걸려서 길 위에 죽은 사람들이 많게 된다.

⑧ 태(兌)괘 방위에서 불어오면 전쟁이 나게 된다. 《무비지》110

震來, 大旱;

巽來, 多風傷五穀;

離來, 歲旱大熱多火災;

坤來, 有疾疫, 道上多死人;

兌來, 有兵爭.《武備志》

1월 1일 동쪽에 흑색 구름이 보이면 주로 봄에 비가 많이 내리게 된다. 남쪽에 흑색 구름이 보이면 주로 여름에 비가 많이 내리게 된다. 서쪽에 흑색

正月一日, 東方見黑雲, 主春雨; 南方見黑雲, 主夏雨; 西方見黑雲, 主秋雨;

110《武備志》卷165〈占度載〉"占風" 1, 6733~6734쪽.

구름이 보이면 주로 가을에 비가 많이 내리게 된다. 북쪽에 흑색 구름이 보이면 주로 겨울에 눈이 많이 내리게 된다. 자세하게 점을 치면 그 조짐에 상응하지 않는 경우가 없다.[111]《무비지》[112]

1월 1일에 햇무리가 지면 곡식이 적게 여물 징후이다. 해에 백색 햇무리가 이중으로 지면 나라에 폭풍우가 많고, 오곡이 상하게 된다. 흑색 햇무리가 이중으로 지면 천하에 큰 물난리가 나고, 겨울에는 비가 내리고 여름에는 서리가 내리며, 쌀이 비싸진다.

적색 햇무리가 2개 지면 메뚜기떼로 해를 입게 되고, 가뭄이 들어 곡식이 상하게 된다. 청색 햇무리가 지면 주로 큰 가뭄이 들면서 곡식이 비싸지며 큰 전염병에 걸리게 된다. 백색 햇무리가 지면 폭풍우가 많아 곡식을 상하며, 6가지 가축이 싸진다.

北方見黑雲, 主冬雪. 仔細占之, 無不應兆. 同上

歲朔有暈, 小熟之候. 日白暈兩重, 國多暴風雨, 五穀傷; 黑暈氣再重, 天下大水, 冬雨夏霜, 米貴;

赤暈兩暈, 有蝗蟲, 旱穀傷; 靑暈, 主大旱及穀貴, 大疾疫; 白暈, 多暴風雨, 傷穀, 六畜賤.

메뚜기

메뚜기떼

---

111 자세하게……없다 : 자세하게 점친다는 말은 본문에서 거론하지 않은 방위, 즉 동남쪽, 북서쪽 등과 같은 곳에 흑색 구름이 보이면 그에 상응하는 시기에 비나 눈이 내린다는 의미로 보인다.
112《武備志》卷161〈占度載〉"占雲氣" 1 '氣之災瑞', 6544쪽.

대낮에 햇무리가 져서 길가는 사람의 그림자가 생기지 않는 현상이 해가 저물 때까지 그치지 않으면 그해를 넘기지 않아서 큰 물난리가 나게 된다. 《관규집요》[113]

日晝暈, 行人無景, 至暮不止者, 不出其年有大水. 《管窺輯要》

---

[113]《管窺輯要》卷56〈日旁氣占〉(《管窺輯要》18, 6~7면). 내용이 일치하지 않고 비슷하다.

10) 1월 1일의 여러 점

이날 날씨가 밝고 환하면 도회지의 인민들이 노래하는 소리를 듣는다. 그 소리가 궁조(宮調)이면 풍년이 들고 길하다. 상조(商調)이면 전쟁이 나게 된다. 치조(徵調)이면 가뭄이 들게 된다. 우조(羽調)이면 물난리가 나게 된다. 각조(角調)이면 그해 곡식은 여물지 않게 된다.[114] 《사기》〈천관서〉[115]

1월 1일 5경[五鼓, 새벽 3~5시]에 키 크고 긴 풀을 횃불처럼 묶어서 불사른다. 이를 '조정화(照庭火, 뜰을 밝히는 불)'라 한다. 그 불길이 가는 곳을 살펴서 어느 쪽에 도착했는지를 본다. 불길이 향한 쪽은 그해 반드시 곡식이 잘 익게 된다.

또한 큰 서까래를 겹쳐서 들었다가 던진 다음 그 소리를 듣고 대중이 화답해서 1개가 뒤집혔다고 말하면 농지의 벼가 무성하게 된다. 2개가 뒤집혔다고 말하면 오곡이 창고를 가득 채우게 된다. 3개가 뒤집혔다고 말하면 6가지 가축이 무리를 이룰 정도로 많게 된다. 4개가 뒤집혔다고 말하면 사람들이 화목하고 평화롭게 된다. 이와 같이 사람들이 듣고 한 말에 따라 점치면 서까래가 실제로 몇 개 뒤집혔는가에는 구애될 필요가 없다. 《군방보》[116]

元朝雜占

是日光明, 聽都邑人民之聲. 聲宮, 則歲善, 吉; 商, 則有兵; 徵, 旱; 羽, 水; 角, 歲惡. 《史記·天官書》

初一五鼓, 束高長草把, 燒之, 名"照庭火". 伺燒將過, 看向何方倒. 所向之方, 其年必熟.

乃以大椽重擧抛去, 聽其聲則衆和曰一跌, 田禾盛茂; 二跌, 五穀滿倉; 三跌, 六畜成群; 四跌, 人口和平. 如此隨口說, 不拘幾跌. 《群芳譜》

---

114 이날……된다 : 궁(宮)·상(商)·각(角)·치(徵)·우(羽) 오음계가 오행(五行)의 토(土)·금(金)·목(木)·화(火)·수(水)와 각각 상응한다고 보고 한 해의 길흉을 점치는 방법이다. 예를 들어 '노래하는 소리가 우조(羽調)이면 물난리[水]가 난다'는 설명은 우(羽)와 수(水)를 일대일로 대응시키는 한대(漢代) 사람들의 통상적인 사유이다.

115 《史記》卷27〈天官書〉第5, 1341쪽.

116 출전 확인 안 됨;《廣群芳譜》卷2〈天時譜〉"正月", 38~39쪽.

1월 1일에 소들이 모두 누워 있으면 곡식싹이 제대로 서기 어렵게 된다. 소들이 반은 눕고 반은 서 있으면 그해의 곡식 수확은 중급이거나 평년작이 된다. 소들이 모두 서 있으면 오곡이 잘 익게 된다.

그 외 다른 향복(響卜)[117]이나 자고(紫姑)[118] 등의 점들도 때로는 잘 맞는다.《군방보》[119]

상강(湘江)[120] 근처의 사람들은 한 해가 저물 때 강물 1두(斗)를 퍼 두고 1월 1일에 강물 1두를 퍼 둔다. 그 양자의 무게를 비교하면 그해 물의 위세가 높은지 낮은지를 안다고 한다. 1월 1일에 퍼 온 물이 더 무거우면 그해는 물이 많고, 가벼우면 물이 적다고 한다. 상당히 잘 맞는다.《악양풍토기(岳陽風土記)[121]》[122]

양자강 안에는 사전(沙田)[123]이 있다. 그 농가의 사람들은 매해 첫날에 물동이를 가져다 물의 무게를 잰다. 물이 무거우면 그해에는 강물이 많고, 물이 가벼우면 강물이 적다. 매년 어김이 없다.《연북잡

元日牛俱臥, 則苗難立; 半臥半起, 歲中平; 俱立, 則五穀熟.

他如響卜紫姑之類, 往往有驗. 同上

傍湘之民, 歲暮取江水一斞, 歲朝取江水一斞, 較其輕重, 則知其年水勢高下云. 重則水大, 輕則水小. 甚驗.《岳陽風土記》

揚子江中沙田, 田戶每歲朝取一甋以稱水. 水重則是年江水大, 水輕則水小. 歲歲不差.《研北雜志》

---

117 향복(響卜):물건의 울림으로 길흉을 점치는 일. 또는 섣달 그믐날에 사람의 말을 듣고 길흉을 점치는 일.
118 자고(紫姑):뒷간의 신(神). 이 신은 생전에 이경(李景)이란 자의 첩이었는데, 본처의 시샘으로 항상 뒷간 청소만을 하다가 1월 15일에 한을 품고 죽었다고 한다. 후세에 그 죽은 날인 정월 보름날에 뒷간 가까이에 신으로 모시어 제사지내고 길흉을 점치는 풍속이 당(唐) 이후 전해진다. 삼고랑(三姑娘)이라고도 한다.
119 출전 확인 안 됨;《廣群芳譜》卷2〈天時譜〉"正月", 39쪽.
120 상강(湘江):중국 호남성(湖南省)에 있는 강.
121 악양풍토기(岳陽風土記):중국 북송(北宋)의 범치명(范致明, ?~?)이 지은 악양(岳陽)의 읍지(邑誌). 1권. 악양의 연혁·산천·고적(古蹟) 등의 고증이 상세하다.
122《岳陽風土記》(《文淵閣四庫全書》589, 120쪽).
123 사전(沙田):물가나 섬에 있는 농지.

지(硏北雜志)[124]》[125]

124 연북잡지(硏北雜志) : 중국 원(元)나라의 학자 육우(陸友, ?~?)가 편찬한 잡저. 2권. 자신의 호를 따서 서
   명으로 삼았다.
125 《硏北雜志》卷下(《文淵閣四庫全書》 866, 598쪽).

11) 정월 보름[上元, 상원]의 징후

정월 보름에 맑으면 주로 1월[一春]에는 비가 적게 내리게 된다. 또 모든 과일농사에 좋다. 속담에 "정월 보름에 비 내리지 않으면 3월[三春]에 가뭄 든다."라 했다. 《월령통고》[126]

정월 보름에 안개가 끼면 주로 물난리가 나게 된다. 《월령통고》[127]

정월 보름에 동풍이 불면 여름에 쌀은 적정가를 유지하게 된다. 남풍이 불면 가뭄이 들고, 쌀이 비싸진다. 서풍이 불면 봄과 여름에 쌀이 비싸지고, 뽕나무도 비싸진다. 북풍이 불면 장마가 들게 된다.

동북풍이 불면 곡식이 잘 익게 된다. 동남풍이 불면 벼와 맥류가 적게 익게 된다. 서북풍이 불면 물난리가 나고 뽕나무가 싸진다. 서남풍이 불면 봄과 여름에 쌀이 비싸지고, 양잠에 불리하게 된다. 《월령통고》[128]

정월 보름밤 등불에 바람이 불면 한식(寒食)날 무덤에 빗방울이 떨어지게 된다. 《기력촬요》[129]

上元日候

上元晴, 主一春少雨. 又宜百果. 諺云: "上元無雨, 三春旱." 《月令通考》

上元有霧, 主水. 同上

上元東風, 夏米平; 南風, 旱, 米貴; 西風, 春夏米貴, 桑貴; 北風, 澇;

東北風, 大熟; 東南風, 禾麥小熟; 西北風, 水, 桑賤; 西南風, 春夏米貴, 蠶不利. 同上

風吹上元燈, 雨打寒食墳. 《紀歷[31]撮要》

---

126 출전 확인 안 됨; 《御定月令輯要》 卷5 〈正月令〉 "占驗" '上元日占'(《文淵閣四庫全書》 467, 250쪽).
127 출전 확인 안 됨; 《御定月令輯要》 卷5 〈正月令〉 "占驗" '上元霧'(《文淵閣四庫全書》 467, 250쪽).
128 출전 확인 안 됨; 《御定月令輯要》 卷5 〈正月令〉 "占驗" '上元風'(《文淵閣四庫全書》 467, 250쪽).
129 출전 확인 안 됨.
[31] 歷: 저본에는 "曆". 일반적인 용례에 근거하여 수정.

혜남선사(惠南禪師)[130]께서 일찍이 이렇게 말씀하셨다. "정월 보름에 초저녁[一夕]이 맑으면 삼[麻]이 적게 여물게 된다. 저녁 중간 무렵[兩夕]이 맑으면 삼이 평년 정도로 여물게 된다. 저녁 끝 무렵[三夕]이 맑으면 삼이 많이 여물게 된다. 비가 내리면 삼이 제대로 여물지 않게 된다."

점 또한 이와 같았다고 하는데, 절묘하게 잘 맞는다. 공평중《담원》[131]

정월 보름 아침[初日]에는 여러 과일나무농사를 점친다. 정오[中日]에는 늦벼농사를 점친다. 해질녘[末日]에는 올벼농사를 점친다. 속담에 "정월 보름밤 등불에 빗방울 떨어지면 올벼는 한 묶음일 뿐."[132]이라 했다. 《군방보》[133]

禪師惠南[32]嘗言: "上元一夕晴, 麻小熟; 兩夕晴, 麻中熟; 三夕晴, 麻大熟; 若陰雨, 麻不登."

占亦如此云, 絕有功驗. 孔氏《談苑》

上元初日, 占百果; 中日, 占晚稻; 末日, 占早稻; 諺云: "雨打上元燈, 早稻一束草."《群芳譜》

130 혜남선사(惠南禪師): 1002~1069. 중국 선불교 임제종(臨濟宗) 황룡파(黃龍派)의 창시자. 혜혜남(慧惠南)이라고도 한다.
131 《談苑》卷2(《文淵閣四庫全書》1037, 130~131쪽).
132 올벼는……뿐: 올벼농사를 망친다는 의미인 듯하다.
133 《二如亭群芳譜》〈元部〉"歲譜"卷1 '正月'(《四庫全書存目叢書補編》80, 161쪽);《二如亭群芳譜》〈元部〉"天譜"卷3 '雨'(《四庫全書存目叢書補編》80, 126쪽).
32 南: 저본에는 없음.《談苑》에 근거하여 보충.

12) 정월 보름의 여러 점

정월 보름밤에 맑은지 흐린지로 점친다. 맑은 시간이 길면 가뭄이 들게 된다. 흐린 시간이 길면 물난리가 나게 된다.

규표(圭表)[134]를 세우고 그림자 길이를 측정해서 그해의 물난리나 가뭄을 예상한다.

해에 비친 규표의 그림자 길이가 2척이고, 달에 비친 그림자의 길이가 2척 이내라면 큰 가뭄이 들게 된다.

2.5척에서 3척까지라면 작은 가뭄이 들게 된다.

3.5척에서 4척까지라면 고지대와 저지대의 곡식이 모두 고르게 잘 익는다.

4.5척에서 5척까지라면 작은 물난리가 나게 된다.

5.5척에서 6척까지라면 큰 물난리가 나게 된다.

달그림자가 끝나는 곳이 정면이다. 규표는 중앙에 곧게 세워야 올바른 기준을 얻는다. 《물리론》[135]

上元雜占

正月望夜占陰陽. 陽長, 卽旱; 陰長, 卽水.

立表以測其長短, 審其水旱.

表長二尺, 月影長二尺以內, 大旱;

二尺五寸至三尺, 小旱;

三尺五寸至四尺, 調適高下皆熟;

四尺五寸至五尺, 小水;

五尺五寸至六尺, 大水.

月影所極則正面也. 立表中正, 乃得其定. 《物理論》

한국천문연구원 소재 규표

---

134 규표(圭表): 해의 그림자를 측정하는 기구. 규(圭)는 평평한 자이고 표(表)는 수직으로 세운 장대이다.
135 출전 확인 안 됨;《欽定授時通考》卷3〈天時〉"春"'正月'(《文淵閣四庫全書》732, 45쪽).

정월 보름날 10척짜리 장대를 수직으로 세운 다음, 달이 오야(午夜)[136]의 중심에 도달했을 때 장대의 그림자를 잰다. 그림자 길이가 7척이 되면 곡식이 아주 많이 익게 된다. 6척이 되면 적게 익게 된다. 9척이나 10척이 되면 주로 물난리가 나게 된다. 5척이 되면 가뭄이 들게 된다. 3척이 되면 큰 가뭄이 들게 된다. 《군방보》[137]

上元日豎一丈竿, 候月午影. 至七尺, 大稔; 六尺, 小稔; 九尺、一丈, 主水; 五尺, 旱; 三尺, 大旱.《群芳譜》

1월 15일에 농가에서는 달로 점을 친다. 이 내용은 고서에 적혀 있지는 않다. 우리나라 백성은 그해가 풍년일지 흉년일지를 점치면 귀신같이 맞춘다.

창주(滄洲) 차운로(車雲輅)[138]는 일찍이 다음과 같이 농가에서 달로 점치는 시를 지었다.

"농가는 정월 보름에,
늘 하늘의 달로 점치네.
달이 북쪽에 가까우면 산골에 풍년 들고,
약간 남쪽이면 해변 곡식 잘 익네.
달의 붉은 기운은 초목 말릴 징조요,
흰 기운은 개울과 연못 넘칠 기미이지.
둥근달 한가득 짙은 황흑색이라야,

正月十五日, 農家候月, 未著於古書. 東民占其歲豐歉, 見驗如神.

車滄洲 雲輅嘗作農家候月詩曰:
"農家正月望,
常候月升天.
近北豐山峽,
差南稔海邊.
赤疑焦草木,
白怕漲川淵.
圓滿深黃黑,

---

136 오야(午夜) : 밤 11시~새벽 1시 사이. 자시(子時)·삼경(三更)·야반(夜半)이라고도 한다.

137 《二如亭群芳譜》〈元部〉 "天譜" 卷2 '月'《四庫全書存目叢書補編》80, 70쪽).

138 차운로(車雲輅) : 1559~?. 조선 중기의 관리·문장가·시인. 호는 창주(滄洲), 자는 만리(萬里). 차천로(車天輅, 1556~1615)의 동생. 시와 글씨에 뛰어났다. 《어우야담》의 저자인 유몽인과는 오랜 친분이 있었다. 저서로 《창주집(滄洲集)》이 있다.

올해 크게 풍년 들 줄 아네."139《어우야담(於于野 方知大有年."《於于野談》
談)140》141

우리나라에서는 그해의 풍흉과 길흉을 점칠 때 我東占歲, 最重上元候月.
정월 보름날에 달 살피는 일을 제일 중요하게 여긴 或譏其無義, 余謂不然.
다. 어떤 사람은 이 일이 아무런 의미가 없다고 비아
냥거리지만 나는 그렇지 않다고 생각한다.

달은 음(陰)의 정화이면서 물의 주재(主宰)이다. 일 月者, 陰之精而水之主也.
반적으로 이 세상[寰宇, 환우]에서 습윤(濕潤)하고 음한 凡寰宇之間, 濕潤、陰寒之
(陰寒)한 기운은 모두 달이 주재한다. 달이 허하면 물 氣, 皆月主之. 月虛而魚腦
고기 수가 줄어들고, 달이 원만하게 차면 조개[蚌胎] 減, 月滿而蚌胎實. 月虧而
의 살이 실하다. 달이 이지러지면 초목의 기운이 건 草木氣燥, 月盈而江海潮
조하고, 달이 차면 강과 바다의 밀물과 썰물이 길 長, 皆此理也. 占水旱而候
다. 이런 현상들이 모두 이 이치이다. 그렇다면 물난 月, 曷謂其無義也.
리와 가뭄을 점치면서 달을 살피는 일이 어찌 아무
런 의미가 없다고 하겠는가.

게다가 정월 보름날에는 규표를 세워서 달그림자 且正月之望, 立表測月影.
를 측량한다. 4월 16일[既望]에는 장대를 세워서 달 四月既望, 豎竿量月影, 其
그림자를 측량한다. 그 법도는 중국의 점치는 책에 法班班見於中州占候之書.
분명하게 보인다. 그 일이 옛 방법에 보이지 않는다 其謂不著於古方者, 未之
고 말하는 자는 이를 제대로 살펴보지 않은 사람이 考者也.《杏蒲志》

139 농가는……아네 : 차운로의 《창주집(滄洲集)》과 《창주유고(滄洲遺稿)》에는 이 시가 없다. 김매순(金邁淳,
    1776~1840)의 《열양세시기(洌陽歲時記)》에서는 이 시를 차운로의 형 오산(五山) 차천로(車天輅)의 시라고
    소개했다. 《동국세시기(東國歲時記)》〈열양세시기(洌陽歲時記)〉 "정월(正月)' '상원(上元)', 69쪽에 보인다.
140 어우야담(於于野談) : 조선 중기에 유몽인(柳夢寅, 1559~1623)이 편찬한 설화집. 5권.
141 《어우야담 원문》, 212~213쪽.

다. 《행포지(杏蒲志)[142]》[143]

《적아(赤雅)》[144]에서 "새해 첫날에 낭화(郎火, 추장)가 물 담은 토기잔 12개를 12개월에 해당되도록 줄지어 배열하고 기도를 한다. 밤을 지내고 이를 열고 살펴보아 물이 있으면 그에 해당하는 달에는 가뭄이 들지 않게 된다."[145]라 했다. 이는 남방 오랑캐가 한해를 점치는 법이다.

우리나라의 농가에도 역시 메주콩으로 물난리와 가뭄을 점치는 법이 있다. 매년 정월 보름 전날 밤에 수수짚 한 마디를 세로로 가른다. 그중 왼쪽 조각에다 그 속을 대략 긁어 낸 다음 누런 메주콩 12알【윤달이 들었으면 13알】을 차례대로 끼워 넣는다.

메주콩 1알을 끼워 넣을 때마다 즉시 입으로 개월 수를 읊으면서 "이 콩은 몇 월이다."라 외친다. 12개월에 해당하는 콩을 다 끼워 넣었으면 오른쪽 조각을 합하고 끈으로 묶는다. 이를 초가지붕 안에 깊숙이 꽂아서 끝부분까지 다 들어가도록 한다.

다음날 아침 이를 열어 콩을 보았을 때 콩이 윤기

《赤雅》云: "歲首, 郎[33]火以土梧十二貯水, 按辰布列禱之. 經夕啓視, 有水則其月不旱." 此南獠占歲法也.

我東農家亦有用大豆占水旱之法. 每歲上元前夕, 取薥黍稭一節, 豎剖之. 取左片[34]略刮其瓤, 以黃大豆十二粒【有閏則十三粒】次第嵌之.

每嵌一豆, 輒口念月, 號曰: "此其月也". 十二月嵌畢, 卽以右片[35]合之, 以繩約之, 深揷茅茨中, 令沒趾.

翌朝啓視豆, 潤則其月雨,

---

142 행포지(杏蒲志) : 조선 후기에 서유구(徐有榘, 1764~1845)가 직접 농촌 생활을 하면서 시행하고 경험했던 농법을 바탕으로 저술한 농서. 6권. 이 내용은 거의 다 《임원경제지》 여기저기에 인용되었다.

143 《杏蒲志》 卷1 〈占候〉(《農書》 36, 81쪽).

144 적아(赤雅) : 중국 명나라 광로(鄺露, 1605~1651)가 저술한 민간 문학서. 신화와 전설을 주로 기록했다.

145 새해……된다 :《赤雅》 卷1 〈卜歲〉(《文淵閣四庫全書》 594, 345쪽).

[33] 郎 : 저본에는 "卽".《杏蒲志·占候》·《赤雅·卜歲》에 근거하여 수정.

[34] 片 :《杏蒲志·占候》에는 "隻".

[35] 片 :《杏蒲志·占候》에는 "隻".

가 있으면 거기에 해당하는 달에 비가 내리게 된다. 콩이 말랐으면 거기에 해당하는 달에 가뭄이 들게 된다. 매우 잘 맞는다. 《행포지》[146]

豆乾則其月旱. 頗驗. 同上.

---

146 《杏蒲志》卷1 〈占候〉(《農書》 36, 83~84쪽).

13) 갑(甲)이 든 날[147]

1월 3일에 갑(甲)이 들면 그해의 수확은 상급이다. 4일에 들면 중급이다. 5일에 들면 하급이다. 1월 안에 갑인(甲寅)일이 들면 쌀이 싸진다. 《동방삭점서》[148]

得甲

三日得甲, 爲上歲; 四日, 中歲; 五日, 下歲. 月內有甲寅, 米賤.《東方朔占書》

오행의 상관관계(《오행대의(五行大義)》 참고)

오행 (五行)	오성 (五星)	오시 (五時)	오방 (五方)	오색 (五色)	오성 (五聲)	오상 (五常)	오수 (五數)	오미 (五味)	오정 (五情)	오장 (五臟)	천간 (天干)	지지 (地支)
목 (木)	목성 (木星)	춘 (春)	동 (東)	청 (靑)	각 (角)	인 (仁)	3·8	산(酸): 신맛	희(喜): 기쁨	간 (肝)	갑(甲)· 을(乙)	인(寅)· 묘(卯)
화 (火)	화성 (火星)	하 (夏)	남 (南)	적 (赤)	치 (徵)	예 (禮)	2·7	고(苦): 쓴맛	락(樂): 즐거움	심 (心)	병(丙)· 정(丁)	사(巳)· 오(午)
토 (土)	토성 (土星)	계하 (季夏)	중앙 (中央)	황 (黃)	궁 (宮)	신 (信)	5·10	감(甘): 단맛	욕(慾): 욕심	비 (脾)	무(戊)· 기(己)	진(辰)· 술(戌)· 축(丑)· 미(未)
금 (金)	금성 (金星)	추 (秋)	서 (西)	백 (白)	상 (商)	의 (義)	4·9	신(辛): 매운맛	노(怒): 화	폐 (肺)	경(庚)· 신(辛)	신(申)· 유(酉)
수 (水)	수성 (水星)	동 (冬)	북 (北)	흑 (黑)	우 (羽)	지 (智)	1·6	함(鹹): 짠맛	애(哀): 슬픔	신 (腎)	임(壬)· 계(癸)	해(亥)· 자(子)

---

147 이하 기사는 천간(갑·을·병·정·무·기·경·신·임·계)과 지지(자·축·인·묘·진·사·오·미·신·유·술·해), 오행 간의 상관관계가 전제되어 있다. 중국 수(隋)나라 소길(蕭吉. ?~614)의 《오행대의(五行大義)》에 따르면 오행의 배치는 위의 표와 같다. 본문에서 3일에 갑(甲)이 들면 그해의 수확이 좋다고 말하는 이유는 '甲-春-三-木'으로 연관되는 오행의 운행이 모두 들어맞기 때문이다.

148 출전 확인 안 됨;《二如亭群芳譜》〈元部〉"歲譜" 卷1 '正月'(《四庫全書存目叢書補編》80, 160쪽);《廣群芳譜》卷2〈天時譜〉"正月", 37쪽;《欽定授時通考》卷3〈天時〉"春" '正月'(《文淵閣四庫全書》732, 46쪽).

14) 신(辛)이 든 날

1월 1일에 신(辛)이 들면 맥류를 충분히 수확하게 된다. 2일에 들면 벼와 누에고치를 수확하게 된다. 3일이나 4일에 들면 밭곡식과 누에고치를 온전히 수확하게 된다. 5일이나 6일에 들면 삼과 조, 맥류와 누에고치를 절반만 수확하게 된다. 7일이나 8일에 들면 가뭄이 들고, 벼와 삼, 맥류와 조를 적게 수확하게 되고, 생사[絲]가 비싸진다. 《동방삭점서》[149]

1월 1일에 신(辛)이 들면 가뭄이 들게 된다. 2일에 들면 수확이 적게 된다. 3일이나 4일에 들면 주로 물난리가 나고, 맥류를 반만 수확하게 된다. 5일이나 6일에 들면 작은 가뭄이 들고, 7/10만 수확하게 된다. 8일에 들면 곡식이 잘 익게 된다. 하지만 일설에는 "봄에 가뭄이 들어 수확하지 못하게 된다."라 했다. 《동방삭점서》[150]

得辛

一日得辛, 麥收十分; 二日, 禾、蠶收; 三日、四日, 田、蠶全收; 五日、六日, 麻、粟、麥、蠶半收; 七日、八日, 旱, 禾、麻、麥、粟少收, 絲貴.《東方朔占書》

一日得辛, 旱; 二日, 小收; 三、四日, 主水, 麥半收; 五、六日, 小旱, 七分收; 八日, 歲稔. 一云: "春旱不收." 同上

---

149 출전 확인 안 됨;《二如亭群芳譜》, 위와 같은 곳;《廣群芳譜》, 위와 같은 곳.
150 출전 확인 안 됨;《二如亭群芳譜》, 위와 같은 곳.

15) 자(子)가 든 날

1월 상순에 갑자(甲子)일이 들면 벌레떼로 인한 재앙을 겪게 되고, 뽕나무와 곡식이 비싸진다. 병자(丙子)일이 들면 가뭄이 들게 된다. 무자(戊子)일이 들면 잘 수확하게 된다. 경자(庚子)일이 들면 호랑이와 이리가 많아진다. 임자(壬子)일이 들면 면직물이 비싸진다. 《통서(通書)151》152

득자가(得子歌, 자가 든 날의 길흉 노래)에서는 다음과 같이 읊었다. "1월에 갑자(甲子)일이 들면 풍년이 들게 된다. 병자(丙子)일이 들면 가뭄이 들게 된다. 무자(戊子)일이 들면 메뚜기떼로 해를 입게 된다. 경자(庚子)일이 들면 병란이 생기게 된다. 오직 임자(壬子)일이 들면 물이 넘쳐흘러 상순 10일 동안 도처에 있다. 1월 상순 10일 동안을 보아서 자(子)가 들지 않으면 조정 대신의 반이 죽게 된다."《군방보》153

得子

正月上旬得甲子, 蟲災, 桑、穀貴; 丙子, 旱; 戊子, 收; 庚子, 虎狼多; 壬子, 綿貴. 《通書》

得子歌云: "甲子, 豐年; 丙子, 旱; 戊子, 蝗蟲; 庚子, 亂. 惟有壬子, 水滔滔, 都在上旬十日. 看上旬十日, 若無子, 朝中大臣死一半." 《群芳譜》

---

151 통서(通書): 중국 북송(北宋)의 학자 주돈이(周敦頤, 1017~1073)가 《태극도설(太極圖說)》의 응용 부분을 해설한 저술. 1권. 《통서》에서 위 내용은 확인되지 않는다.
152 출전 확인 안 됨; 《二如亭群芳譜》, 위와 같은 곳.
153 《二如亭群芳譜》, 위와 같은 곳.

16) 인(寅)이 든 날

인(寅)이 든 날의 경우 1월에 갑인(甲寅)일이 들면 곡식과 가축이 비싸진다. 병인(丙寅)일이 들면 기름과 소금이 비싸진다. 무인(戊寅)일이나 임인(壬寅)일이 들면 곡식이 처음에는 비싸다가 나중에는 싸진다. 경인(庚寅)일이 들면 곡식과 가축이 비싸진다.《동방삭점서》[154]

1월 상순에 병인(丙寅)일이 먼저 들면 여름에 비가 많이 내리게 된다. 무인(戊寅)일이 들면 가을에 비가 많이 내리게 된다. 임인(壬寅)일이 들면 겨울에 비가 많이 내리게 된다.《동방삭점서》[155]

得寅

得寅, 甲寅, 穀、畜貴; 丙寅, 油、鹽貴; 戊寅、壬寅, 穀先貴後賤; 庚寅, 穀、畜貴.《東方朔占書》

上旬先得丙寅, 夏雨多; 戊寅, 秋雨多; 壬寅, 冬雨多. 同上

---

154 출전 확인 안 됨;《二如亭群芳譜》, 위와 같은 곳.
155 출전 확인 안 됨;《二如亭群芳譜》〈元部〉"天譜" 卷3 '雨'(《四庫全書存目叢書補編》80, 126쪽).

17) 묘(卯)가 든 날

묘(卯)가 든 날의 경우 1월에 을묘(乙卯)일이 들면 형(荊)과 초(楚) 지역에 쌀이 비싸진다. 정묘(丁卯)일이 들면 주(周)와 진(秦) 지역에 쌀이 비싸진다. 기묘(己卯)일이 들면 연(燕)과 조(趙) 지역에 쌀이 비싸진다. 신묘(辛卯)일이 들면 한(韓)156과 위(魏) 지역에 쌀이 비싸진다. 계묘(癸卯)일이 들면 송(宋)과 노(魯) 지역에 쌀이 비싸진다.157 《동방삭점서》158

得卯

得卯. 乙卯, 荊、楚米貴; 丁卯, 周、秦米貴; 己卯, 燕、趙米貴; 辛卯, 韓、魏米貴; 癸卯, 宋、魯米36貴. 《東方朔占書》

---

156 한(韓) : 중국 하남성(河南省) 중부와 산서성(山西省) 동남부 일대.

157 앞의 《사기》〈천관서〉를 참조하여 작성한 '분야와 28수' 표 참조. 다만 본문의 내용 중 주(周)와 진(秦)만 정(丁)에 일치하고 나머지는 그 표와 일치하지 않는다.

158 출전 확인 안 됨;《二如亭群芳譜》〈元部〉"歲譜"卷1 '正月'(《四庫全書存目叢書補編》80, 160쪽).

36 米:《二如亭群芳譜·元部·歲譜》에는 "豆".

18) 진(辰)이 든 날

진(辰)이 든 날이 1월 1일이면 비가 많이 내리게
된다. 2일이면 바람이 많고, 먼저 가뭄이 들어 곡
식이 반만 익고, 저지대 농지는 온전히 수확하게 된
다. 또 7월에는 비가 많이 내리고, 삼과 콩을 온전
히 수확하게 된다.

3일이면 비오는 날과 맑은 날이 고르게 된다. 4
일이면 7/10만 수확하게 된다. 5일이면 곡식이 잘 익
게 된다. 6일이면 풍년이 들게 된다. 7일이면 물난리
가 나서 농지를 손상시키지만, 메밀과 맥류를 잘 수
확하게 된다.

8일이면 먼저 가뭄이 들었다가 뒤에는 장마가 들
게 된다. 9일이면 보리를 잘 수확하게 되지만, 한여
름에 물난리로 인한 재앙이 생기게 된다. 10일이면
가뭄이 들고, 벼는 절반만 수확하게 된다. 11일이면
오곡을 수확하지 못하고, 겨울에 큰 눈이 내리게 된
다. 12일이면 겨울에 큰 눈이 내리고, 오곡을 잘 수
확하게 된다【안 이는 《시헌서(時憲書)》[159]에서 말한
"수룡(水龍)을 다스리는 일"[160]이다】. 《동방삭점서》[161]

得辰

得辰一日, 雨多; 二日, 風
多, 先旱半熟, 低田全收,
七月雨多, 麻豆全收;

三日, 雨晴均; 四日, 收七
分; 五日, 歲稔; 六日, 大
稔; 七日, 水損田, 蕎麥收;

八日, 先旱後澇; 九日, 大
麥收, 仲夏水災; 十日, 旱,
禾半收; 十一日, 五穀不
收, 冬大雪; 十二日, 冬大
雪, 五穀收【按 此卽《時憲
書》所謂"治水龍"也】.《東
方朔占書》

---

159 시헌서(時憲書): 시헌력(時憲曆)을 담은 역서. 시헌력은 동방의 태양태음력에 서양의 태양력(太陽曆) 원리
를 적용하여 24절기의 시각과 하루의 시각을 정밀하게 계산하여 만든 역법이다. 서양 선교사 탕약망(湯若
望, Johann Adam Schall von Bell, 1592~1666) 등의 편찬으로 청나라와 조선 등에서 사용되었다.
160 수룡(水龍)을……일: 출전 확인 안 됨.
161 출전 확인 안 됨;《二如亭群芳譜》〈元部〉 "歲譜" 卷1 '正月'(《四庫全書存目叢書補編》80, 160~161쪽).

19) 신(申)이 든 날

신(申)이 든 날의 경우 1월에 갑신(甲申)일이 들면 오곡을 잘 수확하게 된다. 병신(丙申)일이 들면 곡식이 손상을 입고, 벌레들이 채소를 먹어 치우게 된다. 무신(戊申)일이 들면 육축에게 재앙이 있게 된다. 임신(壬申)일이 들면 장마가 들게 된다. 《동방삭점서》[162]

得申

得申, 甲申, 五穀收; 丙申, 穀損, 蟲食菜; 戊申, 六畜災; 壬申, 澇. 《東方朔占書》

20) 유(酉)가 든 날

유(酉)가 든 날이 1월 1일이나 2일이면 큰 풍년이 들게 된다. 3일이나 4일이면 백성이 평안하게 된다. 5~10일이면 그해의 수확은 중급이고, 백성이 불안하게 된다. 11일이나 12일이면 그해는 곡식이 아주 잘 익게 된다. 《동방삭점서》[163]

得酉

得酉一日、二日, 大豐; 三日、四日, 民安; 五日至十日, 中歲, 民不安; 十一、十二日, 歲大熟. 《東方朔占書》

1월에 을유(乙酉)일이 들면 형(荊)과 초(楚) 지역이 길하다. 정유(丁酉)일이 들면 주(周)와 진(秦) 지역이 길하다. 신유(辛酉)일이 들면 한(韓)과 위(魏) 지역이 길하다. 계유(癸酉)일이 들면 제(齊)와 노(魯)[164] 지역이 길하다. 기유(己酉)일이 들면 연(燕)과 조(趙) 지역이 길하다. 《군방보》[165]

乙酉, 荊、楚吉; 丁酉, 周、秦吉; 辛酉, 韓、魏吉; 癸酉, 齊、魯吉; 己酉, 燕、趙吉. 《群芳譜》

---

162 출전 확인 안 됨;《二如亭群芳譜》〈元部〉"歲譜" 卷1 '正月'(《四庫全書存目叢書補編》80, 161쪽).
163 출전 확인 안 됨;《二如亭群芳譜》, 위와 같은 곳.
164 노(魯):중국 산동성(山東省) 곡부(曲阜) 일대.
165《二如亭群芳譜》, 위와 같은 곳.

21) 자(子)·묘(卯)·해(亥)가 3번씩 든 해

1월 내에 자(子)가 든 날이 3번이면 뽕잎은 적고 누에는 많아지게 된다. 자(子)가 든 날이 3번이 아니면 뽕잎은 많고 누에는 적어지게 된다.

묘(卯)가 든 날이 3번이면 올콩을 잘 수확하게 된다. 3번이 아니면 적게 수확하게 된다.

해(亥)가 든 날이 3번이면 주로 큰 물난리가 나게 된다. 일설에는 "1월에 해(亥)가 든 날이 3번이면 호숫가 논이 바다로 변하고, 1월 절기(節氣)166 내에 들어야 물이 평년과 같게 된다."라 했다. 《주익공일기(周益公日記)167》168

三子、三卯、三亥

正月內有三子, 葉少蠶多; 無三子, 則葉多蠶少.

有三卯, 則早豆收; 無, 則少收.

有三亥, 主大水. 一云: "正月得三亥, 湖田變成海, 在正月節氣內, 方準." 《周益公日記》

1월 내에 묘(卯)가 든 날이 3번이면 콩농사에 좋다. 3번이 아니면 벼를 일찍 심어야 한다【안 《경세민사록(經世民事錄)》169에서는 이 점을 2월점에 연관시켰다170】. 《동방삭점서》171

月內有三卯, 宜豆; 無, 則早種禾【按 《經世民事錄》系之二月占】. 《東方朔占書》

---

166 절기(節氣): 태양의 일주(一周)를 계절의 변화와 관련지어 입춘(立春)·우수(雨水)·경칩(驚蟄) 등 24기(氣)로 나눈 것. 24기는 다시 12절기와 12중기(中氣)로 구분된다. 5일을 후(候), 3후(候)를 1기(氣)로 하여 1년을 24기(氣)로 나눈다.

167 주익공일기(周益公日記): 중국 남송의 관리·문인인 주필대(周必大, 1126~1204)가 쓴 일기. 《흠정수시통고(欽定授時通考)》·《어정월령집요(御定月令輯要)》·《군방보(群芳譜)》 등에 인용되어 전한다. 주필대의 《문충집(文忠集)》 권165에 〈귀여릉일기(歸廬陵日記)〉라는 일기 형식의 장편 기행문이 있으나 위 본문은 확인되지 않는다. 주필대는 여릉(廬陵) 사람으로, 자는 자충(子充) 또는 홍도(弘道), 호는 성재거사(省齋居士)이다. 점시법(點試法)을 창안했고 벼슬이 우승상(右丞相)·좌승상(左丞相)까지 올랐으나 탄핵을 받아 담주(潭州)로 나가 다스렸다. 저서로 《평원집(平園集)》·《이노당시화(二老堂詩話)》·《근체악부(近體樂府)》·《성재집(省齋集)》·《옥당잡기(玉堂雜記)》·《문충집(文忠集)》 등 81종이 있다.

168 출전 확인 안 됨; 《二如亭群芳譜》, 위와 같은 곳.

169 경세민사록(經世民事錄): 중국 명나라 계악(桂萼, 1478~1531)이 저술한 농업기술서. 12권.

170 출전 확인 안 됨; 《欽定授時通考》卷3 〈天時〉 "春" '二月'(《文淵閣四庫全書》732, 50쪽).

171 출전 확인 안 됨; 《二如亭群芳譜》〈元部〉 "歲譜" 卷1 '正月'(《四庫全書存目叢書補編》80, 160쪽).

22) 전본명(田本命, 농지신의 생일)

세상에서는 1월 3일을 '전본명'이라고 한다. 절서(浙西)[172] 사람들은 '하정삼(夏正三)'이라 한다. 이는 하정(夏正)[173]의 3일이라는 말이다. 민간에서는 이날 물의 무게를 잰다. 지난해 12월 그믐에 잰 무게보다[174] 무거운 경우를 좋은 징조로 여겨서 그러면 풍년이 들게 된다고 했다. 아주 잘 맞았다.《연북잡지》[175]

田本命

世謂正月三日爲"田本命". 浙西人謂之"夏[37]正三", 言夏正之三日. 俗以是日稱水, 以重爲上, 有年. 極驗.《研北雜志》

23) 3일의 바람

1월 3일에 동북풍이 불면 물난리와 가뭄이 고르게 된다. 동남풍이 불고 맑으면 주로 가뭄이 들게 된다. 서북풍이 불면 주로 물난리가 나게 된다.《군방보》[176]

初三風

初三日東北風, 水旱調; 東南風晴, 主旱; 西北風, 主水.《群芳譜》

24) 8일의 맑음

1월 8일은 맑아야 좋다. 이날 밤에 비가 내리면 원소절(元宵節)[177]에도 이와 같이 비가 내리게 된다. 속담에 "1월 8일 밤 서남쪽의 삼성(參星)을 보지 못하면 정월 대보름 밤 비가 내려서, 하늘에 띄운 홍

上八晴

上八日宜晴. 此夜若雨, 元宵如之. 諺云: "上八夜弗見參星, 月半夜弗見紅燈."《農政全書》

---

172 절서(浙西) : 중국 절강성(浙江省)의 서부 일대.

173 하정(夏正) : 1월의 다른 명칭. 하(夏)나라는 1월[寅月]을 1년의 시작으로 삼았고, 은(殷)나라는 12월[丑月]을, 주(周)나라는 11월[子月]을 1년의 시작으로 삼았다. 한(漢)나라의 무제(武帝)가 하나라 1월을 채택한 이후, 중국 역대 왕조는 거의 모두 이를 따랐다.

174 지난해…… 무게보다 : 위의 '10) 1월 1일의 여러 점'의 4번째 기사에서, 상강 근처의 사람들은 한 해가 저물 때 강물 1두를 퍼서 이듬해 1월 1일의 강물 1두와 무게를 비교한다는 내용을 반영하여 추가한 번역이다.

175《研北雜志》卷下(《文淵閣四庫全書》866, 602쪽).

176《二如亭群芳譜》〈元部〉"天譜"卷3 '風'(《四庫全書存目叢書補編》80, 103쪽).

177 원소절(元宵節) : 정월 대보름의 다른 이름.

[37] 夏 :《研北雜志》에는 "下".

등(紅燈)을 볼 수 없다."라 했다. 《농정전서(農政全

書)178》179

　1월 8일 구름이 달을 덮으면 주로 봄에 비가 많　八日雲掩月, 主春雨多.
이 내리게 된다. 《군방보》180　　　　　　　　　　《群芳譜》

---

178 농정전서(農政全書) : 중국 명(明)나라 후기의 학자이며 정치가인 서광계(徐光啓, 1562~1633)가 편찬한 농
　　서. 60권. 《임원경제지》의 여러 지(志)에 많은 부분이 인용되었으며 농업기술사 연구에 중요한 자료이다.
179 《農政全書》 卷11 〈農事〉 "占候" '正月'(《農政全書校注》, 255쪽).
180 《二如亭群芳譜》 〈元部〉 "天譜" 卷2 '月'(《四庫全書存目叢書補編》80, 70쪽).

25) 해그림자와 달그림자

1월 8일 오(午)시에 10척 길이의 장대를 세워서 해그림자를 측정한다. 그림자 길이가 장대의 길이를 넘으면 큰 물난리가 나게 된다.

9척이면 평화로울 것이다.

8척이면 전염병이 돌게 된다.

7척이나 6척이면 비가 많이 오고 물난리가 잦게 된다.

5척이나 4척이면 바람이 벼를 손상시키게 된다.

3척이면 메뚜기떼가 생긴다.

2척이나 1척이면 가뭄이 들게 된다. 《점험서》[181]

1월 8일 해질 무렵에 10척 길이의 장대를 평지에 세운다. 달을 지켜보다 막 달빛이 빛나려고 하면 바로 그림자의 길이를 측정한다. 그 길이에 맞게 나무 표면에 옮긴 다음 교각에다 기록한다. 그러면 장마로 인한 물이 반드시 기록해 놓은 곳까지 다다르게 된다. 《증보도주공서》[182]

日月影

正月初八日午時立丈竿, 量日影. 過竿, 大水;

九尺, 平和;

八尺, 瘟;

七尺、六尺, 雨水頻;

五尺、四尺, 風損禾;

三尺, 蝗;

二尺、一尺, 旱.《占驗書》

初八晚, 立一丈竿於平地, 看月纔有光卽量影. 隨其短長, 移于木[38]面, 就橋柱上記之. 梅水必到所記之處.《增補陶朱公書》

---

181 출전 확인 안 됨.
182《重訂增補陶朱公致富奇書》卷4〈占候部〉"正月占"(《重訂增補陶朱公致富奇書》中, 45쪽).
[38] 木:《重訂增補陶朱公致富奇書 · 占候部 · 正月占》에는 "水".

26) 삼성(參星)[183] 살피기

1월 8일 밤에는 삼성을 살펴 본다【칠족성(七簇星)이 이것이다】. 삼성이 달의 서쪽에 있으면서 거리가 10척 정도 이하로 떨어져 있으면 '삼득과(參得過, 삼성이 달을 지나갔다)'라고 한다. 10척 이상 떨어져 있으면 '삼대과(參大過, 삼성이 많이 지나갔다)'라 하며, 주로 큰 가뭄이 들게 된다. 삼성이 달의 동쪽에 있으면 '삼불과(參不過, 삼성이 달을 지나가지 않았다)'라 하며, 주로 물난리가 나게 된다. 《증보도주공서》[184]

看參星

正月初八夜, 看參星【七簇星是也】. 在月西, 相去丈許以下, 謂之"參得過". 以上, 爲"大過", 主大旱. 在月東, 謂之"參不過", 主水. 《增補陶朱公書》

27) 꽃날의 맑음

1월 12일은 꽃날[花朝]이다. 이날 맑으면 그해에 온갖 과일이 잘 여물게 된다. 그러기 위해서는 특히 밤에 맑아야 한다. 이날 비가 내리면 40일 동안 밤에 비가 내려 오랫동안 흐리게 된다. 《군방보》[185]

花朝晴

十二日爲花朝. 晴, 則百果實. 夜尤宜晴. 雨則四十日夜雨久陰. 《群芳譜》

28) 낙등(落燈, 등 내리는 날) 밤

1월 16일을 낙등(落燈)[186]이라 한다. 이날 밤에 맑으면 주로 고지대와 저지대 모두 곡식이잘 익게 된다. 동남풍이 불면 물가에 있는 마을의 농사가 좋다. 서북풍이 불면 주로 가뭄이 든다. 《증보도주공서》[187]

落燈夜

正月十六日, 謂之"落燈". 夜晴, 主高低皆熟; 東南風, 水鄕好; 西北風, 主旱. 《增補陶朱公書》

---

183 삼성(參星):28수 중 서방7수에 속하는 별. 7개 별로 구성되어 있으며 중앙에 나란히 있는 3개의 큰 별을 '삼형제별'이라 한다.
184《重訂增補陶朱公致富奇書》, 위와 같은 곳.
185《二如亭群芳譜》〈元部〉 "天譜" 卷3 '雨'(《四庫全書存目叢書補編》80, 126쪽).
186 낙등(落燈):정초의 잔치 분위기를 위해 달아 놓았던 등을 내리고 연회를 마무리한다는 의미의 날이다.
187《重訂增補陶朱公致富奇書》 卷4 〈占候部〉 "正月占"(《重訂增補陶朱公致富奇書》中, 46쪽).

29) 입문풍(入門風)

1월 16일에는 서남풍을 좋아한다. 이날의 서남풍은 '입문풍(문으로 복이 들어오는 바람)'이라 한다. 입문풍이 불면 주로 저지대 밭의 곡식이 아주 잘 익게 된다.《전가오행》[188]

30) 추수일(秋收日)

1월 20일은 '추수일(추수를 점치는 날)'이라 한다. 이날 맑으면 주로 추수가 잘 되고, 온갖 곡식이 번성하게 된다【안 20일을 다른 본에서는 17일이라 했다. 온갖 곡식을 다른 본에서는 온갖 과일이라 했다】.
《황제점》[189]

入門風

正月十六日喜西[39]南風, 爲"入門風", 主低田大熟.《田家五行》

秋收日

正月二十日爲"秋收日". 晴, 主秋成, 百穀蕃茂【按 二十日, 一作十七日. 百穀, 一作百果】.《黃帝占》

188《田家五行》卷上〈正月類〉(《續修四庫全書》975, 327쪽).
189 출전 확인 안 됨; 《欽定授時通考》卷3〈天時〉"春" '正月'(《文淵閣四庫全書》732, 45쪽).
39 西:《田家五行·正月類》에는 "東".

31) 갑(甲)이나 경(庚)이 든 날의 바람

1월 상순의 갑(甲)이 든 날에 바람이 동쪽에서 불어오면 누에치기에 좋다.

바람이 서쪽에서 불어오거나 아침에 황색 구름이 끼면 곡식이 여물지 않게 된다. 《사기》〈천관서〉[190]

1월 갑술(甲戌)일에 큰바람이 동쪽에서 불어와서 나무를 부러뜨리면 곡식이 잘 익게 된다.

갑인(甲寅)일에 큰바람이 서북쪽에서 불어오면 곡식이 비싸진다.

경인(庚寅)일에 바람이 서쪽에서 불어오면 모든 물산이 비싸진다. 《사광점》[191]

甲、庚日風

正月上甲, 風從東方, 宜蠶;

風從西方, 若朝黃雲, 惡.《史記·天官書》

正月甲戌日大風東來折樹者, 穀熟;

甲寅日大風西北來者, 貴;

庚寅日風從西來者, 皆貴.《師曠占》

---

190 《史記》卷27〈天官書〉第5, 1342쪽.
191 출전 확인 안 됨;《欽定授時通考》, 위와 같은 곳.

32) 비내리는 횟수 세기

1월 1일부터 비가 내리는 날을 센다[比數]【주 '比'의 음은 비(鼻)와 율(律)의 반절(反切)¹⁹²이다. '數'의 음은 소(疏)와 거(擧)의 반절이다. 비가 내리는 날 수를 세어 1년 동안 내릴 비를 예측하고, 이로써 그해가 풍년인지를 알게 된다는 뜻이다】.

비 내리는 날 수에 따라서 식량 1승(升)씩 올려 세되, 7승에 이르면 끝난다【주 예를 들어 1월에 1일 비가 내리면 백성은 1승의 식량을 갖게 된다. 2일 비가 내리면 백성은 2승의 식량을 갖게 된다. 이런 식으로 7일까지 센다】.

비 내리는 날 수가 7일이 넘으면 점치지 않는다. 또한 12일까지 계산하되, 비 내리는 날 수를 그에 해당하는 달로 치환해서 물난리나 가뭄을 점친다【주 예를 들어 1월에 1일 비가 내리면 1월에 물난리가 나게 된다는 식이다】.

이는 그 나라 영토의 1,000리 안에 대한 점이다. 그러니 천하에 대한 점은 1월 한 달을 모두 마친 뒤에 점쳐야 한다【주 달은 30일 동안 하늘을 한 바퀴 돈다. 이렇게 28수를 다 거친 이후에야 천하를 점칠 수 있기 때문이다】. 《사기》〈천관서〉¹⁹³

比數雨

從正月朝比數雨【注 比音, 鼻律反; 數音, 疏擧反. 謂以比數日以候一歲之雨, 以知豐穰】.

率日食一升, 至七升而極【注 月一日雨, 民有一升之食; 二日雨, 民有二升之食. 如此至七日】.

過之, 不占. 數至十二日, 日直其月, 占水旱【注 月一日雨, 正月水】.

爲其環域⑩千里內占, 則其爲天下候, 竟正月【注 月三十日周天, 歷二十八宿, 然後可占天下】. 《史記·天官書》

---

192 반절(反切) : 두 한자의 음을 반씩만 따서 읽는 방법.
193 《史記》卷27〈天官書〉第5, 1341쪽.
⑩ 域 : 저본에는 "城". 《史記·天官書》에 근거하여 수정.

33) 3백(三白, 3번 내리는 눈)

1월에 3백이 들면 농부[田公]들은 농사가 잘 되어 아주 밝게 웃게 된다. 서북인들 속담에 "맥류 잘 되려면 3백 봐야지."라 했다.《조야첨재(朝野僉載)[194]》[195]

三白

正月三白, 田公笑赫赫. 西北人諺曰: "要宜麥, 見三白."《朝野僉載》

34) 뽕잎 가격

뽕잎이 비싸질지 싸질지를 점치려면 1월 상순만 살피면 된다. 목기(木氣)가 1일에 있으면 누에가 뽕잎 1장만 먹을 만큼 아주 비싸진다. 목기가 9일에 있으면 누에가 뽕잎 9장이나 먹을 만큼 아주 싸진다.《도주공서》[196]

桑貴賤

占桑葉貴賤, 只看正月上旬. 木在一日, 則爲蠶食一葉, 爲甚貴; 木在九日, 則爲蠶食九葉, 爲甚賤.《陶朱公書》

35) 물 무게 재기

1월 1일부터 12일까지 매일 1병씩 물을 떠다가 무게를 잰다. 1일은 1월을 주관하고 2일은 2월을 주관하는 식이다. 어떤 날의 물이 무거우면 그에 해당하는 달에 비가 많이 내리고, 가벼우면 비가 적게 내리게 된다.《월령통찬(月令通纂)[197]》[198]

秤水

元朝至十二日, 每日取水一瓶, 秤之. 一日主正月, 二日主二月. 其日水重, 則其月雨多; 輕, 則少.《月令通纂》

---

194 조야첨재(朝野僉載): 중국 당나라 장작(張鷟, 660~740)이 저술한 필기류 소설. 20권이었으나 6권만 전한다. 수(隋)·당(唐)대의 야사와 측천무후 당시 조정의 일들을 기록했다.

195 출전 확인 안 됨;《欽定授時通考》卷3〈天時〉"春"'正月'(《文淵閣四庫全書》732, 46쪽).

196 출전 확인 안 됨;《欽定授時通考》卷3〈天時〉"春"'正月'(《文淵閣四庫全書》732, 45쪽).

197 월령통찬(月令通纂): 중국 명나라의 관리 황간(黃諫, 1412~1471)의 저서. 4권.

198 출전 확인 안 됨;《廣群芳譜》卷2〈天時譜〉"正月", 38쪽;《本草綱目》卷5〈水部〉"節氣水", 401쪽.

2. 2월점

1) 절기를 어길 때의 징후

2월에 추령(秋令)을 시행하면 그 나라에 홍수가 나고, 추위가 한꺼번에 찾아오게 된다.

동령(冬令)을 시행하면 양기가 음기를 이기지 못하여 맥류가 익지 않게 되고, 백성이 서로 노략질하는 일이 많게 된다.

하령(夏令)을 시행하면 나라에 큰 가뭄이 들고, 더위가 일찍 오며, 멸구[蟲螟]가 해를 끼치게 된다. 《예기》〈월령〉[1]

愆候

仲春行秋令, 則其國大水, 寒氣總至;

行冬令, 則陽氣不勝, 麥乃不熟, 民多相掠;

行夏令, 則國乃大旱, 煖氣早來, 蟲螟爲害. 《禮記·月令》

---

1 《禮記正義》卷15〈月令〉(《十三經注疏整理本》13, 562쪽).

빈풍도. 《시경》〈빈풍〉"칠월" 시의 2장에 해당하는 그림(청, 작자미상, 국립중앙박물관)]

七月流火九月
授衣春日
載陽有鳴
倉庚女
執懿筐遵
彼微行爰
求柔桑春日
遲遲采蘩
祈祈女心傷
悲殆及
公子同歸

빈풍칠월도첩. 《시경(詩經)》〈빈풍(豳風)〉 "칠월(七月)" 시의 2장에 해당하는 그림(조선, 이방운, 국립중앙박물관)

2) 총점

2월 2일 낮에는 비가 내려야 좋고 밤에는 맑아야 좋다. 그렇지 않으면 누에와 꾸지뽕나무[柘]가 비싸진다. 대체로 2월에는 밤비를 두려워한다. 《군방보》[2]

2월 2일에 물이 얼면 주로 가뭄이 들게 된다. 《군방보》[3]

2월 20일에 맑으면 주로 시장의 곡식값이 적당하게 된다. 《군방보》[4]

2월에 천둥이 치지 않으면 오곡이 익지 않고, 어린아이가 재앙을 많이 겪게 된다. 《군방보》[5]

2월에 서리가 많이 내리면 주로 가뭄이 들게 된다. 《군방보》[6]

2월에 무지개가 동쪽에서 보이면 가을에 쌀이 비싸진다.

서쪽에서 보이면 누에와 곡식이 비싸지고, 백성이 재해를 겪게 된다【안 일설에 "2월에 무지개가 보이면 가을에 곡식이 잘 익는다."라 했다】. 《군방보》[7]

總占

二日宜雨, 夜宜晴. 否則蠶柘貴. 大抵二月怕夜雨. 《群芳譜》

二月二日見冰, 主旱. 同上

二十日晴, 主糴平. 同上

二月雷不鳴, 五穀不成, 小兒多災. 同上

二月霜多, 主旱. 同上

二月虹見東, 秋米貴;

見西, 蠶穀貴, 民災【按一云: "二月虹見, 秋成好"】. 同上

---

2 《二如亭群芳譜》〈元部〉"天譜" 卷3 '雨'《四庫全書存目叢書補編》80, 126쪽).
3 《二如亭群芳譜》〈元部〉"歲譜" 卷1 '二月'《四庫全書存目叢書補編》80, 167쪽).
4 《二如亭群芳譜》〈元部〉"天譜" 卷2 '日'《四庫全書存目叢書補編》80, 64쪽).
5 《二如亭群芳譜》〈元部〉"天譜" 卷3 '雷'《四庫全書存目叢書補編》80, 118쪽).
6 《二如亭群芳譜》〈元部〉"天譜" 卷3 '霜'《四庫全書存目叢書補編》80, 140쪽).
7 《二如亭群芳譜》〈元部〉"天譜" 卷3 '虹霓'《四庫全書存目叢書補編》80, 115쪽).

2월 갑자(甲子)일에 비가 내리면 가뭄이 들게 된다.

갑인(甲寅)일이나 을묘(乙卯)일에 비가 내리면 쌀이 비싸진다. 《군방보》[8]

二月甲子雨, 旱;

甲寅、乙卯雨, 米貴. 同上

2월에 눈이 내려 7일 동안 녹지 않으면 소와 말이 해를 입고, 여름과 가을에 백성이 편안하지 않게 된다. 《무비지》[9]

二月雪, 七日不消, 牛馬傷, 夏秋民不安. 《武備志》

2월 갑자일에 천둥이 치면 크게 더워진다. 일설에는 "곡식이 아주 잘 익는다."라 했다. 《월령통고》[10]

二月甲子日發雷, 大熱. 一云: "大熟." 《月令通考》

2월 갑술(甲戌)일에 바람이 남쪽에서 불어오면 벼가 잘 익는다. 《사광점》[11]

二月甲戌日風從南來者, 稻熟. 《師曠占》

2월 을묘(乙卯)일에 비가 내리지 않고 청명하면 높은 지역에 있는 벼는 잘 익지 않게 된다. 《사광점》[12]

二月乙卯日不雨晴明, 稻上場不熟. 同上

2월 1일에 비바람이 불면 곡식이 비싸지고 벼가 여물지 않게 된다.

2월 7일이나 8일에 비가 내려야 하지만 내리지 않는다면 9월에는 길에 굶어 죽은 사람들이 생기게 된다.

二月一日有風雨, 穀貴禾惡;

二月七日、八日當雨不雨, 九月道中有餓死人;

8 　《二如亭群芳譜》〈元部〉 "天譜" 卷3 '雨'(《四庫全書存目叢書補編》80, 126쪽).
9 　《武備志》卷167〈占度載〉"占氷雪", 6847쪽.
10　출전 확인 안 됨;《欽定授時通考》卷3〈天時〉"春" '二月'(《文淵閣四庫全書》732, 50쪽).
11　출전 확인 안 됨;《欽定授時通考》, 위와 같은 곳.
12　출전 확인 안 됨;《欽定授時通考》, 위와 같은 곳.

17일이나 18일에 비가 내려야 하지만 내리지 않는다면 겨울에 곤충들이 겨울잠을 자지 않게 된다.

19일이나 20일에 비가 내려야 하지만 내리지 않는다면 3월에 큰 가뭄이 들게 된다.

26일부터 28일까지 비가 내려야 하지만 내리지 않는다면 동쪽에서 역풍(逆風)이 불어와 물산을 손상시키게 된다.

그믐날에 비바람이 있으면 많은 사람들이 질병에 걸리고 죽게 된다.《관규집요》[13]

十七、十八日當雨不雨, 冬蟲不蟄;

十九日、二十日當雨不雨, 三月大旱;

二十六日至二十八日當雨不雨, 有逆風從東來, 損物;

晦日有風雨, 多疾病死亡.《管窺輯要》

---

13 《管窺輯要》卷59〈雨〉(《管窺輯要》19, 13면).

3) 초하루의 절기(삭치절)

2월 1일에 경칩(驚蟄)[14]이 들면 주로 메뚜기떼로 해를 입게 된다. 춘분(春分)[15]이 들면 주로 그해에 흉년이 들게 된다. 이날 비바람이 불면 주로 쌀이 비싸진다. 《도주공서》[16]

朔値節

二月朔日値驚蟄, 主蝗蟲; 値春分, 主歲歉; 風雨, 主米貴. 《陶朱公書》

---

14 경칩(驚蟄): 24절기 중 세 번째 절기. 양력 3월 5·6일경. 우수(雨水)와 춘분(春分) 사이에 들며, 겨울잠을 자던 동물이 깨어 나오기 시작한다는 뜻이다.

15 춘분(春分): 24절기 중 네 번째 절기. 양력 3월 20·21일경. 경칩(驚蟄)과 청명(淸明) 사이에 들며, 이날 낮과 밤의 길이가 같아진다.

16 《重訂增補陶朱公致富奇書》卷4〈占候部〉"二月占"《重訂增補陶朱公致富奇書》中, 46쪽).

4) 경칩의 징후

경칩에 규표의 그림자가 8.2척이 되어야 하지만 그에 미치지 못하면 안개가 끼어서 어린 벼가 제대로 여물지 않고, 노인들이 재채기하는 병에 많이 걸리게 된다. 8.2척이 되어서는 안 되지만 8.2척이 되면 악창 등의 종기가 나거나 정강이에 부스럼이 많이 생기게 된다.《역위(易緯)[17]》[18]

경칩 전후에 천둥이 치면 이를 '발칩(發蟄)'[19]이라 한다. 천둥소리가 처음에 발생할 때 건방(乾方, 서북)에서 들리면 주로 인민들이 재앙을 겪게 된다.

감방(坎方, 북)에서 들리면 주로 물난리가 나게 된다.

간방(艮方, 동북)에서 들리면 주로 쌀이 싸진다.

진방(震方, 동)에서 들리면 주로 그해 곡식은 잘 여물게 된다.

손방(巽方, 동남)이나 곤방(坤方, 서남)에서 들리면 주로 메뚜기떼로 해를 입게 된다.

이방(離方, 남)에서 들리면 주로 가뭄이 들게 된다.

驚蟄日候

驚蟄晷長八尺二寸當至不至, 則霧稚禾不成, 老人多病嚏;未當至而至, 多病癰疽、脛腫.《易緯》

驚蟄前後有雷, 謂之"發蟄". 雷聲初起, 從乾方來, 主人民災;

坎方來, 主水;

艮方來, 主米賤;

震方來, 主歲稔;

巽、坤方來, 主蝗蟲;

離方來, 主旱;

---

17 역위(易緯): 중국 서한(西漢) 애제(哀帝)·평제(平帝) 즈음에《역경(易經)》에 대응하여 만들어진 참위서(讖緯書)들을 통틀어 가리킨다. 현재《역위건곤착도(易緯乾坤鑿度)》1권,《역위건착도(易緯乾鑿度)》1권,《역위계람도(易緯稽覽圖)》2권,《역위변종비(易緯辨終備)》1권,《역통괘험(易通卦驗)》2권,《역위건지서제기(易緯乾之序制記)》1권,《역위시류모(易緯是類謀)》1권,《역위령곤도(易緯靈坤圖)》1권 등이 전한다. 여기서는《역통괘험》을 가리키는 듯하다.
18 《古微書》卷15〈易通卦驗〉(《文淵閣四庫全書》194, 915쪽).
19 발칩(發蟄): 동면했던 동물들이 봄에 활동을 시작하는 일.

태방(兌方, 서)에서 들리면 주로 오금(五金)[20]의 값이 올라가게 된다.《도주공서》[21]

驚蟄聞雷, 米似泥; 未蟄先雷, 須見水.[1]《增補陶朱公書》

경칩에 천둥소리가 들리면 쌀이 진흙처럼 물러져서 썩게 된다. 경칩 전에 천둥이 치면 반드시 물난리가 나게 된다.《증보도주공서》[22]

경칩 이전에 천둥이 치면 1개월 동안 불이나 재가 없어진다.

경칩일에 천둥이 치고 경칩이 그 달의 상순에 있으면 주로 봄에 춥고, 장마에 물난리가 커진다.

중순에 있으면 주로 벼가 상하게 된다.

하순에 있으면 주로 벌레가 벼를 갉아 먹게 된다.《군방보》[23]

兌方來, 主五金長價.《陶朱公書》

驚蟄以前動雷, 一月斷火灰;

驚蟄日雷, 在上旬, 主春寒, 黃梅水大;

在中旬, 主禾傷;

在末旬, 主蟲侵禾.《群芳譜》

---

20 오금(五金):금·은·동·철·주석.《한서》〈식화지〉에서 "금속[金]이란 오색의 금속을 말한다. 황색은 금이고, 백색은 은이고, 적색은 동이고, 청색은 납이고, 흑색은 철이다(金謂五色之金也. 黃者曰金, 白者曰銀, 赤子曰銅, 靑者曰鉛, 黑者曰鐵)."라 했다.《漢書》卷24上〈食貨志〉第4上, 1117~1118쪽. 후세에는 납 대신 주석을 넣어 오금으로 통칭했다.

21 《重訂增補陶朱公致富奇書》, 위와 같은 곳.

22 《重訂增補陶朱公致富奇書》, 위와 같은 곳.

23 《二如亭群芳譜》〈元部〉 "天譜" 卷3 '雷'(《四庫全書存目叢書補編》80, 118쪽).

① 水:《重訂增補陶朱公致富奇書·占候部·二月占》에는 "氷".

5) 춘분의 징후

춘분에 규표의 그림자가 7.24척이 되어야 하지만 그에 미치지 못하면 먼저 가뭄이 들고 뒤에는 물난리가 나며, 그해 곡식은 여물지 않고, 쌀이 제대로 여물지 않으며, 많은 사람이 귀에 종기가 나는 병에 걸리게 된다.《역위》24

춘분에 청명하고 더운 열기가 있으면 만물이 제대로 여물지 않게 된다.《군방보》25

춘분에 청색 구름이 끼면 그해 곡식은 풍년이 들게 된다.《군방보》26

춘분 하루 전후에 천둥이 치면 주로 그해 곡식이 잘 익게 된다.《군방보》27

춘분일 동쪽에 청색 구름이 끼면 맥류가 잘 익는다. 구름이 없으면 만물이 제대로 여물지 않고, 사람들에게 역병이 돌게 된다.《팔절점(八節占)28》29

춘분일에 동풍이 불면 맥류가 싸지고 그해 풍년

春分日候

春分晷長七尺二寸四分②
當至不至, 先旱後水, 歲
惡, 米不成, 多病耳痒.
《易緯》

春分晴明燠熱, 萬物不成.
《群芳譜》

春分青雲, 歲豐. 同上

春分前後一日有雷, 主歲
稔. 同上

春分日東方有青雲, 麥熟;
無雲, 萬物不實, 人疫.
《八節占》

春分日東風, 麥賤歲豐;

---

24 《古微書》, 위와 같은 곳.
25 《二如亭群芳譜》〈元部〉"天譜"卷2 '日'(《四庫全書存目叢書補編》80, 64쪽).
26 《二如亭群芳譜》〈元部〉"天譜"卷3 '雲'(《四庫全書存目叢書補編》80, 110쪽).
27 《二如亭群芳譜》〈元部〉"天譜"卷3 '雷'(《四庫全書存目叢書補編》80, 118쪽).
28 팔절점(八節占) : 입춘·입하·입추·입동·춘분·하지·추분·동지의 8절기에 대한 점을 다룬 저술.
29 《唐開元占經》卷93〈候星善惡雲氣占〉"八節日氣候"(《文淵閣四庫全書》807, 869쪽).
② 二寸四分 : 저본에는 "四寸二分".《古微書·易通卦驗》에 근거하여 수정.

이 들게 된다.

서풍이 불면 맥류가 비싸진다.　　　　　　　西風, 麥貴;

남풍이 불면 5월에 먼저 물난리가 나고 뒤에 가　南風, 五月先水後旱;
뭄이 들게 된다.

북풍이 불면 쌀이 비싸진다. 《만보전서(萬寶全　北風, 米貴. 《萬寶全書》
書)30》31

춘분에 비가 내리면 사람들에게 재앙이 있게 된　春分雨, 人有災. 謗云:
다. 속담에 "춘분에 비 내리지 않으면 병든 사람 드　"春分無雨, 病人稀." 《增
물다."라 했다. 《증보도주공서》32　　　　　　　補陶朱公書》

---

30 만보전서(萬寶全書) : 중국 명말 청초에 간행된 백과사전식 일용서. 《만보전서(萬寶全書)》라는 이름으로
  명·청대에 간행된 책이 66종이라 한다. 지식인층이 대상이 아니라 사·농·공·상이 모두 볼 수 있도록 쉽
  게 쓰였으며 당시의 풍속을 알 수 있는 그림이 다수 실려 있다.
31 출전 확인 안 됨 ; 《欽定授時通考》 卷3 〈天時〉 "春" '二月' 《文淵閣四庫全書》 732, 50쪽).
32 《重訂增補陶朱公致富奇書》 卷4 〈占候部〉 "二月占" 《重訂增補陶朱公致富奇書》 中, 46~47쪽).

6) 사일(社日)[33]의 징후

사일에 청명하면 육축이 크게 왕성하게 된다.
《도주공서》[34]

춘사일(春社日)에 비가 내리면 주로 오곡과 과실이
적어진다. 《군방보》[35]

춘사일이 춘분 전에 있으면 주로 그해 곡식은 풍
년이 들게 된다. 춘분 후에 있으면 주로 그해 곡식은
여물지 않게 된다. 속담에 "춘사일 뒤에 춘분이 오
면 미곡이 금돈(錦墩)[36]과 같다. 춘분 뒤에 춘사일이
오면 온 천하에 쌀이 비싸진다."라 했다. 《군방보》[37]

社日日候

社日晴明, 六畜大旺.《陶
朱公書》

春社日有雨, 主五穀果實
少.《群芳譜》

社在春分前, 主歲豐; 在春
分後, 主歲惡. 諺云: "社了
分, 米穀如錦墩. 分了社,
米貴遍天下." 同上

---

33 사일(社日): 고대에 토지신에게 제사를 지내는 날. 보통 입춘 후 다섯 번째 무일(戊日)을 춘사일(春社日)이
라 하고, 입추 후 다섯 번째 무일을 추사일(秋社日)이라 한다. 이날의 세시풍속은 《임원경제지 이운지(林
園經濟志 怡雲志)》 권8 〈각 절기의 구경거리와 즐거운 놀이[節辰常樂]〉에 자세히 보인다. 풍석 서유구 지
음, 임원경제연구소 옮김, 《임원경제지 이운지》 4, 풍석문화재단, 2019, 525·553쪽.
34 출전 확인 안 됨;《二如亭群芳譜》〈元部〉 "天譜" 卷2 '日'《四庫全書存目叢書補編》80, 64쪽).
35 《二如亭群芳譜》〈元部〉 "天譜" 卷3 '雨'《四庫全書存目叢書補編》80, 126쪽).
36 금돈(錦墩): 금(錦, 채색견직물)으로 장식한 좌구(坐具)의 일종. 긴 북처럼 생겼다.
37 《二如亭群芳譜》〈元部〉 "歲譜" 卷1 '二月'《四庫全書存目叢書補編》80, 167쪽).

7) 상공일(上工日)[38]

2월 2일을 농가에서는 '상공일(上工日)'이라 한
다【안 일꾼들이 이날 일을 시작한다】. 맑아야 좋
다. 《군방보》[39]

8) 상산기(上山旗)와 하산기(下山旗)

2월 8일에 동남풍이 불면 이를 '상산기(上山旗)'라
한다. 주로 물난리가 나게 된다.

서북풍이 불면 이를 '하산기(下山旗)'라 한다. 주로
가뭄이 들게 된다. 《도주공서》[40]

上工日

二日田家謂之"上工日"【按
傭工之人, 此日上工】, 宜
晴.《群芳譜》

上下山旗

二月初八日東南風, 謂之
"上山旗", 主水;

西北風, 謂之"下山旗", 主
旱.《陶朱公書》

---

38 상공일(上工日): 일꾼들이 일을 시작하는 날. 우리나라에서는 이날을 머슴날[奴婢日]이라 했다. 《동국세시
기》에는 정월 대보름에 세웠던 낟가릿대 속의 곡식으로 송편을 만들어, 농사일이 시작되는 이날 머슴들에
게 먹였다는 기사가 있다.
39 《二如亭群芳譜》〈元部〉"天譜" 卷2 '日'(《四庫全書存目叢書補編》80, 64쪽).
40 《重訂增補陶朱公致富奇書》卷4〈占候部〉"二月占"(《重訂增補陶朱公致富奇書》中, 46쪽).

9) 밤비 두려운 날

2월 12일에 맑으면 온갖 과일이 잘 여물게 된다. 그러므로 밤비를 두려워한다. 《군방보》[41]

2월 12일은 밤이 맑아야 좋다. 그래야만 12일 밤 밤비의 기운을 꺾을 수가 있다. 2월에는 밤비를 가장 두려워한다. 이날 밤이 맑으면 비록 다른 날 비가 많이 내리더라도 거리낄 일이 없다.

【월(越)나라 사람 진원의(陳元義)[42]는 "2월 동안 12일의 밤이 맑으면 1년 동안 비오는 날과 맑은 날이 조화를 이루게 된다. 또 2월 동안 12일의 밤중에 비가 내리면 그해에는 물난리가 나게 된다."라 했다】

속담에 "10일 밤 이상 비가 내리면 마을 사람들이 모두 고통을 호소한다."라 했다. 《농정전서》[43]

怕夜雨

十二日晴, 則百果實, 怕夜雨. 《群芳譜》

二月十二日夜宜晴, 可折十二夜夜雨. 二月最怕夜雨, 若此夜晴, 雖雨多, 亦無所妨.

【越人陳元義云: "二月內得十二個夜晴, 則一年雨晴調均. 更十二夜中又雨, 爲水潦年歲矣"】

諺云: ③ "十夜以上雨水, 鄉人盡叫苦." 《農政全書》

---

41 《二如亭群芳譜》, 위와 같은 곳.
42 진원의(陳元義) : 미상.
43 《農政全書》卷11〈農事〉"占候" '二月'(《農政全書校注》, 255쪽).
③ 諺云 : 《農政全書·農事·占候》에는 없음.

10) 권농일(勸農日)

2월 15일은 '권농일'이다. 이날 맑고 온화하면 주로 풍년이 들게 된다. 비바람이 불면 주로 그해 곡식은 흉년이 들게 된다.《도주공서》44

11) 황고(黃姑)45가 씨앗 담그는 날(황고침종일)

2월 16일은 황고(견우)가 씨앗 담그는 날이다. 이날 서남풍이 불면 주로 큰 가뭄이 들게 된다. 고지대 마을 사람들은 이 바람을 만나면 처마 아래에 100문(文)짜리 동전을 걸어 놓는다. 바람의 힘이 동전을 움직이면 그해에 모든 집을 잃게 된다. 바람 소리가 서로 울려 퍼지면서 바람이 급하면 급할수록 가뭄이 더욱 심하게 든다. 또한 주로 뽕잎도 비싸진다.《월령통고》46

勸農日

十五日爲"勸農日", 晴和, 主年豐; 風雨, 主歲歉.④《陶朱公書》

黃姑浸種日

十六日乃黃姑浸種日, 西南風, 主大旱. 高鄕人見此風, 卽懸百文錢於簷下. 風力能動, 則擧家失. 聲相告, 風愈急愈旱. 又主桑葉貴.《月令通考》

---

44 《重訂增補陶朱公致富奇書》卷4〈占候部〉"二月占"《重訂增補陶朱公致富奇書》中, 47쪽).
45 황고(黃姑) : 견우.
46 출전 확인 안 됨;《欽定授時通考》卷3〈天時〉"春" '二月'(《文淵閣四庫全書》732, 50쪽).
④ 歉 :《重訂增補陶朱公致富奇書·占候部·二月占》에는 "豐".

12) 관음보살의 생일(관음생일)

2월 19일은 관음보살의 생일이다.[47] 이날 맑으면 그해는 수확이 좋아진다. 비가 내리면 모든 곡물의 수확이 적어진다. 《증보도주공서》[48]

觀音生日

十九日觀音生日, 晴, 爲上; 雨, 則諸物少收. 《增補陶朱公書》

13) 소분룡(小分龍)[49]

2월 20일을 '소분룡'이라 한다. 이날 맑으면 게으른 용[嬾龍]이 관장하니, 주로 가뭄이들게 된다. 비가 내리면 씩씩한 용[健龍]이 관장하니, 주로 물난리가 나게 된다. 《옥지당담회(玉芝堂談薈)[50]》[51]

小分龍

二月二十日謂之"小分龍", 日晴, 分嬾龍, 主旱; 雨, 分健龍, 主水. 《談薈》

---

47 2월……생일이다 : 2월에 부처가 태어났다는 설은 불교 경전에 보이지 않고, 《광홍명집(廣弘明集)》·《변정론(辯正論)》 등 후대 중국인들의 저술에 그 날자가 언급된다. 부처는 주(周)나라 소왕(昭王) 24년 갑인(甲寅)년 4월 8일에 정월을 삼았기 때문에 주나라의 4월은 지금의 2월이라는 것이다. 석가탄신일의 세시풍속은 《임원경제지 이운지》 권8 〈각 절기의 구경거리와 즐거운 놀이〉에 자세히 보인다. 풍석 서유구 지음, 임원경제연구소 옮김, 위와 같은 책, 531~535쪽 참조.

48 《重訂增補陶朱公致富奇書》, 위와 같은 곳.

49 소분룡(小分龍) : 중국의 전통 절기인 분룡(分龍) 중 소분룡을 말한다. 분룡은 비를 관장하는 용(龍)마다 관할구역이 나누어졌다(分)는 의미이다. 그 날자는 지역이나 문헌마다 다르다. 《월령집요(月令輯要)》와 《수시통고(授時通考)》에서는 《옥지당담회》의 설을 인용해서 2월 20일을 '소분룡'이라고 부른다. 그러나 《광동통지(廣東通志)》 卷51과 《고소지(姑蘇志)》 卷13 등의 기록에 의하면 4월 20일을 소분룡, 5월 20일을 대분룡이라 한다.

50 옥지당담회(玉芝堂談薈) : 중국 명나라 서응추(徐應秋, ?~?)가 지은 필기류 저술. 36권. 정치·지리·천문·역법·공예·풍속·음식·불교 등 다방면의 내용을 정리했다.

51 《玉芝堂談薈》 卷21 〈正旦晴〉(《文淵閣四庫全書》 883, 512쪽); 《欽定授時通考》, 위와 같은 곳.

3. 3월점

三月占

1) 절기를 어길 때의 징후

3월[季春]에 동령을 시행하면 한기가 때때로 일어
나서 초목이 모두 얼게 된다.

추령을 시행하면 하늘이 자주 음침해지고, 장마
가 일찍 든다.

하령을 시행하면 백성이 전염병에 많이 걸리고,
때에 맞는 비가 내리지 않게 된다.《예기》〈월령〉[1]

愆候

季春行冬令, 則寒氣時發,
草木皆肅;

行秋令, 則天多沈陰, 淫雨
早降;

行夏令, 則民多疾疫, 時雨
不降.《禮記·月令》

---

1 《禮記正義》卷15〈月令〉(《十三經注疏整理本》13, 572쪽).

2) 총점

3월 술(戌)이 든 날에 따뜻하지 않으면 백성이 대부분 한열(寒熱, 발열)병에 걸리게 된다.《군방보》[2]

3월 1일에 비가 내리면 백성이 전염병에 걸리고, 온갖 벌레가 생기게 된다. 또 "우물의 샘이 마르면 주로 가뭄이 들게 된다."라 했다.

2일에 비가 내리면 못이 남김 없이 차게 된다.

3일에 비가 내리면 누에치기에 좋고, 물난리와 가뭄이 수시로 들게 된다.

4일에 비가 내리면 도랑을 고치는 일이 잦아지고, 주로 물난리가 나게 된다.

6일에 비가 내리면 담장과 지붕이 무너지게 된다.

7일에 비가 내리면 제방이 터지게 된다.

8일에 비가 내리면 홍수로 배를 타고 다니게 된다.

9일에 비가 내리면 난처한 일을 기약하게 된다.

그믐날에 비가 내리면 맥류가 충분히 익지 않게 된다.《군방보》[3]

3월 1일부터 3일까지 비가 내려야 하지만 내리지 않는다면 주로 가을에 짙은 안개가 많이 끼고, 길거리에 굶어 죽은 사람들이 생기게 된다.

7일에 비가 내려야 하지만 내리지 않는다면 주로

總占

三月戌不溫, 民多寒熱.
《群芳譜》

一日雨, 民疾疫, 百蟲生.
又云: "井泉空, 主旱."

二日雨, 澤無餘;

三日雨, 宜蠶, 水旱不時;

四日雨, 變易治溝渠, 主
潦;

六日雨, 壞墻屋;

七日雨, 決堤防;

八日雨, 乘船行;

九日雨, 難可期;

晦日雨, 麥不熟. 同上

一日至三日當雨不雨, 主秋
多大霧, 道有餓死人.

七日當雨不雨, 主穀貴. 同

---

2 《二如亭群芳譜》〈元部〉 "歲譜" 卷1 '三月'(《四庫全書存目叢書補編》80, 172쪽).
3 《二如亭群芳譜》〈元部〉 "天譜" 卷3 '雨'(《四庫全書存目叢書補編》80, 126쪽).

곡식이 비싸진다.《군방보》[4]

上

갑인(甲寅)·을묘(乙卯)부터 갑신(甲申)을 거쳐 기축(己丑)·경인(庚寅)까지와 갑인·을묘부터 계사(癸巳)까지 들어 있는 삼진일(三辰日)[5]에 비가 내리고, 삼미일(三未日)[6]에 비가 내리면 모두 주로 쌀이 아주 비싸진다.《군방보》[7]

甲寅、乙卯, 甲申至己丑, 庚寅, 至癸巳, 三辰日雨, 三未日雨, 皆主米大貴. 同上

3월의 진(辰)이 든 날에 비가 내리면 온갖 벌레가 한층 더 생기게 된다.

辰日雨, 百蟲生更得;

미(未)가 든 날에 비가 내리면 온갖 벌레가 죽게 된다. 여름철의 점도 이와 같다.《군방보》[8]

未日雨, 百蟲死. 夏月同. 同上

3월에 천둥이 많이 치면 그해 곡식이 잘 익게 된다.《군방보》[9]

三月雷多, 歲稔. 同上

3월 1일에 천둥이 많이 치면 주로 가뭄이 들게 된다. 천둥이 치지 않으면 도적이 많아지게 된다.《군방보》[10]

三月朔日雷多, 主旱; 無雷, 多盜. 同上

---

4 《二如亭群芳譜》, 위와 같은 곳.
5 삼진일(三辰日): 갑인(甲寅)·을묘(乙卯)부터 기축(己丑)·경인(庚寅) 사이에는 병진(丙辰)·무진(戊辰)·경진(庚辰) 등 3번의 진일이 있다.
6 삼미일(三未日): 갑인(甲寅)·을묘(乙卯)부터 계사(癸巳) 사이에는 기미(己未)·신미(辛未)·계미(癸未) 등 3번의 미일이 있다.
7 《二如亭群芳譜》, 위와 같은 곳.
8 《二如亭群芳譜》, 위와 같은 곳.
9 《二如亭群芳譜》〈元部〉 "天譜" 卷3 '雷'《四庫全書存目叢書補編》80, 118쪽).
10 《二如亭群芳譜》, 위와 같은 곳.

3월에 번개가 많이 치면 그해 곡식이 잘 익게 된다.《군방보》[11]

三月電多, 歲稔. 同上

3월에 무지개가 보이면 9월에 쌀이 비싸지고, 물고기와 소금이 비싸지며, 여인들은 길하다.《군방보》[12]

三月虹見, 九月米貴, 魚鹽貴, 婦人吉. 同上

3월에 눈이 내려 하루가 지나도 녹지 않으면 가을에 벼가 여물지 않아 쌀이 3배로 비싸지며, 사람들이 서로 잡아먹게 된다.《군방보》[13]

三月雪, 經日不消, 秋禾不成, 米貴三倍, 人相食. 同上

3월에 부는 바람이 약해지지 않으면 9월에 서리가 내리지 않게 된다.《군방보》[14]

三月風不衰, 九月霜不降. 同上

3월 1일에 바람이 불면 백성이 병에 걸리고, 나무에 벌레가 많이 생기게 된다. 북풍이 아침부터 정오까지 불면 쌀이 비싸진다.

7일에 남풍이 불면 그해 곡식은 흉년이 들게 된다.《군방보》[15]

朔日風, 民病, 木多蟲; 北風自早至午, 米貴;

七日南風, 歲歉. 同上

3월에 갑자기 폭우가 내려 하천이 범람하면 이를 '도화수(桃花水)'[16]라 하며, 장마가 많고, 물난리가 없

月內有暴水 , 謂之"桃花水", 則多梅雨, 無潦, 亦無

11 《二如亭群芳譜》〈元部〉"天譜" 卷3 '電'(《四庫全書存目叢書補編》80, 121쪽).
12 《二如亭群芳譜》〈元部〉"天譜" 卷3 '虹霓'(《四庫全書存目叢書補編》80, 115쪽).
13 《二如亭群芳譜》〈元部〉"天譜" 卷3 '雪'(《四庫全書存目叢書補編》80, 141~142쪽).
14 《二如亭群芳譜》〈元部〉"天譜" 卷3 '風'(《四庫全書存目叢書補編》80, 103쪽).
15 《二如亭群芳譜》, 위와 같은 곳.
16 도화수(桃花水):봄철에 하천이 범람하는 일. 춘신(春汛)이라고도 한다.

으며, 가뭄도 없게 된다. 눈이 내려 녹지 않으면 9월에 서리가 내리지 않게 된다.《농정전서》[17]

3월에 천둥이 치면 가을에 도적이 많게 된다.《무비지》[18]

이달에 비가 내리지 않으면 맥류가 수확이 좋게 된다. 속담에 "3월에 도랑 바닥이 하얗게 드러나면 사초(莎草)[19]가 맥류로 변한다."라 했다.《가정현지(嘉定縣志)[20]》[21]

3월에 눈이 그치지 않고 내리면 9월에 곡식의 수확이 하급이 된다.
눈이 두텁게 내리면 9월에 가뭄이 들고, 얇게 내리면 물난리가 나게 된다. 이는 모두 반 년 뒤를 예측하는 징후이다.《관규집요》[22]

乾. 雪不消, 則九月霜不降.《農政全書》

三月雷鳴, 秋多盜賊.《武備志》

此月無雨, 麥乃有秋. 諺云: "三月溝底白, 莎草變成麥."《嘉定縣志》

三月雪不止, 九月卽下.

厚, 則爲旱; 薄, 則爲水, 皆期半年.《管窺輯要》

17 《農政全書》卷11〈農事〉"占候" '三月'(《農政全書校注》, 256쪽).
18 《武備志》卷167〈占度載〉"占雷電", 6829쪽.
19 사초(莎草) : 외떡잎식물 벼목 사초과 사초속 식물의 총칭.
20 가정현지(嘉定縣志) : 중국 소연(蘇淵)·조흔(趙昕)이 지은 가정현의 읍지. 24권.
21 《嘉定縣志》卷4〈節序〉(하버드대 옌칭도서관본, ctext 이미지 70쪽);《御定月令輯要》卷7〈三月令〉"占驗"(《文淵閣四庫全書》467, 308쪽).
22 《管窺輯要》卷59〈雨〉(《管窺輯要》1 9, 11면).

3) 초하루의 절기(삭치절)

3월 1일에 청명(淸明)23이 들면 주로 초목이 무성하게 된다.

곡우(穀雨)24가 들면 주로 풍년이 든다.《도주공서》25

朔値節

朔日値淸明, 主草木榮茂;

値穀雨, 主年豐.《陶朱公書》

---

23 청명(淸明):24절기 중 다섯 번째 절기. 양력 4월 5·6일경. 춘분(春分)과 곡우(穀雨) 사이에 들며, 날씨가 맑고 밝은 날이 이어지는 때이다. 중국 제(齊)나라의 개자추(介子推)라는 인물에서 유래된 한식(寒食)도 이날 또는 다음날이다. 한식에 산소에 올라가서 제사를 지내고 지전(紙錢)을 불사르는 관습이 있다. "비가 지전을 때린다"는 말은 그때의 풍속을 상징한다.

24 곡우(穀雨):24절기 중 여섯 번째 절기. 양력 4월 20·21일경. 청명(淸明)과 입하(立夏) 사이에 들며, 봄비[雨]가 내려 백곡[穀]을 기름지게 한다는 뜻이다. 농가에서는 못자리를 마련하는 시기로, 본격적인 농사철이 시작된다.

25 《重訂增補陶朱公致富奇書》卷4〈占候部〉"三月占"(《重訂增補陶朱公致富奇書》中, 47쪽).

4) 청명의 징후

청녕 오전에 맑으면 이른 누에[早蠶]가 잘 자라게 된다.

오후에 맑으면 늦은 누에[晚蠶]가 잘 자라게 된다. 《전가오행》[26]

청명에 비가 내리지 않으면 장맛비가 적을 것이다.

또 청명에 빗방울이 지전(紙錢)의 머리를 때리면 삼과 맥류는 수확을 보지 못하게 된다.

빗방울이 묘 앞의 지전을 때리면 금년에는 밭농사가 좋게 된다. 《전가오행》[27]

청명에 햇볕이 쨍쨍 비추면 버드나무가 마르고, 홍수로 10개의 똥거름 항아리 중 9개가 둥둥 떠다닌다. 《농정전서》[28]

청명과 한식 전후로 물이 흘러 넘치면 주로 고지대와 저지대 농지의 벼가 모두 매우 잘 익고, 사시사철 비와 물이 조화를 이루게 된다. 《농정전서》

청명에는 맑은 날씨를 좋아하고, 비를 싫어한다. 속담에 "처마 앞에 꺾꽂이한 버드나무가 푸르면 농사꾼은 쉬면서 맑은 날씨를 바란다. 처마 앞에 꺾꽂

清明日候

清明午前晴, 早蠶熟;

午後晴, 晚蠶熟. 《田家五行》

清明無雨, 少黃梅;

又雨打紙錢頭, 麻麥不見收;

雨打墓頭錢, 今年好種田. 同上

清明曬得, 楊柳枯, 十隻糞缸九隻浮. 《農政全書》

若清明、寒食前後有水而渾, 主高低田禾大熟, 四時雨水調. 同上

清明喜晴, 惡雨. 諺曰: "簷前①揷柳靑, 農人休望晴; 簷前揷柳焦, 農人好作

---

26 출전 확인 안 됨;《欽定授時通考》卷3〈天時〉"春"'三月'(《文淵閣四庫全書》732, 52쪽).
27 출전 확인 안 됨;《欽定授時通考》, 위와 같은 곳.
28 《農政全書》卷11〈農事〉"占候"'三月'(《農政全書校注》, 256쪽).
① 前:《農政全書·農事·占候》에는 "頭".

이한 버드나무가 말랐으면 농사꾼은 좋다 하며 계집 질한다."라 했다. 《월령통고》[29]

嬌."《月令通考》

청명에 동북풍이 불면 말시(末市)[30]에 뽕잎이 비싸진다.

淸明東北風, 末市桑貴;

동남풍이 불면 중시(中市)[31]에 뽕잎이 비싸지고, 말시에는 싸진다.

東南風, 中市貴, 末市賤;

서남풍이 불고 맑으면 뽕잎을 손상시켜 말시에 비싸진다.

西南風晴, 損桑, 末市貴;

서북풍이 불면 중시에 비싸진다. 《군방보》[32]

西北風, 中市貴.《群芳譜》

청명에 천둥이 치면 밀이 비싸진다. 《군방보》[33]

淸明雷, 小麥貴. 同上

---

29 출전 확인 안 됨;《農政全書》卷11〈農事〉"占候"'正月'(《農政全書校注》, 256쪽);《二如亭群芳譜》〈元部〉 "天譜" 卷3 '雨'(《四庫全書存目叢書補編》80, 126쪽).
30 말시(末市):미상. 양잠 전체 기간 중 마지막 시기로 추정된다.
31 중시(中市):미상. 양잠 전체 기간 중 중간 시기로 추정된다.
32 《二如亭群芳譜》〈元部〉"天譜" 卷3 '風'(《四庫全書存目叢書補編》80, 103쪽).
33 《二如亭群芳譜》〈元部〉"天譜" 卷3 '雷'(《四庫全書存目叢書補編》80, 118쪽).

5) 곡우의 일진

곡우의 일진이 갑진(甲辰)에 들면 누에와 맥류가 함께 잘 익고, 크게 기쁜 일이 생기게 된다.

곡우의 일진이 갑오(甲午)에 들면 누에발[蠶箔, 잠박]마다 잘 익어 명주 3근(斤)을 얻게 된다. 《전가오행》[34]

穀雨日辰

穀雨日辰值甲辰, 蠶、麥相登, 大喜忻.

穀雨日辰值甲午, 每箔絲綿得三觔.《田家五行》

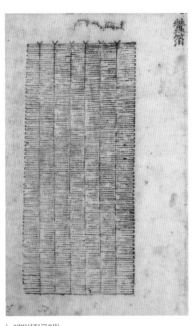

누에발(《전공지》)

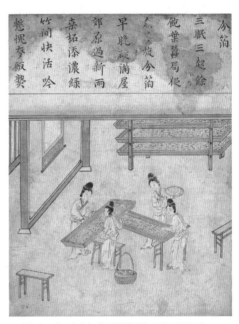

누에발 나누기(《누숙경직도(樓璹耕織圖)》, 국립중앙박물관)

---

34 《欽定授時通考》卷3〈天時〉"春"'三月'(《文淵閣四庫全書》732, 52쪽).

6) 곡우의 징후

곡우일에 비가 내리면 주로 물고기가 생긴다. 속
담에 "비 한 방울에 물고기 한 마리."라 했다.《농정
전서》[35]

곡우의 하루나 이틀 전 아침에 서리가 내리면 주
로 큰 가뭄이 들게 된다. 이날 비가 내리면 물고기가
생기고, 반드시 주로 많은 비가 내리게 된다. 보리와
밀이 붉게 썩어서 사람이 먹을 수 없게 된다.《농정
전서》[36]

穀雨日候

穀雨日雨, 主魚生. 諺云:
"一點雨, 一個魚."《農政
全書》

穀雨前一兩朝霜, 主大旱.
是日雨, 則魚生, 必主多
雨. 二麥紅腐, 不可食用.
同上

---

35 《農政全書》卷11〈農事〉"占候" '三月'(《農政全書校注》, 256쪽).
36 《農政全書》, 위와 같은 곳.

7) 한식(寒食)[37]의 징후

청명과 연달아 있는 한식 2일 전에 민가에서는 산소에서 제사를 올린다. 이를 '소송(掃松, 솔잎 쓸기)'라 한다. 비바람이 많이 온다. 이날 비가 내리면 주로 그해 농사는 풍년이 들게 된다. 속담에 "빗방울이 묘 앞의 지전을 때리면 금년에 풍년들기 십상이다."라 했다.《군방보》[38]

한식에 큰바람이 불면 기장[稷]이 알차게 여물지 않는다【안 우리나라 사람들은 피[稗]를 직(稷)이라 한다[39]】.《행포지》[40]

寒食日候

寒食係淸明前二日, 人家墓祭, 謂之"掃松". 多値風雨. 是日雨, 主歲豐. 諺云:"雨打墓頭錢, 今歲好豐年."《群芳譜》

寒食大風, 稷無實【按 東人呼稗謂稷】.《杏蒲志》

---

37 한식(寒食):동지(冬至) 후 105일째 되는 날. 양력으로는 4월 5일 무렵이다. 설날, 단오, 추석과 함께 4대 명절의 하나이다. 일정 기간 불의 사용을 금하며 찬 음식을 먹는 고대 중국의 풍습에서 시작되었다. 그래서 금연일(禁烟日)·숙식(熟食)·냉절(冷節)이라고도 한다.
38 《二如亭群芳譜》〈元部〉"天譜" 卷3 '雨'(《四庫全書存目叢書補編》80, 126쪽).
39 우리나라……한다:《본리지》권7〈곡식 이름 고찰〉"밭곡식"'조'에서 자세히 고증했다.
40 《杏蒲志》卷1〈占候〉(《農書》36, 82쪽).

8) 3일의 징후

三日日候

항상 3월 3일에 내리는 비로 뽕잎의 가격을 점친다. 속담에 "빗방울이 바위를 두루 때리면 뽕잎 한 조각이 3전(錢) 되네."라 했다. 혹은 "3월 4일에 비가 내리면 비싸기가 더욱 심하다."라 했다.

常以三月三日雨，卜桑葉之貴賤．諺云："雨打石頭徧，桑葉三錢片．" 或曰："四日，尤甚．"

항주(杭州)[41] 사람들은 "3일 비는 그래도 괜찮지만, 4일 비는 살인적이다."라고 한다. 나는 "4일에 비가 내리면 뽕잎이 더욱 비싸진다."라고 하겠다. 《종수서》[42]

杭人曰："三日尙可，四日殺．" 我言"四日雨，尤貴"．《種樹書》

3월 3일에 맑으면 뽕잎이 은단지에 담길 정도로 비싸진다.

三月初三晴，桑葉[2]掛銀甁．

빗방울이 바위에 얼룩 남길 정도로만 때리면 뽕잎이 돈 위를 건너 듯 비싸진다.

雨打石頭斑，桑葉錢上蹦．[3]

비가 바위를 때려 흘러 내릴 정도면 뽕잎이 풍년이어서 뽕잎으로 소를 먹여도 좋다. 《전가오행》[43]

雨打[4]石頭[5]流，桑葉好餧牛．《田家五行》

누에의 수확이 좋을지 나쁠지를 알려면 항상 3월 3일로 예측한다. 이날 하늘이 흐려 해가 없는 듯하거나 비가 보이지 않으면 누에의 수확이 아주 좋

欲知蠶善惡，常以三月三日．天陰如無日，不見雨，蠶大善．《五行書》

41 항주(杭州) : 중국 절강성(浙江省) 항주(杭州) 일대.
42 출전 확인 안 됨; 《欽定授時通考》 卷3 〈天時〉 "春" '三月'(《文淵閣四庫全書》 732, 52쪽).
43 《田家五行》 卷上 〈三月類〉(《續修四庫全書》 975, 328쪽); 《欽定授時通考》, 위와 같은 곳.
[2] 葉 : 《田家五行·三月類》에는 "上".
[3] 上蹦 : 《田家五行·三月類》에는 "價難".
[4] 打 : 《田家五行·三月類》에는 "在".
[5] 頭 : 《田家五行·三月類》에는 "上".

다. 《오행서》[44]

3월 3일에 천둥이 치면 밀이 비싸진다. 《군방 보》[45]

3월 3일에 번개가 치면 주로 밀이 비싸진다. 《군 방보》[46]

3월 3일에 서리가 내리면 목화가 풍년이 든다. 《행포지》[47]

三日雷鳴, 小麥貴. 《群芳譜》

三日電, 主小麥貴. 同上

三日霜, 木綿豐稔. 《杏蒲志》

---

44 출전 확인 안 됨;《齊民要術》卷5〈種桑,柘〉第45(《齊民要術校釋》, 332쪽).
45 《二如亭群芳譜》〈元部〉"天譜" 卷3 '雷'(《四庫全書存目叢書補編》80, 118쪽).
46 《二如亭群芳譜》〈元部〉"天譜" 卷3 '電'(《四庫全書存目叢書補編》80, 121쪽).
47 《杏蒲志》, 위와 같은 곳.

9) 3묘(三卯, 3번의 묘일)

3월에 3묘가 들지 않으면 농가에서 쌀을 배불리 먹지 못하게 된다. 《전가오행》[48]

三月無三卯, 田家米不飽. 《田家五行》

3월에 3묘가 들면 콩을 심어야 좋다. 3묘가 들지 않으면 맥류를 거두지 못하게 된다. 《군방보》[49]

三月有三卯, 宜豆; 無, 則麥不收. 《群芳譜》

10) 맥류의 생일(맥생일)

3월 11일은 맥류의 생일이니, 맥류는 맑은 날씨를 좋아한다. 《가정현지》[50]

三月十一日爲麥生日, 喜晴. 《嘉定縣志》

11) 황고가 씨앗 담그는 날(황고침종일)

3월 16일은 황고(견우)가 씨앗 담그는 날이다【안 《월령통고》에는 2월 16일로 되어 있으니, 여기와 다르다】.[51] 이날 서남풍이 불면 주로 큰 가뭄이 들게 된다. 또한 주로 뽕잎도 비싸진다. 속담에 "3월 16일 화창하게 맑으면 뽕나무에서 사람 마음 분별한다."[52]라 했다. 《증보도주공서》[53]

黃姑浸種日

十六日爲黃姑浸種日【按 《通考》作二月十六日. 與此異】. 西南風, 主大旱. 又主桑葉貴. 諺云: "三月十六皎皎晴, 桑樹頭上揀人情". 《增補陶朱公書》

---

48 출전 확인 안 됨;《欽定授時通考》卷3〈天時〉"春" '三月'(《文淵閣四庫全書》732, 52쪽).

49 《廣群芳譜》卷3〈天時譜〉"三月", 66쪽.

50 출전 확인 안 됨;《欽定授時通考》卷3〈天時〉"春" '三月'(《文淵閣四庫全書》732, 50쪽).

51 월령통고에는……다르다 : 위의 "2월점" '황고침종일'에 나온다.

52 3월……분별한다 : 이날 맑아야 뽕잎이 풍년 들어 사람이 즐거워한다는 의미인 듯하다.

53 《重訂增補陶朱公致富奇書》, 위와 같은 곳.

4. 4월점

四月占

1) 절기를 어길 때의 징후

4월[孟夏]에 추령을 시행하면 궂은비가 자주 내려 오곡이 제대로 자라지 않게 된다.

동령을 시행하면 초목이 일찍 마르고, 뒤에 큰 물난리가 나게 된다.

춘령(春令)[1]을 시행하면 메뚜기떼로 재해를 입게 되고, 폭풍이 몰아쳐서 이삭 피운 식물이 열매를 맺지 못하게 된다.《예기》〈월령〉[2]

愆候

孟夏行秋令, 則苦雨數來, 五穀不滋;

行冬令, 則草木蚤枯, 後乃大水;

行春令, 則蝗蟲爲災, 暴風來格, 秀草不實.《禮記·月令》

---

1 춘령(春令):봄에 시행할 정책과 법령. 농지의 경계를 바로잡고 농지 사이의 길과 도랑을 정리하며 농부들에게 농사일을 가르친다.
2 《禮記正義》卷15〈月令〉《十三經注疏整理本》13, 581쪽).

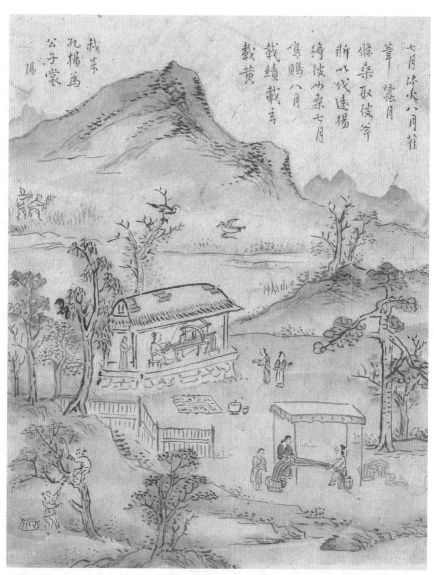

七月流火八月萑
葦　蠶月
條桑取彼斧
斨以伐遠揚
猗彼女桑七月
鳴鵙八月
載績載玄
載黃

我朱
孔陽爲
公子裳
陽

빈풍칠월도첩. 《시경》〈빈풍〉"칠월" 시의 3장에 해당하는 그림(조선, 이방운, 국립중앙박물관)

빈풍도. 《시경》 〈빈풍〉 "칠월" 시의 3장에 해당하는 그림(청, 작자미상, 국립중앙박물관)]

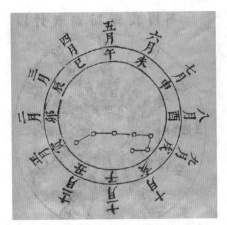

두병건인지도(斗柄建寅之圖,《관규집요》). 여기서는 인(寅)
방향을 가리키므로 1월인 경우의 그림이다.

2) 총점

월건(月建)이 사월(巳月)이면[3] 더워야 좋다. 사월(巳
月)이 덥지 않으면 백성이 대부분 제병(瘑病)[4]을 앓아
서 열이 나고 눈이 황색이 된다. 《군방보》[5]

總占

月建巳, 宜暑. 巳不暑, 民
多瘑病, 熱而眼黄. 《群芳
譜》

---

3   월건(月建)이 사월(巳月)이면 : 하력(夏曆) 4월을 의미한다. 월건은 북두칠성의 자루 부분[斗柄, 두병]이 가
    리키는 방향의 지지(地支)를 말한다. 동지가 있는 11월을 자(子)에, 12월은 축(丑)에, 정월은 인(寅)에, 10
    월은 해(亥)에 각각 배치한다. 따라서 사월(巳月)은 4월이 된다.

4   제병(瘑病) : 미상.

5   《二如亭群芳譜》〈元部〉 "歲譜" 卷2 '四月'(《四庫全書存目叢書補編》80, 189쪽).

4월에 바람과 비가 자주 있어야 좋다. 속담에 "맥류는 바람에 흔들리며 이삭 피우고, 벼는 빗물에 젖으며 이삭 피운다."라 했다.《군방보》[6]

月內宜風雨頻. 諺云: "麥秀風搖, 稻秀雨澆." 同上

4월에 폭풍이 동남쪽에서 불어닥치면 사람들이 설사병으로 고생하고, 젖먹이는 여인들이 갑자기 병으로 죽게 된다.《군방보》[7]

四月暴風起東南方, 人病瀉痢, 乳婦暴病死. 同上

4월 4일에 비가 내리면 오곡이 비싸진다.《군방보》[8]

四日雨, 五穀貴. 同上

4월 5일부터 8일 사이에 비가 내리면 조생 맥류[早麥]를 심어야 좋다.《군방보》[9]

五日至八日雨, 宜早麥. 同上

4월에 천둥이 치지 않으면 10월에 벌레들이 겨울잠을 자지 않게 된다.《군방보》[10]

四月雷不鳴, 十月蟲不蟄. 同上

4월에 번개가 치면 백성이 편안하지 않고, 가을에 벼가 상하게 된다.《군방보》[11]

四月電, 民不安, 秋禾傷. 同上

4월 4일부터 14일 사이에 바람이 불면 주로 큰바람이 몰아쳐 벼가 비싸진다. 그믐날과 1일에 큰비

四日至十四風, 主大風, 禾貴. 晦朔大雨, 蝗.[1] 同上

---

6 《二如亭群芳譜》〈元部〉"天譜" 卷3 '風'(《四庫全書存目叢書補編》80, 103쪽).

7 《二如亭群芳譜》, 위와 같은 곳.

8 《二如亭群芳譜》〈元部〉"天譜" 卷3 '雨'(《四庫全書存目叢書補編》80, 126쪽).

9 《二如亭群芳譜》, 위와 같은 곳.

10 《二如亭群芳譜》〈元部〉"天譜" 卷3 '雷'(《四庫全書存目叢書補編》80, 118쪽).

11 《二如亭群芳譜》〈元部〉"天譜" 卷3 '電'(《四庫全書存目叢書補編》80, 121쪽).

① 蝗:《二如亭群芳譜·元部·天譜》에는 "大蝗".

가 내리면 메뚜기떼로 해를 입게 된다. 《군방보》[12]

4월 14일에 맑고 동남풍이 불면 더욱 길하게 된다. 《군방보》[13]

十四晴得東南風, 尤吉. 同上

4월에 낮에 따뜻하고 밤에 시원하면 주로 물이 적게 된다. 속담에 "낮에 따뜻하고 밤에 추우면 동해(한국의 서해)가 마른다."라 했다. 무지개가 보이면 쌀이 비싸진다. 《농정전서》[14]

月內日暖夜涼, 主少水. 諺云: "日暖夜寒, 東海也乾." 虹見, 米貴. 《農政全書》

4월 2일이나 3일에 비가 내리면 그해에는 오곡이 잘 익게 된다.

四月二日、三日有雨, 其年五穀熟;

4일부터 7일 사이에 비가 내려야 하지만 내리지 않는다면 겨울잠 자는 벌레들이 겨울에 나오게 된다.

四日至七日當雨不雨, 蟄蟲冬出;

11일부터 14일 사이에 비가 내려야 하지만 내리지 않는다면 그해 농사는 흉년이 들게 된다.

十一日至十四日當雨不雨, 歲惡;

18일에 비가 내려야 하지만 내리지 않는다면 큰 가뭄이 들게 된다.

十八日當雨不雨, 大旱;

그믐날에 비가 내려야 하지만 내리지 않는다면 큰 바람이 불어 농작물에 해를 입게 한다. 《관규집요》[15]

晦日當雨不雨, 大風傷物. 《管窺輯要》

4일부터 7일 사이에 비가 내리면 메주콩이 잘 익

四日至七日雨, [2] 大豆熟.

---

12 《二如亭群芳譜》〈元部〉 "天譜" 卷3 '風'(《四庫全書存目叢書補編》80, 103쪽).
13 《二如亭群芳譜》, 위와 같은 곳.
14 《農政全書》卷11 〈農事〉 "占候" '四月'(《農政全書校注》, 256쪽).
15 《管窺輯要》卷59 〈雨〉(《管窺輯要》19, 14면).
② 雨: 《管窺輯要·雨》에는 "風".

게 된다. 그믐날에 비가 내려 5월 1일까지 계속되면 큰 기근이 들게 된다. 또 그해는 큰 물난리가 나고, 맥류의 수확이 나쁘고, 황충이 생기게 된다.《관규집요》[16]

晦日有雨至五月朔日，大饑，其年大水，麥惡蝗生．同上

---

16 《管窺輯要》, 위와 같은 곳.

3) 초하루의 절기(삭치절)

4월 1일에 입하(立夏)[17]가 들면 주로 지진이 발생하게 된다. 1일에 소만(小滿)[18]이 들면 주로 사람들이 재앙을 입게 된다.《증보도주공서》[19]

朔值節[3]

朔日値立夏, 主地動; 値小滿, 主人災.《增補陶朱公書》

4) 입하의 일진

입하일이 금(金)에 들면[20] 오곡이 제대로 여물지

立夏日辰

立夏日得金, 五穀不成, 夏

지진　　　　　　　　　　지진과 홍수(이상《관규집요》)

---

17 입하(立夏): 24절기 중 일곱 번째 절기. 양력 5월 5·6일경. 곡우(穀雨)와 소만(小滿) 사이에 들며, 여름이 시작되었음을 알리는 절기이다.

18 소만(小滿): 24절기 중 여덟 번째 절기. 양력 5월 21·22일경. 입하(立夏)와 망종(芒種) 사이에 들며, 햇볕이 풍부하고 만물이 점차 생장하여 가득 찬다[滿]는 뜻이다.

19 《重訂增補陶朱公致富奇書》卷4〈占候部〉 "四月占"(《重訂增補陶朱公致富奇書》中, 48쪽).

20 금(金)에 들면: 오행 중 금에 해당하는 천간지지가 든다는 뜻. 오행에서는 각각 목·화·토·금·수에 천간과 지지를 배치했다. 금에 든다는 말은 경·신과 신·유·술의 조합에 해당하는 날에 든다는 뜻이다. 다음쪽의 표〈오행과 천간지지의 연관관계〉참조.

③ 朔值節: 저본(오사카본)에는 4월만 "삭치절" 항목이 "총점" 앞에 있음. 전체 구성과 고려대본에 근거하여 수정.

않고, 여름에 가뭄이 들며, 바람이 많게 된다. 목(木) 에 들면 여름에 춥게 된다. 《행군월령(行軍月令)21》22

旱多風; 得木, 夏寒.《行 軍月令》

오행과 천간지지의 연관관계

오행	木	火	土	金	水
천간	甲·乙	丙·丁	戊·己	庚·辛	壬·癸
지지	寅·卯	巳·午	丑·辰·未·戌	申·酉	亥·子

21 행군월령(行軍月令) : 병서의 하나. 중국 한(漢)나라 유현(劉玄, ?~25), 북송의 부언경(符彦卿, 898~975), 왕 홍휘(王洪暉, ?~?) 등이 지은 여러 종류가 있으나 일실되어 본문이 인용된 책이 무엇인지 확인되지 않는다.
22 출전 확인 안 됨;《御定月令輯要》卷9〈四月令〉"占驗"(《文淵閣四庫全書》467, 352쪽).

5) 입하의 징후

입하에 맑으면 주로 가뭄이 들게 된다. 아주 맑으면 그해에는 반드시 가뭄이 들게 된다. 《문림광기(文林廣記)[23]》[24]

입하에 손기(異氣)[25]가 오지 않으면 큰바람이 모래를 날리게 된다. 구름이 끼지 않았는데도 해와 달에 광채가 없으면 오곡이 제대로 여물지 않고, 사람들이 병에 걸리게 된다. 《세시잡점(歲時雜占)[26]》[27]

입하에 손괘(異卦)의 기운[28]이 응하면 청명풍(淸明風, 동남풍)이 불게 된다. 이날 바람이 불면 주로 곡식이 잘 익게 된다. 《군방보》[29]

4월 입하에는 비가 와야 좋다. 속담에 "입하에 비 내리지 않으면 농가에서 써레질 할 수 없다."라고 했다. 그러나 이날 밤에 비가 많이 내리면 맥류와 누에를 손상시키게 된다. 《군방보》[30]

입하일에 해를 살펴 햇무리가 있으면 주로 물난

立夏日候

立夏晴, 主旱; 大晴, 其年必旱. 《文林廣記》

立夏異氣不至, 則大風揚沙. 無雲氣日月無光, 五穀不成, 人病. 《歲時雜占》

立夏異卦氣應, 淸明風至. 是日有風, 主熟. 《群芳譜》

四月立夏宜雨. 諺云: "立夏不下, 田家莫耙." 若夜雨多, 損麥及蠶. 同上

立夏日看日暈有, 則主水.

---

23 문림광기(文林廣記): 중국 남송의 진원정(陳元靚, ?~?)이 지은 백과전서. 42권.
24 출전 확인 안 됨; 《二如亭群芳譜》〈元部〉 "天譜" 卷2 '日'(《四庫全書存目叢書補編》 80, 64쪽).
25 손기(異氣): 문왕팔괘에 의하면 손괘는 동남쪽에 해당한다. 손기는 동남풍을 의미하는 듯하다.
26 세시잡점(歲時雜占): 출처가 불분명한, 기후·풍흉 예측 점괘들을 모아 놓은 내용. 《군방보(群芳譜)》·《옥지당담회(玉芝堂談薈)》 등에 보인다.
27 출전 확인 안 됨; 《二如亭群芳譜》〈元部〉 "天譜" 卷3 '氣'(《四庫全書存目叢書補編》 80, 114쪽).
28 손괘(異卦)의 기운: 위 각주 '손기(異氣)' 참조.
29 《二如亭群芳譜》〈元部〉 "天譜" 卷3 '風'(《四庫全書存目叢書補編》 80, 103쪽).
30 《二如亭群芳譜》〈元部〉 "天譜" 卷3 '雨'(《四庫全書存目叢書補編》 80, 126쪽).

리가 나게 된다. 속담에 "햇무리 한 번에 저수지 한 개 늘어난다."라고 했다. 《농정전서》[31]

입하일에 햇무리가 없으면 물난리가 나지 않게 된다. 햇무리가 있으면 주로 물난리 때문에 저수지를 만들게 된다. 《기력찰요》[32]

입하일 사시(巳時, 오전 9~11시)에, 동남쪽에 청색 기운이 있으면 풍년이 들게 된다. 그렇지 않으면 그 해에 재해가 있게 된다. 《팔절점》[33]

입하일에 남쪽에 적색 구름이 있으면 풍년이 들게 된다. 그날 청명하면 가뭄이 들게 된다. 《무비지》[34]

諺云: "一番暈, 添一番湖塘."《農政全書》

立夏日無暈, 無水; 有暈, 主做湖塘.《紀歷撮要》

立夏日巳時東南有青氣, 年豐; 不然, 則歲災.《八節占》

立夏日南方有赤雲, 歲豐; 晴明, 則旱.《武備志》

31 《農政全書》卷11〈農事〉"占候" '四月'(《農政全書校注》, 256쪽).
32 《紀歷撮要》〈四月〉(《續修四庫全書》975, 359쪽).
33 출전 확인 안 됨;《二如亭群芳譜》〈元部〉"天譜" 卷3 '虹霓'(《四庫全書存目叢書補編》80, 114쪽).
34 《武備志》卷165〈占度載〉"占風" 1, 6730쪽.

6) 소만(小滿)의 징후

소만에 비가 내리면 곡식이 잘 익게 된다. 속담에 "소만에 물 넉넉하지 않으면 망종(芒種)[35]에 논에 물 댈 수 없다."라 했다. 《군방보》[36]

소만 전후에 바람이 불고 비가 내리면 백랍(白蠟)[37]을 거둘 수 없게 된다. 《군방보》[38]

7) 3묘(三卯)

4월에 3묘가 들면 삼을 심어야 좋다. 3묘가 들지 않으면 맥류를 거둘 수 없게 된다. 《군방보》[39]

小滿日候

小滿有雨, 歲熟. 諺云: "小滿不滿, 芒種莫管."《群芳譜》

小滿前後風雨, 白蠟不收. 同上

三卯

月內有三卯, 宜麻; 無, 則麥不收.《群芳譜》

---

35 망종(芒種) : 24절기 중 아홉 번째에 절기. 양력 6월 5·6일경. 소만(小滿)과 하지(夏至) 사이에 들며, 벼처럼 까끄라기[芒]가 있는 곡식 종자를 뿌리기에 적당한 시기라는 뜻이다.
36 《二如亭群芳譜》〈元部〉 "天譜" 卷3 '雨'《四庫全書存目叢書補編》80, 126쪽).
37 백랍(白蠟) : 나뭇가지에 솜처럼 엉긴 쥐똥밀깍지벌레의 집을 끓여서 헝겊으로 걸러 찬물에 넣고 굳힌 것이나, 쥐똥밀깍지벌레의 수컷이 분비한 흰 가루로 만든 밀랍. 또는 벌이 집을 만들기 위해 분비한 물질을 의미하기도 한다. 초나 약으로 쓴다. 풍석 서유구 지음, 임원경제연구소 옮김, 《임원경제지 만학지》2, 풍석문화재단, 2023, 153~188쪽에 자세히 보인다.
38 《二如亭群芳譜》, 위와 같은 곳.
39 《二如亭群芳譜》〈元部〉 "歲譜" 卷2 '四月'《四庫全書存目叢書補編》80, 189쪽).

8) 초하루의 바람과 비

4월 1일에 바람이 불고 비가 내리면 맥류 수확이 나빠지고 쌀이 비싸진다. 《군방보》[40]

속담에 "4월 1일에 청색 하늘을 보면 높은 산과 평지에 마음대로 개간할 수 있다. 4월 1일에 비가 내려서 온 땅이 진창이면 고지대 농지에 가더라도 호수에 씨 뿌리러 가는 일과 같다."라 했다. 이날이 가장 중요한 날이다. 《군방보》[41]

4월 1일에 날씨가 맑으면 풍년이 들게 된다.

맑으면서도 더우면 주로 가뭄이 들게 된다.

햇무리가 지면 주로 물난리가 나거나, 바람 피해를 입거나, 과열 피해를 입게 된다. 《군방보》[42]

4월 1일에 큰바람이 불고 비가 내리면 주로 큰 물난리가 나게 된다.

바람과 비가 작으면 작은 물난리가 나게 된다.

맑으면 주로 가뭄이 들게 된다. 농가에서는 "이날이 가장 중요한 날이기에 비가 내리면 좋지 않다."라 했다. 《증보도주공서》[43]

이날 비가 내리면 씨앗을 2번 뿌리고 모내기를 2

朔日風雨

朔日風雨, 麥惡米貴. 《群芳譜》

諺云: "四月初一見靑天, 高山、平地任開田. 四月初滿地塗, 丟了高田去種湖." 此日最緊要. 同上

朔日晴, 歲豐;

晴而燠, 主旱;

有暈, 主水主風主熱. 同上

大風雨, 主大水;

小, 則小水;

晴, 主旱. 農家謂: "此日最要緊, 不宜有雨." 《增補陶朱公書》

此日雨, 有重種兩禾之患.

---

40 《二如亭群芳譜》〈元部〉 "天譜" 卷3 '風'(《四庫全書存目叢書補編》 80, 103쪽).
41 《二如亭群芳譜》〈元部〉 "天譜" 卷3 '雨'(《四庫全書存目叢書補編》 80, 126쪽).
42 《二如亭群芳譜》〈元部〉 "天譜" 卷2 '日'(《四庫全書存目叢書補編》 80, 64쪽).
43 출전 확인 안 됨;《御定月令輯要》 卷9〈四月令〉 "占驗"(《文淵閣四庫全書》 467, 353쪽).

번 하는 근심이 있게 된다. 《월령통고》[44]

《月令通考》

강남 사람들은 4월 1일부터 4일 사이에 1년의 풍흉을 점친다.

그 점은 이와 같다. "1일에 비가 내리면 모든 샘이 마르게 된다. 이는 가뭄이 들게 된다는 말이다.

2일에 비가 내리면 산 옆에 살게 된다. 이는 물난리가 나서 대피를 하게 된다는 말이다.

3일에 비가 내리면 목려(木驢)[45]를 타게 된다. 이는 수차를 돌려 물을 모은다는 뜻으로, 또한 가뭄이 들게 된다는 말이다.

4일에 비가 내리면 남은 농사는 여유가 있게 된다. 이는 곡식이 아주 잘 익게 된다는 말이다." 공평중 《담원》[46]

江南民, 於四月一日至四日, 卜一歲之豐凶.

云: "一日雨, 百泉枯. 言旱也.

二日雨, 傍山居. 言避水也.

三日雨, 騎木驢. 言踏車取水, 亦旱也.

四日雨, 餘有餘. 言大熟也." 孔氏《談苑》

수차의 일종인 번차(飜車, 《본리지》)

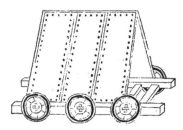

첨두목려(尖頭木驢, 《무비지》)

---

44 출전 확인 안 됨;《御定月令輯要》, 위와 같은 곳.
45 목려(木驢):공성전(攻城戰)에 사용되는 전투용 수레. 그러나 본문의 목려는 문맥상 수차의 일종인 번차를 의미하는 듯하다.
46 《談苑》卷2(《文淵閣四庫全書》1037, 130쪽).

4월 1일에 가을에 내다 팔 곡식값을 점친다. 바
람이 남쪽이나 서쪽에서 불어오면 가을에 내다 팔
곡식이 모두 싸진다. 이와 반대쪽에서 바람이 불어
오면 비싸진다.《사광점》[47]

四月朔占秋糶. 風從南來
西來者, 秋皆賤; 逆此者,
貴.《師曠占》

---

47 출전 확인 안 됨;《御定月令輯要》卷9〈四月令〉"占驗"(《文淵閣四庫全書》467, 352쪽).

9) 벼의 생일(도생일)

4월 4일은 벼의 생일이다. 이날 맑으면 좋다.《가
정현지》[48]

稻生日

四月初四爲稻生日. 喜晴.
《嘉定縣志》

---

48 출전 확인 안 됨;《欽定授時通考》卷3〈天時〉"春" '正月'(《文淵閣四庫全書》732, 55쪽).

10) 초파일의 날씨

4월 초파일에 흐린지 맑은지를 살펴보고 그해 물난리나 날지 가뭄이 들지를 점친다. 구름이 가득하지만 비가 오지 않는 경우가 가장 좋다. 《월령통고》[49]

4월 초파일에 흐린지 맑은지를 살펴본다. 속담에 "4월 초파일이 쨍쨍 맑으면 고지대 농지조차도 낚시하기 좋게 된다. 4월 초파일에 오록독(烏漉禿)[50]하면 고지대와 저지대를 막론하고 곡식이 모두 잘 익게 된다."라 했다. 《증보도주공서》[51]

4월 8일 낮에 비가 내리면 주로 풍년이 들어 곡식이 잘 익지만 과실은 적게 된다. 밤비를 꺼린다. 속담에 "밀은 귀신 두려워하지 않고 4월 8일 밤비만 두려워한다."라 했다. 대개 북방맥류는 낮에 꽃을 피우기에 낮비를 꺼린다. 반면 남방맥류는 밤에 꽃을 피우기에 밤비를 꺼린다. 《군방보》[52]

속담에 "4월 8일에 비가 내리면 가뭄이 들어 치어가 마른 강둑 아래에서 죽게 된다. 4월 8일에 맑으면 물난리가 나서 치어가 쑥 가득한 풀밭으로 올라

初八陰晴

初八日看陰晴, 卜水旱. 最宜密雲不雨.《月令通考》

初八日看陰晴. 諺云: "四月初八晴燎焇,[4] 高田好張釣. 四月初八烏漉禿, 不論高低一槪熟."《增補陶朱公書》

八日晝雨, 主豐熟果實少. 忌夜雨. 諺云: "小麥不怕神共鬼, 只怕四月八夜雨." 大的北方麥晝花, 忌晝雨; 南方麥夜花, 忌夜雨.《群芳譜》

諺云: "四月八日雨, 魚兒岸下死; 四月八日晴, 魚兒上蒿林." 同上

---

49 출전 확인 안 됨;《御定月令輯要》卷9〈四月令〉"占驗"(《文淵閣四庫全書》467, 352쪽).

50 오록독(烏漉禿): 흐린 날씨를 형용하는 말.《玉芝堂談薈》卷21〈歲時雜占〉에 그 용례가 보인다.

51 출전 확인 안 됨;《御定月令輯要》卷9〈四月令〉"占驗"(《文淵閣四庫全書》467, 352쪽);《二如亭群芳譜》〈元部〉"天譜"卷3 '雨'(《四庫全書存目叢書補編》80, 126쪽);《玉芝堂談薈》卷21〈正旦晴〉(《文淵閣四庫全書》883, 506쪽).

52 《二如亭群芳譜》〈元部〉"天譜"卷3 '雨'(《四庫全書存目叢書補編》80, 126쪽).

[4] 燎焇:《御定月令輯要·四月令·占驗》에는 "料峭".

가게 된다."라 했다. 《군방보》[53]

부처의 생일날에 맑으면 과자(菓子)가 있게 된다.[54] 佛生日晴, 有菓子. 《紀歷
《기력촬요》[55]   撮要》

---

53 《二如亭群芳譜》, 위와 같은 곳.
54 과자(菓子)가……된다 : 과일농사가 잘 된다는 의미인 듯하다.
55 《紀歷撮要》〈四月〉(《續修四庫全書》975, 359쪽).

11) 해와 달의 마주 비춤

4월 14일에 날씨가 맑으면 주로 풍년이 들게 된다. 속담에 "유리할지 불리할지는 다만 4월 14일 날씨로 살핀다."라 했다.

황혼이 질 무렵 해와 달이 마주 비추면 주로 봄과 가을에 가뭄이 들게 된다【일설에는 "16일에 해와 달이 마주 비출 때도 점괘가 같다."라 했다】.《월령통고》[56]

12) 16일의 맑음이나 비

4월 16일에 맑은지 비가 내리는지를 보고 그해의 풍흉과 길흉을 예측한다. 이날 맑으면 큰 물난리가 나게 된다. 비가 내리면 가뭄이 들게 된다. 오직 흐리고 구름만 끼어야 좋다.

그러나 밤에는 흐리고 어두운 날씨를 꺼린다. 속담에 "이날 밤이 오록독(烏漉禿)하면 서쪽 마을 사람들은 밭을 둘러싸고 운다."라 했다. 이는 물난리가 난다는 말이다.《가정현지》[57]

日月對照

十四晴, 主歲稔. 諺云: "有利無利, 但看四月十四."

黃昏時日月對照, 主春[5]秋旱【一云: "十六日月對照, 同占"】.《月令通考》

十六晴雨

四月十六日, 望晴雨以候歲. 是日晴, 則水大; 雨, 則旱. 惟陰雲爲佳.

夜忌陰黑. 諺云: "此夜烏漉禿, 西鄉村子繞田哭." 言有水也.《嘉定縣志》

---

56 출전 확인 안 됨;《御定月令輯要》卷9〈四月令〉"占驗"《文淵閣四庫全書》467, 352~353쪽).

57 출전 확인 안 됨;《御定月令輯要》卷9〈四月令〉"占驗"《文淵閣四庫全書》467, 353쪽).

[5] 春:《御定月令輯要·四月令·占驗》에는 "夏".

13) 뜨는 달 살피기

16일에 일찍 뜨는 달을 보면 주로 큰 가뭄이 들게 된다【가정(嘉靖)[58] 신유(辛酉)년(1561), 이날(16일) 해가 서쪽에 있는데도 즉시 달이 보였다. 이해 5월에는 큰 물난리가 나서 밭이 잠겼다. 이는 반드시 큰 가뭄이 드는 것은 아니라는 말이다】.

달이 더디게 뜨면서 백색이면 주로 물난리가 나게 된다.

구름이 흑색이면 게[蟹]의 피해가 생기게 된다. 《증보도주공서》[59]

4월 16일에 달이 일찍 뜨고 구름이 없으며 홍색이면 큰 가뭄이 들게 된다. 달이 더디게 뜨고 백색이면 주로 비가 내리게 된다. 밤늦게 뜨면 주로 큰 물난리가 나게 된다. 일설에는 "달이 일찍 뜨면 저지대 농지가 벼 수확이 좋고, 달이 더디 뜨면 고지대 농지가 잉여 수확이 드물게 된다."라 했다. 《군방보》[60]

看月上

十六日看月上早, 主大旱.【嘉靖辛酉, 是日日臨于西而卽見月. 是年五月大水沒田. 此云大旱未必然】;

月上遲而色白者, 主水;

雲黑, 有蟹. 《增補陶朱公書》

四月十六月上早, 無雲紅色, 大旱. 遲而白, 主雨. 夜深, 主大水. 一云: "月上早, 低田好收稻; 月上遲, 高田剩者稀." 《群芳譜》

---

58 가정(嘉靖) : 중국 명나라의 제11대 황제인 가정제 때의 연호. 1522~1566년.
59 《重訂增補陶朱公致富奇書》卷4〈占候部〉"四月占"(《重訂增補陶朱公致富奇書》中, 48쪽).
60 《二如亭群芳譜》〈元部〉"天譜"卷2 '月'(《四庫全書存目叢書補編》80, 70쪽).

14) 달그림자 측정

속담에 "곡식 수확이 있을지 없을지를 알려면 4월 16일에 10척짜리 장대를 세워 달그림자를 측정한다."라 했다.

달이 중천에 올랐을 때의 그림자가 장대 길이를 넘는다면 비가 많이 내려 밭이 물에 잠기고, 여름에는 가뭄으로 사람들이 기근을 겪게 된다.

그림자 길이가 9척이면 주로 삼시(三時)[61]에 비가 내리게 된다.

8척이나 7척이면 주로 비가 내리게 된다.

6척이면 저지대 농지는 곡식이 아주 잘 익고, 고지대 농지는 곡식을 반만 수확하게 된다.

5척이면 주로 여름에 가뭄이 들게 된다.

4척이면 메뚜기떼로 해를 입게 된다.

3척이면 사람들이 기근을 겪게 된다. 《군방보》[62]

量月影

諺云: "有穀無穀, 且看四月十六, 立一丈竿, 量月影."

月當中時影過竿, 雨水多沒田, 夏旱人饑;

長九尺, 主三時雨水;

八尺、七尺, 主雨水;

六尺, 低田大熟, 高田半收;

五尺, 主夏旱;

四尺, 蝗;

三尺, 人饑.《群芳譜》

---

61 삼시(三時): 봄·여름·가을 또는 아침·점심·저녁. 하지(夏至) 후 15일간을 가리키기도 한다. 여기서는 맨 뒤의 의미이다. 뒤 "5월점"의 '17) 삼시의 바람과 비' 참조.
62 《二如亭群芳譜》〈元部〉 "歲譜" 卷2 '四月'(《四庫全書存目叢書補編》 80, 189쪽).

15) 소분룡(小分龍)[63]

4월 20일은【안《기력찰요》에는 28일로 되어 있다】소분룡이다. 이날 맑으면 게으른 용[懶龍]이 담당하므로 주로 가뭄이 들게 된다.

비가 내리면 씩씩한 용[健龍]이 담당하므로 주로 물난리가 나게 된다.

동남풍이 불면 흑룡(黑龍)이 담당하므로 주로 가뭄이 들게 된다.

정남풍이 불면 적룡(赤龍)이 담당하므로 주로 큰 가뭄이 들게 된다.

서북풍이 불면 백룡(白龍)이 담당하므로 주로 큰 물난리가 나게 된다.

동북풍이 불면 청룡(靑龍)이 담당하므로 주로 작은 물난리가 나게 된다.

서남풍이 불면 황룡(黃龍)이 담당하므로 고지대와 저지대의 곡식이 모두 잘 익게 된다.《사시점후(四時占候)[64]》[65]

4월 20일 분룡일에 동남풍이 불면 이를 '조아신(鳥兒信)'[66]이라 한다. 이날 바람이 불면 고지대와 저지대의 곡식이 아주 잘 익게 된다.《전가오행》[67]

小分龍

四月二十日【按《紀歷撮要》作二十八日】小分龍.
晴, 分懶龍, 主旱;

雨, 分健龍, 主水;

東南風, 分黑龍, 主旱;

正南風, 分赤龍, 主大旱;

西北風, 分白龍, 主大水;

東北風, 分靑龍, 主小水;

西南風, 分黃龍, 上下大熟.《四時占候》

二十分龍東南風, 謂之"鳥兒信", 風, 上下大熟.《田家五行》

---

63 소분룡(小分龍) : 옛부터 4월 20일을 소분룡, 5월 20일을 대분룡(大分龍)으로 불렀다. 용(龍)은 물을 주관하며 용마다 맡은 직분[分]과 지역이 다르다고 생각했다. 보다 자세한 사항은 "5월점" '15) 대분룡' 참조.

64 사시점후(四時占候) : 풍흉·기후 등을 예측하는 점서로 추정된다.《군방보(群芳譜)》·《흠정수시통고(欽定授時通考)》등에 보인다.

65 《二如亭群芳譜》〈元部〉"天譜" 卷3 '雨'(《四庫全書存目叢書補編》80, 126쪽).

66 조아신(鳥兒信) : 미상.

67 《田家五行》卷上〈四月類〉(《續修四庫全書》975, 329쪽).

5. 5월점

五月占

1) 절기를 어길 때의 징후

5월[仲夏]에 동령을 시행하면 우박과 동해(凍害)로 인해 곡식이 상하게 된다.

춘령을 시행하면 오곡이 늦게 익고, 온갖 해충이 때마다 들끓어 그 나라는 마침내 기근을 겪게 된다.

추령을 시행하면 초목이 시들어 떨어지고, 과실은 너무 일찍 여물며, 백성은 전염병의 재앙에 시달리게 된다. 《예기》〈월령〉[1]

愆候

仲夏行冬令, 則雹凍傷穀;

行春令, 則五穀晚熟, 百螣時起, 其國乃饑;

行秋令, 則草木零落, 果實早成, 民殃於疫.《禮記·月令》

---

1 《禮記正義》卷16〈月令〉(《十三經注疏整理本》13, 593쪽).

빈풍도, 《시경》〈빈풍〉 "칠월" 시의 4장에 해당하는 그림(청, 작자미상, 국립중앙박물관)

四月秀葽五
月鳴蜩八月
其穫十月隕蘀
一之日于貉取
彼狐貍為公子
裘二之日
其同載纘
武功言
私其豵獻
豣于公

빈풍칠월도첩. 《시경》〈빈풍〉 "칠월" 시의 4장에 해당하는 그림(조선, 이방운, 국립중앙박물관)

2) 총점

5월에는 더워야 좋다. 속담에 "매실 누렇게 익을 때 날씨 추우면 우물 바닥 마른다."라 했다. 또 밤에도 더워야 좋다. 속담에 "낮에 따뜻하고 밤에 추우면 동해(한국의 서해) 마른다."라 했다. 덥지 않으면 모두 주로 가뭄이 들게 된다. 《편민도찬》2

5월에 덥지 않으면 11월에 얼음이 얼지 않는다. 《박아(博雅)3》4

5월 중에 달무리가 9개 지면 길가에 열사병으로 죽은 사람들이 많게 된다. 《무비지》5

5월에 13일을 연이어서 밤에 비가 내리면 이듬해에는 묵은밭[白頭田]에 일찍 씨앗을 뿌리게 된다. 《전가오행》6

5월 1일부터 10일까지 비가 내리지 않으면 큰바람이 불고, 큰 가뭄이 들게 된다.
바람이 불면서 비가 내리면 쌀이 비싸지고, 소도

總占

五月宜熱. 諺云: "黃梅寒, 井底乾." 又夜亦宜熱. 諺云: "晝暖夜寒, 東海也乾." 俱主旱. 《便民圖纂》①

五月不熱, 十一月不凍. 《博雅》

五月中月至九暈, 道上多熱死人. 《武備志》

五月十三連夜雨, 來年早種白頭田. 《田家五行》

朔日至十日不雨, 大風大旱;

風雨, 米貴牛貴人飢;

2 출전 확인 안 됨;《二如亭群芳譜》〈元部〉"歲譜" 卷2 '五月'(《四庫全書存目叢書補編》80, 192쪽);《欽定授時通考》卷4〈天時〉"夏" '五月'(《文淵閣四庫全書》732, 57쪽).
3 박아(博雅) : 중국 위(魏)나라의 학자 장읍(張揖, 220~265)이 편찬한 훈고서인《광아(廣雅)》의 이칭. 3책. 《삼창(三蒼)》과《설문해자(說文解字)》등을 참고하여《이아(爾雅)》를 증보했다.
4 《廣雅》卷9〈釋天〉"月行九道"(《叢書集成初編》1160, 110쪽);《二如亭群芳譜》, 위와 같은 곳.
5 《武備志》卷152〈占度載〉"占月" 1 '月之暈', 6114쪽.
6 출전 확인 안 됨;《欽定授時通考》卷4〈天時〉"夏" '五月'(《文淵閣四庫全書》732, 57쪽).
① 諺云晝暖……俱主旱:《便民圖纂》에 없음.

비싸지며, 사람들이 굶주리게 된다.

바람이 북쪽에서 불어오면 사람들이 서로 해치고, 쌀이 비싸진다.

바람이 동쪽에서 한나절 불어오면 길하게 된다.

하루 종일 불어오면 쌀이 비싸진다.

그믐날에 바람이 불면서 비가 내리면 내년 봄에는 쌀이 비싸진다. 《군방보》[7]

風從北來, 人相殘, 米貴;

東來半日, 吉;

終日, 米貴;

晦日風雨, 來春米貴. 《群芳譜》

5월 1일에 비가 내리면 주로 이듬해 3월에 비가 내리게 된다. 일설에는 "큰 기근으로 온갖 풀로 연명하고, 쌀이 비싸진다."라 했다. 또 "1년을 넘기지 않아서 백성이 큰 기근을 겪고, 병충해가 생기게 된다."라 했다.

25·26일의 경우 속담에 "이날 날씨가 흐리고 비가 많이 내리면 곡식이 밭두둑을 짓누를 정도로 풍년이 든다."라 했다. 30일에 비가 내리지 않으면 백성이 병에 걸리게 된다. 《군방보》[8]

五月朔日雨, 主來年三月雨. 一云: "大飢, 喫百草, 米貴." 又云: "不出一年民大飢, 蝗起."

二十五六日. 諺云: "此日陰沈沈, 穀子壓田塍." 三十日不雨, 民病. 同上

5월 상진일(上辰日)[9]에 비가 내리면 주로 메뚜기떼가 생기게 된다. 비가 내린 뒤 벼를 갉아 먹으면 이 예측이 제대로 들어맞은 것이다. 상사일(上巳日)[10]에 비가 내리면 주로 메뚜기떼로 해를 입게 된다. 《군방보》[11]

上辰日雨, 主蝗起. 雨下食禾, 大驗. 上巳日雨, 主蝗蟲. 同上

---

7   《二如亭群芳譜》〈元部〉"天譜" 卷3 '風'(《四庫全書存目叢書補編》80, 103~104쪽).
8   《二如亭群芳譜》〈元部〉"天譜" 卷3 '雨'(《四庫全書存目叢書補編》80, 127쪽).
9   상진일(上辰日): 처음 진(辰)이 든 날.
10 상사일(上巳日): 처음 사(巳)가 든 날.
11 《二如亭群芳譜》, 위와 같은 곳.

5월에 천둥이 치지 않으면 오곡 수확이 반으로 줄게 된다. 《군방보》[12]

五月雷不鳴, 五穀減半. 同上

5월에 무지개가 보이면 주로 작은 물난리가 나고, 쌀과 맥류가 비싸진다. 《군방보》[13]

五月虹見, 主小水, 米麥貴. 同上

16일에 구름이 끼면 주로 풀이 많게 된다. 흑색 구름이 끼면 주로 게[蟹]의 피해가 생기게 된다.
20일에 구름이 조화를 이루면 그해는 곡식이 잘 익게 된다. 《군방보》[14]

十六有雲, 主草多; 黑雲, 主有蟹.
二十雲和, 則歲熟. 同上

5월에 안개가 끼면 주로 물난리가 나게 된다. 속담에 "5월 중에 짙은 안개가 끼면 오가는 배가 길을 물을 필요도 없다."[15]라 했다. 《증보도주공서》[16]

五月有霧, 主水. 諺云: "五月裏有迷霧, 行船弗要問路." 《增補陶朱公書》

5월에 우박이 내리면 닭과 개를 죽이고, 백성은 불안하게 된다. 《경방역점(京房易占)[17]》[18]

五月雨雹, 殺鷄犬, 民不安. 《京房易占》

5월 4일부터 7일 사이에 비가 내려야 하지만 내리지 않는다면 큰 가뭄이 들고, 벌레떼가 생기게 된다.

五月四日至七日當雨不雨, 大旱, 蟲生;

---

12 《二如亭群芳譜》〈元部〉 "天譜" 卷3 '雷'(《四庫全書存目叢書補編》80, 118쪽).

13 《二如亭群芳譜》〈元部〉 "天譜" 卷3 '虹霓'(《四庫全書存目叢書補編》80, 116쪽).

14 《二如亭群芳譜》〈元部〉 "天譜" 卷3 '雲'(《四庫全書存目叢書補編》80, 110쪽).

15 오가는……없다:물이 넘쳐 복잡한 수로 등을 다 덮으므로 뱃길이 따로 없다는 의미인 듯하다.

16 《重訂增補陶朱公致富奇書》卷4〈占候部〉 "五月占"(《重訂增補陶朱公致富奇書》中, 50쪽).

17 경방역점(京房易占):중국 전한의 학자 경방(京房, B.C. 77~B.C. 37)의 저서인 《경씨역전(京氏易傳)》으로 추정된다.

18 출전 확인 안 됨;《二如亭群芳譜》〈元部〉 "天譜" 卷3 '雹'(《四庫全書存目叢書補編》80, 138쪽).

20일에 비가 내려야 하지만 내리지 않는다면 초
목이 고사하게 된다.

26일에 비가 내려야 하지만 내리지 않는다면 큰
가뭄이 들고 큰바람이 불며, 가을 9월에 비가 많아
지게 된다.

29일이나 30일에 비가 내려야 하지만 내리지 않
는다면 큰 더위의 피해가 생기게 된다.《관규집요》[19]

二十日當雨不雨, 草木枯
死;

二十六日當雨不雨, 大旱,
風至秋九月, 多雨;

二十九日、三十日當雨不雨,
大暑熱.《管窺輯要》

---

19 《管窺輯要》卷59〈雨占〉(《管窺輯要》19, 14면).

3) 초하루의 절기(삭치절)

5월 1일에 망종(芒種)이 들면 육축(六畜)에 재앙이 오게 된다.

하지(夏至)[20]가 들면 겨울에 쌀이 크게 비싸진다. 《전가오행》[21]

朔値節

朔日値芒種, 六畜災; [2]

値夏至, 冬米大貴. 《田家五行》

4) 달의 크기[22]

5월에 달이 크면 가뭄으로 오이류의 종자를 심지 못하게 된다. 5월에 달이 작으면 모내기를 반드시 일찍 해야 한다. 또 "5월에 달이 작으면 오이류와 과일을 이루 다 먹을 수 없다."라 했다. 《군방보》[23]

月大小

五月大, 種瓜不下. 五月小, 種秧必須早. [3] 又云: "五月小, 瓜果吃不了."《群芳譜》

5) 망종의 일진

속담에 "망종과 단오(端午)[24] 전에 곳곳에 황폐한 농지가 있으면 주로 모내기를 할 수 없게 된다."라 했다. 《군방보》[25]

芒種日辰

諺云: "芒種、端午前處處有荒田, 主無秧."《群芳譜》

---

20 하지(夏至) : 24절기 중 열 번째 절기. 양력 6월 21·22일경. 망종(芒種)과 소서(小暑) 사이에 들며, 북반구에서는 낮의 길이가 가장 길고, 태양의 남중고도(南中高度)가 가장 높아지는 날이다.

21 《田家五行》 卷上 〈五月類〉(《續修四庫全書》 975, 329쪽).

22 달의 크기 : 달의 실제 크기가 아니라 그 달이 29일(작은달)까지 있는지 30일(큰달)까지 있는지에 따른 구분이다.

23 《二如亭群芳譜》〈元部〉 "歲譜" 卷2 '五月'(《四庫全書存目叢書補編》80, 192쪽).

24 단오(端午) : 음력 5월 5일. 중오(重午)·중오(重五)·천중절(天中節)이라고도 한다. 이날 멱라강(汨羅江)에 투신하여 죽은 굴원(屈原, B.C. 343 ?~B.C. 278 ?)을 기리며 중국식 주먹밥인 종자(粽子)를 먹는 풍습이 있다. 우리나라에서는 수릿날이라고도 한다. 이날 풍년을 기원하며 단오제·단오굿을 하기도 하고, 그네뛰기·씨름·석전·활쏘기 등 민속놀이도 행해졌다. 단오와 하지는 모두 음력 5월 상순으로 같은 날 중복되거나 연이어 있다. 단오절의 세시풍속은 《임원경제지 이운지(林園經濟志 怡雲志)》 권8 〈각 절기의 구경거리와 즐거운 놀이[節辰常樂]〉에 자세히 보인다. 풍석 서유구 지음, 임원경제연구소 옮김, 《임원경제지 이운지》 4, 540~541쪽 참조.

25 《二如亭群芳譜》〈元部〉 "天譜" 卷3 '雨'(《四庫全書存目叢書補編》80, 126쪽).

② 災 : 《田家五行·五月類》에는 "凶".

③ 早 : 저본에는 "旱". 고대본·《二如亭群芳譜·元部·歲譜》에 근거하여 수정.

6) 망종의 징후

망종에 청명하면 주로 풍년이 들게 된다.《동방
삭점》[26]

강남(江南)[27] 백성은 "망종에 비가 내리면 백성이
고생하게 된다."라 했다. 대개 망종에는 반드시 청명
해야 한다는 뜻이다. 공평중《담원》[28]

5월 망종에는 비가 내려야 좋다. 비는 더디게 내
려야 좋다. 속담에 "망종 첫머리[29]에 비가 내리면 황
하에 물고기가 떠다닐 정도로 많다. 망종 끝머리에
비가 내리면 물고기잡이가 제대로 안 된다."라 했다.
《군방보》[30]

입매(立梅, 장마 시작)일은 망종일이 이날이다. 이날
은 맑아야 좋다. 음양가(陰陽家)[31]들은 "망종 후 임일
(壬日)[32]이 되면 입매이고, 하지 후 임일이 되면 매단
(梅斷, 장마 끝)이다."라 했다. 어떤 이는 "망종에 임일
이 들면 곰팡이가 핀다."라 했다.

《풍토기》를 살펴보면 "하지 전과 망종 후에 오는

芒種日候

芒種晴明, 主豐.《東方朔
占》

江南民言:"芒種雨, 百姓
苦."蓋芒種須晴明也. 孔
氏《談苑》

五月芒種宜雨, 雨宜遲. 諺
云:"雨芒種頭, 河魚淚流.
雨芒種脚, 魚捉不著."《群
芳譜》

立梅, 芒種日是也, 宜晴.
陰陽家云:"芒後逢壬, 立
梅; 至後逢壬, 梅斷." 或
云:"芒種逢壬, 是立黴."

按《風土記》云:"夏至前芒

---

26 출전 확인 안 됨;《二如亭群芳譜》〈元部〉"天譜"卷2 '日'(《四庫全書存目叢書補編》80, 64쪽).
27 강남(江南):중국 양자강 남쪽 일대. 강소성(江蘇省)·안휘성(安徽省) 남부와 절강성 일대를 말한다.
28 《談苑》卷2(《文淵閣四庫全書》1037, 130쪽).
29 망종 첫머리:양력 6월 6·7일경을 망종 첫머리로 하고 다음 절기인 하지의 전날까지를 끝머리로 한다.
30 《二如亭群芳譜》〈元部〉"天譜"卷3 '雨'(《四庫全書存目叢書補編》80, 126쪽).
31 음양가(陰陽家):천문(天文)·역수(曆數)·풍수지리 따위를 연구하여 길흉화복을 예측하는 전문가.
32 임일(壬日):임(壬)의 간지가 든 날.

비가 '황매우(黃梅雨)'33이다."라 했다. 농가에서는 처음 모내기를 할 때 이를 '황매를 틔운다'라고 한다. 임일이 되는 날이 이날이다.

【안】 지금 《풍토기》를 고찰해 보니 다음과 같이 말했다. "천도(天道)는 남에서 북으로 운행하고, 모든 사물의 징후는 남쪽이 먼저 변한다. 그러므로 민(閩)34과 월(粤)35 지역의 만물이 일찍 성숙하고, 보름이 지나야 그 징후가 비로소 오(吳)36와 초(楚)37 지역에 미친다.

지금 확인해보면 오·초 지역인 강남의 매우(장마)가 끝날 즈음에야 회수(淮水)38 위쪽에서 매우가 시작된다. 또 황하를 건너 북쪽으로는 7월이 되면 곰팡이 기운이 조금 있으나 거의 알아채지 못할 정도이다. 이를 바탕으로 말하자면, 임일이나 병일(丙日)을 매우의 시작으로 확정하기에 부족하다. 아마도 지역을 바꾸어서 논해야 할 듯하다."39

위의 본문은 인용한 이 내용과 다르다】《농정전서》40

입매일(立梅日)이 되자마자 내리는 비를 '영매우(迎

種後雨, 爲'黃梅雨'."田家初揷秧, 謂之"發黃梅". 逢壬爲是.

【按】 今考《風土記》云:"天道自南而北, 凡物候先南方. 故閩、粤萬物早熟, 半月始及吳、楚.

今驗江南梅雨將罷, 而淮上方梅雨. 又踰河北, 至七月, 少有黴氣而不覺. 以此言之, 壬、丙進梅不足定. 擬當易地而論."

與此所引異】《農政全書》

立梅日早雨, 謂之"迎梅

---

33 황매우(黃梅雨) : 매실이 누렇게 익을 때 내리는 비.
34 민(閩) : 중국 복건성(福建省) 일대.
35 월(粤) : 중국 광동성(廣東省) 일대.
36 오(吳) : 중국 강소성(江蘇省) 남부와 절강성(浙江省) 북부 일대.
37 초(楚) : 중국 호북성(湖北省)과 호남성(湖南省) 일대.
38 회수(淮水) : 중국 하남성·안휘성·강소성을 거처 홍택호(洪澤湖)로 흐르는 강.
39 천도(天道)는……듯하다 : 출전 확인 안 됨;《二如亭群芳譜》〈元部〉"天譜"卷3 '雨'(《四庫全書存目叢書補編》80, 127쪽);《田家占候集覽》卷5〈芒種〉(《田家占候集覽》2, 107쪽).
40 《農政全書》卷11〈農事〉"占候" "五月"(《農政全書校注》, 257쪽).

梅雨, 매실 맞이하는 비)라 한다. 이날 비가 내리면 일설에는 "주로 가뭄이 들게 된다."라 했다. 속담에 "비가 매두(梅頭, 장마 초기)에 떨어지면 소 먹일 물이 없다. 비가 매액(梅額, 장마철)에 떨어지면 황하의 바닥이 갈라진다."라 했다.

일설에는 "주로 물난리가 나게 된다."라 했다. 속담에 "영매우가 0.1척 내리면 송매우(送梅雨)는 1척 내린다."⁴¹라 했다. 《잡점(雜占)》⁴²에서 "이날 비가 내리면 장마철에 끝내 맑아지지 않는다."⁴³라 했다.

이 2가지 설을 비교해보자면, 근년에는 거의 비가 내리지 않았다. 비록 입매일에 황매우가 내렸더라도 송매일에 많이 내리지 않았다. 이 사실을 알지 않으면 안 된다.

【안】 농점(農占)에서 다음과 같이 말했다. "망종 후 임일(壬日)이나 경일(庚日)·병일(丙日)이 매우의 시작이다. 민(閩) 지역 사람들은 장마의 시작인 임일이 되기 전 15일 동안을 입매(立梅, 장마 시작)라 한다. 이때 비가 내리면 주로 가뭄이 들게 된다. 속담에 '비가 매두(梅頭)에 떨어지면 소 먹일 물이 없다.'라 했다.

일설에는 '주로 물난리가 나게 된다.'라 했다. 속담에 '영매우가 0.1척 내리면 송매우는 1척 내린다.'

雨". 一云: "主旱". 諺云: "雨打梅頭, 無水飮牛. 雨打梅額, 河底開坼."

一云: "主水". 諺云: "迎梅一寸, 送梅一尺."《雜占》云: "此日雨, 卒未晴."

試以二說⁴比較, 近年纔是無雨. 雖有黃梅, 亦不多, 不可不知也.

【按】農占云: "芒種後逢壬日或庚或丙日進梅. 閩人以壬日進梅前半月爲立梅, 有雨, 主旱. 諺云: '雨打梅頭, 無水飮牛.'

一說: '主水'. 諺云: '迎梅一寸, 送梅一尺.'

---

41 영매우가……내린다 : 매실이 처음 익을 때 내리는 비 0.1척은 매실이 떨어질 무렵 내리는 비 1척에 버금갈 정도의 가치가 있다는 뜻이다. 이는 송매우가 많아져서 물난리로 이어진다는 뜻인 듯하다.

42 잡점(雜占) : 복서(卜筮, 거북점과 시초점) 이외의 점법. 여기서는 출처가 불분명한 점괘를 모아 놓은 책으로 추정된다.

43 이날……않는다 : 출전 확인 안 됨.

④ 說 : 저본·농정전서에는 "日". 고대본에 근거하여 수정. 저본에는 "日疑說(日은 說일 듯하다)"이라는 두주가 있다.

라 했다.

이 2가지 설을 비교해볼 때, 매우가 내리면 대개 주로 가뭄이 들게 된다. 비록 입매일에 비가 내리더라도 송매일에 많이 내리지 않는다."[44]

이와 같이 인용한 내용과는 서로 상세함의 차이가 있다】《농정전서》[45]

試以二說比之, 梅雨, 大抵主旱. 雖有雨, 亦不多."

與此互有詳略】同上

---

44 망종……않는다:《二如亭群芳譜》〈元部〉"天譜" 卷3 '雨'(《四庫全書存目叢書補編》80, 126~127쪽).
45 《農政全書》, 위와 같은 곳.

7) 망종의 여러 점

망종일 오시(午時)에 해그림자를 측정해서 4.22척에 미치지 못하면 오이류가 여물지 않는다.《동방삭점서》[46]

芒種雜占

芒種日午時量日影, 不及四尺二寸二分. 瓜不成.《東方朔占書》

---

46 출전 확인 안 됨;《二如亭群芳譜》〈元部〉"天譜" 卷2 '日'(《四庫全書存目叢書補編》80, 64쪽).

8) 하지의 일진

하지에 정묘일(丁卯日)이 들고 비가 0.5척 내리면 주로 가을에 쌀이 5배로 비싸진다. 《역점(易占)[47]》[48]

5월 1일에 하지가 들거나, 2일이나 3일부터 6일까지 하지가 들면 5곡이 잘 익게 된다.

22일~24일에 하지가 들면 곡식이 익지 않게 된다.

25일~30일에 하지가 들면 곡식의 시중 가격이 평균을 유지하고 요동치지 않게 된다.

그믐날 하지가 들면 오곡이 비싸진다. 《월령점후도(月令占候圖)[49]》[50]

하지가 2일이나 3일에 들면 주로 쌀과 맥류가 비싸진다.

5일에 들면 쌀이 비싸진다. 속담에 "하지가 단오(端午, 5월 5일)에 들면 흉년으로 집집마다 계집아이를 내다판다."라 했다.

7일이나 8일에 들면 쌀과 맥류는 평년값을 유지하게 된다.

20일에 들면 큰 기근이 들게 된다. 또 "하지가 상순에 들면 쌀이 싸진다.

夏至日辰

夏至逢丁卯日, 下雨五寸, 主秋米貴五倍. 《易占》

朔日夏至, 并二日、三日, 至六日夏至, 五穀熟;

二十二日、二十四日夏至, 不熟;

二十五日、三十日夏至, 時價平和;

晦日夏至, 五穀貴. 《月令占候圖》

夏至在初二三, 主米麥貴;

初五, 米貴, 諺云: "夏至連端午, 家家賣兒女";

初七八, 米麥平;

二十, 大飢. 又云: "上旬, 米賤;

---

47 역점(易占) : 경방(京房)의 《경씨역전(京氏易傳)》으로 추정된다.

48 출전 확인 안 됨 ; 《二如亭群芳譜》〈元部〉 "天譜" 卷3 '雨'《四庫全書存目叢書補編》80, 127쪽).

49 월령점후도(月令占候圖) : 농사와 기후 예측에 관한 책으로 추정된다. 《흠정수시통고(欽定授時通考)》에 《편민도찬(便民圖纂)》·《전가오행(田家五行)》 등의 책과 나란히 인용되었다.

50 출전 확인 안 됨 ; 《欽定授時通考》 卷4 〈天時〉 "夏" '五月'《文淵閣四庫全書》732, 57쪽).

중순에 들면 큰 풍년이 들어 쌀이 아주 싸진다.

하순에 들면 큰 흉년이 들어 쌀이 아주 비싸진다."라 했다.《세시기(歲時記)[51]》[52]

하지가 5월 초에 들면 주로 비가 고루 내리게 된다. 속담에 "하지가 단오 전에 들면 밭에 1년 치 씨뿌리기를 마치고 앉아 쉰다."라 했다.《전가오행》[53]

속담에 "하지가 5월 첫머리에 들면 한편으로는 곡식을 먹지만 한편으로는 근심하게 된다. 하지가 5월 중순에 들면 쌀 사려고 쌀 파는 노인을 멈춰 세운다."라 했다.《군방보》[54]

하지가 수(水)에 속하는 날에 들면 주로 괴이한 일이 생기게 된다. 금(金)에 속하는 날에 들면 몹시 덥다.[55] 갑인(甲寅)일이나 정묘(丁卯)일에 들면 곡식[粟]이 비싸진다.《군방보》[56]

中旬, 大豐, 米大賤;

末旬, 大歉, 米大貴."《歲時記》

夏至在月初, 主雨水調. 諺云: "夏至端午前, 坐了種田年."《田家五行》

諺云: "夏至在月頭, 邊吃邊愁. 夏至在月中, 耽閣糶米翁."《群芳譜》

夏至屬水, 主妖; 屬金, 大暑毒; 値甲寅、丁卯, 粟貴. 同上

---

51 세시기(歲時記) : 세시풍속과 연중행사를 적은 책의 하나로 추정된다.

52 출전 확인 안 됨 ;《二如亭群芳譜》〈元部〉"歲譜"卷2 '五月'(《四庫全書存目叢書補編》80, 192쪽).

53 《二如亭群芳譜》〈元部〉"歲譜"卷2 '五月'(《四庫全書存目叢書補編》80, 192쪽);《欽定授時通考》卷4〈天時〉"夏" '五月'(《文淵閣四庫全書》732, 57쪽).《속수사고전서》본의《전가오행》에는 반대의 내용이 실려 있다. "하지가 5월 초에 들면 주로 물난리가 나게 된다. 속담에 '하지가 단오 전에 들면 1년 치 씨뿌리기를 뒷짐 지고 바라만 본다.'라 했다. 농지가 물에 잠겨 사람들이 한가하기 때문임을 말한 것이다(夏至在月初頭, 主水. 諺云 : '夏至在端午前, 叉手種年田.' 言田沒人閑故也)."《田家五行》卷上〈五月類〉(《續修四庫全書》975, 330쪽).

54 《二如亭群芳譜》, 위와 같은 곳.

55 수(水)에……덥다 : 앞의 '오행과 천간지지' 표 참조.

56 《二如亭群芳譜》, 위와 같은 곳.

9) 하지일 징후

하지에는 동남풍과 맑은 날씨가 중요하다.《기력
촬요》[57]

하지일에 맑으면 주로 삼복(三伏)[58]에 맑게 된다.
삼복에 맑으면 반드시 덥다.《군방보》[59]

하지에는 조금 흐리고 비가 내려야 좋다. 물결이
라고 할 만한 비도 내리지 않으면 삼복에 더워진다.
《군방보》[60]

하지일에 비가 내리면 이를 '임시우(淋時雨)'라 한
다【주로 오랫동안 비가 내린다】. 이 비가 오면 그해
에는 반드시 풍년이 들게 된다.《농정전서》[61]

하지에 구름이 끼면 삼복에 더워진다. 이는 마치
서남풍이 불 때 급하게 불어오면 급하게 사라지고,
천천히 불어오면 천천히 사라지는 현상과 같이 더워
진다.《농정전서》[62]

하지일에 천둥이 치면 주로 오랫동안 비가 내리게

夏至日候

夏至要東南風晴.《紀歷撮
要》

至日晴, 主三伏晴. 晴, 則
必熱.《群芳譜》

夏至宜少陰雨. 如水波無,
則三伏熱. 同上

夏至日雨落, 謂"淋時雨"
【主久雨】, 其年必豐.《農
政全書》

夏至有雲, 三伏熱. 如吹西
南風, 急吹急沒, 慢吹慢
沒. 同上

夏至日雷, 主久雨. 同上

---

57 출전 확인 안 됨.
58 삼복(三伏) : 1년 중 제일 더운 절기인 초복(初伏)·중복(中伏)·말복(末伏)을 통틀어 이르는 말. 하지 후 3번
째 경일(庚日)이 초복, 4번째 경일이 중복, 입추 후 첫 번째 경일이 말복이다.
59 《二如亭群芳譜》〈元部〉 "天譜" 卷3 '雨'(《四庫全書存目叢書補編》80, 127쪽).
60 《二如亭群芳譜》〈元部〉 "天譜" 卷3 '雲'(《四庫全書存目叢書補編》80, 110쪽).
61 《農政全書》卷11〈農事〉 '占候' "五月"(《農政全書校注》, 258쪽).
62 《農政全書》, 위와 같은 곳.

된다. 《농정전서》63

하지일에 풍향[風色]은 바람이 교차할 때를 살피
는 일이 가장 중요하다. 이 점이 여러 차례 들어맞
았다. 《농정전서》64

夏至日風色, 看交時最要
緊. 屢驗. 同上

하지일은 빗물이 길을 나누는 날이다. 이날 비가
내렸다 하면 너무 많아서 빗물이 옛길을 찾아 흐른
다. 그날 밤 은하수의 별들이 빽빽하면 비가 내리게
된다. 별들이 듬성듬성하면 비가 많이 내리게 된다.
《세시잡점》65

夏至日是雨分路日, 有雨,
雨尋舊路. 其夜天河中星
密, 有雨; 星疏, 雨多.《歲
時雜占》

하지에 비가 내리지 않으면 가뭄이 들게 된다. 속
담에 "하지에 비가 내리지 않으면 절구 안에 쌀이 없
게 된다. 비가 내리면 그해에는 반드시 풍년이 들게
된다."라 했다. 또 속담에 "하지일에 내리는 빗방울
은 한 방울마다 천금(千金)이다."라 했다. 《농점》66

夏至無雨, 旱. 諺云: "夏至
無雨, 碓裏無米; 得雨, 其
年必豐." 諺云: "夏至日個
雨, 一點值千金."《農占》

하지 전에 비가 내리면 게가 강둑으로 올라간다.
하지 후에 비가 내리면 물이 강둑까지 차오른다.

【안】 다른 본에는 "하지 전에 게가 강둑으로 올라
가면 하지 후에 물이 강둑까지 차오른다."67라 되어

夏至前雨, 蟹上岸; 夏至後
雨, 水到岸.

【按】 一作: "夏至前蟹上
岸, 夏至後水到岸." 解之

있다. 이를 풀이한 사람은 "하지 전에 강둑 위에 기어다니는 게가 있으면 주로 큰 물난리가 나게 된다."라 했다】《법천생의(法天生意)68》69

者曰: "夏至前岸上有蟹蹤, 主大水】《法天生意》

하지일에 햇무리가 지면 주로 물난리가 나게 된다.《편민도찬》70

夏至日暈, 主有水.《便民圖纂》

하지에 천둥이 치면 삼복에 서늘해지게 된다.《주익공일기》71

夏至有雷, 三伏冷.《周益公日記》

하지에 안개가 끼면 곡식이 상하게 된다.《관규집요》72

夏至有霧, 禾稼傷.《管窺輯要》

하지일 오시(午時, 오전 11시~오후 1시)에 남쪽에 적색 기운이 있으면 온갖 곡식농사에 좋다【안 일설에는 "적색 기운이 오른쪽에서 나오면 모든 곡물이 평년작이 되고, 왼쪽에서 나오면 풀 한 포기 없이 붉은 땅이 천리나 되는 심한 재난이 들게 된다."라 했다】.

夏至日午時南有赤氣, 宜百穀【按 一云: "出右, 萬物平; 出左, 赤地千里"】.

구름이 끼지 않고, 해와 달도 광채가 없다면 곡식은 여물지 않고 사람들에게는 재앙이 닥치게 된다.《팔절점》73

若無雲氣, 日月無光, 穀不成人災.《八節占》

---

68 법천생의(法天生意): 중국의 규현자(窺玄子, ?~?)가 지은 의학·점후 관련 저술. 《수시통고》·《본초강목》·《군방보》·《준생팔전》 등에 인용되어 전한다.

69 출전 확인 안 됨;《二如亭群芳譜》, 위와 같은 곳.

70 출전 확인 안 됨;《二如亭群芳譜》〈元部〉"天譜" 卷2 '日'(《四庫全書存目叢書補編》 80, 64쪽).

71 출전 확인 안 됨;《御定月令輯要》 卷2 〈歲令〉 下 "占驗"(《文淵閣四庫全書》 467, 120쪽).

72 출전 확인 안 됨.

73 출전 확인 안 됨;《二如亭群芳譜》〈元部〉"天譜" 卷3 '氣'(《四庫全書存目叢書補編》 80, 114쪽);《二如亭群芳譜》〈元部〉"天譜" 卷2 '日'(《四庫全書存目叢書補編》 80, 64쪽).

하지일 남쪽에 적색 기운이 있으면 덥게 된다. 청명하면 가뭄이 들게 된다.《무비지》[74]

夏至日南方有赤氣, 則熟; 晴明, 則旱.《武備志》

하지일에는 리괘(離卦)[75]가 영향력을 행사한다. 정오에 남쪽 하늘에 말과 같은 적색 구름이 끼면 리괘의 기운이 다다른 것이다. 그러면 기장[黍]농사에 좋다.《점기경(占氣經)[76]》[77]

夏至之日, 離卦用事. 日中時南方有赤雲如馬者, 離氣至也. 宜黍.《占氣經》

---

74 《武備志》卷165〈占度載〉"占風" 1, 6731쪽.
75 리괘(離卦):방위는 남쪽이며 불을 상징한다.
76 점기경(占氣經):점후서의 하나로 추정된다.《어정월령집요(御定月令輯要)》에 인용되었다.
77 출전 확인 안 됨;《御定月令輯要》卷10〈五月令〉"占驗"《文淵閣四庫全書》467, 377쪽).

10) 하지의 여러 점

하지일 오시에 해그림자를 측정해서 그림자 길이가 1.8척에 미치지 못하면 벼가 제대로 여물지 않게 된다.《동방삭점서》[78]

夏至雜占

夏至日午時量日影, 不及一尺八寸, 禾不成.《東方朔占書》

---

78 출전 확인 안 됨;《二如亭群芳譜》〈元部〉"天譜" 卷2 '日'(《四庫全書存目叢書補編》80, 64쪽).

11) 단오의 징후

5월 5일이 매우 맑으면 주로 물난리가 나게 된다. 이날 하지가 들고, 하늘이 흐리며, 해에 광채가 없으면 곡식을 온전히 수확하지 못하게 된다. 《군방보》[79]

중오(重午, 단오)일 새벽에 동쪽에서 비가 내리면 사람들에게 재앙이 닥치게 된다. 그러나 7월 7일에 비가 내리면 그 재앙이 해소된다. 《군방보》[80]

5월 5일에 안개가 끼면 주로 큰 물난리가 나게 된다. 《군방보》[81]

중오에는 조금 흐린 날씨만 좋다. 다만 햇볕을 쬐려는 봉애(蓬艾, 쑥)를 보면 주로 풍년이 들게 된다【안 《농정전서》에는 봉애(蓬艾)가 봉별(蓬瘪)로 되어 있다. "별(瘪)은 보(步)와 결(結)의 반절로, 말라 죽는 병이다."[82]라 했다】. 속담에 "단오에 맑고 건조하면 농부들은 크게 기뻐한다."라 했다.

이날 비가 내리면 주로 명주가 비싸진다. 큰바람이 불면서 비가 내리면 주로 농지 안에 밭둑[邊帶]이 없게 된다. 이는 바람과 물이 많다는 말이다. 일설에는 "단오에 비가 내리면 이듬해에는 곡식이 아주

端午日候

五日大晴, 主水. 值夏至, 天陰日無光, 穀不全收. 《群芳譜》

重午日曙時有雨東來, 人災. 七月七日有雨, 卽解. 同上

五月五日霧, 主大水. 同上

重午只喜薄陰. 但欲曬得蓬艾, 主豐【按 《農政全書》, 蓬艾作蓬瘪. "瘪步結切, 枯病也"】. 諺云: "端午晴乾, 農人喜歡."

雨, 主絲綿貴. 大風雨, 主田內無邊帶. 言風水多也. 一云: "雨, 來年大熟."《四時雜占》

---

79 《二如亭群芳譜》〈元部〉 "天譜" 卷2 '日'(《四庫全書存目叢書補編》80, 64쪽).
80 《二如亭群芳譜》〈元部〉 "天譜" 卷3 '雨'(《四庫全書存目叢書補編》80, 127쪽).
81 《二如亭群芳譜》〈元部〉 "天譜" 卷3 '霧'(《四庫全書存目叢書補編》80, 136쪽).
82 별(瘪)은……병이다:《農政全書》卷11〈農事〉"占候" '五月'(《農政全書校注》, 257쪽)에 보인다.

잘 익게 된다."라 했다. 《사시잡점》[83]

83 출전 확인 안 됨; 《二如亭群芳譜》 〈元部〉 "天譜" 卷3 '雨'(《四庫全書存目叢書補編》80, 127쪽).

12) 진(辰)이 든 날

5월 10일에 진(辰)이 들면 올벼를 반만 수확하게 되다. 11일에 진이 들면 오곡을 수확하지 못하게 된다.《군방보》[84]

十日得辰, 早禾半收; 十一日得辰, 五穀不收.《群芳譜》

13) 3묘(三卯)

5월에 3묘가 들면 벼와 메주콩·팥의 농사에 좋다. 들지 않으면 올콩농사에 좋다.《군방보》[85]

三卯

月內有三卯, 宜稻及大、小豆; 無, 則宜早豆.《群芳譜》

5월에 3묘가 들면 벼를 심어야 좋다. 그러면 때에 맞추어 비가 내리는 감응이 있게 된다.《군방보》[86]

月內有三卯, 宜種稻, 有應時雨. 同上

---

84 《二如亭群芳譜》〈元部〉"歲譜" 卷2 '五月'(《四庫全書存目叢書補編》80, 192쪽).

85 《二如亭群芳譜》, 위와 같은 곳.

86 출전 확인 안 됨;《欽定授時通考》卷4〈天時〉"夏" '五月'(《文淵閣四庫全書》732, 59쪽).

14) 벼의 운세(화본명)

5월 1일 아침은 올벼의 운세를 보는 날[本命日, 본명일]이니, 더욱 비를 꺼린다. 《가정현지》[87]

5월 1일에 큰바람이 불고 비가 내리면 주로 소가 비싸지고, 사람들이 기근을 겪게 되며, 이듬해 봄에는 쌀이 비싸진다. 《군방보》[88]

5월 1일에 맑으면 주로 풍년이 들게 된다. 《군방보》[89]

속담에 "5월 1일에 빗방울이 떨어지면 우물이 넘치게 된다. 2일에 빗방울이 떨어지면 우물이 마르게 된다. 3일에 빗방울이 떨어지면 물이 많아 태호(太湖)[90]까지 이어진다."라 했다.

또 "1일에 비를 만나면 사람들이 온갖 풀로 연명하게 된다."라 했다.

또 "1일에 맑으면 한 해가 풍년 든다. 1일에 비가 내리면 한 해가 흉년 든다."라 했다. 《농정전서》[91]

禾本命

五月朔朝爲早禾本命日, 尤忌雨. 《嘉定縣志》

朔日大風雨, 主牛貴人飢, 來年春米貴. 《群芳譜》

一日晴, 主年豐. 同上

諺云: "初一雨落, 井泉浮; 初二雨落, 井泉枯; 初三雨落, 連太湖."

又云: "一日値雨, 人食百草."

又云: "一日晴, 一年豐; 一日雨, 一年歉." 《農政全書》

---

87 출전 확인 안 됨; 《欽定授時通考》卷4〈天時〉"夏"'五月'(《文淵閣四庫全書》732, 57쪽).
88 《二如亭群芳譜》〈元部〉"天譜"卷3'風'(《四庫全書存目叢書補編》80, 103~104쪽).
89 《二如亭群芳譜》〈元部〉"天譜"卷2'日'(《四庫全書存目叢書補編》80, 64쪽).
90 태호(太湖): 중국 강소성(江蘇省)과 절강성(浙江省)에 걸쳐 있는, 중국에서 3번째로 큰 담수호.
91 《農政全書》卷11〈農事〉"占候"'五月'(《農政全書校注》, 256~257쪽).

15) 대분룡(大分龍)

5월 20일은 대분룡이다. 점괘는 소분룡(小分龍)과 같다.

【안】 분(分)이란 《상서(尚書)》〈요전(堯典)〉에서 "요임금이 희씨(羲氏)와 화씨(和氏)에게 직분[分]을 명했다[命]"[92]라 했을 때의 분(分)과 같다. 곧 비를 주관하는 용들에게 각각 지역과 직분을 나누어 주고 비를 담당하도록 했다는 말이다.

소온(少蘊) 섭몽득(葉夢得)[93]은 《피서록화(避暑錄話)》[94]에서 다음과 같이 말했다. "오(吳)와 월(越) 지역의 풍속에서는 5월 20일을 분룡일(分龍日)이라 한다. 이날 전에 여름비가 내릴 때는 비가 내리는 지역이 반드시 넓기 마련이다. 그러나 분룡일 이후에 비가 내리면 비가 내리는 지역도 있고 내리지 않는 지역도 있다. 이는 마치 용에게 명령을 내려서 비가 내리는 지역을 나눈 듯하다."[95]

《전가오행》은 오군(吳郡)[96]에 살았던 누원례(婁元禮)[97]의 찬술이다. 대개 오(吳) 지역의 풍속을 기록했다. 그러나 북쪽 지역에서 여름비가 내릴 경우에도

大分龍

二十日爲大分龍, 占同小分龍.

【按】 分, 猶"分命羲、和"之分. 謂分職於龍, 使行雨也.

葉少蘊《避暑錄話》云: "吳、越之俗以五月二十日爲分龍日. 前此夏雨時, 行雨之所及必廣; 自分龍後, 則有及有不及. 若有命而分之者也."

《田家五行》爲吳郡 婁元禮所撰, 蓋記吳俗也. 然北方夏雨, 亦往往分畦畛. 所謂

---

92 요임금이……명했다:《尚書正義》卷2〈堯典〉《十三經注疏整理本》1, 33~34쪽). 요(堯)임금이 희씨와 화씨 즉, 희중(羲仲)과 희숙(羲叔), 화중(和仲)과 화숙(和叔)에게 천상(天象)을 관측하고 백성에게 시간을 알려주도록 각각 동·남·서·북으로 나누어 직분을 맡긴 일을 말한다.

93 섭몽득(葉夢得):1077~1148. 중국 남송의 관리·문인. 금나라와의 전쟁에서 공이 있었다. 저서로《석림연어(石林燕語)》·《석림사(石林詞)》·《석림시화(石林詩話)》등이 있다.

94 피서록화(避暑錄話):중국 송(宋)나라의 섭몽득(葉夢得, 1077~1148)이 지은 필기류 저서. 야사·경전 고증·지리·시문·제도 등을 수록했다.

95 오(吳)와……듯하다:《避暑錄話》卷下(《文淵閣四庫全書》863, 713쪽).

96 오군(吳郡):중국 절강성(浙江省) 오흥시(吳興市) 일대.

97 누원례(婁元禮):?~?. 중국 원말명초(元末明初)의 학자. 자는 학천(鶴天). 날씨를 잘 예측했으며 농업기상 전문서인《전가오행(田家五行)》을 저술했다.

이따금 밭두둑을 경계로 비가 갈린다. 이로 볼 때 이른바 "용은 익숙한 길로 다닌다[龍行熟路]"라는 말은 오(吳)나 월(越) 지역에서만 벌어지는 일을 가리키는 것이 아니다】《군방보》[98]

"龍行熟路"者, 非獨吳、越爲然也】《群芳譜》

분룡일에 농가에서는 이날 일찍 쌀을 체 쳐서 재를 담은 다음 여기에 종이를 간다. 이를 저녁까지 지켜본다. 여기에 만약 빗방울 흔적이 있다면 가을에 곡식이 익지 않고, 곡식값이 오르게 되며, 사람들은 대부분 쌀 내다 파는 일을 그만두게 된다.《농정전서》[99]

分龍之日農家於是日早, 以米篩盛灰, 藉之紙, 至晩視之. 若有雨點迹, 則秋不熟, 穀價高, 人多閉糶. 《農政全書》

속담에 "20일 분룡일 다음날인 21일에 비가 내리면 홍수로 작은 골목[弄堂]에는 부서진 수레가 쟁이게 된다. 20일 분룡일 다음날인 21일에 무지개[鱟, 후]가 뜨면 누렇게 뜬 모를 뽑고 콩을 심게 된다."라 했다.《농정전서》[100]

諺云: "二十分龍廿一雨, 破車閣在弄堂裏; 二十分龍廿一鱟, 拔起黃秧便種豆." 同上

5월 21일에 무지개가 보이면 가뭄이 들게 된다. 비가 내리면 물이 조화를 이루게 된다.《가선현지(嘉善縣志)[101]》[102]

五月廿一日虹見, 則旱; 雨, 則水調. 《嘉善⑤縣志》

---

98 《二如亭群芳譜》〈元部〉"天譜" 卷3 '雨'(《四庫全書存目叢書補編》80, 127쪽).
99 《農政全書》卷11〈農事〉"占候" '五月'(《農政全書校注》, 258쪽).
100《農政全書》, 위와 같은 곳.
101 가선현지(嘉善縣志): 중국 절강성 가선현의 지방지.
102《御定月令輯要》卷10〈五月令〉"占驗"(《文淵閣四庫全書》467, 377쪽).
⑤ 善: 저본에는 "定".《御定月令輯要·五月令·占驗》에 근거하여 수정.

양절(兩浙)[103] 지역 속담에 "21일에 비가 내리면 그 해 농사는 풍년이 들게 된다. 비가 내리지 않으면 가뭄이 들게 된다."라 했다.

또 "곡식이 익을지 익지 않을지는 다만 5월 25일이나 26일의 날씨를 살펴 예측한다. 이날 아주 맑으면 큰 가뭄이 들게 된다."라 했다.

초(楚) 지역의 풍속에서는 5월 29일이나 30일이 분룡절(分龍節)이다. 이날 비가 내리면 난리가 많게 된다. 민(閩) 지역의 풍속에서는 하지 후를 분룡일로 한다. 《사시점후》[104]

兩浙諺云: "廿一有雨, 歲豐; 無雨, 則旱."

又云: "熟不熟, 但看五月廿五、六, 大晴, 則大旱."

楚俗, 以廿九、三十爲"分龍節", 雨, 則多水. 閩俗, 以夏至後爲分龍.《四時占候》

---

103 양절(兩浙): 절동(浙東)과 절서(浙西)를 합해서 이르는 말. 중국 절강(浙江)의 지류인 전당강(錢塘江) 이남을 절동, 이북을 절서라 한다.
104 출전 확인 안 됨;《二如亭群芳譜》〈元部〉"天譜" 卷3 '雨'(《四庫全書存目叢書補編》80, 127쪽).

16) 쇄룡문

5월 20일 대분룡에 비는 내리지 않으면서 천둥이 치면 이를 '쇄룡문(鎖龍門)'[105]이라 한다. 《농정전서》[106]

지정(至正)[107] 연간 임진(壬辰)년(1352) 늦은 봄과 초여름 사이에 물난리가 왔다. 이미 철이 지나 봄장마[桃花]도 아니고, 아직 장마철[黃梅]도 아닌데, 물이 밀려갔다 다시 돌아오며 진퇴를 그치지 않았다.

우리 집안에는 씨를 뿌린 저지대 농지가 꽤 많았다. 실로 모내기철이 지났는데도 논에 물이 가득 차고 수레는 깊이 빠져서 고초를 겪었다. 그런데도 아직 건기(乾期)는 되지 않았다. 이날도 역시 마찬가지로 일꾼들을 힘써 독려하였다. 날씨가 맑아서 더없이 좋았다. 그러나 팔풍(八風)이 골고루 불었으므로 길할지 흉할지를 참으로 알 수가 없었다.

신시(申時, 오후 3~5시)가 되자 갑자기 동남쪽에 기운이 펼쳐지더니, 돛을 펼쳐 놓은 듯한 비구름이 보였다. 뒤따라 천둥 치는 소리가 3~4번 들려서 깜짝 놀랐고 무서웠다.

이때 갑자기 한 노농(老農, 경험 많은 농사꾼)이 두 손을 맞잡고 하늘을 쳐다보며 계속해서 송구스럽다고 말하는 모습을 보았다. 그래서 그에게 까닭을 물었

鎖龍門

五月二十日大分龍無雨而有雷, 謂之"鎖龍門".《農政全書》

至正壬辰春末夏初, 水至. 既非桃花, 亦非黃梅, 去而復來, 進退不已.

余家所種低田數多, 正苦于挿種過時, 田中積水, 車峻,[6] 未有乾期. 此日尚且勉强督工. 喜晴固好, 然八風周旋, 正不知吉凶如何.

至申時, 忽東南陣起, 見掛帆雨, 隨有雷三四聲, 方且驚愕.

忽見一老農拱手仰天, 且連稱慚愧不已. 因問其故. 答云: "今日無雨而有雷, 謂

---

105 쇄룡문(鎖龍門): 용의 진로를 봉쇄했다는 뜻.
106 《農政全書》卷11〈農事〉"占候""五月"(《農政全書校注》, 258쪽).
107 지정(至正): 중국 원(元)나라 순제(順帝)의 3번째 연호. 1341~1367년.
6 峻: 저본에는 "浚".《田家五行拾遺》에 근거하여 수정.

다. 노농은 "오늘 비가 내리지 않는데도 천둥이 쳤습니다. 이를 쇄룡문(鎖龍門)이라 합니다."라고 대답했다. 그는 다시 손을 맞잡고 서로 축하해 주며 뛸 듯이 기뻐했다.

또 어떤 사람이 "이곳은 비가 내리지 않고 다른 곳은 도리어 비가 내린다면 어떻습니까?"라고 물었다. 이에 노농은 "맑음과 비는 각각의 날씨가 본래 다다른 경계까지를 점의 징후로 칩니다."[108]라고 대답했다.

그해에 과연 맑은 날은 많고 비는 적게 내렸다. 이날부터 입추까지 비는 2번만 내렸다. 《전가오행》[109]

之鎖龍門." 復拱手相賀喜躍.

或問: "此處無雨, 他處却雨, 如何?". 老農云: "晴雨各以本境所致爲占候也."

其年果然[7]晴多雨少, 自此日至立秋止雨兩番. 《田家五行》

---

108 맑음과……칩니다: 쇄룡문 현상을 본 곳이 맑았으면 이후에 맑은 날이 많고, 비가 내렸으면 이후에 비 내리는 날이 많다는 뜻이다.
109 《田家五行拾遺》(《續修四庫全書》 975, 353쪽); 《農政全書》, 위와 같은 곳.
[7] 然: 저본에는 "熟". 《田家五行拾遺》에 근거하여 수정.

17) 삼시(三時)의 바람과 비

하지일을 기점으로 해서, 모두 15일 동안의 일시를 3마디로 나눈다. 이중 첫 5일에 내리는 비를 '영시(迎時)'라 하고 마지막 5일에 내리는 비를 '송시(送時)'라 한다. 속담에 "고지대 농지는 영시의 비만 두려워하고, 저지대 농지는 3번째 마디인 송시의 비만 두려워한다."라 했다.

대개 초시(初時, 첫 5일)에 비가 내리면 가뭄이 들게 되고, 말시(末時, 마지막 5일)에 비가 내리면 큰 장마가 들게 된다.

중시(中時)인데도 천둥이 친다면 이를 '요보(腰報, 중간 소식)'라 한다. 그러면 역시 주로 많은 비가 내리게 된다. 속담에 "중시에 요보가 있으면 저지대 농지를 잠기게 한다."라 했다.《가정현지》[110]

하지 후의 반 달 동안을 '삼시(三時)'라고 한다. 이중 처음 3일을 '두시(頭時)'라 하고, 다음 5일을 '중시(中時)'라 하고, 그 뒤 7일을 '말시(末時)'라 한다. 바람이 중시(中時) 2일 전에 불면 큰 흉년이 들게 된다.

속담에 "각각의 시(時) 동안 1일 바람이 불면 황매우(黃梅雨)에 준하는 비가 내리게 된다. 3일 동안 비가 내리면 주로 가뭄이 들게 된다. 각각의 시 동안 서남풍이 조금 온화하게 불다가 밤마다 동풍으로 바뀌면 주로 가뭄이 들게 된다."《군방보》[111]

三時風雨

夏至日起時, 時分三節共十五日. 初雨爲"迎時", 末雨爲"送時". 諺云: "高田只怕迎時雨, 低田只怕送三時."

蓋初時雨, 則旱; 末時雨, 則潦也.

若中時而雷, 謂之"腰報", 亦主多雨. 諺云: "中時腰報, 沒低田."《嘉定縣志》

夏至後半月, 名"三時". 首三日爲"頭時", 次五日"中時", 後七日"末時". 風在中時前二日, 大凶.

諺云: "時裏一日風, 準黃梅; 三日雨, 主旱; 時裏西南風微和, 每晚轉東, 主旱."《群芳譜》

---

110 출전 확인 안 됨;《御定月令輯要》, 위와 같은 곳.
111《二如亭群芳譜》〈元部〉"天譜"卷3 '風'(《四庫全書存目叢書補編》80, 103쪽).

하지 후의 반 달을 '삼시(三時)'라 한다. 두시는 3일이고, 중시는 5일이며, 말시는 7일이다.

각각의 시에 내리는 비: 중시에 비가 내리면 주로 큰 물난리가 나게 된다. 말시의 경우 비가 내려도 좋다. 요약하면 "하지가 지나지 않을 때는 물주머니[水袋]가 터지지 않는다."는 말이다

속담에 "각각의 때 중에 1일 서남풍이 불면 2일 동안 내리는 황매우에 준하는 양보다 많이 내린다."라 했다. 또 "각각의 때에 비가 내리고 서남풍이 불면 노룡(老龍)은 못[潭]으로 도망간다."[112]라 했다. 모두 주로 가뭄이 들게 된다. 하지만 이 점이 온전하게 감응하지는 않는다.

밤에 동남풍으로 바뀌면 반드시 맑게 된다. 속담에 "아침에는 서풍이, 저녁에는 동풍이 불면 바로 하늘[天公]에 가뭄이 들게 된다."라 했다. 《농정전서》[113]

말시(末時)에 천둥이 치면 이를 '송시(送時)'라 한다. 그러면 주로 오랫동안 맑게 된다. 속담에 "영매(迎梅, 입매)에 비가 내리고 송시(送時)에 천둥이 치면 일단 비를 보냈으니, 다시 돌아오지 않는다."라 했다. 《농정서》[114]

至後半月爲"三時". 頭時三日, 中時五日, 末時七日.

時雨: 中時, 主大水; 若末時, 縱雨亦善. 括云: "夏至未過, 水袋未破".

諺云: "時裏一日西南風, 準過黃梅兩日雨". 又云: "時雨西南, 老龍奔潭". 皆主旱, 全不應.

晚轉東南, 必晴. 諺云: "朝西暮東風, 正是旱天公."《農政全書》

末時得雷, 謂之"送時", 主久晴. 諺云: "迎梅雨, 送時雷, 送去了, 便弗回." 同上

---

112 노룡(老龍)은……도망간다 : 비를 주관하는 용이 하늘에서 맡은 일을 하지 않고 자기 집으로 돌아간다는 의미인 듯하다.

113 《農政全書》卷11 〈農事〉 "占候" '五月'(《農政全書校注》, 257쪽).

114 《農政全書》, 위와 같은 곳.

18) 금뢰천(禁雷天, 천둥을 꺼리는 시기)

천둥을 두려워해야 한다. 속담에서는 "장마기에 천둥이 치면 저지대 농지는 갈라지고 집은 물로 둘러싸이게 된다."라 했다. 이는 저지대 농지가 큰물에 침수되고 집은 쓸모없게 되었다는 말이다. 매우 잘 맞는다.

혹은 "천둥소리가 번개와 함께 여러 번 울리면 도리어 가뭄이 들게 된다."라 했다. 자주 겪는 일이니, 천둥이 친 다음 곧 두루 비가 내리면 가뭄으로 모내기를 다시 할 걱정이 생기게 된다. 대체로 망종 후에 반 달 동안을 '금뢰천(禁雷天)'이라 한다. 또 "장마기에 천둥 1번 치면 삼시(三時) 동안 3일 비가 내리게 된다."라 했다. 《농정전서》[115]

禁雷天

畏雷. 諺云: "梅裏雷, 低田拆舍回." 言低田巨浸, 屋無用也. 甚驗.

或云: "聲多及震響, 反旱." 往往經試, 才有雷便有雨遍, 揷秧之患. 大抵芒後半月, 謂之"禁雷天". 又云: "梅裏一聲雷, 時中三日雨." 《農政全書》

〈참고 : 본문과 직접적인 연관은 없으나, 《위선지》의 주요 인용문헌인 《관규집요》에서 그림을 통해 점치는 내용을 소개하고 있어 좋은 참조가 된다〉

목성은 봄에 속하고 청색이다. 토성은 늦여름에 속하고 황색이다. 수성은 겨울에 속하고 흑색이다. 금성은 가을에 속하고 백색이다. 화성은 여름에 속하고 적색이다.

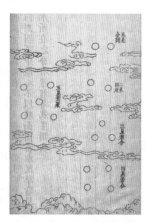

오성합투(五星合鬪), 이성동도(二星同度), 삼성약합(三星若合), 사성약합(四星若合), 오성약취(五星若聚).

주백성(周伯星), 천보성(天堡星), 함예성(含譽星), 천창성(天槍星), 패성(孛星), 격택성(格澤星).

---

[115] 《農政全書》, 위와 같은 곳.

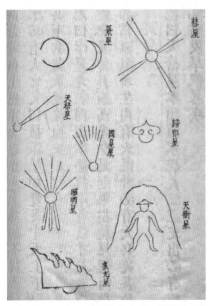

혜성(彗星), 귀사성(歸邪星), 천충성(天衝星), 경성(景星), 천봉성(天棓星), 국황성(國皇星), 소명성(昭明星), 치우성(蚩尤星).

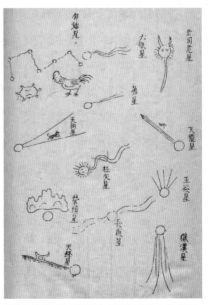

사위성(司危星), 천참성(天攙星), 오잔성(五殘星), 옥한성(獄漢星), 육적성(六賊星), 불성(茀星), 왕시성(枉矢星), 장경성(長庚星), 순시성(旬始星), 천구성(天狗星), 영두성(營頭星), 천봉성(天峯星).

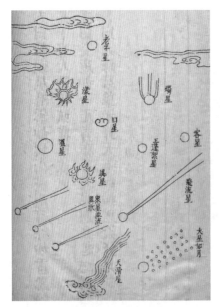

노자성(老子星), 몽성(濛星), 촉성(燭星), 왈성(曰星), 온성(溫星), 객성(客星), 왕봉서성(王蓬絮星), 이성(異星), 중성병류이상(衆星並流異狀), 비류성(飛流星), 대성여월(大星如月), 천활성(天滑星).

땅에서 싹이 나다(地生毛), 땅에서 샘이 생기다(地成泉), 땅에서 나오는 불(地火).

땅이 솟아 산이 되다(地踴土而山). 산이 움직이다(山徙). 산이
무너지고 물이 솟아나다(山崩水涌).

땅에서 돈이 생기다(地生錢). 땅에서 불상이 솟다(地涌佛像).
짐승이 사람의 말을 하다(獸作人言, 이상 《관규집요》)

6. 6월점

六月占

1) 절기를 어길 때의 징후

6월[季夏]에 춘령을 시행하면 곡식과 과실이 흩어져 떨어지고[鮮落],[1] 나라에 바람이 많이 불어 기침을 하는 사람이 많아진다.

추령을 시행하면 사방이 언덕으로 둘러싸인 곳[丘][2]과 음습한 땅은 물난리가 나고, 곡식은 익지 않게 된다.

동령을 시행하면 바람과 추위가 때에 맞지 않게 된다. 《예기》〈월령〉[3]

愆候

季夏行春令, 則穀實鮮①落, 國多風欬;

行秋令, 則丘隰水潦, 禾稼不熟;

行冬令, 則風寒不時. 《禮記·月令》

---

1 흩어져 떨어지고[鮮落]:《禮記》〈月令〉에도 '鮮落'으로 되어 있으나 의미가 통하지 않는다. 《呂氏春秋》〈十二紀〉"季夏紀"에는 "解落"으로 되어 있어 이를 반영하여 번역했다. 봄은 목기(木氣)를 주관하기 때문에 춘령을 시행하면 낙엽이 져서 떨어지는 목(木)의 성질처럼, 곡식과 과실이 떨어진다고 유추하고 있다. 《呂氏春秋校釋》〈十二紀〉卷6 "季夏紀", 315, 325쪽 참조.
2 사방이……곳[丘]:고유(高誘)의 주에는 "사방이 높은 곳을 구(丘)라 한다(四方高曰丘)."라 했다. 《설문해자(說文解字)》에는 "사방이 높고 중앙이 낮은 곳을 구(丘)라 한다(四方高中央下爲丘)."라 했다. 《呂氏春秋新校釋》, 325쪽 참조.
3 《禮記正義》卷16〈月令〉(《十三經注疏整理本》13, 601쪽).
① 鮮:《呂氏春秋·十二紀·季夏紀》에는 "解".

2) 총점

속담에 "6월에 덥지 않으면 오곡이 열매를 맺지 못하게 된다."라 했다. 노농은 "삼복 중에 물떼기[4]를 하여 하늘의 기를 받아 논을 말릴[稿稻] 때나 또 덧거름 줄 때가 되면 맑은 날씨가 가장 필요하다. 날이 맑으면 덥기 때문이다."라 했다.

또 "6월에 겹이불 덮고 잘 정도면, 농지에서 방귀 뀔 일 없다."라 했다. 날씨가 서늘하고 추우면 비가 많이 내린다는 말이다. 비가 많이 내리면 물난리가 크게 나서, 농지가 잠기게 되어 농부가 농지에 나가지 못하게 될 일은 의심할 여지가 없다. 《농정전서》[5]

6월에 겹이불 덮고 잘 정도면 농지에 쌀이 생기지 않게 된다. 《농정전서》[6]

6월 첫머리에 일제히 비가 내리면 매일 밤마다 바람과 조수가 입추(立秋)까지 밀려오게 된다. 《농정전서》[7]

6월에 내리는 비를 '적수(賊水)'라 한다. 내려서는 안 된다는 말이다. 《농정전서》[8]

總占

諺云: "六月不熱, 五穀不結." 老農云: "三伏中稿稻天氣, 又當下壅時, 最要晴. 晴, 則熱故也."

又云: "六月蓋夾被, 田裏無張屁". 言涼冷則雨多. 雨多, 則水大沒田無疑矣. 《農政全書》

六月蓋夾被, 田裏不生米. 同上

六月初頭[2]一劑雨, 夜夜風潮到立秋. 同上

六月有水, 謂之"賊水". 言不當有也. 同上

---

4 물떼기: 논에 댔던 물을 빼는 일. 주로 가을에 벼가 누렇게 익는 시기에 한다.
5 《農政全書》卷11〈農事〉"占候"'六月'(《農政全書校注》, 259쪽).
6 《農政全書》, 위와 같은 곳.
7 《農政全書》, 위와 같은 곳.
8 《農政全書》, 위와 같은 곳.
[2] 頭:《農政全書·農事·占候》에는 "一".

여름과 가을이 교차할 즈음 물떼기를 하여 논을 말리고 물을 돌려댄 후라면 비가 내려도 좋다. 속담에 "늦여름과 초가을에 일제히 비 내리면 당나라 옥구슬 1소쿠리[囷, 돈]보다 값지다."라 했다. 때맞추어 내리는 비야말로 값어치를 매길 수 없는 아주 귀한 보물이라는 말이다. 《농정전서》9

夏秋之交, 稿稻還水後, 喜雨. 諺云: "夏末秋初一劑雨, 賽過唐朝一囷珠." 言及時雨, 絶勝無價寶也. 同上

6월에 서풍이 풀에 두루 불면 8월에 바람이 없고, 벼에 쭉정이가 많게 된다. 《농정전서》10

六月西風吹遍草, 八月無風秕子稻. 同上

6월 8일에 서북풍이 불면 바닷속 용(龍)을 놀라움직이게 한다. 《도주공서》11

六月初八西北風, 驚動海中龍. 《陶朱公書》

6월에 무지개가 보이면 주로 맥류가 비싸진다.
안개가 끼면 주로 가뭄이 들게 된다. 속담에 "6월에 짙은 안개가 끼면 백로(白露)12까지 비가 내리게 된다."라 했다.
서남풍이 불면 주로 벌레떼가 벼를 손상시키게 된다. 《도주공서》13

月內虹見, 主麥貴;
有霧, 主旱. 諺云, "六月裏迷霧, 要雨到白露".

西南風, 主蟲損稻. 同上

6월 3일에 안개가 끼면 그해에는 곡식이 아주 잘

六月三日有霧, 則歲大熟.

9 《農政全書》, 위와 같은 곳.
10 《農政全書》, 위와 같은 곳.
11 출전 확인 안 됨;《欽定授時通考》卷4〈天時〉"夏"'六月'(《文淵閣四庫全書》732, 61쪽).
12 백로(白露):24절기 중 열다섯 번째 절기. 양력 9월 7·8일경. 처서(處暑)와 추분(秋分) 사이에 들며, 흰 이슬이 맺히기 시작한다는 뜻이다.
13 《重訂增補陶朱公致富奇書》卷4〈占候部〉"六月占"(《重訂增補陶朱公致富奇書》中, 50~51쪽).

익게 된다. 《망기경(望氣經)14》15

《望氣經》

6월에 천둥이 치지 않으면 메뚜기떼가 생기고, 겨울에 백성이 편안하지 않게 된다. 《사시점후》16

六月雷不鳴, 蝗蟲生, 冬民不安. 《四時占候》

6월에 무지개가 보이면 쌀과 삼이 비싸진다. 《군방보》17

六月虹見, 米、麻貴. 《群芳譜》

6월에 뜬구름이 넓게 퍼지지 않으면 12월에도 풀이 죽지 않게 된다. 《군방보》18

六月浮雲不布, 十二月草不喪. 同上

6월 갑(甲)·을(乙)·병(丙)·정(丁)이 든 날에 비가 내리지 않으면 백성이 밭을 갈지 못하고, 주로 가뭄이 들게 된다. 병인(丙寅)이나 정묘(丁卯)일에 비가 내리면 주로 가을에 쌀이 비싸진다. 《군방보》19

六月甲、乙、丙、丁日無雨, 民不耕, 主旱; 丙寅、丁卯雨, 主秋米貴. 同上

6월 1일에 바람이 불고 비가 내리면 곡식이 비싸진다.

朔日風雨, 穀貴;

서남풍이 불면 주로 벌레떼가 벼를 상하게 한다.

西南風, 主蟲傷禾;

그믐날에 바람이 불면 쌀이 비싸진다.

晦日風, 米貴;

남풍이 불면 벌레떼로 인한 재앙을 겪게 된다.

南風, 蟲災. 同上

---

14 망기경(望氣經):중국 당(唐)나라의 소악(邵諤, ?~?)이 지은 책. 기후 예측 방법, 각 지역 운기(雲氣)의 특징, 운기와 인사(人事)와의 관계 등을 논했다. 원서는 일실되었고 다른 책에 인용되어 일부가 전한다.
15 출전 확인 안 됨;《欽定授時通考》, 위와 같은 곳.
16 출전 확인 안 됨;《欽定授時通考》, 위와 같은 곳.
17 《二如亭群芳譜》〈元部〉"天譜" 卷3 '虹霓'(《四庫全書存目叢書補編》80, 116쪽).
18 《二如亭群芳譜》〈元部〉"天譜" 卷3 '雲'(《四庫全書存目叢書補編》80, 110쪽).
19 《二如亭群芳譜》〈元部〉"天譜" 卷3 '雨'(《四庫全書存目叢書補編》80, 127쪽).

《군방보》[20]

6월 무자(戊子)일에 하늘에서 폭우가 쏟아지고 평소와 다르게 바람이 불면 주로 그해 곡식은 잘 여물게 된다.《관규집요》[21]

季夏戊子日, 天有暴雨風色異常, 主歲稔.《管窺輯要》

6월 7일부터 20일 사이에 비가 내려야 하지만 내리지 않는다면 소가 비싸진다.

六月七日至二十日當雨不雨, 牛貴;

20일부터 22일 사이에 비가 내려야 하지만 내리지 않는다면 저지대 농지에 물난리가 많고, 사람들이 죽으며, 먹을 것이 적게 된다.

二十日至二十二日當雨不雨, 下田水多, 人死小食;

27일에 비가 내려야 하지만 내리지 않는다면 저지대 농지에 물난리가 나고, 사람들이 기근을 겪게 된다.

二十七日當雨不雨, 下田水, 人饑;

그믐날에 바람이 불고 비가 내리면 이듬해에는 곡식이 비싸진다.《관규집요》[22]

晦日有風雨, 來年穀貴. 同上

---

20 《二如亭群芳譜》〈元部〉 "天譜" 卷3 '風'《四庫全書存目叢書補編》80, 104쪽).
21 출전 확인 안 됨.
22 《管窺輯要》卷59〈雨〉《管窺輯要》19, 15면).

3) 초하루의 절기(삭치절)

6월 1일에 대서(大暑)[23]가 들면 백성이 병에 걸린다.

하지(夏至)가 들면 큰 흉년이 들게 되니, 곡식을 준비해야 한다.

소서(小暑)[24]가 들면 산이 무너지고 하천이 범람하게 된다.

2일도 마찬가지다. 《군방보》[25]

朔値節

朔日値大暑, 民病;

値夏至, 大荒, 宜備米穀;

値小暑, 山崩河溢.

初二日同. 《群芳譜》

4) 초하루의 간지

6월 1일에 갑(甲)이 들면 그해에는 대부분 기근을 겪게 된다. 《도주공서》[26]

朔日干

朔日遇甲, 歲多飢. 《陶朱公書》

---

23 대서(大暑): 24절기 중 열두 번째 절기. 양력 7월 22·23일경. 소서(小暑)와 입추(立秋) 사이에 들며, '큰 더위'라는 뜻으로 대개 중복 무렵이다.

24 소서(小暑): 24절기 중 열한 번째 절기. 양력 7월 7·8일경. 하지(夏至)와 대서(大暑) 사이에 들며, '작은 더위'라는 뜻으로 본격적인 더위가 시작된다.

25 《二如亭群芳譜》〈元部〉"歲譜" 卷2 '六月'(《四庫全書存目叢書補編》80, 197쪽).

26 출전 확인 안 됨;《二如亭群芳譜》, 위와 같은 곳.

5) 소서의 징후

소서일의 맑음이나 비는 역시 바람이 교차할 때를 살피는 일이 가장 중요하다. 《농정전서》[27]

소서일에 내리는 비를 '황매우전도전(黃梅雨顚倒轉, 황매우가 뒤집어져 구른다)'이라 한다. 그러면 주로 물난리가 나게 된다.

동남풍이 불고, 백색 뭉게구름이 일어나며, 반달 동안 박도풍(舶棹風)[28]이 불면 주로 물난리가 물러난 뒤 아울러 가뭄까지 들게 된다.

남풍이 불지 않으면 박도풍도 불지 않는다. 그러면 물난리가 끝내 물러나지 못하게 된다.

속담에 "박도풍 불고 구름 일어나면 한발(旱魃, 가뭄의 신)이 환하게 기뻐한다. 얼굴 들어 청색 하늘 보면 가물어 갈라진 삼밭에 두건 떨어진다."라 했다.

소식(蘇軾)[29]의 시에서 "삼시(三時)에 이미 황매우 끊어지니, 만리 밖 박도풍 처음으로 불어오네."[30]라 했다. 여기서 읊은 날이 바로 이날이다. 《농정전서》[31]

小暑日候

小暑日晴雨, 亦要看交時最緊. 《農政全書》

小暑日雨, 名"黃梅顚倒轉", 主水;

東南風及成塊白雲起, 至[3]半月舶棹風, 主水退兼旱;

無南風, 則無舶棹風, 水卒不能退.

諺云:"舶棹風雲起, 旱魃精空歡喜. 仰面看靑天, 頭巾落在麻坼裏."

東坡詩云:"三時已斷黃梅雨, 萬里初來舶趠風." 正此日也. 同上

---

27 《農政全書》, 위와 같은 곳.
28 박도풍(舶棹風):중국 동남 해안 지역에서 무역선들이 이용하던 바람. 계풍(季風)·계후풍(季候風)이라고도 한다. 겨울에는 북풍이나 동북풍을 이용하여 남하하고, 여름에는 남풍이나 서남풍을 이용하여 북상한다.
29 소식(蘇軾):1037~1101. 중국 북송 때 최고의 시인·정치가. 호는 동파거사(東坡居士). 대표작으로 《적벽부(赤壁賦)》가 있다.
30 삼시(三時)에……불어오네:《東坡全集》 卷11〈詩七十二首〉"舶趠風"(《文淵閣四庫全書》 1107, 182쪽).
31 《農政全書》, 위와 같은 곳.
[3] 至:저본에는 "主".《農政全書·農事·占候》에 근거하여 수정.

6) 삼복의 징후

삼복 중에 매우 더우면 겨울에 반드시 비와 눈이 많이 내리게 된다. 《농정전서》[32]

삼복에 서북풍이 불면 주로 가을에 벼쭉정이가 많아지고, 겨울에는 얼음이 단단해진다. 속담에 "삼복에 서북풍 불면 12월[臘]에 배 다니지 못한다."라 했다. 《도주공서》[33]

三伏日候

三伏中大熱, 冬必多雨雪. 《農政全書》

伏裏西北風, 主秋稻秕, 冬氷堅. 諺云: "伏裏西北風, 臘裏船弗通."《陶朱公書》

---

32 《農政全書》, 위와 같은 곳.
33 《重訂增補陶朱公致富奇書》卷4〈占候部〉"六月占"《重訂增補陶朱公致富奇書》中, 50쪽).

7) 3일의 맑음이나 비

6월 3일에 맑으면 주로 가뭄이 들게 된다. 속담에 "6월 3일에 맑으면 산의 조릿대[篠]잎이 모두 시들어 떨어진다."라 했다. 《전가오행》[34]

6월 3일에 비가 조금 내리면 주로 가을에 가뭄이 들어, 씨가 여물지 않은 마른 벼를 수확하게 된다. 소주(蘇州)[35]와 수주(秀州)[36] 사람들은 "이날 비가 조금 내리면 서산(西山)[37]과 남해(南海)[38]에서는 교간(簥竿)[39]으로 쓸 나무를 베지 않는다."라 했다.

初三晴雨

六月三日晴, 主旱. 諺云: "六月初三晴, 山篠盡枯零." 《田家五行》

六月初三日略得雨, 主秋旱, 收乾稻. 蘇、秀人云: "此日略得雨, 則西山及南海不斫簥竿."

교천(喬扦, 교간)(《왕정농서》)

볏단이 많을 때 교간 대신 사용하는 얼루기[筧, 항](《왕정농서》). 《본리지》에도 보인다.

---

34 《田家五行》卷上〈六月類〉(《續修四庫全書》975, 331쪽).

35 소주(蘇州): 중국 강소성(江蘇省) 소주시(蘇州市) 일대.

36 수주(秀州): 중국 절강성(浙江省) 가흥시(嘉興市) 일대.

37 서산(西山): 중국 소주 서남쪽 태호(太湖) 안에 있는 섬.

38 남해(南海): 중국 광동성(廣東省) 불산시(佛山市) 남해구(南海區) 일대를 가리키는 듯하다..

39 교간(簥竿): 가는 대나무 세 가닥을 서로 의지하게 하여 만든 시렁. 볏단이 젖지 않도록 볏단을 그 위에 걸어서 말릴 수 있다. 《王禎農書》〈農器圖譜〉의 '교천(喬扦)'을 말한다. 서유구 지음, 정명현·김정기 역주, 《임원경제지 본리지(林園經濟志 本利志)》2, 소와당, 2008, 409쪽에 보인다.

【안】 교간(籬竿)은 《왕정농서(王禎農書)》〈농기도보(農器圖譜)〉에 자세하게 보인다.[40] 교간으로 쓸 나무를 베지 않는다는 말은 벼를 수확할 시기에 비나 습기를 걱정하지 않는다는 말이다】《농정전서》[41]

3일에 비가 내리면 논 말리기[槁]가 어렵다【안 고(槁)는 《본리지(本利志)》[42]에 고(熇)로 되어 있다.[43] 《수시통고(授時通考)》[44]에는 각(擱)으로 되어 있다[45]】.《농정전서》[46]

8) 담력이(湛轣耳)[47]

6월 6일에 맑으면 주로 마른 벼를 수확하게 된다. 비가 내리면 이를 '담력이(湛轣耳)'라 부른다. 그러면 주로 가을에 물난리가 나게 된다. 《월령통고》[48]

【按】 籬竿詳見《農器圖譜》. 不斫籬竿, 謂穫稻時不患雨濕也】《農政全書》

初三日雨, 難槁④稻【按 槁, 《本利志》作"熇". 《授時通考》作"擱"】. 同上

湛轣耳

初六日晴, 主收乾稻; 雨, 謂之"湛轣⑤耳", 主有秋水. 《月令通考》

---

40 교간(籬竿)은……보인다:《王禎農書》〈農器圖譜〉卷6 "杷朳門" '喬扦', 252쪽.

41 《農政全書》, 위와 같은 곳.

42 본리지(本利志) : 조선 후기의 학자 서유구(徐有榘, 1764~1845)의 실용 백과사전인 《임원경제지(林園經濟志)》의 16개 지(志) 중 첫 번째 저술. 곡식농사 백과사전이다.

43 '고(槁)'는……있다 : 서유구 지음, 정명현·김정기 역주, 《임원경제지 본리지(林園經濟志 本利志)》2, 231쪽에 보인다.

44 수시통고(授時通考) : 중국 청나라의 악이태(鄂爾泰, 1680~1745)·장연옥(張廷玉, 1672~1755) 등이 황명으로 지은 농서. 《흠정수시통고(欽定授時通考)》라고도 한다.

45 《수시통고》에는……있다 : 《欽定授時通考》卷5〈天時〉 "秋"에 "벼를 심은 농지는 입추 후에 물을 대지 않고 10여 일을 말리는데 이를 각도라 한다(稻田立秋後, 不添水曬十餘日, 謂之擱稻)."라는 내용이 보인다. 《欽定授時通考》卷5〈天時〉 "秋" '七月'(《文淵閣四庫全書》732, 63쪽).

46 《農政全書》, 위와 같은 곳.

47 담력이(湛轣耳) : 미상.

48 출전 확인 안 됨 ; 《欽定授時通考》卷4〈天時〉 "夏" '六月'(《文淵閣四庫全書》732, 61쪽).

④ 槁 : 《農政全書·農事·占候》에는 "稿".

⑤ 轣 : 《欽定授時通考·天時·夏》에는 "轆".

9) 유두일의 천둥

6월 15일 유두(流頭)[49]에는 반드시 천둥이 치기 마련이다. 아침 일찍 치면 서리가 일찍 내리게 되고, 저녁 늦게 치면 서리가 늦게 내리게 된다.《행포지》[50]

流頭日雷

六月十五日必有雷, 早, 則霜早; 晚, 則霜晚.《杏蒲志》

---

49 유두(流頭):우리나라 명절의 하나. 음력 6월 보름날이다. 신라 때부터 유래했으며, 나쁜 일을 떨어 버리기 위하여 동쪽으로 흐르는 물에 머리를 감는 풍속이 있었다. 이날 수단(水團)·수교위 같은 음식물을 만들어 먹으며, 농사가 잘되라고 용신제를 지내기도 했다. 유두일의 세시풍속은 《임원경제지 이운지(林園經濟志 怡雲志)》권8 〈각 절기의 구경거리와 즐거운 놀이[節辰常樂]〉에 자세히 보인다. 풍석 서유구 지음, 임원경제연구소 옮김, 《임원경제지 이운지》4, 542~543쪽 참조.
50 《杏蒲志》卷1 〈占候〉(《農書》36, 84쪽).

7. 7월점

七月占

1) 절기를 어길 때의 징후

7월[孟秋]에 동령을 시행하면 음기가 크게 넘쳐서 껍데기 단단한 동물[介蟲]이 곡식을 해치게 된다.

춘령을 시행하면 그 나라에 가뭄이 들게 되고, 양기가 다시 돌아오며, 오곡이 영글지 않게 된다.

하령을 시행하면 추위와 더위가 절기에 맞지 않아서 백성이 대부분 학질에 걸리게 된다. 《예기》 〈월령〉1

愆候

孟秋行冬令, 則陰氣大勝, 介蟲敗穀;

行春令, 則其國乃旱, 陽氣復還, 五穀無實;

行夏令, 則寒熱不節, 民多瘧疾.《禮記·月令》

---

1 《禮記正義》卷16〈月令〉《十三經注疏整理本》13, 610~611쪽).

빈풍도. 《시경》〈빈풍〉 "칠월" 시의 5장에 해당하는 그림(청, 작자미상, 국립중앙박물관)

五月斯螽動股六月
莎雞振羽七月
在野八月在宇九月
在戶十月蟋蟀
入我牀下穹窒
熏鼠塞向
墐戶嗟我婦子
曰為改歲入
此室處

빈풍칠월도첩. 《시경》〈빈풍〉 "칠월" 시의 5장에 해당하는 그림(조선, 이방운, 국립중앙박물관)

2) 총점

7월에 월식이 있으면 주로 이듬해에 말과 소가 비싸진다.

무지개가 보이면 주로 쌀이 비싸진다.

속담에 "가을 전에 무지개[鱟, 후]가 보이면 곡식이 찾아오게 된다. 가을 후에 무지개가 보이면 곡식이 떠나가게 된다【군방보】² 대체로 가을로 바뀐 뒤에는 무지개 보는 일을 절대로 꺼린다. 무지개가 보이면 주로 농지에서 수확을 하지 못하게 된다】."라 했다.《증보도주공서》³

7월 1일에 무지개가 보이면 주로 연내에 쌀이 비싸진다.《전가오행》⁴

7월에 해에 광채가 없으면 벌레떼로 인한 재앙을 겪게 되며, 그해는 흉년이 들게 된다.《가숙사친(家塾事親)⁵》⁶

7월 3일에 안개가 끼면 그해는 곡식이 잘 익게 된다.《망기경》⁷

總占

月內月蝕, 主來年牛馬貴;

虹見, 主米貴.

諺云: "秋前鱟, 米穀來;
秋後鱟, 米穀去【群芳譜
大抵交秋後, 切忌見虹, 主
田不收】."《增補陶朱公書》

七月朔日虹見, 主年內米
貴.《田家五行》

七月日無光, 蟲災歲凶.
《家塾事親》

七月三日有霧, 歲熟.《望
氣經》

2 《二如亭群芳譜》〈元部〉 "天譜" 卷3 '虹霓'(《四庫全書存目叢書補編》80, 116쪽).

3 《重訂增補陶朱公致富奇書》卷4〈占候部〉 "七月占"(《重訂增補陶朱公致富書》中, 51쪽).

4 출전 확인 안 됨;《欽定授時通考》卷5〈天時〉 "秋" '七月'(《文淵閣四庫全書》732, 64쪽).

5 가숙사친(家塾事親):중국 명(明)나라 곽성(郭晟, ?~?)이 편찬한 저술.

6 출전 확인 안 됨;《二如亭群芳譜》〈元部〉 "天譜" 卷2 '日'(《四庫全書存目叢書補編》80, 64쪽).

7 출전 확인 안 됨;《欽定授時通考》, 위와 같은 곳.

7월 1일에 천둥이 치면 만생벼[晚禾]를 손상시키게 된다.《군방보》[8]

七月朔有雷, 損晚禾.《群芳譜》

7월 그믐날에 바람이 불고 비가 내리면 주로 사람들에게 옹저(癰疽)[9]가 생기는 재앙이 대부분 있게 된다. 또 맥류농사에 좋고, 베가 비싸지며, 참깨는 10배로 비싸진다.《군방보》[10]

晦日風雨, 主人多殃生癰疽, 宜麥, 布貴, 油麻貴十倍. 同上

7월 1일에 바람이 불고 비가 내리면 쌀이 비싸지고, 사람들이 대부분 종기[疽]에 걸리게 된다. 일설에는 "이듬해에 곡식이 비싸진다."라 했다.

七月一日有風雨, 米貴, 人多病疽者. 一日: "來年穀貴."

7일에 바람이 불고 비가 내리면 시장의 곡식값이 비싸진다.

七日有風雨, 糴貴;

비가 적게 내리면 시장의 곡식값이 매우 싸진다.

少雨, 糴大賤.

6월 22일에 비가 내려야 하지만 내리지 않는다면 큰 물난리가 나게 된다.

二十二日當雨不雨, 有大水;

23일이나 24일에 비가 내려야 하지만 내리지 않는다면 큰바람이 불어 곡물을 해치게 된다.

二十三日、二十四日當雨不雨, 大風害物;

그믐날에 바람이 불고 비가 내리면 곡식이 비싸진다.《관규집요》[11]

晦日有風雨, 穀貴.《管窺輯要》

---

8 《二如亭群芳譜》〈元部〉 "天譜" 卷3 '雷'(《四庫全書存目叢書補編》80, 119쪽).
9 옹저(癰疽):종기. 면적이 넓고 얕으면 옹(癰), 좁고 깊으면 저(疽)라 한다.
10 《二如亭群芳譜》〈元部〉 "天譜" 卷3 '雨'(《四庫全書存目叢書補編》80, 128쪽).
11 《管窺輯要》卷59 〈雨〉(《管窺輯要》19, 15면).

〈72후24절기도〉(국립민속박물관)

3) 초하루의 절기(삭치절)

7월 1일에 입추(立秋)[12]가 들면 처서(處暑)[13]에 사람들이 대부분 병에 걸리게 된다. 《군방보》[14]

朔値節

朔日値立秋, 處暑人多疾. 《群芳譜》

---

12 입추(立秋) : 24절기 중 열세 번째 절기. 양력 8월 7·8일경. 대서(大暑)와 처서(處暑)의 사이에 들며, 가을에 접어들었음을 알리는 절기이다.

13 처서(處暑) : 입추 15일 이후로 8월 22·23일경이다. 가을 채소의 씨앗을 파종하는 시기이다. 더위가 그친다는 뜻이다.

14 《二如亭群芳譜》〈元部〉"歲譜" 卷3 '七月'《四庫全書存目叢書補編》80, 212쪽).

4) 입추의 일진

기유(己酉)일에 입추(立秋)가 들면 맑은 날이 많게 된다. 《군방보》[15]

立秋日辰

己酉日立秋, 多晴. 《群芳譜》

입추일이 화(火)에 속하는 날[16]에 들면 노인들은 평안하지 않고, 땅이 흔들리고, 소와 양이 죽게 된다. 이 점은 이듬해 1월과 상응한다. 《군방보》[17]

立秋日屬火, 老人不安, 地震, 牛羊死. 應來年正月. 同上

입추가 7월 그믐날에 들면 가뭄이 들고, 벼의 성숙이 더뎌지게 된다. 《군방보》[18]

立秋在晦, 旱, 稻遲. 同上

〈72후24절기도〉의 입추 부분(국립민속박물관)

---

15 《二如亭群芳譜》, 위와 같은 곳.
16 화(火)에……날 : 천간 중 병(丙)·정(丁), 지지 중 사(巳)·오(午)가 화(火)에 속하는 날이다.
17 《二如亭群芳譜》, 위와 같은 곳.
18 《二如亭群芳譜》〈元部〉 "歲譜" 卷2 '六月'(《四庫全書存目叢書補編》80, 197쪽).

7월에 가을 파종[秋蒔]이 입추까지 이어지면 6월 입추에는 일을 안 하고 쉬게 된다.[19]《기력촬요》[20]

七月秋蒔到秋, 六月秋, 便罷休.《紀歷撮要》

---

19 7월에……된다 : 무슨 뜻인지 모르겠다.
20 출전 확인 안 됨;《農政全書》卷11〈農事〉“占候”‘七月’(《農政全書校注》, 259쪽);《欽定授時通考》卷5〈天時〉“秋”‘七月’(《文淵閣四庫全書》732, 65쪽).

5) 입추의 징후

입추일에 날씨가 청명하면 만물이 대부분 제대로 여물지 않게 된다【전가오행 [21] 일설에는 "주로 그해 는 곡식이 잘 익게 된다."라 했다】.《기력촬요》[22]

입추일에는 서남풍이 중요하다. 서남풍이 불면 주로 벼 수확이 2배가 된다.

3일 동안 불면 3석(石)을, 4일 동안 불면 4석을 수확하게 된다.《기력촬요》[23]

입추일에 천둥이 치면 이를 '추벽북(秋霹踣)'이라 한다. 그러면 만생벼[晚禾]를 손상시키게 된다. 또한 '추벽력(秋霹靂)'이라고도 한다. 그러면 주로 만생벼에 쭉정이가 생기게 된다【농정전서 [24] 대체로 입추 후 에 천둥이 많이 치면 만생벼는 수확이 적어진다. 이 날의 천둥만 꺼리는 것은 아니다】.《기력촬요》[25]

입추일에 비가 적게 내리면 길하게 된다. 큰비가 내리면 주로 벼를 상하게 한다.《농정전서》[26]

입추에 무지개가 서쪽에서 보이면 만물이 모두

立秋日候

立秋日天氣晴明, 萬物多不成熟【田家五行 一云: "主歲稔"】.《紀歷撮要》

立秋日要西南風, 主稻禾倍收.

三日, 三石; 四日, 四石. 同上

立秋日雷, 名"秋霹踣", 損晚禾. 亦名"秋霹靂", 主晚稻秕【農政全書 大抵秋後雷多, 晚稻少收. 非但忌此日】. 同上

立秋日小雨, 吉; 大雨, 主傷禾.《農政全書》

立秋虹見西方, 萬物皆貴.

---

21 출전 확인 안 됨.
22 출전 확인 안 됨;《欽定授時通考》卷5〈天時〉"秋" '七月'(《文淵閣四庫全書》732, 64쪽).
23 출전 확인 안 됨;《欽定授時通考》, 위와 같은 곳.
24 《農政全書》卷11〈農事〉"占候" '七月'(《農政全書校注》, 260쪽).
25 출전 확인 안 됨;《欽定授時通考》, 위와 같은 곳.
26 《農政全書》, 위와 같은 곳.

비싸진다. 《군방보》[27]

《群芳譜》

7월 입추에 서쪽에 구름이 끼고 비가 조금 내리면 길하게 된다. 《군방보》[28]

七月立秋西方有雲及小雨, 吉. 同上

포시(哺時)[29]에, 서남쪽에 양떼모양의 황색 구름이 끼면 곤기(坤氣)[30]가 올 징후이다. 그러면 곡물농사에 좋다.

적황색 기운이 오지 않으면 그해에는 만물이 제대로 여물지 않게 된다.

흑색 구름이 서로 섞여 끼면 뽕나무·삼·콩 등의 농사에 좋다.

만약 이런 기운이 없다면 그해에는 서리가 많이 내리고, 인민이 질병에 걸리게 된다. 이 점은 이듬해 2월과 상응한다. 《군방보》[31]

哺時西南黃雲如群羊, 坤氣至也, 宜穀粟;

赤黃氣不至, 其年物不成;

黑雲相雜, 宜桑、麻、豆.

如無此氣, 則歲多霜, 人民疾. 應在來年二月. 同上

7월 입추에 바람이 서늘하면 길하게 된다. 바람이 더우면 주로 이듬해에는 가뭄과 전염병의 재앙이 있게 된다. 《군방보》[32]

七月立秋風凉, 吉; 熱, 主來歲災旱疫. 同上

입추에 적색 구름이 끼면 이듬해에는 가뭄이 들게 된다. 일설에 "신시(申時)에 서남쪽에 적색 구름이

立秋赤雲, 來年旱. 一云: "申時西南方有赤雲, 宜粟;

---

27 《二如亭群芳譜》〈元部〉"天譜" 卷3 '虹霓'(《四庫全書存目叢書補編》80, 116쪽).
28 《二如亭群芳譜》〈元部〉"天譜" 卷3 '雲'(《四庫全書存目叢書補編》80, 110쪽).
29 포시(哺時): 신시(申時). 오후 3~5시.
30 곤기(坤氣): 문왕팔괘에 의하면 곤괘는 남서쪽에 해당하므로 곤기는 남서풍을 의미하는 듯하다.
31 《二如亭群芳譜》, 위와 같은 곳.
32 《二如亭群芳譜》〈元部〉"天譜" 卷3 '風'(《四庫全書存目叢書補編》80, 104쪽).

I. 풍흉과 길흉의 예측(상)   271

끼면 조[粟]농사에 좋다. 적색 구름이 끼지 않으면 만물이 제대로 여물지 않고, 땅이 흔들리고, 소와 양이 죽게 된다."라 했다. 이 점은 이듬해 1월과 상응한다.《만보전서》[33]

如無, 萬物不成, 地震、牛羊死."在來年正月.《萬寶全書》

이기(離氣)[34]가 입추 무렵[分]에 보이면[35] 그해는 곡식이 아주 잘 익게 된다.《역통괘험(易通卦驗)[36]》[37]

離氣見立秋分, 則歲大熟.《易通卦驗》

입추일에 백색 구름이 끼고 비가 조금 내리면 길하게 된다. 청명하면 만물이 여물지 않게 된다.《무비지》[38]

立秋日有白雲及小雨, 則吉; 晴明, 物不成.《武備志》

---

33 출전 확인 안 됨;《二如亭群芳譜》〈元部〉"天譜" 卷3 '雲'(《四庫全書存目叢書補編》80, 110쪽).
34 이기(離氣) : 오행은 화(火), 방위는 남(南)에 속한다.
35 이기(離氣)가······보이면 : 화(火)에 속하는 날이 입추에 든다는 뜻이다.
36 역통괘험(易通卦驗) : 중국 한(漢)나라 때의 위서(緯書). 2권. 정현(鄭玄, 127~200)이 주를 달았다. 원서는 일실되었고 다른 책에 인용되어 일부가 전한다.
37 출전 확인 안 됨;《欽定授時通考》卷5〈天時〉"秋" '七月'(《文淵閣四庫全書》732, 64쪽).
38 《武備志》卷165〈占度載〉"占風"1, 6731쪽.

6) 입추의 여러 점

입추일 오시에 장대를 세워서 그림자가 4.525척이면 오곡이 잘 익게 된다.《월령점후도》[39]

立秋雜占

立秋日午時豎竿, 影得四尺五寸二分半, 五穀熟.《月令占候圖》

7) 처서(處暑)의 징후

처서 절기 동안에는 비가 오면 좋다. 속담에 "입추 전에 비가 내리지 않으면 백로(白露)에 큰 장마가 왔다 가게 된다."라 했다.《증보도주공서》[40]

7월 처서에 비가 내리지 않으면 백로에 노력이 쓸데없게 된다. 처서에 비가 내리지 않아서 농지가 하

處暑日候

處暑內喜雨. 諺云: "秋前無雨水, 白露往來淋."《增補陶朱公書》

七月處暑雨不通, 白露枉用功; 處暑根頭白, 白露枉

〈72후24절기도〉의 처서 부분(국립민속박물관)

---

39 출전 확인 안 됨;《欽定授時通考》, 위와 같은 곳.
40 《重訂增補陶朱公致富奇書》, 위와 같은 곳.

얇게 되면 백로에 장마도 쓸데없게 된다. 《군방보》[41]

霖來.《群芳譜》

처서에 비가 내리면 만물이 잘 익게 된다. 속담에 "처서에 하늘이 비 내려주지 않으면 끝내 열매 맺어도 수확 어렵다."라 했다. 《가정현지》

處暑有雨, 則物成熟. 諺云: "處暑若還天不雨, 縱然結實也難收."《嘉定縣志》

---

41 《二如亭群芳譜》〈元部〉 "天譜" 卷3 '雨'(《四庫全書存目叢書補編》80, 127쪽).

8) 칠석(七夕)[42]의 징후

칠석에 서남풍이 불면 이를 '금풍(金風)'이라 한다. 그러면 곡물에 쭉정이가 없게 된다.

비가 조금만 내리면 주로 오곡이 잘 여물게 된다. 《증보도주공서》[43]

칠석에 비가 내리면 이를 '세차우(洗車雨, 수레 씻어 주는 비)'라 한다. 그러면 주로 8월에 여뀌꽃[蓼花, 요화][44]이 피게 된다. 속담에 "7월 7일에 세차우 내리지 않으면 8월 8일에 여뀌꽃 피지 않는다."라 했다. 《농정전서》[45]

칠석에 은하수의 운행으로 쌀값을 추정한다. 은하수의 회전이 빠르면 쌀값이 싸지고, 느리면 쌀값이 비싸진다. 《기력촬요》[46]

七夕日候

七夕西南風, 謂之"金風", 無秕穀;

微雨, 主五穀成實. 《增補陶朱公書》

七夕①有雨, 名"洗車雨", 主八月有蓼花. 諺云: "七月七無洗車, 八月八無蓼花." 《農政全書》

七夕天河去, 探米價. 回快, 米賤; 回遲, 米貴. 《紀歷撮要》

---

42 칠석(七夕): 음력 7월 7일 저녁[夕]. 이날 밤에 견우와 직녀가 은하수에서 만난다는 전설이 있다. 민간에서는 부녀자들이 모여 길쌈과 바느질을 잘하도록 비는 걸교(乞巧)를 행하기도 했다. 칠석의 세시풍속은 《임원경제지 이운지》 권8 〈각 절기의 구경거리와 즐거운 놀이〉에 자세히 보인다. 풍석 서유구 지음, 임원경제연구소 옮김, 위와 같은 책, 549~550쪽 참조.
43 《重訂增補陶朱公致富奇書》, 위와 같은 곳.
44 여뀌꽃[蓼花, 요화]: 마디풀과의 한해살이풀인 여뀌의 꽃. 6~9월에 꽃이 핀다. 잎과 줄기는 짓이겨 물에 풀어서 고기를 잡는 데 쓴다. 잎은 매운맛이 나며 조미료로 쓰기도 한다.
45 《農政全書》, 위와 같은 곳.
46 출전 확인 안 됨; 《欽定授時通考》, 위와 같은 곳.
① 夕: 《農政全書·農事·占候》에는 "月".

9) 3묘(三卯)

7월에 3묘가 들면 농지의 벼가 잘 익게 된다.

3묘가 들지 않으면 일찍 맥류를 파종하게 된다.
《군방보》47

三卯

月內有三卯, 田禾熟;

無, 則早種麥.《群芳譜》

10) 총총히 뜬 별[滿斗, 만두]48

7월 8일 밤하늘에 별이 총총히 뜨면 주로 가을에
곡식이 잘 여물게 된다. 《군방보》49

滿斗

八日得滿斗, 主秋成.《群
芳譜》

11) 교간(篙竿) 생일50

7월 15일을 '교간 생일'이라 한다. 이날 비가 내리
면 주로 물속에서 벼를 건져내게 된다.

천둥이 치면 이를 '교간의 머리를 때려 부순다[打
折竿頭, 타절간두]'라 한다. 그러면 벼를 건져내도 잘 여
물지 않게 된다.《증보도주공서》51

篙竿生日

十五日謂之"篙竿生日", 有
雨, 主撈水稻;

有雷, 謂之"打折竿頭", 撈
不成.《增補陶朱公書》

12) 발우 씻는 비[洗鉢盂, 세발우]

7월 16일에 비가 내리면 이를 '발우(鉢盂)52 씻
는 비'라 한다. 그러면 주로 이듬해에 흉년이 들게
된다.

洗鉢盂

十六日雨, 謂之"洗鉢盂",
主來年荒.

---

47 《二如亭群芳譜》〈元部〉 "歲譜" 卷3 '七月'(《四庫全書存目叢書補編》80, 212쪽).
48 총총히 뜬 별[滿斗, 만두]:만천성두(滿天星斗, 별이 하늘에 가득함)의 줄임말. 성두는 별의 총칭이다.
49 《二如亭群芳譜》, 위와 같은 곳.
50 교간(篙竿) 생일: 위 "6. 6월점" '7) 3일의 맑음이나 비'의 각주 '교간(篙竿)' 참조. 벼가 젖지 않게 올려 놓는
   기구인 교간을 만들지 말지를 결정하는 날이라는 의미이다.
51 《重訂增補陶朱公致富奇書》, 위와 같은 곳.
52 발우(鉢盂):나무를 대접처럼 깎아서 칠을 한, 승려의 공양 그릇.

대개 온 세상[十方]의 큰 절들은 매년 4월 16일에 여름 안거(安居)53를 맺어[結夏] 법당에 오르고, 7월 16일에는 여름 안거를 풀어[解夏] 법당에서 해산한다.

만약 이날 비가 내리면 이듬해는 흉년이 들게 되므로, 반드시 법당의 안거를 중지하는 것이다. 《전가오행》54

蓋十方大利, 每年四月十六
②日結夏上堂, 七月十六解
夏散堂.

若雨, 來年荒歉, 必停堂
也.《田家五行》

13) 달 뜨는 시간

7월 16일과 연관되어 속담에 "이날 달이 일찍 뜨면 벼 수확이 좋아진다. 달이 늦게 뜨면 가을에 비가 서서히 내린다."라 했다. 수확이 많다는 말이다. 《군방보》55

月上早遲

七月十六, 諺云: "月上早,
好收稻; 月上遲, 秋雨徐".
言多也.《群芳譜》

---

53 안거(安居): 불교에서 승려들이 한곳에서 머물며 수행에 전념하는 일. 한국에서는 여름과 겨울 2회로 나누어 시행하는데, 이를 각각 하안거와 동안거라 한다.

54 《田家五行》卷上 〈七月類〉《續修四庫全書》975, 332쪽);《二如亭群芳譜》〈元部〉"天譜" 卷3 '雨'《四庫全書存目叢書補編》80, 128쪽).

55 《二如亭群芳譜》〈元部〉"天譜" 卷2 '月'《四庫全書存目叢書補編》80, 70~71쪽).

② 六:《田家五行·七月類》에는 "五".

8. 8월점

八月占

1) 절기를 어길 때의 징후

8월[中秋]에 춘령을 시행하면 가을비가 내리지 않게 된다.

하령을 시행하면 그 나라에 마침내 가뭄이 들게 되고, 겨울잠 자는 벌레들이 땅속으로 숨지 않고, 오곡이 다시 싹을 틔우게 된다.

동령을 시행하면 바람에 의한 재해가 여러 차례 일어나고, 갈무리되려 하던 천둥이 조금 더 일찍 가 버리며[收雷先行]¹, 초목이 일찍 시들어 죽게 된다. 《예기》〈월령〉²

愆候

仲秋行春令, 則秋雨不降;

行夏令, 則其國乃旱, 蟄蟲不藏, 五穀復生;

行冬令, 則風災數起, 收雷先行, 草木蚤死. 《禮記·月令》

---

1 갈무리되려…… 가버리며[收雷先行] : 천둥은 봄·여름에 치기 시작하고 가을·겨울에 갈무리 된다(春夏動發, 秋冬收藏). 8월에 겨울의 정령을 시행한다면 아직 완전히 갈무리되지 않은 천둥이 겨울철의 기운을 따라서 곧 스러진다는 의미이다. 《呂氏春秋新校釋》卷8〈中秋紀〉, 434~435쪽 참조.
2 《禮記正義》卷16〈月令〉(《十三經注疏整理本》13, 620~621쪽).

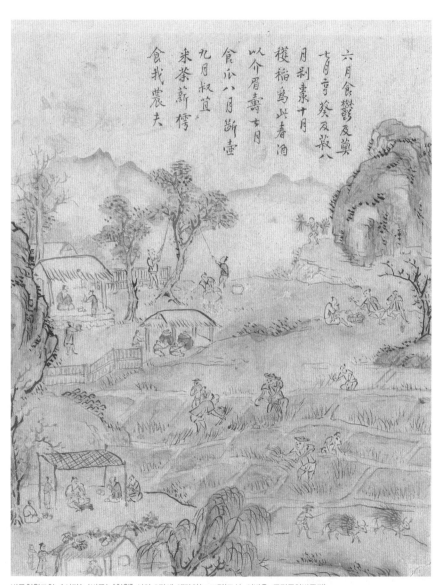

六月食鬱及薁
七月亨葵及菽
八月剝棗十月
穫稻為此春酒
以介眉壽七月
食瓜八月斷壺
九月叔苴
采荼薪樗
食我農夫

빈풍칠월도첩, 《시경》〈빈풍〉 "칠월" 시의 6장에 해당하는 그림(조선, 이방운, 국립중앙박물관)

빈풍도. 《시경》〈빈풍〉"칠월" 시의 6장에 해당하는 그림(청, 작자미상, 국립중앙박물관)

2) 총점

8월에 비가 많이 내리면 쌀이 비싸지고, 소도 비싸진다.《군방보》[3]

8월에 황색 구름이 끼면 길하게 된다.
구름이 끼지 않으면 맥류가 여물지 않게 된다.
적색 구름이 끼면 맥류가 말라 죽게 된다.《군방보》[4]

8월에 뜬구름이 돌아가지 않으면 2월에 천둥이 치지 않게 된다.《군방보》[5]

8월에 천둥소리는 나면 좋지 않다. 속담에 "8월에 천둥소리 1번 울리면 온 땅에 도적들이 넘치게 된다."라 했다.《군방보》[6]

8월 추분(秋分)[7]이 지난 후에 서리가 많이 내리면 사람들이 대부분 병에 걸리게 된다.《군방보》[8]

8월에 눈이 내리면 사람들이 대부분 질병에 걸리

月內雨多, 米貴牛貴.《群芳譜》

八月黃雲, 吉;
無雲, 麥不成;
赤雲, 麥枯死. 同上

八月浮雲不歸, 二月雷不行. 同上

八月雷聲不宜有. 諺云: "八月一聲雷, 遍地都是賊". 同上

八月秋分後多霜, 人多病. 同上

八月雪, 多疾病, 有妖賊.

---

3 《二如亭群芳譜》〈元部〉 "天譜" 卷3 '雨'(《四庫全書存目叢書補編》80, 128쪽).
4 《二如亭群芳譜》〈元部〉 "天譜" 卷3 '雲'(《四庫全書存目叢書補編》80, 110쪽).
5 《二如亭群芳譜》, 위와 같은 곳.
6 《二如亭群芳譜》〈元部〉 "天譜" 卷3 '雷'(《四庫全書存目叢書補編》80, 119쪽).
7 추분(秋分):24절기 중 열여섯 번째 절기. 양력 9월 23·24일경. 백로(白露)와 한로(寒露) 사이에 들며, 이 날 낮과 밤의 길이가 같아진다.
8 《二如亭群芳譜》〈元部〉 "天譜" 卷3 '霜'(《四庫全書存目叢書補編》80, 140쪽).

고, 간악한 도적들이 날뛰게 된다. 《군방보》9   同上

8월에 무지개가 보이면 가을에 쌀이 평년가를   八月虹見, 秋米平, 來春米
유지하지만, 이듬해 봄에는 쌀이 비싸진다. 《군방   貴. 同上
보》10

무지개가 8월에 서쪽에서 뜨면 조[粟]가 비싸진   虹八月出西方, 粟貴. 《京
다. 《경방역후(京房易候)11》12   房易候》

① 8월 1일에 비가 내려야 하지만 내리지 않으면   八月一日當雨不雨, 有大
큰 천둥이 치게 된다.   雷;

② 2일부터 5일까지 비가 내려야 하지만 내리지   二日至五日當雨不雨, 秋大
않으면 가을에 큰 서리가 내리고, 백성이 병에 걸리   霜民病;
게 된다.

③ 8일부터 15일까지 비가 내려야 하지만 내리지   八日至十五日當雨不雨, 多
않으면 큰바람이 많이 불면서 추워지게 된다.   大風寒;

④ 21일에 비가 내려야 하지만 내리지 않으면 소   二十一日當雨不雨, 牛貴二
가 2배로 비싸진다.   倍;

⑤ 26일에 비가 내려야 하지만 내리지 않으면 겨   二十六日當雨不雨, 冬大
울에 큰 천둥이 치게 된다.   雷;

⑥ 28일이나 29일에 비가 내리면 소가 비싸진다.   二十八日、二十九日有雨,
                                        牛貴;

⑦ 그믐날에 바람이 불고 비가 내리면 이듬해에   晦日有風雨, 來年有水有

---

9 《二如亭群芳譜》〈元部〉"天譜" 卷3 '雪'《四庫全書存目叢書補編》80, 142쪽).
10 《二如亭群芳譜》〈元部〉"天譜" 卷3 '虹霓'《四庫全書存目叢書補編》80, 116쪽).
11 경방역후(京房易候) : 중국 서한의 경방이 지은 점후서로 추정된다.
12 출전 확인 안 됨 ;《欽定授時通考》卷5 〈天時〉 "秋" '八月'《文淵閣四庫全書》732, 67쪽).

는 물난리가 나고 가뭄이 들게 된다.

경방(京房)은 "8월 그믐날 해 질 무렵에 비가 내리면 증(繒)[13]과 베[布]가 비싸진다. 야반(夜半, 오후 11시~오전 1시)에 비가 내리면 쌀이 비싸지고, 영아(嬰兒)들이 대부분 피해를 입게 된다."[14]라 했다. 《관규집요》[15]

旱.

京房曰: "八月晦日昏雨, 繒布貴; 夜半雨, 米貴, 嬰兒多損."《管窺輯要》

---

13 증(繒): 견직물 중 두터운 백(帛).

14 8월……된다: 출전 확인 안 됨.

15 《管窺輯要》卷59 〈雨〉(《管窺輯要》19, 16면).

3) 초하루의 절기(삭치절)

8월 1일에 백로(白露)가 들면 과실과 곡물이 여물지 않게 된다. 추분(秋分)이 들면 주로 물가가 비싸진다. 《월령통고》[16]

朔值節

朔日值白露, 果穀不實;
值秋分, 主物價貴. 《月令通考》

4) 큰달[月大盡][17]

8월이 큰달이면 수재가 생기고, 채소가 적어지게 된다. 《군방보》[18]

月大盡

月大盡, 有水災, 少菜.
《群芳譜》

---

16 출전 확인 안 됨;《欽定授時通考》, 위와 같은 곳.
17 큰달[月大盡]:한 달이 30일까지 있는 달.
18 《二如亭群芳譜》〈元部〉"歲譜"卷3 '八月'(《四庫全書存目叢書補編》80, 219쪽).

〈72후24절기도〉의 백로 부분(국립민속박물관)

5) 백로의 일진

백로가 화일(火日)[19]에 들면 메뚜기떼로 해를 입게 된다. 《증보도주공서》[20]

白露日辰

白露遇火日, 有蝗蟲. 《增補陶朱公書》

백로를 '천수(天收)'라 한다. 이날 납음(納音)[21]이 화(火)에 속하면 주로 벌레떼가 많아지고, 채소 심기가 힘들어진다. 《군방보》[22]

白露名"天收". 若納音屬火, 主蟲多, 難種菜. 《群芳譜》

---

19 화일(火日) : 천간으로는 병(丙)·정(丁), 지지로는 사(巳)·오(午)가 든 날.

20 《重訂增補陶朱公致富奇書》 卷4 〈占候部〉 "八月占"(《重訂增補陶朱公致富奇書》 中, 52쪽).

21 납음(納音) : 오음(五音)과 십이율(十二律)을 합쳐 60음을 만들고, 60갑자와 배합해서 금·화·목·수·토에 배속시키는 방식. 예를 들면 갑자(甲子)·을축(乙丑)은 해중금(海中金)에, 병인(丙寅)·정묘(丁卯)는 노중화(爐中火)에 배속시킨다. 《夢溪筆談》 〈樂律〉 1(심괄 지음, 최병규 옮김, 《몽계필담》 상, 범우사, 2002, 78~111쪽) 참조.

22 《二如亭群芳譜》 〈元部〉 "天譜" 卷3 '雨'(《四庫全書存目叢書補編》 80, 128쪽).

60갑자납음표(《몽계필담》 참조)

1	2	3	4	5	6	7	8	9	10
甲子	乙丑	丙寅	丁卯	戊辰	己巳	庚午	辛未	壬申	癸酉
海中金		爐中火		大林木		路旁土		劍鋒金	
11	12	13	14	15	16	17	18	19	20
甲戌	乙亥	丙子	丁丑	戊寅	己卯	庚辰	辛巳	壬午	癸未
山頭火		澗下水		城頭土		白蠟金		楊柳木	
21	22	23	24	25	26	27	28	29	30
甲申	乙酉	丙戌	丁亥	戊子	己丑	庚寅	辛卯	壬辰	癸巳
泉中水		屋上土		霹靂火		松柏木		長流水	
31	32	33	34	35	36	37	38	39	40
甲午	乙未	丙申	丁酉	戊戌	己亥	庚子	辛丑	壬寅	癸卯
砂石金		山下火		平地木		壁上土		金箔金	
41	42	43	44	45	46	47	48	49	50
甲辰	乙巳	丙午	丁未	戊申	己酉	庚戌	辛亥	壬子	癸丑
佛灯火		天河水		大驛土		釵釧金		桑柘木	
51	52	53	54	55	56	57	58	59	60
甲寅	乙卯	丙辰	丁巳	戊午	己未	庚申	辛酉	壬戌	癸亥
大溪水		沙中土		天上火		石榴木		大海水	

6) 추분의 일진

추분이 사일(社日)[23] 앞에 있으면 밭곡식을 잘 수확할 수 있고, 곡식이 싸진다. 추분이 사일 뒤에 있으면 밭곡식을 수확할 수 없고, 곡식이 비싸진다.

속담에 "추분 뒤에 사일 있으면 흰쌀이 천하에

秋分日辰

秋分在社日前, 則田有收而穀賤; 後, 則無收而穀貴.

諺云: "分後社, 白米偏天

---

23 사일(社日) : 입추후 다섯 번째 무일(戊日)을 추사일(秋社日), 입춘후 다섯 번째 무일은 춘사일(春社日)이라고 한다. 추사일은 양력으로는 9월 18일~26일, 춘사일은 3월 17일~26일에 해당한다. 자세한 사항은 〈위선지〉 권제1 "2월점" 각주 참고 바람.

〈72후24절기도〉의 추분 부분(국립민속박물관)

넘치게 된다. 사일 뒤에 추분 있으면 흰쌀이 금돈(錦墩)처럼 비싸진다.”라 했다.《가정현지》[24]

추분과 연관되어 속담에 “추분과 사일이 같은 날이면 저지대 농지는 모두 슬픔을 호소하게 된다. 추분이 사일 앞에 있으면 쌀 1두(斗)는 돈 1두 값어치로 비싸진다. 추분이 사일 뒤에 있으면 쌀 1두는 콩 1두 값어치로 싸진다.”라 했다.《월령통고》[25]

下; 社後分, 白米如錦墩.”《嘉定縣志》

秋分, 諺云: “分、社同一日, 低田盡叫屈; 秋分在社前, 斗米擽斗錢; 秋分在社後, 斗米擽斗豆.”《月令通考》

---

24 출전 확인 안 됨;《欽定授時通考》卷5〈天時〉“秋”‘八月’(《文淵閣四庫全書》732, 68쪽).
25 출전 확인 안 됨;《欽定授時通考》卷5〈天時〉“秋”‘八月’(《文淵閣四庫全書》732, 67~68쪽).

7) 추분의 징후

추분일에는 바람의 방향[風色]으로 점을 친다. 동남풍이 불면 주로 그해는 곡식이 잘 익고 백성이 평안하게 된다.

동북풍이나 서북풍이 불면 이를 '쭉정이 창고를 연다[開秕穀倉, 개비곡창]'라 한다. 그러면 모두 주로 벼에 쭉정이가 많게 된다.

비가 조금 내리거나 날씨가 흐리면 가장 좋다. 《증보도주공서》[26]

추분에 비가 내리면 쌀알갱이가 통통하여 수확이 많아진다. 속담에 "농지는 가을 가뭄을 두려워하고, 사람은 노년 가난을 두려워한다."라 했다. 가뭄이 들면 반드시 덥고, 더우면 반드시 벼를 손상시키게 된다. 《증보도주공서》[27]

추분에는 비가 조금 내리거나 날씨가 흐리면 가장 좋다. 그러면 주로 이듬해에는 고지대와 저지대 농지의 곡식이 모두 잘 익게 된다. 《농정전서》[28]

추분에 맑으면 주로 수확할 수 없게 된다. 《월령통고》[29]

秋分日候

秋分日占風色. 東南風, 主歲稔, 民安;

東北、西北風, 謂之"開秕穀倉", 皆主稻秕.

微雨或陰天最妙. 《增補陶朱公書》

秋分得雨, 則米粒圓滿多收. 諺云: "田怕秋旱, 人怕老窮." 旱, 必熱; 熱, 必損稻. 同上

秋分要微雨, 或陰天最妙, 主來年高低田大熟. 《農政全書》

秋分晴, 主不收. 《月令通考》

---

26 《重訂增補陶朱公致富奇書》卷4〈占候部〉"八月占"(《重訂增補陶朱公致富奇書》中, 52쪽).
27 《重訂增補陶朱公致富奇書》, 위와 같은 곳.
28 《農政全書》卷11〈農事〉"占候"'八月'(《農政全書校注》, 260쪽).
29 출전 확인 안 됨;《二如亭群芳譜》〈元部〉"天譜"卷2 '日'(《四庫全書存目叢書補編》80, 64쪽).

추분의 유시(酉時, 오후 5~7시)에 양떼 같은 백색 구름이 서쪽에 끼면 이는 추분의 기운이다. 그러면 주로 곡식이 아주 잘 익게 된다.

흑색 구름이 뒤섞여 끼면 삼농사나 콩농사에 모두 좋다.

적색 구름이 끼면 주로 이듬해에 가뭄이 들게 된다. 《군방보》30

추분일에 해가 서쪽으로 들어갈 때 양떼 같은 백색 구름이 끼면 벼농사에 좋고 풍년이 들게 된다. 《팔절점》31

秋分酉時, 西方有白雲如群羊, 是分氣, 主大稔;

有黑雲相雜, 竝宜麻、豆;

赤雲, 主來年旱.《群芳譜》

秋分日日入西方, 有白雲如羊, 宜稻, 年豐.《八節占》

---

30 《二如亭群芳譜》〈元部〉"天譜" 卷3 '雲'(《四庫全書存目叢書補編》80, 110쪽).
31 출전 확인 안 됨.

8) 중추절(中秋節)[32]의 징후

중추절에 달이 뜨지 않으면 토끼가 새끼를 배지 못하고, 방(蚌, 가장작은조개)[33]은 알을 배지 못하며, 메밀은 열매를 맺지 못하게 된다. 왜냐하면 토끼는 달을 바라보고 새끼를 배고, 방은 달을 바라보고 알을 배며, 메밀은 달빛을 받아서 이삭을 맺기 때문이다. 《설원(說苑)》[34] 〈담총(談叢)[35]〉[36]

中秋日候

中秋無月, 則兔不孕, 蚌不胎, 蕎麥不實. 兔望月而孕, 蚌望月而胎, 蕎麥得月而秀.《談叢》

방(《왜한삼재도회》)　　　방(《매원개보》)

---

32 중추절(中秋節) : 8월에 있는 명절이라는 뜻. 우리나라에서는 추석(秋夕)·가배(嘉排)라고도 한다. 이날 달을 감상하며, 햅쌀로 송편을 빚고 햇과일 따위의 음식을 장만하여 차례를 지낸다. 중추절의 세시풍속은 《임원경제지 이운지(林園經濟志 怡雲志)》 권8 〈각 절기의 구경거리와 즐거운 놀이[節辰常樂]〉에 자세히 보인다. 풍석 서유구 지음, 임원경제연구소 옮김, 위와 같은 책, 555~557쪽 참조.

33 방(蚌, 가장작은조개) : 조개의 일종. 《임원경제지 전어지(林園經濟志 佃漁志)》 권4 〈물고기 이름 고찰(어명고)[魚名攷]〉에 자세히 보인다. 풍석 서유구 지음, 임원경제연구소 옮김, 《임원경제지 전어지》 2, 풍석문화재단, 2021, 357~359쪽 참조.

34 설원(說苑) : 중국 전한(前漢)의 학자 유향(劉向, B.C. 77~B.C. 6)이 편집한 설화집. 20권.

35 담총(談叢) : 《설원》의 16번째 편.

36 출전 확인 안 됨 ; 《欽定授時通考》 卷5 〈天時〉 "秋" '八月'(《文淵閣四庫全書》 732, 68쪽).

I. 풍흉과 길흉의 예측(상)　　291

중추절 밤에 달이 빛을 내면 주로 토끼가 많아지고 물고기는 적어진다. 달빛이 없으면 주로 이듬해 정월 대보름날 등을 밝힐 때[37] 비가 내리게 된다. 속담에 "구름이 중추절의 달을 가리면 빗방울이 정월 대보름날[上元] 밝힌 등을 때린다."라 했다. 《군방보》[38]

中秋夜月光, 主多兔少魚; 無月, 主來年燈時雨. 諺云: "雲罩中秋月, 雨打上元燈."《群芳譜》

중추절에 비가 내리면 주로 큰 물난리가 나게 된다. 또 주로 이듬해 저지대 농지의 곡식이 잘 익게 된다. 《군방보》[39]

中秋雨, 主澇, 又主來年低田熟. 同上

8월 15일에 맑으면 주로 이듬해에 고지대 농지의 곡식은 잘 여물게 되지만, 저지대 농지는 물난리가 나게 된다. 《월령통고》[40]

十五日晴, 主來年高田成熟, 低田水.《月令通考》

---

37 정월……때:대보름날 등을 밝히거나 등을 태우는 풍속인 등석(燈夕)을 가리킨다. 우리나라는 등석이 4월 초파일로 옮겨졌다. 대보름날의 세시풍속은 《임원경제지 이운지》 권8 〈각 절기의 구경거리와 즐거운 놀이〉에 자세히 보인다. 풍석 서유구 지음, 임원경제연구소 옮김, 《임원경제지 이운지》 4, 521~523쪽 참조.
38 《二如亭群芳譜》〈元部〉 "天譜" 卷2 '月'(《四庫全書存目叢書補編》80, 71쪽).
39 《二如亭群芳譜》〈元部〉 "天譜" 卷3 '雨'(《四庫全書存目叢書補編》80, 128쪽).
40 출전 확인 안 됨;《二如亭群芳譜》〈元部〉 "天譜" 卷2 '日'(《四庫全書存目叢書補編》80, 64쪽).

9) 추사일(秋社日)의 비

추사일에 비가 내리면 이듬해에는 풍년이 들게 된다. 《군방보》[41]

社日雨

秋社雨, 來年豐.《群芳譜》

10) 3묘(三卯)와 3경(三庚, 3번의 경일)

8월에 3묘가 들고 3경이 들면 저지대 농지의 맥류와 벼는 길하게 된다. 3경이 들고 2묘(卯)가 들면 맥류농사가 고지대 농지에 좋다. 3묘가 들지 않으면 맥류농사에 좋지 않다.

속담에 "3묘가 들고 3경이 들면 맥류가 낮은 구덩이에서도 잘 나오게 된다. 3경이 들고 2묘가 들면 맥류가 간신히 교묘하게 나오게 된다."라 했다. 《군방보》[42]

三卯三庚

有三卯、三庚, 低田麥稻吉; 三庚、二卯, 麥宜高田; 無三卯, 不宜麥.

諺云: "三卯、三庚, 麥出低坑; 三庚、二卯, 麥出拗巧."《群芳譜》

---

41 《二如亭群芳譜》〈元部〉"天譜" 卷3 '雨'(《四庫全書存目叢書補編》80, 128쪽).
42 《二如亭群芳譜》〈元部〉"歲譜" 卷3 '八月'(《四庫全書存目叢書補編》80, 219쪽).

11) 초하루의 맑음과 비

8월 1일에 맑으면 주로 겨울에 가뭄이 들게 되며, 생강농사에 좋다. 비가 조금 내리면 맥류농사에 좋다.

일설에는 "바람이 불고 비가 내리면 맥류농사에 좋으며, 주로 베가 비싸지고 삼씨앗이 10배로 비싸진다."라 했다.

또 "일반적으로 1일에는 맑아야 한다. 다만 이달에는 비가 중요하니, 비가 내리면 맥류를 파종하기에 좋다."라 했다.《농정전서》[43]

8월 1일에 큰비가 내리면 벼를 상하게 한다.

일설에는 "바람이 불고 비가 내리면 맥류농사에 좋으며, 주로 베와 견사(絹絲)·면, 그리고 삼씨앗이 비싸진다. 비가 많이 내리면 소가 비싸진다."라 했다.

일설에는 "1일부터 3일까지 흐리고 비가 내리면 맥류농사에 좋으며, 주로 베가 비싸지고, 참깨가 적어진다."라 했다.

일설에는 "8월 1일에 비가 내렸다가 다시 먹구름이 끼었다가[陣]를 반복하면[44] 이듬해 5월이 다하도록 가뭄이 들게 된다."라 했다.《군방보》[45]

朔日晴雨

朔日晴, 主冬旱, 宜薑; 略得雨, 宜麥.

一云: "風雨, 宜麥, 主布貴, 麻子貴十倍."

又云: "凡朔要晴, 唯此月要雨, 好種麥."《農政全書》

朔日大雨, 傷禾.

一云: "風雨, 宜麥, 主布、絹絲、綿及麻子貴; 多雨, 牛貴."

一云: "朔日至三日陰雨, 宜麥, 主布貴, 油麻少."

一云: "八月初一下一陣, 旱到來年五月盡."《群芳譜》

---

43 《農政全書》卷11〈農事〉"占候"'八月'(《農政全書校注》, 260쪽).
44 비가……반복하면: '下'를 '비가 내리다'로, '陣'을 '먹구름이 끼다'로 번역했다. '陣'의 용례는 《위선지》 권제4에 자주 보인다.
45 《二如亭群芳譜》〈元部〉"天譜"卷3'雨'(《四庫全書存目叢書補編》80, 128쪽).

1일에 바람이 불고 비가 내리면 사람들이 평안하지 않고, 쌀이 비싸진다. 남풍이 불면 벼를 2배로 수확하게 된다. 《군방보》[46]

朔日風雨, 人不安, 米貴; 南風, 禾倍收. 同上

8월 1일에 비가 내리면 각이 진 농지에서는 하급으로 익게 된다. 각이 진 농지에는 콩농사가 좋다. 《설원》〈담총〉[47]

八月一日雨, 則角田下熟, 角田豆也.《談叢》

---

46 《二如亭群芳譜》〈元部〉 "天譜" 卷3 '風'(《四庫全書存目叢書補編》 80, 104쪽).
47 출전 확인 안 됨;《欽定授時通考》, 위와 같은 곳.

12) 달빛으로 징후 살피기

달의 징후를 살펴서 비가 많이 올지 적게 올지를 알게 된다. 8월 1~3일에 달빛이 적황색이면 그달에는 비가 적게 내리게 된다.

달빛이 청색이면 그달에는 비가 많이 내리게 된다.《사광점》[48]

候月色

候月, 知雨多少. 八月一日、二日、三日月色赤黄者, 其月少雨;

月色靑者, 其月多雨.《師曠占》

13) 거칠게 내리는 비(횡강우)

8월 11일에 거칠게 내리는 비가 없으면 물난리가 일어나게 되고, 맥류를 파종하기 좋으며, 이듬해에는 물난리가 적게 된다.《기력찰요》[49]

8월 11일에는 이듬해 물난리나 가뭄을 점친다. 이날 침신(侵晨)[50]이나 하룻밤 지나도록 물가에 풍랑이 없고, 물이 한결같다면 자시(子時, 오후 11시~오전 1시)가 되도록 늦게까지 살핀다. 물가가 잠기면 주로 물이 많이 드러나며, 주로 가뭄이 들게 된다. 물가가 평소와 같다면 주로 작은 물난리가 나게 되고, 또한 주로 그해에 맥류를 심기에 좋게 된다. 이러한 물길을 '횡항(橫港)'[51]이라 한다.《월령통고》[52]

橫降雨

八月十一日無橫降雨, 水起, 好種麥, 來年水少.《紀歷撮要》

十一日卜來年水旱. 侵晨或隔夜于水邊無風浪, 處作一水, 則子至晚看之. 若沒, 主水露, 主旱; 平, 主小水, 又主本年好種麥. 名曰"橫港".《月令通考》

---

48 출전 확인 안 됨;《御定月令輯要》卷3〈每月令〉"占驗"'候月知雨'(《文淵閣四庫全書》467, 160쪽).

49 출전 확인 안 됨.

50 침신(侵晨) : 날씨가 쾌청한 날 막 밝을 무렵.

51 횡항(橫港) : 바다까지 이어지는 수로 시설. 성(城) 가까이 안쪽에 있으면 운염하(運鹽河)·횡항(橫港)이라 하고, 밖에 있으면 참호(塹濠)·호당구(護塘溝)라 한다. 염수가 농작물에 주는 피해를 막기 위해서 이 둘을 분리해서 건축했다.《鄭開陽雜著》卷2〈萬里海防圖論〉下"蘇松海防論"(《文淵閣四庫全書》584, 485쪽) 참조.

52 출전 확인 안 됨;《御定月令輯要》卷15〈八月令〉"日次"(《文淵閣四庫全書》467, 464쪽).

8월 11일에 약간 맑으면 아주 좋다. 《월령통고》[53]

十一日小晴, 妙. 同上

14) 소금 생일(염생일)

8월 12일은 소금 생일이다. 동북풍이 불면 이를 '짠 조수의 바람[醎潮風, 함조풍]'이라 한다. 그러면 주로 벼에 쭉정이가 생기게 된다. 비가 내리면 역시 쭉정이가 생기게 된다. 《증보도주공서》[54]

12일은 '소금 생일'이다. 13일은 '소금밭 생일[滷生日, 로생일]'이다. 이들 날에 비가 내리면 소금이 비싸진다. 《가정현지》[55]

鹽生日

十二鹽生日. 東北風爲"醎潮風", 主稻秕; 有雨, 亦秕.《增補陶朱公書》

十二日爲"鹽生日". 十三日爲"滷生日". 雨, 則鹽貴. 《嘉定縣志》

15) 16일 밤의 달

16일 밤에 달빛을 보았을 때 멀리까지 구름이 끼지 않았으면 이듬해에는 곡식이 아주 잘 익게 된다.

일설에는 "16일에 구름이 달을 가리면 이듬해에 제방이 침수된다【가정(嘉靖) 39년(1560) 8월 16일 밤에 손을 폈더니 손가락 끝이 보이지 않을 정도로 흐렸다. 40년(1561)에 과연 물이 넘치고, 큰 흉년이 들었다】."라 했다. 《증보도주공서》[56]

十六夜月

十六夜看月色, 萬里無雲, 來年大熟.

一云: "十六雲遮月, 來年防水沒【嘉靖①三十九年八月十六夜, 伸手弗見五指頭. 四十年果然水沒大荒】." 《增補陶朱公書》

---

53 《二如亭群芳譜》〈元部〉"天譜" 卷2 '日'(《四庫全書存目叢書補編》80, 64쪽).
54 《重訂增補陶朱公致富奇書》卷4〈占候部〉"八月占"(《重訂增補陶朱公致富奇書》中, 52쪽).
55 출전 확인 안 됨; 《御定月令輯要》卷15〈八月令〉"占驗"(《文淵閣四庫全書》467, 479쪽).
56 《重訂增補陶朱公致富奇書》, 위와 같은 곳.
① 靖: 저본에는 "定".《重訂增補陶朱公致富奇書·占候部·八月占》에 근거하여 수정.

16) 볏짚[稻藁] 생일(도고생일)

8월 24일은 '볏짚 생일'이라 한다. 이날 비가 내리면 비록 볏짚을 얻더라도 반드시 볏짚이 썩게 된다. 《가정현지》[57]

민간에 전해지기로는 8월 24일 밤이 '부뚜막신[竈君] 생일(조군생일)'이다. 이날 비가 내리면 땔감이 바닥나고 쌀이 비싸진다. 《증보도주공서》[58]

稻藁生日

八月二十四日爲"稻藁生日". 雨, 則雖得穀藁, 必腐.《嘉定縣志》

俗傳八月廿四夜"竈[2]君生日". 若雨, 柴荒米貴.《增補陶朱公書》

---

57 출전 확인 안 됨; 《御定月令輯要》 卷15 〈八月令〉 "日次" (《文淵閣四庫全書》 467, 470쪽).
58 《重訂增補陶朱公致富奇書》, 위와 같은 곳.
[2] 竈 : 저본에는 "炷". 《重訂增補陶朱公致富奇書·占候部·八月占》에 근거하여 수정.

9. 9월점

九月占

1) 절기를 어길 때의 징후

愆候

9월[季秋]에 하령을 시행하면 그 나라에 큰 물난리가 나게 되고, 겨울나기를 위해 마련한 물건들이 상하여 못쓰게 되며, 백성이 대부분 코막힘과 재채기로 고생하게 된다.

동령을 시행하면 나라에 도적들이 많아지게 된다.

춘령을 시행하면 따뜻한 바람이 불어오게 된다.
《예기》〈월령〉[1]

愆候

季秋行夏令, 則其國大水,
冬藏殃敗, 民多鼽嚏;

行冬令, 則國多盜賊;

行春令, 則煖風來至.《禮
記·月令》

---

1 《禮記正義》卷17〈月令〉《十三經注疏整理本》13, 631~632쪽).

2) 총점

9월에 만물이 시들지 않으면 3월에는 초목이 상하게 된다. 《박아》[2]

9월에 서리가 내리지 않으면 이듬해 3월에는 흐리고 추운 날이 많고, 비가 많이 내리며, 주로 쌀이 비싸진다. 《융사류점》[3]

9월에 천둥이 치면 주로 곡식이 비싸진다. 《융사류점》[4]

1일부터 9일까지 매일의 날씨로 각각의 달을 점친다. 이날 바람이 불면 이달에 곡식이 비싸진다. 《융사류점》[5]

한로(寒露)[6] 전후에 천둥과 번개가 치면 주로 이듬해에 물난리가 나게 된다. 《증보도주공서》[7]

무지개가 9월에 서쪽에 뜨면 메주콩과 팥이 비싸

總占

九月物不凋, 三月草木傷. 《博雅》

九月霜不下, 則來年三月多陰寒多雨, 主米貴. 《戎事類占》

九月雷, 主穀貴. 同上

自一日至九日以日占月. 遇此日風, 則此月穀貴. 同上

寒露前後有雷電, 主次年有水. 《增補陶朱公書》

虹以九月出西方, 大、小豆

---

2 《廣雅》卷9〈釋天〉"月行九道"(《叢書集成初編》1160, 110쪽);《二如亭群芳譜》〈元部〉"歲譜"卷3 '九月'(《四庫全書存目叢書補編》80, 224쪽).

3 출전 확인 안 됨;《欽定授時通考》卷5〈天時〉"秋" '九月'(《文淵閣四庫全書》732, 70쪽).

4 출전 확인 안 됨;《欽定授時通考》, 위와 같은 곳.

5 출전 확인 안 됨;《欽定授時通考》, 위와 같은 곳.

6 한로(寒露):24절기 중 열일곱 번째 절기. 양력 10월 8·9일경. 추분(秋分)과 상강(霜降) 사이에 들며, 이슬이 찬 공기를 만나서 서리로 변하기 전이라는 뜻이다.

7 《重訂增補陶朱公致富奇書》卷4〈占候部〉"九月占"(《重訂增補陶朱公致富奇書》中, 53쪽).

〈72후24절기도〉의 한로 부분(국립민속박물관)

진다. 또 1일에 무지개가 보이면 삼과 기름이 비싸진다. 《문림광기》[8]

9월 경진(庚辰)일【안 《군방보》에는 경인(庚寅)으로 되어 있다[9]】과 신묘(辛卯)일에 비가 내리면 주로 겨울에 곡식이 배로 비싸진다. 《문림광기》[10]

9월 2일에 비가 내리면 삼씨[麻子]가[11] 5배로 비싸진다.

貴；又朔日虹見, 麻貴油貴.《文林廣記》

九月庚辰【按 《群芳譜》作庚寅】, 辛卯日雨, 主冬穀貴一倍. 同上

九月二日有雨, 貴五倍.

---

8 출전 확인 안 됨;《欽定授時通考》, 위와 같은 곳;《二如亭群芳譜》〈元部〉“天譜” 卷3 '虹霓'(《四庫全書存目叢書補編》80, 116쪽).

9 《군방보》에는……있다:《二如亭群芳譜》〈元部〉“天譜” 卷3 '雨'(《四庫全書存目叢書補編》80, 128쪽)에 보인다.

10 출전 확인 안 됨;《欽定授時通考》, 위와 같은 곳

11 삼씨[麻子]가:《管窺輯要》에는 위 본문의 내용 앞에 “9월 1일에 비가 내리면 삼씨가 10배 비싸진다(九月一日有雨, 麻子貴十倍).”는 내용이 있어 삼씨가 생략되었으므로 이를 반영하여 번역했다.

일설에는 "9월 1일에 바람이 불고 비가 내리면 이
듬해 봄에는 가뭄이 들고, 여름에는 물난리가 나게
된다. 9월 1일에 비가 내려야 하지만 내리지 않는다
면 서리가 일찍 내려 곡물을 죽이게 된다. 그믐날에
바람이 불고 비가 내리면 물난리가 나고 그해 수확
이 나빠진다."라 했다. 《관규집요》[12]

9월 12일에 비가 내려야 하지만 내리지 않는다면
사람이 많이 죽게 된다. 《무비지》[13]

一曰: "九月一日有風雨, 來
年春旱夏水; 九月一日當雨
不雨, 霜早降殺物; 晦日有
風雨, 有水歲惡."《管窺輯
要》

九月十二日當雨不雨, 人[1]
多死.《武備志》

---

12 《管窺輯要》卷59〈雨〉《管窺輯要》19, 16면).
13 《武備志》卷167〈占度載〉 "占雨雹", 6818쪽.
[1] 人:《武備志·占度載·占雨雹》에는 "民".

3) 초하루의 절기(삭치절)

9월 1일에 한로가 들면 주로 겨울에 얼어붙듯이 매우 춥게 된다. 상강(霜降)[14]이 들면 주로 그해는 흉년이 들게 된다【안 일설에는 "비가 많이 내리면 이듬해에는 곡식이 잘 익게 된다."[15]라 했다】.《전가잡점(田家雜占)[16]》[17]

朔值節

朔日值寒露, 主冬寒嚴凝; 值霜降, 主歲歉【按 一作: "多雨, 來年歲稔"】.《田家雜占》

〈72후24절기도〉의 상강 부분(국립민속박물관)

---

14 상강(霜降): 24절기중 열여덟 번째 절기. 양력 10월 23·24일경. 한로(寒露)와 입동(立冬) 사이에 들며, 서리가 내린다는 뜻이다.

15 비가……된다:《二如亭群芳譜》〈元部〉"歲譜" 卷3 '九月'(《四庫全書存目叢書補編》80, 224쪽)에 보인다.

16 전가잡점(田家雜占): 중국 원말명초의 누원례(婁元禮, ?~?)가 지은 점후서.

17 출전 확인 안 됨;《欽定授時通考》卷5〈天時〉"秋" '九月'(《文淵閣四庫全書》732, 71쪽).

4) 9일의 징후

중구일(重九日)[18]에 맑으면 동지와 정월 1일, 대보름날, 청명일의 4일이 모두 맑게 된다. 이날 비가 내리면 4일 모두 비가 내리게 된다.

속담에 "중양절(重陽節, 중구일)에 비가 내리지 않으면 겨우내 맑게 된다."라 했다.

또 속담에 "9월 9일에 비가 내리면 포(脯)가 잘 만들어지지 않는다."라 했다.

또 "중양절에 습기로 눅눅하면 볏단이 천 전(錢)을 간다."라 했다. 《전가오행》[19]

9월 9일에 비가 많이 내리면 벼를 거둬들여야 좋다. 또 "9월 9일은 비가 돌아오는 날[雨歸路日, 우귀로일]이니, 이날 비가 내리면 이듬해에는 곡식이 잘 익게 된다."라 했다. 《사시점후》[20]

중양일에는 바람의 방향[風色]을 살펴서 이듬해의 풍흉을 점친다. 서북풍은 '범단(范丹)[21] 입 안에 부는 바람(범단구리풍)'이라 한다. 이 바람이 불면 주로 흉하게 된다.

九日日候

重九日晴, 則冬至、元日、上元、清明四日皆晴; 雨, 則皆雨.

諺云: "重陽無雨, 一冬晴."

又諺云: "九日雨, 未②成脯."

又云: "重陽濕漉漉, 穰草千錢束."《田家五行》

九日雨大, 宜收禾. 又云: "九月九日是雨歸路日, 有雨, 來年熟".《四時占候》

重陽日占風色, 卜來年豐歉. 西北風名"范丹口裏風", 主凶;

---

18 중구일(重九日) : 9가 겹치는 9월 9일. 중양절(重陽節)이라고도 한다. 중요한 명절의 하나로 국화주와 국화떡을 해 먹었다. 중양절의 세시풍속은 《임원경제지 이운지》 권8 〈각 절기의 구경거리와 즐거운 놀이〉에 자세히 보인다. 풍석 서유구 지음, 임원경제연구소 옮김, 위와 같은 책, 557쪽 참조.

19 《田家五行》 卷上 〈九月類〉(《續修四庫全書》 975, 333~334쪽);《御定月令輯要》 卷16 〈九月令〉 "占驗"(《文淵閣四庫全書》 467, 504쪽).

20 출전 확인 안 됨;《御定月令輯要》 卷16 〈九月令〉 "占驗"(《文淵閣四庫全書》 467, 504~505쪽).

21 범단(范丹) : 112~185. 중국 동한(東漢)의 관료·문인. 이름을 염(冉)으로도 쓴다. 마융(馬融)을 사사했고 오경에 능통했다. 점복으로 생계를 꾸리며 가난했지만 지조를 지켰다.

② 未 : 저본에는 "米".《田家五行·九月類》에 근거하여 수정.

동북풍은 '석숭(石崇)[22] 입 안에 부는 바람(석숭구리 풍)'이라 한다. 이 바람이 불면 주로 길하게 된다. 《증보도주공서》[23]

東北風名"石崇口裏風", 主吉. 《增補陶朱公書》

---

22 석숭(石崇) : 249~300. 중국 서진(西晉)의 관료. 부정부패로 부호가 되었으며 사치와 잔악 행위로 악명을 떨쳤다. 후에 반란을 일으켰다가 참살되었다.
23 《重訂增補陶朱公致富奇書》, 위와 같은 곳.

5) 조의 가격

조[粟米]는 항상 9월을 기준으로 삼는다. 만약 가격이 일정하지 않다면 가장 싼 날을 기준으로 삼는다.

조를 가을에 얻는 경우를 기준으로 하면 이듬해 여름에 비싸진다. 겨울에 얻는 경우를 기준으로 하면, 이듬해 가을에 비싸진다.

이것이 곡식을 수확할 때 빨리 할지 늦게 할지 판단하는 시기이다. 《사광점》[24]

粟貴賤

粟米常以九月爲本. 若貴賤不時, 以最賤之日爲本.

粟以秋得本, 貴在來夏; 以冬得本, 貴在來秋.

此收穀遠近之期也. 《師曠占》

6) 초하루의 바람과 비

9월 1일에 바람이 불고 비가 내리면 주로 봄에 가뭄이 들고, 여름에는 비가 내리며, 참깨가 비싸진다. 또 1일에 동풍이 한나절 동안 그치지 않고 분다면 주로 쌀과 맥류가 비싸진다. 《잡점》[25]

朔日風雨

朔日風雨, 主春旱夏雨, 芝麻貴. 又朔日東風半日不止, 主米麥貴. 《雜占》

9월 1일에 비가 적게 내리면 길하게 된다. 많이 내리면 벼를 상하게 한다. 바람이 불고 비가 내리면 이듬해 봄에 가뭄이 들고, 여름에는 물난리가 나며, 쌀이 비싸진다. 《사시점후》[26]

九月朔日小雨, 吉; 大雨, 傷禾; 風雨, 來春旱夏水, 米貴. 《四時占候》

1일에 청명하면 만물이 잘 여물지 않게 된다. 《사시점후》[27]

朔日晴明, 萬物不成. 同上

---

24 출전 확인 안 됨; 《欽定授時通考》卷5〈天時〉 "秋" '九月'(《文淵閣四庫全書》732, 70쪽).
25 출전 확인 안 됨; 《欽定授時通考》卷5〈天時〉 "秋" '九月'(《文淵閣四庫全書》732, 71쪽).
26 출전 확인 안 됨; 《二如亭群芳譜》〈元部〉 "天譜" 卷3 '雨'(《四庫全書存目叢書補編》80, 128쪽).
27 출전 확인 안 됨; 《二如亭群芳譜》〈元部〉 "天譜" 卷2 '日'(《四庫全書存目叢書補編》80, 64쪽).

둥구미(국립민속박물관)

7) 둥구미[稻蘿]²⁸ 생일(도라생일)

9월 13일은 둥구미 생일이니, 맑아야 좋다. 또 "13일에 맑은 날씨는 14일에 구름[靈]이 낀 것만 못하다. 14일에 맑으면 나막신[釘靴]의 코를 끈으로 묶어 걸어 놓는다."²⁹라 했다. 《가정현지》³⁰

13일에 맑으면 겨울에 맑고, 땔감이 싸진다. 《잡점》³¹

稻蘿生日

九月十三爲稻蘿生日, 宜晴. 又云: "十三晴, 不如十四靈. 十四晴, 釘靴掛斷鼻頭繩."《嘉定縣志》

十三日晴, 則冬晴柴賤.
《雜占》

8) 상묘일(上卯日)³² 바람

9월 상묘일에 북풍이 불면 이듬해 3월과 7월에 쌀이 크게 비싸진다.

동풍이 불면 역시 그러할 것이다.

서북풍이 불면 평년과 같게 된다. 《군방보》³³

上卯風

九月上卯日北風, 來年三、七月米大貴;

東風, 亦然;

西北, 平平.《群芳譜》

---

28 둥구미[稻蘿]: 짚이나 대오리로 둥글고 울이 깊게 결어 만든 그릇. 주로 곡식이나 채소 따위를 담는 데에 쓰인다.
29 나막신[釘靴]의……놓는다: 비가 오지 않아 나막신 신을 일이 없다는 뜻인 듯하다.
30 출전 확인 안 됨;《欽定授時通考》卷5〈天時〉"秋"'九月'(《文淵閣四庫全書》732, 71쪽).
31 출전 확인 안 됨;《欽定授時通考》, 위와 같은 곳.
32 상묘일(上卯日): 매달 상순에 묘(卯)의 간지가 들어 있는 날.
33 출전 확인 안 됨;《欽定授時通考》, 위와 같은 곳.

10. 10월점

十月占

1) 절기를 어길 때의 징후

愆候

10월[孟冬]에 춘령을 시행하면 땅이 꽁꽁 얼어붙지 못하여, 땅의 기운이 위로 흘러나와서, 백성이 대부분 유랑하여 떠돌게 된다.

하령을 시행하면 나라에 폭풍이 많이 불고, 겨울로 접어들었는데도 춥지 않아, 겨울잠 자는 벌레들이 다시 나오게 된다.

추령을 시행하면 눈과 서리가 때에 맞게 내리지 않게 된다.《예기》〈월령〉[1]

孟冬行春令, 則凍閉不密, 地氣上泄, 民多流亡;

行夏令, 則國多暴風, 方冬不寒, 蟄蟲復出;

行秋令, 則雪霜不時.《禮記·月令》

---

1 《禮記正義》卷17〈月令〉(《十三經注疏整理本》13, 644쪽).

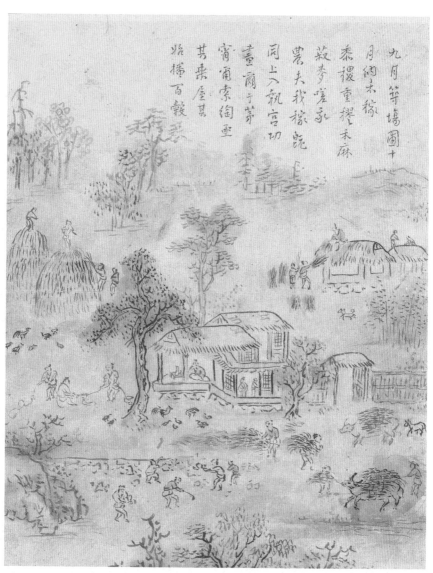

九月築場圃十

月納禾稼

黍稷重穋禾麻

菽麥嗟我

農夫我稼既

同上入執宮功

晝爾于茅

宵爾索綯亟

其乘屋其

始播百穀

빈풍칠월도첩. 《시경》〈빈풍〉 "칠월" 시의 7장에 해당하는 그림(조선, 이방운, 국립중앙박물관)

빈풍도. 《시경》〈빈풍〉 "칠월" 시의 7장에 해당하는 그림(청, 작자미상, 국립중앙박물관)]

2) 총점

10월에 춥지 않으면 많은 백성이 갑자기 죽게 된다.《군방보》[2]

10월에 무지개가 보이면 주로 삼이 비싸진다. 또 주로 5월에 곡식이 비싸진다.《군방보》[3]

10월에 천둥이 치면 인민에게 재앙이 생기고, 오곡의 수확량이 적게 된다.《군방보》[4]

10월 1일에 천둥이 치면 해당 마을에는 해골이 들판에 가득하게 된다. 밤에 치면 더욱 심하다.《군방보》[5]

경술(庚戌)·신해(辛亥)일에 천둥이 치면 이듬해 1월에 쌀이 비싸지고, 음기가 성하여 농작물은 수확량이 적게 된다.《군방보》[6]

10월 계사(癸巳)일에 안개가 붉으면 전쟁이 나게 된다.

안개가 청색이면 재앙이 생기게 된다.《군방보》[7]

總占

十月中不寒, 民多暴死.《群芳譜》

十月內虹見, 主麻[1]貴, 又主五月穀貴. 同上

十月雷鳴, 人民災, 五穀薄. 同上

朔雷鳴, 所當之鄉, 骸骨盈野. 夜尤甚. 同上

庚戌、辛亥日雷鳴, 來年正月米貴, 陰氣盛, 田薄收. 同上

十月癸巳霧赤, 爲兵;

靑, 爲殃. 同上

---

2 《二如亭群芳譜》〈元部〉"歲譜" 4 '冬'(《四庫全書存目叢書補編》80, 235쪽).
3 《二如亭群芳譜》〈元部〉"天譜" 3 '虹霓'(《四庫全書存目叢書補編》80, 116쪽).
4 《二如亭群芳譜》〈元部〉"天譜" 3 '雷'(《四庫全書存目叢書補編》80, 119쪽).
5 《二如亭群芳譜》, 위와 같은 곳.
6 《二如亭群芳譜》, 위와 같은 곳.
7 《二如亭群芳譜》〈元部〉"天譜" 3 '霧'(《四庫全書存目叢書補編》80, 136쪽).
[1] 麻:《二如亭群芳譜·元部·天譜》에는 "蔬".

10월 임인(壬寅)·계묘(癸卯)일에 비가 내리면 봄에 조[粟]값이 비싸진다. 속담에 "비가 내리고 간간이 눈까지 내리면 쉴 날이 없다."라 했다. 《군방보》8

十月壬寅、癸卯雨, 春粟貴. 諺云: "雨間雪, 無休歇." 同上

10월에 비가 계속해서 내리면 높은 산이 곧 밭이 된다. 《군방보》9

十月雨連連, 高山也是田. 同上

10월 2일에 비가 내리면 참깨가 비싸진다. 《군방보》10

二日雨, 芝麻貴. 同上

10월 16일에 비가 내리면 주로 춥게 된다. 《군방보》11

十六日雨, 主寒. 同上

10월에 천둥이 치면 주로 재앙이 되는 전염병이 돌게 된다. 속담에 "10월에 천둥이 치면 사람이 죽어 써레로 밀어서 치울 정도이다."라 했다. 《농정전서》12

月內有雷, 主災疫. 諺云: "十月雷, 人死用耙推." 《農政全書》

10월에 안개가 끼면 민간에서 '말로(沫露)'라 부른다. 그러면 주로 이듬해에 큰 물난리가 나서 서로 200리 떨어진 곳이어도 단 5일이면 물이 이른다. 노농들도 모두 매우 들어맞았다고 했다.

어떤 이는 "안개를 보는 것이 중요하다. 안개가 수면에 붙어 있으면 가벼운 물난리가 나고, 수면에서 떨어져 있으면 심각한 물난리가 나게 된다."라 했다.

月內有霧, 俗呼曰"沫露", 主來年大水, 仍相去二百, 單五日水至. 老農咸謂 極驗.
或云: "要看霧, 著水面, , 則輕, 離水面, 則重."

8   《二如亭群芳譜》〈元部〉 "天譜" 3 '雨'(《四庫全書存目叢書補編》80, 128쪽).
9   《二如亭群芳譜》, 위와 같은 곳.
10 《二如亭群芳譜》, 위와 같은 곳.
11 《二如亭群芳譜》, 위와 같은 곳.
12 《農政全書》卷11〈農事〉 "占候" '十月'(《農政全書校注》, 261쪽).

속담에 "10월의 말로(沫路)에는 저수지 물이 돌지만, 11월의 말로에는 저수지 물이 마르게 된다."라 했다. 《농정전서》[13]

① 10월 2일에 비가 내리면 삼씨가 5배로 비싸진다.

② 7일이나 10일에 비가 내려야 하는데 내리지 않으면 강과 하천 물이 터져 역류하게 된다.

③ 13~15일에 비가 내려야 하는데 내리지 않으면 큰 바람이 많이 불고 춥게 된다.

④ 25일에 비가 내려야 하는데 내리지 않으면 겨울이 따뜻하고, 물난리가 없으며, 해를 이어 백성이 질병에 걸리게 된다.

⑤ 10월 그믐에 바람이 불고 비가 내리면 곡식이 5배로 비싸진다. 《관규집요》[14]

諺云: "十月沫露塘滿, 十一月沫露塘乾." 同上

十月二日有雨, 麻子貴五倍;

七日、十日當雨不雨, 江河決水逆流;

十三日至十五日當雨不雨, 多大風寒;

二十五日當雨不雨, 冬溫無水, 連年民病;

晦日有風雨, 穀貴五倍. 《管窺輯要》

〈72후24절기도〉의 상강 부분(국립민속박물관)

---

13 《農政全書》卷11〈農事〉"占候" '十月'(《農政全書校注》, 261쪽).
14 《管窺輯要》卷59〈雨〉(《管窺輯要》19, 16~17면).

〈72후24절기도〉의 입동 부분(국립민속박물관)

3) 초하루의 절기(삭치절)

10월 1일에 입동(立冬)[15]이 들면 주로 재이(災異)[16]
가 발생하게 된다.

소설(小雪)[17]이 들고 동풍이 불면 이듬해 봄에 쌀
이 싸진다.

서풍이 불면 봄에 쌀이 비싸진다.

이날에 말박[斗]으로 쌀을 된다. 만약 쌀알이 이
어진 채로 말박에 달라붙으면[綴], 이듬해 봄에 쌀이
천정부지로 비싸진다. 이는 매우 들어맞았다. 《가
숙사친》[18]

朔值節

朔日値立冬, 主災異;

値小雪, 有東風, 春米賤;

西風, 春米貴.

其日用斗量米. 若綴在斗,
來春陡貴. 甚驗.《家塾事
親》

---

15 입동(立冬) : 24절기 중 열 19번째 절기. 양력 11월 7·8일경. 상강(霜降)과 소설(小雪) 사이에 들며 겨울이
   시작되는 시기로, 이때를 기준으로 김장을 담그는 풍습이 남아 있다.

16 재이(災異) : 재앙이 되는 괴이한 일.

17 소설(小雪) : 24절기 중 20번째 절기. 양력 11월 22·23일경. 입동과 대설(大雪) 사이에 들며, 땅이 얼기 시작
   하고 살얼음이 얼며 차차 눈이 내리기 시작한다. 때로는 햇볕이 따뜻해 소춘(小春)이라고 불리기도 한다.

18 출전 확인 안 됨;《二如亭群芳譜》〈元部〉"歲譜" 4 '冬'(《四庫全書存目叢書補編》80, 235쪽).

4) 입동의 징후

입동에 청명하면 주로 작은 추위가 오고, 사람들에게 길한 일이 생기게 된다. 속담에 "입동일에 청명하면 겨울이 주로 따뜻하게 되고, 또 주로 물고기가 많아지게 된다."라 했다. 《월령통고》[19]

입동에 청명하면 겨우내 청명한 날이 많게 된다. 입동에 비가 내리면 겨우내 비가 많이 내리고, 흐리고 추운 날도 많게 된다. 속담에 "솜을 파는 할머니는 입동일 아침 날씨 보고 바람이나 비 없으면 대성통곡을 한다."라 했다. 《농정전서》[20]

입동에 청명하면 지나치게 춥게 된다. 속담에 "입동에 청명하면 지나치게 추워서 땔감 아낄[21] 필요 없다."라 했다. 또 주로 물고기가 많게 된다. 《농정전서》[22]

입동에 비가 내리면 주로 물고기가 없게 된다. 속담에 "한 방울의 비가 물고기 잡는 한 마리의 되강오리[鶂][23]이다."라 했다. 《농정전서》[24]

立冬日候

立冬晴, 主小寒人吉. 諺云: "立冬日晴, 主冬暖, 又主多魚."《月令通考》

立冬晴, 則一冬多晴; 雨, 則一冬多雨, 亦多陰寒. 諺云: "賣絮婆子看冬朝, 無風無雨, 哭號咷."《農政全書》

晴, 過寒. 諺云: "立冬晴, 過寒, 弗要樞柴積." 又主有魚. 同上

雨, 主無魚. 諺云: "一點雨, 一個摸魚鶂."同上

---

19 출전 확인 안 됨.
20 《農政全書》卷11〈農事〉"占候" '十月'(《農政全書校注》, 261쪽).」
21 땔감을 아낄 : 원문의 "樞"를 옮긴 말이다. 《農政全書校注》上 , 178쪽 주 32번을 반영했다.
22 《農政全書》, 위와 같은 곳.
23 되강오리[鶂] : 논병아릿과의 철새. 몸의 길이는 27cm 정도로 몸빛은 겨울에 등 쪽은 회갈색, 배와 멱은 흰색을 띠고, 여름에 배 쪽은 청백색, 뺨과 멱은 밤색을 띤다. 가을부터 날아오는 겨울새로 한국·일본·중국 등지에 분포한다.
24 《農政全書》, 위와 같은 곳.

입동일에 서북풍이 불면 주로 이듬해에는 가물고, 날씨가 더워지게 된다.《농정전서》25

立冬日西北風, 主來年旱, 天熱. 同上

입동 전에 서리가 많이 내리면 주로 이듬해에는 가뭄이 들게 된다【안 어떤 본에는 "이듬해 올벼[早稻]농사에 좋게 된다[來年早稻好]."라고 되어 있다】;

冬前霜多, 主來年旱【按 一作"來年早稻好"】;

입동 후에 서리가 많이 내리면 늦벼[晚禾]농사에 좋게 된다.《농정전서》26

冬後多, 晚禾好. 同上

입동일에 청명하고 조금 추우면 천하가 기뻐하게 된다.《무비지》27

立冬日晴明小寒, 天下喜. 《武備志》

입동일에 서북쪽에 용마(龍馬)28와 같은 흰 기운이 있으면 삼농사에 좋다. 만약 대한(大寒)29까지 이 흰 기운이 이르지 않는다면 작물을 상하게 하고, 사람이 전염병에 걸리는 일이 이듬해 4월에 생기게 된다. 《만보전서》30

立冬日西北有白氣如龍馬, 宜麻子. 如不至大寒, 傷物, 人疫, 應在來年四月. 《萬寶全書》

---

25 《農政全書》, 위와 같은 곳.

26 《農政全書》, 위와 같은 곳.

27 《武備志》卷165〈占度載〉"占風", 6732쪽.

28 용마(龍馬):용과 같이 생긴 전설 속의 말. 중국 복희씨(伏羲氏) 때 황하에서 팔괘(八卦)를 등에 지고 나왔다는 준마.

29 대한(大寒):24절기의 24번째 절기. 양력 1월 20·21일경. 소한(小寒)과 입춘(立春) 사이에 들며, 한해에 제일 추운 날이라는 뜻에서 붙여진 이름이다.

30 출전 확인 안 됨.

5) 입동의 여러 점

입동일에 먼저 10척 길이의 장대를 세워서 그림자 길이로 점친다.

① 그림자 길이가 1척이면 크게 전염병에 걸리고, 큰 가뭄이 들며, 큰 더위가 오고, 큰 기근이 들게 된다.

② 2척이면 풀 한 포기 없이 붉은 땅이 천리나 되는 심한 재난이 들게 된다.

③ 3척이면 큰 가뭄이 들게 된다.

④ 4척이나 5척이면 저지대 농지에는 수확이 있게 된다.

⑤ 6척이면 저지대 농지나 고지대 농지 모두 곡식이 잘 익게 된다.

⑥ 7척이면 고지대 농지에 수확이 있게 된다.

⑦ 8척이면 장마가 들게 된다.

⑧ 9척이면 큰 물난리가 나게 된다.

⑨ 10척이면 물이 성곽에까지 들어오게 된다. 《가숙사친》[31]

立冬雜占

立冬日先立一丈竿, 占日影.

得一尺, 大疫大旱, 大暑大饑;

二尺, 赤地千里;

三尺, 大旱;

四尺、五尺, 低田收;

六尺, 高低田熟;

七尺, 高田收;

八尺, 澇;

九尺, 大水;

一丈, 水入城郭. 《家塾事親》

---

31 출전 확인 안 됨; 《二如亭群芳譜》〈元部〉 "歲譜" 4 '冬'(《四庫全書存目叢書補編》80, 235쪽).

6) 소설의 징후

소설일에 눈을 보면 탑미(塌米)[32] 한 줄기가 갈라져 나온다.[33] 《증보도주공서》[34]

소설에 무지개가 서쪽에 보이면 삼이 비싸지고, 이듬해 5월에 곡식이 비싸진다. 무지개가 1번 뜨면 1배로 비싸지고, 2번 뜨면 2배로 비싸진다. 《군방보》[35]

소설에 동풍이 불면 봄에 쌀이 싸진다.
서풍이 불면 봄에 쌀이 비싸진다. 《군방보》[36]

小雪日候

小雪日見雪，塌米的折一節.《增補陶朱公書》

小雪虹見西方，麻貴，五月穀貴. 一出，一倍；二出，二倍.《群芳譜》

小雪東風，春米賤；
西風，春米貴. 同上

〈72후24절기도〉의 소설 부분(국립민속박물관)

---

32 탑미(塌米)：농지 근처의 내나 강을 가리킨다. 탑미하(塌米河). 탑미하는 본래 중국 절강성(浙江省) 여수시(麗水市) 경녕사족(景寧畲族)의 자치현인 영천진(英川鎭) 경내의 산인 마두산(馬頭山)에서 발원하여 서남쪽으로 흘러 몽골의 화림(和林, 카라코람) 지역을 지나는 강 이름이다. 본문은 우천으로 인해 범람한 강의 새 지류가 생겨난다는 의미로 추정된다.

33 《증보도주공서》에는 "천둥이 치면 주로 전염병에 걸리게 된다(有雷, 主疫)."라는 내용이 더 있다.

34 《重訂增補陶朱公致富奇書》卷4〈占候部〉"十月占"(《重訂增補陶朱公致富奇書》中, 53쪽).

35 《二如亭群芳譜》〈元部〉"天譜" 3 '虹霓'(《四庫全書存目叢書補編》80, 116쪽).

36 《二如亭群芳譜》〈元部〉"歲譜" 4 '冬'(《四庫全書存目叢書補編》80, 235쪽).

7) 3묘(三卯)와 임자(壬子)

10월에 3묘가 들면 시장의 곡식값이 평년 수준이다. 3묘가 들지 않으면 곡식이 비싸진다. 《가숙사친》[37]

10월에 임자(壬子)일이 들지 않으면 추위가 오래 머물러 늦게 오는 봄을 기다리게 된다. 《기력촬요》[38]

三卯壬子

十月有三卯, 糴平; 無, 則穀貴.《家塾事親》

十月無壬子, 留寒待後春.《紀歷撮要》

---

37 출전 확인 안 됨;《二如亭群芳譜》, 위와 같은 곳.
38 《田家五行紀歷撮要》〈十月〉(《續修四庫全書》975, 360쪽).

8) 초하루의 바람과 비

오곡의 값은 항상 10월 1일 날씨로 점친다. 이날 바람이 동쪽에서 불어오면 이듬해 봄에 곡식값이 싸진다. 이와 반대로 서쪽에서 불면 곡식값이 비싸진다. 《사광점》[39]

10월 1일의 동남풍이 '관창풍(關倉風)'이다. 동남풍이 불면 주로 이듬해 여름에 쌀이 비싸진다. 일설에 "10월 1일에 서북풍이 불면 밭두둑의 쌀겨를 내다 팔아 겨울과 봄의 양식을 사들이게 된다."[40]라 했다. 《증보도주공서》[41]

10월 1일에 바람이 불고 비가 내리면 이듬해 여름에 가물고, 참깨가 비싸지며, 삼을 거두지 못하게 된다. 《군방보》[42]

1일에 바람이 불고 비가 내리면 연내로 가뭄이 들고 흐리고 추운 날이 많아지게 된다.

1일에 큰비가 오면 쌀이 크게 비싸진다.

비가 적게 오면 조금 비싸진다.

朔日風雨

五穀貴賤, 常以十月朔日占. 風從東來, 春賤; 逆此者, 貴.《師曠占》

朔日東南風爲"關倉風", 主來年夏米貴. 一云: "十月初一西北風, 糶了壟糠[2], 糴冬春[3]."《增補陶朱公書》

朔風雨, 來年夏旱, 芝麻貴, 麻不收.《群芳譜》

朔風雨, 年內旱, 多陰寒.

大雨, 米大貴;

小雨, 小貴.

---

39 출전 확인 안 됨;《齊民要術》卷3〈雜說〉第30(《齊民要術校釋》, 245쪽).

40 밭두둑의……된다 : 쌀겨로 양식을 사들일 정도로 양식이 싸진다는 의미인 듯하나, 이 의미를 잘 모르겠다.

41 《重訂增補陶朱公致富奇書》卷4〈占候部〉"十月占"(《重訂增補陶朱公致富奇書》中, 53쪽).

42 《二如亭群芳譜》〈元部〉"天譜" 3 '雨'(《四庫全書存目叢書補編》80, 128쪽);《唐開元占經》卷92〈雜占〉"十月"(《文淵閣四庫全書》807, 865쪽).《二如亭群芳譜》에는 위 내용의 일부가 초하루가 아니라 초이틀 항목에 보인다.

[2] 糠:《重訂增補陶朱公致富奇書·占候部·十月占》에는 "下糠".

[3] 春:《重訂增補陶朱公致富奇書·占候部·十月占》에는 "春"자로 수정해야 한다는 표기가 있다.

그믐날의 점은 1일날의 점과 같다. 《군방보》[43]

晦占與朔同. 同上

10월 1일에 맑으면 겨우내 맑은 날이 많게 된다.
《월령통고》[44]

朔日晴, 則一冬多晴. 《月
令通考》

---

43 출전 확인 안 됨;《唐開元占經》卷92〈雜占〉"十月"《文淵閣四庫全書》807, 865쪽).
44 출전 확인 안 됨;《農政全書》卷11〈農事〉"占候" '十月'《農政全書校注》, 261쪽).

9) 오풍(五風)[45]의 기약(오풍신)

10월 보름은 '오풍 생일'이다. 이날 바람이 불면 그해를 마치도록 바람 불고 비 내리는 날씨가 마치 약속해 둔 듯이 하므로, 이를 '오풍의 기약'이라 한다. 《군방보》[46]

五風信

望爲"五風生日", 此日有風, 終年風雨如期, 謂之"五風信".《群芳譜》

---

45 오풍(五風):동·서·남·북·중앙의 다섯 방향에서 불어오는 바람. 고대에 궁상각치우(宮商角徵羽)를 동서남북중앙에 각각 순서대로 배정하고 바람을 음색에 견주었다.
46 출전 확인 안 됨;《天中記》卷2〈風〉(《文淵閣四庫全書》965, 83쪽).

10) 추위할미[寒婆] 생일(한파생일)

10월 16일은 '추위할미 생일'이다. 이날 맑으면 주로 겨울에 따뜻하다.

이런 설은 숭덕(崇德)[47] 연간의 과거 합격자인 서백화(徐伯和)[48]에게서 나왔다. 그가 강동(江東)[49]의 석동(石洞)[50]에서 임기가 차서 귀향하다가 "저들 중 여관에서 먼 길을 떠날 사람은 오직 이날을 살펴봐야 한다. 이날 만약 청명하고 따뜻하면 몸에 걸친 옷가지만으로 충분하고, 다른 의복은 준비할 필요가 없다."라 했다.

이는 16일의 날씨에 매우 들어맞는 기준이 있다는 말이다.《농정전서》[51]

10월 15일이나 16일이 청명하면 주로 겨울에 따뜻하게 된다.《월령통고》[52]

寒婆生日

十六日爲"寒婆生日", 晴, 主冬暖.

此說得之崇德擧人徐伯和, 自江東 石洞秩滿而歸, 云: "彼中客旅遠出, 專看此日. 若晴暖, 則但隨身衣服而已, 不必他備."

言極有準也.《農政全書》

十五、十六日晴, 主冬暖.《月令通考》

---

47 숭덕(崇德) : 중국 청나라의 제2대 황제 태종(太宗)의 두 번째 연호(1636~1643년).
48 서백화(徐伯和) : 중국 청나라 관리. 자세한 사항은 미상.
49 강동(江東) : 절강성(浙江省) 정소평원(寧紹平原) 동부 일대.
50 석동(石洞) : 절강성(浙江省)의 지역 명칭으로 추정된다.
51 《農政全書》卷11〈農事〉"占候"'十月'(《農政全書校注》, 261쪽).
52 출전 확인 안 됨;《欽定授時通考》卷6〈天時〉"十月"'占驗'(《文淵閣四庫全書》732, 75쪽).

11) 액우(液雨)

민(閩) 지방의 풍속에 입동 후 10일 간을 '입액(入液)'이라 하고, 소설(小雪)에 이르면 '출액(出液)'이라 한다. 입액부터 출액 사이에 비가 내리면 '액우(液雨)'라 한다. 이는 곧 약우(藥雨, 약이 되는 비)이다. 모든 벌레들이 이 비를 마시고 겨울잠에 들어갔다가 이듬해 봄 2월 천둥이 치면 겨울잠에서 깨어난다.《군방보》[53]

液雨

閩俗立冬後十日爲"入液", 至小雪爲"出液". 液內得雨, 爲液雨, 卽藥雨. 百蟲飮此而蟄. 來春二月雷鳴, 啓蟄.《群芳譜》

---

53 출전 확인 안 됨;《御定月令輯要》卷18〈十月令〉(《文淵閣四庫全書》467, 524쪽).

11. 11월점

十一月占

1) 절기를 어길 때의 징후

惣候

11월[仲冬]에 하령을 시행하면 그 나라가 곧 가물게 되고, 뿌연 안개가 자욱이 끼며, 천둥이 곧 치게 된다.

仲冬行夏令, 則其國乃旱, 氛霧冥冥, 雷乃發聲;

추령을 시행하면 하늘이 때때로 비와 진눈깨비를 뿌려서 오이류와 박이 제대로 여물지 않게 된다.

行秋令, 則天時雨汁, 瓜、瓠不成;

춘령을 시행하면 메뚜기떼가 곡식을 갉아먹어 낭패가 되고, 샘물이 줄어들어 모두 마르며, 백성이 창개[疥癘][1]에 많이 걸리게 된다. 《예기》〈월령〉[2]

行春令, 則蝗蟲爲敗, 水泉咸竭, 民多疥癘.《禮記·月令》

---

1 창개(瘡癘) : 헌데가 겹치고 진(疹)이나 물집이 생기며 곪기도 하는 증상. 일반적으로 옴·개창(疥瘡)·개라(疥癩)라고도 한다. 《임원경제지 인제지》 권21 〈외과〉 "개(疥)·선(癬)"에 자세히 보인다.
2 《禮記正義》 卷17 〈月令〉(《十三經注疏整理本》 13, 651쪽).

二之日鑿冰冲〻
四之日其蚤
獻羔祭韭九月
肅霜十月滌
場朋酒斯饗曰殺
羔羊躋彼公堂
稱彼兕觥萬壽無疆
日納于凌陰

其堂

빈풍칠월도첩. 《시경》〈빈풍〉"칠월" 시의 7장에 해당하는 그림(조선, 이방운, 국립중앙박물관)

빈풍도. 《시경》〈빈풍〉 "칠월" 시의 7장에 해당하는 그림(청, 작자미상, 국립중앙박물관)

2)총점

總占

11월에 눈이 많이 내리면 겨울과 봄에 시장의 곡식이 싸진다.

눈이 적게 내리면 이듬해에 가뭄이 들게 된다. 《군방보》3

十一月雪多, 冬春穀賤;

雪少, 來年旱.《群芳譜》

11월에 무지개에 불꽃빛깔이 보이면 길하게 된다. 《군방보》4

十一月虹見火色, 吉. 同上

11월 갑신(甲申)일에서 기축(己丑)일 사이에 비가 내리면 주로 시장의 곡식값이 비싸진다;

임인(壬寅)일이나 계묘(癸卯)일에 비가 내리면 봄에 곡식이 매우 비싸진다.《군방보》5

甲申至己丑雨, 主糴貴;

壬寅、癸卯雨, 春穀大貴. 同上

11월 1일에 큰 눈이 내리면 주로 그해에는 흉년이 들며, 백성에게 재앙이 생기게 된다.《군방보》6

朔大雪, 主年荒歲凶, 民災. 同上

11월에 천둥이 치면 주로 봄에 쌀이 비싸진다.

안개가 끼면 주로 이듬해에 가뭄이 들게 된다. 속담에 "11월 1일의 안개는 10월 중 3일간의 안개와 맞먹는다."라 했다.《농정전서》7

月內有雷, 主春米貴;

有霧, 主來年旱. 諺云: "一日折過十月內三日."《農政全書》

---

3 《二如亭群芳譜》〈元部〉 "天譜" 3 '雪'(《四庫全書存目叢書補編》80, 142쪽).
4 《二如亭群芳譜》〈元部〉 "天譜" 3 '虹霓'(《四庫全書存目叢書補編》80, 116쪽).
5 《二如亭群芳譜》〈元部〉 "天譜" 3 '雨'(《四庫全書存目叢書補編》80, 128쪽).
6 《二如亭群芳譜》〈元部〉 "天譜" 3 '雪'(《四庫全書存目叢書補編》80, 142쪽).
7 《農政全書》卷11〈農事〉 "占候" '十一月'(《農政全書校注》, 262쪽).

11월에 추위가 이르지 않으면 5월에 천둥이나 번개가 치게 된다. 《박아》[8]

寒不降, 五月雷、電. 《博雅》

11월 1일에 바람이 불고 비가 내리면 맥류농사에 좋다.

그믐에 바람이 불고 비가 내리면 이듬해 봄에 물이 적어지게 된다. 《증보도주공서》[9]

朔日風雨, 宜麥;

晦日風雨, 來年春少水. 《增補陶朱公書》

11월 4일에 비가 내려야 하는데 내리지 않으면 큰 가뭄이 들게 된다.

22일에 비가 내려야 하는데 비가 내리지 않으면 강과 바다의 둑이 터져서 물고기가 사람 다니는 길로 다니게 된다.

그믐날에 바람이 불고 비가 내리면 봄에 가뭄이 들고, 곡식이 5배로 비싸진다. 일설에 "물이 범람하고, 천하에 기근이 들게 된다."라 한다. 《관규집요》[10]

十一月四日當雨不雨, 大旱;

二十二日當雨不雨, 江海決, 魚行人道;

晦日有風雨, 春旱, 穀貴五倍. 一曰[1]: "水橫流, 天下饑." 《管窺輯要》

---

8 《重訂增補陶朱公致富奇書》卷4〈占候部〉"十一月占"(《重訂增補陶朱公致富奇書》中, 54쪽).

9 《博雅》卷9〈釋天〉(《叢書集成初編》1160, 110쪽).

10 《管窺輯要》卷59〈雨〉(《管窺輯要》19, 17면).

1 一曰:《管窺輯要·雨》에는 없음.

〈72후24절기도〉의 동지 부분(국립민속박물관)

3) 초하루의 절기(삭치절)　　　　　　　　　朔値節

　1일에 동지(冬至)[11]가 들면 주로 그해에는 흉년이　　朔日値冬至, 主年荒歲凶.
들게 된다. 《군방보》[12]　　　　　　　　　　　《群芳譜》

---

11 동지(冬至) : 24절기 중 22번째 절기. 양력 12월 21·22일경. 대설과 소한 사이에 들며, 일 년 중에서 밤이
　가장 길고 낮이 가장 짧은 날이다. 이날을 기준으로 낮이 점차 길어지기에, 양(陽)이 음(陰)의 기운을 이기
　기 시작하는 날로 여기어 중국 주(周)나라에서는 동지를 설로 삼았다.
12 《二如亭群芳譜》〈元部〉"歲譜" 4 '冬'(《四庫全書存目叢書補編》80, 238쪽).

4) 동지의 징후

冬至日候

동지에 맑으면 만물이 여물지 않고, 또 주로 이듬해에 반드시 비가 많이 내리게 된다. 《편민도찬》[13]

冬至晴, 萬物不成, 又主來年必雨.《便民圖纂》

동지에 맑으면 주로 이듬해에 곡식이 잘 익게 된다. 《가흥현지(嘉興縣志)[14]》[15]

冬至晴, 主來歲稔.《嘉興縣志》

동지에 비가 내리면 이듬해에 반드시 맑은 날이 많게 된다.

冬至雨, 則年必晴;

동지에 맑으면 이듬해에 반드시 비가 많게 된다. 《군방보》[16]

晴, 則年必雨.《群芳譜》

동지와 연관하여 옛말에 "동지에 밝음이 바로 자리잡으면 어두운 일들이 다가온다."라 했다. 또 속담에 "맑고 건조한 동지이면 한 해가 습하고 작은 비가 많이 내리게 된다."라 했다. 이 2가지 설이 상반된다.

冬至, 古語云: "明正, 暗至." 又諺云: "晴乾冬至, 濕澱年." 二說相反.

속담에 "동지에 건조하면 한 해가 습하여 앉아서 밭에 씨를 뿌린다."라 했다. 또 "동지에 매우 따뜻하면 이듬해에는 쌀쌀한 날이 많게 된다."라 했다. 대

諺曰: "乾冬濕年, 坐了種田." 又云: "鬧熱冬至, 冷淡年." 蓋吳[2]人尙冬至, 欲

---

13 《便民圖纂》卷7〈涓吉類〉"種菜", 105쪽.

14 가흥현지(嘉興縣志): 중국 원(元)나라 단경수(單慶修)가 지은, 가흥현의 경제·역사·사회·풍속에 대한 기록. 가흥현은 중국 강소성(江蘇省)·절강성(浙江省)과 상해시(上海市)의 접경지역에 있던 현 이름.

15 출전 확인 안 됨;《欽定授時通考》卷6〈天時〉"十一月" '占驗'(《文淵閣四庫全書》732, 77쪽).

16 《二如亭群芳譜》〈元部〉"天譜" 3 '雨'(《四庫全書存目叢書補編》80, 128쪽).

② 吳:《農政全書·農事·占候》에는 '吳'가 '無'로 되어 있다. 그 교감기에 "《전가오행》에는 '吳'로 되어 있다."라고 한 것으로 보아, 서유구가《전가오행》을 함께 보며 '吳'가 더 합당하다고 판단했을 것으로 여겨 그대로 옮겼다.

개 오(吳) 지역 사람들은 동지를 중요하게 여겨서, 맑기를 원한 까닭이다.

어떤 이는 "동지에 비가 내리면 한 해에 반드시 맑은 날이 많고, 동지에 맑으면 한 해에 반드시 비가 많이 내리게 된다."라 했다. 이 설은 상당히 기준이 될 만하다. 《농정전서》[17]

11월 동지일에 바람이 불고 추우면 길하게 된다. 《기력촬요》[18]

동지에 눈이 내리면 도적이 횡행하게 된다.

만약 동지 전후로 눈이 내리면 이듬해에는 큰 물난리가 나고, 사람들이 기근을 겪게 된다. 《기력촬요》[19]

동지일에 바람으로 점친다. 만약 남풍이 불면 주로 곡식이 비싸진다.

북풍이 불면 주로 풍년이 든다.

서풍이 불면 주로 벼가 잘 익는다.

만약 동남풍이 불고 짙은 안개까지 끼면 주로 물난리가 있게 된다.

서남풍이 불면 주로 오랫동안 흐리게 된다. 속담에 "동지에 서남풍이 불면 100일 동안은 흐린 날 반 맑은 날 반이 되고, 청명(淸明)까지 비가 내리게 된

晴故也.

或云: "冬至雨, 年必晴; 冬至晴, 年必雨." 此說頗準. 《農政全書》

十一月冬至是日風寒, 吉. 《紀歷撮要》

冬至雪, 盜賊橫行;

若前後有雪, 來年大水人飢. 同上

冬至日占風. 若南風, 主穀貴;

北風, 主歲稔;

西風, 主禾熟;

若東南風, 及有重霧, 主水;

西南風, 主久陰. 諺云: "冬至西南, 百日陰半晴半, 雨到淸明."《增補陶朱公書》

17 《農政全書》卷11〈農事〉"占候"'十一月'(《農政全書校注》, 262쪽);《田家五行》卷上〈十一月類〉"論霜"(《續修四庫全書》975, 334쪽).
18 출전 확인 안 됨.
19 출전 확인 안 됨.

다.”라 했다. 《증보도주공서》[20]

동지일에 구름을 볼 때는, 자시(子時, 오후 11시~오전 1시)에서 아침까지 관찰을 해야 한다.	冬至日觀雲, 須于子時至平朝觀之.
만약 청색 구름이 북쪽에서 일어나면 주로 그해에는 풍년이 들고, 백성이 평안하게 된다.	若靑雲北起, 主歲稔民安;
적색 구름이 일어나면 주로 가뭄이 들게 된다.	赤雲, 主旱;
흑색 구름이 일어나면 주로 물난리가 있게 된다.	黑雲, 主水;
백색 구름이 일어나면 주로 사람들이 재앙을 입게 된다.	白雲, 主人災;
황색 구름이 일어나면 곡식이 아주 잘 익게 된다.	黃雲, 大熟;
구름이 없다면 주로 흉년이 들게 된다.	無雲, 主凶.
【안 《옥력통정경(玉曆通政經)》[21]에 “황색 구름이 보이면 토공(土功)[22]이 있게 된다.”[23]라 했다. 《팔절점》에 “황색 구름이 보이면 전란이 생기게 된다.”[24]라 했다.】《증보도주공서》[25]	【按 《玉曆通政經》云: “黃雲, 有土功.”《八節占》云: “黃雲, 兵火”】同上
동지일에는 기후를 유심히 살핀다. 구름이 어느 지역에서 오고 어디로 가는지를 지켜보면 그 지역은 다음해 풍년이 들고 백성은 화목하게 된다. 《역통	冬至日謹候. 見雲迎送從其鄕, 來歲美民和. 《易通卦驗》

---

20 《重訂增補陶朱公致富奇書》, 위와 같은 곳.

21 옥력통정경(玉曆通政經): 옥력통정경(玉曆通政經): 당 태종(唐太宗) 때의 천문학자 이순풍(李淳風)이 지은 천문 점서(占書)로 알려져 있는데, 역대의 서목(書目) 중에서 오직 송(宋)나라 진진손(陳振孫)의 서목에만 나와 있다. 각 사서(史書)의 천문지(天文志)나 오행지(五行志)의 내용을 간략히 첨삭하여 기록해 놓은 책으로 위본(僞本)으로 알려져 있다.

22 토공(土功): 치수(治水), 축성(築城), 궁전 건축 등 큰 규모의 토목공사.

23 황색……된다:《宋史》卷52〈天文志〉第5 "七曜"(《文淵閣四庫全書》281, 81쪽).

24 황색……된다: 출전 확인 안 됨.

25 《重訂增補陶朱公致富奇書》, 위와 같은 곳.

괘험》²⁶

동지에 흐린 구름이 끼고 매섭게 춥다가 구름 속
에서 해를 맞이한다면 이듬해에는 큰 풍년이 들게
된다. 《상서선기금(尙書璇璣玲)²⁷》²⁸

冬至陰雲祁寒, 有雲迎日
者, 來歲大美.《尙書璇璣
玲》

동지일에 구름이 끼고 차가운 눈이 내리면 이듬
해는 크게 풍년이 들게 된다.

청명하면 곡식이 여물지 않게 된다.《무비지》²⁹

冬至日有雲寒雪, 明年大
豊;

晴明, 物不成.《武備志》

---

26 출전 확인 안 됨;《欽定授時通考》卷6〈天時〉"十一月"'占驗'(《文淵閣四庫全書》732, 77쪽).

27 상서선기금(尙書璇璣玲):《상서(尙書)》의 위서 중 하나. 일반적으로 '玲'은 '鈐'으로 되어 있으나 원본대로
두고 옮겼다.

28 출전 확인 안 됨;《欽定授時通考》卷6〈天時〉"十一月"'占驗'(《文淵閣四庫全書》732, 77쪽).

29 출전 확인 안 됨;《欽定授時通考》, 위와 같은 곳.

5) 동지의 여러 점

동지일에서 새해 첫날까지 50일이 된다면 백성의 먹을거리가 풍족해지게 된다.

만약 50일을 채우지 못한다면 부족한 1일만큼 1승의 곡식이 줄어들게 된다.

50일을 넘으면 넘은 1일만큼 1승의 곡식이 불어나게 된다. 이는 아주 들어맞았다.【안《회남만필술(淮南漫筆術)》30에는 1승이 1두로 되어 있다】.《사시찬요》31

동지에 8척짜리 규표를 세워서 해가 남중[日中]32 했을 때 그림자 길이를 살핀다. 그림자가 규표 길이만 하면 그해에는 풍년이 들고, 백성은 화평하게 된다. 만약 규표 길이만 하지 않으면 그해에는 수확이 나쁘고, 사람들은 곤혹스럽게 된다.

그림자가 규표보다 길면 물난리가 나고, 규표보다 짧으면 가뭄이 들게 된다. 1척 길면 일식이 있고, 1척 짧으면 월식이 있게 된다.《후한서(後漢書)》33 〈율력지〉 34

冬至雜占

冬至日數至元朝五十日者,
民食足;

若不滿五十日者, 一日減一升;

有餘日益一升. 最驗【按《淮南漫筆術》一升作一斗】.《四時纂要》

冬至立八尺之表, 日中視之. 其晷如度者其歲美, 人和; 不如度者歲惡, 人惑.

晷進, 則水; 晷退, 則旱. 進一尺, 則日食; 退一尺, 則月食.《後漢·律曆志》

---

30 회남만필술(淮南漫筆術):회남만필술(淮南萬畢術). 중국 한나라 회남왕(淮南王) 유안(劉安, B.C. 179?~B.C. 122)이 학자들을 초빙해서 만물의 변화와 신선술에 관해서 지은 책.《내서(內書)》·《중서(中書)》·《외서(外書)》 중에서 《외서》를 말하며, 지금은 전해지지 않는다.《내서》 21편은 현재 전해지는 《회남자》이다.

31 출전 확인 안 됨;《廣群芳譜》卷6 〈天時譜〉 "冬" '十一月',6쪽.

32 남중[日中]:1주야를 6으로 나눈 시각 중에 한낮. 하루는 신조(晨朝)·일중(日中)·일몰(日沒)·초야(初夜)·중야(中夜)·후야(後夜)로 나뉘고 이를 육시(六時)라 한다.

33 후한서(後漢書):중국 남북조 시대 남조(南朝) 송나라 범엽(范曄, 398~445)이 편찬한 기전체(紀傳體) 역사서. 광무제(光武帝)에서 헌제(獻帝)에 이르는 후한(後漢)의 13대 196년 역사를 기록했다.

34 《後漢書》卷11 〈律曆志〉 第1(《文淵閣四庫全書》252, 213쪽).

동지일에는 해가 남쪽 끝에 있어서 그림자가 매우 길게 생긴다. 남쪽 끝에 있지 않아서 해그림자가 길지 않다면 날씨가 따뜻해서 해가 된다.《한서(漢書)》[35] 〈천문지〉[36]

冬至日南極, 晷長. 南不極, 則溫爲害.《漢書·天文志 》

동지 전에 쌀값이 오르면 가난한 아이들은 보살핌[長養]을 받게 되고, 동지 전에 쌀값이 내리면 가난한 아이들은 굶주림을 밥 먹듯이 하게 된다.《기력촬요》[37]

冬至前米價長, 貧兒受長養. 冬至前米價落, 貧兒轉消索.《紀歷撮要》

---

35 한서(漢書): 중국 후한(後漢) 때, 반고(班固)가 지은 전한(前漢)의 역사서.
36 《漢書》卷26 〈天文志〉第6, 1296쪽.
37 《田家五行紀歷撮要》〈十一月〉(《續修四庫全書》975, 361쪽);《欽定授時通考》卷6 〈天時〉 "十一月" '占驗'(《文淵閣四庫全書》732, 77쪽).

6) 임(壬)이 든 날

① 동지 후 1일에 임(壬)이 들면 천리의 지역에 햇볕이 내리쬐어 가뭄이 들게 된다.

② 2일에 임이 들면 작은 가뭄이 들게 된다.

③ 3일에 임이 들면 평년과 같게 된다.

④ 4일에 임이 들면 오곡이 풍년들게 된다.

⑤ 5일에 임이 들면 적은 물난리가 나게 된다.

⑥ 6일에 임이 들면 큰 물난리가 나게 된다.

⑦ 7일에 임이 들면 황하가 터져 물이 흘러넘치게 된다.

⑧ 8일에 임이 들면 바다가 넘쳐 물이 육지로 오르게 된다.

⑨ 9일에 임이 들면 곡식이 매우 잘 익게 된다.

【안 송(宋)나라 육우(陸友)[38]의 《연북잡지(研北雜志)》[39]에도 "우리 집안의 태사(太史)[40]가 '동지 후 9일에 임이 들면 이치상 당연히 풍년들게 된다.'라 했다."[41]라 했다】

⑩ 10일에 임이 들면 적게 거두게 된다.

⑪ 11일이나 12일에 임이 들면 오곡이 여물지 않

得壬

冬至後一日得壬, 炎旱千里;

二日得壬, 小旱;

三日得壬, 平;

四日得壬, 五穀豊;

五日得壬, 少水;

六日得壬, 大水;

七日得壬, 河決流;

八日得壬, 海翻騰;

九日得壬, 大熟.

【按 宋 陸友仁《研北雜志》亦云: "吾家太史云: '冬至後九日遇壬, 法當有年'"】

十日得壬, 少收;

十一、十二日得壬, 五穀不

---

38 육우(陸友) : 1290~1338. 중국 원(元)나라 시인. 자는 우인(友仁), 호는 연북생(研北生). 현재의 중국 소주(蘇州)인 오군(吳郡) 출생이다. 서재의 이름을 지아재(志雅齋)라 하고 고금의 명집(名集)과 도사(圖史)를 모아 놓고, 손님이 찾아오면 차를 끓이고 청담을 나누기를 즐겼다. 지금까지 《묵사(墨史)》와 《연북잡지(硯北雜誌)》 등이 전한다. 본문에서 육우를 송나라 사람이라고 적었으나 송나라가 멸망한 뒤(1279년)에 활동했다.

39 연북잡지(研北雜志) : 중국 원(元)나라 육우(陸友, 1290~1338)가 편찬한 2권짜리 책. 옛 고사와 격언들을 기록, 정리했다.

40 태사(太史) : 천문(天文)·역법 등을 관장했던 관리.

41 우리……했다 : 《研北雜志》 卷下(《文淵閣四庫全書》 866, 595쪽).

게 된다. 《청대점법(淸臺占法)42》43   成. 《淸臺占法》

---

7) 세로(歲露)[44]

11월에 동남풍이 불면 이를 '세로'라 한다. 이 바람에는 큰 독이 있다. 만약 굶주린 상태에서 그 기운을 쐬면 이듬해에 염병[瘟病]이 돌게 된다. 또 "이 동남풍이 많이 불면 내년 하지때와도 서로 응하여 염병이 돌게 된다."라 했다. 심괄(沈括)[45]《몽계필담(夢溪筆談)[46]》[47]

歲露

是月中遇東南風, 謂之"歲露", 有大毒. 若飢感其氣, 開年著瘟病. 又云: "風色多與下年夏至相對. 沈存中《筆談》

8) 아미타불 생일(아미생일)

11월 17일은 '아미타불[彌陀] 생일'이다. 이날은 남풍을 꺼린다. 예전부터 전해 내려오는 게송(偈頌)[48]에 "남풍 내 얼굴로 불어오면 쌀 있으나 값 싸지 않네. 북풍 내 등에 불어오면 쌀 없으나 값 비싸진 않네."라 했다. 이는 매우 들어맞았다.《가정현지》[49]

彌陀生日

十一月十七爲彌陀生日, 忌南風. 相傳有偈云: "南風吹我面, 有米也不賤; 北風吹我背, 無米也不貴." 極驗.《嘉定縣志》

---

44 세로(歲露): 이 기사와 연관되는 표현으로, 중국 옛말에 "바람을 맞고 비를 맞는 것을 '세로'를 맞는다(逢其风而遇其雨者, 命曰遇世露焉)."는 말이 있다. 세로는 비나 바람을 만나 몸에 안 좋은 해를 입는 현상을 지칭한 듯하다.

45 심괄(沈括): 1031~1095. 중국 북송(北宋)의 학자이자 정치가로 사천감(司天監, 천문대장)이 되어 천체관측법·역법(曆法) 등을 창안하였다. 지방관을 지내며 요나라와의 국경선 설정에 공을 세웠으며《몽계필담(夢溪筆談)》등을 남겼다.

46 몽계필담(夢溪笔談): 중국 북송(北宋) 시기의 학자인 심괄(沈括, 1031~1095)이 자연의 물상 및 여러 만물에 대해 자신의 견해를 밝힌 저서. 26권의《몽계필담》과 3권의《보필담》, 1권의《속필담》총 30권으로 구성되어 있다. 심괄의 자(字)인 존중(存中)을 따서《존중필담》이라고도 한다.

47 출전 확인 안 됨;《農政全書》卷11〈農事〉"占候" '十一月'(《農政全書校注》, 262쪽).

48 게송(偈頌): 전제되는 경전 없이 창의적으로 부처의 공덕과 교리를 노래나 글귀로 하는 찬미. 게는 산스크리트 가타(gāthā)의 음을 빌린 말이고, 송은 그 뜻을 빌린 말이다.

49 출전 확인 안 됨;《欽定授時通考》卷6〈天時〉"十一月" '占驗'(《文淵閣四庫全書》732, 77쪽).

12. 12월점

十二月占

1) 절기를 어길 때의 징후

12월[季冬]에 추령을 시행하면 백로(白露, 흰 이슬)가 일찍 내리고, 껍데기 있는 동물[介蟲]이 재앙을 끼치게 된다.

춘령을 시행하면 나라에 고질병 앓는 이가 많게 된다.

하령을 시행하면 큰 물난리가 나서 나라에 낭패가 되고, 제때에 내려야 할 눈이 내리지 않게 된다. 《예기》〈월령〉[1]

愆候

季冬行秋令, 則白露早降, 介蟲爲妖;

行春令, 則國多固疾;

行夏令, 則水潦敗國, 時雪不降.《禮記·月令》

---

1 《禮記正義》卷17〈月令〉(《十三經注疏整理本》13, 659쪽).

2) 총점

12월에 새싹의 부류가 보이지 않으면 6월에 오곡이 제대로 영글지 않게 된다.《군방보》[2]

12월 상순과 중순에 눈이 내리면 이듬해에는 장맛비로 물이 넘치게 된다.

상순 중 유(酉)가 든 날에 눈이 내리면 이듬해에는 가뭄과 장마가 균형을 이루지 못하게 된다.《군방보》[3]

상순 중 유(酉)가 든 날에 비가 내리면 주로 연이은 겨울과 봄 2개월 동안 흐리게 된다.《군방보》[4]

12월에 천둥이 치면 주로 이듬해에 가뭄과 장마가 균형을 이루지 못하게 된다.《군방보》[5]

12월에 무지개가 보이면 주로 기장[黍穀]이 비싸진다.《군방보》[6]

12월에 안개가 끼면 주로 이듬해에 가뭄이 들어벼가 상하게 된다. 속담에 "12월에 안개 끼고 이슬 내

總占

月內萌類不見, 六月五穀不實.《群芳譜》

十二月上旬、中旬有雪, 來年梅水盛;

上酉日雪, 來年旱澇不均. 同上

上酉日雨, 主冬春連陰兩月. 同上

十二月雷, 主來年旱澇不均. 同上

十二月虹見, 主黍穀貴. 同上

十二月霧, 主來年旱[1], 禾傷. 諺云: "臘月有霧露, 無

---

2 《二如亭群芳譜》〈元部〉"歲譜" 4 '冬'(《四庫全書存目叢書補編》80, 242쪽).
3 《二如亭群芳譜》〈元部〉"天譜" 3 '雪'(《四庫全書存目叢書補編》80, 142쪽).
4 《二如亭群芳譜》〈元部〉"天譜" 3 '雨'(《四庫全書存目叢書補編》80, 128쪽).
5 《二如亭群芳譜》〈元部〉"天譜" 3 '雷'(《四庫全書存目叢書補編》80, 119쪽).
6 《二如亭群芳譜》〈元部〉"天譜" 3 '虹霓'(《四庫全書存目叢書補編》80, 116쪽).
[1] 旱: 저본에는 "旱". 《二如亭群芳譜·元部·天譜》에 근거하여 수정. 저본 두주에 "旱疑旱(旱는 旱인 듯하다)."라고 되어 있다.

리면 술이나 식초 만들 물도 없다."라 했다. 유(酉)가 든 날에 안개가 끼면 더욱 들어맞았다. 《군방보》[7]

水做酒、醋."酉日尤驗. 同上

12월에 안개가 끼면 주로 반달 동안 가뭄이 들게 된다. 이는 10월에 5일 동안 안개가 낄 때의 점에 준한다. 《기력촬요》[8]

十二月裏霧[2], 主半月旱. 準十月內五日霧.《紀歷撮要》

12월에 안개가 끼면 주로 이듬해에는 물난리가 난다. 냉우(冷雨, 찬 비)가 갑작스럽게 내리면 주로 6월이나 7월에 물이 범람하게 된다. 《월령통고》[9]

月內有霧, 主來年有水; 有冷雨暴作, 主來年六、七月內橫水.《月令通考》

12월에 눈이 내리는 중에 천둥이 치면 주로 100일 동안 흐리고 비가 내리게 된다. 《잡점》[10]

臘月雷鳴雪裏, 主陰雨百日.《雜占》

① 4일부터 6일 사이에 비가 내려야 하는데 내리지 않으면 큰 가뭄이 들게 된다.

四日至六日當雨不雨, 大旱;

② 9일부터 12일 사이에 비가 내려야 하는데 내리지 않으면 짙은 안개가 많이 끼게 된다.

九日至十二日當雨不雨, 多大霧;

③ 27일에 비가 내려야 하는데 내리지 않으면 큰 바람이 불고 천둥이 치게 된다.

二十七日當雨不雨, 有大風雷;

④ 그믐날에 바람이 불고 비가 내리면 봄에 가뭄이 들게 된다.

晦日有風雨, 春旱;

---

7 《二如亭群芳譜》〈元部〉"天譜" 3 '霧'(《四庫全書存目叢書補編》80, 136쪽).
8 《田家五行紀歷撮要》〈十二月〉(《續修四庫全書》975, 361쪽).
9 출전 확인 안 됨;《欽定授時通考》卷6〈天時〉"十二月" '占驗'(《文淵閣四庫全書》732, 79쪽).
10 출전 확인 안 됨;《欽定授時通考》卷6〈天時〉"十二月" '占驗'(《文淵閣四庫全書》732, 79~80쪽).
[2] 霧 : 저본에는 "霧霧".《田家五行紀歷撮要·十二月》에 근거하여 수정.

⑤ 임인(壬寅)일이나 계묘(癸卯)일에 비가 내리면 봄에 곡식이 크게 비싸진다.

⑥ 갑신(甲申)일에서 을축(乙丑)일 사이에 비가 내리면 쌀이 크게 비싸진다.

⑦ 경인(庚寅)일에서 계사(癸巳)일 사이에 바람이 불고 비가 내리면 쌀이 싸지고, 곡식을 거두는 사람들이 손해를 보고 물건을 팔게 된다. 《관규집요》[11]

壬寅、癸卯日有雨, 春穀大貴;

甲申日至乙丑日雨, 米大貴;

庚寅日至癸巳日有風雨, 米賤, 收穀者折閱. 《管窺輯要》

---

11 《管窺輯要》卷59〈雨〉(《管窺輯要》19, 17쪽).

3) 초하루의 절기(삭치절)

12월 1일에 대설(大雪)[12]이 들거나 동지가 들면 모두 주로 재해가 있게 된다.《도주공서》[13]

12월 1일에 대한(大寒)이 들면 주로 호랑이가 출몰하여 재해가 있게 된다.

소한(小寒)[14]이 들면 주로 상서로운 일이 있게 된다.《월령통고》[15]

1일에 소한이 들면 주로 흰토끼가 상서롭게 나타

朔值節

朔日值大雪或冬至, 皆主有災.《陶朱公書》

十二月朔日值大寒, 主有虎出爲災;

值小寒, 主有祥瑞.《月令通考》

朔日值小寒, 主白兎見祥;

〈72후24절기도〉의 대설 부분(국립민속박물관)

〈72후24절기도〉의 소한 부분(국립민속박물관)

---

12 대설(大雪) : 24절기 중 21번째 절기. 양력으로는 12월 7·8일경. 소설과 동지 가운데에 있는 절기이다. 눈이 많이 내린다는 뜻에서 이런 이름이 붙었는데, 이는 중국 화북지방의 기상을 기준으로 삼았기 때문이다.

13 출전 확인 안 됨;《欽定授時通考》卷6〈天時〉"占驗"《文淵閣四庫全書》732, 79쪽).

14 소한(小寒) : 24절기 중 23번째 절기. 양력으로는 1월 5·6일 경. 동지(冬至)와 대한(大寒) 사이에 있으면서 한겨울의 추위가 매섭게 찾아든다. 우리나라에서는 소한(小寒) 때가 1년 중 가장 춥다.

15 출전 확인 안 됨;《欽定授時通考》, 위와 같은 곳.

나게 된다.

　대한이 들면 호랑이가 사람들을 해치게 된다.　　値大寒, 虎害人.《群芳譜》
《군방보》[16]

---

16 《二如亭群芳譜》〈元部〉 "歲譜" 4 '冬'(《四庫全書存目叢書補編》80, 242쪽).

〈72후24절기도〉의 대한 부분(국립민속박물관)

4) 대한과 소한의 징후

12월의 대한이나 소한에 바람이 불고 비가 내리면 가축들에게 손상을 입히게 된다. 《군방보》[17]

大、小寒日候

十二月大寒、小寒風雨, 損畜.《群芳譜》

5) 섣달 그믐날의 징후

제야(除夜)에 동북풍이 불면 오곡이 아주 잘 익게 된다. 《기력촬요》[18]

除日日候

除夜東北風, 五禾大熟.《紀歷撮要》

---

17 《二如亭群芳譜》〈元部〉 "天譜" 3 '風'(《四庫全書存目叢書補編》80, 104쪽).
18 《田家五行紀歷撮要》〈十二月〉(《續修四庫全書》975, 361쪽).

6) 섣달 그믐날의 여러 점

매년 제야에는 5경(五更, 새벽 3~5시)에 북두칠성을 보고 오곡의 풍흉을 점친다. 북두칠성이 밝으면 오곡이 잘 익고, 어두우면 오곡에 손실이 있게 된다.

탐랑(貪狼)성[19]은 메밀농사를 주관한다.

거문(巨門)성[20]은 조농사를 주관한다.

녹존(祿存)성[21]은 기장농사를 주관한다.

문창(文昌)성[22]은 참깨농사를 주관한다.

염정(廉貞)성[23]은 보리농사를 주관한다.

무곡(武曲)성[24]은 메벼와 찰벼농사를 주관한다.

파군(破軍)성[25]은 팥농사를 주관한다.

보(輔)성[26]은 메주콩농사를 주관한다.《월령통고》[27]

섣달 그믐날에는 분와(粉窩)[28] 12개를 만들어서 시루에다 푹 쪄서 수분 상태를 확인한다. 첫째 분와는 1월을 주관한다. 이렇게 차례대로 보아 분와에

除日雜占

常以歲除夜五更視北斗, 占五穀善惡. 其星明, 則成熟; 暗, 則有損.

貪狼主蕎麥,

巨門主粟,

祿存主黍,

文昌主芝麻,

廉貞主麥,

武曲主粳糯,

破軍主赤豆,

輔星主大荳.《月令通考》

除日作粉窩十二枚, 甑中蒸熟驗之, 第一枚主正月. 以次挨看, 如有水, 則其月有

---

19 탐랑(貪狼)성: 북두칠성 중 제1성의 이칭.

20 거문(巨門)성: 북두칠성 중 제2성의 이칭.

21 녹존(祿存)성: 북두칠성 중 제3성의 이칭.

22 문창(文昌)성: 북두칠성 중 제4성의 이칭.《고금율력고(古今律曆考)》卷28〈장경고(藏經考)〉에는 "문곡 (文曲)"으로 되어 있다.

23 염정(廉貞)성: 북두칠성 중 제5성의 이칭.

24 무곡(武曲)성: 북두칠성 중 제6성의 이칭.

25 파군(破軍)성: 북두칠성 중 제7성의 이칭.

26 보(輔)성: 자미원에 속한 별자리. 1개의 별로 구성되어 있으며 북두칠성의 제6성인 개양(開陽) 옆에 있다. 북두칠성을 돕는 승상[輔]의 지위이다.

27 출전 확인 안 됨;《欽定授時通考》卷6〈天時〉"占驗"(《文淵閣四庫全書》732, 79쪽).

28 분와(粉窩): 강수량을 점치기 위해 물웅덩이모양으로 만든 밀가루반죽. 쪄서 분와 속에 생긴 수분의 다소로 각 달의 강수량을 점친 것이다.

물이 있으면 분와 순서에 해당하는 달에는 비가 내리게 된다. 물이 많으면 비가 많이 내리게 되고, 말라 있으면 비가 내리지 않게 된다. 윤달이 있으면 분와 1개를 추가한다.《군방보》[29]

雨. 水多, 則雨多; 乾, 則無雨. 閏月加一枚.《群芳譜》

제야에는 안정을 취해야 길하다. 속담에 "제야에 개가 짖지 않으면 새해에 전염병이 없게 된다. 제야에 사나운 개가 짖으면 새해에 도적이 많이 들게 된다."라 했다. 혹은 공적이든 사적이든 마을 안에서 시끄럽고 요란스러운 짓을 일으키면 이듬해 마을에 반드시 느닷없는 재난[橫事]이 일어나게 된다.《군방보》[30]

除夜以安靜爲吉. 諺云: "除夜犬不吠, 新年無疫癘. 除夜惡犬嘷, 新年多火盜' 或因公私作鬧驚動閭里者, 村中來年必遭橫事. 同上

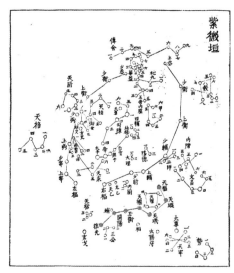

자미원의 북두칠성(《성경(星鏡)》)

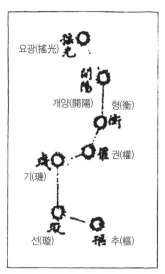

북두칠수(《오례통고》)

---

29 《二如亭群芳譜》〈元部〉 "歲譜" 4 '冬'(《四庫全書存目叢書補編》80, 242쪽).
30 《二如亭群芳譜》〈元部〉 "歲譜" 4 '冬'(《四庫全書存目叢書補編》80, 242쪽).

7) 세밑 입춘

입춘이 세밑에 있으면 주로 겨울이 따뜻하다. 속
담에 "두 봄이 한 겨울에 들면 이불 없어도 불 쬔 듯
따뜻하다."라 했다.《도주공서》[31]

두 봄이 한 겨울을 끼고 있으면, 10개의 외양간
중에 9개가 비게 된다.《군방보》[32]

殘年立春

立春在殘年, 主冬暖. 謹
云: "兩春來一冬, 無被暖
烘烘."《陶朱公書》

兩春夾[3]一冬, 十個牛欄九
個空.《群芳譜》

---

31 출전 확인 안 됨;《重訂增補陶朱公致富奇書》卷4〈占候部〉"十二月占"(《重訂增補陶朱公致富奇書》中, 54쪽).
32 《二如亭群芳譜》, 위와 같은 곳.
③ 夾:《重訂增補陶朱公致富奇書·占候部·十二月占》에는 "合".

8) 초하루의 바람과 비

12월 1일에 바람이 불고 비가 내리면 주로 맥류 농사가 좋게 된다.

서풍이 불면 주로 도적이 일어나게 된다. 《도주 공서》[33]

12월 1일에 바람이 불고 비가 내리면 이듬해 봄에 가뭄이 들게 된다.

동풍이 한나절이나 그치지 않으면 육축(六畜, 소·말·돼지·양·닭·개)이 재해를 입게 된다.

서풍이 한나절이나 그치지 않으면 주로 가뭄이 들고, 육축이 전염병에 걸리게 된다. 《군방보》[34]

12월 1일에 바람이 불고 비가 내리면 이듬해 곡식이 비싸지고, 봄에는 가뭄이 들고, 여름에는 비가 많이 내리게 된다. 《관규집요》[35]

朔日風雨

朔日風雨, 主麥好;

西風, 主盜賊起.《陶朱公書》

朔風雨, 來春旱;

東風半日不止, 六畜災;

西風半日不止, 主旱, 六畜疫.《群芳譜》

十二月一日有風雨, 來年穀貴, 春旱, 夏多雨.《管窺輯要》

---

33 출전 확인 안 됨;《欽定授時通考》卷6〈天時〉“十二月”‘占驗’(《文淵閣四庫全書》732, 79쪽).
34 《二如亭群芳譜》〈元部〉“天譜”3 ‘風’(《四庫全書存目叢書補編》80, 104쪽).
35 《管窺輯要》卷59〈雨〉(《管窺輯要》19, 17면).

9) 밭 비추는 누에(照田蠶, 조전잠)[36]

사야(四夜)[37] 황혼 때의 징후를 살펴본다. 마을 사람들이 장대에 볏집을 묶고, 여기에 불을 붙여 들고 밭사이로 달리는 풍습을 '조전잠'이라 한다. 불의 색깔을 보고, 이듬해의 물난리와 가뭄을 점친다.

빛깔이 백색이면 주로 물난리가 나게 된다.

빛깔이 적색이면 주로 가뭄이 들게 된다.

맹렬하게 불타면 이듬해 농사는 풍년이 들고, 초목이 무성하게 된다.

이듬해 농사가 흉년이 되는 데는 북풍이 가장 큰 요인이다.

또 제야에는 그릇에 폭죽과 조전잠을 함께 넣고 불을 붙여서 그 색깔을 살펴 위와 똑같이 점친다.

이날 밤에는 안정을 취해야 길하다.《도주공서》[38]

照田蠶

念四夜黃昏時候. 鄕人束稻草於竿, 點火在田間行走, 名曰"照田蠶". 看火色, 卜水旱.

色白, 主水;

色赤, 主旱;

猛烈, 年豊, 葳蕤.

歲歉取北風爲上.

又除夜燒盆爆竹與照田蠶, 看火色同.

是夜取安靜爲吉.《陶朱公書》

---

36 밭 비추는 누에(照田蠶, 조전잠) : 볏짚 묶은 장대에 불 붙이고 밭에 돌아다니는 풍습. 또는 불 붙인 그 장대. 고래로부터 중국 농가에 전해진다. 장대에 불 붙은 모습을 누에로 비유했다. '소전잠(燒田蠶)', '소전재(燒田財)'라고도 불리며, 강남(江南) 일대 지방에서 풍흉을 점치는 풍속으로 유행했다.

37 사야(四夜) : 새벽 1시부터 3시까지의 시간. 사경(四更).

38 출전 확인 안 됨;《欽定授時通考》卷6〈天時〉"十二月"'占驗'(《文淵閣四庫全書》732, 79쪽).

10) 대금월(大禁月)

12월을 '대금월'이라 한다. 갑자기 조금 따뜻해지면 이는 곧 아주 추워질 징후이다. 속담에 "하루 따뜻하여 상체 드러내면 3일은 추워서 이 악문다."라 했다. 《전가오행》[39]

위선지 권제1 끝

大禁月

十二月謂之"大禁月". 忽有一日稍暖, 即是大寒之候. 諺云: "一日赤膊, 三日齷齪. 《田家五行》

魏鮮志卷第一④

---

39 《田家五行》〈氣候類〉(ctext); 《農政全書》卷11〈農事〉"占候" '十二月'(《農政全書校注》, 263쪽).
④ 魏鮮志卷第一: 저본에는 없음. 고대본에 근거하여 보충.

위선지 권제 2

魏鮮志卷第二

2

I. 풍흉과 길흉의 예측(중)

봄 갑자일에 비가 내리면 60일간 가뭄이 들게 된다. 여름 갑자일에 비가 내리면 곡식에 손상을 입게 한다. 가을 갑자일에 비가 내리면 60일간 물난리가 나서 쌀이 비싸진다. 겨울 갑자일에 비가 내리면 여름 농지의 작물을 수확하지 못하게 된다. 《관규집요》

풍흉과 길흉의 예측(중)

候歲(中)

1. 하늘로 점치다

占天

1) 하늘의 빛깔

하늘이 높고 빛깔이 백색이면 가뭄이 들게 된다.
《무비지》[1]

天色

天高色白, 爲旱.《武備志》

하늘의 빛깔이 황색으로 변하면 가뭄이 들고, 작
황은 흉작이며, 도적이 일어나게 된다.《무비지》[2]

天色變黃, 旱荒盜起. 同上

하늘이 갑자기 자욱해졌다가, 며칠간 이 기운이
흩어지지 않고 큰비가 오지도 않으면 천하에 크게
가뭄이 들게 된다.《관규집요》[3]

天忽濛濛, 數日不解, 大雨
不至, 天下大旱.《管窺輯
要》

---

1 《武備志》卷148〈占度載〉"占天" '天之色', 5963쪽.
2 《武備志》卷148〈占度載〉"占天" '天之色', 5965쪽.
3 《管窺輯要》卷4〈天部占〉(《管窺輯要》3, 15면).

2) 하늘의 기운

하늘에 무지개모양과 같은 흑색 기운이 나타나면 물난리가 나게 된다. 무지개모양과 같은 적색 기운이 나타나면 화재(火災)가 나게 된다. 무지개모양과 같은 청색 기운이 나타나면 장맛비가 재앙이 된다. 《관규집요》[4]

낮과 저물녘 하늘에 바람이 불면 길하다. 바람이 안 불면 흉하다. 《관규집요》[5]

天氣

天見黑氣如虹, 水災; 赤氣如虹, 火災; 靑氣如虹, 淫雨爲災. 《管窺輯要》

天晝昏有風, 吉; 無風, 凶. 同上

---

4 《管窺輯要》卷5〈天見雜雲氣占〉(《管窺輯要》3, 24면).
5 《管窺輯要》卷4〈天部占〉(《管窺輯要》3, 15면).

3) 하늘의 울림

하늘에서 천둥 소리나 물 쏟아지는 소리, 혹은 바람과 물이 서로 부딪치는 소리와 같이 울리면 백성의 삶이 고달파진다【안 《오행전(五行傳)》[6]에서는 이를 '천고(天鼓)'라 한다[7]】.《관규집요》[8]

하늘에서 바람소리와 구슬픈 울음소리가 연일 그치지 않는다면 그 소리가 울리는 지방에서는 백성이 죽어서 근심으로 슬퍼하고, 화재도 나게 된다.

폭풍이 갑자기 동북쪽에서 일어나고 그 소리가 처량하면 주로 물난리가 나게 된다. 서남쪽에서 일어나고 그 바람이 따스하면 가뭄이 들게 된다.《관규집요》[9]

4) 하늘의 갈라짐

하늘이 갑자기 갈라지면 홍수를 겪는 사람들이 있게 된다.《관규집요》[10]

天鳴

天鳴或如雷響, 或如瀉水, 或如風水相激, 百姓勞苦【按 《五行傳》謂之"天鼓"】.《管窺輯要》

天有風聲悲鳴, 連日不止, 所鳴之方, 民有死喪憂戚, 亦有火災.

暴風忽起東北, 其聲凄凉, 主水災. 起西南方而溫, 爲旱. 同上

天裂

天忽裂, 有人大水.《管窺輯要》

---

6 오행전(五行傳):유향(劉向, B.C. 77~B.C. 6)의 《홍범오행전(洪範五行傳)》을 말한다. 《한서(漢書)》〈오행지(五行志)〉에 '전왈(傳曰)'로 시작되는 인용구가 《홍범오행전》의 내용이다. 진말(秦末) 한초(漢初)의 《상서(尙書)》 전문 학자인 복생(伏生)이 《상서》〈홍범(洪範)〉의 오행(五行)과 모(貌)·언(言)·시(視)·청(聽)·사(思)의 오사(五事)를 대응한 사례를 《춘추》와 대조하고, 진한(秦漢) 시대의 이변(異變)을 해석하는 내용이 담겨 있다.

7 오행전(五行傳)에서는……한다:출전 확인 안 됨. 《史記》卷27〈天官書〉第5, 1335쪽에 다음과 같은 내용이 보인다. "천고는 그 소리가 천둥과 같지만 천둥은 아니다. 소리가 땅에서 나지만 하늘에서 땅으로 내려온 소리이다. 소리가 옮겨 가는 곳에서는 전쟁이 그 아래 지역에서 발생한다(天鼓, 有音如雷非雷, 音在地而下及地. 其所住者, 兵發其下)."

8 《管窺輯要》卷5〈天鳴占〉(《管窺輯要》3, 8면).

9 《管窺輯要》卷5〈天風雷占〉(《管窺輯要》3, 24면).

10 《管窺輯要》卷4〈天部占〉(《管窺輯要》3, 14면).

하늘이 여름이나 가을에 갈라지면 백성이 기근을 겪게 된다. 겨울에 갈라지면 겨울에 홍수가 나게 된다. 《관규집요》[11]

天夏、秋裂, 民饑; 冬裂, 冬有大水. 同上

5) 하늘의 미소[天笑][12]

하늘이 구름 사이로 열린 현상을 '천청(天晴)'이라 한다. 그곳에서 빛이 내리비추는 현상을 또 '하늘의 미소[天笑]'라고 한다. 이 현상이 나타나는 지역에서 인민이 건강하고 평안하며, 오곡이 잘 영근다. 그것을 본 사람은 길하고 경사스러운 일이 크게 생기게 된다. 《농상요람(農桑要覽)[13]》[14]

天開眼, 謂之"天晴". 下照, 又謂之"天笑". 主其地人民康泰, 五穀秀實. 見者, 大獲吉慶.《農桑要覽》

---

11 《管窺輯要》卷4〈天部占〉(《管窺輯要》3, 15면).
12 하늘의 미소[天笑] : 맑은 하늘에 빛이 특정한 곳에 내리비치는 현상을 말한다.
13 농상요람(農桑要覽) : 중국 명(明)나라 만력 연간에 산동 곡천오(曲迁梧, ?~?)가 편찬한 점술류의 농서. 여러 음양가의 학설 및 자신이 듣거나 본 항간의 풍속을 고찰하여 기록했다. 시일(時日)·천문(天文)·잠상(蠶桑) 등 8편으로 구성되어 있다. 원본은 일실되었고, 《이여정군방보》등에 그 일부가 실려 있다.
14 출전 확인 안 됨;《二如亭群芳譜》〈元部〉 "天譜" 卷1 '占候'(《四庫全書存目叢書補編》80, 58쪽).

2. 땅으로 점치다

占地

1) 땅의 이상 현상

地異

작은 동전만 한 크기의 어떤 물건이 땅에서 나올 때, 그중 삼씨[麻]나 기장만 한 것이 있으면 '하늘이 가마솥과 시루를 내렸다[天雨釜甌, 천우부증)'[1]라 한다【안 《관규집요》에 "세상 사람들은 '시루떡[蒸餠]'을 내렸다고 한다."[2]라 했다】. 그해에는 주로 풍년이 들게 된다. 《송사(宋史)》[3] 〈천문지〉[4]

有物如小錢許大, 從地中出, 其中如麻、黍稷大, 名"天雨釜甌"【按 《管窺輯要》云: "世人謂之'蒸餠'"】. 主歲穰. 《宋·天文志》①

땅에서 흰 털이 나오면 백성이 곤경을 겪고, 그해 농사는 흉년이 들게 된다. 《무비지》[5]

地生②白毛, 民困歲歉. 《武備志》

땅에서 흰 가루가 나오면 그해에 백성에게 기근이 들어 유랑하게 된다. 《무비지》[6]

地生白麵, 其年民飢流亡. 同上

---

1 하늘이……내리다[天雨釜甌, 천우부증]: 땅에서 나온 기이한 물건에 삼과 기장문양이 있으므로 풍년의 조짐이라 여긴 것으로 보인다. 그러나 《開元占經》에는 "하늘이 가마솥이나 시루를 내리면 그 나라에는 큰 기근이 들게 된다(天雨釜甌, 其國大饑)."(卷3 〈天占〉)라 하여 전혀 반대의 점사가 나온다.

2 세상……한다:《管窺輯要》卷4 〈天占考〉(《管窺輯要》3, 8면).

3 송사(宋史): 중국 24사의 역사서 중 하나이며 북송과 남송의 약 320년간의 역사를 기록한 기전체의 정사.

4 출전 확인 안 됨;《二如亭群芳譜》〈元部〉 "天譜" 卷1 '占候'(《四庫全書存目叢書補編》80, 58쪽).

5 《武備志》卷168 〈占度載〉 "占五行" '天之色', 6851쪽.

6 《武備志》, 위와 같은 곳.

① 《위선지》 처음부터 여기까지는 오사카본에 누락되어 있어서 규장각본과 고려대본을 참고하여 교감하였다.

② 오사카본은 권2 처음부터 여기까지 앞뒤 2쪽이 뜯겨져서 없음.

저수지나 못의 물이 갑자기 저절로 고갈되면 성 陂澤忽自竭, 城邑空虛. 同
읍이 텅 비게 된다. 《무비지》[7] 上

---

7 《武備志》卷168〈占度載〉"占五行", 6853쪽.

3. 해로 점치다

占日

1) 일식(日食)[1]

하지와 동지, 춘분과 추분에 일식이 있으면 재앙이 되지 않는다. 다른 날에 일식이 있으면 재앙이 된다. 그때는 양(陽)이 음(陰)을 이기지 못하기 때문에 항상 물난리가 나게 된다.[2] 《춘추좌씨전(春秋左氏傳)[3]》[4]

日食

二至、二分, 日有食之, 不爲災. 其他日[1]則爲災, 陽不克也, 故常爲水. 《左傳》

1월에 일식이 있으면 사람들이 유랑하고 많은 사람이 병에 걸리며, 오곡이 비싸진다. 제(齊)[5] 지역에 큰 기근이 들게 된다.

正月日蝕, 人流亡多病, 五穀貴. 齊大飢.

3월에 일식이 있으면 그 분야(分野)에 홍수가 나고, 가뭄과 기근이 들며, 실·면·베·쌀이 비싸진다. 초(楚)[6] 지역에 큰 흉년이 들게 된다.

三月日蝕, 其分大水出, 有旱、饑, 絲、綿、布、米貴. 楚地大凶.

---

1 일식(日蝕): 일식은 달이 지구와 태양 사이에 나란히 위치할 때 일어나는 하나의 엄폐현상이다. 일식은 태양-달-지구 순서로, 월식은 태양-지구-달 순서로 천체가 배열되었을 때 일어나게 된다.
2 하지와……된다: 일식에 대한 노(魯)나라 소공(昭公)의 물음에 대해 재신(梓愼)이 답변한 내용이라 존댓말로 옮겨야 하나 《위선지》의 맥락을 고려하여 평서문으로 옮겼다.
3 춘추좌씨전(春秋左氏傳): 중국 춘추(春秋) 시대 노(魯)나라의 태사(太史)인 좌구명(左丘明, 약 B.C. 502~약 B.C. 422)이 공자(孔子)의 《춘추(春秋)》를 풀이한 책.
4 《春秋左氏傳正義》 卷50 〈昭公〉 21年 (《十三經注疏整理本》 19, 1629~1630쪽).
5 제(齊): 중국 산동성(山東省)·하북성(河北省) 남부 일대.
6 초(楚): 중국 호남성(湖南省)·호북성(湖北省) 일대.
[1] 日: 《春秋左氏傳·昭公》에는 "月".

10월에 일식이 있으면 겨울에 가뭄이 들고, 육축 (六畜)[7]이 비싸지며, 생선과 소금도 비싸진다. 진(秦)[8] 지역에 큰 흉년이 들고, 이듬해 가을에 곡식이 비싸 진다【안《무비지》에서는 "10월에 일식이 있으면 겨 울에 가뭄이 들게 된다."라 했다[9]】.

12월에 일식이 있으면 그 아래 지역은 수재가 나 고, 여름에는 맥류를 거두지 못하여 곡식이 비싸지 며, 소들이 많이 죽는다. 조(趙)[10] 지역에 큰 흉년이 들게 된다.《황제점》[11]

4월에 일식이 있으면 천하에 가뭄이 들고 전염 병이 돌며, 소에게 먹이가 없고, 육축이 죽는다. 송(宋)[12] 지역에 큰 흉년이 들게 된다.《경방점(京房 占)[13]》[14]

5월에 일식이 있으면 큰 가뭄과 큰 기근이 들어 사람들이 죽고【안 '사람들이 죽는다'는《무비지》에 '소들이 죽는다'로 되어 있다[15]】, 육축이 비싸진다.

十月日食, 冬旱, 六畜貴, 魚鹽貴. 秦大凶, 來秋穀 貴【按《武備志》"十月日 蝕, 冬旱"】.

十二月日蝕, 其下水災, 夏 麥不收, 穀貴, 牛多死. 趙 大凶.《黃帝占》

四月日蝕, 天下旱·疫, 牛 無食, 六畜死. 宋大凶. 《京房占》

五月日蝕, 大旱·大饑, 人 死【按 人死,《武備志》作 牛死】. 六畜貴. 梁大凶.

7　육축(六畜):소·말·돼지·양·닭·개 등 농가에 가장 요긴한 여섯 가축.

8　진(秦):중국 감숙성(甘肅省)·섬서성(陝西省) 일대.

9　무비지에서는……했다:《武備志》卷149〈占度載〉"占日"'日之蝕', 5995쪽.

10　조(趙):중국 산서성(山西省) 중부, 하북성(河北省) 서부와 남부 일대.

11　출전 확인 안 됨;《二如亭群芳譜》〈元部〉"天譜" 2 '日'《四庫全書存目叢書補編》80, 63~64쪽).

12　송(宋):지금의 중국 하남성(河南省) 상구시(商丘市) 일대.

13　경방점(京房占):중국 서한(西漢)의 역학자 경방(京房, B.C. 77~B.C. 37)이 지은 점서. 경방은 역경(易經) 의 대가인 초연수(焦延壽)의 수제자로 재난을 예견하는 능력이 뛰어났다. 한나라 원제(元帝, 재위 B.C. 48~33)에게 음양의 재이에 관한 상소를 올렸고, 원제 4년에 관리 인사고과법을 건의했다. 저서로《경씨역 전(京氏易傳)》이 있다.《경씨역전》에는 이 본문의 내용이 보이지 않음.

14　출전 확인 안 됨;《二如亭群芳譜》〈元部〉"天譜" 2 '日'《四庫全書存目叢書補編》80, 64쪽).

15　사람들이……있다:《武備志》卷149〈占度載〉"占日" 1 '日之蝕', 5994쪽.

양(梁)[16] 지역에 큰 흉년이 들게 된다. 11월에 일식이 있으면 사람과 가축이 모두 전염병에 걸리고, 생선과 소금이 비싸지며, 시장의 곡식값이 비싸지고, 소들이 죽는다. 연(燕)[17] 지역에 큰 흉년이 들게 된다. 《을사점》[18]

十一月日食, 人畜俱疫, 魚鹽貴, 糶貴, 牛死. 燕大凶. 《乙巳占》

6월에 일식이 있으면 육축과 오곡이 비싸지고, 주로 가뭄이 들게 된다. 패(沛)[19] 지역에 큰 흉년이 들게 된다. 《월령통고》[20]

六月日蝕, 六畜、五穀貴, 主旱. 沛大凶. 《月令通考》

7월에 일식이 있으면 사람들이 유랑하고, 홍수가 나서 성곽을 무너뜨린다. 비단이 비싸지고, 그해의 그해 곡식은 잘 여물지 않게 된다. 진(秦)나라 사람들은 7월 일식을 싫어한다【안 《무비지》에 "일설에 '7월 일식이 있으면 진(陳)[21] 지역에 큰 흉년이 들게 된다.'"[22]라 했다】. 《경신점(庚辛占)[23]》[24]

七月日食, 人流亡, 大水壞城郭. 繒帛貴, 歲惡. 秦國惡之【按《武備志》"一曰：'陳大凶'"】. 《庚辛占》

8월에 일식이 있으면 사람들이 창개(瘡疥)[25]를 앓

八月日蝕, 人病瘡疥. 《群

---

16 양(梁)：중국 강소성(江蘇省) 남경시(南京市) 일대.

17 연(燕)：중국 하북성(河北省) 북부 일대.

18 《乙巳占》卷1〈日蝕占〉(《叢書集成初編》711, 23쪽)；《二如亭群芳譜》, 위와 같은 곳.
　《을사점》에는 5・6월이 같이 묶여 있고, "六畜貴"의 '貴'가 '死'로 되어 있다.

19 패(沛)：중국 강소성(江蘇省) 소주시(徐州市) 서북부 일대.

20 출전 확인 안 됨；《二如亭群芳譜》, 위와 같은 곳.

21 진(陳)：하남성(河南省) 회양현(淮陽縣) 일대.

22 일설에……된다：《武備志》卷149〈占度載〉"占日" 1 '日之蝕', 5995쪽.

23 경신점(庚辛占)：미상.

24 출전 확인 안 됨；《二如亭群芳譜》, 위와 같은 곳.

25 창개(瘡疥)：헌데가 겹치고 진(疹)이나 물집이 생기며 곪기도 하는 증상. 일반적으로 옴・개창(疥瘡)・개라(疥癩)라고도 한다. 《임원경제지 인제지》권21〈외과〉"개(疥)・선(癬)"에 자세히 보인다.

게 된다. 《군방보》[26]

芳譜》

9월에 일식이 있으면 기근이 들고, 전염병에 걸리게 된다. 베와 비단이 비싸지고, 소금이 비싸지며, 직물 재료[女工][27]가 비싸진다. 한(韓) 지역에 큰 흉년이 들게 된다. 《기사점[28]》[29]

九月日食, 飢疫. 布帛貴, 鹽貴, 女工貴. 韓大凶. 《己巳占》

2월에 일식이 있으면 큰 가뭄이 들게 된다【일설에 "사람들이 많이 죽는다."라 했다. 일설에 "콩이 비싸지고, 소들이 죽는다. 노(魯) 지역에 큰 흉년이 들게 된다."라 했다】. 《무비지》[30]

二月日蝕, 大旱【一曰: "人多死." 一曰: "豆貴, 牛死. 魯大凶"】. 《武備志》

① 갑자(甲子)일에 일식이 있으면 홍수가 동쪽 지역에 나게 된다.

甲子日日蝕, 大水在東方;

② 을축(乙丑)일에 일식이 있으면 오곡에 벌레가 생겨 곡식을 상하게 한다【일설에 "큰 가뭄이 들게 된다."라 했다】.

乙丑日日蝕, 五穀蟲傷【一曰: "大旱"】;

③ 병인(丙寅)일에 일식이 있으면 작은 가뭄이 동남쪽 지역에 들게 된다【일설에 "가뭄이 들고 메뚜기 떼로 해를 입게 된다."라 했다】.

丙寅日日蝕, 有小旱在東南【一曰: "有旱、蝗"】;

④ 정묘(丁卯)일에 일식이 있으면 작은 가뭄이 동

丁卯日日蝕, 有小旱在東

---

26 《二如亭群芳譜》, 위와 같은 곳.

27 직물 재료[女工] : 여공(女工)은 옛날에 주로 여인들이 베를 짜거나 수를 놓거나 옷감을 바느질하는 일을 담당했기 때문에 그런 일을 하는 여인을 뜻하거나 직물 또는 직물의 재료가 되는 작물을 의미한다.

28 기사점(己巳占) : 중국 당(唐)나라 천문학가인 이순풍(李淳風)이 편찬한 천문서. 천문, 기상, 별자리점 방면의 서적들 10여권을 모아 편찬했다. 기사년에 책이 만들어져서 '기사점'이라는 책명을 붙였다.

29 출전 확인 안 됨;《二如亭群芳譜》〈元部〉"天譜" 2 '日'《四庫全書存目叢書補編》80, 64쪽).

30 《武備志》卷149〈占度載〉"占日" 1 '日之蝕', 5994쪽.

남쪽 지역에 들게 된다【일설에 "가뭄이 들고 메뚜기 떼로 해를 입게 된다."라 했다. 또 "이 지역에 메뚜기 떼로 해를 입게 된다."라 했다】.

⑤ 무진(戊辰)일에 일식이 있으면 지진이 동남쪽 지역에 발생하게 된다.

⑥ 을사(乙巳)일에 일식이 있으면 화재가 나게 된다.

⑦ 경오(庚午)일에 일식이 있으면 큰 가뭄이 남쪽 지역에 들게 된다.

⑧ 신미(辛未)일에 일식이 있으면 벌레떼가 동쪽 지역에 생기게 된다【일설에 "물난리가 나게 된다."라 했다】.

⑨ 임신(壬申)일에 일식이 있으면 약탈자와 도적이 함께 횡행하게 된다.

⑩ 계유(癸酉)일에 일식이 있으면 장맛비[淫雨]가 여러 차례 내리게 된다.

⑪ 갑술(甲戌)일에 일식이 있으면 작은 가뭄이 서남쪽 지역에 들게 된다【일설에 "초목이 번성하지 못한다."라 했다】.

⑫ 을해(乙亥)일에 일식이 있으면 오랜 비가 내리게 된다【일설에 "겨울에 얼음이 얼지 않는다."라 했다】.

⑬ 병자(丙子)일에 일식이 있으면 홍수가 동쪽 지역에 나게 된다【일설에 "여름 서리가 재앙이 된다."라 했다】.

⑭ 무인(戊寅)일에 일식이 있으면 그해에 가뭄이 들고, 땅이 끓어오르게 된다【일설에 "큰바람이 많이 분다."라 했다】.

⑮ 기묘(己卯)일에 일식이 있으면 벌레떼로 해를

南【一曰: "有旱、蝗." 又曰: "在此方有蝗"】;

戊辰日日蝕, 有地動在東南;

乙巳日日蝕, 火災;

庚午日日蝕, 有大旱在南方;

辛未日日蝕, 有蟲在東方【一曰: "水潦"】;

壬申日日蝕, 寇盜竝行;

癸酉日日蝕, 淫雨數降;

甲戌日日蝕, 有小旱在西南方【一曰: "草木不滋"】;

乙亥日日蝕, 有陰雨【一曰: "冬無氷"】;

丙子日日蝕, 有大水在東方【一曰: "夏霜爲災"】;

戊寅日日蝕, 歲旱, 土沸【一曰: "多大風"】;

己卯日日蝕, 有蟲;

입게 된다.

⑯ 경진(庚辰)일에 일식이 있으면 물난리가 동북쪽 지역에 나게 된다【일설에 "전쟁이 나고, 가뭄이 들게 된다."라 했다】.

庚辰日日蝕，有水在東北【一曰："有兵、旱"】；

⑰ 임오(壬午)일에 일식이 있으면 가뭄이 들고, 물난리도 나게 된다【일설에 "비가 오래도록 내리게 된다."라 했다】.

壬午日日蝕，有旱且水【一曰："久雨"】；

⑱ 계미(癸未)일에 일식이 있으면 적은 벌레떼가 생기게 된다.

癸未日日蝕，有小蟲；

⑲ 갑신(甲申)일에 일식이 있으면 4월에 서리가 내리게 된다.

甲申日日蝕，四月雨霜；

⑳ 병술(丙戌)일에 일식이 있으면 큰 가뭄이 들고, 불이 하늘에서 떨어지게 된다.

丙戌日日蝕，有大旱，火從天隆；

㉑ 정해(丁亥)일에 일식이 있으면 벌레떼가 서북쪽 지역에 생기게 된다.

丁亥日日蝕，有蟲在西北方；

㉒ 무자(戊子)일에 일식이 있으면 홍수가 동쪽 지역에 나게 된다.

戊子日日蝕，有大水在東方；

㉓ 경인(庚寅)일에 일식이 있으면 작은 가뭄이 동남쪽 지역에 들게 된다【일설에 "물난리가 나게 된다."라 했다】.

庚寅日日蝕，有小旱在東南方【一曰："有水"】；

㉔ 신묘(辛卯)일에 일식이 있으면 벌레떼가 동쪽 지역에 생기게 된다.

辛卯日日蝕，有蟲在東方；

㉕ 임진(壬辰)일에 일식이 있으면 홍수가 동쪽 지역에 나게 된다【일설에 "황하의 둑이 터진다."라 했다】.

壬辰日日蝕，有大水在東方【一曰："河水決"】；

㉖ 갑오(甲午)일에 일식이 있으면 큰 가뭄이 들게 된다【일설에 "벌레떼로 해를 입게 된다."라 했다】.

甲午日日蝕，有大旱【一曰："蟲災"】；

㉗ 을미(乙未)일에 일식이 있으면 지진이 발생하게

乙未日日蝕，有地動；

된다.

㉘ 병신(丙申)일에 일식이 있으면 홍수가 나게 된다【일설에 "그해에 가뭄이 들게 된다."라 했다】.

㉙ 무술(戊戌)일에 일식이 있으면 가뭄이 들고, 전쟁으로 말떼[馬驤]가 이동한다.

㉚ 경자(庚子)일에 일식이 있으면 홍수가 나게 된다.

㉛ 임인(壬寅)일에 일식이 있으면 작은 가뭄이 동남쪽 지역에 들게 된다.

㉜ 계묘(癸卯)일에 일식이 있으면 벌레떼가 생기게 된다.

㉝ 갑진(甲辰)일에 일식이 있으면 물난리가 나게 된다.

㉞ 병오(丙午)일에 일식이 있으면 큰 가뭄이 남쪽 지역에 들게 된다【일설에 "많은 백성이 유랑한다."라 했다】.

㉟ 정미(丁未)일에 일식이 있으면 벌레떼가 생기고, 지진이 나게 된다.

㊱ 무신(戊申)일에 일식이 있으면 작은 물난리가 나게 된다【일설에 "지진이 발생하게 된다."라 했다】.

㊲ 경술(庚戌)일에 일식이 있으면 작은 가뭄이 들게 된다.

㊳ 신해(辛亥)일에 일식이 있으면 벌레떼로 해를 입게 된다.

㊴ 계축(癸丑)일에 일식이 있으면 홍수로 낭패가 된다.

㊵ 갑인(甲寅)일에 일식이 있으면 가뭄이 들게 된다.

㊶ 을묘(乙卯)일에 일식이 있으면 벌레떼로 해를 입게 된다【일설에 "번개가 치지 않고, 서리가 줄어

丙申日日蝕, 有大水【一曰: "歲旱"】;

戊戌日日蝕, 有旱, 馬驤運;

庚子日日蝕, 有大水;

壬寅日日蝕, 有小旱在東南;

癸卯日日蝕, 有蟲;

甲辰日日蝕, 有水;

丙午日日蝕, 大旱在南方【一曰: "民多流亡"】;

丁未日日蝕, 有蟲, 有地震;

戊申日日蝕, 有小水【一曰: "地動"】;

庚戌日日蝕, 有小旱;

辛亥日日蝕, 有蟲害;

癸丑日日蝕, 水潦爲敗;

甲寅日日蝕, 有旱;

乙卯日日蝕, 有蟲【一曰: "雷不行, 霜不殺"】;

들지 않는다."라 했다】.

㊷ 병진(丙辰)일에 일식이 있으면 산에서 물이 크
게 쏟아지게 된다.

丙辰日日蝕, 山水大出;

㊸ 무오(戊午)일에 일식이 있으면 큰 가뭄이 들게
된다.

戊午日日蝕, 有大旱;

㊹ 기미(己未)일에 일식이 있으면 지진이 크게 발
생하게 된다.

己未日日蝕, 地大動;

㊺ 경신(庚申)일에 일식이 있으면 물난리가 나게
된다.

庚申日日蝕, 有水;

㊻ 계해(癸亥)일에 일식이 있으면 큰비가 내리게
된다. 《무비지》[31]

癸亥日日蝕, 有大雨. 同上

을유(乙酉)년에 일식이 있으면 그해에 큰 풍년이
들게 된다. 《관규집요》[32]

乙酉年日食, 年大豐. 《管窺輯要》

① 1월에 일식이 있으면 100리에 피가 흘러 다니
고, 인민이 뿔뿔이 흩어지게 된다.

日食正月, 百里流血, 人民散失;

② 2월에 일식이 있으면 곡식이 상하고, 육축이
죽게 된다.

二月, 稼傷, 六畜死;

③ 3월에 일식이 있으면 천하에 큰 가뭄이 들고,
인민이 유랑하게 된다.

三月, 天下大旱, 人民流亡;

④ 8월에 일식이 있으면 큰 가뭄이 들어 사람들
이 풀과 나무를 먹을 지경이 된다.

八月, 大旱, 人食草木;

⑤ 9월에 일식이 있으면 사람들에게 큰 전염병이

九月, 人大疫, 十分除七;

---

31 《武備志》卷149〈占度載〉"占日" 1 '日之蝕', 5996~6007쪽.
32 《管窺輯要》卷8〈日部占〉(《管窺輯要》4, 6면).

돌아서, 10명 중 7명이 죽게 된다.

⑥ 10월에 일식이 있으면 메뚜기떼가 여름처럼 일어나고, 말과 소가 갑자기 죽게 된다.

⑦ 11월에 일식이 있으면 봄에 큰 서리가 내려, 초목을 죽이게 된다.

⑧ 12월에 일식이 있으면 맥류가 잘 익지 않고, 물이 500리에 흘러넘치며, 모두가 밥을 두고 선후를 다투게 된다. 일설에 "비바람이 불고 재앙이 닥칠 것이다."라 했다. 《관규집요》[33]

十月, 蟲蝗夏起, 牛馬卒死;

十一月, 春有大霜, 殺草木;

十二月, 麥不熟, 水流五百里, 凡食先後. 一曰: "有風雨, 當災矣." 同上.

① 1월에 일식이 있으면 사람들이 유랑하게 된다.

② 2월에 일식이 있으면 육축이 죽거나 상하게 된다.

③ 3월에 일식이 있으면 주로 가뭄이 들고, 인민에게 기근이 들게 된다.

④ 7월이나 8월에 일식이 있으면 곡식농사에 손상을 입게 하고, 천 리가 되는 지역에 곡식이 재앙을 입게 된다.

⑤ 10월에 일식이 있으면 반드시 폭우가 내리게 된다.

⑥ 11월에 일식이 있으면 가축이 전염병에 걸리고, 메뚜기떼로 해를 입게 된다.

⑦ 12월에 일식이 있으면 어린아이들이 죽고, 맥류에 손상을 입게 한다. 《관규집요》[34]

日食在正月, 人流亡;

二月, 六畜死傷;

三月, 主旱, 人民飢荒;

七月、八月, 損稼, 千里穀殃;

十月, 必有暴雨[2];

十一月, 畜疫及蝗蟲;

十二月, 小兒死, 損麥. 同上

---

33 《管窺輯要》卷8〈日部占〉(《管窺輯要》4, 6~7면).

34 《管窺輯要》卷8〈日部占〉(《管窺輯要》4, 6면).

[2] 雨:《管窺輯要·日部占》에는 "霜".

① 자(子)가 든 날에 일식이 있으면 전쟁이 나고, 기근이 들게 된다[饑]'35.

子日日食, 兵、 饑③;

② 인(寅)이 든 날에 일식이 있으면 가뭄이 들게 된다.

寅日食, 旱;

③ 사(巳)나 오(午)가 든 날에 일식이 있으면 천하에 화재가 나고, 인민이 사는 성읍의 반이 상해를 입게 된다.

巳、 午日食, 天下火災, 人民城邑傷半;

④ 유(酉)가 든 날에 일식이 있으면 인민이 유랑하게 된다.

酉日食, 人民流亡;

⑤ 해(亥)가 든 날에 일식이 있으면 물난리와 가뭄으로 백성에게 손상을 끼치고, 조정과 민간에 재앙이 생기게 한다. 《관규집요》36

亥日食, 水、 旱損民, 禍生朝野. 同上

일식이 있으면서 추위가 아침과 정오에까지 미치면 나라에 큰 기근이 들게 된다. 《관규집요》37

日食而寒及在平旦、 中午, 國大饑. 同上

28수(宿) 별자리 중 ① 견우(牽牛)수38 자리에 일식이 있으면 그 분야(分野)의 지역에 있는 소와 가축이 전염병에 걸리게 된다.

食在牛, 其分牛畜疾疫;

---

35 기근이 들게 된다[饑] : 원문의 "饑"는 단순한 배고픔이 아니라 오곡(五穀)이 수확되지 않는 절박한 상황을 나타낸다. "1가지 곡식을 거두지 못함을 근(饉)이라 한다. 2가지 곡식을 거두지 못함을 한(旱)이라 한다. 3가지 곡식을 거두지 못함을 흉(凶)이라 한다. 4가지 곡식을 거두지 못함을 궤(饋)라 한다. 5가지 곡식을 거두지 못함을 기(饑)라 한다(一穀不收, 謂之饉; 二穀不收, 謂之旱; 三穀不收, 謂之凶; 四穀不收, 謂之饋; 五穀不收, 謂之饑)." 《墨子》〈七患〉.

36 《管窺輯要》卷8 〈日部占〉(《管窺輯要》4, 5~6면).

37 《管窺輯要》卷8 〈日部占〉(《管窺輯要》4, 17면).

38 견우(牽牛)수 : 여기서부터 나오는 견우수를 포함한 28수 각각에 대한 구체적인 설명은 《위선지》 권3 〈별로 점치다〉 이후의 주석을 참고 바람.

③ 饑 : 《管窺輯要·日部占》에는 "起".

② 위(胃)수 자리에 일식이 있으면 그 나라 지역은 식량이 부족해지는 걱정이 있게 된다.

食在胃, 國有乏食之憂;

③ 정(井)수 자리에 일식이 있으면 큰 가뭄이 들고, 사람들이 유랑하게 된다.

食在井, 大旱, 人流;

④ 장(張)수 자리에 일식이 있으면 산야와 우물과 못을 담당하는 관원에게 걱정이 있게 된다.

食在張, 山澤、井池之官有憂;

⑤ 익(翼)수 자리에 일식이 있으면 그해에 가뭄이 들게 된다.《관규집요》39

食在翼, 其年旱. 同上

① 심(心)수 중앙에 일식이 있으면 그해에 가뭄이 들고, 화재가 나게 된다.

日蝕心中, 歲旱火災;

② 기(箕)수 중앙에 일식이 있으면 천하에 흉년으로 기근이 들게 된다.

蝕箕中, 天下凶荒;

③ 견우(牽牛)수 중앙에 일식이 있으면 나루터와 교량이 걸리고 막히며, 소들이 전염병에 걸려 많이 죽게 된다.

蝕牛中, 津梁阻塞, 牛多疫死;

④ 영실(營室)수 중앙에 일식이 있으면 인민이 배고픔으로 고통을 겪게 된다.

蝕室中, 人民乏食;

⑤ 위(胃)수 중앙에 일식이 있으면 곡식창고가 텅텅 비고, 인민이 기근으로 굶주리게 된다.

蝕胃中, 倉廩空虛, 人民飢饉;

⑥ 정(井)수 중앙에 일식이 있으면 사람들이 천 리를 유랑하게 된다.《관규집요》40

蝕井中, 人流千里. 同上

---

39 《管窺輯要》卷8〈日部占〉(《管窺輯要》4, 18~19면).
40 《管窺輯要》卷9〈日蝕總論〉(《管窺輯要》4, 40~41면).

〈참고 : 해에서 일어나는 여러 현상을 《관규집요》에서 살펴 보면 다음과 같다〉

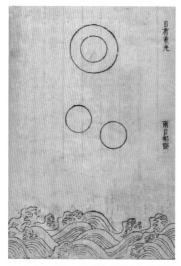

일유중광(日有重光, 해가 이중으로 빛나다), 양일상투(兩日相鬪, 두 해가 다투다)

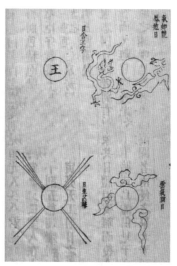

풍포일기여룡(風抱日氣如龍, 바람이 해를 감싸되 그 기가 용모양과 같다), 일합왕자(日合王字, 해에 왕자(王字)가 합쳐지다), 운기윤일(雲氣潤日, 구름이 해를 윤택하게 하다), 일생망자(日生芒莿, 해에 까끄라기나 가시가 나다)

일동불명(日冬不明, 해가 겨울에 밝지 않다), 일월병출(日月竝出, 해와 달이 함께 뜨다), 성월주견(星月晝見, 별과 달이 낮에 보이다), 일생치족(日生齒足, 해에 이와 발이 생기다)

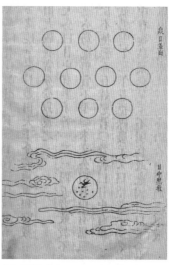

중일병출(衆日竝出, 여러 개의 해가 함께 뜨다), 일중흑기(日中黑氣, 해 속에 흑색 기가 있다)

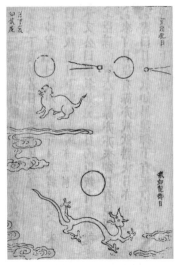

비류범일(飛流犯日, 나는 기운이 해를 범하다), 일하기여복호(日下氣如伏虎, 해 아래 기운이 호랑이가 숨어 있는 모양과 같다), 기여룡어일(氣如龍御日, 기가 용이 해를 부리는 모양과 같다)

일하기여인견지(日下氣如人牽持, 해 아래 기운이 사람이 해를 지탱하고 있는 모양과 같다), 일방여부(日旁如斧, 해 옆의 기운이 도끼와 같다), 일하기개마조상향(日下氣皆馬鳥相向, 해 아래 기운이 모두 말과 새가 서로 향하고 있는 모양과 같다)

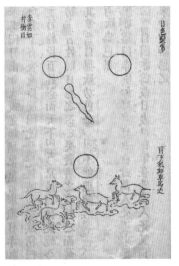

일중일방흑기여인와(日中日傍黑氣如人臥, 해 속과 해 옆의 흑색 기운이 사람이 누운 모양과 같다), 일방기여동림(日旁氣如冬林, 해 옆의 기운이 겨울나무와 같다), 일하적운여윤(日下赤雲如輪, 해 아래 적색 기운이 바퀴모양 같다), 적운여혈복일(赤雲如血覆日, 적색 구름 기운이 피와 같은 모양으로 해를 덮는다)

일색변상(日色變常, 해의 색이 변하다), 적운여저충일(赤雲如杵衝日, 적색 구름이 절굿공이가 해를 찌르는 모양과 같다), 일하기여거마주(日下氣如車馬走, 해 아래 기운이 수레와 말이 달리는 모습과 같다)

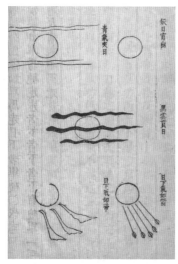

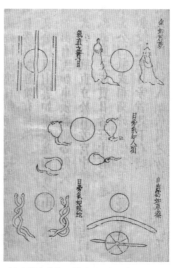

요일소출(妖日宵出, 요상한 해가 밤에 나오다), 청기협일(靑氣夾日, 청색 기운이 해를 끼다), 흑기관일(黑氣貫日, 흑색 기운이 해를 관통하다), 일하기여전(日下氣如箭, 해 아래의 기운이 화살과 같다), 일방기여대(日旁氣如帶, 해 옆의 기운이 허리띠와 같다)

기여정기(氣如旌旗, 기운이 깃발과 같다), 기직정관일(氣直正貫日, 기운이 수직으로 똑바르게 해를 관통하다), 일방기여인두(日旁氣如人頭, 해 옆의 기운이 사람 머리와 같다), 일출운여거개(日出雲如車蓋, 해가 뜰 때 구름이 수레덮개모양과 같다), 일방기여교사(日旁氣如蛟蛇, 해 옆의 기운이 교룡이나 뱀과 같다)

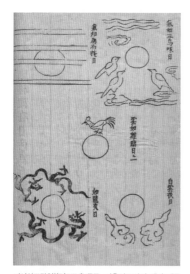

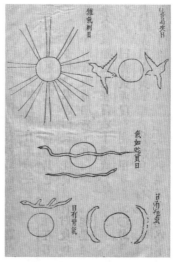

기여삼조탁일(氣如三鳥啄日, 기운이 3마리 새가 해를 쪼는 모양과 같다), 기여포석엄일(氣如布蓆貫日, 기운이 베자리로 해를 꿰는 모습과 같다), 운여계임일상(雲如雞臨日上, 구름이 해 위에 올라 앉아 있는 닭모양과 같다), 백운부일(白雲扶日, 백색 구름이 해를 지탱하고 있는 모습과 같다), 여룡협일(如龍夾日, 용이 해를 끼고 있는 모양과 같다)

적조협일(赤鳥夾日, 적색 새모양의 기운이 해를 끼고 있다), 잡기자일(雜氣刺日, 잡스러운 기운이 해를 찌른다), 기여사관일(氣如蛇貫日, 기운이 뱀이 해를 꿰는 모습과 같다), 일유포기(日有抱氣, 해에 감싸는 기운이 있다), 일유배기(日有背氣, 해에 해를 등진 기운이 있다)

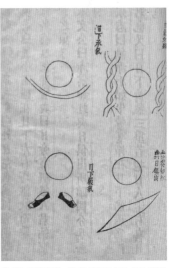

일방일이(日旁一珥, 해 옆에 고리 1개가 있다), 일방양이(日旁兩珥, 해 옆에 고리 2개가 있다), 일방삼이(日旁三珥, 해 옆에 고리 3개가 있다), 일방사이(日旁四珥, 해 옆에 고리 4개가 있다), 일방오이(日旁五珥, 해 옆에 고리 5개가 있다), 일방육이(日旁六珥, 해 옆에 고리 6개가 있다)

일기여뉴(日氣如紐, 해 옆 기운이 꼬인 끈과 같다), 일하승기(日下承氣, 해 아래에서 받치는 기운이 있다), 적운여홍여일구출(赤雲如虹與日俱出, 무지개 같은 적색 구름 기운이 해와 함께 나오다), 일하리기(日下履氣, 해 아래의 신발과 같은 기운이 있다)

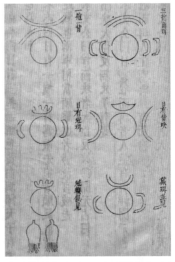

일방극기(日旁戟氣, 해 옆 창 기운), 곡운향일(曲雲向日, 휘어진 모양 구름이 해를 향하다), 일상대기(日上戴氣, 해가 위쪽에 기운을 이다), 일상부기(日上負氣, 해가 위쪽에 기운을 짊어지다), 일상관기(日上冠氣, 해가 위쪽에 관을 쓰다)

삼포양이(三抱兩珥, 3중으로 싸고 양쪽에 해고리가 있다), 일포일배(一抱一背, 한 기운은 감싸고 한 기운은 등지고 있다), 일유배결(日有背玦, 해에 등지고 있는 기운과 패옥이 있다), 일유관이(日有冠珥, 해에 관과 고리가 있다), 대이병견(戴珥竝見, 고리를 인 모습이 함께 보인다), 관영구견(冠纓俱見, 관과 비단끈이 함께 보인다)

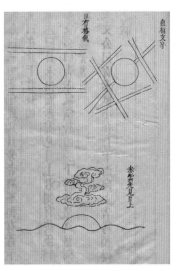

관뉴양이(冠紐兩珥, 관끈과 양쪽의 해고리가 있다), 포이배(抱珥重光, 해를 감싼 귀고리가 이중이고 빛난 다), 기양직상교(氣兩直相交, 기운이 해의 양쪽에서 똑바로 올라가며 교차한다), 배결중기(背玦中起, 등진 모습의 패옥이 해 가운데에서 일어난다), 일방제기(日旁提氣, 해의 사방 옆에 일제(日提) 기운이 있다), 중포양이(重抱兩珥, 두 개의 귀고리가 이중으로 감싼다)

기상교천(氣相交穿, 기가 서로 교차하며 해를 꿰뚫는 다), 일유격기(日有格氣, 해의 위아래로 격자틀모양의 기운이 있다), 적운선견일상(赤雲先見日上, 적색 구름이 해의 위쪽에 먼저 보인다)

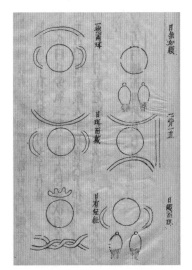

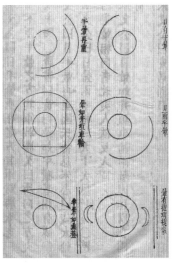

일기여영(日氣如纓, 해 아래 기운이 비단끈과 같은 모양이다), 일포양이(一抱兩珥, 한 기운이 해를 위에서 싸고 양 옆에 고리가 있다), 이배일직(二背一直, 두 기운은 해를 등지고 있고, 한 기운은 똑바로 서 있다), 일이이대(日珥而戴, 해에 두 고리가 있고 한 기운을 이고 있다), 일영이이(日纓而珥, 해에 비단끈이 늘어서 있고 해고리가 있다), 일유관뉴(日有冠紐, 해에 관과 꼬인 끈이 있다)

일유반훈(日有半暈, 해에 해무리가 반만 있다), 반훈재중(半暈再重, 반쪽의 해무리가 2겹이다), 일양반훈(日兩半暈, 해 양쪽에 반쪽의 해무리가 있다), 훈여정원거륜(暈如井垣車輪, 해무리가 우물의 담장이나, 수레바퀴와 같은 모양이다), 훈여포이제기(暈如抱珥提氣, 해무리가 해를 감싸고 그 옆에 일제(日提) 기운이 있다), 반훈여정개(半暈如鼎蓋, 반쪽의 해무리가 솥뚜껑과 같은 모양이다)

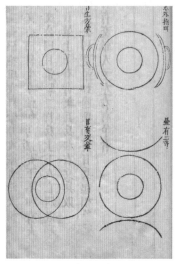

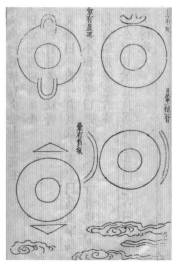

훈외포이(暈外抱珥, 해무리 바깥쪽에서 고리가 해무리를 감싸고 있다), 일생방훈(日生方暈, 해에 사각 해무리가 생기다), 훈유이배(暈有二背, 해무리에 두 개의 등지고 있는 기운이 있다), 일유교훈(日有交暈, 해에서 서로 교차하는 해무리가 있다)

훈유결(暈有玦, 해무리에 패옥이 있다), 일훈직이(日暈直珥, 해무리에 수직으로 해고리가 있다), 일훈일포일배(日暈一抱一背, 해무리를 한 기운은 감싸고 한 기운은 등지고 있다), 훈유부기(暈有負氣, 해무리에 짐을 진 듯한 기운이 있다)

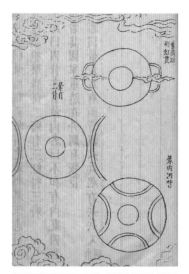

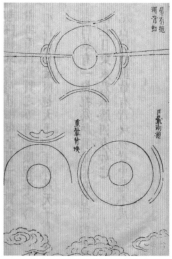

훈양이양홍관(暈兩珥兩虹貫, 해무리 양쪽에 해고리가 있고, 양쪽으로 무지개가 관통한다), 훈내사배(暈內四背, 해무리 안에 4개의 등진 기운이 있다)

훈유포이배홍(暈有抱珥背虹, 해무리에 감싸는 해고리와 해무리를 등진 무지개가 있다), 일훈양포(日暈兩抱, 해무리를 양쪽에서 감싸는 기운이 있다), 중훈배결(重暈背玦, 이중 해무리에 등진 패옥이 있다)

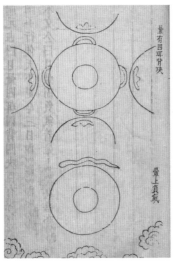

훈유사이배결(暈有四耳背玦, 해무리에 네 귀가 있고, 등지고 있는 기운에 패옥이 있다), 훈상부기(暈上負氣, 해무리 위에 기운을 짊어지고 있다)

훈유배이직홍(暈有背耳直虹, 해무리에 등진 해고리가 있고, 똑바른 무지개가 해무리를 관통한다)

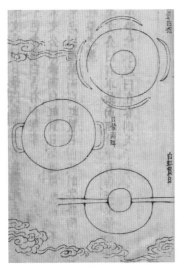

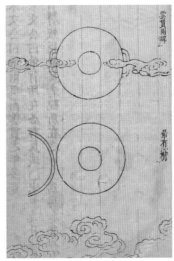

일훈사포(日暈四抱, 해무리를 네 기운이 감싼다), 일훈양이(日暈兩耳, 해무리 양쪽에 해고리가 있다), 백홍관일(白虹貫日, 흰 무지개가 해를 관통한다)

운관양이(雲貫兩耳, 구름이 두 해고리를 관통한다), 훈유일배(暈有一背, 해무리에 하나의 등진 기운이 있다)

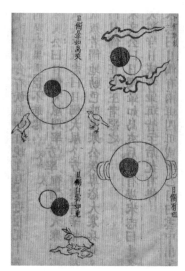

일식요기(日食妖氣, 일식 때 요상한 기운이 있다), 일
식훈여조협(日蝕暈如鳥夾, 일식 때 해무리가 끼고 새
2마리가 이를 받치고 있는 모양이다), 일식유이(日蝕
有珥, 일식 때 해귀고리가 있다), 일식백운여토(日蝕
白雲如兎, 일식 때 흰구름이 토끼와 같은 모양이다)
(이상 《관규집요》)

2) 햇무리[日暈, 일훈]

햇무리가 흑색이면 곡식이 해를 입고 홍수가 나게 된다.

햇무리가 청색이면 시장의 곡식값이 비싸지고, 바람이 많이 불게 된다.

햇무리가 황색이면 바람과 비가 때맞추어 오고, 농지가 잘 관리된다.

햇무리가 자주 보인다면 크게 평안하다.《상이부》[41]

햇무리 양쪽 고리[珥]에 구름이 관통해 있으면 그 분야 지역에는 질병이 많이 돌게 된다.《송사》〈천문지〉[42]

햇무리가 청색이면 메뚜기떼가 생겨서 곡식이 해를 입고, 사람들이 전염병에 많이 걸리게 된다.《무

日暈

暈黑, 則穀傷大水;

暈靑, 則糴貴多風;

暈黃, 則風雨時農田治;

數見, 則大安.《祥異賦》

暈兩珥有雲貫之, 其分多疾.《宋·天文志》

日暈靑色, 蝗生穀傷, 人多疾疫.《武備志》

해에 생긴 햇무리

네모모양의 햇무리(이상《관규집요》)

---

41 출전 확인 안 됨;《二如亭群芳譜》〈元部〉"天譜"卷2 '日'《四庫全書存目叢書補編》80, 63쪽).
42 출전 확인 안 됨;《二如亭群芳譜》, 위와 같은 곳.

비지》[43]

해 주위의 청색 햇무리가 1겹이면 오곡이 아주 잘 익게 된다.

2겹이면 곡식이 비싸진다.

4겹이면 3개월을 넘기지 않아서 쌀이 10배 비싸진다.

5겹이면 천하에 홍수가 나서, 물고기가 사람 다니는 길로 다니게 된다.《무비지》[44]

햇무리가 적색이면 화재와 가뭄이 일어나 재앙이 된다.《무비지》[45]

日青暈一重, 五穀大熟;

二重, 穀貴;

四重, 不出三月, 米貴十倍;

五重, 天下大水, 魚行人道. 同上

日暈赤色, 火旱興災. 同上

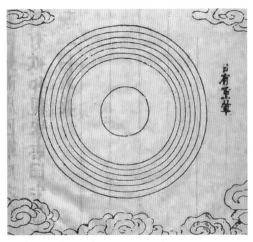

여러겹의 햇무리(《관규집요》)

---

43 《武備志》卷150〈占度載〉"占日" 2 '日之暈', 6013쪽.

44 《武備志》卷150〈占度載〉"占日" 2 '日之暈', 6014쪽.

45 《武備志》, 위와 같은 곳.

해에 적색 햇무리가 2겹이면 그 현상이 나타난 나라에는 메뚜기떼로 해를 입게 된다【일설에 "가뭄이 들어 곡식이 비싸지고, 도적이 일어나게 된다."라 했다】.

2겹의 햇무리가 3일 동안 해를 둘러싸고 있으면 정남쪽 아래의 700리에 걸친 지역에 모두 장역(瘴疫)[46]이 돌게 된다.

7일 동안 둘러싸고 있으면 천하의 인민이 전염병으로 3/10이 죽게 된다【또 "메뚜기떼가 생기고, 3년 후에 큰 가뭄이 들게 된다."라 했다】.

3겹의 햇무리가 해를 둘러싸고 있으면 1,000리에 걸친 지역에 큰 가뭄이 들게 된다.

4~5겹의 햇무리가 있으면 1년을 넘기지 않아 천하에 큰 기근이 들게 된다. 《무비지》[47]

해에 백색 햇무리가 2겹이면 곡식이 비싸진다.

3겹이면 천하에 홍수가 나게 된다. 《무비지》[48]

햇무리가 흑색이면 비가 많이 내려 재해가 된다. 《무비지》[49]

해에 흑색 햇무리가 1겹이면 오곡이 익지 않게 된다.

日有赤暈再重, 所見之國有蝗蟲【一曰: "旱穀貴, 盜起"】.

二重暈繞日三日, 正南下七百里皆瘴疫;

七日, 天下人民疫死三分【又曰"蝗蟲生, 三年外大旱"】.

三重, 大旱千里;

四五重, 不出期年, 天下大饑. 同上

日白暈二重, 穀貴;

三重, 天下大水. 同上

日暈黑色, 雨水爲災. 同上

日黑暈一重, 五穀不成;

---

46 장역(瘴疫) : 덥고 습기가 많은 지대에서 생긴 병독(病毒)으로 인하여 발생하는 전염병.

47 《武備志》卷10〈占度載〉"占日" 2 '日之暈', 6015쪽.

48 《武備志》, 위와 같은 곳.

49 《武備志》, 위와 같은 곳.

2겹이면 3년을 넘기지 않아 그 아래 지역에 홍수가 나서 백성이 유랑하며 떠돌아다니게 된다.

3겹이면 물이 도회지 중앙까지 흐르고, 백성은 들풀을 먹게 된다. 이상의 햇무리가 1일 나타나면 1년 동안의 점이고, 2일 나타나면 2년 동안의 점이다. 《무비지》[50]

햇무리에 황색 기운이 관통하고 있으면 이를 '독기(毒氣)'라 한다. 그러면 인민이 질병에 걸리게 된다. 햇무리가 3겹이면 나라 안에 풍년이 들게 된다. 《무비지》[51]

해에 자색 햇무리가 1겹이 있으면 큰 가뭄이 들게 된다. 《무비지》[52]

해에 녹색 햇무리가 3겹으로 3일 동안 있으면 120리에 걸친 지역에 비가 연이어 내려 그치지 않고, 물고기가 사람 다니는 길로 다니게 된다. 《무비지》[53]

해에 벽색 햇무리가 3겹이면 이듬해에 오곡은 반이 해를 입게 된다. 《무비지》[54]

二重, 不出三年, 其下大水, 民流移徙;

三重, 水流中央, 民食野草. 一日, 一年; 二日, 二年. 同上

日暈通黃, 名曰"毒氣", 人民疾病.
三重, 國內豐稔. 同上

日紫暈一重, 大旱. 同上

日綠暈三重三日, 一百二十里連雨不絶, 魚行人道. 同上

日碧暈三重, 來年五穀半傷. 同上

---

50 《武備志》卷150〈占度載〉"占日" 2 '日之暈', 6015~6016쪽.
51 《武備志》卷150〈占度載〉"占日" 2 '日之暈', 6016쪽.
52 《武備志》, 위와 같은 곳.
53 《武備志》卷150〈占度載〉"占日" 2 '日之暈', 6017쪽.
54 《武備志》, 위와 같은 곳.

햇무리가 2겹이고, 바깥쪽은 맑고 안쪽은 탁하면서 흩어지지 않는다면 그해는 흉년이 들어 사람들이 서로 잡아먹으려 하는 지경에 이르게 된다. 《무비지》[55]

日暈二重, 外淸內濁不散, 歲凶, 人將相食. 同上

햇무리가 3겹이면 인민에게 기근이 들게 된다. 《무비지》[56]

日暈三重, 人民饑荒. 同上

햇무리가 3겹이면서 3색이면 천하에 기근이 들게 된다. 《무비지》[57]

日暈三重三色, 天下饑荒. 同上

햇무리가 9겹이면 그해 농사가 흉년이다. 《무비지》[58]

日暈九重, 歲荒. 同上

해에 햇무리가 반만 있는데 2겹이면 그 분야 나라와 백성은 번성하고, 풍년이 들어 아주 화평하다. 해와 28수로 해당 분야를 점친다. 《무비지》[59]

日半暈再重, 國、民蕃息, 歲太和. 以日宿占分野. 同上

햇무리가 지되, 관(冠)모양으로 3겹이고, 해 아래에 길이가 수십 척인 무지개가 뜨면 1년을 넘기지 않아서 전쟁이 나고, 기근이 들게 된다. 《무비지》[60]

日暈而冠三重, 日下有虹長數丈, 不出其年, 有兵、饑. 同上

55 《武備志》卷150 〈占度載〉 "占日" 2 '日之暈', 6018쪽.
56 《武備志》, 위와 같은 곳.
57 《武備志》卷150 〈占度載〉 "占日" 2 '日之暈', 6019쪽.
58 《武備志》卷150 〈占度載〉 "占日" 2 '日之暈', 6020쪽.
59 《武備志》卷150 〈占度載〉 "占日" 2 '日之暈', 6023쪽.
60 《武備志》卷150 〈占度載〉 "占日" 2 '日之暈', 6030쪽.

관모양과 귀모양의 햇무리(《관규집요》)　　　　　건고

햇무리에 적색 기운이 있되, 그 기운이 건고(建鼓)[61]가 해를 관통하는 듯한 모양이면 3년 동안 큰 가뭄이 들게 된다.《무비지》[62]

日暈有赤氣, 如建鼓貫日, 大旱三年. 同上

① 각(角)수[63] 자리에 햇무리가 있으면 주로 홍수가 나게 된다.

日暈角, 主大水;

② 항(亢)수 자리에 햇무리가 있으면 비가 많이 내리고, 백성이 기근을 겪고 전염병에 걸리게 된다.

日暈亢, 多雨, 民饑疫;

③ 허(虛)수 자리에 햇무리가 있으면 백성이 기근이 겪게 된다.

日暈虛, 民饑;

④ 동벽(東壁)수 자리에 햇무리가 있으면 바람이 많이 불고 비가 내려 홍수가 나게 된다.

日暈壁, 風雨大水;

⑤ 위(胃)수 자리에 햇무리가 있으면 곡식이 잘 익

日暈胃, 穀不熟;

---

61 건고(建鼓) : 하나의 나무기둥이 북의 몸체를 관통하도록 만들어 세워두고 치는 북. 식고(植鼓)라고도 한다.
62 《武備志》卷150〈占度載〉"占日" 2 '日之暈', 6038쪽.
63 각(角)수 : 동방 7수 중 첫 번째 별자리.

지 않게 된다.

⑥ 묘(昴)수 자리에 햇무리가 있으면 큰 기근이 있 　日暈昴, 大④饑;
게 된다.

⑦ 필(畢)수 자리에 햇무리가 있으면 바람과 비가 　日暈畢, 有風雨;
많게 된다.

⑧ 자휴(觜觿)수 자리에 햇무리가 있고 3겹이면 그 　日暈觜暈及三重, 其下穀
아래 분야의 지역은 곡식이 잘 여물지 않고 백성이 　不登, 民疫;
전염병에 걸리게 된다.

⑨ 삼(參)수 자리에 햇무리가 있으면 큰 기근이 들 　日暈參, 大饑;
게 된다.

⑩ 정(井)수 자리에 햇무리가 있으면 바람과 비가 　日暈井, 多風雨;
많게 된다.

⑪ 유(柳)수 자리에 햇무리가 있으면 오곡이 익지 　日暈柳, 五穀不成. 同上
않게 된다. 《무비지》64

햇무리가 적색이면 주로 전쟁이 나고 가뭄이 들 　日暈赤, 主兵、旱;
게 된다.

흑색이면 주로 물난리가 나게 된다. 　黑, 主水災;

청색이면 그해에는 기근이 들게 된다. 《관규집요》65 　靑, 歲饑. 《管窺輯要》

햇무리가 2겹이면 오곡에 해를 입게 하고 메뚜기 　日暈兩重, 傷五穀, 蟲蝗爲
떼가 생겨 재앙이 된다. 　災;

햇무리가 5겹이면 그해에는 기근이 들게 된다. 　暈五重, 年饑;

---

64 《武備志》卷150〈占度載〉 "占日" 2 '日之暈', 6047~6049쪽.
65 《管窺輯要》卷6〈日占論〉(《管窺輯要》3, 3면).
④ 大:《武備志·占度載·占日》에는 "人".

햇무리가 9겹이면 천하에 큰 기근이 들게 된다.《관 　量九重, 天下大荒. 同上
규집요》66

　① 1월에 햇무리가 있으면 육축이 갑자기 죽는다. 　日暈正月, 六畜暴死;

　② 2월에 햇무리가 있으면 곡식이 비싸진다. 　二月, 穀貴;

　③ 3월에 햇무리가 있으면 많은 비가 내리고 폭 　三月, 多雨暴風, 損稼;
풍이 불어, 곡식농사에 손상을 입게 한다.

　④ 5월에 햇무리가 있으면 질병이 많이 걸리게 된다. 　五月, 疾病;

　⑤ 7월에 햇무리가 있으면 세찬 서리가 내리게 된다. 　七月, 有暴霜;

　⑥ 8월에 햇무리가 있으면 위 7월의 사례에 준한다. 　八月, 準上;

　⑦ 9월에 햇무리가 있으면 곡식이 해를 입게 된다. 　九月, 稼傷;

　⑧ 11월과 12월에 햇무리가 있으면 물난리의 재 　十月、十一月, 有水殃;
앙이 생기게 된다.

　⑨ 12월에 햇무리가 있으면 곡식이 익지 않고 백 　十二月, 穀不熟, 民流亡.
성이 떠돌아 다니게 된다.《관규집요》67 　同上

　햇무리가 묘(卯)·진(辰)·사(巳)방68에 있으면 그 달 　量在卯、辰、巳方, 月內多
에 비가 많이 내리게 된다. 　雨;

　햇무리가 미(未)·신(申)·유(酉)방69에 있으면 비가 　量在未、申、酉方, 多雨水;
많이 내려 물난리가 나게 된다.

　햇무리가 오(午)방(남쪽)에 있으면서 둥글면 천하가 　當午而圓者, 天下安萬物
평안하고 온갖 산물이 싸진다.《주문공설》70 　賤.《朱文公說》

---

66 《管窺輯要》卷8〈日部占〉(《管窺輯要》4, 16면).
67 《管窺輯要》卷8〈日部占〉(《管窺輯要》4, 7~8면).
68 묘(卯)·진(辰)·사(巳)방:묘(卯)는 동쪽, 진(辰)은 동동남쪽, 사(巳)는 남남동쪽에 해당된다.
69 미(未)·신(申)·유(酉)방:미(未)는 남남서쪽, 신(申)은 서서남쪽, 유(酉)는 서쪽에 해당된다.
70 출전 확인 안 됨;《管窺輯要》卷9 (《管窺輯要》4, 29면).

3) 해귀고리[日珥, 일이][71]와 일제(日提)

해에 4개의 귀고리[珥]가 생기고【안】청적색의 둥글고 작은 기운이 해의 좌우에 있는 현상이 해귀고리[日珥]이다. 일설에 "황적색으로 밝게 타오르는 현상이 해귀고리이다."라 했다】, 홍색 및 황색의 햇무리가 있으면 우박이 1년 내에 내리고, 인민에게 화재가 일어나고 큰 가뭄이 들게 된다.《무비지》[72]

해에 4개의 제(提)가 있으면 그해에는 큰 기근이 들게 되지만【안】청적색의 기운이 해의 주변을 둘러 감싸고[抱] 있는 형태가 포(抱)이다. 기운의 형태가 3겹의 포(抱)로 해의 사방을 감싸고 있는 현상이 일제(日提)이다】큰비가 내릴 경우 재앙이 되지는 않는다.《무비지》[73]

日珥、日提

日出四珥【按 靑赤氣圓而小, 在日左右爲珥. 一曰: "黃赤炫爍爲珥"】, 紅色及黃色暈, 雨雹一年內, 人民火災大旱.《武備志》

日有四提, 其年大饑【按 靑赤氣圍抱日旁爲抱. 氣形三抱在日四方爲提】, 大雨則災不成. 同上

---

71 해귀고리[日珥, 일이] : 현대 천문학에서는 해귀고리를 홍염(solar prominence)으로 정의한다. 홍염은 태양의 가장자리 근처에서 관측되는 고온가스의 분출현상이다. 강한 자기장의 영향으로 코로나층까지 가스가 분출하면서 나타나는 현상으로, 주로 개기일식 때 관찰된다. 홍염에는 정온홍염, 루프홍염, 분출홍염 등이 있는데, 여기서 묘사하는 일이(日珥)는 둥근 고리형태의 불꽃가스가 태양 표면 위로 돌출하는 환상폭발일이(環狀暴發日珥)를 묘사하는 듯하다.
《개원점경》에서는 일이·일제(日提)·일포 등 해의 이상현상에 대해 세부적인 분류와 묘사를 하고 있다. "해의 양쪽으로 짧으면서 작은 기운이 있고, 그 중앙은 적색이고 바깥은 청색인 현상을 '일이(日珥)'라 한다. (중략) 해의 주변에 적색 구름이 수레덮개처럼 휘어져서 해가 비치고 있는 현상을 '일제(日提)'라 한다. (중략) 고리의 반 모양의 기운이 해를 향해서 있는 현상이 일포(日抱)이다(日兩傍有氣短小. 中赤外靑, 名爲'珥'. (중략) 日傍有赤雲曲如車蓋映日, 名曰'扶提'. (중략) 氣如半環向日爲抱)."《개원점경》〈권6〉.
72 《武備志》卷150〈占度載〉"占日" 2 '日之暈', 6025쪽.
73 《武備志》卷149〈占度載〉"占日" 2 '日之形', 5989쪽.

4) 해의 빛깔(일색)

해의 빛깔이 백색이고, 서풍이 돌개바람처럼 불면 가뭄이 들게 된다. 《무비지》[74]

해가 피와 같이 적색이면 전염병[癘]의 재앙과 도적떼가 함께 일어나게 된다. 《무비지》[75]

해가 불꽃이나 핏빛과 같이 적색이면 날씨가 가물게 된다. 《무비지》[76]

해에 흑색 광채가 나면 60을 넘기지 않아서 큰 물난리가 있고, 오곡에 해를 입게 한다. 그 현상이 나타난 나라에서는 오곡이 10배나 비싸진다. 《무비지》[77]

해의 빛깔이 황적색이면 전염병[疫]의 재앙이 있게 된다.

백색이면 많은 사람이 죽게 된다. 《무비지》[78]

하늘의 기운이 청정하면서 떠도는 기운이 없는데도, 해와 달이 밝지 않고 제 빛깔을 잃었다면 주로 재앙이 있게 된다. 《무비지》[79]

日色

日色白色, 西風成旋, 爲旱. 《武備志》

日赤如血, 災癘盜賊竝起. 同上

日赤如火、血, 天旱. 同上

日有黑光, 不出六十日, 有大水, 傷五穀. 其所見之國, 貴十倍. 同上

日色黃赤, 有災疫;

白色, 多死亡. 同上

天氣淸淨無游氣, 日月不明爲失色, 主災. 同上

---

74 《武備志》卷151〈占度載〉"占日" 3 '占日色', 6062쪽.
75 《武備志》卷151〈占度載〉"占日" 3 '占日色', 6063쪽.
76 《武備志》, 위와 같은 곳.
77 《武備志》卷151〈占度載〉"占日" 3 '占日色', 6064쪽.
78 《武備志》, 위와 같은 곳.
79 《武備志》卷151〈占度載〉"占日" 3 '占日色', 6065쪽.

해가 백색이면서 광채가 없고, 그 달에 비가 적게 내린다면 주로 가뭄이 들게 된다. 《무비지》[80]

日白色無光, 月內少雨, 主旱. 同上

해가 뜬 대낮인데도 어두워져서 행인의 그림자가 보이지 않고, 저물녘까지 이 현상이 멎지 않는다면 홍수가 나게 된다.[81] 《무비지》[82]

日晝昏行人無影, 到暮不止, 有大水. 同上

해의 빛깔이 자색으로 변하거나, 갑자기 적색이 되거나, 백색이 되거나, 오색을 갖추어 변하면 사방 천하에 전쟁이 나고, 기근이 들게 된다. 해가 어둡고 광채가 없으면 주로 오곡이 익지 않게 된다. 《관규집요》[83]

日色變紫, 或乍赤乍白, 五色兼變, 四方兵饑. 日暗無光, 主五穀不成. 《管窺輯要》

해와 달이 제 빛깔을 잃었다면 사람들의 먹을거리가 적어서 입에 들어가지 못하고, 허리와 척추, 허벅지, 어깨와 등에 모두 부스럼이 나게 된다. 《가숙사친》[84]

日月失色, 令人食不入口, 腰脊·股·肩背皆腫. 《家塾事親》

---

80 《武備志》, 위와 같은 곳.

81 해가……된다 : 이 현상에 대한 기록은 《진서(晉書)》〈천문지(天文志)〉에 다음과 같이 보인다. "해가 뜬 대낮인데도 어두워져서 행인의 그림자가 보이지 않고, 저물녘까지 이 현상이 멎지 않는다면 위로는 형벌이 급박해지고, 아래로는 백성이 생활을 의지할 곳이 없고, 1년을 넘기지 않아서 홍수가 나게 된다(日晝昏行人無影, 到暮不止者, 上刑急, 下不聊生, 不出一年, 有大水)."

82 《武備志》卷151〈占度載〉"占日" 3 '占日色', 6069쪽.

83 《管窺輯要》卷6〈日占論〉《管窺輯要》3, 2면).

84 출전 확인 안 됨;《二如亭群芳譜》〈元部〉"天譜"卷2 '日'《四庫全書存目叢書補編》80, 64쪽).

5) 해 옆의 구름 기운(일방운기)

해 위에 흑색 구름 기운이 있으면 큰 가뭄이 들게 된다. 《군방보》[85]

해 옆의 기운이 마치 쥐가 나뭇가지 사이에 있는 듯한 모양이거나, 머리가 있는 듯한 모양이면 반드시 홍수가 나게 된다. 《무비지》[86]

해 옆의 기운이 마치 닭 2마리와 같으면 주로 나라에 큰 가뭄이 들고, 인민은 기근을 겪으며, 여러 해 동안 재앙이 생기게 된다. 《무비지》[87]

해 아래에 마치 사라지려 하는 무지개와 같은 구름 기운이 있으면 그 분야 지역에 전염병이 크게 돌고, 기근이 크게 들게 된다. 《무비지》[88]

무지개 같은 청색·적색·황색 기운이 해 옆에 있되, 수레바퀴와 같은 굽은 모양이 2~3개 혹은 5~6개가 있으면 이것은 하늘의 살기(殺氣)이다. 이를 '하늘의 재앙[天殃]'이라고 한다. 그러면 그 나라에는 전쟁·가뭄·전염병이 함께 일어나게 된다. 《무비지》[89]

日旁雲氣

日上有黑雲, 大旱.《群芳譜》

日旁氣如鼠在樹枝間, 又有頭, 必出洪水.《武備志》

日旁有氣如雙雞, 主國大旱, 人民荒歉, 累歲災生. 同上

日下有雲氣如死虹, 其分大疫、大饑. 同上

靑、赤、黃氣如虹在日旁, 屈曲如車輪, 或二三或五六, 此天之殺氣也, 名曰 "天殃", 其國兵、旱、疾疫俱起. 同上

---

85 출전 확인 안 됨:《唐開元占經》卷94〈雲氣雜占〉"十月"(《文淵閣四庫全書》807, 865쪽).
86 《武備志》卷151〈占度載〉"占日" 3 '日之氣', 6088쪽.
87 《武備志》卷151〈占度載〉"占日" 3 '日之氣', 6085쪽.
88 《武備志》, 위와 같은 곳.
89 《武備志》卷151〈占度載〉"占日" 3 '日之氣', 6084쪽.

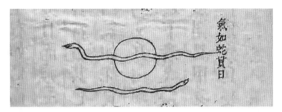
뱀이 해를 관통하는 듯한 기운과 뱀이 해의 아래에 있는 듯한 기운(《관규집요》)

    마치 청색 뱀이 해를 관통하는 듯한 기운이 있으면 주로 전염병에 걸리게 된다. 《무비지》[90]

氣如靑蛇貫日, 主疾疫. 同上

    마치 뱀이 해를 관통하는 듯한 기운이고, 청색이면 전염병에 걸리고, 오곡이 해를 입게 된다. 흑색이면 물난리가 많이 나게 된다. 마치 뱀과 같은 적색 기운이 해의 아래에 있으면 기근이 크게 들고, 전염병에 걸리게 된다. 《송사》〈천문지〉[91]

氣如蛇貫日, 靑則疫疾, 五穀傷. 黑則多水. 赤氣如蛇在日之下, 大饑疫.《宋·天文志》

    마치 피와 같은 적색 구름 기운이 햇빛을 덮고 있으면 큰 가뭄이 들고, 백성은 천 리를 떠돌아다니게 된다. 《송사》〈천문지〉[92]

赤雲如血覆日光, 大旱, 民流千里. 同上

---

90 《武備志》卷151〈占度載〉"占日" 3 '日之氣', 6076쪽.
91 출전 확인 안 됨;《管窺輯要》卷9 (《管窺輯要》 4, 15면).
92 출전 확인 안 됨;《管窺輯要》卷9 (《管窺輯要》 4, 8면).

6) 해의 이상 현상[日異, 일이]

日異

해와 달이 함께 밝으면서 서로 몇 촌의 거리를 두고 있다가, 거리가 1척이 되면 그해에는 큰 흉년이 들게 된다.《무비지》[93]

日月竝明, 相去數寸, 若一尺, 歲大凶.《武備志》

해와 달이 함께 비추고 있으면 천하에 큰 기근이 들게 된다.《무비지》[94]

日月竝照, 天下大饑. 同上

2개의 해가 함께 뜨면[95], 땅이 꺼지고 홍수가 나게 된다.《무비지》[96]

兩日竝出, 地陷, 有大水. 同上

해 속에 까마귀가 보이면 큰 가뭄이 들게 된다.《무비지》[97]

日中烏⑤見, 有大旱. 同上

삼족오(三足烏)[98]가 보이면 주로 가뭄이 들게 된다.《무비지》[99]

三足烏⑥見, 主天旱. 同上

해 속에 2마리 닭이 싸우고 있는 듯이 보이면 천하는 가뭄으로 흉년이 들고, 화재가 나게 된다.《무

日中雙雞鬪, 天下旱荒, 火災. 同上

---

93 《武備志》卷150〈占度載〉"占日" 2 '日之變', 6051쪽.
94 《武備志》, 위와 같은 곳.
95 2개의……뜨면 : 달이 태양에 비쳐서 대낮에도 밝은 상태로 하늘에 보이는 현상을 말하는 듯하다.
96 《武備志》卷150〈占度載〉"占日" 2 '日之變', 6052~6053쪽.
97 《武備志》卷150〈占度載〉"占日" 2 '日之變', 6057쪽.
98 삼족오(三足烏) : 태양 안에서 산다는 고대 신화 속 세 발 달린 까마귀.
99 《武備志》, 위와 같은 곳.
⑤ 烏 : 저본에는 "鳥". 고대본·《武備志·占度載·占日》에 근거하여 수정.
⑥ 烏 : 저본에는 "鳥". 고대본·《武備志·占度載·占日》에 근거하여 수정.

비지》[100]

해 속에 흑색 기운이 싸우는 모양이 있으면 2년
을 넘기지 않아서 큰 기근이 들게 된다.《무비지》[101]

日中有黑氣鬪, 不出二年,
大饑. 同上

해에 뿔이 생기면 비가 많이 내리게 된다.
해에서 오색의 혜성모양이 생기면 천하에 풍년이
들게 된다.《무비지》[102]

日生角, 多雨;
日生彗五色, 天下大穰. 同
上

백색 해와 흑색 해가 싸우면[103] 3년을 넘기지 않
아서 큰 기근이 들게 된다.《관규집요》[104]

白日與黑日鬪, 不出三年,
大饑.《管窺輯要》

태양이 이지러지면 많은 사람들이 죽게 된다.
《관규집요》[105]

日輪缺, 萬人死. 同上

해와 달이 함께 비추면 사람들에게 기근이 들게
된다.《관규집요》[106]

日月共, 人饑荒. 同上

해가 밤에 보이는 현상을 '음명(陰明)'이라 한다.

日夜見, 是謂"陰明". 天下

100《武備志》卷150〈占度載〉"占日" 2 '日之變', 6058쪽.
101《武備志》卷151〈占度載〉"占日" 2 '日之色', 6071쪽.
102《武備志》卷150〈占度載〉"占日" 2 '日之變', 6060쪽.
103 백색……싸우면 : 달이 태양에 비쳐서 또 하나의 해로 보임으로 인해, 이 달을 하얀 해로 여기고, 흑색 햇무
리와 태양을 흑색 해라고 표현한 듯하다.
104《管窺輯要》卷8〈日部占〉(《管窺輯要》4, 15면).
105《管窺輯要》卷6〈日占論〉(《管窺輯要》3, 2면).
106《管窺輯要》卷8〈日部占〉(《管窺輯要》4, 11면).

그러면 천하에 홍수로 물이 범람하여 재해가 된다.　　洪水流行爲災. 同上
《관규집요》[107]

107《管窺輯要》卷8〈日部占〉(《管窺輯要》4, 15면).

4. 달로 점치다

占月

1) 월식

① 1월에 월식이 있으면 가뭄의 재앙이 들게 된
다. 사람들에게 재앙이 생기고, 도적이 많아지되,
제(齊) 지역이 매우 좋지 않으며, 쌀이 비싸진다. 일
설에 "진(秦) 지역에 큰 가뭄이 들게 된다."라 했다.
우수(雨水, 양력 2월 19·20일경)에 월식이 있으면 조[粟]
가 싸지고, 도적이 많게 된다.

② 2월에 월식이 있으면 조가 싸지고, 사람들에
게 기근이 들게 된다.

③ 3월에 월식이 있으면 명주실과 면과 쌀이 비
싸지고, 사람들에게 기근이 들게 된다.

④ 4월에 월식이 있으면 큰 가뭄으로 곡식은 흉
작이 되어 사람들에게 기근이 들게 된다.

⑤ 5월에 월식이 있으면 주로 가뭄이 들되, 양(梁)
지역이 더 좋지 않고, 육축이 비싸지며, 제(齊) 지역
은 벌레떼로 해를 입게 된다.

⑥ 6월에 월식이 있으면 주로 가뭄이 들고, 육축
이 비싸지되, 패(沛) 지역이 더 좋지 않으며, 노(魯) 지
역에는 물난리가 나게 된다. 6월 1일에 월식이 있으
면 주로 가뭄이 들게 된다.

⑦ 7월에 월식이 있으면 사람들에게 재앙이 생기

月食

正月月蝕, 有災旱. 人災多
盜, 齊大惡, 米貴. 一曰:
"秦地大旱". 雨水月蝕, 粟
賤多盜.

二月月蝕, 粟賤, 人飢;

三月月蝕, 絲綿·米貴, 人
飢;

四月月蝕, 大旱穀荒, 人
飢;

五月月蝕, 主旱, 梁地惡,
六畜貴, 齊地蟲.

六月月蝕, 主旱, 六畜貴,
沛國惡, 魯有水災. 六月朔
日月蝕, 主旱.

七月月蝕, 人災, 來年牛馬

고, 이듬해에 소와 말이 비싸지며, 초(楚) 지역에 큰 가뭄이 들게 된다.

貴, 楚地大旱.

⑧ 8월에 월식이 있으면 기근이 들고, 정(鄭)[1] 지역에 큰 흉년이 들며, 생선과 소금이 비싸지고, 사람들이 부스럼병[瘡癬, 창선][2]에 많이 걸리게 된다.

八月月蝕, 飢, 鄭大凶, 魚鹽貴, 人多病瘡癬;

⑨ 9월에 월식이 있으면 한(韓) 지역이 더 좋지 않으며, 조(趙) 지역의 분야에는 소와 양에게 재앙이 생기게 된다.

九月月蝕, 韓國惡, 趙分牛羊災.

⑨ 10월에 월식이 있으면 생선과 소금이 비싸지되, 위(衛)[3] 지역이 더 좋지 않으며, 가을에 곡식이 비싸진다. 이달 15일에 월식이 있으면 생선이 비싸진다.

十月月蝕, 魚鹽貴, 衛國惡, 秋穀貴. 十五日月蝕, 魚貴.

⑪ 11월에 월식이 있으면 쌀이 비싸지되, 조(趙)·연(燕) 지역이 더 좋지 않게 된다.

十一月月蝕, 米貴, 趙、燕惡;

⑫ 12월에 월식이 있으면 홍수가 나되, 진(秦) 지역이 더 좋지 않게 된다.《군방보》[4]

十二月月食, 有大水, 秦國惡.《群芳譜》

보름 전에 월식이 있거나, 보름 후에 월식이 있으면 그 나라 지역에는 홍수가 나서 물이 범람하게 된다.《무비지》[5]

月不望而蝕, 或望後而蝕, 其國大水溢.《武備志》

달에 개기월식이 있으면 오곡이 비싸지게 된

月蝕旣, 五穀貴【一曰: "月

---

1 정(鄭) : 중국 하남성(河南省) 신정현(新鄭縣) 일대.
2 부스럼병[瘡癬, 창선] : 몸에 종기가 생겨서 부스럼이 된 병증.《인제지》권14 〈소아과〉 "두창(痘瘡, 천연두)" '두창을 앓고 나서 생긴 여러 병증 치료법'에 자세히 보인다.
3 위(衛) : 중국 하북성 남부와 하남성 북부 일대.
4 《二如亭群芳譜》〈元部〉 "天譜" 卷2 '月'《四庫全書存目叢書補編》80, 70~71쪽).
5 《武備志》卷152 〈占度載〉 "占月" 1 '月之蝕', 6102쪽.

다【일설에 "달이 다 가려지면 오곡이 비싸지되, 이는 그 지역의 분야에만 해당한다."라 했다】.

달이 반 이상 가려졌으면 홍수가 나게 된다.

월식이 일어난 날짜의 간지(干支)로 해당 나라 지역을 점친다.《무비지》[6]

월식이 있으면 고래[鯨魚]가 죽게 된다.《무비지》[7]

여름에 월식이 있으면 가뭄이 들게 된다【일설에 "가을에 벼가 익지 않게 된다."라 했다】.

가을에 월식이 있으면 백성이 편안하지 않게 된다.

겨울에 월식이 있으면 그 나라 지역에 기근이 들게 된다【일설에 "봄에 많은 물난리가 나게 된다."라 했다】.《무비지》[8]

월식이 청색이면 오곡에 수확이 좋게 된다【일설에 "사람들이 많이 죽고, 오곡에 해를 입게 한다."라 했다】.

월식이 적색이면 그해에는 가뭄이 들게 된다.

월식이 흑색이면 물난리의 재앙이 있게 된다.《무비지》[9]

월식에 청색 광채가 나는 창색(蒼色, 푸르스름한 색)

蝕盡, 五穀貴, 其國分當之"】;

月蝕太半以上, 大水.

以日支占國. 同上

月蝕, 則鯨魚死. 同上

月夏蝕, 旱【一曰: "秋禾不成"】;

秋蝕, 民不安;

冬蝕, 其國饑【一曰: "春多潦"】. 同上

月蝕青色, 五穀有收【一曰: "人多死, 五穀傷"】;

月蝕赤色, 歲旱;

月蝕黑色, 水災. 同上

月蝕有輝色蒼色, 蟲蝗, 有

6 《武備志》卷152〈占度載〉"占月" 1 '月之蝕', 6103쪽.
7 《武備志》卷152〈占度載〉"占月" 1 '月之蝕', 6101쪽.
8 《武備志》卷152〈占度載〉"占月" 1 '月之蝕', 6105쪽.
9 《武備志》卷152〈占度載〉"占月" 1 '月之蝕', 6106쪽.

이 있으면 메뚜기떼가 생기고, 홍수가 나며, 백성은 유랑하게 된다.

大水, 民流亡.

월식이 일어난 날짜의 간지로 해당 지역을 점친다.《무비지》[10]

以日辰占在地. 同上

월식이 자(子)시(오후 11시~오전 1시)에 있으면 천하에 홍수가 나고, 오곡에 해를 입게 한다.

月蝕子夜, 天下大水, 傷五穀;

축(丑)시(오전 1~3시)에 있으면 천하가 재앙을 입는다.

丑夜, 天下傷災;

인(寅)시(오전 3~5시)에 있으면 호랑이나 이리가 사람을 잡아먹고, 흉년이 크게 들게 된다.《무비지》[11]

寅夜, 虎狼食人, 大凶. 同上

① 기(箕)수 자리에 월식이 있으면 물난리가 나고, 가뭄이 들며, 바람이 많이 불고, 기근이 들게 된다.

月蝕箕, 爲水、旱, 爲風, 爲饑;

② 남두(南斗)수 자리에 월식이 있으면 그 분야(分野)의 나라는 기근이 들고, 물난리가 나게 된다.

月蝕南斗, 其分國饑, 有水;

③ 수녀(須女)수 자리에 월식이 있으면 전쟁이 나고, 가뭄이 들게 된다.

月蝕須女, 爲兵、旱;

④ 실(室)수나 누(婁)수 자리에 월식이 있으면 그해에는 기근이 들게 된다.

月蝕室, 蝕婁, 歲饑;

⑤ 위(胃)수나 묘(昴)수 자리에 월식이 있으면 기근이 들게 된다.

月蝕胃, 蝕昴, 爲饑;

⑥ 자휴(觜觿)수 자리에 월식이 있으면 가뭄이 들게 된다.

月蝕觜觿, 爲旱;

---

10 《武備志》卷152〈占度載〉"占月" 1 '月之蝕', 6107쪽.
11 《武備志》卷152〈占度載〉"占月" 1 '月之蝕', 6112쪽.

⑦ 삼(參)수 자리에 월식이 있으면 그 분야의 나라는 큰 기근이 들게 된다.

月蝕參, 其分大饑;

⑧ 정(井)수 자리에 월식이 있으면 오곡이 제대로 여물지 않게 된다.

月蝕井, 五穀不登;

⑨ 칠성(七星)수[12] 자리에 월식이 있으면 그해에는 기근이 들고, 백성이 유랑하게 된다.

月蝕七星, 歲饑, 民流;

⑩ 장(張)수 자리에 월식이 있으면 그 분야의 지역은 기근이 들게 된다.《무비지》[13]

月蝕張, 其分饑. 同上

달이 목성[歲星]을 먹으면 전쟁이 나고, 기근이 들게 된다.

月食歲星, 兵、饑.

【별이 달에 들어가서 달에 별이 보이는 현상을 '별이 달을 먹는다[星食月, 성식월]'라 한다. 달이 별을 가려서, 별이 사라져서는 보이지 않는 현상을 '달이 별을 먹는다[月食星, 월식성]'라 한다.

【星入月而星見於月, 是謂 "星食月"; 月奄星而星滅不 見, 是謂"月食星".

또 "달의 몸체는 그대로 있고 별이 달 위에 자리를 차지한 현상, 이를 '성식월'이라 한다. 달이 별을 만나 별이 숨어 보이지 않는 현상, 이를 '월식성'이라 한다."라 했다】《무비지》[14]

又曰: "月體自若而星居 月上, 此爲'星食月'; 月遇 之而星隱不見, 此爲'月食 星'"】同上

달이 목성을 먹고, 달무리가 생기면 백성에게 큰 기근이 들게 된다.《무비지》[15]

月食歲星而暈, 民大饑. 同 上

---

12 칠성(七星)수: 남방7에 속한 별자리 중 7개 별로 구성되어 있다.
13 《武備志》卷152〈占度載〉"占月" 1 '月之蝕', 6108~6109쪽.
14 《武備志》卷152〈占度載〉"占月" 1 '月之星', 6161~6162쪽.
15 《武備志》卷152〈占度載〉"占月" 1 '月之蝕', 6110쪽.

달과 목성이 같은 자리에 있어서 먹는 현상[蝕]이 일어나면 조[粟]가 비싸진다.

月與歲星同宿而蝕, 粟貴;

달의 운행경로가 토성(土星)과 같아서 먹는 현상이 일어나면 나라에 기근이 들게 된다. 《무비지》16

月行與土星同宿而蝕, 國饑. 同上

달이 수성[辰星]을 먹으면 그 나라의 지역에서는 물난리와 기근을 걱정하게 된다. 《무비지》17

月食辰星, 其國憂水饑. 同上

수성이 달에게 먹히면 홍수가 나서 물이 범람하게 된다. 《무비지》18

辰食于月, 大水洪流. 同上

① 1월이나 2월에 월식이 있으면 곡식이 싸지고, 사람들이 병에 많이 걸리게 된다.

月正月、二月食, 穀賤, 人病多;

② 3월이나 4월에 월식이 있으면 쌀이 매우 비싸진다.

三月、四月食, 米大貴;

③ 5월이나 6월에 월식이 있으면 큰 가뭄이 들게 된다.

五月、六月食, 大旱;

④ 9월이나 10월에 월식이 있으면 가을에 곡식이 싸진다.

九月、十月食, 秋穀賤;

⑤ 11월이나 12월에 월식이 있으면 가을에 곡식이 싸진다. 《관규집요》19

十一月、十二月, 秋穀賤. 《管窺輯要》

봄에 월식이 있으면 그해는 흉년이 들게 된다.

春食, 歲凶;

---

16 《武備志》卷152〈占度載〉 "占月" 1 '月之蝕', 6109·6111쪽.
17 《武備志》卷153〈占度載〉 "占月" 2 '月之蝕', 6170쪽.
18 《武備志》卷153〈占度載〉 "占月" 2 '月之蝕', 6169쪽.
19 《管窺輯要》卷10〈月部占〉(《管窺輯要》4, 15면).

여름에 월식이 있으면 가뭄이 들게 된다.

夏食, 旱;

겨울에 월식이 있으면 물난리가 나게 된다. 《관규집요》[20]

冬食, 水. 同上

① 갑(甲)이나 을(乙)이 든 날에 월식이 있으면 그해에는 물고기가 많고, 벼와 기장이 해를 입게 된다.

月食在甲、乙者, 其年多魚, 禾黍傷;

② 병(丙)이나 정(丁)이 든 날에 월식이 있으면 그 해에는 풍년이 들게 된다.

食丙、丁, 年豐;

③ 무(戊)나 기(己)가 든 날에 월식이 있으면 저지대 밭농사는 흉하다.

食戊、己, 下田凶;

④ 경(庚)이나 신(辛)이 든 날에 월식이 있으면 고지대의 밭농사는 길하다.

食庚、辛, 高田吉;

⑤ 임(壬)이나 계(癸)가 든 날에 월식이 있으면 그 해에는 풍년이 들게 된다. 《관규집요》[21]

食壬、癸, 歲豐. 同上

① 28수 중 우(牛)수 자리에 월식이 있으면 소[牛]에게 전염병이 많이 걸리고, 여름에 밭작물을 제대로 수확하지 못한다.

食在牛, 牛多疫, 夏田不收;

② 여(女)수 자리에 월식이 있으면 천하에 직물 짜는 일이 없어지게 된다.

食在女, 天下女功廢;

③ 실(室)수 자리에 월식이 있으면 백성의 식량이 부족해진다.

食在室, 爲士衆乏糧;

④ 자(觜)수나 삼(參)수 자리에 월식이 있으면 가

食在觜、參, 旱及民流;

20 《管窺輯要》卷6〈月占論〉《管窺輯要》3, 6면).
21 《管窺輯要》, 위와 같은 곳.

뭄이 들고, 백성이 유랑하게 된다.

⑤ 정(井)수나 귀(鬼)수 자리에 월식이 있으면 오곡 이 제대로 익지 않게 된다.

食在井、鬼, 五穀不登;

⑥ 성(星)수 자리에 월식이 있으면 그 분야(分野) 지역의 백성들에게 기근이 들게 된다.《관규집요》[22]

食在星, 其分民飢. 同上

월식이 청색이면 쌀이 비싸진다.

月蝕靑色, 米貴;

월식이 적색이면 큰 가뭄이 들게 된다.

赤色, 大旱;

월식이 흑색이면 수재가 나게 된다.

黑色, 水災;

월식으로 달이 거의 다 먹혔으면 쌀이 비싸진다.

月蝕太盡, 米貴.

① 방(房)수 자리에 월식이 있으면 말이 많이 다치 고 죽게 된다.

蝕房中, 馬多傷死;

② 기(箕)수 자리에 월식이 있으면 그해에는 농사 가 흉하고, 쌀이 비싸진다.

蝕箕中, 歲凶米貴;

③ 우(牛)수 자리에 월식이 있으면 나루터와 교량 이 막히고, 소가 전염병에 많이 걸려 죽게 된다.

蝕牛中, 津、梁塞, 牛多疫 死;

④ 위(胃)수 자리에 월식이 있으면 곡식 창고가 차 지 않아서 군대와 백성에게 이롭지 못하다.

蝕胃中, 倉庫不實, 兵民不 利;

⑤ 자(觜)수나 삼(參)수 자리에 월식이 있으면 사람 들이 기근을 많이 겪게 된다.

蝕觜、參, 人多飢饉;

⑥ 정(井)수 자리에 월식이 있으면 화재가 일어나 고, 곡식이 손상을 입게 된다.

蝕井中, 火災穀損;

⑦ 장(張)수 자리에 월식이 있으면 홍수가 나서 물 고기가 사람 다니는 길로 다니게 된다.

蝕張中, 魚行人路.

① 목성(木星) 자리에 월식이 있으면 천하에 기근

蝕木星, 天下飢荒;

---

22 《管窺輯要》卷10〈月部占〉(《管窺輯要》4, 17면).

이 들게 된다.

② 화성(火星) 자리에 월식이 있으면 화재가 나고, 가뭄이 들어 재앙을 일으키게 된다.　　觸火星, 火旱興災;

③ 수성(水星) 자리에 월식이 있으면 물난리가 나고, 사람들에게 기근이 들게 된다.　　觸水星, 水災人飢;

④ 토성(土星) 자리에 월식이 있으면 사람들이 천리를 유랑하게 된다. 《관규집요》[23]　　觸土星, 人流千里. 同上

〈참고 : 달에서 일어나는 여러 현상을 《관규집요》에서 살펴 보면 다음과 같다〉

월체(月體, 달의 몸체)

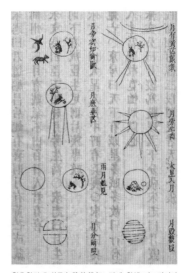

월유황망대기(月有黃芒戴氣, 달에 황색 까끄라기가 있고 위로 기운을 이고 있다), 월방운여금수(月旁雲如禽獸, 달 옆 구름이 짐승모양이다), 월방생치(月旁生齒, 달 옆에 이가 나 있다), 월저수망(月底垂芒, 달 아래에 까끄라기가 드리워져 있다), 대성입월(大星入月, 큰 별이 달 속에 들어가 있다), 양월병견(兩月竝見, 두 달이 함께 보인다), 월훼수단(月毁數段, 달이 여러 조각으로 쪼개져 있다), 월분양단(月分兩段, 달이 두 조각으로 나뉘어 있다)

23 《管窺輯要》卷11〈月觸總論〉《管窺輯要》5, 26~27면).

운여계조양시(雲如雞·鳥·羊·豕, 구름이 닭·새·양·돼
지 모양과 같다), 운자월(雲刺月, 구름이 달을 찌르다)

월하기인상수(月下氣人相隨, 달 아래에 사람모양의
기운이 서로 따른다), 운관월(雲貫月, 구름이 달을 관
통하다), 기배이결(氣背而玦, 기운이 달을 등지고 있고
위에 패옥이 있다), 월중기여인행(月中氣如人行, 달 속
의 기운이 사람이 걷는 모양과 같다), 저운저월(杵雲抵
月, 방망이 모양 구름이 달을 공격하는 모양이다), 월
생양이(月生兩珥, 달에 두 개의 달고리가 생기다), 인
운방월(人雲旁月, 사람모양 구름이 달 옆에 있다), 삼
이홀견(三珥忽見, 세 달고리가 갑자기 나타나다)

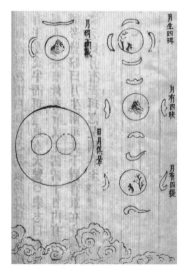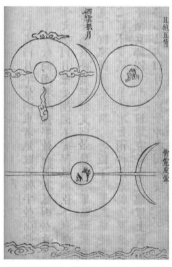

월생사이(月生四珥, 달에 네 달고리가 생기다), 월이이
대(月珥而戴, 달고리가 있고 위로 기운을 이고 있다),
월유사결(月有四玦, 달 주위에 4개의 패옥이 있다),
일월구훈(日月俱暈, 해와 달에 모두 해무리·달무리가
지다), 월유사제(月有四提, 달에 네 개의 손잡이모양
의 제(提)가 있다)

차포차배(且抱且背, 달을 감싼 달무리와 등진 달무리
가 있다), 사운저월(四雲抵月, 4개의 구름이 달을 공
격하다), 배예탁운(背霓度量, 등진 무지개가 달무리의
깊이를 측량한다)

 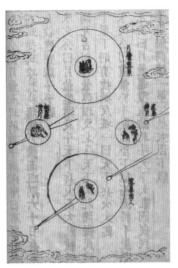

홍예관월(虹霓貫月, 무지개가 달을 관통한다), 훈유배(暈有背, 달무리에 등진 기운이 있다), 월훈연환(月暈連環, 두 달무리가 둥그런 모양으로 연결되어 겹쳐 있다)

월훈오성(月暈五星, 달무리가 오성을 감싸다), 유성충월(流星沖月, 유성이 달 속으로 들어가다), 혜성관월(彗星貫月, 혜성이 달을 관통하다), 유성출입(流星出入, 유성이 달에 출입하다) 이상《관규집요》

2) 달무리(월훈)

달무리가 지되, 고리모양이면 그해는 평안하게
된다.《상이부》[24]

月暈

暈而珥, 時歲平康.《祥異
賦》

달무리가 목성[歲星] 자리에 지면 주로 질병에 걸
리고, 시장의 곡식값이 비싸진다.

달무리가 수성[辰星] 자리에 지면 그 아래 지역에
물난리가 많게 된다.《상이부》[25]

暈歲星, 則主病糴貴;

暈辰星, 則其下多水. 同上

달무리로 달빛의 퍼짐이 둥근 모양이면서 오래
지속되다 비로소 사라지면 주로 가뭄이 들고, 바람
이 그치지 않게 된다.《무비지》[26]

月暈光破爲圓, 久而方消,
主旱, 風不止.《武備志》

달무리가 서쪽을 향하면 주로 비바람이 오곡에
해를 입히게 된다.

동쪽을 향하면 주로 오곡각각을 제대로 거두게
된다【일설에 "바람이 오곡을 망치게 한다."라 했다】.

북쪽을 향하면 주로 홍수가 나서 재앙이 된다.

남쪽을 향하면 가뭄이 들고, 바람이 많이 불게
된다.《무비지》[27]

月暈西向, 主風雨害五穀;

東向, 主五穀各有收【一
曰: "風敗五穀"】;

北向, 主大水爲災;

南向者, 旱風. 同上

달무리가 적색이면 극심한 가뭄으로 재앙을 일으
키게 된다.

月暈赤色, 火旱興災;

---

24 출전 확인 안 됨;《二如亭群芳譜》〈元部〉"天譜" 卷2 '月'(《四庫全書存目叢書補編》80, 70쪽).
25 출전 확인 안 됨;《二如亭群芳譜》, 위와 같은 곳.
26 《武備志》卷152〈占度載〉"占月" '月之暈', 6112~6113쪽.
27 《武備志》卷152〈占度載〉"占月" '月之暈', 6115쪽.

달무리가 흑색이면 들녘에 많은 수재가 나게 된다.《무비지》[28]

月暈黑色, 野多水災. 同上

달무리가 3개의 둥근 고리모양으로 서로 붙어 있으면서 흑색이면 이듬해에는 홍수가 나고, 오곡이 익지 않게 된다.

月暈三環連接黑色, 來年大水, 五穀不成;

적색이면 가뭄이 들게 된다.《무비지》[29]

赤色, 爲旱. 同上

달무리가 달과 합치되지 않으면서 양쪽에 귀고리 모양이 있으면 그 분야의 나라에 물난리가 나게 된다.《무비지》[30]

月暈不合, 有兩珥, 其國有水. 同上

① 미(尾)수나 기(箕)수 자리를 달무리가 둘러싸고 있으면 사람들이 질병에 걸리게 된다.

月暈圍尾、箕, 人疾病;

② 기(箕)수나 두(斗)수 자리를 달무리가 둘러싸고 있으면 오곡이 익지 않게 된다.

月暈圍箕、斗, 五穀不成;

③ 우(牛)수나 여(女)수 자리를 달무리가 둘러싸고 있으면 많은 소가 갑자기 죽게 된다.

月暈圍牛、女, 牛多暴死;

④ 실(室)수나 벽(壁)수 자리를 달무리가 둘러싸고 있으면 바람이 일고, 홍수가 나게 된다.

月暈圍室、壁, 風起大水;

⑤ 규(奎)수나 누(婁)수 자리를 달무리가 둘러싸고 있으면 그 분야 지역에 큰 병이 돌게 된다.

月暈圍奎、婁, 其地大病;

⑥ 위(胃)수나 묘(昴)수 자리를 달무리가 둘러싸고

月暈圍胃、昴, 人多腹疾;

28 《武備志》卷152〈占度載〉"占月" 1 '月之暈', 6116~6117쪽.
29 《武備志》卷152〈占度載〉"占月" 1 '月之暈', 6121쪽.
30 《武備志》卷152〈占度載〉"占月" 1 '月之暈', 6124쪽.

있으면 많은 사람들이 뱃병[腹疾]을 앓게 된다.

⑦ 정(井)수나 귀(鬼)수 자리를 달무리가 둘러싸고 있으면 그해에는 화평하지 않게 된다【일설에 "가뭄이 들게 된다."라 했다】.《무비지》[31]

月暈圍井、鬼, 其年不和【一曰: "旱"】. 同上

각(角)수 자리 양쪽 별 사이에 달무리가 지면 홍수가 나고, 비바람이 많게 된다.

月暈在兩角間, 大水, 多風雨;

각(角)수 자리에 연이어 달무리가 지면 가을 3개월에 수재가 나게 된다.

暈連角, 秋三月水災;

달무리가 2겹이면 홍수가 나게 된다.《무비지》[32]

再暈, 大水. 同上

① 저(氐)수 자리에 달무리가 지면 사람들이 전염병에 걸리고, 겨울에 물난리가 나게 된다.

月暈氐, 人疫, 在冬爲水;

② 방(房)수 자리에 달무리가 지면 비바람이 많게 된다. 그렇지 않을 경우에는 가뭄이 들게 된다.

月暈房, 有風雨, 不則爲旱;

③ 심(心)수 자리에 달무리가 지면 가뭄이 들어 곡식이 비싸지고, 벌레떼가 생겨나게 된다.

月暈心, 爲旱穀貴, 蟲生;

④ 미(尾)수 자리에 달무리가 지면 짐승과 벌레들이 농작물을 해치게 된다【일설에 "그 분야 지역에는 수재가 나게 된다."라 했다】

月暈尾, 四足、蟲害物【一曰: "其分有水災"】;

⑤ 기(箕)수 자리에 달무리가 지면 곡식이 비싸진다.

月暈箕, 穀貴;

⑥ 남두(南斗)수 자리에 달무리가 지면 곡식이 나지 않게 된다.

月暈南斗, 穀不生;

---

31 《武備志》卷152〈占度載〉"占月" '月之暈', 6126~6127쪽.

32 《武備志》卷152〈占度載〉"占月" '月之暈', 6128쪽.

⑦ 허(虛)수 자리에 달무리가 지면 백성이 기근을 겪게 된다.

月暈虛, 民饑;

⑧ 위(危)수 자리에 달무리가 지면 기근을 걱정하게 된다.

月暈危, 憂饑;

⑨ 실(室)수 자리에 달무리가 지면 물난리가 나고, 화재가 나고, 바람이 많이 불게 된다.

月暈室, 爲水, 爲火, 爲風;

⑩ 벽(壁)수 자리에 달무리가 지면 바람이 많이 불고, 물난리가 나게 된다.

月暈壁, 爲風, 爲水;

⑪ 규(奎)수 자리에 달무리가 지면 시장의 곡식값이 비싸지고, 사람들이 전염병에 걸리게 된다.

月暈奎, 糴貴, 人疾疫;

⑫ 누(婁)수 자리에 달무리가 지면 5일 동안 비가 내리지 않고, 시장의 곡식값이 비싸진다.

月暈婁, 五日不雨, 糴貴;

⑬ 묘(昴)수 자리에 달무리가 지면 큰비로 물난리가 나고, 삼곡(三穀)33이 제대로 거둬지지 않게 된다.

月暈昴, 大雨水, 三穀不收;

⑭ 필(畢)수 자리에 달무리가 지면 기근을 겪게 된다.

月暈畢, 饑.

⑮ 정(井)수 자리에 달무리가 지면 가뭄이 들고, 백성이 유랑하게 된다. 음양(陰陽)이 화합하지 않으면 달무리가 진다. 이 달무리가 3겹으로 져서 3일 동안 지속되면 홍수가 나게 된다.

月暈井, 爲旱, 爲民流. 陰陽不和則暈. 暈及三重至三日, 爲大水.

⑯ 여귀(輿鬼)34수 자리에 달무리가 지면 가뭄이 들게 된다【일설에 "곡식[粟]이 비싸진다."라 했다】.

月暈輿鬼, 爲旱【一曰: "粟貴"】;

⑰ 유(柳)수 자리에 달무리가 지면 기근을 겪고,

月暈柳, 爲饑, 爲旱, 疫;

---

33 삼곡(三穀) : 대표적인 곡식 3가지를 말한다. 벼[稻], 기장[粱], 콩[菽]이라는 설이 있다.
34 여귀(輿鬼) : 28수 중 23번째 별자리인 귀수(鬼宿) 또는 귀성(鬼星). 해, 달, 오행성이 지나가는 황도(黃道)의 가운데에 위치하고 있으며 사망과 질병을 주관한다고 한다. 서양식 별자리로는 게자리에 해당한다.

가뭄이 들며, 전염병이 돌게 된다.

⑱ 칠성(七星)수 자리에 달무리가 지면 그 분야 지　月暈七星, 其地旱;
역은 가뭄이 들게 된다.

⑲ 장(張)수 자리에 달무리가 지면 수재가 나고,　月暈張, 爲水災, 穀貴;
곡식이 비싸진다.

⑳ 익(翼)수 자리에 달무리가 지면 큰바람이 불어　月暈翼, 有大風傷物;
농작물에 해를 입게 한다.

㉑ 진(軫)수 자리에 달무리가 지면 백성이 기근을　月暈軫, 民饑【一曰:"歲
겪게 된다【일설에 "그해에는 가뭄이 들고, 큰바람　旱, 多大風"】. 同上
이 많이 분다."라 했다】.《무비지》35

① 북두(北斗)36수 자리에 달무리가 지거나 달무리　月暈北斗, 暈入斗, 大水入
가 북두수의 자루[斗]모양 안으로 들어가 있으면 홍　城;
수가 성 안에까지 들어오게 된다.

② 어성(魚星)37 자리에 달무리가 지면 가뭄이 들　月暈魚星, 爲旱;
게 된다.

③ 건성(建星)38 자리에 달무리가 지면 오곡이 익　月暈建星, 五穀不成;
지 않게 된다.

④ 우수(牛宿) 자리에 달무리의 교룡(蛟龍)39모양이　蛟龍見牛, 馬疫;
보이면 말이 전염병에 걸리게 된다.

⑤ 구감(九坎)40수 자리에 달무리가 지면 물난리가　月暈九坎, 爲水;
나게 된다.

---

35 《武備志》卷152〈占度載〉"占月" 1 '月之暈', 6129~6133쪽.
36 북두(北斗) : '斗'는 대개 북두(北斗)를 지칭하지만, 북두, 남두(南斗), 소두(小斗)의 세 별자리를 두루 지칭한다.
37 어성(魚星) : 28수 중의 하나인 미수(尾宿)에 속해 있는 별.
38 건성(建星) : 28수 중의 하나인 두수(斗宿)에 속해 있는 별.
39 교룡(蛟龍) : 이무기나 용과 같은 상상 속의 동물. 주로 구름과 비와 관련 있는 기상현상을 동반한다.
40 구감(九坎) : 28수 중의 하나인 우수(牛宿)에 속해 있는 별. 우수(牛宿) 남쪽에 있다.

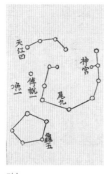

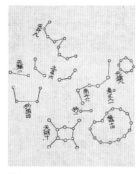

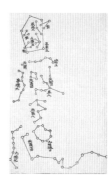

미수   두수   우수   필수(이상 《천문류초》)

⑥ 천가(天街)41수 자리에 달무리가 지면 관문과
교량을 통행하지 못하게 된다.

月暈天街, 關梁不通;

⑦ 수성[辰星] 자리에 달무리가 지면 봄에는 주로
큰 가뭄이 들고, 가을에는 주로 홍수가 나게 된다.
《무비지》42

月暈辰星, 春主大旱, 秋主
大水. 同上

달무리가 질 때 유성(流星)이 달무리의 가운데에
나타나고, 그 유성이 백색이면 풍년이 들게 된다.
《무비지》43

月暈, 有流星出暈中, 白
色, 豐稔. 同上

달무리가 9겹이면 도로에 고열로 죽은 사람들이
생기게 된다. 《관규집요》44

月暈九重, 道路有大熱死
者. 《管窺輯要》

달무리가 백색이면 그해는 곡식이 잘 익게 된다.

月暈白, 年熟. 同上

---

41 천가(天街) : 28수 중의 하나인 필수(畢宿)에 속해 있는 별.
42 《武備志》卷152 〈占度載〉 "占月" 1 '月之暈', 6134~6136쪽.
43 《武備志》卷152 〈占度載〉 "占月" 1 '月之暈', 6136~6137쪽.
44 《管窺輯要》卷10 〈月犯中外官〉(《管窺輯要》4, 30면).

달무리가 28수의 별자리에 질 때,   月暈二十八宿,

① 어두워지는 부분이 우각(右角)46에 있으면 어류   昏在右角[1], 鱗角蟲多;
나 벌레떼가 많게 된다. 어두워지는 부분이 각(角)수   昏兩角, 大水.
두 별 모두이면 홍수가 나게 된다.

② 어두워지는 부분이 저(氐)수에 있으면 물벌레   昏氐, 水蟲死;
들[水蟲]이 많이 죽게 된다.

③ 어두워지는 부분이 방(房)수나 기(箕)수에 있으   昏房及箕, 大風動地;
면 큰바람이 불고, 지진이 나게 된다.

④ 어두워지는 부분이 심(心)수나 미(尾)수에 있으   昏心、尾, 麥貴;
면 맥류가 비싸진다.

⑤ 어두워지는 부분이 기(箕)수나 두(斗)수에 있으   昏箕、斗, 五穀不成;
면 오곡이 익지 않게 된다.

⑥ 어두워지는 부분이 두(斗)수에 있으면 천리에   昏斗, 千里人流亡;
걸쳐 있는 사람들이 유랑하게 된다.

⑦ 어두워지는 부분이 여(女)수에 있으면 바람이   昏女, 有風, 綿布帛暴貴;
많이 불고, 면과 베와 견직물[帛]이 갑자기 비싸진다.

⑧ 어두워지는 부분이 위(危)수에 있으면 사람들   昏虛, 人饑. 昏危, 人多疾
에게 질병이 많이 걸리게 된다.   病;

⑨ 어두워지는 부분이 실(室)수나 벽(壁)수에 있으   昏室、壁, 大風起;
면 큰바람이 일어나게 된다.

⑩ 어두워지는 부분이 누(婁)수에 있으면 천하에   昏婁, 天下大水;

---

45 출전 확인 안 됨.
46 우각(右角) : 각수 2성 중 북쪽(위쪽)에 있는 별.
[1] 右角 : 《管窺輯要》에는 "右角將殃".

홍수가 나게 된다.

⑪ 어두워지는 부분이 위(胃)수에 있고, 마치 나무가 그 속에 있는 모양과 같으면 임부(姙婦)들이 많이 죽게 된다.

昏胃, 若木在其中, 姙女多死;

⑫ 어두워지는 부분이 정(井)수나 귀(鬼)수에 있으면 홍수가 나서 곡식을 거두지 못하고, 시장의 곡식 값이 비싸진다.

昏井、鬼, 大水, 年不收糴貴;

⑬ 어두워지는 부분이 유(柳)수에 있으면 물난리가 나고, 사람들이 유랑하게 된다.

昏柳, 有水, 人流移;

⑭ 어두워지는 부분이 성(星)수에 있으면 사람들이 많이 요절하거나 해를 입고, 때에 알맞은 정령[時令]이 적절하게 시행되지 못하게 된다.

昏星, 人多夭傷, 時令不調;

⑮ 어두워지는 부분이 장(張)수에 있으면 하늘을 나는 새가 죽고, 바다의 섬들이 솟아오르고, 백성은 기근을 겪게 된다.

昏張, 飛鳥死, 海島出, 民饑;

⑯ 어두워지는 부분이 진(軫)수에 있으면 사람들이 기근을 겪게 된다. 《관규집요》[47]

昏軫, 人飢. 同上

달무리로 어두워지는 부분이 목성[歲星]에 있지만, 목성이 여전히 밝으면 홍수가 나고, 쌀값이 비싸진다. 《관규집요》[48]

月昏歲星, 星明, 則大水米貴. 同上

북두칠성에 달무리가 고리를 이루어 미치면 사람들이 천리를 이동하게 된다.

月暈連環及北斗, 人徙千里;

---

47 《管窺輯要》卷10 〈月部占〉(《管窺輯要》4, 18면).
48 《管窺輯要》卷10 〈月部占〉(《管窺輯要》4, 19면).

호시(弧矢)[49]수 자리에 달무리가 지면 개들이 많이 죽게 된다.

暈弧矢, 狗多死;

천관(天關)[50]수 자리에 달무리가 지면 관문과 교량이 막히게 된다.

暈天關, 關梁閉;

화성[熒惑]에 달무리가 지면 큰 가뭄이 들 조짐이다. 《관규집요》[51]

暈熒惑, 大旱之兆. 同上[2]

---

49 호시(弧矢) : 28수 중의 하나인 정수(井宿)에 속해 있는 별.
50 천관(天關) : 28수 중의 하나인 필수(畢宿)에 속해 있는 별.
51 《管窺輯要》 卷10 〈月犯中外官〉(《管窺輯要》 4, 30~31면).
[2] 同上 : 저본에는 없음. 《管窺輯要·月犯中外官》에 근거하여 보충.

3) 달고리(월이)

청적색 기운이 달 옆을 덮고 있는 현상을 '월이(月珥)'라 한다.

황색 기운이 덮고 있으면 나라에 기쁜 일이 생기게 된다.

적청색 기운이 덮고 있으면 전란이 생기게 된다.

백색 기운이 덮고 있으면 상(喪)을 당하게 된다.

흑색 기운이 덮고 있으면 수재가 나게 된다.

이 모든 일이 3년의 기간 동안 일어나게 된다. 《무비지》[52]

月珥

靑赤氣蓋于月旁曰"珥".

黃, 國有喜;

赤靑, 兵火;

白, 憂喪;

黑, 水災.

皆期于三年.《武備志》

---

52 《武備志》卷152〈占度載〉"占月" 1 '月之形', 6096~6097쪽.

4) 달의 빛깔 月色

① 달이 만약 청색으로 변하면 기근을 겪게 된다. 月若變靑, 爲饑;

② 적색으로 변하면 가뭄이 들게 된다. 赤, 爲旱;

③ 흑색으로 변하면 물난리가 나게 된다. 黑, 爲水;

④ 황색으로 변하면 나라에 기쁜 일이 있고, 덕 黃, 爲喜爲德.
(德)의 풍교가 있게 된다.

모두 그 분야(分野) 지역을 기준으로 점친다.《송 皆以其宿分占之.《宋·天
사》〈천문지〉[53] 文志》

달이 적색이면 날씨가 가물게 될 것이다.《수서 月赤, 則天將旱.《隋書》
(隋書)[54]》[55]

초승달의 빛이 흑색이면 물난리가 나게 된다. 月初生色黑, 有水;

달이 보름에 적색이면 가뭄이 들게 된다.《옥력 月滿色赤, 爲旱.《玉歷璇
선기(玉歷璇璣)[56]》[57] 璣》

달빛이 흑색이면 물난리가 나고, 전염병에 걸리 月色黑, 爲水, 爲疫疾, 爲
고, 상을 당하게 된다.《무비지》[58] 死喪.《武備志》

초승달이면서 백색이면 그 나라에 가뭄이 들게 月初生而白, 其國旱. 同上

---

53 출전 확인 안 됨;《二如亭群芳譜》〈元部〉"天譜" 卷2 '月'(《四庫全書存目叢書補編》80, 70쪽).

54 수서(隋書):중국 송 인종(仁宗) 천성(天聖, 1023~1032) 2년에 칙명으로 위징(魏徵, 580~643) 등이 수대의
역사를 기록한 기전체의 역사서. 본기(本紀) 5권, 지(志) 30권, 열전(列傳) 50권 등 85권으로 구성되어 있다.

55 《隋書》卷21〈志〉第16 "天文" 下 '十煇'(《文淵閣四庫全書》264, 385쪽);《二如亭群芳譜》〈元部〉"天譜"
卷2 '月'(《四庫全書存目叢書補編》80, 70쪽).

56 옥력선기(玉歷璇璣):《천문옥력선기경(天文玉歷璇璣經)》. 중국 청나라 목록학자인 황우직(黃虞稷,
1629~1691)의《천경당서목(千頃堂書目)》〈천문류(天文類)〉에《천문옥력선기경》5권이 있다고 나오나, 일
실되었는지 확인되지 않는다.

57 출전 확인 안 됨;《欽定授時通考》卷2〈天時〉"占驗總"(《文淵閣四庫全書》732, 31쪽).

58 《武備志》卷152〈占度載〉"占月" 2 '月之色', 6150쪽.

된다. 《무비지》[59]

초승달이면서 청색이면 그 분야의 지역은 전염병이 돌고, 오곡이 비싸진다. 《무비지》[60]

月始生而靑色, 其分有疫, 五穀貴. 同上

달에 빛이 없으면 백성이 기근을 겪게 된다. 《관규집요》[61]

月無光, 民饑. 《管窺輯要》

① 1월의 달에 빛이 없으면 사람들이 많은 재해를 입게 된다.

正月無光, 人多災;

② 2월의 달에 빛이 없으면 재이의 일이 생기게 된다.

二月無光, 有災異事;

③ 3월의 달에 빛이 없으면 주로 수재가 나게 된다.

三月無光, 主水災;

④ 4월의 달에 빛이 없으면 큰 가뭄이 들게 된다.

四月無光, 大旱;

⑤ 5월의 달에 빛이 없으면 화재와 가뭄이 들게 된다.

五月無光, 火災旱;

⑥ 6월의 달에 빛이 없으면 육축이 매우 비싸진다.

六月無光, 六畜大貴;

⑦ 9월의 달에 빛이 없으면 베와 견직물[帛]이 비싸지고, 벌레떼로 인해 재해를 입게 된다.

九月無光, 布帛貴, 蟲災;

⑧ 10월의 달에 빛이 없으면 육축이 비싸진다.

十月無光, 六畜貴;

⑨ 11월의 달에 빛이 없으면 물고기와 소금이 매

十一月無光, 魚鹽大貴;

59 《武備志》 卷152 〈占度載〉 "占月" 2 '月之色', 6151쪽.
60 《武備志》, 위와 같은 곳.
61 《管窺輯要》 卷6 〈月論〉(《管窺輯要》 3, 4면).

우 비싸진다.

⑩ 12월의 달에 빛이 없으면 오곡이 비싸진다.　　　　十二月無光, 五穀貴;

만약 9월에서 12월까지 달에 모두 빛이 없으면 　　若九月至十二月皆無光, 主
주로 오곡이 매우 비싸진다.《군방보》62 　　　　　五穀大貴.《群芳譜》

---

62 《二如亭群芳譜》〈元部〉"天譜" 卷2 '月'(《四庫全書存目叢書補編》80, 70~71쪽).

5) 달의 침범

① 목성을 달이 침범하면 그 분야 지역은 흉년으로 기근을 겪고, 백성은 유랑하게 된다.

② 목성을 달이 타면 도적이 많아지게 된다.

③ 수성이 달을 먹으면 홍수가 나서 물이 범람하게 된다.《송사》〈천문지〉[63]

① 각(角)수의 왼쪽 별(동방7수 청룡의 왼쪽 뿔)을 달이 가리거나 침범하면 주로 큰 가뭄이 들고, 전쟁이 나며, 기근이 들게 된다.

② 각(角)수의 오른쪽 별을 달이 가리거나 침범하면 주로 홍수가 나고, 전쟁이 나고, 기근이 들며, 수성[辰] 분야의 지역에 재앙이 생기게 된다.

③ 항(亢)수를 달이 가리거나 침범하면 주로 전염병에 걸리게 된다.

④ 방(房)수를 달이 가리거나 침범하면 주로 전쟁이 나고, 기근이 들며, 말이 비싸지고, 소가 전염병에 걸리게 된다.

⑤ 기(箕)수를 달이 가리거나 침범하면 주로 큰바람이 불어 나무를 뿌리째 뽑고, 사람을 상하게 한다.

⑥ 남두(南斗)수를 달이 가리면 관문과 교량을 통행하지 못하게 된다.

⑦ 우(牛)수를 달이 가리거나 침범하면 관문과 교량을 통행하지 못하게 된다.

凌犯

月犯木, 則其分饑荒, 民流;

月凌木, 則多盜賊;

水食月, 則大水橫流.《宋·天文志》

月掩犯角左星, 主大旱兵饑;

月掩犯角右星, 主大水, 兵饑, 辰分有災;

月掩犯亢, 主疫;

月掩犯房, 主兵饑, 馬貴, 牛[3]疫;

月掩犯箕, 主大風拔木, 傷人;

月掩南斗, 關梁不通;

月掩犯牛, 關梁不通;

---

63 출전 확인 안 됨;《二如亭群芳譜》〈元部〉"天譜" 卷2 '月'(《四庫全書存目叢書補編》80, 70쪽).
③ 牛 : 저본에는 "馬". 고려대본·《武備志·占度載·占月》에 근거하여 수정.

⑧ 실(室)수를 달이 가리거나 침범하면 그해에는 기근이 들게 된다.

月掩犯室, 歲饑;

⑨ 누(婁)수를 달이 가리거나 침범하면 주로 서(徐)⁶⁴·노(魯)⁶⁵ 분야의 지역에 기근의 재앙이 생기게 된다.

月掩犯婁, 主徐、魯之分饑災;

⑩ 위(胃)수를 달이 가리거나 침범하면 주로 서(徐)·노(魯) 분야의 지역에 기근의 재앙이 생기게 된다.

月掩犯胃, 主災饑徐、魯之分;

⑪ 정(井)수를 달이 가리거나 침범하면 주로 홍수가 나게 된다.

月掩犯井, 主大水;

⑫ 귀(鬼)수를 달이 가리거나 침범하면 금·견직물·말이 비싸진다.

月掩犯鬼, 金、帛、馬貴;

⑬ 유(柳)수를 달이 가리거나 침범하면 주로 주(周)⁶⁶ 분야의 지역에 기근의 재앙이 생기게 된다.

月掩犯柳, 主周分饑災;

⑭ 성(星)수를 달이 가리거나 침범하면 주로 큰 화재가 나게 된다.

月掩犯星, 主大火;

⑮ 장(張)수를 달이 가리거나 침범하면 주로 화재가 나고, 주로 물난리가 나게 된다.

月掩犯張, 主火, 主水;

⑯ 진(軫)수를 달이 가리거나 침범하면 주로 큰바람이 불고 사람과 만물을 상하게 한다.《무비지》⁶⁷

月掩犯軫, 主大風傷人物.《武備志》

① 목성[歲星]을 달이 가리거나 침범하면 기근이 들게 된다.

月掩犯歲星, 爲饑;

---

64 서(徐):중국 강소성(江蘇省) 북서부 지역 일대.
65 노(魯):중국 산동성(山東省) 일대.
66 주(周):중국 섬서성(陝西省) 서안(西安) 일대.
67 《武備志》卷153〈占度載〉"占月" 2 '月之星', 6171~6175쪽.

② 목성이 달을 침입한다면 주로 전쟁이 나고, 기근이 들게 된다.

歲犯襲入月, 主有兵饑;

③ 수성[辰]을 달이 가리거나 침범하면 홍수의 재앙이 생기게 된다.

月掩犯辰, 大水災;

④ 토성[塡星]을 달이 가리거나 침범하면 기근이 들게 된다.

月掩犯塡星, 爲饑;

⑤ 토성이 달을 침입하면 점사가 위와 같다. 《무비지》[68]

塡犯襲月, 同占. 同上

달이 화성[熒惑]과 함께 빛을 발하면 그 분야의 지역에 기근이 들게 된다. 《무비지》[69]

月與熒惑同光, 其分饑. 同上

달이 천시(天市)원으로 들어가면 만물이 비싸진다. 《무비지》[70]

月入天市, 物貴. 同上

혜성이 달 속으로 들어가면 12년 동안 큰 기근이 들게 된다. 《무비지》[71]

彗星入月中, 有十二年大饑. 同上

열수(列宿)[72]가 달 속을 차지하여 보이지 않으면 그 나라는 기근을 겪게 된다. 해당 열수가 속한 분야를 기준으로 점친다. 《무비지》[73]

列宿居月中不見, 其國饑. 以所屬分野占之. 同上

---

68 《武備志》卷153 〈占度載〉 "占月" 2 '月之星', 6171~6177쪽.
69 《武備志》卷153 〈占度載〉 "占月" 2 '月之星', 6163쪽.
70 《武備志》卷153 〈占度載〉 "占月" 2 '月之星', 6177쪽.
71 《武備志》卷153 〈占度載〉 "占月" 2 '月之星', 6168쪽.
72 열수(列宿) : 하늘의 제성을 중심으로 늘어선 별들.
73 《武備志》卷153 〈占度載〉 "占月" 2 '月之星', 6161쪽.

달의 경로가 별들로 둘러싸여 있으면서 별이 수십 개에 이르도록 많으면 그 분야의 지역에는 수재가 나게 된다.《무비지》[74]

月行有星圍繞之, 多至數十, 其分有水災. 同上

별이 달 아래에서 나오고 그 빛이 서로 접하면 사람들이 기근을 겪게 된다.《무비지》[75]

星出月下[4], 光相接, 人饑. 同上

달이 남쪽에서 견우(牽牛)수 남쪽 경계로 들어가면 민간에서 전염병에 걸리게 된다.

月南入牽牛南戒, 民間疾疫;

달이 방(房)수 북쪽으로 나오면 비가 많이 내리고, 자주 흐리게 된다.

月出房北, 爲雨·爲陰;

달이 방(房)수 남쪽으로 나오면 가뭄이 들게 된다.《한서(漢書)》〈천문지〉[76]

出房南, 爲旱.《漢·天文志》

① 목성을 타고 달이 함께 빛나면 기근으로 유랑하는 이들이 생기게 된다.

月凌歲星同光, 有飢亡;

② 목성과 달이 같은 자리에 있으면 전염병이 돌게 된다.

同宿, 有疫癘;

③ 화성이 달과 함께 빛나면 내란이 일어나고, 쌀이 비싸진다.

熒惑與月同光, 內亂, 米貴;

④ 토성이 달로 들어가면 60일을 넘기지 않아서 대규모 토목공사가 있게 된다.

鎭星入月, 不出六十日有土功事;

⑤ 저(氐)수와 달이 서로 침범하면 천하에 큰 기

氐月相犯, 天下大飢;

---

74 《武備志》卷153〈占度載〉"占月" 2 '月之星', 6186쪽.
75 《武備志》卷153〈占度載〉"占月" 2 '月之星', 6188쪽.
76 《漢書》卷26〈天文志〉第6, 1296쪽.
④ 下:《武備志·占度載·占月》에는 "陰".

근이 들게 된다.

⑥ 방(房)수와 달이 서로 침범하여 가리되, 달이 방(房)수 북쪽으로 1척 가량 나와 있으면 홍수가 나게 된다.

房與月犯蠲, 出房北一尺, 大水;

⑦ 기(箕)수와 달이 서로 침범하되, 기수가 달로 들어가 있으면 쌀이 비싸지고, 굶어 죽는 이들이 반이고, 폭풍이 불게 된다.

箕與月相犯, 入月, 米貴, 餓死其牛, 有暴風;

⑧ 두(斗)수 자리에 달이 있으면 바람이 불고, 비가 내리게 된다.

月宿斗, 爲風雨;

⑨ 우(牛)수와 달이 서로 범하면 소·말·양이 전염병으로 갑자기 비싸지고, 관문과 교량을 통행하지 못하게 되며, 조가 비싸진다. 일설에 "소가 전염병에 많이 걸리고, 네 발 짐승과 벌레들이 병에 걸리게 된다.

牛與月犯, 牛、馬、羊疫暴貴, 關梁不通, 粟貴. 一日: "牛多疫, 四足、蟲疾矣."

⑩ 우(牛)수를 달이 타면[乘], 홍수가 나게 된다.

乘牛, 有大水;

⑪ 허(虛)수와 달이 서로 침범하면 사람들이 기근을 겪고, 곡소리가 끊이지 않게 된다.

虛與月干犯, 人饑, 哭泣不已;

⑫ 실(室)수와 달이 서로 침범하면 기근을 겪게 된다.

室與月犯, 飢;

⑬ 벽(壁)수에 달이 있으면 바람이 불지 않고, 반드시 비가 내리게 된다.

月宿壁, 不風, 必雨;

⑭ 규(奎)수의 대성(大星)77을 달이 침범하면 수재가 나게 된다.

月犯奎大星, 有水災;

⑮ 달이 규수를 먹으면 군대의 양식이 모자라게 된다.

食奎, 軍乏糧;

---

77 대성(大星): 28수(宿)의 15번째 별자리인 규수의 동북쪽에 있는 큰 별. 대장별이라고도 한다.

⑯ 위(胃)수와 달이 서로 침범하여 먹으면 알곡이 제대로 여물지 않게 되어, 조를 조달하라는 명령과 창고에 조를 들이는 일이 있고, 사람들이 대부분 병에 걸리게 된다.

胃與月犯食, 穀不實, 有粟令廩歛之事, 人多疾;

⑰ 삼(參)수와 달이 서로 침범하면 풀 한 포기 없이 붉은 땅이 천리나 되는 심한 재난이 들게 되어 나라는 큰 기근을 겪고, 사람들이 서로 잡아먹게 된다.

參與月干犯, 赤地千里, 國大饑, 人相食;

⑱ 벌(伐)수에 달이 있으면 바람이 많이 불게 된다.

月宿伐, 爲風;

⑲ 정(井)수를 달이 침범하면 홍수가 나게 된다.

犯井, 有大水;

⑳ 정(井)수에서 달의 색이 변하면 색으로 점을 치되, 흑색이면 물난리가 나게 된다.

月變於井, 以色占, 黑爲水;

㉑ 귀(鬼)수를 달이 침범하면 많은 사람들이 질병에 걸리게 된다.

犯鬼, 人多疾疫;

㉒ 칠성(七星)수와 달이 서로 침범하고 먹으면 나라가 기근을 겪게 된다.

七星與月犯食, 國飢;

㉓ 진(軫)수를 달이 차지하면 바람이 많이 불게 된다. 《관규집요》[78]

月宿軫, 多風.《管窺輯要》

① 천강(天江)성을 달이 침범하면 홍수가 나고, 관문과 교량이 막히게 된다.

月犯天江, 有大水, 關梁塞;

② 천시(天市)성을 달이 침범하면 조가 비싸진다.

犯天市, 粟貴;

③ 천변(天弁)성을 달이 침범하면 조가 비싸진다.

犯天弁, 粟貴;

④ 대민(大民)성을 달이 타면, 큰 기근을 겪게 된다.

月乘大民星, 有大饑;

⑤ 소민(小民)성을 달이 타면 작은 기근을 겪으며,

乘少民星, 小飢, 人流;

---

78 《管窺輯要》卷10〈月與雜星干犯〉(《管窺輯要》4, 21~25면).

사람들이 유랑하게 된다.

⑥ 서쪽 태음(太陰)문[79]으로 달이 들어가서 태음의 동문으로 나오면 홍수가 나게 된다.《관규집요》[80]

月入太陰西門, 出太陰東門, 大水. 同上

천시원(天市垣)을 달이 가리고 침범하면 만물이 줄어들게 된다.

月掩犯天市垣, 百物消耗;

자(觜)수나 삼(參)수를 달이 가리고 침범하면 바람이 일어나고 날이 흐려지게 된다.

掩犯觜、參宿, 風起陰晦;

장(張)수를 달이 가리고 침범하면 물난리가 재앙이 된다.《관규집요》[81]

掩犯張宿, 水爲災. 同上

묘(昴)수를 달이 타면 물난리가 나고, 곡식은 거두지 못하게 된다.《관규집요》[82]

月乘昴, 有水, 穀不收. 同上

---

79 서쪽 태음(太陰)문:《위선지》권3의 '3-1) 서번(西藩, 서쪽 담장) 5성과 동번(東藩, 동쪽 담장) 5성'의 그림 '서번 5성과 동번 5성 및 각 문의 명칭' 참조 바람.
80 《管窺輯要》卷10〈月犯中外官〉《管窺輯要》4, 26면).
81 《管窺輯要》卷11〈月掩犯諸星〉《管窺輯要》5, 27~28면).
82 《管窺輯要》卷10〈月犯中外官〉《管窺輯要》4, 32면).

6) 달 옆의 구름

청색 구름이 달을 찌르고 있으면 오곡이 익지 않게 된다.《송사》〈천문지〉[83]

백색 기운이 달을 관통하고 있으면 봄에 주로 재앙이 있고, 여름에 홍수가 나고, 가을에 바람이 많이 불게 된다.

적색 기운이 달을 관통하고 있으면 여름에 가물고, 가을에 백성이 불안하게 된다.《무비지》[84]

月傍雲氣

靑雲刺月, 五穀不熟.《宋·天文志》

白氣貫月, 在春主災, 在夏大水, 在秋爲風;

赤氣貫月, 在夏爲旱, 在秋爲民不安.《武備志》

---

83 출전 확인 안 됨;《二如亭群芳譜》〈元部〉"天譜" 卷2 '月'(《四庫全書存目叢書補編》80, 70쪽).
84 《武備志》卷153〈占度載〉"占月" 2 '月之氣', 6154쪽.

7) 달의 이상 현상(월이)

달이 보름인데도 달 속에 두꺼비[蟾蜍]가 보이지 않으면 그 분야의 지역은 홍수가 나고, 백성이 유랑하게 된다. 《송사》〈천문지〉[85]

달이 2개로 보이면 주로 홍수가 나게 된다. 《무비지》[86]

4월에 달 2개가 나란히 보이면 오곡이 매우 비싸진다. 《무비지》[87]

달이 대낮에도 밝으면 온 나라에 기근이 들게 된다. 《무비지》[88]

달이 차야 하지만 차지 않으면 큰 가뭄이 들게 된다.

달이 이지러져야 하지만 이지러지지 않으면 물난리가 나게 된다. 《무비지》[89]

달이 보름이 되기 전에 서쪽이 이지러졌다가 보름후에 동쪽이 이지러지는 현상을 '반월(反月)'이라 한다. 그러면 천하에 큰물이 분출하게 된다. 《무비지》[90]

月異

月望而月中蟾蜍不見者, 其分大水, 民流. 《宋·天文志》

兩月見, 主大水. 《武備志》

四月竝見, 五穀大貴. 同上

月晝明, 中國饑饉. 同上

月當盈不盈, 大旱;

當毀不毀, 有水. 同上

月前望而西缺, 後望而東缺, 名曰"反月". 天下有湧水. 同上

---

85 출전 확인 안 됨; 《二如亭群芳譜》, 위와 같은 곳.
86 《武備志》卷153 〈占度載〉 "占月" 2 '月之變', 6139쪽.
87 《武備志》卷153 〈占度載〉 "占月" 2 '月之變', 6140쪽.
88 《武備志》, 위와 같은 곳.
89 《武備志》卷153 〈占度載〉 "占月" 2 '月之變', 6142~6143쪽.
90 《武備志》卷153 〈占度載〉 "占月" 2 '月之變', 6143쪽.

달이 초승달이면서 넓고 크다면 수재가 나게 된다.《무비지》[91]

月初生而廣大者, 水災. 同上

달이 초승달일 때 똑바로 누워 있으면 물난리가 나게 된다.

月生正偃, 有水;

달이 초승달일 때 똑바로 서[仰] 있어도 그렇다.《무비지》[92]

初生正仰, 亦然. 同上

달이 경로를 벗어나면 온 나라에 기근이 들게 된다.《무비지》[93]

月失行, 中國饑. 同上

달이 커야 하는데도 달의 몸체가 작아지면 가뭄이 들게 된다.《무비지》[94]

月大而體小者, 旱. 同上

달에 신령스러운 거북이가 기대어 있으면 주로 홍수가 나게 된다.《무비지》[95]

月有神龜倚月, 主大水. 同上

달이 9일에 가시가 돌아 있으면[生刺]【안 9일은 초아흐레를 말한다. 생자(生刺)란 달에 가시[芒刺]가 돌아 있는 현상을 말한다】그 지역에 기근이 들어 백성이 먹을거리가 부족하게 된다.

月九日生刺【按 九日, 謂初九日. 生刺, 謂月生芒刺也】, 其地饑, 民以食乏;

27일에 가시가 돌아 있으면 큰 기근이 들게 된다.

二十七日生刺, 大饑. 同上

---

91 《武備志》卷153〈占度載〉"占月" 2 '月之變', 6145쪽.
92 《武備志》, 위와 같은 곳.
93 《武備志》卷153〈占度載〉"占月" 2 '月之變', 6146쪽.
94 《武備志》, 위와 같은 곳.
95 출전 확인 안 됨.

《무비지》[96]

달 속에 신령스러운 용과 옥토끼가 있으면 홍수가 하늘까지 넘치고, 인민은 기근을 겪어 뿔뿔이 흩어지게 된다. 《무비지》[97]

月中有神龍、玉兎者, 洪水滔天, 人民饑散. 同上

새로 뜬 달이 북쪽으로 지면[98] 주로 쌀이 비싸지고, 흉년이 들게 된다. 속담에 "달이 북쪽의 뒷벽을 비추면 사람들이 개밥을 먹게 된다."라 했다. 《전가오행》[99]

新月落北, 主米貴, 荒. 諺云: "月照後壁, 人食拘食. 《田家五行》

달이 초승달일 때 남쪽에 보이면 쌀이 매우 비싸진다.

달이 초승달일 때 윗부분이 크면 상순에 쌀이 비싸진다.

아랫부분이 크면 하순에 쌀이 비싸진다. 《천문총론(天文總論)[100]》[101]

月始生見南方者, 米大貴.

始生出而上大者, 上旬米貴;

下大者, 下旬米貴. 《天文總論》

아직 달의 현이 보름달이 될 때가 아닌데도 갑자기 보름달처럼 차오르거나, 달의 현이 보름달로 차올라야 하는 때인데도 차오르지 않는다면 신하들은

未當弦望而忽弦望, 當弦望而不弦望, 臣憂民飢. 《管窺輯要》

---

96 《武備志》卷153〈占度載〉"占月" 2 '月之變', 6146~6147쪽.
97 《武備志》卷153〈占度載〉"占月" 2 '月之變', 6149쪽.
98 새로……지면 : 달이 제 경로를 거치지 않고 경로를 이탈하여 북쪽으로 지는 현상으로 보인다.
99 《田家五行》卷中〈天文類〉"論霜"(《續修四庫全書》975, 337쪽).
100 천문총론(天文總論) : 미상.
101 출전 확인 안 됨;《管窺輯要》卷11(《管窺輯要》5, 11면).

백성의 기근을 걱정하게 된다. 《관규집요》[102]

달 속에 4개의 혜성이 있으면 이는 하늘이 덕을 내리고 하늘이 마음을 보이는 현상이다. 그러면 큰 풍년이 들게 된다. 《관규집요》[103]

月中有四彗, 此天降德, 天觀心, 大豐. 同上

월식이 일어날 때 요상한 달이 나와 자리다툼을 한다면 사람들이 기근으로 서로 잡아먹게 된다. 《관규집요》[104]

月食而妖月出鬪, 人飢相食. 同上

아직 달이 이지러질 때가 아닌데도 이지러지면 물살이 크게 일어나게 된다. 《주문공점(朱文公占)[105]》[106]

未當缺而缺, 水波揚. 《朱文公占》

송(宋)나라 경원(慶元)[107] 2년(1197) 10월 20일 밤 3경(오후 11시~오전 1시)이 지나서 초승달이 뜰 때 임안(臨安)[108]과 가흥(嘉興)[109] 양 군 사람들이 모두 보았다. 그 달이 마치 보름밤의 달처럼 둥글둥글했다. 태사(太史)는 진(秦) 지역에 최고로 상서로운 일이

宋 慶元二年十月二十夜三更後, 月初出時, 臨安、嘉興兩郡人皆見, 其團圓如望夕. 太史秦是爲上瑞, 其地當爲十年大稔. 《近異錄》

---

102 《管窺輯要》卷6〈月占論〉(《管窺輯要》4, 5면).
103 《管窺輯要》卷10〈月犯中外官〉(《管窺輯要》4, 33면).
104 《管窺輯要》卷11〈月見日中〉(《管窺輯要》4, 22면).
105 주문공점(朱文公占) : 점술서의 하나로 추정되며, 송나라 학자 주희(朱熹)의 이름을 붙여 책명을 정한 것으로 보인다. 시대나 저자 모두 미상이다.
106 출전 확인 안 됨;《管窺輯要》卷11〈當缺而缺當毁而不毁〉(《管窺輯要》5, 4면).
107 경원(慶元) : 남송 영종(寧宗, 재위 1195~1201) 연간의 연호.
108 임안(臨安) : 절강성(浙江省) 항주(杭州) 일대.
109 가흥(嘉興) : 임안과 접한 절강성 북동부의 도시 이름.

있을 조짐으로 여겼다. 과연 그 지역은 당연히 10년
동안 큰 풍년이 들었다. 《근이록(近異錄)[110]》[111]

---

110 근이록(近異錄) : 중국 송(宋)나라 유질(劉質, ?~?)이 송나라 때의 기이한 일을 기록한 책.
111 출전 확인 안 됨;《說郛》卷118 上〈近異錄〉《文淵閣四庫全書》882, 720쪽).

5. 바람으로 점치다

占風

1) 8풍(八風)[1]

8풍은 다음과 같다. ① 북쪽에서 불어오는 바람인 광막풍(廣莫風)[2]은 동지 후 45일간을 주관한다. 사시(四時)[3]에 폭풍이 북쪽에서 일어나면 도적이 일어나게 된다. 북쪽을 뜻하는 감(坎)방은 물에 해당되고, 도적이 일어나는 일을 주관한다.

② 동북쪽에서 불어오는 바람인 조풍(條風)은 입춘 후 45일간을 주관한다. 사시에 폭풍이 동북쪽에서 일어나면 동북쪽을 뜻하는 간(艮)방은 귀신의 문이므로 귀신이 사람 다니는 길로 다니고, 가뭄이 많이 들고, 전염병에 많이 걸리게 된다.

③ 동쪽에서 불어오는 바람인 명서풍(明庶風)은 춘분 후 45일간을 주관한다. 사시에 폭풍이 동쪽에서 일어나면 사람들이 유랑하고 도적이 일어나며,

八風

八風, 北方廣莫風, 主冬至後四十五日, 四時暴風起北方, 主盜賊起. 坎爲水, 主盜賊.

東北方條風, 主立春後四十五日. 四時暴風起東北方, 艮爲鬼門, 鬼行人道, 多旱疫.

東方明庶風, 主春分後四十五日. 四時暴風起東方, 人流, 盜興, 旱蝗, 歲

---

1 8풍(八風) : 8방위의 바람. 《여씨춘추》〈유시(有始)〉에는 "동북풍을 염풍(炎風)이라 하고, 동풍을 도풍(滔風)이라 하며, 동남풍을 훈풍(熏風)이라 하고, 남풍을 거풍(巨風)이라 하며, 서남풍을 처풍(凄風)이라 하고, 서풍을 요풍(飂風)이라 하며, 서북풍을 여풍(厲風)이라 하고, 북풍을 한풍(寒風)이라 한다(東北日炎風, 東方日滔風, 東南日熏風, 南方日巨風, 西南日凄風, 西方日飂風, 西北日厲風, 北方日寒風)."라 했다. 전거에 따라 각 명칭에 다소 차이가 있다. 방위보다는 바람이 부는 시기에 초점을 맞출 때는, 8가지의 계절풍을 말하기도 한다.
2 광막풍(廣莫風) : 팔풍의 하나인 북풍. 한풍(寒風)이라 하기도 한다. 위의 '팔풍' 주석 참조. 이하 각 방위에 따른 바람의 명칭은 8풍의 각주에 나오는 경우 별도의 각주를 생략한다.
3 사시(四時) : 대개는 춘·하·추·동을 가리키지만, 여기서는 아침[朝]·낮[晝]·저물녘[夕]·밤[夜]을 가리키기도 한다.

가뭄이 들고 메뚜기떼로 해를 입어 그해에는 기근이 들게 된다. 동쪽을 뜻하는 진(震)방은 목(木)에 해당된다. 목의 정수를 '목성[歲星]'이라 하며, 이 별은 농사를 주관한다.

饑. 震爲木, 木精曰"歲星", 主稼穡.

④ 동남쪽에서 불어오는 청명풍(淸明風)은 입하 후 45일간을 주관한다. 사시에 폭풍이 동남쪽에서 일어나면 사람들이 설사병[洩痢]에 많이 걸리게 된다. 동남쪽을 뜻하는 손(巽)방은 바람에 해당된다. 바람은 온갖 병이 자라는 근원이다.

東南方淸明風, 主立夏後四十五日. 四時暴風起東南方, 人多病洩痢. 巽爲風, 風者, 百病之長.

⑤ 남쪽에서 불어오는 바람인 경풍(景風)은 하지 후에 45일간을 주관한다. 사시에 폭풍이 남쪽에서 일어나면 화재가 발생하게 되고, 이듬해에 가뭄이 들게 된다. 남쪽을 뜻하는 리(離)방은 불에 해당된다.

南方景風, 主夏至後四十五日. 四時暴風起南方, 有火災, 來年旱. 離爲火也.

⑥ 서남쪽에서 불어오는 바람인 양풍(涼風)은 입추 후 45일간을 주관한다. 사시에 폭풍이 서남쪽에서 일어나면 천하에 전쟁이 나게 된다. 서남쪽을 뜻하는 곤(坤)방은 땅에 해당되고, 백성에 해당되며, 곡식에 해당된다. 땅이 흔들려 여러 난들이 일어나게 된다.

西南方涼風, 主立秋後四十五日. 四時暴風起西南方, 天下有兵. 坤爲土, 爲民, 爲粟, 土動衆亂也.

⑦ 서쪽에서 불어오는 바람인 창합풍(閶闔風)은 추분 후 45일간을 주관한다. 사시에 폭풍이 서쪽에서 일어나면 주로 가을에 가뭄이 들고, 일찍 서리가 내리며, 천하가 전쟁으로 소요하게 된다. 서쪽을 뜻하는 태(兌)방은 금(金)에 해당된다. 금의 정수를 '태백(太白, 금성)'이라 하며, 태백은 전쟁을 주관한다.

西方閶闔風, 主秋分後四十五日. 四時暴風起西方, 主秋旱, 早霜, 天下兵動. 兌爲金, 金精曰"太白", 太白主兵.

⑧ 서북쪽에서 불어오는 바람인 부주풍(不周風)은 입동 후 45일간을 주관한다. 사시에 폭풍이 서북쪽

西北方不周風, 主立冬後四十五日. 四時暴風起西

에서 일어나면 도적이 생겨나 서로 공격하고 위협하며, 그해에 기근이 들고, 사람들이 유랑하게 된다. 서북쪽을 뜻하는 건(乾)방은 금에 해당되고, 추위에 해당된다. 금은 살륙과 정벌을 주관한다. 추워지면 만물을 해치게 된다.

北方, 有盜賊相攻劫, 歲饑, 人流亡. 乾爲金, 爲寒. 金主殺伐. 寒, 則傷物.

일반적으로 팔풍은 나무를 꺾고, 집을 뽑고, 모래를 날리고, 돌을 굴러가게 한다. 팔풍이 불 때 3일 동안 비가 오지 않으면 점을 친다. 바람이 양이고, 비가 음이다. 양이 음을 얻으면 풀어지기 때문에 사나운 바람이 비를 만나면 멈추게 된다. 사물의 이치는 높이 치솟아 극에 달하면 오히려 제어받게 되고, 악은 선을 통해 마무리된다. 《무비지》[4]

凡八風折木發屋, 飛沙走石. 三日不雨, 則占, 風爲陽, 雨爲陰. 陽得陰, 則解, 故怒風得雨而息. 亢極受制, 惡以善成. 《武備志》

봄 첫 달에 부는 바람은 조풍(條風)이고, 봄 둘째 달에 부는 바람은 명서풍(明庶風)이고, 봄 셋째 달에 부는 바람은 청명풍(淸明風)이다. 온화하고 순한 바람이 불어야 할 때, 찬바람이 불면 주로 물난리가 나게 된다. 이때 뜨거운 바람이 불면 벼를 상하게 하고 백성이 전염병에 걸리게 된다.

春孟條風, 仲明庶風, 季淸明風. 和順時寒, 主水; 熱, 傷禾民疫.

하지에 부는 바람은 경풍이다. 온화하고 순한 바람이 불어야 할 때 찬바람이 불면 수재가 나고 사람들이 전염병에 걸리게 된다.

夏至景風, 和順時寒, 水災人疫.

가을 첫 달에 부는 바람은 양풍(凉風)이고, 가을 둘째 달에 부는 바람은 창합풍(閶闔風)이고, 가을 셋째 달에 부는 바람은 부주풍(不周風)이다. 이때 서늘

秋孟凉風, 仲閶闔風, 季不周風. 凉, 吉; 熱, 未歲災, 旱疫; 寒, 人疾.

---

4 《武備志》卷165〈占度載〉"占風" 1, 6721~6724쪽.

한 바람이 불면 길하다. 이때 뜨거운 바람이 불면
그해를 마치기 전에 재앙이 생기고, 가뭄이 들며,
전염병에 걸리게 된다. 찬바람이 불면 사람들이 병
에 걸리게 된다.

동지에 부는 바람은 광막풍이다. 이때 찬바람이
불면 이듬해에 풍년이 들게 된다. 따뜻한 바람이 불
면 물난리가 나서 사람들이 재해를 입으며, 만물이
제대로 여물지 않게 된다.《무비지》[5]

冬至廣莫風. 寒, 歲豐;
暖, 水起人災, 萬物不成.
同上

입춘일에 ① 건(乾)방[6]에서 바람이 불어오면 갑작
스럽게 서리가 내려 만물을 죽이고, 곡식이 갑자기
비싸진다.

立春日風從乾來, 暴霜殺
物, 穀猝貴;

② 감(坎)방에서 바람이 불어오면 겨울에 매우 추
워지게 된다.

坎來, 冬大寒;

③ 간(艮)방에서 바람이 불어오면 오곡이 잘 익게
된다.

艮來, 五穀熟;

④ 진(震)방에서 바람이 불어오면 기가 새어나가
만물이 재대로 여물지 않게 된다.

震來, 氣洩物不成;

⑤ 손(巽)방에서 바람이 불어오면 벌레떼의 피해
가 많아지게 된다.

巽來, 多蟲;

⑥ 리(離)방에서 바람이 불어오면 가뭄으로 만물
을 상하게 한다.

離來, 旱傷物;

⑦ 곤(坤)방에서 바람이 불어오면 봄에 춥고, 6월

坤來, 春寒, 六月大水, 人

---

5 《武備志》卷165〈占度載〉"占風" 1, 6724쪽.
6 건(乾)방 : 서북방. 이하 감괘는 북쪽, 간괘는 동북쪽, 진괘는 동쪽, 손괘는 동남쪽, 리괘는 남쪽, 곤괘는
서남쪽, 태괘는 서쪽을 가리킨다.

에 홍수가 나며, 사람들이 대규모 토목공사로 근심
에 많이 빠지게 된다.

　⑧ 태(兌)방에서 바람이 불어오면 가뭄이 들고,
서리가 내리게 된다.

　춘분일에 ① 건방에서 바람이 불어오면 그해에는
많이 춥고, 금과 철이 2배로 비싸진다.

　② 감방에서 바람이 불어오면 콩이 제대로 여물
지 않고, 백성이 기근을 겪으며 병에 걸리게 된다.

　③ 간방에서 바람이 불어오면 여름이 덥지 않고,
쌀이 배로 비싸진다.

　④ 진방에서 바람이 불어오면 오곡이 제대로 여
물지 않고, 또한 도적이 없어지게 된다.

　⑤ 손방에서 바람이 불어오면 벌레떼의 피해가
생기고, 4월에 갑자기 추워지는 날이 많게 된다.

　⑥ 리방에서 바람이 불어오면 5월에 물난리가 난
후에 가뭄이 들게 된다.

　⑦ 곤방에서 바람이 불어오면 작은 물난리가 나
고, 사람들이 학질과 설사병에 많이 걸리게 된다.

　⑧ 태방에서 바람이 불어오면 봄에 춥다.

　입하일에 ① 바람이 건방에서 불어오면 그해에는
흉년으로 기근이 들고, 여름에 서리가 내려 맥류를
베어내지 못하게 된다.

　② 감방에서 바람이 불어오면 물난리가 많아 물
고기가 사람 다니는 길로 다니게 된다.

　③ 간방에서 바람이 불어오면 산이 무너지고 지

多愁土功;

兌來, 旱霜;

春分日風從乾來, 歲多寒,
金、鐵倍貴;

坎來, 豆菽不成, 民饑疾;

艮來, 夏不熱, 米貴一倍;

震來, 五穀成, 亦無盜賊;

巽來, 蟲生, 四月多暴寒;

離來, 五月先水後旱;

坤來, 小水, 人多瘧痢;

兌來, 春寒.

立夏日風從乾來, 其年凶
饑, 夏霜麥不刈;

坎來, 多雨水, 魚行人道;

艮來, 山崩地動, 人疫;

진이 발생하게 되며, 사람들이 전염병에 걸리게
된다.

④ 진방에서 바람이 불어오면 천둥이 불시에 만   震來, 雷不時擊物;
물을 내리치게 된다.

⑤ 손방에서 바람이 불어오면 그해에는 매우 덥   巽來, 其年大暑;
게 된다.

⑥ 리방에서 바람이 불어오면 여름에 가뭄이 들   離來, 夏旱, 禾焦;
고, 벼가 말라서 타게 된다.

⑦ 곤방에서 바람이 불어오면 만물이 일찍 죽게   坤來, 萬物夭死;
된다.

⑧ 태방에서 바람이 불어오면 메뚜기떼가 크게   兌來, 蝗蟲大作.
생기게 된다.

하지일에 ① 건방에서 바람이 불어오면 추위가   夏至日風從乾來, 寒傷萬
만물을 상하게 한다.   物;

② 감방에서 바람이 불어오면 더위와 추위가 때   坎來, 寒暑不時, 夏月多
에 맞지 않고, 여름철에 추운 날이 많게 된다.   寒;

③ 간방에서 바람이 불어오면 산의 물이 갑자기   艮來, 山水暴出;
쏟아지게 된다.

④ 진방에서 바람이 불어오면 8월에 사람들이 병   震來, 八月人多病;
에 많이 걸리게 된다.

⑤ 손방에서 바람이 불어오면 9월에 큰바람이   巽來, 九月大風落草木;
불어 초목의 잎이나 열매를 떨어뜨리게 된다.

⑥ 리방에서 바람이 불어오면 오곡이 잘 익게 된다.   離來, 五穀熟;

⑦ 곤(坤)방에서 바람이 불어오면 6월에 비가 내   坤來, 六月雨水橫流;
려 물이 범람하게 된다.

⑧ 태(兌)방에서 바람이 불어오면 가을에 비와 서   兌來, 秋多雨霜;

리가 많이 내리게 된다.

    입추일에 ① 건방에서 바람이 불어오면 춥고 비가 내리는 날이 매우 많게 된다.

立秋日風從乾來, 甚多寒雨;

    ② 감방에서 바람이 불어오면 학질에 많이 걸리고, 눈이 많이 내리며, 춥게 된다.

坎來, 多瘧, 多陰雪, 寒;

    ③ 간방에서 바람이 불어오면 가을 기운이 조화롭지 못하게 된다.

艮來, 秋氣不和;

    ④ 진방에서 바람이 불어오면 가을에 폭우가 많고, 사람들이 화평하지 않으며, 초목에 꽃이 다시 피게 된다.

震來, 秋多暴雨, 人不和, 草木再榮;

    ⑤ 리방에서 바람이 불어오면 가뭄이 많이 들게 된다.

離來, 多旱;

    ⑥ 곤방에서 바람이 불어오면 오곡이 잘 익게 된다.

坤來, 五穀熟;

    추분일에 ① 건방에서 바람이 불어오면 사람들이 서로 노략질을 많이 하게 된다.

秋分日風從乾來, 人多相掠;

    ② 감방에서 바람이 불어오면 추운 날이 많아지게 된다.

坎來, 多寒;

    ③ 간방에서 바람이 불어오면 12월에 흐리고 추운 날이 많아지게 된다.

艮來, 十二月多陰寒;

    ④ 진방에서 바람이 불어오면 사람들이 병에 걸리고, 온갖 꽃이 열매를 맺지 못하게 된다.

震來, 人疾, 百花不實;

    ⑤ 손방에서 바람이 불어오면 10월에 바람 부는 날이 많아지게 된다.

巽來, 十月多風;

    ⑥ 태방에서 바람이 불어오면 오곡이 매우 잘 익게 된다.

兌來, 五穀大熟.

입동일에 ① 바람이 건방에서 불어오면 천하가 평안하게 된다.

立冬日風從乾來, 天下安;

② 감방에서 바람이 불어오면 겨울에 눈이 내려 길짐승들을 죽이게 된다.

坎來, 冬雪殺走獸;

③ 간방에서 바람이 불어오면 땅의 기운이 새어 나가서 사람들이 병에 많이 걸리게 된다.

艮來, 地氣洩, 人多病;

④ 진방에서 바람이 불어오면 행인들이 평안하게 지내지 못하고, 추운 날이 많아지게 된다.

震來, 行人不安居, 多寒;

⑤ 손방에서 바람이 불어오면 겨울이 따뜻하고, 이듬해에 큰 가뭄이 들어 사람들이 고향을 뜨게 된다.

巽來, 冬溫, 明年大旱, 人去其鄕;

⑥ 리방에서 바람이 불어오면 이듬해 5월에 큰 전염병이 돌게 된다.

離來, 明年五月大疫;

⑦ 곤방에서 바람이 불어오면 물이 범람해 넘치고, 물고기와 소금이 배로 많아지게 된다.

坤來, 水泛溢, 魚鹽倍多.

동지일에 ① 건방에서 바람이 불어오면 여름에 춥게 된다.

冬至日風從乾來, 夏寒;

② 감방에서 바람이 불어오면 그해에 풍년이 들고, 사람들이 평안하게 된다.

坎來, 歲美人安.

③ 간방에서 바람이 불어오면 1월에 흐리고 비오는 날이 많아지게 된다.

艮來, 正月多陰雨.

④ 진방에서 바람이 불어오면 천둥이 치지 않고 큰비가 쏟아지게 된다.

震來, 雷不發, 大雨倂.

⑤ 손방에서 바람이 불어오면 온갖 벌레떼가 만물에 해를 끼치게 된다.

巽來, 百蟲害物.

⑥ 리방에서 바람이 불어오면 겨울에 온난하고,

離來, 冬溫, 水旱不時, 穀

불시에 물난리가 나거나 가뭄이 들어 곡식이 비싸지
고, 사람들이 전염병에 걸리게 된다.

貴人疫.

⑦ 곤방에서 바람이 불어오면 많은 물난리로 싹
이 상하고, 백성이 평안하지 않게 된다.

坤來, 多水傷苗, 民不安.

⑧ 태방에서 바람이 불어오면 이듬해 가을에 비
가 많이 내리게 된다.《무비지》[7]

兌來, 明年秋多雨. 同上

① 리방의 바람이 진방으로 불어오면 그해에 가
뭄이 들고, 화재가 나게 된다.

離風來震[1]方, 歲旱火災;

② 손방의 바람이 태방으로 불어오면 메뚜기떼가
생겨 곡식이 상하게 된다.

巽風來兌方, 蝗生穀傷;

③ 감방의 바람이 건방으로 불어오면 백성이 진
휼의 구제를 요구하게 된다. 리방의 백성에게는 재
난이 생기고, 손방의 지역에는 풍년이 들게 된다.

坎風來乾方, 民求賑濟; 離
方民災, 巽方歲豐;

④ 간방의 바람이 리방으로 불어오면 가뭄의 재앙
이 들고, 손방의 지역은 온갖 곡식이 재대로 여물지
못하고, 감방 지역은 물난리나 가뭄이 거듭되고, 곤·
간방 지역은 가뭄으로 흉년이 들어 쌀이 비싸진다.

艮風來離方, 旱災, 巽方
百穀不成, 坎方水旱相仍;
坤、艮方旱荒, 米貴.

⑤ 곤방의 바람이 리방으로 불어오면 큰 가뭄이
들게 된다.

坤風來離方, 大旱.

【① 건방의 바람은 느릿느릿 몰아쳐서 빠르지도
느리지도 않다.

【乾風悠悠揚揚, 不疾不
徐;

② 손방의 바람은 오래도록 평온한 듯 세차면서
도 순하게 쉬지 않고 불어온다.

巽風平蕩悠長, 順吹不歇;

---

7 《武備志》卷165〈占度載〉"占風" 1, 6729~6733쪽.
[1] 震:《武備志·占度載·占風》에는 "乾".

③ 태방의 바람은 산들산들 사람을 둘러싸서, 조리가 있고 어지럽지 않다.

④ 감방의 바람은 뾰쪽한 듯 매섭고 험하여, 모아들며 회오리친다.

⑤ 리방의 바람은 상쾌하면서 온화하고 따뜻하며, 끊어질 듯 이어질 듯 한다.

⑥ 간방의 바람은 강대하고 격렬하여 만물을 위로 솟구치게 불어댄다.

⑦ 진방의 바람은 크게 솟구치고서 흩어 퍼지다가도, 갑자기 다시 일어난다.

⑧ 곤방의 바람은 장대하게 모든 사물을 품을 듯이 온 들판에 퍼진다.

이 바람들을 '팔괘 바람[八卦風, 팔괘풍]'이라 한다】《무비지》8

兌風細細襲人, 條理不亂;

坎風尖削險怪, 撮聚成旋;

離風明爽和緩, 若斷若續;

艮風剛大激烈, 吹物上沖;

震風沖大渙散, 頓而復起;

坤風長大包含, 遍野散漫.

是謂"八卦之風"】同上

---

8 《武備志》卷165〈占度載〉"占風" 1, 6727~6728쪽.

2) 해로운 바람(적풍)

① 일반적으로 바람 부는 소리가 수선스럽고 슬
픈 듯하면 병을 부르는 바람[病風, 병풍]이고, 병을 옮
기는 바람[疾疫風, 질역풍]이다.

② 열이 벌레를 생기게 해서 벌레들이 싹의 이파
리를 먹고, 사람의 옷을 갉아 먹게 하는 바람을 '잔
인한 바람[殘風, 잔풍]'이라 한다. 이 바람이 불면 큰
기근이 들게 된다.

③ 바람이 세차게 불어도 나무가 흔들리지 않으
며, 오곡이 무성히 자랐어도 알곡이 제대로 여물지
못하게 하는 바람을 '오곡이 흘러가는 바람[流風, 유
풍]'이라 한다.

④ 나무가 흔들리지는 않게 불고, 마른 바람으로
벼를 상하게 하는 바람을 '가리지 않는 바람[不擇風,
불택풍]'이라 한다.

⑤ 바람이 온화하지만 일정하게 불지 않아, 메뚜
기떼가 갑자기 생기게 하는 바람을 '미혹하는 바람
[惑風, 혹풍]'이라 한다. 《무비지》[9]

賊風

凡風啾唧慘憯者, 爲病風,
爲疾疫風;

熱生蟲, 食苗之葉, 嚙人之
衣, 曰"殘風", 大饑;

風疾吹而木不動搖, 五穀
茂而不實, 曰"流風".

木不動搖, 旱風傷禾, 曰
"不擇風";

風溫不常, 蝗蟲暴生, 曰
"惑風".《武備志》

---

9 《武備志》卷165〈占度載〉"占風" 1, 6698쪽, 6701~6703쪽.

3) 바람 부는 방위

바람이 항상 불시에 동북쪽 간방(艮方)에서 불어오면서 그 기세가 서늘하면 물난리가 나고, 날이 항상 흐리게 된다.

바람이 항상 불시에 서남쪽 곤방(坤方)에서 불어오면서 그 기세가 따뜻하면 가뭄이 들고, 날이 항상 맑게 된다. 《무비지》[10]

사계절에 상관없이 갑작스러운 바람이 서쪽에서 일어나면 주로 가을에 때 이른 서리가 내리게 된다. 《군방보》[11]

1일에 바람이 그 달 간지의 방위[月建方位]로 불어가면 주로 쌀이 비싸진다. 그 달 간지의 방위에서 불어오면 바른 방향을 얻은 현상이므로 만물이 각각 적합한 조건을 얻고, 날씨가 각각 적절함을 얻게 된다. 《전가오행》[12]

매년 여름철에 남풍이 적게 불면 연근[藕]농사에 좋다. 《계신잡지(癸辛雜志)》[13][14]

風起方

風不時常發於東北艮方, 其勢凄凉, 爲水, 恒陰;

風不時常起於西南坤方, 其勢暄煥煥, 爲旱, 恒暘. 《武備志》

不拘四時, 暴風起西方, 主秋早霜. 《群芳譜》

朔日風吹月建方位, 主米貴. 自月建方來, 爲得其正. 萬物各得其所, 晴雨各得其宜. 《田家五行》

每歲夏月南風少, 則好藕. 《癸辛雜志》

---

10 《武備志》卷165〈占度載〉"占風" 1, 6703~6704쪽.
11 《二如亭群芳譜》〈元部〉"天譜" 卷3 '風'(《四庫全書存目叢書補編》80, 102쪽).
12 《田家五行》卷下〈三旬類〉"論朔日"(《續修四庫全書》975, 344쪽).
13 계신잡지(癸辛雜志):중국 송나라의 문인 주밀(周密, 1232~1298)이 편찬한 책. 송나라 당시의 여러 설화 및 문물에 대한 기록을 담고 있다.
14 《癸辛雜識》〈別集〉卷上 "南風損藕"(《文淵閣四庫全書》1040, 113쪽).

천문(天門)[15]【건(乾)방이다】 위에서 바람이 나와 처음에는 미약하다 점차 크게 몰아쳐서, 나무를 흔들 때 천둥 치는 듯한 소리가 나고서는 얼마간의 시간이 지나서야 멈추면 풍년이 들게 된다.

한나절이 지나 멈추면 오곡이 제대로 여물게 된다.

3일이 지나 멈추면 천하의 오곡이 제대로 여물게 된다.

만약 바람이 열기를 띠고 있으면 천하의 오곡이 벌레떼로 인해 1/10이 상하게 된다.

냉기를 띠고 있으면 백성이 고초를 겪게 된다. 바람의 빛깔이 칠흑색으로 흐리고 탁하면 3년간 재해가 있고, 백성이 평안하지 않으며, 만물이 제대로 여물지 않게 된다. 《무함점(巫咸占)[16]》[17]

天門【乾方】上出風, 初微漸大, 擺樹有聲如雷吼, 經時乃止, 年豐;

半日止, 五穀成;

三日止, 天下五穀成.

若風帶熱氣, 天下五穀蟲傷一分;

帶冷氣, 民勞苦;

風色黑慘陰濁, 三年災, 民不安, 物不成.《巫咸占》.

---

15 천문(天門) : 동방 7수인 각수(角宿)의 양 별, 혹은 자미궁의 문. 여기서는 건방(서북방)이라는 주석이 있는 점으로 보아 후자로 보인다.

16 무함점(巫咸占) : 작자와 시대가 미상인 점서로, 《관규집요(管窺輯要)》나 《당개원점경(唐開元占經)》등의 책에 그 내용의 일부가 보인다. 무함은 고대에 점을 잘 쳤다는 전설적 인물이다.

17 출전 확인 안 됨;《管窺輯要》卷62〈天門占風〉(《管窺輯要》20, 11면).

4) 바람 부는 날의 일진

風起日辰

① 봄 기묘(己卯)일에 바람이 불면 수목의 끝이 텅 비게 된다(결실이 없다).

春己卯風, 樹頭空;

② 여름 기묘일에 바람이 불면 벼이삭이 텅 비게 된다.

夏己卯風, 禾頭空;

③ 가을 기묘일에 바람이 불면 물속이 텅 비게 된다(물고기가 없다).

秋己卯風, 水裏空;

④ 겨울 기묘일에 바람이 불면 우리 안이 텅 비게 된다(가축이 없다). 《군방보》[18]

冬己卯風, 欄裏空. 《群芳譜》

① 여름 병자(丙子)일에 바람이 불면 가뭄으로 재해를 입고, 전란으로 황폐하게 된다.

夏丙子風, 旱災, 兵荒;

② 겨울 임자(壬子)일에 바람이 불면 수재가 나게 된다.

冬壬子風, 水災;

③ 사계절의 무자(戊子)일에 바람이 불면 그해에는 수확이 있게 된다. 《무비지》[19]

四季戊子風, 歲收. 《武備志》

① 을(乙)이 든 날에 큰바람이 불면 조가 비싸진다.

乙日大風, 粟貴;

② 정(丁)이 든 날에 큰바람이 불면 만물을 상하게 하고, 사람과 가축이 전염병에 걸리며, 가뭄이 들게 된다.

丁日大風, 傷物, 人畜疾疫, 爲旱;

③ 무(戊)나 기(己)가 든 날에 큰바람이 불면 시장의 곡식값이 비싸진다.

戊、己日大風, 糴貴;

④ 경(庚)이나 신(辛)이 든 날에 큰바람이 불면 벌

庚、辛日大風, 蟲生, 人病.

---

18 《二如亭群芳譜》〈元部〉 "天譜" 卷3 '風'(《四庫全書存目叢書補編》80, 102쪽).
19 《武備志》卷165 〈占度載〉 "占風" 1, 6713쪽.

레떼가 생겨나고, 사람들이 병에 걸리게 된다.《무
비지》[20]

同上

① 축(丑)이 든 날에 큰바람이 불어 땅을 쓸고 모
래를 날리면 조가 갑자기 비싸진다.

丑日大風, 掃地揚沙, 粟暴
貴;

② 인(寅)이 든 날에 큰바람이 불고, 적색 구름이
사방에 끼면 화재가 나게 된다.

寅日大風, 赤雲四塞, 火
災;

③ 묘(卯)가 든 날에 큰바람이 불어 누런 먼지가 하
늘을 채우면 메뚜기떼가 매우 많이 생겨나게 된다.

卯日大風, 黃塵衝天, 蝗大
生;

④ 사(巳)가 든 날일에 큰바람이 쑥대를 뽑을 듯
이 거세게[蓬勃] 불어오면 큰 가뭄이 들게 된다.

巳日大風蓬勃, 大旱;

⑤ 오(午)가 든 날에 큰바람이 갑자기 세차다가 갑
자기 잦아지다 하면 인민이 흩어져 유랑하게 된다.

午日大風乍疾乍遲, 人民流
散;

⑥ 신(申)이 든 날에 바람소리가 경쇠 울리는 듯하
면 곡식이 비싸지고, 도적들이 일어나게 된다.

申日風聲如磬, 穀貴盜起;

⑦ 유(酉)가 든 날에 큰바람이 스산하면서[蕭蕭] 눅
눅하게[濡潤] 불면 큰비가 내리고, 수재가 나게 된다.

酉日大風蕭蕭濡潤, 大雨
水災;

⑧ 술(戌)이 든 날에 큰바람이 불어 흙먼지가 하
늘에 자욱하게 끼면 천리에 티끌이 날리게 된다.

戌日大風, 塵霧橫天, 揚埃
千里.

위의 모든 바람은 3일 간 분 후에 비가 내리면 곧
해소된다.《무비지》[21]

凡風三日後有雨, 卽解. 同
上

궁(宮)【자(子)·오(午)가 궁이다】일에 ① 양궁(陽
宮)【경오(庚午)·병술(丙戌)·무신(戊申)·무인(戊寅)·경자

宮【子、午爲宮】日風從陽
宮【庚午、丙戌、戊申、戊寅、

---

20 《武備志》卷165〈占度載〉"占風" 1, 6714쪽.
21 《武備志》卷165〈占度載〉"占風" 1, 6714~6715쪽.

(庚子)·병진(丙辰)이 양궁이다】에서 바람이 불어오면 지진이 발생하고, 가뭄이 들게 된다.

② 음궁(陰宮)【신미(辛未)·정해(丁亥)·기묘(己卯)·기유(己酉)·신축(辛丑)·정사(丁巳)가 음궁이다】에서 바람이 불어오면 땅이 다 갈라지고, 가뭄이 들게 된다.

③ 궁일에 자궁(子宮)·오궁(午宮)에서 바람이 불어오는 데다, 부는 시각도 자시·오시이면 '중궁(重宮)'이다. 그러면 비바람이 고르지 않게 된다.

④ 궁일에 우(羽)【묘(卯)·유(酉)가 우(羽)이다】에서 바람이 불어오면 '궁동우(宮動羽, 궁이 우를 움직이다)'이다. 그러면 주로 큰비가 내리게 된다. 비가 내리지 않으면 가뭄이 들게 된다. 그 시각도 우시(羽時, 묘시·유시)이면 '중우(重羽)'이다. 그러면 비가 내리고, 오곡이 제대로 여물게 된다.

⑤ 궁일에 건(乾)방에서 큰바람이 불어오면 폭우가 내려 물을 용솟음치게 한다.

⑥ 간(艮)방에서 큰바람이 불어오면 물이 용솟음치고, 땅이 갈라지게 된다.

⑦ 손(巽)방에서 큰바람이 불어오면 메뚜기떼가 생겨 오곡에 해를 입히게 된다.

⑧ 곤(坤)방에서 큰바람이 불어오면 새와 짐승들이 해를 입게 된다.

치(徵)【축(丑)·미(未)·인(寅)·신(申)이 치(徵)이다】일에 ① 양궁에서 바람이 불어오면 큰 가뭄이 들고, 화재가 나게 된다.

② 치일에 바람이 축(丑)·인(寅)인 양치(陽徵)에서

庚子、丙辰爲陽宮】來，地動，旱;

風從陰宮【辛未、丁亥、己卯、己酉、辛丑、丁巳爲陰宮】來，地盡裂，爲旱.

宮日風從子午宮來，時加子午爲"重宮"，爲風雨不調;

宮日風從羽【卯酉爲羽】來，爲"宮動羽"，主大雨. 不則旱. 時加羽，爲"重羽"，卽有雨，五穀成;

宮日大風從乾來，有暴雨湧水;

從艮來，水湧地裂;

從巽來，蝗蟲生害五穀;

從坤來，鳥獸爲害;

徵【丑、未、寅、申爲徵】日風從陽宮來，大旱火災;

徵日風從丑、寅陽徵來，有

불어오면 화재가 나고, 길짐승들이 사람에게 해가 된다.

③ 왕방(王方)이나 상방(相方)[22]에서 불어오면 그해에는 크게 가뭄이 들고, 또 화재가 나게 된다.

④ 미(未)·신(申)인 음치(陰徵)에서 불어오면 길짐승들이 해가 되고, 화재가 나며, 육축이 많이 죽게 된다.

⑤ 치일(徵日)에 양우(陽羽)【갑신(甲申)·임진(壬辰)·갑오(甲午)·갑술(甲戌)·병자(丙子)·임술(壬戌)이 양우이다】에서 바람이 불어오면 천둥과 번개가 치고, 서리와 우박이 내리게 된다.

우(羽)【묘(卯)·유(酉)가 우이다】일에 ① 상(商)【진(辰)·술(戌)이 상이다】에서 바람이 불어오면 관문과 교량을 통행하지 못하고, 큰비가 내리게 된다.

② 우일에 바람이 양궁에서 불어오면 춥고, 눈과 우박이 내리게 된다.

③ 음궁에서 불어오면 우박과 추위가 만물을 상하게 하고, 물난리가 나게 된다.

④ 우일에 우(羽)에서 바람이 불어오면 날씨가 춥고, 눈이나 우박이 내리는 기간이 5일에서 멀게는 50일까지나 되며, 또 큰비가 내리게 된다.

⑤ 남쪽에서 불어오면 나라에 근심이 생기고, 사

火災, 走獸爲人害;

從王、相來, 歲大旱, 又爲火災;

從未、申陰徵來, 走獸爲害, 火災, 六畜多死;

徵日風從陽羽【甲申、壬辰、甲午、甲戌、丙子、壬戌爲陽羽】來, 有雷電、霜雹.

羽日【卯、酉爲羽】風從商【辰、戌爲商】來, 關梁不通, 大雨;

羽日風從陽宮來, 有寒雪雹;

從陰宮來, 雹寒傷物, 有水;

羽日風從羽來, 天寒雪雹期五日遠五十日, 且有大雨;

從南方來, 國有憂, 人多

22 왕방(王方)이나 상방(相方) : 음양가(陰陽家)들의 견해에 따르면 왕방(王方)은 어느 계절을 기준으로 볼 때 기운이 왕성한 방위를 말하고, 상방(相方)은 기운이 강장(强壯)한 방위를 말한다. 예를 들면 입춘에는 간(艮)방이 왕방, 진(震)방이 상방이다.

람들이 병에 많이 걸리고, 비가 많이 내리게 된다.

⑥ 북쪽에서 불어오면 서리와 우박이 내리게 된다.

⑦ 양우(陽羽)일이 음우(陰羽)【을유(乙酉)·계사(癸巳)·정미(丁未)·정축(丁丑)·을묘(乙卯)·계해(癸亥)가 음우이다】와 응하면 밤에 바람이 불게 된다.

상일(商日)에 ① 양상(陽商)【갑자(甲子)·임신(壬申)·갑오(甲午)·경진(庚辰)·임인(壬寅)·경술(庚戌)이 양상이다】에서 바람이 불어오면 큰비가 내리고, 관문과 교량을 통행하지 못하게 된다.

② 음상(陰商)【을축(乙丑)·계유(癸酉)·신해(辛亥)·을미(乙未)·신사(辛巳)·계묘(癸卯)가 음상이다】에서 바람이 불어오면 나라에 큰 재앙이 생기고, 조가 비싸진다.

각(角)【사(巳)·해(亥)가 각(角)이다】일에 ① 치(徵)에서 바람이 불어오면 역시 화재를 막아야 하고, 벌레 떼가 생겨 곡식이 비싸진다.

② 각일에 우(羽) 위쪽에서 바람이 불어오면 큰비가 내리게 된다.

우(羽)일에 ① 양상(陽商)이나 각(角) 위쪽에서 바람이 불어오고 때로 치(徵)가 더해지면 그달에 쌀이 비싸지고, 사람들이 평안하지 못하게 된다.

病, 雨;

從北方來, 有霜[2]雹;

陽羽日應[3]陰羽【乙酉、癸巳、丁未、丁丑、乙卯、癸亥爲陰羽】夜應.

商日風從陽商【甲子、壬申、甲午、庚辰、壬寅、庚戌爲陽商】來, 大雨, 關梁不通;

從陰商【乙丑、癸酉、辛亥、乙未、辛巳、癸卯爲陰商】來, 國有大殃粟貴.

角【巳、亥爲角】日風從徵來, 亦防火, 蟲生穀貴.

角日風從羽上來, 有大雨.

羽日風從陽商、角上來起, 時加徵者, 月內米貴, 人不安;

---

[2] 霜:《管窺輯要·五音相動風占》에는 "雪".
[3] 應:《管窺輯要·五音相動風占》에는 "興".

상(商)일에 ① 치(徵)나 상(商)이나 각(角)에서 바람이 불어오면 조가 비싸지고, 게다가 화재가 나게 된다.

② 상일에 상(商)이나 각(角) 위쪽에서 바람이 불어오면 조가 비싸지고, 사람들이 전염병에 걸리게 된다.

③ 상일에 치(徵) 위쪽에서 바람이 불어오면 화재가 나고, 또 조가 비싸지고, 과일이 비싸진다. 《관규집요》[23]

궁(宮)일에 곤(坤)에서 바람이 불어와 나뭇가지 사이에서 휙휙거리는 정도 이상으로 불되, 흙먼지를 날리지는 않고, 일기가 청명하고 상쾌하며, 햇볕이 밝고 쨍쨍하면 이를 '상풍(相風)'이라 한다. 그러면 그해 곡식이 잘 익고 백성이 편안해진다.

모든 치(徵)일에 간(艮) 위쪽에서 바람이 불어오고, 일기가 청량하고, 햇볕이 따뜻하며, 적황색 구름이 하늘에 가득하면 천하가 화평하고, 풍년으로 오곡이 잘 익으며, 군주가 편안하고 나라는 번창하게 된다.

우(羽)일에 세찬 바람이 불면 천하 사람들이 심한 전염병에 걸리고, 도적이 많아지게 된다.

모든 각(角)일에 건(乾) 위쪽에서 바람이 불어와 나뭇가지 사이에서 휙휙거리는 정도 이상으로 불되, 일기가 청명하고 상쾌하고, 햇볕이 밝고 쨍쨍하며, 황색 구름이 하늘에 두루 끼면 백성이 편안하고, 오

商日風從徵、商、角起，粟貴，且火災；

商日風從商、角上來，粟貴人疫；

商日風從徵上起，火災，亦爲粟貴菓貴.《管窺輯要》

宮日風起坤，鳴條已上，不揚塵土，天氣淸爽，日光明盛，是謂"相風". 歲熟民安.

諸徵日風從艮上起，天氣淸凉，日色和暖，赤黃雲滿天，天下和平，五穀豐熟，君安國昌.

羽日疾風，天下人大疾疫，多盜賊.

諸角日風從乾上，鳴條以上，天氣淸爽，日色明盛，黃雲徧天，百姓安，五穀熟. 同上

---

23 《管窺輯要》卷61〈五音相動風占〉(《管窺輯要》20, 14~20면).

곡이 잘 익게 된다.《관규집요》[24]

동악(東嶽)[25]의 음이 인(寅)·묘(卯) 방위에서 불면서 치(徵)음인 날이면 화재가 나게 된다. 병인(丙寅)·정묘(丁卯)일이 그런 날이다.

남악(南嶽)[26]의 음이 사(巳)·오(午) 방위에서 불면서 각(角)음인 날이면 소나 말이 전염병으로 죽게 되고, 물난리로 백성이 이동하게 된다. 기사(己巳)·임오(壬午)일이 그런 날이다.

서악(西嶽)[27]의 음이 신(辛)·유(酉) 방위에서 불면서 우(羽)음인 날이면 서리나 우박이 때아니게 내리고, 가을에 수재가 나며, 백성이 병에 걸리고, 오곡이 제대로 여물지 않게 된다. 갑신(甲申)·을유(乙酉)일이 그런 날이다.

북악(北嶽)[28]의 음이 해(亥)·자(子) 방위에서 불면서 궁(宮)음인 날이면 메뚜기떼가 끝내 생겨나고, 안개가 만물을 상하게 한다. 계해(癸亥)·병자(丙子)일이 그런 날이다.

중악(中嶽)[29]의 음이 진(辰)·술(戌)·축(丑)·미(未) 방위에서 불면서 상(商)음인 날이면 오곡이 제대로 익

東嶽之音, 寅、卯之徵, 有火災. 丙寅、丁卯是也;

南嶽之音, 巳、午之角, 牛羊疫死, 水中小民移動. 己巳、壬午是也;

西嶽之音, 申、酉之羽, 霜雹非時, 秋水災, 民疾病, 五穀不成. 甲申、乙酉是也;

北嶽之音, 亥、子之宮, 蝗蟲卒起, 霧傷萬物. 癸亥、丙子是也;

中嶽之音, 辰、戌、丑、未之商, 五穀不熟. 庚辰、庚戌、

---

24 《管窺輯要》卷61〈雜占五音風〉《管窺輯要》20, 25~26면).

25 동악(東嶽): 중국의 태산(泰山). 대종(岱宗)·대악(岱岳)이라고도 한다. 중국 산동성(山東省) 태안(泰安) 북쪽에 있다.

26 남악(南嶽): 중국의 형산(衡山). 호남성(湖南省)에 있다.

27 서악(西嶽): 중국의 화산(華山). 중국 섬서(陝西)성 화음(華陰)시 경내에 위치하고 있으며, 남쪽으로는 태령(秦嶺)에 접하고 북쪽으로는 황하와 위수(渭水)에 접해 있다.

28 북악(北嶽): 중국의 항산(恒山). 산서성(山西省) 북부에 있다.

29 중악(中嶽): 중국의 숭산(嵩山). 하남성(河南省) 중부에 위치하고, 등봉시(登封市) 서북면(西北面)에 있다.

지 않게 된다. 경진(庚辰)·경술(庚戌)·을축(乙丑)·을미　　乙丑、乙未是也. 同上
(乙未)일이 그런 날이다. 《관규집요》30

---

30 《管窺輯要》卷61 〈五嶽之音風角占〉(《管窺輯要》20, 20~21면).

6. 비로 점치다

占雨

1) 갑자일의 비(갑자우)

속담에 다음과 같이 말했다.

"① 봄비가 갑자(甲子)일에 내리면 배의 닻을 내리고 시장에 들어가게 된다.

② 여름비가 갑자일에 내리면 풀 한 포기 없이 붉은 땅이 천리나 되는 심한 재난이 들게 된다.

③ 가을비가 갑자일에 내리면 벼이삭에 잎귀가 나게 된다.

④ 겨울비가 갑자일에 내리면 눈발이 천리에 걸쳐 날리게 된다."

【안】《조야첨재(朝野僉載)》[1]에는 다음과 같이 쓰여 있다. "① 봄비가 갑자일에 내리면 풀 한 포기 없이 붉은 땅이 천리나 되는 심한 재난이 들게 된다.

② 여름비가 갑자일에 내리면 배의 닻을 내리고 시장에 들어가게 된다.

③ 가을비가 갑자일에 내리면 벼이삭에 귀가 나게 된다.

甲子雨

諺云: "春雨甲子, 垂船入市;

夏雨甲子, 赤地千里;

秋雨甲子, 禾頭生耳;

冬雨甲子, 飛雪千里."

【按】《朝野僉載》作"春雨甲子, 赤地千里;

夏雨甲子, 垂船入市;

秋雨甲子, 禾頭生耳;

---

1 조야첨재(朝野僉載): 중국 당(唐)나라 문인 장작(張鷟)이 편찬한 필기소설집. 수(隋)나라 말부터 당나라 현종(玄宗, 712~756 재위) 개원 연간 초기까지와, 남북조 시대의 고사가 일부 들어 있다. 그중에서 측천무후 집정 시기(650~705)의 고사가 150조 가까이 되어 전체 고사의 약 1/3 이상을 차지한다. 서문에서 "조정과 재야에서 보고 들은 것을 모두 기록했다."라 했다.

④ 겨울비가 갑자일에 내리면 소나 양이 얼어 죽게 된다"[2]《전가오행》[3]

冬雨甲子, 牛羊凍死[1]"】
《田家五行》

갑자(甲子)일에 맑으면 주로 2개월 내에 맑은 날이 많게 된다.

비가 내리면 오랫동안 비가 와서 농사의 풍작에 방해가 된다. 보통 이 징후는 꼭 들어맞았다.

대개 갑자일은 바로 천간(天干)과 지지(地支)의 첫 번째로서, 이는 한 해에 1월 1일이 있고, 한 달에 초하루 아침이 있는 것과 같다. 그러므로 관계된 바가 가장 중요하다.

일설에 "봄비가 갑자일에 내리면 주로 여름 가뭄이 60일간 들게 된다. 여름비가 갑자일에 내리면 주로 가을 가뭄이 40일간 들게 된다."라 했다. 이 설은 대개 오래 흐린 뒤에 반드시 오래 맑다는 뜻을 취한 것이다. 속담에 "반년은 비가 내리고 반년은 맑다."라 한 말 역시 이러한 이치이다.

옛날 어느 여름에 갑자일의 비를 갑자기 만났다가 바로 농사에 방해가 될까 걱정이 되었다. 그러자 경험 많은 농부가 "쌍일(雙日)[4]이면 좋으니, 이는 자갑자(雌甲子, 암갑자)이다. 그러면 비록 비가 내리더라도 농사에 방해가 되지는 않는다."라 했다.

내가 말없이 웃고 믿지 않았으나 나중에 과연 비

甲子日晴, 主兩月內多晴;

雨, 則久雨, 妨農, 尋常極驗.

蓋甲子, 乃天干地支之首, 猶歲之有元日, 月之有朔朝, 關係最重.

一說: "春雨甲子, 主夏旱六十日; 夏雨甲子, 主秋旱四十日." 此說蓋取久陰之後, 必有久晴. 諺云 "半年雨落, 半年晴", 亦此理也.

往年夏月, 忽值甲子日雨, 正以妨農爲憂. 老農云: "喜遇雙日, 是雌甲子, 雖雨無妨."

余黙笑未信, 後果無雨, 因

---

2 봄비가……된다:《朝野僉載》卷1(《文淵閣四庫全書》1035, 226쪽).
3 《田家五行》卷下〈三旬類〉"論甲子"(《續修四庫全書》975, 344쪽).
4 쌍일(雙日):우수일(偶數日)인 짝수일.
[1] 牛羊凍死:《朝野僉載》에는 "鵲巢下地".

가 내리지 않았다. 이를 경험으로 《세시잡점》을 살펴보니, 그 주석에 "갑자일이 척일(隻日)[5]이면 들어맞은 사례가 많았고, 쌍일이면 들어맞은 사례가 적었다."라 했다.

또 옛 사람의 시에 "노인이 자갑(雌甲)일을 믿고서, 방심하고 편안히 여겨 산선(散仙)[6]처럼 한가하게 노닐었네."[7]라 했다. 그제야 옛사람들도 원래 자웅설이 있음을 알게 되면서 그 경험 많은 농부의 말에 상고할 점이 있다는 사실도 알았다. 나중에 가을이 되자 크게 수확했다. 《전가오행》[8]

考《歲時雜占》, 注云: "甲子值隻日, 多驗; 雙日, 少驗."

又古人詩云: "老尙誇雌甲, 狂寧作散仙." 方知古人元有雌雄之說, 乃知老農之言有稽也. 後至秋, 大收穫. 同上

봄 갑자일에 비가 내리면 60일간 가뭄이 들게 된다.

여름 갑자일에 비가 내리면 곡식에 손상을 입게 한다.

가을 갑자일에 비가 내리면 60일간 물난리가 나서 쌀이 비싸진다.

겨울 갑자일에 비가 내리면 여름 농지의 작물을 수확하지 못하게 된다. 《관규집요》[9]

春甲子日雨, 六十日旱;

夏甲子日雨, 損穀;

秋甲子日雨, 六十日水, 米貴;

冬甲子日雨, 夏田不收.
《管窺輯要》

---

5 척일(隻日) : 기수일(奇數日)인 홀수일.
6 산선(散仙) : 도교의 용어로, 아직 선계(仙界)의 관직을 받지 못한 지상의 선인(仙人). 한유(韓愈)의 시에 "상계(上界)의 진인(眞人)도 관부(官府)의 일 많다 하니, 어찌 산선처럼 난봉(鸞鳳) 몰고 종일 서로 따라 노님만 하겠는가(上界眞人足官府, 豈如散仙鞭笞鸞鳳終日相追陪)."라 한 말이 나온다.
7 노인이……노닐었네 : 출전 확인 안 됨.
8 《田家五行》, 위와 같은 곳.
9 《管窺輯要》卷59 〈五嶽之音風角占〉(《管窺輯要》20, 18면).

2) 사묘(四卯)의 비(사묘우)

일반적으로 사계절의 묘(卯)일에 비가 내리면 곡식이 비싸진다.《무비지》[10]

을묘(乙卯)·정묘(丁卯)·기묘(己卯)·신묘(辛卯)·계묘(辛卯)일에 비가 내리면 가뭄이 들게 된다.《무비지》[11]

봄비가 을묘(乙卯)일에 내리거나, 여름비가 정묘(丁卯)일에 내리거나, 가을비가 신묘(辛卯)일에 내리거나, 겨울비가 계묘(辛卯)일에 내리면 모두 주로 전염병이 많이 돌게 된다.

【안《주익공일기(周益公日記)》에 "사계절의 점에 비가 내리기를 꺼리는 날은 봄의 정묘(丁卯), 여름의 신묘(辛卯), 가을의 을묘(乙卯), 겨울의 계묘(癸卯)일이다."[12]라 했다】《증보도주공서》[13]

四卯雨

凡四時卯日雨, 穀貴.《武備志》

乙卯、丁卯、己卯、辛卯、癸卯日雨, 旱. 同上

春雨乙卯, 夏雨丁卯, 秋雨辛卯, 冬雨癸卯, 皆主多疫.

【按《周益公日記》云: "四時占雨下忌日, 春丁卯、夏辛卯、秋乙卯、冬癸卯"】《增補陶朱公書》

---

10 《武備志》卷167〈占度載〉"占雨雹", 6816쪽.

11 《武備志》卷167〈占度載〉"占雨雹", 6816~6817쪽.

12 사계절의……계묘(癸卯)일이다: 출전 확인 안 됨;《御定月令輯要》卷2〈歲令〉下"物候"(《文淵閣四庫全書》467, 120쪽).

13 《重訂增補陶朱公致富奇書》卷4〈風雨占部〉"四季占雨"(《重訂增補陶朱公致富奇書》中, 44쪽).

3) 임자(壬子)일의 비(임자우)

임자일에 봄비가 내리면 사람들에게 먹을거리가
없게 된다.

여름비가 내리면 소에게 먹이가 없게 된다.

가을비가 내리면 물고기에게 먹이가 없게 된다.

겨울비가 내리면 새에게 먹이가 없게 된다.

또 "봄비가 임자일에 내리면 모낸 벼가 문드러지
고 누에가 죽게 된다."라 했다.

또 "비가 육임(六壬)[14]이 든 날 초기에 내리면 저지
대 농지에는 곧 일을 그만두게 된다."라 했다.

일설에 "다시 임자일의 2일 뒤인 갑인(甲寅)일의
날씨를 보아야 하니, 이날 만약 맑으면 작물을 비틀
어 놓아도 수확에 방해가 되지 않는다."라 했다.

속담에 "임자(壬子)일 날씨 궂어도 갑인(甲寅)일 맑
으면 되니(임자일이 궂은들), 어쩌겠는가."라 했다.

만약 임자·갑인일에 연이어 맑으면 최고로 좋다.
그렇지 않으면 2일 내에 역시 임자일을 위주로 예측
해야 한다.

일설에 "임자일에 비가 내리고 그 5일 뒤인 정사
일에 맑으면 흐린 날과 맑은 날이 반반이게 된다. 이
두 날 모두 맑으면 60일 이내에는 비가 적게 오게 된
다. 이 두 날 모두 비가 내리면 주로 60일 이내에 비
가 많이 내리게 된다."라 했다. 근래에 이 말을 듣고

壬子雨

壬子春雨, 人無食;

夏雨, 牛無食;

秋雨, 魚無食;

冬雨, 鳥無食.

又云: "春雨壬子, 秧爛蠶
死."

又云: "雨打六壬頭, 低田
便罷休."

一云: "更須看甲寅日, 若
晴, 拗得過不妨."

諺云: "壬子是哥哥, 爭奈
甲寅何."

若得連晴, 爲上; 不然, 二
日內亦當以壬子日爲主.

一說: "壬子雨, 丁巳[2]晴,
則陰晴相半; 二日俱晴, 六
十日內少雨; 二日俱雨, 主
六十日內雨多." 近聞此說,
累試有驗.《田家五行》

---

14 육임(六壬): 임(壬)이 든 6일. 즉 임신(壬申)·임오(壬午)·임진(壬辰)·임인(壬寅)·임자(壬子)·임술(壬戌).
[2] 巳:《田家五行·六甲類·論壬子》에는 "巳".

여러 번 확인해 보니, 잘 들어맞았다. 《전가오행》[15]

임자일에 비가 내리면 주로 부엌살림이 피폐해지　壬子日雨, 主竈荒.《紀歷
게 된다. 《기력촬요》[16]　撮要》

---

15 《田家五行》卷下〈六甲類〉"論壬子"(《續修四庫全書》975, 344~345쪽).
16 《紀歷撮要》〈雜占〉(《續修四庫全書》975, 361쪽).

4) 신(申)이 든 날의 비(신일우)

속담에 "갑신(甲申)일의 비는 그래도 괜찮지만, 그다음날인 을유(乙酉)일의 비는 우리를 죽일까 겁난다[怕殺]."라 했다. 이는 신(申)이 든 날에 비가 내리면 그래도 괜찮지만 유(酉)가 든 날에 비가 내리면 주로 비가 오래 내리게 됨을 말한다. 일설에 "봄 갑신일에 비가 내리면 주로 쌀이 갑자기 비싸진다."라 했다.

또 "민중(閩中) 지역에서 사계절 갑신일에 비가 내리면 집집마다 문을 닫아걸어 시장의 곡식값이 반드시 솟구쳐 비싸진다."라 했다. 오(吳) 지역 저지대에서는 갑신·을유 이 두 날을 가장 두려워한다. 그러므로 특히 박살(怕殺) 이 2글자를 통해 매우 두려워할 만함을 표현했다. 확인해볼 때마다 매우 정확하게 들어맞았다. 《전가오행》[17]

무오(戊午)일은 원래 그 6일 뒤인 갑자(甲子)일의 점과 같다. 두 날의 시작부터 끝까지인 7일은 예외적인 현상이[奇] 가장 적다. 7일 동안 맑은 날이 많으면 두 달 간 건조하다. 7일 동안 비온 날이 많으면 두 달 간 비가 내려 질척거린다.

갑신(甲申)일에 비가 내리면 주로 쌀이 갑자기 비싸진다. 봄의 갑신일에 비가 내리면 주로 오곡을 거두지 못한다. 여름의 갑신일에 비가 내리면 주로 밭

申日雨

諺云: "甲申猶[3]自可, 乙酉怕殺我." 言申日雨, 尚庶幾, 酉上雨, 主久雨. 一云: "春甲申雨, 則主米暴貴."

又云: "閩中見四時甲申日雨, 則家家閉, 糴[4]價必踊貴也." 吳地窊最畏此二日雨, 故特以怕殺二字表其可畏之甚也. 每試極準.《田家五行》

戊午原同甲子期. 始終七日, 最稀奇. 七日多晴, 兩月燥; 七日多雨, 兩月泥.

甲申, 主米暴貴. 春主五穀不收, 夏主傷田禾, 秋主六畜死, 冬主人多病.

---

17 《田家五行》卷下〈六甲類〉"論甲申"(《續修四庫全書》975, 345쪽).
[3] 猶: 저본에는 "尤".《欽定授時通考·天時·占驗總》에 근거하여 수정.
[4] 糴:《田家五行·六甲類·論甲申》에는 "糶".

벼를 상하게 한다. 가을의 갑신일에 비가 내리면 주
로 육축이 죽게 된다. 겨울의 갑신일에 비가 내리면
주로 사람들이 병에 많이 걸리게 된다.

　속담에 "갑신일의 비는 그래도 괜찮지만 그 다음　　謠云: "甲申猶且可, 乙酉怕
날인 을유(乙酉)일의 비는 우리를 죽일까 겁난다."라　　殺我."《吳下田家志》
했다.《오하전가지(吳下田家志)[18]》[19]

18　오하전가지(吳下田家志):중국 송(宋)나라 육영(陸泳)이 지은, 농사와 날씨 점에 대해 기술한 책.
19　출전 확인 안 됨;《欽定授時通考》卷2〈天時〉"占驗總"(《文淵閣四庫全書》732, 33쪽).

5) 사계절의 비(사시우)

일반적으로 사계절 중 기운이 왕성한 날에 비가 내리면 초목이 무성해진다.

기운이 죽고 멈추는 날에는 비록 비가 내리더라도 만물을 살리지 못하게 된다. 《측천부(測天賦)[20]》 주(注)[21]

봄의 진(辰)·사(巳)가 든 날에 비가 내리면 메뚜기 떼가 벼를 갉아 먹게 된다. 《사광점(師曠占)》[22]

① 봄의 갑인(甲寅)·을묘(乙卯)일에 비가 내려 땅속으로 0.5척 스며들면 곡식이 조금 비싸진다. 만약 비싸지지 않는다면 여름에 이르러 크게 비싸진다.

② 봄의 갑신(甲申)일에서 기축(己丑)일 6일 사이에 비가 내리거나 경인(庚寅)일에서 계사(癸巳)일 4일 사이에 비가 내리면 모두 곡식이 크게 비싸진다.

③ 봄비가 갑신일에 내리면 그해에는 오곡이 잘 익게 된다.

④ 봄의 을(乙)이 든 날에 모두 비가 내리지 않으면 백성이 밭을 갈지 못하게 된다. 《관규집요(管窺輯要)》[23]

① 여름의 갑(甲)·을(乙)·병(丙)·정(丁)이 든 날에 모두 비가 내리지 않으면 사람들이 밭을 갈지 못하

四時雨

凡雨作於四時王相之日, 草木榮茂;

死囚休廢之日, 雖雨不生物. 《測天賦》注

春辰、巳日雨, 蝗蟲食禾稼. 《師曠占》

春甲寅、乙卯日有雨, 入地五寸, 穀小貴. 若不貴, 至夏大貴;

春甲申至己丑日有雨, 庚寅至癸巳日有雨, 皆爲穀大貴;

春雨甲申, 其年五穀熟;

春乙日俱不雨, 民不耕. 《管窺輯要》

夏甲乙、丙丁日俱無雨, 人不耕;

---

20 측천부(測天賦) : 부(賦)의 형식으로 정리한 천문서로 추정되나 미상.
21 출전 확인 안 됨 ; 《御定月令輯要》 卷2 〈歲令〉 下 "占驗"(《文淵閣四庫全書》 467, 121쪽).
22 출전 확인 안 됨 ; 《欽定授時通考》, 위와 같은 곳.
23 《管窺輯要》 卷59 〈雨〉(《管窺輯要》 19, 13~14면).

게 된다.

② 갑신일에서 기축일 6일 사이에 비가 내리면 맥류가 비싸진다.

甲申至己丑日有雨, 麥貴;

③ 병인(丙寅)·정묘(丁卯)일에 비가 내리면 곡식이 10배 비싸진다.《관규집요》[24]

丙寅、丁卯日有雨, 穀貴十倍. 同上

① 여름의 경진(庚辰)·신사(申巳)일에 비가 내리면 주로 메뚜기떼로 해를 입게 된다. 큰비가 내리면 벌레떼가 많아지게 된다.

夏庚辰、申巳雨, 主蝗; 大雨, 蟲多;

② 병인(丙寅)·정묘(丁卯)일에 비가 내리면 가을에 곡식이 비싸진다.

丙寅、丁卯雨, 秋穀貴;

③ 경인(庚寅)일에서 신묘(辛卯)일까지 연 이틀 비가 내리면 맥류가 평작이 된다.《군방보》[25]

庚寅至辛卯雨, 麥平.《群芳譜》

겨울의 임인(壬寅)일과 여름의 갑신(甲申)일에 비가 내리면 쌀이 비싸진다.《기력촬요》[26]

冬壬寅、夏甲申有雨, 米貴.《紀歷撮要》

---

24 《管窺輯要》卷59〈雨〉(《管窺輯要》19, 15면).
25 《二如亭群芳譜》〈元部〉"天譜"卷3 '雨'(《四庫全書存目叢書補編》80, 126쪽).
26 《紀歷撮要》〈雜占〉(《續修四庫全書》975, 362쪽).

6) 5개월간 초하루의 비(오삭우)

1월에서 5월까지 5개월의 초하루에 모두 큰비가 내리면 주로 사람들이 기근을 겪고 메뚜기떼가 생기게 된다.《전가잡점》[27]

7) 밤비

천하가 태평한 때에 밤비가 내리고 날이 맑아지면 농사에 방해되지 않는다는 의미이다.《전가잡점》[28]

五朔雨

自正月至五月五朔皆有大雨, 主人饑蝗起.《田家雜占》

夜雨

天下泰平, 夜雨日晴, 言不妨農也.《田家雜占》

---

27 출전 확인 안 됨;《欽定授時通考》卷2〈天時〉"占驗總"《文淵閣四庫全書》732, 33쪽
28 출전 확인 안 됨;《欽定授時通考》卷2〈天時〉"占驗總"《文淵閣四庫全書》732, 30쪽

8) 기이한 비(우이)

① 동전만 한 크기로 하늘에서 비가 내리면 그 나라에 크게 기근이 들게 된다.

② 나무처럼 하늘에서 비가 내리면 양(陽)이 어긋나고 음(陰)이 막혀 농사가 흉년이 들고 사람들에게 재해가 있게 된다.

③ 피처럼 붉게 하늘에서 비가 내리는 현상을 '천요(天妖)'라 한다. 그러면 재앙 같은 전염병이 성행하게 된다.

④ 황색 먼지처럼 하늘에서 비가 내리면 천하에 큰 기근이 들게 된다.

⑤ 절구에 공이질 하듯 하늘에서 비가 내리면 그 나라에 기근이 들게 된다.

⑥ 삿갓처럼 빙 둘러 하늘에서 비가 내리면 그 나라에 큰 기근이 들게 된다.

⑦ 베를 짜듯 삼실과 같은 모양으로 하늘에서 비

雨異

天雨錢, 其國大饑;

天雨木, 陽違陰塞, 歲凶, 人災;

天雨血, 名曰"天妖", 災疫盛行;

天雨黃塵, 天下大饑;

天雨如杵臼, 其國饑;

天雨笠, 國大饑;

天雨績, 狀如麻絲, 脆若地

비가 나무처럼 내리거나 쌀처럼 내리다

비가 풀처럼 내리거나 깃털처럼 내리다

비가 가마솥이나 시루처럼 내리거나
돈처럼 내리다(이상 《이상 관규집요》)

가 내리되, 땅에 난 털처럼 부드러우면 크게 기근을
겪게 되고, 사람들이 유랑하며, 해골이 쌓이게 된다.

⑧ 오곡처럼 하늘에서 비가 내리면 나무가 제 본
성을 잃고, 농사가 흉년이 들어 백성에게 기근이 들
게 된다.

⑨ 꽃처럼 하늘에서 비가 내리면 나무가 제 본성
을 잃고, 그해에 기근이 들어 백성이 가난해지게 된다.

⑩ 풀처럼 하늘에서 비가 내리면 불이 제 본성을
잃어 가뭄이 들고, 백성이 기근을 겪게 된다.

⑪ 가마솥처럼 하늘에서 비가 내리면 불이 제 본
성을 잃어 그해 농사가 흉년이 된다.《무비지》[29]

毛, 大饑, 人流, 有積骸;

天雨五穀, 木失其性, 歲凶
民饑;

天雨花, 木失其性, 歲饑,
民貧;

天雨草, 火失其性, 旱, 民
饑;

天雨釜, 火失其性, 歲凶.
《武備志》

---

29 《武備志》卷148〈占度載〉"占天"'天之雨', 5968~5971쪽.

하늘에서 비가 얼음덩이로 내리면 이는 물이 제 본성을 잃은 현상이다. 그러면 주로 그 분야 아래 지역에 전염병이 크게 돌게 된다.《송사》〈천문지〉[30]

天雨氷石, 則水失其性, 主其下大疫.《宋·天文志》

〈참고 : 기이한 비와 관련된 여러 현상을 보여주기 위한 《관규집요》의 그림은 다음과 같다〉

천지형체: 하늘과 땅의 모습

하늘의 색이 변하다

하늘이 흐리면 비가 내리고 뜨거우면 가
뭄이 든다

하늘에서 물과 깃털이 비처럼 내리다

30　출전 확인 안 됨;《管窺輯要》卷1〈天文志〉(《管窺輯要》2, 35면).

하늘이 갈라지고 소리가 울리다

천고(하늘의 북), 천화(하늘의 불)

나무와 얼음이나 우박이 떨어지다

돈이 떨어지다. 메뚜기떼가 하늘을 덮다, 피와 먹물이 떨어지다.

하늘에서 고기나 그릇 조각이나 끈이나 동전이 떨어지다

하늘에서 물고기나 곡식이나 돌이 떨어지다

서리가 낮에 내리고 눈이 때에 맞지 않게 내리다

하늘에서 흙비가 내려 재가 되다

구름 없이 비가 내리다(이상 《관규집요》)

7. 구름으로 점치다

占雲

1) 초하루의 구름(월삭운)

月朔雲

① 1월 1일에 사방의 구름 기운을 점친다.

正月一日占四方雲氣.

동쪽으로 구름이 가면 해당 년에 풍년이 들게 된
다.

有雲東去, 當年豐稔;

남쪽으로 구름이 가면 해당 년에는 맑은 날이 많
아 가뭄이 들게 된다.

有雲南去, 當年晴旱;

서쪽으로 구름이 가면 오곡이 비싸진다.

有雲西去, 五穀貴;

북쪽으로 구름이 가면 해당 년 가을에 간혹 물
난리가 나게 되어 흉하다.

有雲北去, 當年秋間水澇
凶.

1월 15일 밤 자시(子時, 오후 11시~오전 1시)에서 동이
틀 때까지 동쪽에 청색 구름이 끼면 인민이 기아로
고통 받게 된다.

十五日夜子時至平明時, 若
東方有靑雲, 人民饑困;

남쪽에 적색 구름이 끼면 주로 3천리에 걸쳐 큰
가뭄이 들고, 인민이 평안하지 못하게 된다.

南方有赤雲, 主大旱三千
里, 人民不安;

서쪽에 흑색 구름이 끼면 주로 민란이 일어나 나
라가 평안하지 못하게 된다.

西方有黑雲, 主民亂, 不
安;

북쪽에 흑색 구름이 끼면 7월에 수재가 나서 평
지에 물이 3척이나 찬다.

北方有黑雲, 七月內水災,
平地三尺;

중앙에 적색 구름이 끼면 해당 년에 주로 부인들
이 질병에 걸려 죽는 이가 많게 된다.

中央有赤雲, 當年主婦人多
病死.

② 2월 1일에 동남쪽에서 구름이 오면 주로 금년

二月一日有雲東南來, 主今

봄에 가뭄이 들게 된다.

   남쪽으로 구름이 가면 주로 밭벼를 크게 수확하게 된다.

   서쪽으로 구름이 가면 주로 백성에게 공연히 놀라는 일이 있게 된다.

   북쪽으로 구름이 가면 주로 금년 봄과 여름에 해당 지역이 길하게 된다.

   ③ 3월 1일에 동쪽으로 구름이 가면 주로 연내에 사람들이 병에 걸리게 된다.

   남쪽으로 구름이 가면 주로 화재의 재앙이 생기게 된다.

   서쪽으로 구름이 가면 주로 90일간 비가 내리지 않게 된다.

   북쪽으로 구름이 가면 주로 입추에 바람이 벼를 상하게 한다.

   ④ 4월 1일에 동쪽으로 구름이 가면 90일간 장역(瘴疫)이 돌게 된다.

   남쪽으로 구름이 가면 주로 밭벼가 말라 손상을 입게 된다.

   서쪽으로 구름이 가면 주로 30일간 바람으로 인한 재해가 있게 된다.

   북쪽으로 구름이 가면 주로 40일 후에 인민이 병에 걸리게 된다.

   ⑤ 5월 1일에 동쪽으로 구름이 가면 주로 오이류나 과일을 거두지 못하고 소와 양에게 재앙이 닥치게 된다.

   ⑥ 6월 1일에 동쪽으로 구름이 가면 늦게 경작하

春旱;

有雲南去, 主田禾大收;

有雲西去, 主民有虛驚事;

有雲北去, 主今春夏當足吉.

三月一日有雲東去, 主年內人疾;

有雲南去, 主火光之災;

有雲西去, 主九十日無雨;

有雲北去, 主立秋有風傷禾.

四月一日有雲東去, 九十日瘴疫;

有雲南去, 主田禾焦損;

有雲西去, 主三十日風災;

有雲北去, 主四十日外人民災疾.

五月一日有雲東去, 主瓜、果不收, 牛羊災.

六月一日有雲東去, 晚田收

는 농지에서 잘 여문 곡식을 거두게 된다.

남쪽으로 구름이 가면 가을에 사람들에게 전염병이 돌아 죽게 된다.

북쪽으로 구름이 가면 겨울에 눈이 많이 내린다.

⑦ 7월 1일에 동쪽으로 구름이 가면 가을에 전염병이 돌게 된다.

남쪽으로 구름이 가면 겨울과 이듬해 봄에 사람들 대부분에게 역병의 재앙이 닥치게 된다.

서쪽으로 구름이 가면 비바람이 많아지게 된다.

북쪽으로 구름이 가면 오곡이 비싸진다.

⑧ 8월 1일에 동쪽으로 구름이 흘러가면 이듬해 봄에 곡식이 잘 여물게 된다.

남쪽으로 구름이 가면 이듬해 봄에 조가 비싸진된다.

서쪽으로 구름이 가면 겨울에 인민이 평안하지 못하게 된다.

북쪽으로 구름이 가면 8월에 해당하는 분야와 짐승[1]에게 재앙이 닥치게 된다.

⑨ 9월 1일에 동쪽으로 구름이 가면 겨울에 소들이 병에 걸리게 된다.

남쪽으로 구름이 가면 육축이 싸지고, 인민의 생활이 어지러워지게 된다.

서쪽으로 구름이 가면 인민이 기뻐하게 된다.

⑩ 10월 1일에 동쪽으로 구름이 가면 이듬해 봄

成;

有雲南去, 秋間人疫死;

有雲北去, 冬月多雪.

七月一日有雲東去, 秋疫;

有雲南去, 冬月、來春人多疫災;

有雲西去, 風雨多;

有雲北去, 五穀貴.

八月一日有雲東去, 來春有成;

有雲南去, 來年粟貴;

有雲西去, 冬月人民不安;

有雲北去, 當月分野、禽獸災.

九月一日有雲東去, 冬月牛病;

有雲南去, 六畜賤, 人民亂;

有雲西去, 人民喜悅.

十月一日有雲東去, 來春收

---

1 8월에……짐승:8월은 오행으로는 금(金)에 해당하고 간지로는 유(酉)에 해당하므로 8월에 해당되는 분야는 조(趙)이고, 짐승은 닭이다.

에 잘 여문 곡식을 거둔 양이 미미하게 된다.

成微;

남쪽으로 구름이 가면 주로 들짐승에게 재해가
닥치게 된다.

有雲南去, 主野禽獸災;

북쪽으로 구름이 가면 인민이 기뻐하게 된다.

有雲北去, 人民喜悅.

⑪ 11월 1일에 동쪽으로 구름이 가면 이듬해 봄
에 사람들에게 재앙이 닥치게 된다.

十一月一日有雲東去, 來春
人災;

남쪽으로 구름이 가면 봄에 가뭄이 들게 된다.

有雲南去, 春旱;

서쪽으로 구름이 가면 주로 들짐승에게 재앙이
닥치게 된다.

有雲西去, 主野禽獸災.

⑫ 12월 1일에 동쪽으로 구름이 가면 이듬해 봄
에 비와 눈이 많이 내려 꽃나무와 과일나무에 손상
을 입게 한다.

十二月一日有雲東去, 來春
多雨雪, 損花果;

남쪽으로 구름이 가면 봄에 비가 내리지 않게 된다.

有雲南去, 春不雨;

서쪽으로 구름이 가면 봄에 가뭄이 들게 된다.

有雲西去, 春旱;

북쪽으로 구름이 가면 봄에 빗물이 알맞게 내리
게 된다.

有雲北去, 春雨水調均;

만약 매월 1일 사방에 구름 기운이 없으면 길한
일이나 흉한 일이 없게 된다. 《무비지》2

若隨月一日四方無雲氣, 則
無吉凶事矣. 《武備志》

---

2 《武備志》卷161〈占度載〉"占雲氣" 1 '氣之災瑞', 6539~6543쪽.

2) 구름의 모양

구름이 용모양과 같으면 그 나라에 홍수가 나서 사람들이 유랑하게 된다.《무비지》[3]

흑색 기운이 소대가리·용·호랑이·뱀모양과 같이 변하면 질병이 생기고, 백성이 유랑하게 된다.《무비지》[4]

적색 기운이 해를 덮고 해 옆에 사람 형상이 활을 당겨 쏘는 듯한 모양이 있으면 3개월 이내에 그 분야 지역에 홍수가 나게 된다.

해를 가린 기운이 핏빛이면 주로 가뭄이 들어 사람들에게 기근이 들게 된다.

황색 기운이 큰길모양과 같으면서 앞뒤가 양떼와 같거나 새가 이리저리 뒤섞여 나는 모양과 같으면 천하의 사람들이 다른 나라에 들어가다가 길에서 굶어 죽게 된다.《관규집요》[5]

雲形

雲如龍形, 其國大水, 人流亡.《武備志》

黑氣如牛頭、龍、虎、蛇變化, 有疾病, 民流亡. 同上

赤氣覆日, 日傍有人狀如張弓射, 不出三朔, 下有大水;

蔽日如血光, 主旱人饑;

黃氣如大道, 前後如群羊, 或如飛鳥交行雜亂, 天下人人入他邦, 餓死道中.《管窺輯要》

---

3 《武備志》卷161〈占度載〉"占雲氣" 1 '氣之候', 6545쪽.
4 《武備志》, 위와 같은 곳.
5 《管窺輯要》卷53〈氣占〉(《管窺輯要》17, 5~6면).

3) 구름의 빛깔

바람이 불고 해 아래의 새모양 구름이 윤기가 돌면 길하다.

창백(蒼白)색이면 물난리가 나게 된다.

적황색이면 가뭄이 들게 된다. 《무비지》[6]

바람이 불고 달 아래의 새모양 구름이 윤기가 돌면 흉하게 된다.

적백(赤白)색이면 가뭄이 들고 수재가 나게 된다. 《무비지》[7]

구름 기운이 해무리나 달무리와 같고 청백색이면 그 나라에 홍수가 나게 된다. 《관규집요》[8]

雲色

風起, 日下有雲鳥潤, 吉;

蒼白, 爲水;

赤黃, 爲旱. 《武備志》

風起, 月下有雲鳥潤, 凶;

赤白, 爲旱, 爲水災. 同上

雲氣如日月暈, 靑白色, 其國大水. 《管窺輯要》

---

6 《武備志》卷156〈占度載〉"占風", 6704쪽.

7 《武備志》, 위와 같은 곳.

8 《管窺輯要》卷54〈雜雲氣占〉(《管窺輯要》17, 18면).

4) 별자리에 드는 구름(운입성수)

당년의 간지와 같은 날의 밤에 어떤 색 구름이
북두성을 가리는가를 보아 길흉을 점친다.

① 만약 흑색 구름이 북두성을 가리면 주로 연중
에 큰 가뭄이 들고, 오곡에 손상을 입히게 된다.

② 청색 구름이 북두성을 가리면 주로 연내의 여
름에 손상을 입게 된다.

③ 백색 구름이 북두를 가리면 주로 연내에 멥쌀
이 비싸진다.

④ 적색 구름이 북두를 가리면 주로 연내에 큰
가뭄이 들게 된다.

⑤ 황색 구름이 북두성을 가리면 주로 곡물이 매
우 잘 익고, 빗물이 알맞게 내리게 된다.《무비지》[9]

雲入星宿

當年日夜, 觀印北斗以占吉
凶;

若黑雲映北斗, 主年中大
旱, 損五穀;

靑雲映北斗, 年內夏損也;

白雲映北斗, 主年內粳米
貴;

赤雲映北斗, 主年內大旱;

黃雲映北斗, 主大熟, 雨水
調均.《武備志》

① 구름 기운이 항(亢)수 자리로 들어가면 인민이
전염병에 걸리게 된다.

② 창백색 구름 기운이 저(氐)수 자리로 들어가면
큰 수재가 있게 된다.

③ 창(蒼)색 구름 기운이 견우(牽牛)수 자리로 들어
가면 소가 전염병에 많이 걸리게 된다.

④ 창백색 구름 기운이 위(胃)수 자리로 들어가면
이듬해에 쌀이 비싸진다.

⑤ 흑색 구름 기운이 위(胃)수 자리로 들어가면
창고의 볏짚이 부패하고, 곡식이 썩게 된다.

⑥ 백색 구름 기운이 묘(昴)수 자리로 들어가면

雲氣入亢, 人民疾疫;

蒼白雲氣入氐, 有大水災;

蒼雲氣入牽牛, 牛多疫;

蒼白雲氣入胃, 來年米貴;

黑雲氣入胃, 倉囷敗穀腐;

白雲氣入昴, 來年米貴;

---

9 《武備志》卷161〈占度載〉"占雲氣" 1 '氣之災瑞', 6543~6544쪽.

이듬해 쌀이 비싸진다.

⑦ 적색 구름 기운이 묘(昴)수 자리로 들어가면 사람들이 전염병에 많이 걸리고 큰 가뭄이 들게 된다.

⑧ 창백색 구름 기운이 필(畢)수 자리로 들어가면 그해에 곡식을 거두지 못하게 된다.

⑨ 적색 구름 기운이 필(畢)수 자리로 들어가면 큰 가뭄이 들고, 큰 재해를 입게 된다.

⑩ 적색 구름 기운이 동쪽 정(井)수 자리로 들어가면 홍수가 나고, 전염병이 돌게 된다.

⑪ 청적색 구름 기운이 유(柳)수 자리로 들어가면 화재의 걱정이 생긴다. 유(柳)수 자리에서10 나오면 큰 가뭄이 들게 된다.

⑫ 창백색 구름 기운이 북두칠성 자리로 들어가면 창고가 곡식으로 넘쳐 재물이 쌓이게 된다.《관규집요》11

① 창흑(蒼黑)색 구름 기운이 천시원(天市垣)수 가운데로 들어가면 만물이 비싸진다.

② 창백(蒼白)색 구름 기운이 남쪽이나 북쪽 은하수로 침범해 들어가면 천하에 큰 난이 생기듯 물난리가 나게 된다.

③ 창백색 구름 기운이 삼태(三台)성12 자리로 들

赤①雲氣入昴, 人多疾疫, 大旱;

蒼白雲氣入畢, 歲不收;

赤雲入畢, 大旱, 大災;

赤雲氣入東井, 大水, 疾疫;

靑赤雲氣入柳, 有失火之憂, 出, 大旱;

蒼白雲氣入七星, 庫溢財積.《管窺輯要》

蒼黑雲氣入天市中, 萬物賤;

蒼白雲氣犯入南北河, 天下若水有大難;

蒼白雲氣入三台, 則民多

---

10 유(柳)수 자리에서 : 원문의 "出" 뒤에 "柳"가 있는《管窺輯要·雲氣入列宿占》을 반영하여 옮겼다.
11 《管窺輯要》卷53〈雲氣入列宿占〉(《管窺輯要》17, 6~8면).
12 삼태(三台)성 : 큰곰자리에 있는 상태(上台)·중태(中台)·하태(下台)의 통칭. 별이름에서 전하여 천자(天子)의 영의정·좌의정·우의정 삼공(三公)을 비유하는 말로도 쓰인다.
① 赤 :《管窺輯要·雲氣入列宿占》에는 "蒼赤".

어가면 백성은 마의(麻衣)를 입는 이가 많게[13] 된다.

麻;

④ 창백색 구름 기운이 천창(天倉)성[14]으로 들어 가면 그해 농작물이 익지 않게 된다.

蒼白氣入天倉, 歲不熟;

⑤ 적색 구름 기운이 천름(天廩)성[15]으로 들어가 면 큰 벌레떼가 죽고, 메뚜기떼가 날아오게 된다.

赤氣入天廩, 大蟲死, 蝗蟲飛;

⑥ 적색 구름 기운이 천균(天囷)성으로 들어가면 그해에는 기근이 들게 된다.

赤氣入天囷, 歲飢;

⑦ 적색 구름 기운이 천원(天苑)성 가운데로 들어 가면 소나 말이 대부분 상하게 된다.《관규집요》[16]

赤氣入天苑中, 牛馬多傷. 同上

---

13 마의(麻衣)를……많게 : 《위선지》에서 "麻"는 대부분 삼을 의미하므로, '麻'를 상복을 뜻하는 '麻衣'로 보고 옮겼다.

14 천창(天倉)성 : 28수의 누수(婁宿)에 속하는 별로, 현재의 고래자리의 일부.

15 천름(天廩)성 : 28수의 위수(胃宿)에 속하는 별로, 현재의 황소자리의 일부.

16 《管窺輯要》卷53〈雲氣入外宮占〉(《管窺輯要》17, 12면).

8. 안개나 노을로 점치다

占霧霞

1) 자(子)가 든 해의 안개(자년무)

자(子)가 든 해에 짙은 안개가 끼면 홍수가 나고, 누에고치와 곡식과 맥류가 상하게 된다. 《관규집요》[1]

子年霧

子年有大霧, 有大水, 蠶繭、穀、麥傷.《管窺輯要》

2) 사계절의 안개(사시무)

사계절 중의 첫 달에 안개가 끼면 주로 풍년이 들게 된다.

사계절 중의 중간 달에 안개가 끼면 주로 좋은 밭벼라도 결실을 맺지 못하게 된다.

사계절 중의 막달에 안개가 끼면 주로 이듬해 봄에 큰 가뭄이 들게 된다. 《무비지》[2]

四時霧

四孟月有霧, 主年豐;

四仲月有霧, 主好田禾不能結;

四季月有霧, 主來春大旱.《武備志》

3) 여섯 천간이 든 날의 안개(육간일무)

갑(甲)·을(乙)이 든 날에 안개가 끼면 사람들이 전염병에 걸리게 된다.

병(丙)·정(丁)이 든 날에 안개가 끼면 가뭄이 들게 된다.

六干日霧

甲乙日霧, 人疾疫;

丙丁日霧, 旱;

---

1 《管窺輯要》卷59〈霧部占〉(《管窺輯要》19, 29면).
2 《武備志》卷167〈占度載〉"占蒙霧", 6797쪽.

임(壬)·계(癸)가 든 날에 안개가 끼면 물난리가 나
게 된다.《관규집요》[3]

壬癸日霧, 有水.《管窺輯
要》

4) 종일 끼는 안개(종일무)

안개가 종일토록 청색이면 질병에 걸린다. 흑색
이면 갑작스런 물난리가 나게 된다.《무비지》[4]

終日霧

霧終日終時色靑, 爲疾;
黑, 有暴水.《武備志》

안개가 한밤부터 다음날 정오가 되도록 풀리지
않으면 백성이 가뭄을 만나게 된다.《관규집요》[5]

霧從夜半至日午不解, 百姓
遇旱.《管窺輯要》

---

3 《管窺輯要》卷58〈霧蒙霾部雜占〉(《管窺輯要》19, 7~8면).
4 《武備志》卷167〈占度載〉"占蒙霧", 6792~6793쪽.
5 《管窺輯要》卷58〈霧蒙霾部雜占〉(《管窺輯要》19, 6, 8면).

5) 호수의 안개(호중무)

양자강과 회수(淮水) 지역에서 입춘일로부터 연 3일 호수에 안개 기운의 높이가 1척 몇 촌가량 끼면 물난리가 역시 그 지역까지 이르게 된다. 만약 안개 기운이 없으면 반드시 가뭄이 들게 된다.

또 1월 9일 안개로 점쳐서 4월 강수량의 높이를 예상하고, 2월 9일 안개로 5월 강수량을, 3월 9일 안개로 6월 강수량을, 4월 9일 안개로 7월 강수량을, 5월 9일 안개로 8월 강수량을 예상한다.

매달 1일 안개의 높이가 몇 척 몇 촌인지, 진한 정도는 어떠한지를 보아 그달 물난리의 유무 및 규모를 점친다. 이는 아주 딱 들어맞았다. 《전가잡점》6

湖中霧

江、淮以立春連三日看湖中霧氣高尺寸, 則水亦至其處; 如無霧, 必旱.

又以一九日占霧, 定四月之水高下, 二九日定五月, 三九日定六月, 四九日定七月, 五九日定八月.

每以首日看霧高幾尺寸濃薄, 以占其月有無及大小. 極驗.《田家雜占》

---

6 출전 확인 안 됨;《御定月令輯要》卷2〈歲令〉下 "物候"(《文淵閣四庫全書》467, 121쪽).

6) 천지의 흙비(천지매)

일반적으로 천지 사방이 어두우면서 먼지가 10일이나 5일 이상 내리면 1개월이나 한 철 내내 비가 오게 된다. 비가 옷을 적시지 않고 흙이 섞여 있으면 이를 '흙비[霾]'라 한다. 전해오는 말에 "천지에 흙비가 내리면 크게 가뭄이 들게 된다."라 했다. 《무비지》[7]

天地霾

凡天地四方昏蒙, 若下塵十日五日以上, 或一月、或一時雨. 不沾衣而有土, 名曰"霾". 語曰: "天地霾, 大旱[1]." 《武備志》

7) 상고대(몽송)[8]

제(齊) 지역이 춥고 깊은 밤의 기운이 안개처럼 나무 위에 엉겨 있더니 아침에는 눈처럼 보였다. 해가 뜬 뒤에 이것이 날려서 섬돌과 뜰을 가득 채우자 더욱 아낄 만한 풍경이 되었다. 제 지역 사람들이 이를 '몽송(霧淞, 상고대)'이라 했다. 속담에 "상고대에 거듭 상고대 쌓이면 가난뱅이도 밥그릇 놓는다."라 했다. 이는 풍년의 징조로 여긴다는 뜻이다. 《조공시주(曹鞏詩註)[9]》[10]

霧淞

齊寒夜深氣如霧凝於木上, 朝視如雪. 日出飄滿階、庭, 尤爲可愛, 齊人謂之"霧淞". 諺曰: "霧淞重霧淞, 窮漢置飯甕." 以爲豐年之兆. 《曹鞏詩註》

8) 노을의 모양

노을이 뱀모양과 같으면 주로 인민이 기근을 겪게 된다. 《군방보》[11]

霞形

霞如蛇狀, 主人民飢饉. 《群芳譜》

---

7 《武備志》卷167〈占度載〉"占蒙霧", 6791쪽.

8 상고대(몽송) : 한랭한 공기 중의 안개가 나뭇가지에 내려 쌓여 있다가 아직 얼기 전에 바람에 그 입자가 날려 뜰에 내려 언 현상.

9 조공시주(曹鞏詩註) : 중국 북송(北宋)의 정치가·문학가인 조공(曹鞏, 1019~1063)의 시에 주를 붙인 책. 조혁은 당송8대가(唐宋八大家) 중 한 사람이다.

10 출전 확인 안 됨;《丹鉛總錄》卷20〈詩話類〉"凍洛"(《文淵閣四庫全書》855, 575쪽).

11 《二如亭群芳譜》〈元部〉"天譜"卷3 '霞'(《四庫全書存目叢書補編》80, 113쪽).

[1] 大旱:《武備志·占度載·占蒙霧》에는 "不大旱".

9. 무지개로 점치다

占虹

1) 5가지 무지개(오홍)

五虹

무지개의 모든 모양에는 5가지가 종류가 있다.

虹凡相有五:

① 창색에 호(胡)[1]가 없는 무지개는 홍(虹)이다.

蒼無胡者虹也;

② 적색에 호가 없는 무지개는 치우기(蚩尤旗)이다. 일설에 "백홍(白虹, 백색 무지개)·적홍(赤虹, 적색 무지개)이 기(氣)와 같은 경우는 '치우지기(蚩尤之旗)'라 한다. 그러면 주로 큰 전쟁이 무지개가 떠오르는 방향에서 일어나게 된다."라 했다.

赤無胡者, 蚩尤旗也. 一曰: "白虹、赤虹如氣者, 名曰'蚩尤之旗', 主大兵起於所起之方."

③ 백색에 호가 없는 무지개는 예(蜺)이다.

白無胡者, 蜺也;

④ 찌를 듯이 뾰족하고 휘지 않는 무지개는 천저(天杵)이다.

衝不屈者, 天杵也;

⑤ 위에서 아래까지 똑바르고 휘지 않는 무지개는 천오(天梧)이다.

直上下不屈者, 天梧也.

이 5가지 무지개가 갑(甲)·을(乙)이 든 날에 동쪽에 뜨면 사람들이 기근을 겪게 된다.

此五虹以甲乙日出東方, 人饑;

병(丙)·정(丁)이 든 날에 남쪽에 뜨면 크게 가물게 된다.

丙丁日出南方, 大旱;

경(庚)·신(辛)이 든 날에 서쪽에 뜨면 그 고을에는 빈 집이 많아지고, 5보(步)마다 죽은 사람이 6명의

庚辛日出西方, 其邑多空戶, 五步六死人;

---

1 호(胡) : 무지개모양이 둥그렇게 휘어 그 양쪽 끝이 아래로 늘어져 있는 부분.

비율로 생기게 될 정도이다.

임(壬)·계(癸)가 든 날에 북쪽에 뜨면 사람들이 서
로 잡아먹게 된다. 《무비지》[2]

壬癸日出北方, 人相食.
《武備志》

---

2 《武備志》卷167 〈占度載〉 "占虹蜺", 6802~6803쪽.

2) 각 절기의 무지개(절기홍)

① 입춘으로부터 46일 내에 무지개가 정동쪽에 떠서 진(震)방(동쪽)의 중앙을 관통하면 봄에 비가 많이 내리고, 여름에 화재가 많이 나며, 가을에 물난리가 많이 나서 백성이 유랑하고, 겨울에는 해적이 많이 출몰하게 된다.

② 춘분으로부터 46일 내에 무지개가 동남쪽에 떠서 손(巽)방(동남쪽)의 중앙을 관통하면 봄에 크게 가뭄이 들고, 재앙이 일어나게 된다.

③ 입하로부터 46일 내에 무지개가 동남쪽에 떠서 리(離)방(남쪽)의 중앙을 관통하면 큰 가뭄으로 재앙이 된다【안 일설에 "삼을 거두지 못하게 된다."라 했다】.

④ 하지로부터 46일 내에 무지개가 서남쪽에 떠서 곤(坤)방(서남쪽) 중앙을 관통하면 물난리가 나고, 메뚜기떼로 해를 입게 된다【안 일설에 "물고기가 불어나지 않게 된다."라 했다】.

⑤ 입추로부터 46일 내에 무지개가 정서쪽에 떠서 태(兌)방(서쪽) 중앙을 관통하면 가을에 물난리가 나고, 가뭄이 들게 된다【일설에 "입추 후에 무지개가 서쪽에서 뜨면 만물이 모두 비싸진다."라 했다】.

⑥ 추분으로부터 46일 내에 무지개가 서북쪽에 떠서 건(乾)방(서북쪽) 중앙을 관통하면 가을에 물난리가 많이 나고, 도적이 일어나게 된다【안 일설에 "호랑이가 사람이나 가축을 잡아먹게 된다."라 했다】.

⑦ 입동으로부터 46일 내에 무지개가 정북쪽에

節氣虹

立春四十六日內虹出正東, 貫震中, 春多雨, 夏多火災, 秋多水, 民流亡, 冬多海賊;

春分四十六日內虹出東南, 貫巽中, 春大旱災起;

立夏四十六日內虹出東南, 貫離中, 大旱災【按 一云: "麻不收"】;

夏至四十六日內虹出西南, 貫坤中, 有水, 蝗蟲爲害【按 一云: "魚不滋"】;

立秋四十六日內虹出正西, 貫兌中, 秋有水, 有旱【一曰: "立秋後虹出西方, 萬物皆貴"】;

秋分四十六日內虹出西北, 貫乾中, 秋多水, 賊起【按 一云: "虎食人、畜"】.

立冬四十六日內虹出正北,

떠서 감(坎)방(북쪽) 중앙을 관통하면 겨울에 비가 적
게 내리고, 봄에 수재가 많이 나게 된다.

貫坎中, 冬少雨, 春多水
災;

⑧ 동지로부터 46일 내에 무지개가 동북쪽에 떠
서 간(艮)방(동북쪽) 중앙을 관통하면 봄에 가뭄이 많
이 들고, 여름에 화재가 나며, 조가 비싸진다.《무
비지》[3]

冬至四十六日內虹出東北,
貫艮中, 春多旱, 夏火災,
粟貴.《武備志》

---

3 《武備志》卷167〈占度載〉“占虹”, 6803~6804쪽.

3) 사계절의 무지개(사시홍)

① 봄 3개월간에 무지개가 서쪽에 뜨고 청색 구름이 무지개를 덮으면 그해 여름에 찬 기운이 많고 사람들이 전염병처럼 학질에 걸리게 된다.

적색 구름이 무지개를 덮으면 여름에 가뭄이 든다.

황색 구름이 무지개를 덮으면 여름에 작은 가뭄이 들고, 오곡은 반만 거두게 된다.

백색 구름이 무지개를 덮으면 여름에 큰 바람이 많이 불고, 사람들이 전염병에 걸리게 된다.

흑색 구름이 무지개를 덮으면 여름에 큰 물난리가 많이 나게 된다.

② 여름 3개월간에 무지개가 서쪽에 뜨고 청색 구름이 무지개를 덮으면 가을에 찬 기운이 많고, 백성은 학질에 걸리게 된다.

적색 구름이 무지개를 덮으면 가을에 가뭄이 들게 된다.

황색 구름이 무지개를 덮으면 벼를 많이 수확하게 된다.

백색 구름이 무지개를 덮으면 가을에 큰 바람이 많이 불게 된다.

흑색 구름이 무지개를 덮으면 가을에 비가 많이 내리게 된다.

③ 가을 3개월 동안 무지개가 서쪽에 뜨고 청색 구름이 무지개를 덮으면 겨울에 찬 기운이 많고, 사람들이 전염병처럼 학질에 걸리게 된다.

적색 구름이 무지개를 덮으면 겨울에 큰 가뭄이 들게 된다.

四時虹

春三月虹出西方, 有靑雲覆之, 其夏多寒, 人病瘧如疫;

赤雲覆之, 夏旱;

黃雲覆之, 夏小旱, 五穀半收;

白雲覆之, 夏多大風, 人疫;

黑雲覆之, 夏多大水.

夏三月虹出西方, 有靑雲覆之, 秋多寒, 民病瘧;

赤雲覆之, 秋旱;

黃雲覆之, 禾大收;

白雲覆之, 秋多大風;

黑雲覆之, 秋多雨.

秋三月虹出西方, 靑雲覆之, 冬多寒, 人病瘧如疫;

赤雲覆之, 冬大旱;

황색 구름이 무지개를 덮으면 겨울에 쌀이 매우 싸진다.

黃雲覆之, 冬米大賤;

백색 구름이 무지개를 덮으면 겨울에 바람이 많이 불게 된다.

白雲覆之, 冬多風;

흑색 구름이 무지개를 덮으면 겨울에 비가 많이 내리게 된다.

黑雲覆之, 冬多雨.

④ 겨울 3개월 동안 무지개가 서쪽에 뜨고, 청색 구름이 무지개를 덮으면 이듬해 봄에 찬 기운이 많고, 사람들이 전염병처럼 학질에 걸리게 된다.

冬三月虹出西方, 靑雲覆之, 來年春多寒, 人病瘧如疫;

적색 구름이 무지개를 덮으면 봄에 가뭄이 들게 된다.

赤雲覆之, 春旱;

황색 구름이 무지개를 덮으면 봄에 비가 적당하게 내리게 된다.

黃雲覆之, 春雨調和;

백색 구름이 무지개를 덮으면 봄에 광풍이 많이 불게 된다.

白雲覆之, 春多狂風;

흑색 구름이 무지개를 덮으면 봄에 비가 많이 내려 물난리가 나게 된다. 《무비지》[4]

黑雲覆之, 春多雨水.《武備志》

---

4 《武備志》卷167〈占度載〉"占虹", 6805~6806쪽.

4) 무지개 뜨는 방위

① 무지개가 남쪽에 뜨면 사계절 어느 때나 무지개를 볼 수 있는 곳은 비바람이 때도 없이 불고, 3년을 넘기지 않아서 큰 기근이 들고, 백성이 유랑하면서 돌아오지 못하게 된다.

② 무지개가 북쪽에 뜨면 사계절 어느 때나 무지개를 볼 수 있는 곳은 음양이 조화롭지 못하여 비바람이 때도 없이 불고, 겨울이 따뜻한 반면 여름은 춥고, 백성은 원망이 자자하며, 오곡이 제대로 여물지 않고, 그 분야의 지역에 큰 기근과 큰 가뭄이 3년 동안 들어 상(喪)을 당해 곡하는 일이 끊이지 않게 된다【일설에 "큰 가뭄이 280일간 들고, 백성이 크게 전염병에 걸리게 된다."라 했다】.《무비지》[5]

① 무지개가 4·5·6월에 서쪽에 뜨면 맥류가 비싸진다.

② 7·8월에 서쪽에 뜨면 조가 비싸진다.

③ 9월에 서쪽에 뜨면 콩과 팥이 비싸진다.

④ 10월에 서쪽에 뜨면 벼가 비싸진다.

무지개가 1번 뜨면 1배 비싸지고, 2번 뜨면 2배 비싸지며, 5번 뜨면 5배 비싸져서 백성이 천리에 걸쳐 유랑하게 된다【또 "무지개가 10월에 동북쪽에 뜨면 동쪽의 경우 그 고을들이 망하게 된다."라 했다】.《무비지》[6]

虹出方

虹出南方, 無春夏秋冬, 所見之處風雨不時, 不出三年, 大饑. 百姓流亡不歸.

虹出北方, 無春夏秋冬, 所見之處陰陽不和, 風雨不時, 冬溫夏寒, 小民怨咨[1], 五穀不成, 其地大饑、大旱三年, 哭泣相隨【一曰: "大旱二百八十日, 民大疾疫"】.《武備志》

虹以四、五、六月出西方, 麥貴;

七、八月出西方, 粟貴;

九月出西方, 大、小豆貴;

十月出西方, 稻貴.

一出一倍, 再出再倍, 五出五倍, 民流千里【又曰: "虹以十月出東北方, 若東方其邑亡"】. 同上

---

5 《武備志》卷167〈占度載〉"占虹", 6806쪽.
6 《武備志》卷167〈占度載〉"占虹", 6806~6807쪽.
[1] 咨:《武備志·占度載·占虹》에는 "恣".

5) 무지개의 모양

무지개가 떠올라 횡으로 지나 위로 반원을 이룰 때까지 굽어져 있지 않으면 90일을 넘기지 않아서, 성 안의 사람들이 병으로 많이 죽고, 큰 가뭄이 들며, 백성이 유랑하게 된다. 《무비지》[7]

무지개가 위로 곧게 뻗어 있으면 뜬 곳에서는 큰 가뭄이 들고, 많은 백성이 병에 걸려 죽게 된다. 《무비지》[8]

虹形

虹出橫至上反入, 直而不曲, 不出九十日, 城中多病死, 大旱, 民流亡. 《武備志》

虹直上行, 所出之方大旱, 民多病死. 同上

---

[7] 《武備志》, 위와 같은 곳.
[8] 《武備志》, 위와 같은 곳.

6) 무지개의 빛깔 　　　　　　　　　　　　　虹色

　백색 무지개가 땅에서 솟아오르면 그 지역에는 　白虹從地中出, 其地大饑.
큰 기근이 들게 된다. 《무비지》[9] 　　　　　　　《武備志》

　적색 무지개가 겨울에 뜨면 시장의 곡식값이 크 　赤虹冬出, 糴大貴. 同上
게 비싸진다. 《무비지》[10]

　청색 무지개가 해를 관통하면 인민이 병에 많이 　靑虹貫日, 人民多疾, 一年
걸리고, 1년간 재앙이 있게 된다. 《무비지》[11] 　　災. 同上

　흑색 무지개[蜺]가 해를 관통하면 오곡이 잘 익지 　黑蜺貫日, 五穀不熟. 同上
않게 된다. 《무비지》[12]

　백색 무지개가 여름에 동쪽에서 여러 번 뜨면 맥 　白虹夏數出東方, 麥貴.
류가 비싸진다. 《관규집요》[13] 　　　　　　　　《管窺輯要》

9　《武備志》卷167〈占度載〉"占虹", 6810쪽.
10　《武備志》卷167〈占度載〉"占虹", 6809쪽.
11　《武備志》卷151〈占度載〉"占日" '日之色', 6076쪽.
12　《武備志》卷167〈占度載〉"占日" '日之色', 6078쪽.
13　《管窺輯要》卷58〈虹部占〉(《管窺輯要》18, 16~17면).

10. 천둥이나 번개로 점치다

占雷電

1) 사계절의 천둥

四時雷

① 봄에 천둥이 동쪽에서 일어나면 오곡이 모두 잘 익게 된다. 밤에 일어나면 반만 잘 익게 된다.

春雷起于東方, 五穀皆熟; 夜雷, 半熟.

② 남쪽에서 일어나면 그해에 작은 가뭄이 들게 된다. 밤에 우레가 치면 큰 가뭄이 들고, 곡식이 배로 비싸지고, 벼가 제대로 여물지 않게 된다.

起南方, 歲小□旱; 夜雷, 大旱, 穀倍貴, 禾不成.

③ 서쪽에서 일어나면 벼가 반만 익고, 벌레가 많이 생기게 된다【일설에 "그 지역의 곡식이 갑자기 비싸지고, 소와 말에게 큰 재앙이 든다."라 했다】. 밤에 우레가 치면 오곡에게 벌레의 재앙이 생기고, 사람들이 병에 많이 걸리게 된다【일설에 "곡식이 비싸지고, 크게 가뭄이 들게 된다."라 했다】.

起西方, 禾半熟, 多蟲【一曰: "其野穀暴貴, 牛馬大災"】; 夜雷, 五穀蟲災, 人多病【一曰: "穀貴, 大旱"】.

④ 북쪽에서 일어나면 해일로 하천이 범람하고, 오곡이 제대로 여물지 않게 된다. 밤에 우레가 치면 모든 하천이 범람하게 된다.

起北方, 海溢川湧, 五穀不成; 夜雷, 百川皆溢.

⑤ 서북쪽에서 일어나면 소와 말이 전염병에 걸리고, 풀 한 포기 없이 붉은 땅이 천리나 되는 심한 재난이 들게 된다. 《무비지》[1]

起西北方, 牛馬疫, 赤地千里. 《武備志》

1 《武備志》卷167〈占度載〉"占電雷", 6828쪽.
□ 小:《武備志·占度載·占電雷》에는 "荒".

봄 중 1개월 사이에 4번 천둥이 치면 그해는 작물이 아주 잘 익게 된다. 《무비지》[2]

春一月四雷, 歲大熟. 同上

겨울에 천둥과 벼락이 놀랄 만큼 내려치면 만물이 제대로 여물지 않고, 벌레들이 겨울잠을 자지 않게 된다. 《무비지》[3]

冬雷震驚, 萬物不成, 蟲不藏. 同上

여름에 천둥 소리가 들리지 않으면 사람들이 병에 많이 걸리고, 오곡이 제대로 여물지 않게 된다. 《군방보》[4]

夏不聞雷, 人多病, 五穀不成. 《群芳譜》

가을에 천둥이 숨어 있지 않으면 백성이 갑자기 병에 많이 걸리게 된다. 《군방보》[5]

秋雷不藏, 民多暴疾. 同上

겨울에 천둥이 쳐서 땅이 반드시 흔들릴 정도이면 백성이 기근을 겪고, 만물이 제대로 여물지 않게 된다. 《군방보》[6]

冬雷地必震, 民飢, 萬物不成. 同上

가을에 갑자기 천둥이 치는 현상을 '하늘 걷이[天收, 천수]'라고 한다. 모든 곡식이 말라 제대로 여물지 않게 된다. 《융사류점》[7]

秋月暴雷, 謂之"天收". 百穀虛耗不成. 《戎事類占》

---

2 《武備志》, 위와 같은 곳.
3 《武備志》卷167〈占度載〉"占電雷", 6829쪽.
4 《二如亭群芳譜》〈元部〉"天譜"卷3 '雷'(《四庫全書存目叢書補編》80, 118쪽).
5 《二如亭群芳譜》, 위와 같은 곳.
6 《二如亭群芳譜》〈元部〉"天譜"卷3 '雷'(《四庫全書存目叢書補編》80, 119쪽).
7 출전 확인 안 됨;《欽定授時通考》卷5〈天時〉"占驗"(《文淵閣四庫全書》732, 63쪽).

I. 풍흉과 길흉의 예측(중)   497

겨울에 천둥이 치면 이듬해 가을에는 시장의 곡 　冬雷發聲, 秋糴貴. 《管窺
식값이 비싸진다. 《관규집요》[8] 　　　　　　　輯要》

---

8 《管窺輯要》卷58 〈雷電雹〉(《管窺輯要》18, 22면).

2) 천둥 소리

일반적으로 천둥 소리가 처음 들릴 때 부드러우면 그해 작황이 좋고, 천둥 소리가 격렬하면 그해 곡식은 여물지 않고, 사람들에게 재앙이 생기게 된다. 《무비지》[9]

봄 천둥이 처음 일어날 때 그 소리가 콰콰광 하고 울리면 이는 웅뢰(雄雷, 맹렬한 천둥)로, 가뭄이 들게 될 기운이다. 그 울림이 은은하며 크게 치지 않으면 이는 자뢰(雌雷, 부드러운 천둥)로, 물난리가 생기게 될 기운이다. 《사광점》[10]

雷聲

凡雷聲初發和雅, 其歲善; 雷聲激烈, 歲惡人災. 《武備志》

春雷初起, 其聲格格霹靂者雄雷, 旱氣也; 其鳴依依不大霹靂者, 雌雷, 水氣也. 《師曠占》

---

9 《武備志》卷167〈占度載〉"占電雷", 6827쪽.
10 출전 확인 안 됨;《二如亭群芳譜》〈元部〉"天譜" 卷3 '雷'(《四庫全書存目叢書補編》80, 118쪽).

3) 천둥 일어나는 방위

雷起方

① 건(乾)방(서북쪽)에서 천둥 소리가 일어나면 사람들이 전염병에 많이 걸리게 된다.

雷聲起乾方, 人多疾疫;

② 태(兌)방(서쪽)에서 천둥 소리가 일어나면 질병과 물난리가 재앙이 되고, 쇠붙이가 비싸진다.

起兌方, 病、水爲災, 金鐵貴;

③ 리(離)방(남쪽)에서 천둥 소리가 일어나면 화재와 가뭄이 재앙을 낳는다.

起離方, 火、旱生災;

④ 진(震)방(동쪽)에서 천둥 소리가 일어나면 사람이 죽고, 그해 농사는 풍년이 들게 된다.

起震方, 人死, 歲豊;

⑤ 손(巽)방(동남쪽)에서 천둥 소리가 일어나면 멸구[螟]가 생겨 벼를 상하게 한다【일설에 "비와 우박이 오곡을 상하게 하고, 큰바람이 불게 된다."라 했다】.

起巽方, 螟生傷禾【一曰: "雨雹②傷五穀, 大風"】;

⑥ 감(坎)방(북쪽)에서 천둥 소리가 일어나면 수재가 나서 그해 농사가 흉작이 된다.

起坎方, 水災歲凶;

⑦ 간(艮)방(북동쪽)에서 천둥 소리가 일어나면 쌀이 비싸지고, 사람이 죽게 된다.

起艮方, 米貴, 人死;

⑧ 곤(坤)방(남서쪽)에서 천둥 소리가 일어나면 메뚜기떼가 생겨 쌀이 비싸진다.《무비지》[11]

起坤方, 蝗生米貴.《武備志》

① 간(艮)방(북동쪽)에서 처음 천둥이 치면 시장의 곡식값이 싸진다.

初發聲在艮, 糴賤;

② 진(震)방(동쪽)에서 처음 천둥이 치면 그해 농사가 풍작이 된다.

震, 歲稔;

③ 손(巽)방(동남쪽)이나 곤(坤)방(남서쪽)에서 처음

巽、坤, 主蝗;

---

11 《武備志》卷167〈占度載〉"占電雷", 6837쪽.
② 雹:《武備志·占度載·占電雷》에는 "電".

천둥이 치면 주로 메뚜기떼로 해를 입게 된다.

④ 리(離)방(남쪽)에서 처음 우레가 울리면 주로 가뭄이 들게 된다.

⑤ 태(兌)방(서쪽)에서 처음 우레가 울리면 주로 오금(五金)[12]이 비싸지고, 오곡에 벌레떼의 재앙이 생기며, 사람들이 병들게 된다.

⑥ 건(乾)방(서북쪽)에서 처음 우레가 울리면 주로 큰 가뭄이 들고 백성에게 재앙이 생긴다.

⑦ 감(坎)방(북쪽)에서 처음 우레가 울리면 주로 물난리가 나서 황폐해진다. 일설에 "크게 길하다."라 했다. 《군방보》[13]

離, 主旱;

兌, 主五金長價, 五穀蟲災, 人病;

乾, 主大旱, 民災;

坎, 主水荒. 一云"大吉". 《群芳譜》

천둥이 금문(金門, 태방, 서쪽)[14]에서 일어나면 위쪽의 농지에는 가뭄이 들고, 아래쪽의 농지는 곡식이 잘 익게 된다. 《사광점》[15]

雷從金門起, 上田旱, 下田熟. 《師曠占》

천둥이 처음 내는 소리가 수문(水門, 감방, 북쪽)에서 나면 그해에는 물난리가 있다【해(亥)·자(子)방위가 수문(水門)이다】. 《기력촬요》[16]

雷初發聲在水門, 其年有水【亥、子方爲水門也】. 《紀歷撮要》

① 천둥 소리가 천문(天門, 건방, 서북쪽)에서 일어나면 사람들이 평안하지 못하게 된다.

雷起天門, 人不安;

---

12 오금(五金):금·은·동·철·주석 이 5가지의 금속. 각종 쇠붙이를 뜻하기도 한다.
13 《二如亭群芳譜》〈元部〉"天譜" 卷3 '雷'(《四庫全書存目叢書補編》80, 118쪽).
14 금문(金門, 태방, 서쪽):이하 각 방위에 해당하는 문(門)은 바로 아래《관규집요》기사의 소주(小註)를 참조 바람.
15 출전 확인 안 됨;《二如亭群芳譜》〈元部〉"天譜" 卷3 '雷'(《四庫全書存目叢書補編》80, 118쪽).
16 《紀歷撮要》〈二月〉(《續修四庫全書》975, 358쪽).

② 수문(水門)에서 일어나면 물이 흘러 범람하게 된다.

起水門, 流潦滂沱;

③ 석문(石門, 태방, 서쪽)에서 일어나면 벌레떼가 일어나 벼농사가 흉작이 된다.

起石門, 蟲起禾③凶;

④ 목문(木門, 진방, 동쪽)에서 일어나면 그해는 곡식이 크게 잘 익게 된다.

起木門, 歲大熟;

⑤ 풍문(風門, 손방, 동남쪽)에서 일어나면 서리가 오곡을 상하게 한다.

起風門, 霜傷五穀;

⑥ 금문(金門)에서 일어나면 동과 철이 비싸진다.

起金門, 銅鐵貴;

⑦ 화문(火門, 리방, 남쪽)에서 일어나면 여름에 가뭄이 들고, 메뚜기떼가 생기게 된다.

起火門, 夏旱, 蝗生;

⑧ 토문(土門, 곤방, 서남쪽)에서 일어나면 오곡이 싸지고, 물고기가 비싸진다.

起土門, 五穀賤, 魚貴;

⑨ 귀문(鬼門, 간방, 동북쪽)에서 일어나면 사람들이 갑자기 많이 죽게 된다. 《황제점(黃帝占)》[17]

起鬼門, 人多暴死.《黃帝占》

① 천둥이 천문(天門)에서 처음 일어나면 사람들이 평안하지 못하게 된다.

雷初起天門, 人不④安;

② 수문(水門)에서 처음 일어나면 흐르는 물이 범람하여 사람을 상하게 한다.

初起水門, 流水滂沱, 水傷人;

③ 토문(土門)에서 처음 일어나면 오곡이 싸지고, 모시가 비싸진다. 일설에 "질병에 많이 걸린다."라 했다.

初起土門, 五穀賤, 枲長. 一云: "多疾病.";

---

17 출전 확인 안 됨;《唐開元占經》卷102〈雷〉《文淵閣四庫全書》807, 918쪽).
③ 起禾:《唐開元占經·雷》에는 "食".
④ 不: 저본에는 없음. 고대본·《管窺輯要·雷》에 근거하여 보충.

④ 목문(木門)에서 처음 일어나면 관에 쓸 목재가 비싸진다. 일설에 "곡식이 비싸진다."라 했다.

⑤ 풍문(風門)에서 처음 일어나면 오곡이 손상을 입고, 갑작스런 서리가 내리게 된다. 일설에 "눈이 많이 내린다."라 했다.

⑥ 화문(火門)에서 처음 일어나면 여름에 가뭄이 들고 메뚜기떼가 오곡을 손상시키게 된다.

⑦ 귀문(鬼門)에서 처음 일어나면 많은 사람들이 병에 걸려 죽게 된다. 일설에 "벼농사가 잘 된다."라 했다.

【감(坎)방이 '수문(水門)'이고, 간(艮)방이 '귀문(鬼門)'이고, 진(震)방이 '목문(木門)'이고, 손(巽)방이 '풍문(風門)'이고, 리(離)방이 '화문(火門)'이고, 곤(坤)방이 '토문(土門)'이고, 태(兌)방이 '금문(金門)'이고, 건(乾)방이 '천문(天門)'이다】《관규집요》18

初起木門, 棺木貴. 一云: "穀貴";

初起風門, 五穀傷, 有暴霜. 一云: "多雪";

初起火門, 夏旱, 蟲蝗損五穀;

初起鬼門, 人多病⑤死. 一云: "禾稼好."

【坎爲"水門", 艮爲"鬼門", 震爲"木門", 巽爲風門⑥, 離爲"火門", 坤爲"土門", 兌爲"金門", 乾爲"天門"】《管窺輯要》

---

18 《管窺輯要》卷59〈雷〉(《管窺輯要》19, 1면).

⑤ 病: 暴《管窺輯要·雷》에는 "暴".

⑥ 門: 저본에는 없음. 고대본·《管窺輯要·雷》에 근거하여 보충.

4) 천둥 일어나는 날의 일진

천둥이 일어나는 날로는 갑자(甲子)일이 좋다. 갑자일에 천둥이 치면 주로 곡식이 매우 잘 익게 된다.

가을 천둥은 갑자일을 꺼린다. 갑자일 우레가 치면 주로 사람들이 더위로 많이 죽고, 그해는 크게 흉년이 들게 된다. 《농상요람》[19]

봄의 갑자(甲子)일에 우레가 치면 오곡이 풍년들게 된다. 《군방보》[20]

여름의 갑자(甲子)·경진(庚辰)·신사(辛巳)일에 우레가 치면 메뚜기떼가 죽게 된다. 《군방보》[21]

여름의 갑자(甲子)·경인(庚寅)·신사(辛巳)일에 우레가 치면 메뚜기떼가 생기게 된다. 《무비지》[22]

겨울의 경술(庚戌)·신해(辛亥)일에 우레가 치면 1월에 쌀이 비싸진다. 《무비지》[23]

① 인(寅)이 든 날에 천둥 소리가 불시에 울리면 사람들이 크게 재해를 입고, 나루터와 교량을 통행하지 못하게 된다.

雷起日辰

發雷喜甲子日, 主大熟.

秋雷忌甲子日, 主人多暑死, 歲大凶. 《農桑要覽》

春甲子雷, 五穀豐登. 《群芳譜》

夏甲子、庚辰、辛巳雷, 蝗死. 同上

夏甲子、庚寅、辛巳日雷, 蝗蟲生. 《武備志》

冬庚戌、辛亥日雷, 正月米貴. 同上

寅日雷聲不時, 人大災. 津梁不通;

---

19 출전 확인 안 됨;《二如亭群芳譜》〈元部〉 "天譜" 卷3 '雷'(《四庫全書存目叢書補編》80, 118쪽).
20 《二如亭群芳譜》, 위와 같은 곳.
21 《二如亭群芳譜》, 위와 같은 곳.
22 《武備志》卷167〈占度載〉"占電雷", 6831쪽.
23 《武備志》卷167〈占度載〉"占電雷", 6832쪽.

② 인(寅)이 든 날에 간(艮)방에서 천둥 소리가 울리면 간(艮)방은 귀문(鬼門, 귀신문)이므로 사람들이 재해를 입게 된다. 간방은 또 나무를 쪼개 만든 나루터이기 때문에 나루터와 교량을 통행하지 못하게 된다.

③ 사(巳)가 든 날에 천둥 소리가 불시에 울리면 오(吳) 지역 분야에 전쟁이 나고, 기근이 들어 흉년이 된다. 사(巳)에는 장사성(長沙星)[24]이 있기 때문이라고 한다.

④ 미(未)가 든 날에 천둥 소리가 불시에 울리면 홍수가 나고, 그해 농사가 흉작이 된다. 미(未)에는 정수(井宿)가 있기 때문에 홍수가 나게 된다. 미(未)에는 또 귀수(鬼宿)가 있으니, 귀수는 시신을 쌓아 두는 기운이 있기 때문에 주로 전쟁이 나고, 전염병에 걸린 사람들이 죽어 산처럼 쌓이게 된다.

⑤ 해(亥)가 든 날에 천둥 소리가 불시에 울리면 수재가 나고, 갑자기 추워져 만물을 죽이게 되며, 전쟁이 나고, 기근을 겪게 된다. 해(亥)는 육음(六陰)의 극(極)이기 때문에[25] 물난리와 추위가 머물게 된다. 건(乾)은 금(金)에 속하기 때문에[26] 만물을 죽이

寅居艮, 艮爲鬼門, 故人災. 又爲析木之津, 故津梁不通;

巳日雷聲不時, 吳分兵, 饑凶. 巳中有長沙星故云;

未日雷聲不時, 大水, 歲凶. 未有井宿, 故大水. 又有鬼宿, 鬼有積尸氣, 故主兵, 疫人死如山;

亥日雷聲不時, 有水災, 暴寒殺物, 兵革, 饑饉, 亥爲六陰之極, 故水寒居. 乾屬金, 故殺物兵起. 同上

---

24 장사성(長沙星) : 겨울에 보이는 별자리 중 진(軫)수의 네모꼴 가운데에 있는 별. 수레를 전투에 쓰기도 하므로 이 별을 전쟁과 연결하여 풀이한 것으로 보인다.

25 해(亥)는……때문에 : 자(子)는 1양(陽), 축(丑)은 2양, 인(寅)은 3양, 묘(卯)는 4양, 진(辰)은 5양, 사(巳)는 6양에 해당하고, 오(午)는 1음(陰), 미(未)는 2음, 신(申)은 3음, 유(酉)는 4음, 술(戌)은 5음, 해(亥)는 6음에 해당한다. 그러므로 이 구절은 해가 여섯 음의 제일 끝에 해당된다는 뜻이다. 6음 뒤에는 다시 1양이 시작된다.

26 건(乾)은……때문에 : 음양오행이론에서 술(戌)·건(乾)·해(亥)가 방위로는 서북쪽이고, 오행으로는 금(金)에 해당된다는 말이다.

고 전쟁이 일어나게 된다. 《무비지》[27]

27 《武備志》卷167〈占度載〉"占電雷", 6834~6837쪽.

5) 맑은 날의 천둥

구름이 없는데도 천둥이 치면 기근과 전염병이 크게 일어나게 된다. 《점몽서(占夢書)[28]》[29]

晴雷

無雲而雷, 飢、疫大起. 《占夢書》

6) 여름 번개

여름에 비와 번개가 많으면 백성이 굶주리게 된다. 《군방보》[30]

夏電

夏多雨電, 民飢.《群芳譜》

---

28 점몽서(占夢書) : 중국 전한(前漢)의 학자 경방(京房, B.C. 77~B.C. 37)이 지었다는 역점서의 하나. 지금은 전하지 않는다.

29 출전 확인 안 됨;《二如亭群芳譜》〈元部〉 "天譜" 卷3 '雷'(《四庫全書存目叢書補編》80, 118쪽).

30 《二如亭群芳譜》〈元部〉 "天譜" 卷3 '電'(《四庫全書存目叢書補編》80, 121쪽).

11. 서리나 이슬로 점치다

占霜露

1) 봄이나 겨울 서리

봄에 서리가 내리면 주로 가뭄이 들고, 사람들이 병에 걸린다.《군방보》[1]

春冬霜

春霜, 主旱, 人病.《群芳譜》

겨울 전에 서리가 잦으면 올벼농사가 좋다. 겨울 지나 서리가 잦으면 늦벼농사가 좋다. 겨울 3개월 동안 서리가 없으면 벌레들이 겨울잠을 자지 않고, 맥류는 여물지 않게 된다. 이듬해에 메뚜기떼가 오곡에 해를 끼치고, 사람들이 전염병에 걸리는 재앙을 겪고, 만물이 제대로 여물지 못하게 된다.《군방보》[2]

冬前霜多, 旱禾好. 冬後霜多, 晚禾好. 冬三月無霜, 蟲不蟄, 麥惡, 來年蝗蟲害五穀. 人災疫, 萬物不成. 同上

겨울에 서리나 눈이 없으면 1년이 지나지 않아서, 사람들이 서로 잡아먹게 된다.《관규집요》[3]

冬無霜雪, 不出一年, 人民相食.《管窺輯要》

---

1 《二如亭群芳譜》〈元部〉"天譜"卷3 '霜'(《四庫全書存目叢書補編》80, 140쪽).
2 《二如亭群芳譜》, 위와 같은 곳.
3 《管窺輯要》卷58〈霜雪露占〉(《管窺輯要》18, 18면).

2) 하루아침 서리(고상)

매년 초에 하루아침만 서리가 내리면 이를 '하루아침 서리'라고 한다. 그러면 주로 이듬해에 흉년이 든다.

2일 이상 연달아 서리가 내리면 주로 곡식이 잘 익는다.

서리 위쪽에 뾰족한 까끄라기모양이 있으면 길하고, 위쪽이 평평하면 흉하다.

봄에 서리가 많이 내리면 주로 가뭄이 든다.《전가오행》[4]

孤霜

每年初下只一朝, 謂之孤霜, 主來年歉;

連得兩朝以上, 主熟.

上有鎗芒者, 吉; 平者, 凶.

春多, 主旱.《田家五行》

---

4 《田家五行》卷中〈天文類〉"論霜"(《續修四庫全書》975, 340쪽).

3) 때아닌 서리

서리가 때아니게 내려서 초목을 죽이면 이를 '충인(蟲人, 벌레사람)'이라 한다. 그러면 큰 기근이 들게 된다.《관규집요》[5]

서리가 정사를 해칠 정도로 내리면 메뚜기떼가 재앙이 되고, 큰 물난리가 나게 된다.《관규집요》[6]

4) 서리가 내리지 않으면

서리가 내리지 않으면, 하늘의 기운의 널리 퍼지지 않는다. 그 점은 가뭄이 들고, 화재가 들게 된다는 것이다.《무비지》[7]

서리가 만물을 죽이지 못하면, 주로 이듬해에는 벌레떼가 오곡에 해를 입혀서 크게 기근이 들게 된다.《무비지》[8]

非時霜

霜非時降, 殺草木, 是謂"蟲人", 大饑.《管窺輯要》

霜傷政, 則蟲蝗爲災, 有大水. 同上

霜不降

霜不降者, 天氣不下施也. 其占爲旱, 爲火災.《武備志》

霜不殺物, 主來年蟲害五穀, 大饑. 同上

---

5 《管窺輯要》, 위와 같은 곳.
6 《管窺輯要》, 위와 같은 곳.
7 《武備志》卷167〈占度載〉"占霜露", 6843쪽.
8 《武備志》卷167〈占度載〉"占霜露", 6844쪽.

5) 서리의 징후

농가에서는 다음과 같은 말이 전한다.

① 상강(霜降) 1일 전에 서리가 내리면 청명 1일 전에 서리가 그치게 된다.

② 상강 1일 후에 서리가 내리면 청명 1일 후에 서리가 그치게 된다.

③ 상강에서 5~10일이 지난 전후에도 점은 위의 방식과 같다.

모종을 꺼내려 할 때는 반드시 서리가 멎기를 기다렸다가 심어야 한다. 해마다 이 경험을 유추하여 심으면 부절(符節)[9]을 합하듯이 꼭 들어맞게 된다. 《거의설(祛疑說)[10]》[11]

1월 1일에 우레가 치면 7월에 서리가 내리게 된다.

2월 2일에 우레가 치면 8월에 서리가 내리게 된다. 《관규집요》[12]

霜候

農家以霜降前一日見霜, 則淸明前一日霜止;

霜降後一日見霜, 則淸明後一日霜止;

五日、十日而往前後, 同占.

欲出秧苗, 必待霜止. 每歲推驗, 若合符節.《祛疑說》

正月一日有雷, 則七月有霜;

二月二日有雷, 則八月有霜.《管窺輯要》

9　부절(符節):돌·대나무·옥 따위로 만들어 신표로 삼던 물건. 주로 어사나 사신들이 가지고 다녔으며 둘로 갈라서 하나는 조정에 보관하고 하나는 본인이 가지고 다니면서 신분의 증거로 삼았다.

10　거의설(祛疑說):중국 송(宋)나라의 시인 저영(儲泳, ?~?)이 음양오행학과 술수학의 진위를 변증한 책.

11　《祛疑說》〈天道不遠說〉《文淵閣四庫全書》865, 210쪽).

12　《管窺輯要》권59〈霜〉《管窺輯要》19, 10면).

6) 이슬이 만물을 적시면

큰 이슬이 만물을 적시면 주로 그해는 곡식을 제대로 거두게 된다.《무비지》[13]

하늘이 높아 이슬이 없으면, 가뭄이 드는 재앙을 겪게 된다.《무비지》[14]

露潤物

大露潤物, 主歲收.《武備志》

天高無露, 旱災. 同上

---

13 《武備志》卷167〈占度載〉"占霜露", 6844쪽.
14 《武備志》, 위와 같은 곳.

12. 눈으로 점치다

占雪

1) 삼백(三白)

三白

12월 이전[臘前]에 2~3번 눈이 내리면 이를 '납전삼백(臘前三白)'이라 한다. 이 눈은 채소와 맥류에 매우 좋다. 속담에 "맥류농사의 경우는 삼백을 보아야 한다."라 하고, 또 "12월의 눈은 이불이고, 봄눈은 귀신이다."라 했다. 그러면 또한 주로 이듬해에 풍년이 들게 된다.

또 속담에 "1월에 삼백 보면 농부가 껄껄 웃는다."라 했다. 그러면 또 주로 메뚜기떼를 죽이게 된다. 《전가오행》[1]

맥류에는 눈이 가장 좋다. 속담에 "겨울에 눈 없으면 맥류 맺히지 않는다."라 했다. 《종수서》[2]

臘前三兩番雪, 謂之"臘前三白", 大宜菜麥. 諺云"若要麥, 見三白." 又云"臘雪是被, 春雪是鬼", 又主來年豐稔.

諺云"一月見三白, 田翁笑嚇嚇", 又主殺蝗子. 《田家五行》

麥最宜雪. 諺云: "冬無雪, 麥不結." 《種樹書》

---

1 《田家五行》卷上〈十二月類〉(《續修四庫全書》975, 335쪽).
2 《種樹書》〈穀麥〉(《叢書集成初編》1469, 10쪽).

2) 1척 쌓인 눈(영척설)

겨울에 눈이 1척 쌓이면 이듬해에 큰 풍년이 들게 된다.

눈이 쌓이면 이듬해 농사는 풍작이고, 사람들이 화목하게 된다.

눈이 없으면 이듬해 맥류는 여물지 않고, 오곡이 제대로 여물지 않으며, 벌레떼가 생기고, 사람들이 전염병에 걸리게 된다. 《군방보》[3]

곽상규(郭相奎)[4]가 일찍이 저술한 《설응풍년변(雪應豐年辯)》[5]에 "눈은 지기(地氣)와 관계가 있다. 민(閩)·광(廣)[6] 지역은 눈이 없어서 오곡농사에 좋다. 융(戎)족[7]이 사는 지역에는 눈이 많이 내려 오곡이 나지 않는다."[8]

《대대례기(大戴禮記)》[9]에 "천지 사이에 음의 추운 기운이 쌓이면 눈이 된다."[10]라 했다. 증자(曾子)[11]는

盈尺雪

冬雪盈尺, 來年大豐;

積雪, 歲美, 人和;

無雪, 來年麥惡, 五穀不成, 蟲生人疫.《群芳譜》

郭相奎嘗著《雪應豐年辯》曰:"雪係於地氣. 閩、廣無雪而宜五穀, 戎地多雪而不生五穀."

《大戴禮》云:"天地積陰寒, 則爲雪." 曾子曰:"陰

---

3 《二如亭群芳譜》〈元部〉"天譜"卷3 '雪'(《四庫全書存目叢書補編》80, 142쪽).

4 곽상규(郭相奎):미상. 중국 명(明) 말엽 경학자인 곽규(郭奎, ?~?)로 추정된다.

5 설응풍년변(雪應豐年辯):곽규가 쓴, 눈과 풍년의 관계에 대한 논설로 추정된다.

6 광(廣):중국 광동성(廣東省)과 광서성(廣西省) 일대.

7 융(戎)족:중국 북서부 지역의 소수민족.

8 눈은……않는다:출전 확인 안 됨.

9 대대례기(大戴禮記):대덕(戴德)이 흩어져 있는 예설들을 수집, 편찬한 책. 대덕이 남긴 기(記) 85편. 그의 조카인 대성(戴聖)은 예 49편을 전하였는데, 이것이 곧 《예기(禮記)》이다. 《의례(儀禮)》와 함께 《소대례기》·《대대례기》에 주석을 붙여 삼례(三禮)라 칭하게 된 후 《소대례기》가 《예기》로 불렸다.

10 천지……된다:《大戴禮記》卷5〈曾子天圓〉(《文淵閣四庫全書》128, 458쪽);《遵生八牋》〈四時調攝箋〉"冬卷"'冬三月調攝總類', 186쪽. 《大戴禮記》의 글은 오히려 아래 "曾子曰"의 내용과 더 일치한다.

11 증자(曾子):B.C. 505~B.C. 436. 중국 춘추 시대 말기 노(魯)나라 남무성(南武城) 사람. 이름은 삼(參)이고, 자는 자여(子輿). 증점(曾點)의 아들이다. 공자(孔子)의 수제자로, 《효경(孝經)》의 작자라고 전해지지만 확실한 근거는 없다. 《대학(大學)》을 지었다고 하며, 사상은 자사(子思)에게 전해졌다. 자사의 제자가 이를 다시 맹자(孟子)에게 전했다. 후세에 '종성(宗聖)'으로 불린다. 저서에 《증자》 18편 가운데 10편이 《대대례기(大戴禮記)》에 남아 전하는데, 효(孝)와 신(信)을 도덕성의 근본으로 삼았다.

"음기가 이기면 눈이 된다."[12]라 했다. 눈을 논하는 자들 중에는 이에 대해 변론한 이가 없다. 그러므로 '3척 눈, 10년 풍년'이라는 이 세속의 말은 군자가 말한 바가 아니다.

내가 생각하기에 눈은 음기가 쌓인 결과이므로 겨울이 되어야 눈이 오면 눈의 음기가 제때의 시령을 얻은 결과이니, 역시 풍년의 조짐이 된다. 만약 눈이 너무 많이 내려 음기가 지나치게 성하면 물난리의 징조가 된다.

《시경(詩經)》에 "하늘에 온통 구름 끼더니, 함박눈 펄펄 내리고, 보슬비까지 더해 오네."라 했다. 그 주(註)에 "겨울에 눈이 쌓이고, 봄에 보슬비까지 더 내렸으니 땅이 윤택하여 충분히 축축해졌다는 뜻이다."[13]라 했다. 이로 보면 눈이 풍년의 조짐임은 예로부터 그러했다.《우항잡록(雨航雜錄)[14]》[15]

氣勝, 則爲雪." 論雪者莫辯於此矣, 故"三尺雪, 十年豐", 此世俗之語, 君子不道也.

愚謂雪者陰氣所積, 當冬而雪, 陰得其令, 亦豐之兆. 若雪太多, 陰氣過盛, 則爲水徵.

《詩》云: "上天同雲, 雨雪雰雰, 益之以霡霂." 註云: "冬有積雪, 春而益以小雨, 則潤澤而饒洽." 雪之兆豐, 自古然矣.《雨航雜錄》[1]

---

12 음기가……된다:《大戴禮記》, 위와 같은 곳.
13 하늘에……뜻이다:《詩經》〈小雅〉"信南山"(《十三經注疏整理本》5, 967쪽).
14 우항잡록(雨航雜錄): 중국 명(明)나라 풍시가(馮時可, 1546~1619)가 지은 수필류 서적.
15 《雨航雜錄》卷下(《文淵閣四庫全書》867, 353~354쪽).
[1] 雨航雜錄: 저본에는 이 서명 위 두주에 "馮時可著(풍시가 지음)"라고 적혀 있다.

3) 봄과 가을의 눈

봄에 눈이 내려 녹지 않으면, 천하에 기근이 들고, 백성은 사망한다. 《무비지》[16]

가을에 눈비가 내리면, 그해는 기근이 들어 백성이 많이 죽는다. 《무비지》[17]

4) 눈이 녹지 않으면

눈이 내린 후 여러날 햇살이 비추었는데도 녹지 않으면, 이듬해에는 물난리가 많게 된다. 《농상요람》[18]

春秋雪

春雪不消, 天下饑, 民死亡. 《武備志》

秋雨雪, 歲饑民多死. 同上

雪不消

雪, 經久日照不消, 來年多水. 《農桑要覽》

---

16 《武備志》卷167 "占氷雪", 6846쪽.
17 《武備志》, 위와 같은 곳.
18 출전 확인 안 됨;《二如亭群芳譜》〈元部〉"天譜" 卷3 '雪'(《四庫全書存目叢書補編》80, 141쪽).

13. 우박으로 점치다

占雹

1) 사계절의 우박

四時雹

봄에 우박이 내리면 추위가 풀리지 않게 된다.

春雨雹, 寒不降;

여름에 우박이 내리면 백성이 굶주리게 된다.

夏雨雹, 民饑;

9월에 우박이 내리면 소와 말에게 이롭지 않게 된다.

九月雨雹, 不利牛馬;

겨울에 우박이 내리면 일기가 순조롭지 않게 된다. 《무비지》[1]

冬雨雹, 天不順. 《武備志》

봄에 우박이 내리면 길하다. 주로 풍년이 들게 된다.

春雹, 吉, 主豐年;

여름에 우박이 내리면 곡식을 조금 죽이게 된다.

夏雹, 小殺;

가을에 우박이 내리면 벼가 늦게 익게 된다.

秋雹, 禾遲熟;

겨울에 우박이 내리면 대신(大臣)들이 죽게 된다. 《농상요람》[2]

冬雹, 大臣死. 《農桑要覽》

1　《武備志》卷167 "占雨雹", 6825쪽.
2　출전 확인 안 됨;《二如亭群芳譜》〈元部〉 "天譜" 卷3 '雹'(《四庫全書存目叢書補編》80, 138쪽).

14. 얼음으로 점치다

占氷

1) 사계절의 얼음

강물이 봄에 얼면 그해는 흉년이 들게 된다.

강물이 여름에 얼면 그해는 기근이 들어 백성들이 떠돌게 된다.

강물이 가을에 얼면 사람들에게 우환이 있게 된다.

강물이 겨울에도 얼지 않으면 기근이 들고, 전염병이 돌게 된다. 《무비지》[1]

四時氷

水以春氷, 歲凶;

水以夏氷, 歲饑民流;

水以秋氷, 人憂;

水冬不氷, 爲饑爲疫. 《武備志》

2) 물을 불어나게 하거나 줄어들게 하는 얼음

얼음이 언 후에 물이 불어나면, '물 불리는 얼음[長水氷, 장수빙]'이라 한다. 그러면 주로 이듬해에 물난리가 나게 된다.

얼음이 언 후에 물이 줄어들면, '물 줄이는 얼음[退水氷, 퇴수빙]'이라 한다. 그러면 주로 가뭄이 들게 된다.

만약 얼음이 단단하게 얼어서 밟아도 될 정도이면, 또한 주로 물난리가 나게 된다. 《농정전서》[2]

長水退水氷

氷後水長, 名"長水氷", 主來年水;

氷後水退, 名"退水氷", 主旱;

若氷堅可履, 亦主水. 《農政全書》

---

1 《武備志》卷167 "占氷雪", 6845쪽.
2 《農政全書》卷11 〈農事〉 "占候" '論氷'(《農政全書校注》, 269쪽).

3) 얼음이 세 차례 녹으면(빙삼반)

입춘 전에 강물이 얼었다 녹기를 세 차례 반복하면, 그 점은 풍년이 든다는 것이다. 《행포지》[3]

氷三泮

立春前江水旣氷而復泮者三, 其占爲有年. 《杏蒲志》

---

3 《杏蒲志》卷1〈占候〉(《農書》36, 83쪽).

15. 은하수로 점치다

占天河

1) 은하수의 별

은하수[漢]란 금(金)이 기를 흩어 놓은 상태이다. 그 근본은 '물[水]'이다. 그러므로 은하수에는 별이 많고, 물이 많다. 물이 적으면 가뭄이 들게 된다. 《사기》〈천관서〉[1]

漢中星

漢者, 金之散氣. 其本曰 "水". 漢, 星多, 多水. 少, 則旱.《史記·天官書》

2) 은하수의 구름

병(丙)·정(丁)·진(辰)이 든 날 사방에 구름이 없고 은하수에만 있으면 60일간 일상과 같이 비바람이 불게 된다. 《상우서(相雨書)[2]》[3]

漢中雲

以丙、丁、辰之日四方無雲, 唯漢中有者, 六十日風雨如 常.《相雨書》

---

1 《史記》卷27〈天官書〉第5, 1335쪽.
2 상우서(相雨書) : 중국 당(唐)나라 황자발(黃子發, ?~?)이 지은 기상예측서.
3 《相雨書》〈觀雲〉(《叢書集成初編》714, 3쪽).

16. 초목으로 점치다

占草木

1) 먼저 난 풀

草先生

풀은 만물 중에 기를 먼저 얻기 때문에 점이 모두 잘 들어맞는다.

草得氣之先者, 皆有所驗.

냉이[薺荣]가 먼저 나면 그해 곡식 맛이 달게 된다.

薺荣先生, 歲欲甘;

다닥냉이[葶藶]가 먼저 나면 그해 곡식 맛이 쓰게 된다.

葶藶先生, 歲欲苦;

연[藕]이 먼저 나면 그해에 비가 많이 내리게 된다.

藕先生, 歲欲雨;

남가새[蒺藜]¹가 먼저 나면 그해에 가뭄이 들게 된다.

蒺藜先生, 歲欲旱;

쑥[蓬]이 먼저 나면 그해에 백성이 유랑하게 된다.

蓬先生, 歲欲流;

마름[水藻]이 먼저 나면 그해에 곡식은 여물지 않게 된다.

水藻先生, 歲欲惡;

참쑥[艾]이 먼저 나면 그해에 사람들이 병에 많이 걸리게 된다.

艾先生 歲欲病.

사계절 첫 달에 이것을 점친다.《풍고수한사등초잡점(豐苦水旱四等草雜占)²》³

孟月占之.《豐苦水旱四等草雜占》

---

1 남가새[蒺藜] : 남가새과의 가새속(Tribulus) 식물. 남가새는 '질려자(蒺藜子)'라는 약명으로 《신농본초경(神農本草經)》에 상품으로 처음 수록되었다. 주요산지는 중국의 하남·하북·섬서 등이다. 한의학에서 질려에는 평간해울(平肝解鬱), 활혈거풍(活血祛風), 명목(明目), 지양(止癢) 등의 작용이 있다.

2 풍고수한사등초잡점(豐苦水旱四等草雜占) : 미상. 풍년·흉년·홍수·가뭄 이 네 가지를 풀로 점치는 법을 설명한 책인 듯하다.

3 출전 확인 안 됨 ;《農政全書》卷11〈農事〉"占候" 論草, 270쪽.

2) 오목(五木, 다섯 나무)

오목은 오곡보다 먼저 자라므로 오곡의 작황을 알고자 하면 이 오목만 보면 된다. 오목 중 왕성한 나무를 택하여 내년에 이 나무와 연관된 곡식을 많이 심으면 만에 하나도 잃지 않는다.

【안】오목(五木)은 어떤 본에 오과(五果, 다섯 과실나무)로 되어 있다. 《황제내경소문(黃帝內經素問)》[4]에서는 "이른바 오과는 돕는 역할을 한다."[5]라고 한 말이 이것이다.

《본초강목(本草綱目)》에 "오과는 오미(五味)[6]와 오색(五色)[7]으로 오장에 상응한다.[8] 자두나무는 팥을 주관하고, 살구나무는 보리를 주관하고, 복숭아나무는 밀을 주관하고, 밤나무은 벼를 주관하고, 대추나무는 조[禾]를 주관한다."[9]라 한 말이 이것이다.

《사민월령》에 "오과의 의미는 다음과 같다. 봄의 과일로는 매실만 한 게 없고, 여름의 과일로는 살구만 한 게 없으며, 늦여름의 과일로는 자두만 한 게 없고, 가을의 과일로는 복숭아만 한 게 없으며, 겨울의 과일로는 밤만 한 게 없다. 이 다섯 계절이 시

五木

五木者, 五穀之先, 欲知五穀, 但視五木. 擇其木盛者, 來年多種之, 萬不失一也.

【按】五木, 一作五果. 《素問》"所謂五果爲助"是也.

《本草》云"五果者, 以五味、五色應五臟. 李主小豆, 杏主大麥, 桃主小麥, 栗主稻, 棗主禾"是也.

《四民月令》云: "五果之義: 春之果莫先于梅, 夏之果莫先於杏, 季夏之果莫先於李, 秋之果莫先於桃, 冬之果莫先于栗. 五時之

---

4 황제내경소문(黃帝內經素問) : 중국 고대 의학서인 《황제내경》 첫 편이 명칭. 인체 해부 생리·병인·병리·진단·치료·예방·양생, 그리고 인간과 자연·음양·오행 학설이 의학 속에서 응용되는 바와 운기학설(運氣學說) 등 여러 방면의 내용을 포괄하였다.

5 이른바……한다:《黃帝內經素問》卷7〈藏氣法時論篇〉第22《黃帝內經素問語譯》, 146쪽).

6 오미(五味):음식의 5가지 맛. 단맛인 감미(甘味), 짠맛인 함미(鹹味), 매운맛인 신미(辛味), 신맛인 산미(酸味), 쓴맛인 고미(苦味)가 있다.

7 오색(五色):오방(五方)의 색인 파랑(청)·빨강(적)·노랑(황)·하양(백)·검정(흑)색.

8 오과는……상응한다:《본초강목》에는 이 뒤에 다음과 같은 내용이 있다. "자두나무·살구나무·복숭아나무·밤나무·대추나무가 이것이다. 점서에서는 오곡의 풍흉을 알아보기 위해 오과의 성쇠만을 살펴보았다 (李、杏、桃、栗、棗是矣. 占書欲知五穀之收否, 但看五果之盛衰)."

9 오과는……주관한다:《本草綱目》권29〈果部〉"目錄", 1725쪽.

작하는 처음에 사당에 반드시 이 과일을 올리니, 이
오과가 그 때에 알맞게 만나기 때문이다."10라 했다.

　그러므로 특별히 오목과 오과에 대한 이 두 설을
취해 기록하지만, 서로 자세함과 간략함의 차이가
있어서 무엇이 옳은지는 잘 모르겠다】《사광점》11

首, 寢廟必有薦, 而此五果
適丁其時."

故特取之兩說, 互有詳略,
未知孰是】《師曠占》

　조[禾]는 대추나무나 양(楊)나무(포플러로 추정)와 상
생한다.

　보리는 살구나무와 상생한다.

　밀은 복숭아나무와 상생한다.

　벼는 버드나무[柳]나 양(楊)나무와 상생한다.

　기장은 느릅나무와 상생한다.

　메주콩은 회화나무와 상생한다.

　팥은 자두나무와 상생한다.

　삼은 양(楊)나무나 가시나무와 상생한다.《잡음양
서》12

禾生于棗或楊,

大麥生于杏,

小麥生于桃,

稻生于柳或楊,

黍生于楡,

大豆生于槐,

小豆生于李,

麻生于楊或荊.《雜陰陽
書》

10　오과의……때문이다: 출전 확인 안 됨;《爾雅翼》卷10〈釋木〉"杏"(《文淵閣四庫全書》222, 341쪽).

11　출전 확인 안 됨;《農政全書》卷11〈農事〉"占候"'論木', 271쪽.

12　출전 확인 안 됨;《農政全書》, 위와 같은 곳.

3) 오곡초(五穀草)[13]

오곡초로 어떤 벼가 좋을지 점친다. 오곡초에 이삭이 5개이고, 이삭이 본줄기에 가까우면 올벼농사가 좋다. 이삭이 허리 위쪽 끝에 달리면 늦벼농사가 좋다. 그 이삭이 잘 패는가의 여부에 따라 풍흉을 판단하지만 반드시 꼭 잘 들어맞지는 않는다. 오곡초만은 매년 한결같이 비슷했다.《전가오행》[14]

4) 줄풀(교초)

줄풀은 수초이다. 촌사람들은 예전에 작고 백색인 줄풀의 껍질을 벗겨 먹어보고서 물난리와 가뭄을 점쳤다. 줄풀의 맛이 달면 주로 물난리가 사(巳)가 든 날에 났다가 역시 미(未)가 든 날에 그치게 된다. 맛이 상한 기가 있으면 주로 가뭄이 사(巳)가 든 날에 왔다가 역시 사(巳)가 든 날에 진정된다.《전가오행》[15]

五穀草

五穀草占稻色. 草有五穗, 近本莖, 爲早色; 腰末, 爲晚禾. 隨其穗之美惡, 以斷豐歉, 未必極驗, 但其草每年根根相似.《田家五行》

茭草

茭草, 水草也. 村人嘗剝其小白, 嘗之以卜水旱. 味甘恬, 主水巳來, 亦未止; 味餿氣, 主旱巳來, 亦巳定.《田家五行》

---

13 오곡초(五穀草) : 그해에 어떤 벼가 잘 되는지 점치는 풀이름으로 추정된다.
14 《田家五行》卷中〈草木類〉"論草"(《續修四庫全書》975, 341쪽).
15 《田家五行》, 위와 같은 곳.

5) 간과초(看窠草)

5월에 날씨가 갑자기 뜨거워질 때 간과초【일명
'간과(干戈)'이다. 이 풀에 가시가 있기 때문에 이런
이름이 붙었다. 갈대[蘆葦]16의 부류로, 땅에 총생한
다】가 갑자기 저절로 말라죽으면 주로 물난리가 나
게 된다. 《전가오행》17

看窠草

五①月暴熱之時看窠草【一
名"干戈", 謂其有刺故也.
蘆葦之屬, 叢生於地】忽自
枯死, 主有水. 《田家五行》

6) 들장미18

들장미가 입하 전에 개화하면 주로 물난리가 나
게 된다. 《전가오행》19

野薔薇

野薔薇開在立夏前, 主水.
《田家五行》

7) 봉선화20

봉선화가 5월에 개화하면 주로 물난리가 나게 된
다. 《전가오행》21

鳳仙花

鳳仙花開在五月, 主水.
《田家五行》

8) 수화괴(水花魁)22

연꽃을 '수화괴'라고 한다. 이 꽃이 하지 전에 개

水花魁

藕花謂之"水花魁", 開在夏

---

16 갈대[蘆葦]: 외떡잎식물 화본목 벼과의 여러해살이풀. 습지나 갯가, 호수 주변에 군락을 이루고 자란다.
《임원경제지 만학지》권5 〈기타 초목류〉 "갈대"(풍석 서유구 지음, 임원경제연구소 옮김, 《임원경제지 만
학지》2, 풍석문화재단, 2023, 374~379쪽)에 자세히 보인다.

17 《田家五行》, 위와 같은 곳.

18 들장미: 향이 짙고 강렬하며, 흰 눈처럼 백색이거나 분홍색으로 피는 장미과 식물. 찔레꽃을 야장미로 보
는 견해도 있다. 《임원경제지 예원지》권2 〈꽃류〉 상 "장미"(서유구 저, 임원경제연구소 옮김, 《임원경제
지 예원지》1, 풍석문화재단, 2022, 286~287쪽)에 자세히 보인다.

19 《田家五行》, 위와 같은 곳.

20 봉선화: 쌍떡잎식물 이판화군 무환자나무목 봉선화과의 한해살이풀. 봉숭아라고도 한다.

21 《田家五行》, 위와 같은 곳.

22 수화괴(水花魁): 쌍떡잎식물 미나리아재비목 수련과의 식물. 풍석 서유구 지음, 임원경제연구소 옮김, 위
와 같은 책, 422~429쪽에 자세히 보인다.

① 五: 《田家五行·草木類·論草》에는 "夏".

화하면 주로 물난리가 나게 된다.《전가오행》[23]

至前, 主水.《田家五行》

23 《田家五行》, 위와 같은 곳.

9) 끼무릇(반하)[24]

끼무릇의 순이 나왔지만 입사귀는 아직 다 펴지
않았을 때, 입사귀 안에 잔 열매들이 있다. 그 열매
에는 크기의 차이가 있다. 농가에서는 큰 열매를 대
미(大米, 큰 쌀알)라 하고, 작은 열매를 소미(小米, 작은
쌀알)라 한다. 열매에 대미가 많으면 벼가 잘 익고,
소미가 많으면 기장이나 조가 잘 익게 된다고 여긴
다.《행포지》[25]

半夏

半夏抽筍, 未展葉時, 葉裏
有細實, 實有大小. 農家謂
大者爲大米, 小者爲小米.
大米多則稻熟, 小米多, 則
黍、栗熟.《杏蒲志》

잔 열매들이 든 끼무릇

---

24 끼무릇(반하) : 외떡잎식물 천남성목 천남성과의 여러해살이풀.
25 《杏蒲志》卷1〈占候〉(《農書》36, 82쪽).

10) 뇌심(雷蕈, 우레버섯)

띠풀 우거진 속에서 봄에 처음 비가 내린 뒤에 버섯이 생겨나면 민간에서 이를 뇌심이라고 한다. 뇌심이 많으면 주로 가뭄이 들고, 없으면 물난리가 나게 된다.《전가오행》26

雷蕈

茆蕩內春初雨過, 菌生, 俗呼爲雷蕈. 多, 則主旱; 無, 則有水.《田家五行》

11) 토란

속담에 "토란 근두에 씨알이 달리면 2그루 토란이 물에 잠겨 죽게 된다. 2그루 토란 근두에 씨알이 달리면 3그루 토란이 가뭄 들어 죽게 된다.《전가오행》27

芋②

諺云: "頭芋生子, 沒殺二芋; 二芋生子, 旱殺三芋."《田家五行》

12) 아욱

가을에 아욱을 심을 때 작은 아욱이 나오면 소나 말이 비싸진다. 큰 아욱이 벌레먹지 않으면 소나 말이 싸진다.《사광점》28

葵

秋葵下, 小葵生, 牛馬貴; 大葵不蟲, 牛馬賤.《師曠占》

---

26 《田家五行》卷中〈草木類〉"論草"(《續修四庫全書》975, 341쪽).
27 《田家五行》, 위와 같은 곳.
28 출전 확인 안 됨;《齊民要術》卷3〈雜說〉第30(《齊民要術校釋》, 246쪽).
② 芋: 저본에는 "芊".《田家五行·草木類·論草》에 근거하여 수정. 이 기사의 "芋" 5개 글자는 모두 이와 같다.

13) 광나무[冬靑, 동청][29]

광나무꽃으로 물난리나 가뭄을 점친다. 속담에 "황매우(黃梅雨)[30]가 지나가지 않으면 광나무꽃은 피지 않는다. 광나무꽃이 이미 피었으면 황매우는 내리지 않게 된다."라 했다.

【군방보[31] 장맛비 속에서 광나무꽃이 피면 주로 가뭄이 들게 된다. 대개 이 꽃이 떨어지지 않으면 습한 지역의 물난리나 가뭄과 관계가 있다】《전가오행》[32]

冬靑

冬靑花占水旱. 諺云: "黃梅雨未過, 冬靑花未破. 冬靑花已開, 黃梅雨不來."

【群芳譜 梅雨中冬靑花開, 主旱. 蓋此花不落, 濕地關係水旱】《田家五行》

---

29 광나무[冬靑, 동청] : 물푸레나뭇과에 속한 상록 교목. 활엽수이며 높이는 3~5미터 정도이다. 잎은 마주나며, 초여름에 흰 꽃이 피고 가을에 쥐똥 비슷한 까만 열매가 익는다. 열매는 약용하며 민간에서는 잎을 삶아서 종기에 바른다. 우리나라 남부 및 일본 등지에 분포한다. 《임원경제지 만학지》卷4〈나무류〉"광나무(동청)"(풍석 서유구 지음, 임원경제연구소 옮김, 《임원경제지 만학지》2, 풍석문화재단, 2023, 157~177쪽)에 자세히 보인다.

30 황매우(黃梅雨) : 매실이 누렇게 익는 계절인 초여름에 내리는 긴 장맛비.

31 《二如亭群芳譜》〈元部〉"天譜"卷3 '雨'(《四庫全書存目叢書補編》80, 127쪽).

32 출전 확인 안 됨 ;《農政全書》卷11〈農事〉"占候" '五月', 257쪽.」

14) 복숭아나무[33]나 자두나무[34]　　　桃、李

복숭아나무나 자두나무에 열매가 많으면 이듬해
는 반드시 풍년이 들게 된다.《염철론(鹽鐵論)[35]》[36]

桃、李[3]實多者, 來歲必穰.
《鹽鐵論》

자두나무가 꽃을 2번 피우면 가을에 큰 서리가
내리게 된다.《유양잡조》[37]

李再花, 秋大霜.《酉陽雜
俎》

15) 살구나무[38]나 대추나무[39]　　　杏、棗

살구나무에 열매가 많고 벌레가 먹지 않으면 이
듬해 가을에 벼가 좋다.《사광점》[40]

杏多實不蟲者, 來年秋禾
善.《師曠占》

살구가 잘 익으면 그해에 맥류가 좋다. 대추가 잘
익으면 그해에 벼가 좋다.《후산총담(後山叢談)[41]》[42]

杏熟, 當年麥; 棗熟, 當年
禾.《後山叢談》

---

33 복숭아나무 : 장미과에 속한 낙엽 소교목. 높이 3미터 정도로 자라며, 잎은 어긋나고 가장자리에 톱니가 있
다. 꽃은 4~5월에 잎보다 먼저 백색이나 담홍색으로 피고, 열매는 7~8월에 붉게 익는데, 부드럽고 맛이
좋다. 씨는 약으로 쓰인다. 풍석 서유구 지음, 임원경제연구소 옮김,《임원경제지 만학지》1, 242~253
쪽에 자세히 보인다.

34 자두나무 : 장미과에 속한 낙엽 활엽 교목 자두나무의 열매. 높이 10미터 정도로 자란다. 4월에 흰 꽃이 잎
보다 먼저 피고 열매는 7월에 황색 또는 적자색으로 익는다. 풍석 서유구 지음, 임원경제연구소 옮김, 위와
같은 책, 218~224쪽에 자세히 보인다.

35 염철론(鹽鐵論) : 중국 한(漢)나라 환관(桓寬)이 저술한, 소금과 철에 대한 조정의 회의록. 전한(前漢) 소제
(昭帝) 시원(始元) 6년(기원전 81년)에 있었던 염철회의(鹽鐵會議)에 관한 자료를 선제(宣帝) 때에 정리하
여 편찬했다.

36 《鹽鐵論》卷2〈非鞅第七〉(《文淵閣四庫全書》695, 499쪽).

37 《酉陽雜俎》卷16〈廣動植之〉1(《叢書集成初編》277, 126쪽).

38 살구나무 : 장미과에 속한 낙엽 활엽 교목 살구나무의 열매. 4월에 연한 홍색 꽃이 잎보다 먼저 피며, 7월에
황색 또는 황적색의 둥글고 털이 많은 열매가 익는다. 열매는 먹고 씨는 한방에서 약으로 쓴다. 풍석 서유
구 지음, 임원경제연구소 옮김, 위와 같은 책, 225~229쪽에 자세히 보인다.

39 대추나무 : 갈매나뭇과에 속한 낙엽 활엽 교목 대추나무열매. 초여름에 연한 황록색 꽃이 피고 타원형의 열
매인 대추가 가을에 붉게 익는다. 열매는 식용이나 약용으로 쓰인다. 목질은 단단해서 판목, 떡메, 달구지 따
위의 재료로 쓰인다. 풍석 서유구 지음, 임원경제연구소 옮김, 위와 같은 책, 268~282쪽에 자세히 보인다.

40 출전 확인 안 됨 ;《欽定授時通考》卷2〈天時〉"占驗總"(《文淵閣四庫全書》732, 37쪽).

41 후산총담(後山叢談) : 중국 송(宋)나라 진사도(陳師道)가 지은 필기 소설.

42 《後山叢談》卷2(《文淵閣四庫全書》1037, 70쪽).

③ 桃李 :《鹽鐵論·非鞅第七》에는 "李梅".

16) 밤나무[^43]

가을달에 밤나무에 꽃이 밝게 피면 그해는 곡식이 아주 잘 익는다.《행포지》[^44]

栗

秋月栗有花明, 歲大熟. 《杏蒲志》

17) 가래나무[楸][^45]

가래나무 한 꽃대에 열매가 5~6개 열리면 시장의 곡식값이 싸진다. 열매가 2~3개 열리면 시장의 곡식값이 비싸진다.《행포지》[^46]

楸

楸一蔕五六實, 則糶④賤; 三二實, 則糶貴.《杏蒲志》

18) 버드나무[^47]

버드나무 끝과 물가 뿌리가 홍색으로 마르면 주로 물난리가 나게 된다【이 설은 매년 이와 같았을 때 그다지 잘 들어맞지는 않은 듯하다】.《전가오행》[^48]

楊柳

楊樹頭竝水際根乾紅者, 主水【此說恐每年如此, 不甚應】.《田家五行》

12월에 버드나무겨울눈이 청색이면 주로 이듬해 여름·가을에 쌀이 싸진다.《전가잡점》[^49]

臘月柳眼靑, 主來年夏秋米賤.《田家雜占》

---

43 밤나무 : 참나뭇과에 속한 낙엽 활엽 교목 밤나무의 열매. 산지에 자라며 과수로도 재배한다. 암수한그루로 5~6월에 이삭모양의 노란 꽃이 피며, 가을에 견과(堅果)인 밤이 가시가 많은 밤송이에 두세 개씩 들어 익는다. 풍석 서유구 지음, 임원경제연구소 옮김, 위와 같은 책, 254~267쪽에 자세히 보인다.

44 《杏蒲志》卷1 〈占候〉《農書》36, 83쪽).

45 가래나무[楸] : 가래나뭇과에 속한 낙엽 교목. 잎은 깃모양을 한 겹잎이다. 꽃은 5월에 피고, 달걀모양의 열매는 '가래' 또는 '추자(楸子)'라고 하며, 9월에 익는다. 열매의 씨는 먹거나 약으로 쓰고, 재목은 조각이나 장롱 따위를 만드는 데 쓰인다. 산기슭 양지쪽에서 자란다. 풍석 서유구 지음, 임원경제연구소 옮김, 《임원경제지 만학지》2, 141~145쪽에 자세히 보인다.

46 《杏蒲志》卷1 〈占候〉《農書》36, 83쪽).

47 버드나무 : 버드나뭇과에 속한 갈잎큰키나무. 높이는 20미터 정도이며, 가늘고 축축 늘어진 가지가 있다. 봄에 개울가나 들에서 암자색 꽃이 피며, 목재로도 쓰인다. 풍석 서유구 지음, 임원경제연구소 옮김, 위와 같은 책, 64~77쪽에 자세히 보인다.

48 《田家五行》〈草木類〉 "論木"《續修四庫全書》975, 341쪽).

49 출전 확인 안 됨;《欽定授時通考》卷6 〈占驗〉《文淵閣四庫全書》732, 79쪽).

④ 糶 :《杏蒲志·占候》에는 "糶".

[^43]: 밤나무
[^44]: 행포지
[^45]: 가래나무[楸]
[^46]: 행포지
[^47]: 버드나무
[^48]: 전가오행
[^49]: 전가잡점

19) 회화나무[50]

회화나무꽃이 1번 피면 찹쌀이 1번 비싸진다. 《전가오행》[51]

회화나무열매가 잘 익으면 이듬해 보리농사에 좋다. 《기력촬요》[52]

槐

槐花開一遍, 糯米長一遍價.《田家五行》

槐熟, 宜來歲麥.《紀歷撮要》

20) 오동나무[53]

오동나무꽃이 처음 생길 때 적색이면 주로 가뭄이 들게 된다.
백색이면 주로 물난리가 나게 된다. 《전가오행》[54]

梧桐

梧桐花初生時赤色, 主旱;

白色, 主水.《田家五行》

21) 구기자나무[55]

구기자나무가 여름에 꽃을 피웠다가 열매를 맺으면 주로 물난리가 나게 된다. 《전가오행》

杞

杞夏月開結, 主水.《田家五行》

---

50 회화나무:콩과에 속한 낙엽 활엽 교목. 높이는 25미터 정도이다. 가지가 퍼져 자라고 속껍질은 노랗고 특유한 냄새가 난다. 8월에 나비 모양의 황백색 꽃이 가지 끝에 빽빽이 달리며, 10월에 염주모양의 열매가 익는다. 목재는 가구재로 쓰며, 꽃과 열매는 약용한다. 풍석 서유구 지음, 임원경제연구소 옮김, 위와 같은 책, 86~92쪽에 자세히 보인다.

51 《田家五行》〈草木類〉 "論花"《續修四庫全書》975, 341쪽).

52 《紀歷撮要》〈雜占〉《續修四庫全書》975, 362쪽).

53 오동나무:현삼과에 속한 낙엽 활엽 교목. 높이는 15미터 가량이다. 둥근 심장모양의 잎이 마주나며, 5~6월에 흰색 또는 보라색 꽃이 핀다. 열매는 달걀꼴이고 털이 없으며 10월에 익는다. 재목은 가볍고 고우며, 휘거나 트지 않아 장롱이나 악기 따위를 만드는 데 쓰인다. 풍석 서유구 지음, 임원경제연구소 옮김, 위와 같은 책, 93~117쪽에 자세히 보인다.

54 《田家五行》, 위와 같은 곳.

55 구기자나무:가짓과에 속한 낙엽 관목. 활엽수이며 높이는 4미터 정도이다. 줄기는 가늘며 가시가 있다. 여름에 자줏빛 꽃이 피며, 열매는 빨갛고 고추와 비슷하다. 어린잎은 식용되고 열매와 뿌리는 약용된다. 풍석 서유구 지음, 임원경제연구소 옮김, 위와 같은 책, 213~219쪽에 자세히 보인다.

22) 박달나무[56]

박달나무는 물푸레나무[秦皮][57]와 비슷하다. 여름이 되어도 잎이 나지 않다가 갑자기 잎이 달리면 홍수가 나기 마련이다. 농사꾼들은 박달나무를 살펴서 물난리나 가뭄을 점친다. 이 때문에 이 나무를 수단(水檀)이라 불렀다. 《본초습유》[58]

檀

檀似秦皮. 至夏有不生者, 忽然葉開, 當有大水. 農人候以占水旱, 號爲水檀. 《本草拾遺》

23) 익지(益智)[59]

《본초강목》에 "해남(海南)[60]에서 익지가 난다. 익지는 꽃이 실하고, 긴 이삭이 나면서 3마디로 나뉘어진다. 그 열매가 잘 익었는지 아닌지를 보고서 그해 농사의 풍흉을 예측한다."[61]라 했다. 《완위여편(宛委餘編)[62]》[63]

益智

《本草》"海南産益智, 花實作長穗而分爲三節, 其實熟否, 以候歲之豐歉." 《宛委餘編》

24) 영산홍[64]

영산홍이 산꼭대기에 가득 나면 그해에는 풍년이

映山紅

映山紅生滿山頂, 其年豐

---

56 박달나무 : 참나무목 자작나뭇과에 속하는 관속식물. 해발 고도 1,000m 이하의 산지에 자라는 낙엽 활엽교목. 수령이 오래되면 줄기가 두껍고 작은 조각으로 떨어진다. 어린가지는 털 또는 선점이 있으나 점차 없어진다.

57 물푸레나무[秦皮] : 쌍떡잎식물 용담목 물푸레나뭇과의 낙엽교목. 풍석 서유구 지음, 임원경제연구소 옮김, 위와 같은 책, 153~156에 자세히 보인다.

58 출전 확인 안 됨; 《本草綱目》 권35 〈木部〉 "檀", 2010쪽.

59 익지(益智) : 생강과의 식물. 그 열매는 약재로 사용된다.

60 해남(海南) : 중국 최남단의 해남성(海南省).

61 해남(海南)에서……예측한다 : 《本草綱目》 卷14 〈草部〉 "益智", 87쪽.

62 완위여편(宛委餘編) : 중국 명(明)나라 문학가 왕세정(王世貞, 1526~1590)이 지은 필기류 책. 《엄주사부고(弇州四部稿)》에 실려 있다.

63 《弇州四部稿》 卷156 〈宛委餘編〉 《文淵閣四庫全書》 1281, 507쪽); 《本草綱目》, 위와 같은 곳.

64 영산홍 : 진달래과의 반상록관목. 오래 전부터 중국 문헌에 등장하는 영산홍은 중국 원산의 빨간색 꽃이 피는 철쭉류로 추정된다. 풍석 서유구 지음, 임원경제연구소 옮김, 《임원경제지 예원지》 1, 풍석문화재단, 2022, 325~327쪽에 자세히 보인다.

들게 된다. 《초화보(草花譜)65》66

稔. 《草花譜》

25) 대나무

일반적으로 숲에 퍼진 죽순이 많으면 물난리가 나게 된다. 《전가오행》67

竹

凡竹笋透林者多, 有水. 《田家五行》

26) 나무에 꽃이 다시 피면

나무에 꽃이 다시 피면, 여름에 우박이 내리게 된다. 《유양잡조》68

木再花

木再花, 夏有雹. 《酉陽雜俎》

---

65 초화보(草花譜):《준생팔전(遵生八牋)》의 저자인 중국 명(明)나라 고렴(高濂)이 지은, 풀과 꽃에 대한 기록.《준생팔전》〈연한청상전(燕閑淸賞牋)〉 하권에 그 일부가 실려 있다

66 출전 확인 안 됨;《遵生八牋》卷16〈燕閑淸賞牋〉下 "四時花紀" '梔子花'(《遵生八牋校注》, 625쪽).

67 《田家五行》〈草木類〉 "論木"(《續修四庫全書》 975, 341쪽).

68 《酉陽雜俎》卷16〈廣動植之〉 1(《叢書集成初編》 277, 126쪽).

17. 곡식으로 점치다

占穀

1) 그해에 알맞은 곡식

歲所宜

그해에 맞는 곡식을 알고자 하면 베주머니에 조 등 여러 곡식을 무게가 같게 담아서 동지일에 움집 에다 묻어 둔다. 동지 50일 후에 파내어 무게를 단 다. 가장 많이 커진 곡식이 그해에 맞는 곡식이다.

欲知歲所宜, 以布囊盛粟 等諸物種, 平量之, 埋陰 地. 冬至日窖埋, 冬至後 五十日, 發取量之. 息最多 者, 歲所宜也.

【농정전서】[1] 이 점후(占候)는 합당한 이치가 있다.

【農政全書】此占候之有理 者也.

안 최식(崔寔)의 《사민월령(四民月令)》에 "오곡 각 0.1 두씩을 되어서 작은 옹기에 담고 담장의 그늘진 곳 아래에 묻는다."[2]라 했다. 나머지 법은 위와 같다.

《구선신은서(臞仙神隱書)》[3]에 "북쪽 담장의 그늘진 곳에 묻고 사람이 그 위를 밟지 못하게 한다. 입춘일 에 파내고 무게를 달아 보면 곳에 따라 흙기운이 다 르다. 각자가 있는 곳에서 시험해 보아야 잘 들어맞

按 崔寔《四民月令》稱"平 量五穀各一升, 小罌盛, 埋墻陰下." 餘法同上.

《臞仙神隱書》云: "埋於北 墻陰處, 勿令人履其上, 立 春日發取量之, 土氣隨處 異. 宜所在試之乃驗"】《氾

---

1 출전 확인 안 됨.
2 오곡……묻는다 : 출전 확인 안 됨 ; 《齊民要術》 卷1 〈收種〉 第2(《齊民要術校釋》, 57쪽).
3 구선신은서(臞仙神隱書) : 중국 명(明)나라 태조 주원장의 제17자인 주권(朱權, 1378~1448)이 신선·은 둔·섭생 등을 다룬 의서. 구선(臞仙)은 주권의 호이다.

는지 알 수 있다."⁴라 했다】《범승지서》⁵   勝之書》

───────

4 북쪽……있다 : 출전 확인 안 됨 ; 《山林經濟》卷1 〈治農〉 "驗歲"(《農書》2, 88쪽).
5 출전 확인 안 됨 ; 《齊民要術》, 위와 같은 곳.

2) 벼

벼꽃이 백색이고 그 꽃잎이 적으면 쌀이 싸진다.

그 꽃잎이 많고 황색이면 쌀이 비싸진다. 속담에 "은색 꽃이면 싸지고, 금색 꽃이면 비싸진다."라 했다. 《계암만필(戒菴漫筆)6》7

稻

稻花白而瓣少者, 米賤; 多而色黃, 則貴. 俗云: "銀花, 賤; 金花, 貴也." 《戒菴漫筆》

---

6 계암만필(戒菴漫筆) : 중국 명(明)나라 학자 이허(李詡, 1506~1593)가 쓴 필기류 책. 조야(朝野)의 전고(典故)와 시문 등을 기록했다.

7 출전 확인 안 됨;《欽定授時通考》卷20 〈穀種〉 "稻"《文淵閣四庫全書》732, 296쪽).

3) 맥류

숙맥(宿麥)[8]은 매년 입춘일 때에 새 뿌리를 내린다. 이 뿌리는 잘고 백색으로, 침과 같이 뾰족하다. 입춘 시각이 지나면 이 뿌리는 바로 다시 사라져서 볼 수가 없게 된다.

그해 맥류농사의 풍흉을 알고자 하면 반드시 입춘 시각에 한 그루를 파 본다. 이 뿌리가 3개이면 풍년이 들고, 1~2개이면 흉년이 들게 된다.《행포지》[9]

맥류싹이 흙에서 나올 때 오른쪽으로 돌면서 나오면 곡식이 잘 익고, 왼쪽으로 돌면서 나면 흉작이 된다.《행포지》[10]

맥류의 꽃이 낮에 피면 주로 물난리가 나게 된다.《전가잡점》[11]

麥

宿麥, 每年立春日時下新根, 細白, 如針尖. 過立春時刻, 則旋復消泯不可見之.

欲知當年麥農豐荒, 必於立春時刻掘見一本, 三① 根, 則豐; 一二② 根, 則歉. 《杏蒲志》

麥苗之出土也, 右旋而出, 則熟; 左旋而出, 則荒. 同上

麥花晝啓, 主水.《田家雜占》

---

8 숙맥(宿麥): 가을에 심어 겨울을 나고 이듬해 봄에 꽃이 피며, 여름에 거두는 보리.《임원경제지 본리지》卷7〈곡식 이름 고찰〉"보리와 밀"(서유구 지음, 정명현·김정기 역주,《임원경제지 본리지》2, 소와당, 2008, 541쪽) 참조 바람.

9 《杏蒲志》卷1〈占候〉(《農書》36, 82~83쪽).

10 《杏蒲志》卷1〈占候〉(《農書》36, 82쪽).

11 출전 확인 안 됨;《御定月令輯要》卷22〈晝夜令〉上 "占驗"(《文淵閣四庫全書》467, 643쪽).

① 三:《杏蒲志·占候》에는 "四五".

② 一二:《杏蒲志·占候》에는 "二三".

4) 납작콩

망종(芒種) 전에 납작콩에 꽃이 피면 주로 물난리가 나게 된다. 《월령광의(月令廣義)[12]》[13]

扁豆

芒種前扁豆開花, 主水.
《月令廣義》

5) 수수

민간에는 수수의 뿌리가 높아 지상에 너무 심하게 노출되면 그해에는 바람이 많이 불게 된다고 전해 온다. 《화한삼재도회》[14]

蜀黍

俗傳蜀黍根高, 露出於地上如甚高, 則其歲有風.
《和漢三才圖會》

---

12 월령광의(月令廣義):중국 명나라의 관리 풍응경(馮應京, 1555~1606)이 1601년에 지은, 기후현상에 대한 책.
13 출전 확인 안 됨;《廣羣芳譜》卷10〈穀譜〉"藊豆", 235쪽.
14 《和漢三才圖會》卷103〈穀菽類〉"蜀黍"(《倭漢三才圖會》12, 244쪽).

18. 짐승들로 점치다   占禽獸

1) 까치   鵲

까치가 둥지를 낮은 곳에 지으면 주로 물난리가
나게 된다.

높은 곳에 지으면 주로 가뭄이 들게 된다.

민간에 다음과 같이 전해 온다. 까치의 생각으로
는 이미 물난리가 나게 될 줄을 알고는 '끝내 우리를
물에 잠겨 죽게 두지 않겠다.'라 하고는, 부러 더 낮
은 곳에 둥지를 짓는다.

또 이미 가뭄이 들게 될 줄을 알고는 '끝내 우리
를 말라 죽게 두지 않겠다.'라 하고는, 부러 더 높은
곳에 둥지를 짓는다.

《조야첨재(朝野僉載)》에 "까치둥지가 땅에 가까우
면 그 해에는 큰 물난리가 나게 된다."¹라 했다. 《전
가오행》²

들에 까치가 많으면 먼저 물난리가 나고, 나중에

鵲巢低, 主水;

高, 主旱.

俗傳鵲意旣預知水, 則云
"終不使我沒殺", 故意愈
低;

旣預知旱, 則云"終不使我
曬殺", 故意愈高.

《朝野僉載》云: "鵲巢近①
地, 其年大水." 《田家五
行》

野鵲眾多, 先水後旱. 《武

---

1 까치둥지가……된다:《朝野僉載》卷1(《文淵閣四庫全書》1035, 226쪽);《農政全書》卷11〈農事〉"占候"
'論飛禽'(《農政全書校注》, 271쪽).
2 《田家五行》卷中〈鳥獸類〉"論飛禽"(《續修四庫全書》975, 342쪽).
① 近:《朝野僉載》에는 "下".

가뭄이 들게 된다.《무비지》[3]

그해에 바람이 많이 불면 까치가 둥지를 낮은 곳에 짓는다.《회남자》주(注)[4]

까치둥지의 문이 나 있는 방위를 보아 그해에 어느 방위에서 바람이 많이 부는지를 점친다. 만약 문이 동쪽으로 나 있으면 서풍이 많이 불게 된다. 나머지 방위도 모두 이와 같다.《행포지》[5]

2) 소쩍새[鼎小鳥]
소쩍새가 밤에 울 때 그 소리가 '소쩍[鼎小]'으로 나기 때문에 이렇게 이름 붙였다. 산림에 드물게 있는 새이다. 민간에서는 "이 새가 울면 그해 농사가 풍년이 된다."라 했다.《행포지》[6]

3) 제비
제비둥지 지어 놓은 상태가 건조하지도 깨끗하지도 않으면 주로 농지 안에 잡초가 많아지게 된다.《전가오행》[7]

바다제비가 스스로 뭍으로 오고 제비떼가 이를

備志》

歲多風, 則鵲作巢卑.《淮南子》注

看鵲巢出戶, 占其年何方風多, 戶若東出, 則西風多. 餘方皆同.《杏蒲志》

鼎小鳥
鼎小鳥夜鳴, 其音若云"鼎小"故名. 山林罕有之. 俗云: "此鳥鳴, 則歲稔."《杏蒲志》

燕
燕巢做不乾淨, 主田內草多.《田家五行》

海燕自來, 衆燕隨之, 穀不

3 《武備志》卷168〈占度載〉"占五行", 6878쪽.
4 《淮南鴻烈集解》卷16〈繆稱訓〉(《中華道藏》24, 612쪽).
5 《杏蒲志》卷1〈占候〉(《農書》36, 84쪽).
6 《杏蒲志》卷1〈占候〉(《農書》36, 85쪽).
7 출전 확인 안 됨;《農政全書》卷11〈農事〉"占候"'論飛禽', 272쪽.

따르면 곡식이 익지 않게 된다. 《경방역점》[8]　　　　登. 《京房易占》

---

8 출전 확인 안 됨 ; 《御定月令輯要》 卷2 〈歲令〉 下 "占驗" (《文淵閣四庫全書》 467, 119쪽).

4) 사다새[9]

사다새가 오면 주로 큰 물난리가 나게 된다.

지정(至正)[10] 경인(庚寅, 1350년) 5월 장맛비로 물이 불어났을 때 갑자기 괴이하게 생긴 새 수십 마리가 서쪽에서 동쪽으로 날아왔다. 사람들이 의아하게 여기며 "농지를 잠기게 할 조짐이다."라 했다. 그러자 한 노농이 "문제 될 거 없소. 저 새가 하지 전에 오면 '이호(犁湖, 호수 내는 새)'라 합니다. 하지 후에 오면 '이도(犁途, 길 내는 새)'라 합니다. 그 부리의 모양이 쟁기와 같다는 말이지요. 호(湖)는 물이 불어난다는 말이고, 도(途)는 물이 빠진다는 말이오. 지금은 하지가 이미 지났으니 장마로 불어난 물이 반드시 빠질 것이오."라 했다.

얼마 후 정말 그렇게 되었다.《전가오행》[11]

鵜鶘

鵜鶘來, 主大水.

至正庚寅五月梅水泛漲時, 忽怪鳥數十自西而東. 衆訝謂"沒田之兆". 一老農云: "無妨也. 夏至前來, 謂之'犁湖'; 夏至後來, 謂之'犁途'. 謂其觜之狀似犁, 湖言水漲; 途, 言水退也. 今則夏至已過, 水必退矣."

後果然.《田家五行》

---

9 사다새 : 사다새목 사다새과의 새. 몸길이 140~180cm이다. 어미새의 몸빛깔은 흰색이며 첫째날개깃은 검정색이다. 어린 새는 온몸이 갈색이다. 부리가 크고 아랫부리에 신축성이 있는 큰 주머니가 달려 있다. 아랫부리 주머니는 피부로 되어 있으며 평소에는 보이지 않다가 먹이를 낚았을 때 크게 늘어난다. 가람조(伽藍鳥)라고도 한다.

10 지정(至正) : 중국 원나라 혜종(惠宗, 1320~1370) 때의 연호(1341~1370).

11 출전 확인 안 됨;《農政全書》, 위와 같은 곳.

5) 물새

물새가 고기를 물고 지붕 위에 이르면 반드시 큰 수재가 나게 된다.《무비지》[12]

물수리[鷲][13]가 인가에 들어오면 사람들이 전염병에 걸리게 된다.《무비지》[14]

끽정(喫井)은 물새이다. 끽정이 하지 전에 울면 주로 가뭄이 들게 된다. 속담에 "하지 전에 끽정이 울 때 수차로 가뭄을 대비하면 각각이 충분히 먹을 곡식을 수확하게 된다. 그러나 수차를 쓰지 않으면 흉년이 들어 각각이 기근으로 울부짖게 된다."라 했다.《전가오행》[15]

6) 기이한 새

일반적으로 이상한 짐승이나 새가 나타나면 모두 홍수의 징후이다.《농정전서》[16]

水鳥

水鳥銜魚至屋上，必有大水災.《武備志》

鷲入人家[2]，疾疫. 同上

異鳥

喫井水禽也. 在夏至前叫，主旱. 諺云：“夏前喫井叫，有車，個恰喫；無車，個嘯."《田家五行》

凡異常禽鳥至，皆大水徵.《農政全書》

---

12 《武備志》卷168〈占度載〉"占五行", 6880쪽.
13 물수리[鷲]：황샛과에 딸린 물새.
14 《武備志》, 위와 같은 곳.
15 출전 확인 안 됨；《欽定授時通考》卷2〈天時〉"占驗總"(《文淵閣四庫全書》732, 37쪽).
16 《農政全書》卷11〈農事〉"占候"'論飛禽'(《農政全書校注》, 272쪽).
[2] 人家：《武備志·占度載·占五行》에는 "城營"

7) 쥐

쥐가 맥류싹을 갉아 먹었으면 주로 수확을 보지 못하게 된다. 벼싹을 갉아 먹었어도 그렇다.

【쥐가 곡식의 뿌리 아래에 처박혀 있으면 주로 도정한 쌀이 비싸진다.

싹을 물고 동구 어귀에 있으면 주로 곳집에 보관된 도정 안 한 쌀이 비싸진다】《전가오행》[17]

한낮에 쥐가 제 새끼를 옮기면 화재가 나지는 않고, 반드시 홍수가 나게 된다.《무비지》[18]

쥐구멍이 나무에 있으면 홍수가 나게 된다.《무비지》[19]

쥐가 떼지어 다니며 사람을 두려워하지 않으면 낮에는 굶주리고 밤에는 전쟁에 시달리게 된다.《무비지》[20]

鼠

鼠咬麥苗, 主不見收; 咬稻苗, 亦然.

【倒在根下, 主糶下米貴;

銜在洞口, 主困頭米貴】《田家五行》

白日鼠搬其子, 不有火災, 必有大水.《武備志》

鼠巢於木, 有大水. 同上

鼠群行不畏人, 晝爲饑, 夜爲兵. 同上

---

17 《田家五行》卷中〈鳥獸類〉 "論走獸"《續修四庫全書》975, 342쪽).
18 출전 확인 안 됨.
19 《武備志》卷168〈占度載〉 "占五行", 6864쪽.
20 《武備志》, 위와 같은 곳.

8) 들쥐

밭두둑을 빙 둘러 들쥐가 땅을 파 놓았으면 주로 물난리가 나서 반드시 들쥐가 파 놓은 곳에 이르러서야 물이 그친다.《전가오행》[21]

野鼠

圍塍上野鼠爬地③, 主有水, 必到所爬處方止.《田家五行》

9) 수달

수달의 굴이 물에 가까우면 주로 가뭄이 들게 된다. 굴이 언덕으로 올라가 있으면 주로 물난리가 나게 된다. 이는 잘 들어맞는다.《전가오행》[22]

獺

獺窟近水, 主旱; 登岸, 主水. 有驗.《田家五行》

---

21 《田家五行》卷中〈鳥獸類〉"論走獸"(《續修四庫全書》975, 342쪽).
22 《田家五行》卷中〈鳥獸類〉"論走獸"(《續修四庫全書》975, 342쪽).
③ 地:《田家五行·鳥獸類·論走獸》에는 "泥".

19. 벌레나 물고기로 점치다   占蟲魚

1) 개구리

3월 3일 상사일(上巳日)에 개구리 소리를 듣고 물난리나 가뭄을 점친다. 속담에 "논개구리 소리가 벙어리처럼 나면 저지대 논에서 벼를 수확하기 좋다. 논개구리 소리가 메아리가 울릴 정도이면 물난리로 저지대 논에서 상앗대(삿대) 젓기 좋다."라 했다.

당시(唐詩)에 "농가에 오행 따져 점칠 이 없어 물난리나 가뭄 개구리 소리로 점치네."[1]라 한 노래가 이것이다. 《가정현지(嘉定縣志)》[2]

초 3일에 개구리 소리로 점친다. 황혼 무렵[上晝]에 울면 고지대 곡식이 잘 익게 된다.

오후 무렵[下晝]에 울면 저지대 곡식이 잘 익게 된다.

종일 울면 고지대와 저지대의 곡식이 고루 잘 익게 된다. 《기력촬요》[3]

蛙

三月三上巳日聽蛙聲, 占水旱. 諺云: "田鷄叫得啞, 低田好稻把; 田鷄叫得響, 低田好牽縴."

唐詩"田家無五行, 水旱聽[1]蛙聲"是也.《嘉定縣志》

初三日聽蛙聲. 上晝叫, 上鄉熟;

下晝叫, 下鄉熟;

終日叫, 上下齊熟.《紀歷撮要》

---

1   농가에서는……점치네:《三體唐詩》卷5 "田家"(《文淵閣四庫全書》1358, 58쪽). 중국 당나라 시인 장효표(章孝標)의 시이다.
2   출전 확인 안 됨;《欽定授時通考》卷3〈天時〉"三月"(《文淵閣四庫全書》732, 52쪽).
3 《紀歷撮要》〈三月〉(《續修四庫全書》975, 358쪽).
[1]   聽:《三體唐詩·田家》에는 "卜".

2) 파리

속담에 "6월에 파리가 없으면 새 곡식과 묵은 곡식이 서로 다 잘 익어 쌀값이 적당하게 된다."라 했다.《월령통고》4

蠅

諺云: "六月無蠅, 新舊相登, 米價平."《月令通考》

3) 누에

두잠누에[二蠶, 이잠]5가 처음 나왔을 때 변태가 심하면 주로 물난리가 나게 된다.《농정전서》6

蠶

二蠶初出, 變化得多, 主水.《農政全書》

4) 개똥벌레

개똥벌레가 많으면 풍년이 들게 된다.《회계지(會稽志)7》8

螢

螢多, 則有年.《會稽志》

5) 매미

6월에 나방[蜩]·참매미[蟟]·매미[蟬]가 울면 벼에 까끄라기가 생기게 된다.《기력촬요》9

蟬

六月蜩、蟟、蟬叫, 稻生芒.《紀歷撮要》

---

4 출전 확인 안 됨;《二如亭群芳譜》〈元部〉 "歲譜" 卷2 '六月'(《四庫全書存目叢書補編》80, 197쪽).

5 두잠누에[二蠶, 이잠]: 여름과 가을에 2번 부화하는 누에.《전공지》권2〈누에치기와 길쌈 하기〉 "여름누에 기르는 법"(풍석 서유구 지음, 임원경제연구소 옮김,《임원경제지 전공지》1, 풍석문화재단, 2022, 315~317쪽)에 자세히 보인다.

6 《農政全書》卷11〈農事〉 "占候" '論雜蟲'(《農政全書校注》, 274쪽).

7 회계지(會稽志): 중국 송(宋)나라 시숙(施宿, 1164~1222) 등이 가태(嘉泰, 1201~1204) 연간에 지은, 회계 지역의 지방지.

8 출전 확인 안 됨;《御定月令輯要》卷22〈晝夜令〉上 "占驗"(《文淵閣四庫全書》467, 643쪽).

9 《紀歷撮要》〈六月〉(《續修四庫全書》975, 360쪽).

6) 책맹(蚱蜢)[10]과 잠자리

책맹(蚱蜢)·청정(蜻蜓, 잠자리)·황맹(黃虻)[11] 등의 벌레가 소만 이전에 생기면 주로 물난리가 나게 된다. 민간에서는 이를 '물고기 입 속 먹이[魚口中食, 어구중식]'라고 한다. 이는 비바람만 겨우 한 번 지나가도 물난리가 나서 모두 물에서 죽기 때문이다. 《전가오행》[12]

蚱蜢、蜻蜓

蚱蜢、蜻蜓、黃虻等蟲在小滿以前生者，主水. 俗呼是"魚口中食"，謂其纔經風雨，俱死于水故也.《田家五行》

---

10 책맹(蚱蜢):메뚜기과의 곤충. 벼잎을 갉아 먹어 해를 입힌다. 그 모양은 메뚜기와 비슷하지만 약간 작고, 머리 모양이 삼각형이며, 잘 뛰어오르는 속성이 있다.
11 황맹(黃虻):누런 등에로 추정된다.
12 《田家五行》卷中〈鳥獸類〉"論雜蟲"(《續修四庫全書》975, 343쪽).

7) 뱀

비유사(肥遺蛇)[13]는 '각상유화(角上有火)'라 부른다. 이를 보면 큰 가뭄이 들게 된다. 《행촉기(幸蜀記)[14]》[15]

蛇

肥遺蛇, 名"角上有火", 見, 則大旱. 《幸蜀記》[2]

8) 물고기가 뿌린 알

4월에 물고기가 뿌린 알을 보고 물난리를 점친다. 장마철에 물고기가 물가의 풀에다 물고기가 알을 뿌린 높이를 보고 물이 더 불어날지 그칠지를 점친다. 《기력찰요》[16]

魚散子

四月中看魚散子, 占水. 黃梅時水邊草上, 看散子高低, 以卜水增止. 《紀歷撮要》

13　비유사(肥遺蛇) : 머리는 하나이고 몸이 둘인 뱀.
14　행촉기(幸蜀記) : 중국 당(唐)나라 송거백(宋居白, ?~?)이 지은 책. 당 현종이 안록산(安祿山. 703~757)과 사사명(史思明, 703~761)의 난(755~763)으로 인해 성도(成都)로 피난 갔다가 다시 장안(長安)으로 돌아오기까지의 과정을 기술했다.
15　《說郛》卷54〈幸蜀記〉《文淵閣四庫全書》879, 11쪽.
16　《紀歷撮要》〈六月〉《文淵閣四庫全書》975, 360쪽).
[2]　肥遺蛇……幸蜀記 : 저본에는 두주에 "唐宋居白著(당 송거백 지음)"라고 적혀 있다.

9) 잉어[17]

흑잉어의 등지느러미가 길어 꼬리에 닿으면 주로 가뭄이 들게 된다.《전가오행》[18]

鯉

黑鯉魚脊翼長, 接其尾, 主旱.《田家五行》

10) 붕어[19]

초여름에 붕어를 먹을 때 붕어 등뼈가 굽어 있으면 주로 물난리가 나게 된다.《전가오행》[20]

鯽

夏初食鯽魚, 脊骨有曲, 主水.《田家五行》

11) 전어(鱄魚)[21]

전어(鱄魚)는 모양이 붕어와 같고, 꼬리가 돼지꼬리모양이다. 그 소리는 돼지소리와 같다. 전어를 보면 천하가 크게 가뭄이 들게 된다.《산해경》[22]

鱄魚

鱄魚, 狀如鮒而彘尾, 其音如豚. 見, 則天下大旱.《山海經》

---

17 잉어 : 잉어과에 속하는 민물고기. 전 세계에 분포하고 있고, 큰 잉어는 1미터 이상 크기까지 자란다. 인류가 양식한 어류 중에서 가장 오래된 물고기로 알려져 있다.《임원경제지 전어지》卷4〈민물고기〉"비늘 있는 종류" '이(鯉)'(풍석 서유구 지음, 임원경제연구소 옮김, 《임원경제지 전어지》2, 268~272쪽)에 자세히 보인다.

18 《田家五行》卷中〈鳥獸類〉"論魚"(《續修四庫全書》975, 363쪽).

19 붕어 : 잉어과에 속하는 민물고기. 한자명으로는 부어(鮒魚) 또는 즉어(鯽魚)라 한다. 잉어와 대체로 비슷한 모양이지만 더 작고, 입가에 잉어와 달리 수염이 전혀 없다. 풍석 서유구 지음, 임원경제연구소 옮김, 위와 같은 책, 276~278쪽에 자세히 보인다.

20 《田家五行》, 위와 같은 곳.

21 전어(鱄魚) : 용상어. 철갑과의 바닷물고기.

22 《山海經》卷1〈南山經〉, 21쪽.

12) 나어(臝魚)23

나어【안 《집운(集韻)》24에 "나(臝)는 음이 나(臝)이고, 물고기 이름이다."25라 했다】는 날개가 있다. 나어를 보면 홍수가 나게 된다. 《옥편(玉篇)26》27

臝魚

臝魚【案 《集韻》"臝, 音臝, 魚名"】, 有翼. 見, 則大水. 《玉篇》

13) 날치[文鰩, 문요]28

날치는 일명 비어(飛魚)이다. 모양은 잉어와 같고, 새의 날개에 물고기 몸을 갖고 있다. 창(蒼)색 무늬에 머리는 백색이고, 부리는 적색이다. 항상 밤에 날며, 나는 소리는 난계(鸞雞)29와 같다. 문요어를 보면 크게 풍년이 들게 된다. 《본초강목》30

文鰩

文鰩魚, 一名"飛魚". 狀如鯉, 鳥翼魚身, 蒼文白首赤喙. 常以夜飛, 其音如鸞鷄. 見, 則大穰. 《本草綱目》

---

23 나어(臝魚) : 벽체(鸊鷉)라고도 한다.
24 집운(集韻) : 중국 북송(北宋) 보원(寶元) 2년(1039) 정도(丁度) 등이 왕명을 받들어 편찬한 운서. 수록된 글자는 5만 여 자로, 《광운》의 약 2배이며, 이체자(異體字)와 이독(異讀)자를 널리 수록하였다.
25 나(臝)는……이름이다 : 《集韻》卷3 〈平聲〉3《文淵閣四庫全書》236. 524쪽).
26 옥편(玉篇) : 중국 남조(南朝) 시대의 양나라 학자 고야왕(顧野王, 519~581)이 543년에 펴낸 자서. 《설문해자》의 체제와 내용에 근거하여 16,917개의 표제자를 선정하여 542부수에 따라 배열하였다.
27 《玉篇》卷24 〈魚部〉第390(《文淵閣四庫全書》224, 220쪽).
28 날치[文鰩, 문요] : 날치과에 속하는 바닷물고기. 한국 중부 이남, 일본 남부, 대만 등지의 따뜻한 바다에 분포하며, 몸길이는 25~35cm 정도이다. 아가미 부분에 날개와 비슷한 지느러미가 있어 꼬리로 수면을 뛰어오르며 날듯이 움직인다. 풍석 서유구 지음, 임원경제연구소 옮김, 위와 같은 책 431~433쪽에 자세히 보인다.
29 난계(鸞雞) : 전설 속의 봉황(鳳凰)과 비슷한 새. 《산해경(山海經)》〈서산경(西山經)〉에 따르면 이 새는 여상산(女床山)에 살고 있으며, 생김새는 꿩을 닮았고 오색 무늬가 있는데, 이 새가 나타나면 세상이 편안해진다고 했다.
30 《本草綱目》권44 〈鱗部〉"文鰩魚", 2476쪽.

14) 가오리[海鷂, 해요]³¹와 백대어[白袋]³²

가오리는 날치의 류이다. 모양은 새매[鷂]와 비슷하고 육질의 날개가 있어 위로 날 수 있다. 돌처럼 단단한 머리에 달린 이빨은 석판과 같이 단단하다. 가오리가 출몰하면 주로 바람이 많이 불게 된다.

백대어는 모습이 소와 비슷하면서 머리가 백색이다. 백대어가 바다에서 강으로 들어오면 하천과 못에 물난리가 날 조짐이다. 속담에 "가오리는 풍백(風佰, 바람을 주관하는 신)의 심부름꾼이고, 백대는 우사(雨師, 비를 주관하는 신)의 종이다."라 했다. 《우항잡록》³³

海鷂、白袋

海鷂魚、卽文鷂類也. 形似鷂有肉翅, 能飛上. 石頭齒如石板. 出, 主風.

白袋, 似牛而白首, 海入江, 則兆水澤. 諺云:"海鷂, 風佰使; 白袋, 雨師奴."《雨航雜錄》

15) 용

용이 빈번하게 내려오면 주로 가뭄이 들게 된다. 속담에 "용 내려오는 횟수 많으면 가뭄 많이 든다."라 했다. 《전가오행》³⁴

龍

龍下頻, 主旱. 諺云:"多龍, 多旱."《田家五行》

---

31 가오리[海鷂, 해요] : 홍어목에 속하는 바닷물고기의 총칭. 풍석 서유구 지음, 위와 같은 책, 443~445쪽에 자세히 보인다.
32 백대어[白袋] : 머리가 하얗고[白] 자루[袋]와 같은 모양의 바다생물이라는 점으로 미루어 바다소로 추정된다.
33 《雨航雜錄》卷下(《文淵閣四庫全書》867, 349쪽).
34 《田家五行》卷中〈鳥獸類〉"論龍"(《續修四庫全書》975, 342쪽).

20. 역일(曆日, 날짜)로 점치다　占曆日

1) 한 해에 초하루 천간이 3번 같은 경우(세간삼삭)　歲干三朔

① 초하루 간지에 갑(甲)이 든 날이 3번이면 삼복　三甲朔, 三伏熱;
에 날씨가 뜨겁게 된다.

② 초하루 간지에 을(乙)이 든 날이 3번이면 밀과　三乙朔, 小麥、大豆熟;
메주콩이 잘 익게 된다.

③ 초하루 간지에 병(丙)이 든 날이 3번이면, 삼이　三丙朔, 麻熟;
잘 익게 된다.

④ 초하루 간지에 신(辛)이 든 날이 3번이면 농지　三辛朔, 田少收;
에서 수확이 적게 된다.

⑤ 초하루 간지에 임(壬)이 든 날이 3번이면 가뭄　三壬朔, 旱;
이 들게 된다.

⑥ 초하루 간지에 계(癸)가 든 날이 3번이면 물난　三癸朔, 澇.《田家雜占》
리가 나게 된다.《전가잡점》[1]

1　출전 확인 안 됨;《御定月令輯要》卷2〈歲令〉下 "物候"《文淵閣四庫全書》467, 121쪽).

2) 3번의 만두(3만두)

매년 농사꾼들은 역일로 점친다. 3번의 만두(滿斗, 총총이 뜬 별)가 들면, 크게 풍년이 들게 된다고 여긴다.《전가잡점》[2]

三滿斗

每歲農人占曆, 有三滿斗, 以爲大稔.《田家雜占》

3) 금신(金神)[3]

역일의 연신(年神)[4]에 금신이 많으면 보리와 밀이 잘 익게 된다.《행포지》[5]

金神

曆日年神多金神, 大、小麥熟.《杏蒲志》

2　출전 확인 안 됨;《御定月令輯要》卷2〈歲令〉下 "物候"(《文淵閣四庫全書》467, 121쪽).

3　금신(金神): 금기(金氣)가 가장 왕성한 기로 숙살(肅殺)의 기. 천간이 경(庚)·신(辛)이 든 날을 만나면 천금신(天金神), 지지가 신(申)·유(酉)일을 만나면 지금신(地金神)이라 한다.

4　연신(年神): 정해진 방위에서 한 해 동안 머무르며 그해의 길흉을 관장하는 신. 동→ 남→ 서→ 북의 방향으로 한 바퀴를 24방위로 나누고, 여기에 십이지지와 갑·을·병·정·경·신·임·계의 여덟 천간 및 손(巽)·곤(坤)·건(乾)·간(艮)의 네 괘를 하나씩 배열하여 한 해 동안 머무르게 하고, 그것으로 그해에 행하는 여러 일의 길흉을 헤아린다.

5　《杏蒲志》卷1〈占候〉(《農書》36, 85쪽).

21. [부록] 곡식 농사에 좋은 날과 피할 날

[附] 耕播宜忌日

【안】 명(明)나라 홍무(洪武)[1] 연간에 해진(解縉)[2]이 상소하여 다음과 같이 일을 아뢰었다. "책력(冊曆)을 정비하여 사시를 밝히고, 백성에게 주어 일을 하게 한다. 오직 씨뿌리고 심기 마땅함을 펴기 위함이니 어찌 건제(建除)[3]가의 오류를 따르게 하겠습니까?

방위와 살신(煞神)[4]에 대하여 논한 일은 매우 말할 것도 없고, 고허(孤虛)[5]와 의기(宜忌, 좋은 날과 피해야 할 날) 역시 맞지 않습니다. 동쪽으로 가거나 서쪽으로

【案】 明 洪武中解大紳上封事曰: "治曆明時, 授民作事, 但伸播植之宜, 何用建除之謬?

方向煞神, 事甚無謂, 孤虛宜忌, 亦且不經. 東行·西行之論、天德·月德之云.

---

1 홍무(洪武): 중국 명나라의 초대 왕인 홍무제(洪武帝) 주원장(朱元璋) 때의 연호(1368~1398).
2 해진(解縉): 중국 명(明)나라 초기의 정치가. 대신(大紳)은 그의 자(字). 그는 태조(太祖)에게 만언소(萬言疏)를 올려 시정(時政)의 폐단을 논하여 그 재주를 인정받아 어사(御史)에 제수되었다. 태조가 죽은 뒤 참소를 당하여 하주위리(河州衛吏)로 좌천되고, 성조(成祖)가 즉위하자 한림시독(翰林侍讀)·한림학사(翰林學士)가 되었으나 한왕(漢王) 고후(高煦)의 참소를 받아 옥사했다. 저서로 《문의집(文毅集)》·《고금열녀전(古今烈女傳)》 등이 있다.
3 건제(建除): 점가(占家)에서 십이진(十二辰)을 건(建), 제(除), 만(滿), 평(平), 정(定), 집(執), 파(破), 위(危), 성(成), 수(收), 개(開), 폐(閉)의 열두 가지 상(象)으로 나누어 인사(人事)에 빗대어 배치한 것으로, 길흉화복을 점치는 방법의 하나로 쓰였다. 《회남자(淮南子)》〈천문훈(天文訓)〉에는 "인(寅)은 건, 묘(卯)는 제, 진(辰)은 만, 사(巳)는 평으로 생(生)을 주관하고, 오(午)는 정, 미(未)는 집으로 함(陷)을 주관하고, 신(申)은 파로 형(衡)을 주관하고, 유(酉)는 위로 표(杓)를 주관하고, 술(戌)은 성으로 소덕(少德)을 주관하고, 해(亥)는 수로 대덕(大德)을 주관하고, 자(子)는 개로 태세(太歲)를 주관하고, 축(丑)은 폐로 태음(太陰)을 주관한다."라고 하였다.
4 살신(煞神): 살기를 부리는 흉신.
5 고허(孤虛): 고대 방술(方術) 용어 중 하나로, 날짜를 헤아려 10천간과 12지지를 서로 짝지어 배정하여 이를 일순(一旬)으로 삼고 남는 지지 2개를 고(孤)라 하고 이에 상대되는 것을 허(虛)라 한다. 옛날에는 이를 가지고 길흉·화복과 일의 성패를 미리 헤아렸다.

가라는 설, 천덕(天德)[6]·월덕(月德)[7]을 말한 것에 대해 신이 당우(唐虞) 시대[8]의 역서를 참고해 보니 결코 이러한 글이 없었습니다."[9]

이는 참으로 크게 바르고 탁월한 주장이다. 특히 하늘의 도(道)를 사용하고 땅의 이치를 분별하는 일[10]은 대부분 오행이 상생[生]·상극[剋]하는 이치와 관련된다. 수조(豎造)[11]하고 옷 만드는 일에 대해 걸핏하면 구기(拘忌)[12]를 언급하는 것이 이와는 약간 차이가 있다. 지금 대략 그 개괄적인 내용을 모아서《위선지(魏鮮志)》의 이 아래에 달아 둔다】

臣料唐虞之曆, 必無此等之文."

此誠大雅卓爾之論也. 特以用天分地之事, 多系五行生剋之理. 其視豎造、裁衣之動稱拘忌, 則差有間焉. 今畧綴便概系之魏《鮮志之》下】

6　천덕(天德):하늘의 복과 덕을 관장하는 신. 토목과 건축에 길하다. 자(子)년은 동남방이 길하고 축(丑)년은 서방이 길하다.
7　월덕(月德):달의 덕을 관장하는 신. 건물 수리에 길하다. 자(子)년은 임(壬)방이 길하고 축(丑)년은 경(庚)방이 길하다.
8　당우(唐虞) 시대:당(唐)은 중국의 요임금이 다스리던 나라이고, 우(虞)는 순임금이 다스리던 나라로, 고대의 태평성대를 의미한다.
9　책력(冊曆)을……없었습니다:《日知錄》卷30〈建除〉.
10　하늘의……일:원문의 '用天分地'는 "하늘의 도(道)를 사용하고 땅의 이로움을 분별하다[用天之道, 分地之利]."의 줄임말로,《孝經》卷3〈庶人〉(《十三經注疏整理本》26, 19쪽)에 자세히 보인다.
11　수조(豎造):풍수에서 주택 건축, 성곽 건설, 사찰, 창고 따위를 짓는 일을 총칭하는 말.
12　구기(拘忌):음양가(陰陽家)에서 어떤 방위나 처소가 불길하다 하여 기피하는 것으로, 병자를 딴 곳으로 옮기기도 한다.

〈참고 : 《산림경제》 권4 선택(選擇) 월건흉살(月建凶煞)표〉 (한국고전종합DB)

구분/월	1	2	3	4	5	6	7	8
천강(天罡)	사	자	미	인	유	진	해	오
지파(地破)	해	자	축	인	묘	진	사	오
멸몰(滅沒)	축	자	해	술	유	신	미	오
나망(羅網)	자	신	사	진	술	해	축	신
천온(天瘟)	미	술	진	인	오	자	유	신
토온(土瘟)	진	사	오	미	신	유	술	해
토황(土皇)	사	진	묘	인	축	자	해	술
토기(土忌)	인	사	신	해	묘	오	유	자
토금(土禁)	해	해	해	인	인	인	사	사
유화(遊禍)	사	인	해	신	사	인	해	신
천화(天火)	자	묘	오	유	자	묘	오	유
귀기(歸忌)	축	인	자	축	인	자	축	인
비렴살(飛廉殺)	술	사	오	미	인	묘	진	해
지낭(地囊)	경·자	계·축	갑·자	기·묘	무·진	계·미	병·인	정·묘
대소모(大小耗)	경·오	계·미	갑·오	기·축	무·오	계·사	병·신	정·사
천격(天隔)	인	자	술	신	오	진	인	자
지격(地隔)	진	인	자	술	신	오	진	인
산격(山隔)	미	사	묘	축	해	유	미	사
수격(水隔)	술	신	오	진	인	자	술	신
음차(陰差)	경·술	신·유	경·신	정·미	병·오	정·사	갑·진	기·묘
양착(陽錯)	갑·인	을·묘	갑·진	정·사	병·오	정·미	경·신	신·유
중일(重日)	사·해	사·해	사·해	사·해	사·해	사·해	사·해	사·해
복일(復日)	갑·경	을·신	무·기	병·임	정·계	무·기	갑·경	을·신
중상(重喪)	갑	을	기	병	정	기	경	신
빙소(氷消)	사	자	축	신	묘	술	해	오
수사(受死)(6)	술	진	해	사	자	오	축	미
	문호 (門戶)	정조 (井竈)	동서 (東西)	남북 (南北)	창고 (倉庫)	정대 (庭碓)	문호 (門戶)	정조 (井竈)

9	10	11	12	
축	신	묘	술	조장(造葬)·동토(動土) 등 모든 일에 모두 꺼린다
미	신	유	술	동토(動土)와 금정(金井)을 다루는 데 꺼린다
사	진	묘	인	혼인(婚姻)·기조(起造)·출행(出行)·부임(赴任)을 꺼린다
미	자	사	신	혼인·출행·소송을 꺼린다
사	해	축	묘	집짓고 집수리하고 이사하고 병치료하는 데 꺼린다
자	축	인	묘	흙을 다루고 금정(金井)을 수리하는 데 꺼린다
유	신	미	오	흙 다루는 것을 꺼리는데 방위로 본다
진	미	술	축	흙을 다루는 것과 방뜯고 기초를 고치는 일을 꺼린다
사	신	신	신	파토(破土)와 금정(金井)을 파는 일을 꺼린다
사	인	해	신	침 맞고 뜸뜨고 약 먹는 것을 꺼린다
자	묘	오	유	수조(修造)와 지붕 이는 것을 꺼린다
자	축	인	자	이사(移徙)·입택(入宅)·원회(遠回)·혼인(婚姻)을 꺼린다
자	축	신	유	이날을 범하면 육축(六畜)이 죽고 재산이 손모된다
무·진	경·자	신·유	을·미	집짓고 흙다루고 샘 파고 못[池]을 만들 때는 꺼리나 길성을 만나면 꺼리지 않는다
무·자	경·술	신·미	을·유	수조(修造)·동토(動土)와 정(井)·조(竈)를 고치는 것을 꺼린다
술	신	오	진	출행(出行)과 구관(求官)에 꺼린다
자	술	신	오	나무 심고 안장(安葬)을 꺼린다
묘	축	해	유	산에 들어 가고 사냥하고 나무 베는 데 꺼린다
오	진	인	자	물에 들어가고 고기잡고 배타는 것을 꺼린다
갑·인	계·축	임·자	계·해	혼인(婚姻)과 장사(葬事)를 꺼린다
경·술	계·해	임·자	계·축	음차(陰差)의 내용과 같다
사·해	사·해	사·해	사·해	길사(吉事)는 거듭 길하고 흉사는 거듭 흉하다
무·기	병·임	정·계	무·기	중일(重日)의 내용과 같다
기	임	계	기	모든 상사(喪事) 일에 흉하다
미	인	유	진	와해(瓦解)라고도 한다. 입택(入宅)과 수조를 꺼린다
인	신	묘	유	고기잡고 사냥에는 마땅하나 혼인·이사는 꺼린다
동서 (東西)	남북 (南北)	주창 (廚窓)	정대 (庭)	

〈참고 : 《선택요략》 권상 일(日)의 흉살(凶殺)(한국고전종합DB 참조)〉

	1월	2월	3월	4월	5월	6월	7월	8월	9월	10월	11월	12월
월염(月厭)	【가취(嫁娶), 출행(出行), 원회(遠廻), 이사를 피한다】											
	술일	유일	신일	미일	오일	사일	진일	묘일	인일	축일	자일	해일
지화(地火)	【월염(月厭)과 같다. 파종을 피한다】											
삼부질(三不迭)	【월염(月厭)과 같다】											
월살(月殺)	【회친우(會親友), 연회(宴會), 목양(牧養), 파종을 피한다】											
월허(月虛)	【월살(月殺)과 같다. 출사(出師), 정토(征討), 창고 열기, 출납재(出納財)를 피한다】											
월해(月害)	【결혼, 진인구(進人口), 질병 치료, 납재(納財), 목양(牧養)을 피한다】											
	사일	진일	묘일	인일	축일	자일	해일	술일	유일	신일	미일	오일
토황(土皇)	【월해(月害)와 같다. 방위도 함께 따진다. 동토(動土)를 피한다】											
독화(獨火)	【월해(月害)와 같다. 기조(起造), 침구(針灸), 지붕 덮기, 아궁이 만들기를 피한다】											
대모(大耗)	【출행(出行), 입택(入宅), 창고 열기, 출납재(出納財)를 피한다】											
	신일	유일	술일	해일	자일	축일	인일	묘일	진일	사일	오일	미일
월파(月破)	【대모(大耗)와 같다. 즉 파일(破日)이다. 모든 일을 피한다. 가옥 철거, 담장 철거에만 좋다】											
소모(小耗)	【집일(執日)과 같다. 출행(出行), 입택(入宅), 창고 열기, 출납재(出納財)를 피한다】											
	미일	신일	유일	술일	해일	자일	축일	인일	묘일	진일	사일	오일
정란(淨欄)	【소모(小耗)와 같다】											
월건(月建)	【즉 건일(建日)이다. 모든 일을 피한다. 봉배(封拜), 상장(上章), 출행(出行)에만 좋다】											
	인일	묘일	진일	사일	오일	미일	신일	유일	술일	해일	자일	축일
소시(小時)	【월건(月建)과 같다. 혼인을 피한다】											
사부(士府)	【월건(月建)과 같다. 동토(動土)를 피한다】											
백랑(百浪)	【월건(月建)과 같다. 행선(行船)을 피한다】											
천강(天罡)	【멸문(滅門)이라고도 부른다. 모든 일을 피한다. 황도(黃道)와 함께 쓸 수 있다】											
	사일	오일	미일	인일	유일	진일	해일	오일	축일	신일	묘일	술일
구살(絢殺)	【천강(天罡)과 같다. 경락(經絡), 사송(詞訟)을 피한다】											
하괴(河魁)	【대화(大禍)라고도 부른다. 모든 일을 피한다. 황도(黃道)와 함께 쓸 수 있다】											
	해일	오일	축일	신일	묘일	술일	사일	자일	미일	인일	유일	진일
교살(絞殺)	【하괴(河魁)와 같다. 경락(經絡), 사송(詞訟)을 피한다】											

	1월	2월	3월	4월	5월	6월	7월	8월	9월	10월	11월	12월
월형(月刑)	【출군(出軍), 정벌(征伐), 결혼, 목양(牧養)을 피한다】											
	사일	자일	진일	신일	오일	축일	인일	유일	미일	해일	묘일	술일
함지(咸池)	【승선(乘船), 도수(渡水)를 피한다】											
	묘일	자일	유일	오일	묘일	자일	유일	오일	묘일	자일	유일	오일
대시(大時)	【함지(咸池)와 같다. 출사(出師), 정벌(征伐), 연회(宴會), 결혼을 피한다】											
대패(大敗)	【함지(咸池)와 같다. 출군(出軍), 정벌(征伐)을 피한다. 모든 일이 좋지 않다】											
용구(龍口)	【함지(咸池)와 같다. 주(主)는 시끄럽게 말다툼한다】											
혈지(血支)	【폐일(閉日)과 같다. 침구(針灸), 자혈(刺血), 가축을 거세하는 일을 피한다】											
	축일	인일	묘일	진일	사일	오일	미일	신일	유일	술일	해일	자일
혈기(血忌)	【속세(續世)와 같다. 침을 맞아서 피를 내는 일을 피한다】											
	축일	미일	인일	신일	묘일	유일	진일	술일	사일	해일	오일	자일
천적(天賊)	【출행(出行)을 피한다】											
	축일	자일	해일	술일	유일	신일	미일	오일	사일	진일	묘일	인일
오도(五道)	【천적(天賊)과 같다. 오도(五盜)라고도 한다. 상관(上官), 출행(出行), 입택(入宅), 기조(起造), 안장(安葬), 교역(交易)을 피한다】											
우(又)천적(天賊)	【이사, 입택(入宅), 창고 열기, 출재(出財), 수조(修造), 동토(動土), 출행(出行)을 피한다. 모든 일이 흉하다】											
	진일	유일	인일	미일	자일	사일	술일	묘일	신일	축일	오일	해일
천온(天瘟)	【입택(入宅), 이사, 우물파기, 우리 만들기, 안상(安牀), 신상(神像) 만들기를 피한다】											
	미일	술일	진일	인일	오일	자일	유일	신일	사일	해일	축일	묘일
유화(遊禍)	【출행(出行), 이사, 복약(服藥), 질병 치료를 피한다】											
	사일	인일	해일	신일	사일	인일	해일	신일	사일	인일	해일	신일
토온(土瘟)	【만일(滿日)과 같다. 방위를 함께 따진다. 동토(動土), 우물파기, 수조(修造), 안장(安葬)을 피한다. 지금 사람들이 꺼리는 것은 대온(大瘟)이다】											
	진일	사일	오일	미일	신일	유일	술일	해일	자일	축일	인일	묘일
중상(重喪)	【여러 상사(喪事)와 나란히 흉하다. 안장(安葬), 성복(成服), 제복(除服)을 피한다】											
	갑일	을일	기일	병일	정일	기일	경일	신일	기일	임일	계일	기일
겁살(劫殺)	【우사(牛師), 동토(動土), 결혼을 피한다】											
	해일	신일	사일	인일	해일	신일	사일	인일	해일	신일	사일	인일

	1월	2월	3월	4월	5월	6월	7월	8월	9월	10월	11월	12월
구공(九空)	【즉 재리(財離)이다. 출행(出行), 안상(安牀), 창고 열기, 가축 우리 만들기, 출납재(出納財)를 피한다】											
	진일	축일	술일	미일	묘일	자일	유일	오일	인일	해일	신일	사일
구초(九焦)	【구공(九空)과 같다. 파종, 노야(爐冶), 고주(鼓鑄)쇠북을 만드는 일을 피한다】											
구감(九坎)	【구공(九空)과 같다. 담장 쌓기, □□(□□)를 피한다. 지금은 구공초감공망재리(九空 焦坎 空亡財離)라고 부른다. 경상(經商)을 피한다】											
사기(死氣)	【정일(定日)과 같다. 출군(出軍), □□(□□), 기조(起造), 동토(動土), 이사, 질병 치료, 안장(安葬), □□(□□), 삽□(揷□)을 조심하고 하는 것은 흉하다】											
	오일	미일	신일	유일	술일	해일	자일	축일	인일	묘일	진일	사일
관부(官符)	【정일(定日)과 같다. 수조(修造), 동토(動土), 이사를 피한다】											
비렴대살(飛廉大殺)	【출군(出軍), 납재(納財), 수조(修造)를 피한다. 모든 일이 흉하다. 어렵(漁獵)에만 좋다】											
	술일	사일	오일	미일	인일	묘일	진일	해일	자일	축일	신일	유일
천지쟁웅(天地爭雄)	【모든 일이 뜻대로 되지 않는다. 만약 길성(吉星)이 많은 경우에는 쓸 수 있다】											
	사일	해일	오일	자일	미일	축일	신일	인일	유일	묘일	술일	진일
	오일	자일	미일	축일	신일	인일	유일	묘일	술일	진일	해일	사일
수사(受死)	【즉 쟁웅수사(爭雄受死)이다. 상관(上官), 기조(起造), 기기복(祈福), 수조(修造), 출행(出行), 혼례를 피한다. 모든 일이 좋지 않다. 고기잡이에만 좋다】											
	술일	진일	해일	사일	자일	오일	축일	미일	인일	신일	묘일	유일
혈천구(穴天狗)	【만일(滿日)과 같다. 제사, □복(□福)을 피한다】											
	진일	사일	오일	미일	신일	유일	술일	해일	자일	축일	인일	묘일
천구(天狗)	【개일(開日)과 같다. 제사를 피한다】											
	자일	축일	인일	묘일	진일	사일	오일	미일	신일	유일	술일	해일
귀기(歸忌)	【가취(嫁娶), 입택(入宅), 출행(出行), 원회(遠廻), 노비를 들이는 일을 피한다】											
	축일	인일	자일	축일	인일	자일	축일	인일	자일	축일	인일	자일
용호(龍虎)	【재제(齋祭), 벌목(伐木), 가취(嫁娶), 안장(安葬), 출행(出行), 입택(入宅)을 피한다. 목양(牧養)에만 좋다】											
	사일	해일	오일	자일	미일	축일	신일	인일	유일	묘일	술일	진일
죄지(罪至)	【기조(起造), 이사, 혼인(婚姻), 안장(安葬)을 피한다】											
	오일	자일	미일	축일	신일	인일	유일	묘일	술일	진일	해일	사일

	1월	2월	3월	4월	5월	6월	7월	8월	9월	10월	11월	12월
오묘(五墓)	【출군(出軍), 수조(修造), 동토(動土), 수주(竪柱), 상량(上梁), 방아와 맷돌 놓기를 피한다】											
	을일	을일	무일	병일	병일	무일	신일	신일	무일	임일	임일	무일
	미일	미일	진일	술일	술일	진일	축일	축일	진일	진일	진일	진일
평일(平日)	【모든 일을 피한다. 담장 쌓기와 도로 개수에만 좋다】											
	사일	오일	미일	신일	유일	술일	해일	자일	축일	인일	묘일	진일
사신(死神)	【평일(平日)과 같다. 출사(出師), 정토(征討), 질병 치료, 파종, 사람과 가축을 들이는 일을 피한다】											
수일(收日)	【모든 일을 피한다. 납재(納財), 포착(捕捉), 파종, 이화(移花)에 좋다】											
	해일	자일	축일	인일	묘일	진일	사일	오일	미일	신일	유일	술일
지파(地破)	【수일(收日)과 같다. 동토(動土), 안장(安葬), 원행(遠行)을 피한다】											
팔좌(八座)	【수일(收日)과 같다. 앞의 황제팔좌(皇帝八座)와 같다. 조분(造墳), 개총(開塚), 상사(喪事), 참초(斬草)를 피한다】											
우(又)팔좌(八座)	【개일(開日)과 같다. 안장(安葬)을 피한다】											
천옥(天獄)	【출군(出軍), 정벌(征伐), 납표(納表), 상장(上章), 부임(赴任)을 피한다】											
	자일	묘일	오일	유일	자일	묘일	오일	유일	자일	묘일	오일	유일
천화(天火)	【천옥(天獄)과 같다. 지붕 덮기, 아궁이 만들기, 재의(裁衣)를 피한다】											
낭자(狼藉)	【천옥(天獄)과 같다. 일설에는 상도(傷刀)라고 한다. 가취(嫁娶), 종식(種植)을 피한다. 모든 일이 좋지 않다】											
토부(土符)	【방위를 함께 따진다. 동토(動土), 담장 쌓기, 도랑파기, 우물 파는 일을 피한다】											
	축일	사일	유일	인일	오일	술일	묘일	미일	해일	진일	신일	자일
지낭(地囊)	【기조(起造), 동토(動土), 우물파기, 연못파기를 피한다. 길신(吉神)이 있으면 모두 꺼리지 않는다】											
	경일	계일	갑일	기일	무일	계일	병일	정일	무일	경일	신일	을일
	자일	축일	자일	묘일	진일	미일	인일	묘일	진일	자일	유일	미일
	경일	계일	갑일	기일	무일	계일	병일	정일	무일	경일	신일	을일
	오일	미일	인일	축일	오일	사일	신일	사일	자일	술일	미일	유일
병금(兵禁)	【진병(陳兵), 강무(講武)를 피한다】											
	인일	자일	술일	신일	오일	진일	인일	자일	술일	신일	오일	진일
염대(厭對)	【혼례를 피한다】											
	진일	묘일	인일	축일	자일	해일	술일	유일	신일	미일	오일	사일

	1월	2월	3월	4월	5월	6월	7월	8월	9월	10월	11월	12월
초요(招搖)	【염대(厭對)와 같다. 행선(行船)을 피한다. 음식점을 개업하기에 좋다】											
왕망(往亡)	【가취(嫁娶), 이사, 질병 치료, 부임(赴任), 출행(出行), 출군(出軍)을 피한다. 지금 북쪽 사람들은 꺼리지 않는데, 내가 가면 상대가 망한다는 설이 있다】											
	인일	사일	신일	해일	묘일	오일	유일	자일	진일	미일	술일	축일
토기(土忌)	【왕망(往亡)과 같다. 동토(動土)를 피한다】											
질복살(跌蹼殺)	【왕망(往亡)과 같다. 방위를 함께 따진다. 기조(起造), 섭험(涉險), 등고(登高), 치목(治木)을 피한다. 이 방위에서는 발퇴(發槌), 수주(竪柱)를 절대로 피한다. 이것을 어기면 인부가 죽는다】											
천리(天吏)	【납표(納表), 상장(上章), 상관(上官), 부임(赴任), 시사(視事)를 피한다】											
	유일	오일	묘일	자일	유일	오일	묘일	자일	유일	오일	묘일	자일
치사(致死)	【천리(天吏)와 같다. 질병 치료, 상관(上官), 수사(受事)를 피한다】											
임일(臨日)	【상관(上官), 시사(視事), 상표(上表), 진사(陳事)를 피한다】											
	오일	해일	신일	축일	술일	묘일	자일	사일	인일	미일	진일	유일
천형(天刑)	【많은 사람을 모아놓고 하는 일을 피한다. 모든 일이 좋지 않다】											
	인일	진일	오일	신일	술일	자일	인일	진일	오일	신일	술일	자일
치우천모천격(蚩尤天耗天激)	【천형(天刑)과 같다. 임관(任官)과 시사(視事)를 피한다】											
주작(朱雀)	【모든 일이 좋지 않다】											
	묘일	사일	미일	유일	해일	축일	묘일	사일	미일	유일	해일	축일
비류(飛流)	【주작(朱雀)과 같다. 가취(嫁娶), 입택(入宅), 안장(安葬)을 피한다】											
천옥(天獄)	【앞의 천옥(天獄)과는 다르다】											
절멸소살(絕滅小殺)	【주작(朱雀)과 같다】											
백호(白虎)	【수조(修造), 가취(嫁娶), 이사, 침구(針灸), 안장(安葬)을 피한다】											
	오일	신일	술일	자일	인일	진일	오일	신일	술일	자일	인일	진일
천봉(天捧)	【백호(白虎)와 같다. 피하는 것도 같다】											
천형천곡천재(天刑天哭天災)	【백호(白虎)와 같다】											
천뢰(天牢)	【기조(起造), 입택(入宅), 이사, 안장(安葬), 혼례를 피한다】											
	신일	술일	자일	인일	진일	오일	신일	술일	자일	인일	진일	오일
천악(天岳)	【천뢰(天牢)와 같다. 위의 천악(天岳)과 같다】											

	1월	2월	3월	4월	5월	6월	7월	8월	9월	10월	11월	12월
천앙파패대살 (天殃破敗對殺)	【천뢰(天牢)와 같다】											
현무(玄武)	【모든 일이 좋지 않다】											
	유일	해일	축일	묘일	사일	미일	유일	해일	축일	묘일	사일	미일
음사(陰私)	【현무(玄武)와 같다】											
지상지모천살 (地傷地耗天殺)	【현무(玄武)와 같다】											
구진(句陳)	【기조(起造), 입택(入宅), 이사, 혼례를 피한다. 모든 일이 마땅하지 않다】											
	해일	축일	묘일	사일	미일	유일	해일	축일	묘일	사일	미일	유일
토발(土勃)	【구진(句陳)과 같다. 안장(安葬)을 피한다】											
소화장모귀적 (小禍葬耗鬼賊)	【구진(句陳)과 같다】											
뇌공(雷公)	【즉 천뢰(天雷)이다. 앞의 청룡(靑龍)과 같다】											
	자일	인일	진일	오일	신일	술일	자일	인일	진일	오일	신일	술일
천상천마모두 (天喪天馬毛頭)	【뇌공(雷公)과 같다】											
복일(復日)	【흉사(凶事)를 피한다】											
	갑일	을일	무일	병일	정일	무일	갑일	을일	무일	병일	정일	무일
	경일	신일	기일	임일	계일	기일	경일	신일	기일	임일	계일	기일
중일(重日)	【흉사(凶事)가 중복되는 날을 피한다. 길사(吉事)는 거듭 길하고, 흉사는 거듭 흉하다】											
	사일	사일	사일	사일	사일	사일	사일	사일	사일	사일	사일	사일
	해일	해일	해일	해일	해일	해일	해일	해일	해일	해일	해일	해일
오리(五離)	【결혼, 회친우(會親友), 입권(立券), 교역을 피한다】											
	신일	신일	신일	신일	신일	신일	신일	신일	신일	신일	신일	신일
	유일	유일	유일	유일	유일	유일	유일	유일	유일	유일	유일	유일
대살(大殺)	【앞과는 다르다. 출군(出軍), 납재(納財), 노비 들이기, 수주(竪柱), 상량(上梁)을 피한다】											
	술일	사일	오일	미일	인일	묘일	진일	해일	자일	축일	신일	유일
도침(刀砧)	【소와 양의 우리를 만드는 일과 가축을 거세하는 일을 꺼리는데 흉하다. 어기는 방위에서는 더욱 흉하다】											
	정일	갑일	을일	병일	정일	갑일	을일	병일	정일	갑일	을일	병일
	계일	경일	신일	임일	계일	경일	신일	임일	계일	경일	신일	임일

	1월	2월	3월	4월	5월	6월	7월	8월	9월	10월	11월	12월
우화혈 (牛火血)	축일	미일	인일	신일	묘일	유일	진일	술일	사일	해일	오일	자일
우비렴 (牛飛廉)	오일	오일	신일	신일	술일	술일	자일	자일	인일	인일	진일	진일
빙소와해 (氷消瓦解)	【'해(解)'는 일설에는 '함(陷)'이라고 한다. 또 파가살(破家殺)이라고 부른다. 기조(起造)를 꺼린다. 월주(月主)가 파가(破家)한다. 모든 일이 좋지 않다. 입택(入宅)은 더욱 흉하다】											
	사일	자일	축일	신일	묘일	술일	해일	오일	미일	인일	유일	진일
잠왕곡창 (蠶王穀倉)	【수작(修作), 동토(動土)를 범하면 누에(蠶)를 잃는다. 봄과 여름의 달을 가장 피한다】											
	신일	축일	진일	해일	묘일	자일	인일	축일	진일	사일	묘일	자일
		미일	술일		유일	오일		미일	술일		유일	오일
잔삭혈인살 (剗削血刃殺)	【방위를 아울러 따진다. 치목(治木)을 피한다. 이 방위에서는 발퇴(發槌), 수주(竪柱)를 절대로 피한다. 이것을 어기면 인부가 죽는다】											
	해일	신일	사일	인일	묘일	오일	미일	유일	술일	축일	자일	진일
천폐(天廢)	오일	인일	진일	묘일	유일	신일	축일	사일	자일	해일	미일	술일
수패(水敗)	자일	해일	신일	축일	묘일	오일	미일	진일	해일	묘일	진일	사일
천화(天禍)	사일	진일	묘일	신일	자일	해일	사일	진일	묘일	신일	자일	해일
대화(大禍)	인일	해일	축일	신일	묘일	술일	사일	자일	미일	오일	유일	진일
반룡출행일 (反龍出行日)	사일	유일	축일	신일	자일	진일	해일	묘일	미일	인일	오일	술일
반룡충동 (反龍冲動)	미일	신일	축일	자일	해일	인일	축일	오일	진일	신일	진일	신일
			미일	진일	축일	술일	기일	진일	미일	미일		
				미일	진일	해일			유일			
반룡충파 (反龍冲破)	미일	술일	술일	신일	술일	축일	진일	미일	진일	신일	자일	사일
살성(殺星)	【만통성(萬通星). 대살(大殺)과 같다】											
	오일	해일	신일	축일	술일	묘일	자일	사일	인일	미일	진일	유일
화성(禍星)	【만통성(萬通星). 대화(大禍)와 같다】											
	미일	자일	유일	인일	해일	진일	축일	오일	묘일	신일	사일	술일
흉성(凶星)	【만통성(萬通星). 대흉(大凶)과 같다】											
	술일	묘일	자일	사일	인일	미일	진일	유일	오일	해일	신일	축일

	1월	2월	3월	4월	5월	6월	7월	8월	9월	10월	11월	12월
교가(交加)	【만통성(萬通星). 현가(玄嘉)와 같다】											
	신일	축일	술일	묘일	자일	사일	인일	미일	진일	유일	오일	해일
사기(死氣)	【앞의 것과는 다르다】											
	자일	사일	인일	미일	진일	유일	오일	해일	신일	축일	술일	묘일
천겁(天劫)	축일	오일	묘일	신일	사일	술일	미일	자일	유일	인일	해일	진일
	【축일(丑日)은 일설에는 인일(寅日)이라고도 한다】											
신후(神后)	묘일	신일	사일	술일	미일	자일	유일	인일	해일	진일	축일	오일
구설(口舌)	진일	유일	오일	해일	신일	축일	술일	묘일	자일	사일	인일	미일
천라(天羅)	【주후(肘後)에 천라일(天羅日)을 지나서 만나면 천라지망(天羅地網)이라고 부른다】											
	인일	해일	사일	신일	인일	해일	사일	신일	인일	해일	사일	신일
지망(地網)	【주후(肘後)에 불록(不錄)과 지망(地網)을 지나간다】											
	유일	진일	오일	미일	자일	인일	신일	유일	미일	미일	오일	유일
유룡충파(遊龍冲破)	유일	자일	묘일	오일	묘일	자일	유일	오일	묘일	자일	유일	오일
야룡(野龍)	진일	술일	축일	미일	진일	술일	축일	미일	진일	술일	축일	미일
피마(披麻)	【입택(入宅), 혼례를 피한다】											
	자일	유일	오일	묘일	자일	유일	오일	묘일	자일	유일	오일	묘일
천궁(天窮)	【피마(披麻)와 같다】											
천지앙(天地殃)	묘일	인일	오일	자일	해일	자일	오일	인일	묘일	진일	사일	진일
용회(龍會)	【저수지 만드는 일을 피한다】											
	미일	술일	해일	해일	축일	술일	미일	묘일	축일	축일	술일	묘일
사회(蛇會)	【저수지 만드는 일을 피한다】											
	오일	오일	술일	술일	술일	술일	축일	축일	진일	술일	술일	해일
	미일	미일										
앙패(殃敗)	묘일	인일	축일	자일	해일	술일	유일	신일	미일	오일	사일	진일
천리별(天離別)	병일	계일	갑일	병일	정일	정일	신일	신일	경일	신일	병일	계일
	자일	축일	인일	진일	사일	사일	축일	축일	오일	유일	오일	사일
			병일		기일	기일	신일	신일				
			인일		사일	사일	미일	미일				

	1월	2월	3월	4월	5월	6월	7월	8월	9월	10월	11월	12월
목마살(木馬殺)	【기공(起工)하고 가마(架馬)하는 것을 꺼린다】											
	사일	미일	유일	신일	술일	자일	해일	축일	묘일	인일	진일	오일
목호살(木呼殺)	【수목(壽木 관(棺))을 만들고 생분(生墳)을 만드는 일을 꺼린다】											
	임일	경일	무일	경일	정일	사일	을일	신일	임일	정일	계일	을일
	신일	자일	진일	술일	해일	미일	미일	유일	술일	사일	미일	축일
	무일	병일	기일	을일	경일						계일	을일
	신일	술일	사일	묘일	신일						유일	유일
목수살(木隨殺)	【수목(壽木)을 만들고 생분(生墳)을 만드는 일을 피한다】											
	진일	인일	신일	오일	오일	신일	사일	축일	인일	묘일	오일	미일
			미일									
	신일	자일	술일	신일	유일	진일	유일	유일	해일	해일	유일	진일
천격(天鬲)	【출행(出行), 구관(求官), 표장(表章) 올리기을 피한다】											
	인일	자일	술일	신일	오일	진일	인일	자일	술일	신일	오일	진일
임격(林鬲)	【출행(出行), 포렵(捕獵)을 피한다】											
	축일	묘일	해일	유일	미일	사일	묘일	축일	해일	유일	미일	사일
지격(地鬲)	【종식(種植), 참초 파토(斬草破土), 금정(金井 묏구덩이)을 파는 일, 안장(安葬)을 피한다】											
	진일	인일	자일	술일	신일	오일	진일	인일	자일	술일	신일	오일
신격(神鬲)	【기복(祈福)과 제사를 피한다】											
	사일	묘일	축일	해일	유일	미일	사일	묘일	축일	해일	유일	미일
화격(火鬲)	【요야(窯冶)와 침구(針灸)를 피한다】											
	오일	진일	인일	자일	술일	신일	오일	진일	인일	자일	술일	신일
산격(山鬲)	【포렵(捕獵), 입산(入山), 벌목(伐木)을 피한다】											
	미일	사일	묘일	축일	해일	유일	미일	사일	묘일	축일	해일	유일
귀격(鬼鬲)	【제사와 기복(祈福)을 피한다】											
	신일	오일	진일	인일	자일	술일	신일	오일	진일	인일	자일	술일
인격(人鬲)	【진인구(進人口), 부인을 맞아들이는 일을 피한다】											
	유일	미일	사일	묘일	축일	해일	유일	미일	사일	묘일	축일	해일
수격(水鬲)	【연못 파기, 고기잡이, 우물파기, 행선(行船)을 피한다】											
	술일	신일	오일	진일	인일	자일	술일	신일	오일	진일	인일	자일

	1월	2월	3월	4월	5월	6월	7월	8월	9월	10월	11월	12월
주격(州鬲)	【사송(詞訟)을 피한다】											
	해일	유일	미일	사일	묘일	축일	해일	유일	미일	사일	묘일	축일

21-1. 밭일하기에 좋은 날과 피할 날　　　　田事宜忌日

【군방보】[13] 밭일하기에 좋은 날은 경오(庚午)·갑술(甲戌)·병자(丙子)·정축(丁丑)·무인(戊寅)·기묘(己卯)·임오(壬午)·계미(癸未)·신묘(辛卯)·임진(壬辰)·경자(庚子)·임자(壬子)·계축(癸丑)·무오(戊午)·기미(己未)일과 건제12신(建除十二神)[14] 중 제(除)·만(滿)·성(成)·수(收)·개(開)일, 천창(天倉)일[15]·모창(母倉)일[16]이 좋다.

【群芳譜】宜庚午·甲戌·丙子·丁丑·戊寅·己卯·壬午·癸未·辛卯·壬辰·庚子·壬子·癸丑·戊午·己未、除·滿·收·成·開、天倉·母倉.

---

13 《二如亭群芳譜》〈亨部〉 "穀譜" 卷1 '穀譜首簡'(《四庫全書存目叢書補編》80, 259쪽).

14 건제12신(建除十二神):12지지(十二地支)에 일상생활의 12가지 상황의 신(神)으로 상징되는 건(建, 강건하다)·제(除, 제거하다)·만(滿, 가득차다)·평(平, 평상시와 같다)·정(定, 정하다)·집(執, 잡다)·파(破, 깨지다)·위(危, 위험하다)·성(成, 이루어지다)·수(收, 수확하다)·개(開, 열다)·폐(閉, 닫다)를 각각 배속시킨 것. 《돈황유서(敦煌遺書)》에 전하는 각각의 금기는 다음과 같다. "건(建)일에는 창고를 열지 않는다. 제(除)일에는 재물을 내놓지 않는다. 만(滿)일에는 약을 먹지 않는다. 평(平)일에는 수로를 정비하지 않는다. 정(定)일에는 글을 짓지 않는다. 집(執)일에는 병을 건드리지 않는다. 파(破)일에는 손님을 만나지 않는다. 위(危)일에는 멀리 여행하지 않는다. 성(成)일에는 송사를 하지 않는다. 수(收)일에도 멀리 여행하지 않는다. 개(開)일에는 땅을 파고 장사지내지 않는다. 폐(閉)일에는 눈을 치료하지 않는다(建日不開倉, 除日不出財, 滿日不服藥, 平日不修溝, 定日不作辭, 執日不發病, 破日不會客, 危日不遠行, 成日不辭訟, 收日亦不遠行, 開日不送喪, 閉日不治目)."

15 천창(天倉)일:상고(商賈)로 인하여 이익을 보고 크게 길한 날로, 5·13·21·29일이다. 원래는 천창은 별 이름으로, 서남(西南)의 칠수(七宿) 가운데 누수(婁宿)에 속하는데, 오곡을 보관하는 곳이기도 하다.

16 모창(母倉)일:하늘이 은혜를 베풀어 만물을 길러 준다는 길신(吉神)이 주관하는 날. 목공(木工)이나 혼인 등을 비롯한 무슨 일을 하더라도 크게 길하다고 한다. 봄에는 해(亥)일·자(子)일, 여름에는 인(寅)일·묘(卯)일, 가을에는 진(辰)일·술(戌)일·축(丑)일·미(未)일, 겨울에는 유(酉)일·신(申)일이나 토왕(土旺) 후에는 사(巳)일·오(午)일을 말한다. 《欽定協紀辨方書》卷5〈義例〉3 "母倉"(《文淵閣四庫全書》811, 284쪽) 참조.

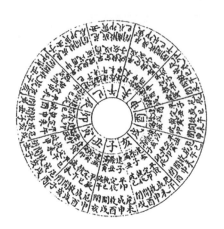

모창(《협기변방서(協紀辨方書)》)[15)

건제12신도(《협기변방서》)

생기가 왕성한 날로는 육의(六儀)[18·황도(黃道)[19]일
과 새나 벌레가 곡식을 먹지 않는 날[20], 벌레가 없는
날[21] 등이다.

生氣豐旺, 六儀、黃道、不
食、無蟲等日,

을(乙)·화(火)일, 건(建)·평(平)·폐(閉)·파(破)일, 천
화(天火)[22·지화(地火)·전화(田火)일을 피한다.

忌乙日·火日·建·平·閉·
破、天火·地火·田火.

밭 일군 공이 소용 없이 황폐해지게 되는 날은
구공(九空)·사신(死神)·수사(受死)·사기(死氣)·초감(焦

虛耗荒蕪, 九空、死神、受
死、死氣、焦坎, 狼藉、地

---

17 협기변방서(協紀辨方書) : 중국 청나라의 윤록(允祿)·매각성(梅殼成)·하국동(何國棟) 등 40명이 지은 택길
(擇吉)·선택(選擇)서.

18 육의(六儀) : 구궁(九宮)에 배합된 삼원(三元) 갑자(甲子) 중 갑일(甲日) 위에 있는 무(戊)·기(己)·경(庚)·신
(辛)·임(壬)·계(癸).

19 황도(黃道) : 옛날 점성가들은 청룡(靑龍)·명당(明堂)·금궤(金匱)·천덕(天德)·옥당(玉堂)·사명(司命) 등의
여섯 별자리가 길신(吉神)에 해당하므로 이 여섯 별자리에 태양이 위치하는 때를 길하다고 생각하여 '황도
길일'이라고 칭하였다.

20 새나⋯⋯날 : 뒤의 '21-10'에 나온다.

21 벌레가⋯⋯날 : 뒤의 '21-11'에 나온다.

22 천화(天火) : 벼락을 치면서 떨어지는 불똥 또는 그 불똥이 떨어져 초목에 일어나는 불. 불똥은 금세 사라지
지만 간혹 화재로 번지기도 하기 때문에 재앙을 부르는 것으로 간주된다.

坎)·낭자(狼藉)·지격(地隔)23·토온(土瘟)·전흔(田痕)24· 지공(地空)·구초(九焦)25일이다. 이날에는 규모가 크 건 작건 기가 소모되어 곡식이 익지 못하고, 곡식을 거두지 못하게 된다. 거름 줄 때는 서풍이 부는 날 을 피한다】26

隔、土瘟、田痕、地空、九 焦, 大小耗不成不收. 糞忌 及西風】

---

23 지격(地隔) : 매월을 기준으로 드는 흉신 가운데 하나. 이날은 식물 옮겨심기와 안장(安葬)하기를 꺼린다고 하였다.

24 전흔(田痕) : 이날 파종하면 수확에 실패하는 흉한 날. 뒤의 '21-16'에 자세히 나온다.

25 구초(九焦) : 정월은 진(辰), 2월은 축(丑), 3월은 술(戌), 4월은 미(未), 5월은 묘(卯), 6월은 자(子), 7월은 유(酉), 8월은 오(午), 9월은 인(寅), 10월은 해(亥), 11월은 신(申), 12월은 사(巳)가 일진에 든 날을 고초 일(苦焦日)이라고 한다. 오곡을 심으면 싹이 나지 않는다. 아래 '21-17' 구초일'에 이와 같은 내용이 보인다.

26 《산림경제》 권4 〈선택(選擇)〉 "월건흉살(月建凶煞)"(한국고전종합DB) 참조.

21-2. 밭갈이에 좋은 날과 피할 날

耕田宜忌日

【군방보】[27] 을축(乙丑)·기사(己巳)·경오(庚午)·신미(辛未)·계유(癸酉)·을해(乙亥)·정축(丁丑)·무인(戊寅)·신사(辛巳)·임오(壬午)·을유(乙酉)·병자(丙子)·정축(丁丑)·갑오(甲午)·기해(己亥)·신축(辛丑)·갑진(甲辰)·병오(丙午)·계축(癸丑)·갑인(甲寅)·정사(丁巳)·계미(癸未)·경신(庚申)·신유(辛酉)일, 성(成)·수(收)·개(開)[28]일이 좋다.

지격(地隔)·황무(荒蕪)·고초(枯焦)일을 피한다.

【又】宜乙丑·己巳·庚午·辛未·癸酉·乙亥·丁丑·戊寅·辛巳·壬午·乙酉·丙子·丁丑·甲午·己亥·辛丑·甲辰·丙午·癸丑·甲寅·丁巳·癸未·庚申·辛酉, 成·收·開日.
忌地隔, 荒蕪、枯焦.

거가필용[29] 큰달의 6·22·23일과 작은달의 8·11·12·17·19·27일과 전흔(田痕)일을 피한다.

居家必用 忌大月初六、二十二·二十三、小月初八·十一·十二·十七·十九·二十七、田痕.

안 《거가필용》에 또 "밭갈기에 길한 날: 병인(丙寅)·정묘(丁卯)·경오(庚午)·신미(辛未)·병자(丙子)·정축(丁丑)·경진(庚辰)·신사(辛巳)·병술(丙戌)·정해(丁亥)·경인(庚寅)·신묘(辛卯)·병신(丙申)·정유(丁酉)·경자(庚子)·병오(丙午)·신축(辛丑)·정미(丁未)·경술(庚戌)·신해(辛亥)·

按 《居家必用》又曰"耕田吉日: 丙寅、丁卯、庚午、辛未、丙子、丁丑、庚辰、辛巳、丙戌、丁亥、庚寅、辛卯、丙申、丁酉、庚子、丙午、辛丑、

---

27 《二如亭群芳譜》, 위와 같은 곳.
28 성일(成日)·수일(收日)·개일(開日): 각각 건제12신(建除十二神) 중 길·흉일(吉凶日)의 하나이다. 이 12신에 대한 길흉은 이 12신이 드는 날의 행사에 따라 다르며, 그 12신은 즉 건(建)·제(除)·만(滿)·평(平)·정(定)·집(執)·파(破)·위(危)·성(成)·수(收)·개(開)·폐(閉)인데, 이 12신이 드는 날의 배열은 현행 민력(民曆)에 나와 있다. 월건(月建)에 따라 계속 변한다. 예를 들어 정월의 월건이 인(寅)이라면 인일(寅日)이 건일(建日)이 되고 묘일(卯日)이 제일(除日)이 되며, 진일(辰日)이 만일(滿日)이 되고 사일(巳日)이 평일(平日)이 되며, 오일(午日)이 정일(定日)이 되고 미일(未日)이 집일(執日)이 되며, 신일(申日)이 파일(破日)이 되고 해일(亥日)이 수일(收日)이 되며, 자일(子日)이 개일(開日)이 되고 축일(丑日)이 폐일(閉日)이 된다. 이 가운데 성일은 길일이다.
29 《居家必用》〈戊集〉 "農桑類" '種蓺吉凶'(《居家必用事類全集》, 171쪽).

병진(丙辰)·정사(丁巳)·경신(庚申)·신유(辛酉)·무자(戊子)일이다.

또 병(丙)·정(丁)·경(庚)·신(辛)일이 길하다.

밭갈기에 흉한 날: 임진(壬辰)·계해(癸亥)일이다. 또 임(壬)·계(癸)일이 흉하다."라 했다. 이는 아마도 별도로 논의 경우를 가리켜 말한 듯하다】

丁未、庚戌、辛亥、丙辰、丁巳、庚申、辛酉、戊子.
又丙丁、庚辛日吉.

耕田凶日: 壬辰、癸亥. 又壬癸日凶." 疑另指水田也】

21-3. 밭에 거름주기에 좋은 날과 피할 날

【증보도주공서】[30] 불을 사용하기에 길한 날은 병인(丙寅)·정묘(丁卯)·갑술(甲戌)·을해(乙亥)일의 부류와 같이 불이 든 날이 길하다.

밭에 거름 줄 때는 토귀(土鬼)일과 다음의 9일을 피한다. 계사(癸巳)·갑오(甲午)·을유(乙酉)·신축(辛丑)·임인(壬寅)·기유(己酉)·경술(庚戌)·정사(丁巳)·무오(戊午)일】

壅田宜忌日

【增補陶朱公書】 用火爲吉如丙寅、丁卯、甲戌、乙亥之類.

壅田, 忌土鬼, 有九日癸巳、甲午、乙酉、辛丑、壬寅、己酉、庚戌、丁巳、戊午】

21-4. 밭 사르기에 좋은 날과 피할 날

【거가필용】[31] 기미(己未)일이 좋다. 화격(火隔)일을 피한다】

燒田宜忌日

【居家必用】 宜己未. 忌火隔】

21-5. 황무지 개간하기에 좋은 날과 피할 날

【군방보】[32] 기가 왕성한 천복(天福)일, 기가 생하는 모창(母倉)일, 가장 길한 황도(黃道)일, 기미(己未)일 및 개(開)일이 좋다.

지화(地火)·지격(地隔)·공망(空亡)·초감(焦坎)·전흔(田痕)일은 피한다】

開荒宜忌日

【群芳譜】 宜天福豐旺、母倉生氣、黃道上吉、己未及開日.

忌地火、地隔、空亡、焦坎、田痕】

---

30 《重訂增補陶朱公致富奇書》卷3〈耕田吉凶宜忌〉"耕田吉凶宜忌" '壅田吉日'·'壅田忌土鬼有九日'(《重訂增補陶朱公致富奇書》中, 19쪽).
31 《居家必用》〈戊集〉"農桑類" '種蓻吉凶'(《居家必用事類全集》, 171쪽).
32 《二如亭群芳譜》, 위와 같은 곳.

21-6. 종자 담그기에 길한 날

【[거가필용]33 곡식종자 담글 때는 갑술(甲戌)·을해(乙亥)·임오(壬午)·을유(乙酉)·임진(壬辰)·을묘(乙卯)일에 해야 길하다】

浸種吉日

【[居家必用] 浸穀, 用甲戌、乙亥、壬午、乙酉、壬辰、乙卯, 吉】

21-7. 씨뿌리기에 좋은 날과 피할 날

【[거가필용]34 오곡을 씨뿌릴 때는 갑자(甲子)·을축(乙丑)·정묘(丁卯)·기사(己巳)·계유(癸酉)·을해(乙亥)·병자(丙子)·기묘(己卯)·경신(庚申)·갑신(甲申)·을유(乙酉)·기축(己丑)·신묘(辛卯)·임진(壬辰)·계사(癸巳)·을미(乙未)·병신(丙申)·무술(戊戌)·기해(己亥)·경자(庚子)·신축(辛丑)·임인(壬寅)·계묘(癸卯)·병오(丙午)·무신(戊申)·기유(己酉)·계축(癸丑)·병진(丙辰)·무오(戊午)·기미(己未)·경신(庚申)·신유(辛酉)·계해(癸亥)·계미(癸未)일이 좋다.

또 1월의 3묘(三卯, 3번의 묘일)에 볍씨를 심기에 가장 좋다.

논에 씨 심기에 흉한 날: 전흔(田痕)일.

오곡 심기에 흉한 날: 정해(丁亥)일.

播種宜忌日

【[又] 種五穀, 甲子、乙丑、丁卯、己巳、癸酉、乙亥、丙子、己卯、庚申、甲申、乙酉、己丑、辛卯、壬辰、癸巳、乙未、丙申、戊戌、己亥、庚子、辛丑、壬寅、癸卯、丙午、戊申、己酉、癸丑、丙辰、戊午、己未、庚申、辛酉、癸亥、癸未.

又一月三卯種稻爲上.

種田凶日: 田痕.

下五穀凶日: 丁亥.

【[군방보]35 밭에 씨뿌릴 때는 날은 성(成)·개(開)일이 좋다】

【[群芳譜] 種田, 宜成、開日】

---

33 《居家必用》, 위와 같은 곳.
34 《居家必用》, 위와 같은 곳.
35 《二如亭群芳譜》, 위와 같은 곳.

21-8. 육갑(六甲)[36]에 따라 경작하기에 좋은 날과 피할 날

六甲種作宜忌日

【거가필용】[37] 갑자(甲子)·을축(乙丑)·정묘(丁卯)·무진(戊辰)·기사(己巳)·경오(庚午)·신미(辛未)·임신(壬申)·계유(癸酉)·갑술(甲戌)·병자(丙子)·정축(丁丑)·무인(戊寅)·기묘(己卯)일이 12월의 좋은 날이다.

경진(庚辰)·계미(癸未)·갑신(甲申)·을유(乙酉)·무자(戊子)·기축(己丑)·경인(庚寅)일이 9월의 좋은 날이다.

신묘(辛卯)·경자(庚子)·신축(辛丑)일이 11월의 좋은 날이다.

임인(壬寅)·갑진(甲辰)·병오(丙午)·정미(丁未)·무신(戊申)·기유(己酉)·임자(壬子)·계축(癸丑)·을묘(乙卯)·경신(庚申)·임술(壬戌)·계해(癸亥)일은 경작하기 좋은 날이다. 심기에도 똑같이 좋은 날이다.

경작하기에 흉한 날: 신사(辛巳)·병술(丙戌)·임진(壬辰)·계사(癸巳)·을미(乙未)·갑오(甲午)·을사(乙巳)·신해(辛亥)·갑인(甲)일. 심기에도 똑같이 흉한 날이다】

【居家必用】甲子、乙丑、丁卯、戊辰、己巳、庚午、辛未、壬申、癸酉、甲戌、丙子、丁丑、戊寅、己卯，十二月；

庚辰、癸未、甲申、乙酉、戊子、己丑、庚寅，九月；

辛卯、庚子、辛丑，十一月；

壬寅、甲辰、丙午、丁未、戊申、己酉、壬子、癸丑、乙卯、庚申、壬戌、癸亥，種植同.

種作凶日：辛巳、丙戌、壬辰、癸巳、乙未、甲午、乙巳、辛亥、甲寅. 種植同】

---

36 육갑(六甲) : 천간(天干)의 10가지와 지지(地支) 12가지를 60가지로 차례로 배열해 놓은 것.
37 《居家必用》〈戊集〉 "農桑類" '種蓺吉凶'(《居家必用事類全集》, 171~172쪽).

21-9. 월별 경작하기에 길한 날

【거가필용】[38] 1월과 2월의 자(子)일,

3월과 4월의 경(庚)일,

5월과 6월의 진(辰)일,

7월과 8월의 오(午)일,

9월과 10월의 신(申)일,

11월과 12월의 술(戌)일】

逐月種作吉日

【又】正月·二月子日、

三月·四月庚①日、

五月·六月辰日、

七月·八月午日、

九月·十月申日、

十一月·十二月戌日】

21-10. 경작할 때 새나 벌레가 먹지 않는 날

【거가필용】[39] 새나 벌레가 곡식을 먹지 않는 길일: 1·3·4·5·7·9·10·18·29일.

種作禽蟲不食日

【又】飛蟲不食吉日: 初一、初三、初四、初五、初七、初九、初十、十八、二十九日.

【군방보】[40] 온갖 벌레가 곡식을 먹지 않는 날: 을축(乙丑)·을해(乙亥)·을미(乙未)·기해(己亥)·임인(壬寅)·임자(壬子)·계묘(癸卯)일.

새나 쥐가 곡식을 먹지 않는 날: 갑오(甲午)·계해(癸亥)일】

【群芳譜】百蟲不食日: 乙丑、乙亥、乙未、己亥、壬寅、壬子、癸卯.

鳥鼠不食日: 甲午、癸亥】

---

38 《居家必用》〈戊集〉 "農桑類" '種蓺吉凶'(《居家必用事類全集》, 171쪽).

39 《居家必用》〈戊集〉 "農桑類" '種蓺吉凶'(《居家必用事類全集》, 171~172쪽).

40 《二如亭群芳譜》〈亨部〉 "穀譜" 卷1 '穀譜首簡'(《四庫全書存目叢書補編》80, 259~260쪽).

① 庚:《居家必用·戊集·農桑類》에는 "寅".

21-11. 경작할 때 벌레 없는 날   種作無蟲日

　【거가필용 41 1월·3월·5월의 임(壬)일,   【居家必用 正月·三月·五
　　　　　　　　　　　　　　　　　　　　　　　月壬日、

　4월의 정(丁)·임(壬)일,   四月丁·壬日、

　6월의 정(丁)·사(巳)일,   六月丁·巳日、

　8월의 계(癸)일,   八月癸日、

　9월·12월의 병(丙)일,   九月·十二月丙日、

　10월의 경(庚)일】   十月庚日】

21-12. 수확하지 못하게 되는 날   不收日

　【군방보 42 병술(丙戌)·임진(壬辰)·신해(辛亥)일이 【群芳譜 丙戌、壬辰、辛亥】
다】

21-13. 제대로 여물지 않게 되는 날   不成日

　【군방보 43 을미(乙未)일이다】   【又 乙未】

21-14. 좀벌레 쏠게 되는 날   蛀日

　【군방보 44 을축(乙丑)·기묘(己卯)·기축(己丑)·무신 【又 乙丑、己卯、己丑、戊
(戊申)일이다】   申】

41 《居家必用》〈戊集〉"農桑類"'種作無蟲吉日'(《居家必用事類全集》, 172쪽).
42 《二如亭群芳譜》〈亨部〉"穀譜" 卷1 '穀譜首簡'(《四庫全書存目叢書補編》80, 260쪽).
43 《二如亭群芳譜》, 위와 같은 곳.
44 《二如亭群芳譜》, 위와 같은 곳.

21-15. 황무지가 되게 하는 날

【군방보 45 사계절의 첫달[孟月] 평(平)일, 사 계절의 가운뎃달[仲月]의 파(破)일, 사계절의 끝달[季月] 수(收)일이다. 여기에다 자(子)·인(寅)·사(巳)·무(戊)가 든 날을 만나면 다시 심하게 황무지가 된다】

荒蕪日

【又 孟月平日、仲月破、季月收. 逢子、寅、巳、戊、更毒】

21-16. 전흔(田痕, 파종하기에 흉함)일

【군방보 큰달은 6·8·22·23일이고, 작은달은 8·11·13·17·19일이다】

田痕日

【又 大月初六、初八、廿二、廿三, 小月初八、十一、十三、十七、十九】

---

45 《二如亭群芳譜》, 위와 같은 곳.

21-17. 구초일(九焦日)

【박물지】[46] 정월은 진(辰), 2월은 축(丑), 3월은 술(戌), 4월은 미(未), 5월은 묘(卯), 6월은 자(子), 7월은 유(酉), 8월은 오(午), 9월은 인(寅), 10월은 해(亥), 11월은 신(申), 12월은 사(巳)가 일진에 든 날이 구초일이다. 이날 맥류를 심으면 싹이 나지 않게 된다】

九焦日

【博物志】 正辰、二丑、三戌、四未、五卯、六子、七酉、八午、九寅、十亥、至申、臘巳爲九焦日. 種麥, 則不生芽】

---

46 출전 확인 안 됨;《山林經濟》卷1〈治農〉"耕播"《農書》2, 97쪽).

21-18. 농가에서 두루 피할 날　田家通忌日

증보도주공서 [47] 농사의 조상은 바로 신농(神農)[48]씨인데, 갑인(甲寅)일에 죽었다.

농사의 신[田主]은 을사(乙巳)일에 죽어 신해(辛亥)일에 장사지냈다.

농사의 아버지[田父]는 정해(丁亥)일에 죽어 정미(丁未)일에 장사지냈다.

농사의 어머니[田母]는 병술(丙戌)일에 죽어 정해(丁亥)일에 장사지냈다.

농사의 지아비는 정해(丁亥)일에 죽어 신해(辛亥)일에 장사지냈다.

이상 여러 날들에는 개간, 경작, 밭갈이, 김매기를 모두 피한다.

후직(后稷)[49]은 계사(癸巳)일에 죽었으니, 이 날은 오로지 파종을 피한다. 일반적으로 9곡(九穀)을 심을 때 이날을 피하지 않으면 반드시 9곡이 대부분 상하고 썩게 된다】

【增補陶朱公書】田祖卽神農, 甲寅死;

田主乙巳死, 辛亥葬;

田父丁亥死, 丁未葬;

田母丙戌死, 丁亥葬;

田夫丁亥死, 辛亥葬.

以上諸日, 竝忌開田種作耕耘.

后稷癸巳死, 是日專忌播種. 凡九穀不避忌, 必多傷破[2]】

---

47 《重訂增補陶朱公致富奇書》卷3〈耕田吉凶宜忌〉"農家通忌"(《重訂增補陶朱公致富奇書》中, 22쪽);

48 신농(神農): 중국의 삼황(三皇) 가운데 백성들에게 농사짓는 법을 가르친 사람. 화덕(火德)으로 임금이 된 까닭에 '염제(炎帝)'라고 일컫는다.

49 후직(后稷): 주(周)나라의 시조(始祖)로, 성은 희(姬), 이름은 기(棄)이다. 요(堯) 임금의 신하로서 백성에게 농사짓는 법을 가르친 공로로 태(邰) 땅에 봉해졌다.

[2] 破:《重訂增補陶朱公致富奇書·耕田吉凶宜忌·農家通忌》에는 "敗".

21-19. 벼 심기에 좋은 날과 피할 날

【거가필용】[50] 무(戊)·기(己)일, 사계일(四季日)[51]이 좋다.

인(寅)·묘(卯)·진(辰)일을 피한다.

모내기 길일: 신미(辛未)·계유(癸酉)·임오(壬午)·경인(庚寅)·계미(癸未)·갑오(甲午)·갑진(甲辰)·을사(乙巳)·병오(丙午)·정미(丁未)·무신(戊申)·기유(己酉)·을묘(乙卯)·신유(辛酉)일.

또 기해(己亥)·기미(己未)일, 성(成)·수(收)일이다.

못자리에 심기와 모내기에 좋은 날과 피할 날도 이와 같다.

【군방보】[52] 벼 심을 때는 갑자(甲子)·무진(戊辰)·기사(己巳)·경오(庚午)·신미(辛未)·임신(壬申)·계유(癸酉)·갑술(甲戌)·병자(丙子)·정축(丁丑)·무인(戊寅)·기묘(己卯)·계미(癸未)·갑신(甲申)·무자(戊子)·기축(己丑)·경인(庚寅)·신묘(辛卯)·갑오(甲午)·경자(庚子)·신축(辛丑)·임인(壬寅)·갑진(甲辰)·병오(丙午)·정미(丁未)·무신(戊申)·기유(己酉)·임자(壬子)·계묘(癸卯)·경신(庚申)·신유(辛酉)·임술(壬戌)·계해(癸亥)일, 성(成)·수(收)·개(開)일이 좋다.

평(平)·폐(閉)일, 축(丑)일을 피한다.

씨 담글 때는 갑술(甲戌)·임오(壬午)·임진(壬辰)일,

種稻宜忌日

【居家必用】宜戊己、四季日;

忌、寅、卯、辰日.

下秧吉日: 辛未、癸酉、壬午、庚寅、癸未、甲午、甲辰、乙巳、丙午、丁未、戊申、己酉、乙卯、辛酉.

又己亥·己未、成日·收日.

種秧、挿秧同.

【群芳譜】種稻, 宜甲子·戊辰·己巳·庚午·辛未·壬申·癸酉·甲戌·丙子·丁丑·戊寅·己卯·癸未·甲申·戊子·己丑·庚寅·辛卯·甲午·庚子·辛丑·壬寅·甲辰·丙午·丁未·戊申·己酉·壬子·癸卯·庚申·辛酉·壬戌·癸亥、成·收·開日;

忌平·閉·丑日.

浸種, 宜甲戌·壬午·壬辰、

---

50 《居家必用》〈戊集〉 "農桑類" '種蓺吉凶'(《居家必用事類全集》, 171~173쪽).

51 사계일(四季日): 입춘·입하·입추·입동일 각 날의 이전 18일. 이 날은 토(土)에 배당된 날로 1년 간 총 72일이다.

52 《二如亭群芳譜》〈亨部〉 "穀譜" 卷1 '稻'(《四庫全書存目叢書補編》80, 272~273쪽).

성(成)·개(開)일이 좋다.

모심을 때는 경오(庚午)·신미(辛未)·계유(癸酉)·병자(丙子)·기묘(己卯)·임오(壬午)·계미(癸未)·갑신(甲申)·갑오(甲午)·기해(己亥)·경자(庚子)·계묘(癸卯)·갑진(甲辰)·병오(丙午)·무신(戊申)·기유(己酉)·기미(己未)·신유(辛酉)일, 성(成)·수(收)·개(開)일이 좋다.

농사직설(農事直說)[53][54] 벼 심을 때는 봄의 사계일인 18일이 토(土)에 해당하는 계일(季日)로, 가장 좋다】

成·開日.

挿秧, 宜庚午·辛未·癸酉·丙子·己卯·壬午·癸未·甲申·甲午·己亥·庚子·癸卯·甲辰·丙午·戊申·己酉·己未·辛酉、成·收·開日.

農事直說 種稻, 季朔十八日季日上】

---

53 농사직설(農事直說): 1429년(세종 11) 정초(鄭招)·변효문(卞孝文) 등이 왕명으로 편찬한 농서(農書). 각도 감사에게 명하여 각지의 익숙한 농민들에게서 그 경험을 자세히 듣고 수집해서 편찬한 책이다. 종자 준비·밭갈이·삼 심기 등 주로 곡식재배법이 다루어졌다.
54 《農事直說》〈種稻〉(《農書》1, 150쪽);《山林經濟》卷1〈治農〉"種稻"(《農書》2, 103쪽).

21-20. 기장 심기에 좋은 날과 피할 날　　種黍宜忌日

【거가필용 55 기장 심기에 길한 날: 무술(戊戌)·기해(己亥)·경자(庚子)·경신(庚申)·임신(壬申)일.

【居家必用】種黍吉日: 戊戌、己亥、庚子、庚申、壬申.

거가필용 56 기장 심을 때는 기(己)·유(酉)·술(戌)이 든 날이 좋다.

又 黍, 宜己、酉、戌日;

인(寅)·묘(卯)·병(丙)·오(午)가 든 날을 피한다】

忌寅、卯、丙、午】

---

55 《居家必用》〈戊集〉 "農桑類" '種蓺吉凶'(《居家必用事類全集》, 172쪽).
56 《居家必用》〈戊集〉 "農桑類" '種蓺吉凶'(《居家必用事類全集》, 173쪽).

21-21. 검은기장 심기에 좋은 날과 피할 날 　　種穄宜忌日

【거가필용 57 미(未)·인(寅)이 든 날을 피한다】 　　【又 忌未、寅日】

21-22. 조 심기에 좋은 날과 피할 날 　　種粟宜忌日

【거가필용 58 조를 심기에 길한 날: 정사(丁巳)·기 　　【又 種粟吉日: 丁巳、己卯、
묘(己卯)·을묘(乙卯)·기미(己未)·신묘(辛卯)일. 　　乙卯、己未、辛卯.

또 3월의 3묘일(卯日, 3번의 묘일)이 조를 심기 가장 　　又三月三卯日種粟爲上.
좋다.

거가필용 59 일반적으로 조를 심을 때는 인(寅)·오 　　又 凡種禾, 宜寅、午、申
(午)·신(申)이 든 날이 좋다. 　　日;

을(乙)·축(丑)·임(壬)·계(癸)가 든 날을 피한다. 　　忌乙、丑、壬、癸.

늦조는 병(丙)이 든 날을 피한다】 　　晚禾, 忌丙】

---

57 《居家必用》, 위와 같은 곳.
58 《居家必用》〈戊集〉"農桑類" '種蓻吉凶'(《居家必用事類全集》, 172쪽).
59 《居家必用》〈戊集〉"農桑類" '種蓻吉凶'(《居家必用事類全集》, 173쪽).

21-23. 맥류 심기에 좋은 날과 피할 날　　　　　種麥宜忌日

【거가필용 [60] 맥류 심기에 길한 날: 경오(庚午)·신　　【又 種麥吉日: 庚午、辛未、
미(辛未)·신사(辛巳)·경술(庚戌)·경자(庚子)·신묘(辛卯)일.　　辛巳、庚戌、庚子、辛卯.
　　또 8월의 3묘일(卯日)은 맥류를 심기에 가장 좋다.　　又八月三卯日種麥爲上;
　　12월 정(丁)이 든 날을 피한다　　　　　　　　　忌十二月丁日.

거가필용 [61] 보리 심을 때는 해(亥)·묘(卯)·진(辰)이　　又 大麥, 宜亥、卯、辰日;
든 날이 좋다.
　　자(子)·축(丑)·무(戊)·사(巳)가 든 날을 피한다.　　　忌子、丑、戊、巳.
　　밀의 좋은 날과 피할 날은 보리와 같다.　　　　　小麥同.

청이록 [62] 적맥(積麥)[63]은 10번의 신(辛)일이 좋다. 씨　　清異錄 積麥, 以十辛良,
를 심을 때는 3번의 신(辛)일[64]을 넘겨서는 안 되고,　　下子不得過三辛, 收、潑不
거둘 때도 3번의 신일을 넘겨서는 안 된다. 타작마　　得過三辛. 上場入倉, 亦用
당에 올려 타작하고 창고에 들일 때도 신일에 한다】　　辛日】

---

60 《居家必用》〈戊集〉 "農桑類" '種麥吉日'(《居家必用事類全集》, 172쪽).
61 《居家必用》〈戊集〉 "農桑類" '種麰吉凶'(《居家必用事類全集》, 173쪽).
62 《淸異錄》卷上〈地理〉(《文淵閣四庫全書》1047, 842쪽).
63 적맥(積麥):가을에 파종해서 이듬해에 수확하는 숙맥(宿麥)과 같은 것으로 추정된다.
64 3번의 신(辛)일:파종 시기의 1개월 동안에 드는 신일의 3일을 의미하는 듯하다.

21-24. 메밀 심기에 좋은 날과 피할 날　種蕎麥宜忌日

【청이록[65] 메밀 심기에 길한 날: 갑자(甲子)·임신 (壬申)·신사(辛巳)·임오(壬午)·계미(癸未)일】

【又 種蕎麥吉日: 甲子、壬 申、辛巳、壬午、癸未】

21-25. 콩 심기에 좋은 날과 피할 날　種豆宜忌日

【청이록[66] 콩 심기에 길한 날: 갑자(甲子)·을축(乙 丑)·임신(壬申)·병자(丙子)·무인(戊寅)·임오(壬午)·임인(壬 寅)일이다.

또 6월 3묘(三卯)일이 콩 심기에 가장 좋다.

6월 무(戊)일, 십간공식일(十干功食日)[67]을 피한다.

【又 種豆吉日: 甲子、乙丑、 壬申、丙子、戊寅、壬午、壬 寅.

又六月三卯日種豆爲上; 忌六月戊日、十干功食日.

청이록[68] 메주콩은 갑(甲)·자(子)·임(壬)일이 좋다.

묘(卯)·오(午)·병(丙)·자(子)·갑(甲)·을(乙)일을 피한다.

팥도 이와 같다.

又 大豆, 宜甲、子、壬日; 忌卯、午、丙、子、甲、乙. 小豆同.

군방보[69] 서남풍 및 신(申)·묘(申卯)일을 피한다】

群芳譜 忌西南風及申、卯 日】

21-26. 삼 심기에 좋은 날과 피할 날　種麻宜忌日

【거가필용[70] 삼 심기에 길한 날: 신사(辛巳)·기해

【居家必用 種麻吉日: 辛

---

65 출전 확인 안 됨;《居家必用》〈戊集〉"農桑類" '種蕎吉日'(《居家必用事類全集》, 172).

66 출전 확인 안 됨;《居家必用》, 위와 같은 곳.

67 십간공식일(十干功食日): 천간(天干)의 식신(食神). 십간(十干)을 취하여 한 자리를 띄운다. 즉 갑(甲)의 식 신은 병(丙), 을(乙)의 식신은 정(丁), 병(丙)의 식신은 무(戊), 정(丁)의 식신은 기(己), 기(己)의 식신은 신 (辛), 무(戊)의 식신은 경(庚), 경(庚)의 식신은 임(壬), 신(辛)의 식신은 계(癸), 임(壬)의 식신은 갑(甲), 계 (癸)의 식신은 을(乙)이다.《選擇紀要》上編〈천간식신(天干食神)〉(한국고전종합DB) 참조.

68 출전 확인 안 됨;《居家必用》〈戊集〉"農桑類" '種田吉日'·'種田凶日'(《居家必用事類全集》, 173).

69 《二如亭群芳譜》〈亨部〉"穀譜" 卷1 '黑豆'(《四庫全書存目叢書補編》80, 281쪽).

70 《居家必用》〈戊集〉"農桑類" '種蓺吉凶'(《居家必用事類全集》, 172쪽).

(己亥)·무신(戊申)·임신(壬申)·갑신(甲申)·신해(辛亥)·경
신(庚申)일.

　1월 3묘(卯)일이 삼을 심기에 가장 좋다.

거가필용 [71] 삼 심을 때는 사계일(四季日) 및 무(戊)·
기(己)일을 피한다】

巳、己亥、戊申、壬申、甲申、
辛亥、庚申.

正月三卯日種麻爲上.

又 麻, 忌四季日及戊、己
日】

71 《居家必用》〈戊集〉 "農桑類" '種蓺吉凶'《居家必用事類全集》, 173).

21-27. 마당 널기에 좋은 날과 피할 날

【군방보】72 황도(黃道)·천창(天倉)일(5·13·21·29일) 풍왕(豐旺)·성왕(成旺)일, 2덕(천덕·월덕) 및 합덕(合德, 천덕합·월덕합)일이 좋다】

21-28. 곡간 수리하기에 좋은 날과 피할 날

【군방보】73 을축(乙丑)·병인(丙寅)·정묘(丁卯)·기사 (己巳)·경오(庚午)·병자(丙子)·기묘(己卯)·임오(壬午)·계 미(癸未)·경인(庚寅)·임진(壬辰)·갑오(甲午)·을미(乙未)· 경자(庚子)·임인(壬寅)·계묘(癸卯)·정미(丁未)·갑인(甲 寅)·무오(戊午)·기미(己未)·임술(壬戌)일, 만(滿)·성(成)· 개(開)일이 좋다】

置場宜忌日

【群芳譜】宜黃道、天倉、豐旺、成旺日, 二德及合】

修倉宜忌日

【又】宜乙丑·丙寅·丁卯·己巳·庚午·丙子·己卯·壬午·癸未·庚寅·壬辰·甲午·乙未·庚子·壬寅·癸卯·丁未·甲寅·戊午·己未·壬戌, 滿·成·開】

---

72 《二如亭群芳譜》〈亨部〉 "穀譜" 卷1 '穀譜首簡'(《四庫全書存目叢書補編》80, 259쪽).
73 《二如亭群芳譜》, 위와 같은 곳.

21-29. 곡간에 곡식 들이기에 좋은 날과 피할 날

入倉宜忌日

【군방보 74 경오(庚午)·갑술(甲戌)·을해(乙亥)·병자(丙子)·기묘(己卯)·신사(辛巳)·임오(壬午)·계미(癸未)·을유(乙酉)·무자(戊子)·기축(己丑)·경인(庚寅)·을미(乙未)·임인(壬寅)·계묘(癸卯)·갑진(甲辰)·기유(己酉)·병진(丙辰)·계해(癸亥)일, 이덕(二德)·모창(母倉), 평(平)·만(滿)·성(成)·수(收)일이 좋다】

【又 宜庚午·甲戌·乙亥·丙子·己卯·辛巳·壬午·癸未·乙酉·戊子·己丑·庚寅·乙未·壬寅·癸卯·甲辰·己酉·丙辰·癸亥、二德·母倉、平·滿·成·收】

---

74 《二如亭群芳譜》, 위와 같은 곳.

21-30. 도정하기에 좋은 날과 피할 날

【 증보도주공서 】[75] 도정하기에 길한 날: 9월의 갑자(甲子)·병인(丙寅)·경오(庚午)·신미(辛未)·임신(壬申)·병자(丙子)·신사(辛巳)·계미(癸未)·갑신(甲申)·계사(癸巳)·갑오(甲午)·병신(丙申)·기해(己亥)·경자(庚子)·병오(丙午)·무신(戊申)·정사(丁巳)·기미(己未)·경신(庚申)·임술(壬戌)·계해(癸亥)일.

10월의 갑자(甲子)·을축(乙丑)·정묘(丁卯)·경오(庚午)·임신(壬申)·계유(癸酉)·병자(丙子)·정축(丁丑)·기묘(己卯)·임오(壬午)·계미(癸未)·갑신(甲申)·무자(戊子)·기축(己丑)·신묘(辛卯)·을미(乙未)·무술(戊戌)·기해(己亥)·경자(庚子)·계묘(癸卯)·병오(丙午)·임자(壬子)·병인(丙寅)·을묘(乙卯)·기미(己未)·경신(庚申)·임술(壬戌)일.

11월의 갑자(甲子)·을축(乙丑)·정묘(丁卯)·임신(壬申)·계유(癸酉)·갑술(甲戌)·병자(丙子)·갑신(甲申)·기축(己丑)·정유(丁酉)·임인(壬寅)·계묘(癸卯)·갑진(甲辰)·계축(癸丑)·갑인(甲寅)·신유(辛酉)·임술(壬戌)일.

도정할 때는 연(年)과 월(月)의 집(執)·파(破)일 두 때를 피한다】

礱變宜忌日

【 增補陶朱公書 】 礱變吉日:

九月甲子、丙寅、庚午、辛未、壬申、丙子 、辛巳、癸未、甲申、癸巳、甲午、丙申、己亥、庚子、丙午、戊申、丁巳 、己未、庚申、壬戌、癸亥,

十月甲子、乙丑、丁卯、庚午、壬申、癸酉 、丙子、丁丑、己卯、壬午、癸未、甲申、戊子、 己丑、辛卯、乙未、戊戌、己亥、庚子、癸卯、丙午、壬子、丙寅、乙卯、己未、庚申、壬戌,

十一月甲子、乙丑、丁卯、壬申、癸酉、甲戌、丙子、甲申、己丑、丁酉、壬寅、癸卯、甲辰、癸丑、甲寅、辛酉、壬戌.

礱變, 忌日年月執、破二辰③】

75 《重訂增補陶朱公致富奇書》卷3〈耕田吉凶宜忌〉 "礱變吉日"《重訂增補陶朱公致富奇書》中, 22쪽).
③ 辰:《重訂增補陶朱公致富奇書·耕田吉凶宜忌·礱變吉日》에는 "方".

22. 부록 채소 농사에 좋은 날과 피할 날

附 治圃宜忌日

22-1. 채소 심기에 좋은 날과 피할 날

【거가필용】 1 채소 심기에 길한 날: 임술(壬戌)·신묘(辛卯)·무인(戊寅)·경인(庚寅)일.

【편민도찬】 2 경인(庚寅)·신묘(辛卯)·임진(壬辰)·계사(癸巳)·무인(戊寅)·임술(壬戌)일이 좋다.

풍순일(風旬日)일을 피한다.

안 추사(秋社)일 전에 경(庚)일을 만나고, 추사일 이후 기(己)일을 만나는 모든 10일간이 풍순일이다】

種蔬宜忌日

【居家必用】 種菜吉日: 壬戌、辛卯、戊寅、庚寅.

【便民圖纂】 宜庚寅、辛卯、壬辰、癸巳、戊寅、壬戌.
忌風旬日.

按 秋社前逢庚, 至社後逢己共十日爲風旬日】

---

1 《居家必用》〈戊集〉 "農桑類" '種蓺吉凶'(《居家必用事類全集》, 172).
2 《便民圖纂》卷7〈涓吉類〉 "種菜", 105쪽.

22-2. 오이류 심기에 좋은 날과 피할 날

【거가필용】[3] 오이류 심기에 길한 날: 갑자(甲子)·을축(乙丑)·경자(庚子)·임인(壬寅)·을묘(乙卯)·신사(辛巳)일.

【산거사요(山居四要)】[4][5] 여러 풀열매류[蓏, 라류]는 모두 무진(戊辰)일이 좋다】

22-3. 생강 심기에 길한 날

【거가필용】[6] 갑자(甲子)·을축(乙丑)·신미(辛未)·임신(壬申)·임오(壬午)·계사(癸巳)·신묘(辛卯)일】

22-4. 토란 심기에 길한 날

【거가필용】[7] 경자(庚子)·임술(壬戌)·임신(壬申)·신사(辛巳)·임오(壬午)·신묘(辛卯)·무신(戊申)일】

22-5. 파 심기에 길한 날

【거가필용】[8] 갑자(甲子)·신미(辛未)·기묘(己卯)·갑신(甲申)·신사(辛巳)·신묘(辛卯)일】

種瓜宜忌日

【居家必用】 種瓜吉日: 甲子、乙丑、庚子、壬寅、乙卯、辛巳.

山居四要 諸蓏皆宜戊辰日】

種薑吉日

【居家必用】 甲子、乙丑、辛未、壬申、壬午、癸巳、辛卯】

種芋吉日

【又】 庚子、壬戌、壬申、辛巳、壬午、辛卯、戊申】

種葱吉日

【又】 甲子、辛未、己卯、甲申、辛巳、辛卯】

---

3 《居家必用》, 위와 같은 곳.

4 산거사요(山居四要): 중국 원(元)나라 관리 태사령(太史令) 양우(楊瑀, 1285~1361)가 지은 《산거사요》를 중국 원대(元代)의 학자 왕여무(汪汝懋)가 증보하여 편집한 책.

5 출전 확인 안 됨; 《山林經濟》 卷1 〈治圃〉 "種苽" 《農書》 2, 147쪽).

6 《居家必用》, 위와 같은 곳.

7 《居家必用》, 위와 같은 곳.

8 《居家必用》, 위와 같은 곳.

22-6. 마늘 심기에 길한 날

【거가필용 [9] 무진(戊辰)·신미(辛未)·병자(丙子)·신
사(辛巳)·임진(壬辰)·계사(癸巳)·신축(辛丑)·무신(戊申)
일】

種蒜吉日

【又 戊辰、辛未、丙子、辛
巳、壬辰、癸巳、辛丑、戊
申】

---

9 《居家必用》, 위와 같은 곳.

23. 부록 나무 심기에 좋은 날과 피할 날

附 種植宜忌日

23-1. 나무 심기에 길한 절기

【거가필용】[1] 소한·입춘·곡우·소만·소서·입추·상강·소설, 이상의 절기가 '땅의 근본[地元, 지원]'이다. 일반적으로 나무를 심거나 대규모 토목공사를 하는 경우 '땅의 근본' 안에서 택일을 하여 사용한다】

種植吉節

【居家必用】小寒、立春、穀雨、小滿、小暑、立秋、霜降、小雪, 以上爲"地元". 凡種植土功之事, 宜於地元內擇日用之】

---

1 《居家必用》〈戊集〉"農桑類" '種植吉節'(《居家必用事類全集》, 170쪽).

23-2. 나무 심기에 좋은 날과 피할 날

【거가필용】[2] 매달 나무 심기에 길한 날:

1월의 갑자(甲子)·을미(乙未)·신미(辛未)·병자(丙子)·정축(丁丑)·계미(癸未)·신축(辛丑)·임자(壬子)·계축(癸丑)일,

2월의 기사(己巳)·기해(己亥)일,

3월의 임신(壬申)·임오(壬午)·무자(戊子)·갑인(甲寅)일,

4월의 을축(乙丑)·무인(戊寅)·신축(辛丑)·계묘(癸卯)·기유(己酉)·계축(癸丑)일,

5월의 갑술(甲戌)·신축(辛丑)·갑신(甲申)·임인(壬寅)·무오(戊午)·을축(乙丑)·을묘(乙卯)일,

6월의 기묘(己卯)·정해(丁亥)·계묘(癸卯)·신묘(辛卯)일,

7월의 경진(庚辰)·무자(戊子)·갑진(甲辰)·무오(戊午)일,

8월의 기사(己巳)·기축(己丑)·갑술(甲戌)·신축(辛丑)·기해(己亥)·계축(癸丑)일,

9월의 병자(丙子)·갑오(甲午)·신묘(辛卯)·신사(辛巳)·병신(丙申)·신해(辛亥)일,

10월의 신묘(辛卯)·계미(癸未)·기유(己酉)·기미(己未)일,

11월의 임인(壬寅)·정축(丁丑)·신축(辛丑)·계축(癸丑)·병인(丙寅)·무인(戊寅)·경인(庚寅)일,

12월의 병인(丙寅)·무인(戊寅)·경인(庚寅)·임인(壬

種植宜忌日

【又】種植逐月吉日:

正月甲子、乙未、辛未、丙子、丁丑、癸未、辛丑、壬子、癸丑,

二月己巳、己亥,

三月壬申、壬午、戊子、甲寅,

四月乙丑、戊寅、辛丑、癸卯、己酉、癸丑,

五月甲戌、辛丑、甲申、壬寅、戊午、乙丑、乙卯,

六月己卯、丁亥、癸卯、辛卯,

七月庚辰、戊子、甲辰、戊午,

八月己巳、己丑、甲戌、辛丑、己亥、癸丑,

九月丙子、甲午、辛卯、辛巳、丙申、辛亥,

十月辛卯、癸未、己酉、己未,

十一月壬寅、丁丑、辛丑、癸丑、丙寅、戊寅、庚寅,

十二月丙寅、戊寅、庚寅、壬

---

2 《居家必用》〈戊集〉"農桑類" '種植逐月吉凶日'(《居家必用事類全集》, 170쪽).

寅)·정묘(丁卯)·기묘(己卯)·신묘(辛卯)·계묘(癸卯)일은 모두 길하다.

寅、丁卯、己卯、辛卯、癸卯俱吉.

거가필용 [3] 과일나무를 심을 때는 병자(丙子)·무인(戊寅)·기묘(己卯)·임오(壬午)·계미(癸未)·기축(己丑)·신묘(辛卯)·무술(戊戌)·경자(庚子)·임자(壬子)·계축(癸丑)·무오(戊午)·기미(己未)일이 좋다.

다른 본에는 기해(己亥)·병오(丙午)·정미(丁未)·을묘(乙卯)·무신(戊申)·기사(己巳)일도 있다.

임술(壬戌)일은 피한다.

又 種果宜丙子、戊寅、己卯、壬午、癸未、己丑、辛卯、戊戌、庚子、壬子、癸丑、戊午、己未.
一本有己亥、丙午、丁未、乙卯、戊申、己巳. 忌壬戌.

거가필용 [4] 나무를 심을 때는 갑술(甲戌)·병자(丙子)·정축(丁丑)·기묘(己卯)·계미(癸未)·임진(壬辰)일이 좋다.

병술(丙戌)·임술(壬戌)일은 피한다. 또한 을(乙)이 든 날은 나무를 심지 않는다.

又 栽木宜甲戌、丙子、丁丑、己卯、癸未、壬辰.
忌丙戌、壬戌. 又乙日不栽木.

군방보 [5] 일반적으로 작물을 심을 때는 육의(六儀)와 모창(母倉), 건제12신(建除十二神) 중 제(除)·만(滿)·성(成)·수(收)·개(開)일, 그리고 갑자(甲子)·기사(己巳)·무인(戊寅)·을묘(乙卯)·임오(壬午)·계미(癸未)·기축(己丑)·신묘(辛卯)·무술(戊戌)·기해(己亥)·경자(庚子)·병오(丙午)·정미(丁未)·무신(戊申)·임자(壬子)·계축(癸丑)·무오(戊午)·기미(己未)일 등이 좋다.

群芳譜 凡栽種宜六儀、母倉、除·滿·成·收·開及甲子·己巳·戊寅·乙卯·壬午·癸未·己丑·辛卯·戊戌·己亥·庚子·丙午·丁未·戊申·壬子·癸丑·戊午·己未等日.

---

3 《居家必用》〈戊集〉 "農桑類" '種果吉日·種果凶日'(《居家必用事類全集》, 172~173쪽).
4 《居家必用》〈戊集〉 "農桑類" '栽木吉日·栽木凶日'(《居家必用事類全集》, 173쪽).
5 《二如亭群芳譜》〈亨部〉 "果譜" '栽果'(《四庫全書存目叢書補編》80, 355쪽).

사기(死氣, 죽음의 기운)가 든 을(乙)일, 건(建)일·파(破)일, 서풍, 그리고 화(火)일을 피한다. 또 시골 풍속에서는 8월 13일부터 23일까지의 이 10일 동안을 '첨가의 날[詹家天]⁶이라 하며, 나무 심기를 피한다】

忌死氣乙日、建·破、西風及火日. 又鄉俗以八月十三至廿三此十日爲"詹家天", 忌栽植】

6　첨가의 날[詹家天] : 미상.

23-3. 꽃과 과일나무 심을 때 날벌레 안 먹는 날 種花果飛蟲不食日

【증보도주공서】[7] 건제12신 중 성(成)·만(滿)일, 천창생기(天倉生氣)일[8]·황도풍왕(黃道豐旺)일[9] 등이다. 또 매월 기해(己亥)·갑오(甲午)·계미(癸未)일이다】

【增補陶朱公書】成·滿、天倉生氣、黃道豐旺等日. 又每月己亥、甲午、癸未日】

23-4. 꽃과 과일나무 심을 때 좀벌레 피하는 날 種花果避蛀日

【증보도주공서】[10] ① 갑자(甲子)일부터 계유(癸酉)일까지 10일 중 을축(乙丑)일에 좀이 든다.

【又】甲子旬中乙丑日蛀.

② 갑술(甲戌)일부터 계미(癸未)일까지 10일 중 기묘(己卯)일에 좀이 든다.

甲戌旬中己卯日蛀.

③ 갑신(甲申)일부터 계사(癸巳)일까지 10일 중에는 좀이 드는 날이 없다.

甲申旬中無蛀日.

④ 갑오(甲午)일부터 계묘(癸卯)일까지 10일 중 앞 5일 동안에 좀이 든다.

甲午旬中前五日蛀.

⑤ 갑진(甲辰)일부터 계축(癸丑)일까지 10일 중 뒤 5일 동안에 좀이 든다.

甲辰旬後五日蛀.

⑥ 갑인(甲寅)일부터 계해(癸亥)일까지 10일 중에는 좀이 드는 날이 없다】

甲寅旬中無蛀日】

---

7 《重訂增補陶朱公致富奇書》卷3〈附耕種吉凶意忌〉"種花果飛蟲不食日"(《重訂增補陶朱公致富奇書》中, 24쪽).
8 천창생기(天倉生氣)일 : 28수 중 천창에 생기가 도는 날.
9 황도풍왕(黃道豐旺)일 : 황도가 풍부하고 왕성한 날.
10 《重訂增補陶朱公致富奇書》卷3〈附耕種吉凶意忌〉"種花果避蛀"(《重訂增補陶朱公致富奇書》中, 24쪽).

24. 부록 누에치기[1]에 좋은 날과 피할 날

附 養蠶宜忌日

24-1. 누에씨 씻기, 누에떨기, 누에시렁 안치기, 광주리에 들이기에 좋은 날과 피할 날

浴蠶、出蠶、安槌、入筐宜忌日

【거가필용】[2] 무진(戊辰)·을사(乙巳)·경술(庚戌)·임오(壬午)·갑오(甲午)·갑인(甲寅)·정사(丁巳)·무오일(戊午日)을 이용해야 한다.

【居家必用】宜用戊辰、乙巳、庚戌、壬午、甲午、甲寅、丁巳、戊午日.

아울러서 건제12신 중 수(收)·만(滿)일과 천덕(天德)·월덕(月德)·월합(月合)[3]·명성(明星)[4]·오부(五富)[5]일이면 더욱 좋다.

更得收·滿、天德、月德、月合、明星、五富等日, 則尤好.

경술(庚戌)일에는 양잠하는 여인[蠶姑]이 죽을 수 있으므로 피한다.

庚戌日蠶姑死, 忌之.

---

1 누에치기에 대해서는 《임원경제지 전공지(林園經濟志 展功志)》 권2 〈누에치기와 길쌈(하)[蠶績(下)]〉 "누에치기[養蠶]"에 자세히 보인다. 풍석 서유구 지음, 임원경제연구소 옮김, 《임원경제지 전공지》 1, 풍석문화재단, 2022, 184~326쪽 참조.
2 《居家必用》〈戊集〉 "農桑類" '養蠶吉日'(《居家必用事類全集》, 176쪽).
3 월합(月合):월덕합(月德合). 오행의 정기가 모이는 신. 모든 악이 사라지고 모든 복이 모이며 군사, 궁중 행사, 건축 등에 모두 길하다. 자(子)년은 정(丁)방이 길하고 축(丑)년은 을(乙)방이 길하다.
4 명성(明星):밝은 별. 직녀성, 금성(金星) 등의 뜻이 있다. 여기서는 금성으로 보아야 할 듯하다.
5 오부(五富):부와 발전의 신. 자(子)년은 사(巳)방이 길하고 축(丑)년은 신(申)방이 길하다.

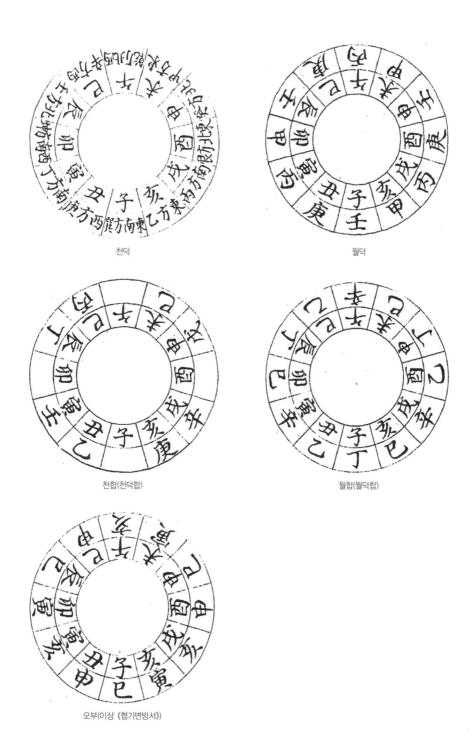

천덕

월덕

천합(천덕합)

월합(월덕합)

오부(이상 《협기변방서》)

선택서(選擇書)⁶ ⁷ 누에치기는 3월의 진(辰)·술(戌)일, 4월의 사(巳)·해(亥)일, 5월의 자(子)·축(丑)일을 피한다. 위에서 말한 날에는 누에떨기·누에나방 짝짓기·누에씨 씻기도 아울러 전부 피한다】	選擇書 養蠶, 忌三月辰·戌, 四月巳·亥、五月子·丑①. 右日出蠶、交蝶、浴種, 并十分忌】

24-2. 잠실이 피할 방위

【선택서】⁸ 잠실의 명관(命官)⁹은 다음과 같은 방위를 피한다. 해(亥)·자(子)·축(丑)년에는 미방(未方, 서남쪽), 인(寅)·묘(卯)·진(辰)년에는 술방(戌方, 서북쪽), 사(巳)·오(午)·미(未)년에는 축방(丑方, 동북쪽), 신(申)·유(酉)·술(戌)년에는 진방(辰方, 동남쪽)을 피한다. 이 방위들에서는 봄에 땅을 움직여서 누에와 뽕나무를 모두 잃게 된다】

蠶室忌方

【又 蠶室忌命官方, 亥、子、丑年未方, 寅、卯、辰年戌方, 巳、午、未年丑方, 申、酉、戌年辰方. 此方, 春月動土, 蠶桑俱失】

24-3. 누에똥 털기에 길한 방위

【거가필용】¹⁰ 천덕방(天德方)¹¹이 좋다】

出蠶沙吉方

【居家必用 宜天德方】

6　선택서(選擇書) : 이사, 집짓기, 각종 수리, 우물파기 등을 삶의 중요한 날을 결정할 때 손이 없는 날을 고르는 법을 정리해 놓은 책. 《선택요략(選擇要略)》은 조선 전기의 학자 이순지(李純之, 1406~1465)가 편찬한 책으로. 선택서(選擇書)의 좋은 예이다. 아래 《산림경제》 권4 〈선택〉의 서언(序言)을 보면 선택서의 용도를 잘 알 수 있다. "건물을 수리(修理)하거나 건조(建造)하는 일은 인가(人家)에 항상 있는 것이다. 그러나 시골에는 일관(日官)이 없어서 길흉(吉凶)을 판단할 수 없고, 길흉을 묻고자 서울의 일관에게 오자면 시일(時日)을 허비하게 된다. 진실로 그에 대한 책만 있으면 스스로 방법을 상고하여 행할 수 있겠기에 이에 선택(選擇)의 방법을 등초(謄抄)하여 제15편을 삼는다."

7　출전 확인 안 됨;《山林經濟》卷2 〈蠶室〉《農書》2, 220쪽).

8　출전 확인 안 됨; 위와 같은 곳.

9　명관(命官) : 잠실을 담당하는 관리.

10　《居家必用》, 위와 같은 곳.

11　천덕방(天德方) : 1월[寅月]은 정(丁, 남방), 2월[卯月]은 곤(坤, 서남) 등이다. 앞 쪽의 표 참조.

①　五月子丑 :《山林經濟·蠶室》에는 "五月卯酉十二月子丑".

25. 부록 가축 기르기[1]에 좋은 날과 피할 날

附 畜牧宜忌日

25-1. 외양간 짓기에 좋거나 흉한 년월일

【거가필용[2]】 외양간 짓기에는 묘(卯)·진(辰)·사(巳)·신(申)·해(亥)·자(子)년이 크게 길하다. 다른 해는 흉하다.

2·4·7월이 크게 길하다. 9월은 보통이다. 다른 달은 흉하다.

갑자(甲子)·을축(乙丑)·기사(己巳)·경오(庚午)·갑술(甲戌)·을해(乙亥)·병자(丙子)·무인(戊寅)·경진(庚辰)·임오(壬午)·계미(癸未)·을유(乙酉)·병술(丙戌)·무자(戊子)·기축(己丑)·경인(庚寅)·임진(壬辰)·계사(癸巳)·갑오(甲午)·을미(乙未)·기해(己亥)·경자(庚子)·신축(辛丑)·임인(壬寅)·계묘(癸卯)·무신(戊申)·임자(壬子)·정사(丁巳)·경신(庚申)일이 길하다.

《우황경(牛黃經)》[3]에는 또 무신(戊申)·무오(戊午)·신

作牛牢吉凶年月日

【居家必用】作牛牢, 卯、辰、巳、申、亥、子年大吉. 餘年凶.

二月、四月、七月大吉. 九月自如. 餘月凶.

甲子、乙丑、己巳、庚午、甲戌、乙亥、丙子、戊寅、庚辰、壬午、癸未、乙酉、丙戌、戊子、己丑、庚寅、壬辰、癸巳、甲午、乙未、己亥、庚子、辛丑、壬寅、癸卯、戊申、壬子、丁巳、庚申日吉.

《牛黃經》又有戊申、戊午、辛

---

1 가축 기르기에 대해서는 《임원경제지 전어지(林園經濟志 佃漁志)》卷1〈목축·양어·양봉(상)[牧養(上)]과 卷2〈목축·양어·양봉(하)[牧養(下)]에 자세히 보인다. 풍석 서유구 지음, 임원경제연구소 옮김, 《임원경제지 전어지》1, 풍석문화재단, 2021, 70~455쪽 참조.
2 《居家必用》〈丁集〉 "牧養擇日法" '五音牛欄吉方·作牛牢吉凶年·作牛牢吉凶月·作牛牢吉日·修牛牢凶日·修作牛牢凶神'(《居家必用事類全集》, 162쪽).
3 우황경(牛黃經) : 미상.

미(辛未)·신유(辛酉)·기유(己酉)일이 있다. | 辛未、辛酉、己酉.

또 무(戊)·기(己)·경(庚)·신(辛)·임(壬)·계(癸)일이 길하다. | 又戊、己、庚、辛、壬、癸日吉.

또한 1·5·6·12·13·15일이 길하다. | 又初一、初五、初六、十二、十三、十五日吉.

외양간 수리에 흉한 날: 봄에는 자(子)·술(戌)·오(午)일, 여름에는 인(寅)·묘(卯)·축(丑)일, 가을에는 사(巳)·오(午)·진(辰)일, 겨울에는 신(申)·유(酉)·미(未)일. | 修牛牢凶日: 春子、戌、午, 夏寅、卯、丑, 秋巳、午、辰, 冬申、酉、未.

외양간 수리하거나 지을 때 흉신(凶神)4: 우화혈(牛火血)5·우비렴(牛飛廉)6·우구교(牛句絞)7·지축(地軸)8·도침(刀砧)9·복창(腹脹).10 | 修作牛牢凶神: 牛火血、牛飛廉、牛句①絞、地軸、刀砧、腹脹.

오음(五音)에서 소 우리가 길한 방향11: 궁(宮)음(자·오)은 경(庚)·계(癸), 상(商)음(진·술)은 경(庚)·해(亥), 각(角)음(사·해)은 해(亥)·정(丁), 치(徵)음(축·미·인· | 五音牛欄吉方: 宮音庚、癸, 商音庚、亥, 角音亥、丁, 徵音申、庚, 羽音未、

---

4 흉신(凶神): 만나면 불길한 신.
5 우화혈(牛火血): 흉신의 하나.
6 우비렴(牛飛廉): 흉신의 하나. 자·축년은 진방, 인·묘년는 오방, 진·사년는 신방, 오·미년은 술방, 신·유년은 자방, 술·해년은 인방이 흉하다. 《선택요략(選擇要略)》〈지년방흉(支年方凶)〉(한국고전종합DB) 참조. 또다른 흉신의 하나인 비렴(飛廉)은 별자리의 하나로 양화(陽火)에 속하며, 고아[孤]와 상해[克]를 주관한다. 위 비렴도 참조.
7 우구교(牛句絞): 흉신의 하나.
8 지축(地軸): 흉신의 하나.
9 도침(刀砧): 가축·가금(家禽)의 도살을 주관하는 신.
10 복창(腹脹): 흉신의 하나.
11 오음(五音)에서……방향: 오음인 궁(宮)·상(商)·각(角)·치(徵)·우(羽)는 각각 오행의 토(土)·금(金)·목(木)·화(火)·수(水)에 해당한다.
① 句: 저본에는 "勾".《居家必用·丁集·牧養擇日法》에 근거하여 수정.

비렴도(《협기변방서》)

신)은 신(申)·경(庚), 우(羽)음(묘·유)은 미(未)·경(庚)의 　　庚】
방향이 길하다】12

---

12 오음(五音)에서……길하다 : 오음과 12지와의 연관 관계는《위선지》권제2 "5. 바람으로 점치다" '4) 바람 부
　는 날의 일진'에 나온다.

25-2. 소 사기, 소 데려오기, 소 내거나 들이기에 좋은 날과 피할 날

買牛取牛出納牛宜忌日

【거가필용】[13] 소 사기에 길한 날: 병인(丙寅)·정묘(丁卯)·경오(庚午)·정축(丁丑)·계미(癸未)·갑신(甲申)·신묘(辛卯)·정유(丁酉)·무술(戊戌)·경자(庚子)·경술(庚戌)·신해(辛亥)·무오(戊午)·임술(壬戌)일이 길하다.

【又】買牛吉日: 丙寅、丁卯、庚午、丁丑、癸未、甲申、辛卯、丁酉、戊戌、庚子、庚戌、辛亥、戊午、壬戌.

또 1월에는 인(寅)·오(午)·술(戌)일, 6월에는 신(申)·미(未)·묘(卯)일이 길하다.

又正月寅、午、戌, 六月申、未、卯日.

소 살 때의 길신(吉神): 용호(龍虎)·나힐(那頡)[14]·화성(火星). 위의 신이 봄·여름 중에 드는 날.

買牛吉神: 龍虎、那頡、火星. 春夏直日. ②

소 데려오기에 길한 날: 1·2·4·5·7·8·9·10·14·15·21·22·23·24·25·27·28·29·30일.

取牛吉日: 初一、初二、初四、初五、初七、初八、初九、初十、十四、十五、二十一、二十二、二十三、二十四、二十五、二十七、二十八、二十九、三十.

소 들이기에 길한 날: 병인(丙寅)·임인(壬寅)·을사(乙巳)·신해(辛亥)·갑인(甲寅)·무오(戊午)일.

納牛吉日: 丙寅、壬寅、乙巳、辛亥、甲寅、戊午.

소 들이기에 흉한 날: 을축(乙丑)·임신(壬申)·갑술

納牛凶日: 乙丑、壬申、甲

---

13 《居家必用》〈丁集〉"牧養擇日法" '買牛吉日·買牛吉神·取牛吉日·納牛吉日·納牛凶日·出納牛凶日'(《居家必用事類全集》, 163쪽).

14 나힐(那頡): 금성(金星)의 이칭. 서방태백(西方太白)이라고도 한다.

② 春夏直日:《居家必用·丁集·牧養擇日法》에는 각주로 되어 있음.

(甲戌)·경술(庚戌)·계축(癸丑)일.

戌、庚戌、癸丑.

소 내거나 들이기에 흉한 날: 무진(戊辰)·기묘(己卯)·경인(庚寅)·임진(壬辰)·갑인(甲寅)·경신(庚申)일〔파군(破群)[15]〕.
또 4월 기(己)·경(庚)일, 11월 을(乙)일〕

出納牛凶日: 戊辰、己卯、庚寅、壬辰、甲寅、庚申〔破群〕.
又四月己、庚, 十一月乙〕

---

15 파군(破群): 흉신의 하나.

25-3. 소 코뚜레 뚫기와 소 길들이기에 좋은 날과 피할 날 穿牛教牛宜忌日

【거가필용】[16] 소 코뚜레 뚫기에 길한 날: 을축(乙丑)·무진(戊辰)·기사(己巳)·신미(辛未)·갑술(甲戌)·을해(乙亥)·신사(辛巳)·을유(乙酉)·무자(戊子)·을사(乙巳)·을묘(乙卯)·무오(戊午)·기미(己未)일.

【又】 穿牛吉日: 乙丑、戊辰、己巳、辛未、甲戌、乙亥、辛巳、乙酉、戊子、乙巳、乙卯、戊午、己未.

소 코뚜레 뚫을 때의 길신: 밀일(密日).[17]
소 코뚜레 뚫을 때의 흉신: 혈기(血忌)[18]·천구(天狗)[19]·식축(食畜).[20]

穿牛吉神: 密日.
凶神: 血忌、天狗、食畜.

소에게 쟁기질 가르치기에 길한 날: 경오(庚午)·임오(壬午)·기축(己丑)·갑오(甲午)·경자(庚子)·신해(辛亥)·임자(壬子)·갑인(甲寅)일】

教牛吉日: 庚午、壬午、己丑、甲午、庚子、辛亥、壬子、甲寅】

---

16 《居家必用》〈丁集〉 "牧養擇日法" '穿牛吉日·穿牛吉神·穿牛凶神·教牛吉日'(《居家必用事類全集》, 163쪽).
17 밀일(密日): 길신(吉神)의 하나.
18 혈기(血忌): 흉신의 하나.
19 천구(天狗): 흉신의 하나.
20 식축(食畜): 흉신의 하나.

25-4. 마구간 짓기에 좋은 날과 피할 날

【거가필용】[21] 마구간 짓기에 길한 날: 정묘(丁卯)·경오(庚午)·갑신(甲申)·신묘(辛卯)·임진(壬辰)·경자(庚子)·임자(壬子)일과 천덕(天德)·월덕(月德)일.

마구간 짓기에 흉한 날: 무인(戊寅)·경인(庚寅)일.

마구간 수리하거나 지을 때의 흉신: 우화혈(牛火血)·우비렴(牛飛廉)·우구교(牛句絞)·지축(地軸)·도침(刀砧)·복창(腹脹).

소와 말은 흉신을 통용한다.

【문견방(聞見方)】[22][23] 백호(白虎)[24] 방위(서쪽)에 마구간 기둥을 세우면 소나 말이 번성하지 못하게 된다】

作馬枋[③]宜忌日

【又】作馬枋吉日: 丁卯、庚午、甲申、辛卯、壬辰、庚子、壬子及天德、月德日.

凶日: 戊寅、庚寅.

修作馬枋凶神: 牛火血、牛飛廉、牛句[④]絞、地軸、刀砧、腹脹.

牛馬通用.

【聞見方】白虎方位立馬柱, 牛馬不盛】

백호도(《협기변방서》)

---

21 《居家必用》〈丁集〉 "牧養擇日法" '作馬坊吉日·作馬坊凶日·修作馬坊凶神'(《居家必用事類全集》, 161쪽).

22 문견방(聞見方): 조선의 의관 이석간(李碩幹, 1509~1574]) · 채득기(蔡得己, 1604~1645) · 박렴(朴濂, ?~?) · 허임(許任, ?~?) 등이 지었다고 전해지는 《동의문견방(東醫聞見方)》으로 추정된다. 섭생·의약·구급·음식 등을 다루었다. 원서는 일실되었고 《산림경제》 등에 인용되어 일부가 전한다. 안상우, "동의문견방"(《민족의학신문》 2009년 10월 21일 자 〈고의서산책 434〉) 참조.

23 출전 확인 안 됨.

24 백호(白虎): 흉신의 하나. 천문 역법에서는 서방 7수(七宿)의 총칭을 의미한다.

③ 枋:《居家必用·丁集·牧養擇日法》에는 "坊".

④ 句: 저본에는 "勻".《居家必用·丁集·牧養擇日法》에 근거하여 수정.

25-5. 말 사기, 말 데려오기, 말 내거나 들이기에 좋
　　은 날과 피할 날

買馬取馬出納馬宜忌日

【거가필용】[25] 말 사기에 길한 날: 을해(乙亥)·병인
(丙寅)·계미(癸未)·갑신(甲申)·을유(乙酉)·정해(丁亥)·무
자(戊子)·임진(壬辰)·갑진(甲辰)·을사(乙巳)·임자(壬子)·
기미(己未)·경신(庚申)일.

또 무일(戊日)·기일(己日).

말 사기에 흉한 날: 무인(戊寅)·무신(戊申)·갑인(甲
寅)일.

【居家必用】買馬吉日: 乙
亥、丙寅、癸未、甲申、乙酉、
丁亥、戊子、壬辰、甲辰、乙
巳、壬子、己未、庚申.

戊日、己日.

凶日: 戊寅、戊申、甲寅.

말 살 때의 길신: 용호(龍虎)·나힐(那頡)·화성(火
星). 위의 신이 봄·여름 중에 드는 날.

買馬吉神: 龍虎、那頡、火
星. 春夏直日.

말 데려오기에 길한 날: 1·2·4·5·7·8·9·10·14
·15·21·22·23·24·25·27·28·29·30일.

取馬吉日: 初一、初二、初
四、初五、初七、初八、初九、
初十、十四、十五、二十一、
二十二、二十三、二十四、
二十五、二十七、二十八、
二十九、三十.

말 데려오기에 흉한 날: 경자(庚子)·무오(戊午)일과
신일(申日). 일설에는 "경오(庚午)·무자(戊子)일."이라
했다.

凶日: 庚子、戊午及申日. 一
云: "庚午、戊子."

말 들이기에 길한 날: 을해(乙亥)·기축(己丑)·을사

納馬吉日: 乙亥、己丑、乙

---

25 《居家必用》〈丁集〉 "牧養擇日法" '買馬吉日·買馬凶日·買馬吉神·取馬吉日·取馬凶日·納馬吉日·納馬凶
日·出納馬凶日'(《居家必用事類全集》, 161~162쪽).

(乙巳)일.

　말 들이기에 흉한 날: 무오(戊午)일.

　말 내거나 들이기에 흉한 날: 무진(戊辰)·기묘(己卯)·경인(庚寅)·임진(壬辰)·갑인(甲寅)·경신(庚申)〔파군(破群)〕·병인(丙寅)일.

　또 4월 기(己)·경(庚)일.

　십간공식일(十干功食日)에 말 사들이기를 피한다.

　소 들이는 경우도 같다】

巳.

凶日: 戊午.

出納馬凶日: 戊辰、己卯、庚寅、壬辰、甲寅、庚申〔破群〕、丙寅.

又四月己、庚日.

十干功食日忌買納馬.

納牛同】

25-6. 말 길들이거나 망아지 훈련시키기에 길한 날 　伏馬習駒吉日

【거가필용】26 을축(乙丑)·기사(己巳)·임신(壬申)·갑술(甲戌)·을해(乙亥)·정축(丁丑)·임자(壬子)·병술(丙戌)·무자(戊子)·기축(己丑)·계사(癸巳)·을미(乙未)·병신(丙申)·임인(壬寅)·정미(丁未)·기유(己酉)·갑인(甲寅)·병진(丙辰)·정사(丁巳)·신유(辛酉)·계해(癸亥)일 및 밀일(密日)】

【又】乙丑·己巳·壬申·甲戌·乙亥·丁丑·壬午⑤·丙戌·戊子·己丑·癸巳·乙未·丙申·壬寅·丁未·己酉·甲寅·丙辰·丁巳·辛酉·癸亥·密日】

25-7. 말 방혈(放血)27하기에 좋은 날과 피할 날 　放馬血宜忌日

【거가필용】28 말 방혈(放血)할 때의 길신: 밀일(密日).

말 방혈할 때의 흉신: 혈기(血忌)·천구(天狗)·식축(食畜)】

【又】放馬血吉神: 密日.

凶神: 血忌、天狗、食畜】

---

26 《居家必用》〈丁集〉 "牧養擇日法" '伏馬習駒吉日'(《居家必用事類全集》, 161쪽).
27 방혈(放血): 침이나 거머리를 이용하여 혈액을 방출하는 치료법.
28 《居家必用》〈丁集〉 "牧養擇日法" '放馬血吉神·放馬血凶神'(《居家必用事類全集》, 161쪽).
⑤ 午: 저본에는 "子". 60갑자 순서에 근거하여 수정.

25-8. 돼지우리 수리하거나 짓기에 좋은 날과 피할 날

【거가필용】²⁹ 돼지우리 짓기에 길한 날: 갑자(甲子)·무진(戊辰)·임신(壬申)·갑술(甲戌)·경진(庚辰)·무자(戊子)·신묘(辛卯)·계사(癸巳)·갑오(甲午)·을미(乙未)·경자(庚子)·임인(壬寅)·계묘(癸卯)·갑진(甲辰)·을사(乙巳)·무신(戊申)·임자(壬子)일.

돼지우리 수리하기에 길한 날: 신(申)·자(子)·진(辰)일이 크게 길하다. 사폐(四廢)³⁰·장단성(長短星)³¹을 피한다.

돼지우리 관리하는 법: 상겁(上劫)³²·태양(太陽)·금성(金星)·수성(水星)이 길하다. 혈인(血刃)³³·월패(月孛)³⁴·토성[土宿]은 흉하다.

하겁(下劫)³⁵·삼태성(三台星)³⁶·두괴성(斗魁星)³⁷·천강성(天罡星)³⁸이 길하다. 제성(帝星)³⁹·복성(福星)⁴⁰도 길하다. 위의 별자리에 근거하여 연월일시 4가지 차

修作猪牢宜忌日

【又】 作猪牢吉日: 甲子、戊辰、壬申、甲戌、庚辰、戊子、辛卯、癸巳、甲午、乙未、庚子、壬寅、癸卯、甲辰、乙巳、戊申、壬子。

修猪牢吉日: 申、子、辰日大吉. 忌四廢、長短星.

治猪牢法: 上劫、大⁶陽、金水吉, 血刃、月孛、土宿凶;

下劫、三台、魁、罡吉, 帝星、福星吉. 右依此定年月日時四序行度, 卽猪進旺,

---

29 《居家必用》〈丁集〉"牧養擇日法"'治猪牢法·猪牢分水法·作猪牢吉日·修猪牢吉日'(《居家必用事類全集》, 163쪽).

30 사폐(四廢): 흉신의 하나. 구체적인 피할 날이 있을 것이지만 확인하지 못했다. 이하 동일함.

31 장단성(長短星): 흉신의 하나. 밀물과 썰물을 점치는 별이기도 하다.

32 상겁(上劫): 흉신의 하나.

33 혈인(血刃): 흉신의 하나. 살육과 전쟁을 의미한다.

34 월패(月孛): 실재하지 않는 가상의 천체. 항성 주기는 8.86년이다.

35 하겁(下劫): 흉신의 하나.

36 삼태성(三台星): 태미원(太微垣)에 있는 별자리 중 하나. 《위선지》 권제3 '3-3' 삼태(三台) 6성' 참조.

37 두괴성(斗魁星): 북두칠성 중 첫 번째 별부터 네 번째 별인 추(樞)·선(璇)·기(璣)·권(權).

38 천강성(天罡星): 북두칠성 중 자루 부분에 해당하는 별.

39 제성(帝星): 황제나 천제(天帝)를 상징하는 자미성(紫微星).

40 복성(福星): 복을 주관하는 목성(木星). 세성(歲星)이라고도 한다.

⑥ 大:《居家必用·丁集·牧養擇日法》에는 "太".

례를 정하여 관리법을 시행하면 돼지가 왕성하게 자
란다. 이는 잘 들어맞는다.

大驗.

돼지우리의 물 나눠 보내는 법: 오직 인(寅, 북동
쪽)·신(申, 남서쪽) 두 방향으로 물을 내보내면 돼지가
아주 왕성하게 자란다. 나머지 방향은 모두 흉하다】

猪牢分水法: 惟寅、申兩位
放水, 猪大旺. 餘竝凶】

25-9. 돼지 사기에 좋은 날과 피할 날

買猪宜忌日

【거가필용 41 돼지 사기에 길한 날: 갑자(甲子)·을
축(乙丑)·계미(癸未)·경인(庚寅)·임진(壬辰)·을미(乙未)·
갑진(甲辰)·임자(壬子)·계축(癸丑)·병진(丙辰)·임술(壬戌)
일.

【又 買猪吉日: 甲子、乙丑、
癸未、庚寅、壬辰、乙未、甲
辰、壬子、癸丑、丙辰、壬戌.

돼지 사기에 흉한 날: 무진(戊辰)·기묘(己卯)·경인
(庚寅)·임진(壬辰)·갑인(甲寅)·경신(庚申)일〔파군(破群)〕.

凶日: 戊辰、己卯、庚寅、壬
辰、甲寅、庚申〔破群〕.

위와 같은 날에는 돼지 내거나 들이기도 모두 피
한다】

出納猪竝忌】

25-10. 돼지 내거나 들이기에 좋은 날과 피할 날

出納猪宜忌日

【거가필용 42 돼지 들이기에 길한 날: 계미(癸未)
일.

【又 納猪吉日: 癸未.

돼지 들이기에 흉한 날: 해일(亥日)에는 돼지를 내
지 않는다】

出猪凶日: 亥日不出猪】

---

41 《居家必用》〈丁集〉"牧養擇日法" '買猪吉日·買猪凶日'(《居家必用事類全集》, 163쪽).
42 《居家必用》〈丁集〉"牧養擇日法" '納猪吉日·出猪凶日'(《居家必用事類全集》, 163쪽).

25-11. 양 우리 짓기에 길한 날

【거가필용】[43] 양 우리 짓기에 길한 날: 무인(戊寅)·기묘(己卯)·신사(辛巳)·갑신(甲申)·경인(庚寅)·갑오(甲午)·을미(乙未)·경자(庚子)·갑진(甲辰)일.

우리 바닥에 약간의 은을 깊이 묻으면 양이 왕성하게 자라고 크게 길하게 된다.

양 우리의 문 자리 잡는 법:

① 상음(商音)은 경(庚)·신(辛)·임(壬)·계(癸)의 땅에 자리 잡으면 길하며, 갑(甲)·임(壬) 방향에 문을 내면 양들이 매우 번성하게 된다.

② 각음(角音)은 정(丁)·임(壬)·축(丑)·미(未)의 땅에 자리 잡으면 길하며, 기(己)·병(丙) 방향에 문을 내면 양들이 매우 번성하게 된다.

③ 치음(徵音)은 병(丙)·정(丁)·자(子)·계(癸)의 땅에 자리 잡으면 길하며, 정(丁)·임(壬) 방향에 문을 내면 양들이 매우 번성하게 된다.

④ 궁음(宮音)·우음(羽音)은 미(未)·신(申)의 땅에 자리 잡으면 길하며, 경(庚)·신(申) 방향에 문을 내면 양들이 매우 번성하게 된다.

⑤ 다만 자(子)방(남쪽)·오(午)방(북쪽)으로 우리를

作羊棧吉日

【又】作羊棧吉日: 戊寅、己卯、辛巳、甲申、庚寅、甲午、乙未、庚子、甲辰.

棧下深埋銀[7]少許, 旺相[8]大吉.

安羊棧門法:

商音宜於庚、辛、壬、癸地安吉, 開甲、壬[9]門大旺;

角音宜於丁、壬、丑、未地安吉, 開己、丙門大旺;

徵音宜於丙、丁、子、癸地安吉, 開丁、壬門大旺;

宮、羽音宜於未、申地安吉, 開庚、申門大旺.

只宜作子、午向,[10] 水流乾、

---

43 《居家必用》〈丁集〉"牧養擇日法"'作羊棧吉日·安羊棧門法'《居家必用事類全集》, 164쪽).

⑦ 銀: 저본에는 "張". 《居家必用·丁集·牧養擇日法》에 근거하여 수정.

⑧ 相: 저본에는 "柏". 《居家必用·丁集·牧養擇日法》에 근거하여 수정.

⑨ 壬: 저본에는 "午". 《居家必用·丁集·牧養擇日法》에 근거하여 수정.

⑩ 向: 저본에는 "河". 《居家必用·丁集·牧養擇日法》에 근거하여 수정.

만들었을 경우, 건(乾)방(서북쪽)·손(巽)방(동남쪽)으로 　巽吉】
물길을 내면 길하게 된다】

25-12. 양 사거나 들이기에 좋은 날과 피할 날

【거가필용】[44] 양 사기에 길한 날: 갑자(甲子)·병인(丙寅)·경오(庚午)·정축(丁丑)·경진(庚辰)·신사(辛巳)·임오(壬午)·계미(癸未)·갑신(甲申)·을축(乙丑)·갑오(甲午)·을미(乙未)·경자(庚子)·정사(丁巳)·무오(戊午)일.

양 들이기에 길한 날: 계미(癸未)일.

양 사거나 들이기에 흉한 날: 7월의 무(戊)·기(己)일, 9월의 기(己)일, 그리고 십간공식일(十干功食日)】

25-13. 고양이 데려오기에 길한 날

【거가필용】[45] 천덕일·월덕일이 좋다. 비렴일(飛廉日)은 절대로 피한다】

25-14. 개 사거나 데려오기에 좋은 날과 피할 날

【거가필용】[46] 개 사기에 길한 날: 임오(壬午)·갑오(甲午)·신사(辛巳)·기유(己酉)일.

개 데려오기에 길한 날: 신사(辛巳)·을유(乙酉)·임진(壬辰)·을미(乙未)·병오(丙午)·병진(丙辰)·무오(戊午) 및 밀일(密日).

개 데려오기에 흉한 날: 술일(戊日)에는 개를 달라

買羊納羊宜忌日

【又】買羊吉日: 甲子、丙寅、庚午、丁丑、庚辰、辛巳、壬午、癸未、甲申、乙丑、甲午、乙未、庚子、丁巳、戊午.

納羊吉日: 癸未.

買納羊凶日: 七月戊[11]·己日、九月己日、十干功食日】

取猫吉日

【又】宜天德、月德日. 切忌飛廉日】

買犬取犬宜忌日

【又】買犬吉日: 壬午、甲午、辛巳、己酉.

取犬吉日: 辛巳·乙酉·壬辰·乙未·丙午·丙辰·戊午、密日.

凶日: 戊日不乞狗】

---

44 《居家必用》〈丁集〉 "牧養擇日法" '買羊吉日·納羊吉日·買納羊凶日'(《居家必用事類全集》, 164쪽).
45 《居家必用》〈丁集〉 "牧養擇日法" '取猫吉日'(《居家必用事類全集》, 164쪽).
46 《居家必用》〈丁集〉 "牧養擇日法" '買犬吉日·取犬吉日·取犬凶日'(《居家必用事類全集》, 164쪽).
[11] 戊: 저본에는 "戌".《居家必用·丁集·牧養擇日法》에 근거하여 수정.

고 하지 않는다】

25-15. 닭·거위·오리 둥지 수리하거나 짓기에 길한 날

【거가필용】[47] 닭·거위·오리 둥지 짓기에 길한 날: 을축(乙丑)·무진(戊辰)·계유(癸酉)·신사(辛巳)·임오(壬午)·계미(癸未)·경인(庚寅)·신묘(辛卯)·임진(壬辰)·을미(乙未)·정유(丁酉)·경자(庚子)·신축(辛丑)·갑진(甲辰)·을사(乙巳)·임오(壬午)·병진(丙辰)·정사(丁巳)·무오(戊午)·임술(壬戌)일 및 성(成)·만(滿)일.

닭·거위·오리 둥지 관리하기에 길한 방위: 자(子)·오(午)·묘(卯)·유(酉)방을 '사극(四極)'이라 한다. 갑(甲)·병(丙)·경(庚)·임(壬)방은 '중황(中皇)'이다. 이 8방을 기준으로 관리하면 주로 닭·거위·오리가 매우 번성하게 된다】

修作鷄、鵝、鴨棲吉日

【又】作鷄、鵝、鴨棲吉日: 乙丑·戊辰·癸酉·辛巳·壬午·癸未·庚寅·辛卯·壬辰·乙未·丁酉·庚子·辛丑·甲辰·乙巳·壬午·丙辰·丁巳·戊午·壬戌·成日·滿日.

治鷄、鵝、鴨棲吉方[12]: 子、午、卯、酉方名"四極", 甲、丙、庚、壬方爲"中皇", 卽此八方治之, 主[13]大旺】

---

47 《居家必用》〈丁集〉 "牧養擇日法" '治雞鵝鴨棲吉日·作雞鵝鴨棲吉日'(《居家必用事類全集》, 164쪽).

[12] 方:《居家必用·丁集·牧養擇日法》에는 "日".

[13] 主:《居家必用·丁集·牧養擇日法》에는 "主物".

25-16. 닭·거위·오리 사기나 닭 내기에 좋은 날과 피할 날

買鷄、鵝、鴨出鷄宜忌日

【거가필용[48] 닭·거위·오리 사기에 길한 날: 갑자(甲子)·을축(乙丑)·임신(壬申)·경인(庚寅)·갑술(甲戌)·임오(壬午)·계미(癸未)·임진(壬辰)·갑오(甲午)·정유(丁酉)·갑진(甲辰)·을사(乙巳)일.

【又 買鷄、鵝、鴨吉日: 甲子、乙丑、壬申、庚寅、甲戌、壬午、癸未、壬辰、甲午、丁酉、甲辰、乙巳.

유일(酉日)에는 닭을 내지 않는다.

酉日不出鷄.

또 1월·7월의 경일(庚日)과 십간 공식일(功食日)에는 양이나 닭을 사거나 들이기를 모두 피해야 한다】

又正月·七月庚日、十干功食日, 應買納羯、鷄竝忌】

25-17. 육축 사기, 길들이기, 내거나 들이기에 좋은 날과 피할 날

買六畜, 調六畜, 出納六畜宜忌日

【거가필용[49] 육축 사기에 흉한 날: 기사(己巳)·정유(丁酉)·갑진(甲辰)일.

【又 買六畜凶日: 己巳、丁酉、甲辰.

육축 길들이기에 길한 날: 정축(丁丑)일.

調六畜吉日: 丁丑.

육축 들이기에 길한 날: 무인(戊寅)·임오(壬午)·신묘(辛卯)·갑오(甲午)·무술(戊戌)·기해(己亥)·임자(壬子)일 및 정일(定日)·성일(成日)·수일(收日).

納六畜吉日: 戊寅·壬午·辛卯·甲午·戊戌·己亥·壬子、定日·成日·收日.

학신(鶴神)[50] 방위로 들여놓으면 크게 흉하니, 절대로 피한다.

切忌鶴神方入大凶.

---

48 《居家必用》〈丁集〉"牧養擇日法" '買鷄鵝鴨吉日·出鷄凶日'(《居家必用事類全集》, 164~165쪽).

49 《居家必用》〈丁集〉"牧養擇日法" '買六畜凶日·調六畜吉日·納六畜吉日·出納六畜凶日·納六畜吉祥·納六畜凶神'(《居家必用事類全集》, 165쪽).

50 학신(鶴神): 흉신의 하나. 하늘에 있으면서 사방을 돌아다닌다.

육축 내거나 들이기에 흉한 날: 경인(庚寅)·임진
(壬辰)·갑인(甲寅)·경신(庚申) 및 파일(破日).

또 3월의 을(乙)일, 10월의 임(壬)일, 12월의 을(乙)
일 및 십간공식일(十干功食日).

육축 들일 때의 길신: 천덕(天德)·월덕(月德)·합차
(合次)51·천고(天庫)52·옥당(玉堂)53·황도(黃道)54·토성
(土星). 위의 신이 여름·가을 중에 드는 날.

육축 들일 때의 흉신: 비렴(飛廉)·대패(大敗)55·천
화(天禍)56〔이 세 별은 크게 피한다〕, 파군(破群)〔내
거나 들이기를 모두 피한다〕. 월허(月虛)57·천적(天
賊)58·수사(受死)59·음살(陰殺)60〕

出納六畜凶日: 庚寅·壬
辰·甲寅·庚申、破日.
又三月乙、十月壬、十二月
乙、十干功食日.

納六畜吉神: 天德、月德、
合次、天庫、玉堂、黃道、土
星. 夏秋直日.

凶神: 飛廉、大敗、天
禍〔三星大忌〕、破群〔出入
竝忌〕.月虛、天賊、受死、陰
殺〕

학신이 외유하는 날과
방위(《협기변방서》). 예
를 들면, 을묘·병진·
정사·무오·기미일의
5일은 학신이 정동방·
갑방·묘방·을방으로
외유한다.

---

51 합차(合次): 길신이 하나.
52 천고(天庫): 길신의 하나.
53 옥당(玉堂): 길신의 하나.
54 황도(黃道): 길신의 하나.
55 대패(大敗): 흉신의 하나.
56 천화(天禍): 흉신의 하나.
57 월허(月虛): 흉신의 하나.
58 천적(天賊): 흉신의 하나.
59 수사(受死): 흉신의 하나.
60 음살(陰殺): 흉신의 하나.

26. 부록 사냥이나 물고기잡이[1]에 좋은 날과 피할 날

附 佃漁宜忌日

26-1. 물고기잡이나 사냥에 좋은 날과 피할 날

漁獵宜忌日

【거가필용】[2] 물고기잡이나 사냥에 길한 날: 갑신(甲申)·병술(丙戌)·정미(丁未)·갑인(甲寅)·기미(己未) 및 상삭(上朔)[3], 그리고 집일(執日)·위일(危日)·수일(收日).

또 일반적으로 사냥은 한로 뒤 입춘 전에 든 집일(執日)·수일(收日)을 써야 하니, 그러면 길하다.

을축(乙丑)·병인(丙寅)일은 흉하다.

물고기잡이나 사냥할 때의 길신: 차천고(次天庫)·강하합(江河合)〔물고기잡이〕·월살(月殺)[4]·겁살(劫殺)[5]·비렴(飛廉)·나힐(那頡, 금성)·어조회(魚鳥會)[6]·어육회(魚肉會).[7]

【居家必用】 漁獵吉日：甲申·丙戌·丁未·甲寅·己未、上朔、執日·危日·收日。

又凡[1]田獵宜用寒露後立春前執、收日，吉。

乙丑、丙寅日凶。

漁獵吉[2]神：次天庫、江河合〔漁〕、月殺、劫殺、飛廉、那頡、魚鳥會、魚肉會。

---

1 사냥이나 물고기잡이에 대해서는 《임원경제지 전어지(林園經濟志 佃漁志)》卷3〈사냥[弋獵]〉과〈고기잡이와 낚시[漁釣]〉에 자세히 보인다. 풍석 서유구 지음, 임원경제연구소 옮김, 《임원경제지 전어지》2, 20~262쪽 참조.

2 《居家必用》〈丁集〉"牧養擇日法"'漁獵吉日·漁獵凶日·漁獵方神·漁獵凶神·六甲孤虛方'(《居家必用事類全集》, 165쪽).

3 상삭(上朔)：흉살(凶殺)의 하나.

4 월살(月殺)：달 안의 살신(殺神). 손님·건축·파종·식목·가축 들이기를 피한다.

5 겁살(劫殺)：흉살의 하나. 관직·의례·전쟁 등을 피한다.

6 어조회(魚鳥會)：물고기와 새가 모이는 날.

7 어육회(魚肉會)：물고기와 짐승이 모이는 날.

① 凡：《居家必用·丁集·牧養擇日法》에는 "忌".

② 吉：저본에는 "方". 앞의 吉神의 형식에 근거하여 수정.

겁살도(《협기변방서》)

물고기잡이나 사냥할 때의 흉신: 수격(水膈)〔물고기잡이〕, 산격(山膈)·임격(林膈)〔사냥〕.

凶神: 水膈〔漁〕、山膈·林膈③〔獵〕.

육갑(六甲) 고허(孤虛)[8] 방위: 일반적으로 물고기를 잡거나 짐승을 쏘아 잡으려면 다만 허(虛) 방위에서 실(實, 물고기나 짐승)을 향하거나 실에서 고(孤) 방위를 향하면 모두 길하다】

六甲孤虛方: 凡欲取魚射獵, 但從虛向實, 或從實向孤, 皆吉】

겁살도 풀이

지지	방위	방위	풀이
자(子)	巳	남남동	자가 든 해는 겁살이 사방에 있다.
축(丑)	寅	북북동	축이 든 해는 겁살이 인방에 있다.
인(寅)	亥	북북서	인이 든 해는 겁살이 해방에 있다.
묘(卯)	申	서서남	묘가 든 해는 겁살이 신방에 있다.

---

8 고허(孤虛): 천간과 지지를 하나씩 짝지었을 때 짝짓고 남은 2개의 지지를 고(孤)라 하고, 그 고와 상대되는 천간을 허(虛)라 한다. 예를 들어 갑자(甲子)·을축(乙丑)의 짝으로 시작해서 임신(壬申)·계유(癸酉)로 끝나면 술(戌)·해(亥) 2개의 지지가 남는데, 이를 고라 한다. 이때 이와 짝이 되는 천간인 갑(甲)·을(乙)을 허라 한다.

③ 膈〔漁〕山膈·林膈: 저본에는 "膈漁膈山林膈".《居家必用·丁集·牧養擇日法》에 근거하여 수정.

지지	방위	방위	풀이
진(辰)	巳	남남동	진이 든 해는 겁살이 사방에 있다.
사(巳)	寅	북북동	사가 든 해는 겁살이 인방에 있다.
오(午)	亥	북북서	오가 든 해는 겁살이 해방에 있다.
미(未)	申	서서남	미가 든 해는 겁살이 신방에 있다.
신(申)	巳	남남동	신이 든 해는 겁살이 사방에 있다.
유(酉)	寅	북북동	유가 든 해는 겁살이 인방에 있다.
술(戌)	亥	북북서	술이 든 해는 겁살이 해방에 있다.
해(亥)	申	서서남	해가 든 해는 겁살이 신방에 있다.

육갑고허흉방(이상 《선택요략》, 한국고전종합DB 참조)

	허(虛)	고(孤)
갑자일·갑술일·갑신일·갑오일·갑진일·갑인일	인방 묘방	신방 유방
기사일·기묘일·기축일·기해일·기유일·기미일		
을축일·을해일·을유일·을미일·을사일·을묘일	자방 축방	오방 미방
경오일·경진일·경인일·경자일·경술일·경신일		
병인일·병자일·병술일·병신일·병오일·병진일	술방 해방	진방 사방
신미일·신사일·신묘일·신축일·신해일·신유일		
정묘일·정해일·정축일·정유일·정미일·정사일	신방 유방	인방 묘방
임신일·임오일·임진일·임인일·임자일·임술일		
무진일·무인일·무자일·무술일·무신일·무오일	오방 미방	자방 축방
계유일·계미일·계사일·계묘일·계축일·계해일		

26-2. 그물 펼쳐 짐승 잡기에 좋은 날과 피할 날

【거가필용】9 무진(戊辰)·기사(己巳)·경오(庚午)·갑술(甲戌)·경진(庚辰)·무술(戊戌)·기해(己亥)·갑진(甲辰)·을사(乙巳)·임자(壬子)·병진(丙辰)·정사(丁巳)·무오(戊午)·정묘(丁卯)일이 길하다〔일설에 "정묘(丁卯)일에 사냥을 하면 흉하다."라 했다〕.

무신(戊申)일은 흉하다】

26-3. 물고기잡이에 좋은 날과 피할 날

【거가필용】10 병인(丙寅)·신사(辛巳)·을유(乙酉)·무자(戊子)·신묘(辛卯)·임진(壬辰)·병신(丙申)일이 길하다.

또 우수 뒤의 집일(執日)·수일(收日)이 길하다.

계사(癸巳)·신유(辛酉)일은 흉하다.

또 2·6·7·8월의 경(庚)일, 5월의 기(己)·신(辛)·계(癸)일, 9월의 임(壬)일 및 십간공식일(十干功食日)에는 물고기잡이, 물고기 가져오기, 물고기 기르기를 모두 피해야 한다】

위선지 권제2 끝

張捕宜忌日

【又】 戊辰、己巳、庚午、甲戌、庚辰、戊戌、己亥、甲辰、乙巳、壬子、丙辰、丁巳、戊午、丁卯吉〔一云: "丁卯獵, 凶"〕.

戊申凶】

捉魚宜忌日

【又】 丙寅、辛巳、乙酉、戊子、辛卯、壬辰、丙申吉.
又宜用雨水後執、收日吉.
癸巳、辛酉凶.
又二月、六月、七月、八月庚、五月己、辛、癸、九月壬、十干功食日, 應捕魚、取魚、養魚竝忌】

魏鮮志卷第二④

---

9 《居家必用》〈丁集〉 "牧養擇日法" '張捕吉日·張捕凶日'《居家必用事類全集》, 165쪽).
10 《居家必用》〈丁集〉 "牧養擇日法" '捕魚吉日·捕魚凶日'《居家必用事類全集》, 165쪽).
④ 魏鮮志卷第二 : 저본에는 없음. 고대본에 근거하여 보충.

저자 및 교정자 소개

저자

풍석(楓石) 서유구(徐有榘, 1764~1845)

본관은 달성(대구), 경기도 파주 장단이 고향이다. 조선 성리학의 대가로서 규장각 제학, 전라 관찰사, 수원 유수, 이조 판서, 호조 판서 등 고위 관직을 두루 역임했다. 그럼에도 서명응(조부)·서호수(부)·서형수(숙부)의 가학에 깊은 영향을 받아, 경학이나 경세학보다는 천문·수학·농학 등 실용학문에 심취했다. 그 결과 조선시대 최고의 실용백과사전이자 전통문화콘텐츠의 보고인 《임원경제지》 113권을 저술했다.

벼슬에서 물러나 있는 동안에는 고향인 임진강변 장단에서 술 빚고 부엌을 드나들며, 손수 농사짓고 물고기를 잡으면서 임원(林園)에서 사는 선비로서 가족을 건사하고 덕을 함양하는 데 필요한 전반적인 실용 지식을 집대성했다. 이를 위해 조선과 중국, 일본의 온갖 서적을 두루 섭렵하여 실생활에 필요한 각종 지식을 체계적으로 수집하는 한편, 몸소 체험하고 듣고 관찰한 내용을 16분야로 분류하여 엄밀하게 편찬 저술하기 시작했다.

서유구는 실현 가능한 개혁을 추구하는 조정의 최고위 관료였고, 농부이자 어부, 집 짓는 목수이자 원예가, 술의 장인이자 요리사, 악보를 채록하고 거문고를 타는 풍류 선비이자 전적과 골동품의 대가, 전국 시장과 물목을 꿰고 있는 가문 경영자이자 한의학과 농학의 대가였다.

전라 관찰사 재직 때에 호남 지방에 기근이 들자 굶주린 백성들을 위해 《종저보》를 지어 고구마 보급에 힘쓰기도 했던 서유구는, 당시 재야나 한직에 머물렀던 여느 학자들과는 달랐다. 그의 학문은 풍석학(楓石學), 임원경제학(林園經濟學)이라 규정할 만한 독창적인 세계를 제시했던 것이다.

늙어 벼슬에서 물러나 그동안 모으고 다듬고 덧붙인 엄청난 분량의 《임원경제지》를 완결한 그는 경기도 남양주 조안면에서 82세의 일기를 다했다. 시봉하던 시사(侍史)가 연주하는 거문고 소리를 들으며 운명했다고 한다.

교정자

추담(秋潭) 서우보(徐宇輔, 1795~1827)

서유구의 아들로, 모친은 여산 송씨(宋氏, 1769~1799)이다. 자는 노경(魯卿),
호는 추담(秋潭)·옥란관(玉蘭觀)이다. 서유구가 벼슬에서 물러난 1806년부터
1823년에 회양부사로 관직에 복귀하기 전까지, 약 18년 동안 부친과 임원에
서 함께 생활하며 농사짓고 물고기를 잡는 한편, 《임원경제지》의 원고 정리
및 교정을 맡았다. 요절했기 때문에 《임원경제지》 전 권을 교정할 수 없었지
만, 서유구는 《임원경제지》 113권의 권두마다 "남(男) 우보(宇輔) 교(校)"라고
적어두어 그의 기여를 공식화했다. 시문집으로 《추담소고(秋潭小藁)》가 있다.

임원경제연구소

임원경제연구소는 고전 연구와 번역, 출판을 주요 목적으로 하는 사단법인이다. 문사철수(文史哲數)와 의농공상(醫農工商) 등 다양한 전공 분야의 소장학자 40여 명이 회원 및 번역자로 참여하여, 풍석 서유구의 《임원경제지》를 완역하고 있다. 또한 번역 사업을 진행하면서 축적한 노하우와 번역 결과물을 대중과 공유하기 위해 관련 전문가 및 단체들과 교류하고 있다. 연구소에서는 번역 과정과 결과를 통하여 '임원경제학'을 정립하고 우리 문명의 수준을 제고하여 우리 학문과 우리의 삶을 소통시키고자 노력한다. 임원경제학은 시골 살림의 규모와 운영에 관한 모든 것의 학문이며, 경국제세(經國濟世)의 실천적 방책이다.

번역, 교열, 교감, 표점, 감수자 소개

번역

민철기(閔喆基)
서울 출신. 연세대 철학과를 졸업하고 도올서원에서 한학을 공부했다. 연세대 대학원 철학과에서 학위논문으로 《세친(世親)의 훈습개념 연구》를 써서 석사과정을 마쳤다. 임원경제연구소 번역팀장과 공동소장을 역임했고, 현재는 선임연구원으로 재직하며 《섬용지》를 교감 및 표점했고, 《유예지》·《상택지》·《예규지》·《이운지》·《정조지》·《전어지》를 공역했으며, 《보양지》·《향례지》·《전공지》·《예원지》·《관휴지》를 교감·교열했다.

최시남(崔時南)
강원도 횡성 출신. 성균관대학교 유학과(儒學科) 학사 및 석사를 마쳤으며 동대학원 박사과정을 수료했다. 성균관(成均館) 한림원(翰林院)과 도올서원(檮杌書院)에서 한학을 공부했고 호서대학교에서 강의를 했다. IT회사에서 조선시대 왕실 자료와 문집·지리지 등의 고문헌 디지털화 작업을 했다. 현재 임원경제연구소 팀장으로 근무하며 《섬용지》·《유예지》·《상택지》·《예규지》·《이운지》·《정조지》·《향례지》·《전공지》·《관휴지》·《만학지》를 공역했고, 《보양지》·《전어지》·《예원지》를 교감·교열했다.

김용미(金容美)

전라북도 순창 출신. 동국대 철학과를 졸업하고, 고전번역원 국역연수원과 일반연구과정에서 한문 번역을 공부했다. 고전번역원에서 추진하는 고전전산화 사업에 교정교열위원으로 참여했고, 《정원고사(政院故事)》·《모시정의(毛詩正義)》 공동번역에 참여했다. 현재 임원경제연구소 연구원으로 근무하며, 《유예지》·《이운지》·《정조지》·《예원지》·《관휴지》·《만학지》를 공역했고, 《보양지》·《향례지》·《전어지》·《전공지》를 교감·교열했다.

정명현(鄭明炫)

광주광역시 출신. 고려대 유전공학과를 졸업하고, 도올서원과 한림대 태동고전연구소에서 한학을 공부했다. 서울대 대학원 '과학사 및 과학철학 협동과정'에서 전통 과학기술사를 전공하여 석사와 박사를 마쳤다. 석사와 박사논문은 각각 〈정약전의 《자산어보》에 담긴 해양박물학의 성격〉과 《서유구의 선진농법 제도화를 통한 국부창출론》이다. 《임원경제지》 중 《본리지》·《섬용지》·《유예지》·《상택지》·《예규지》·《이운지》·《정조지》·《보양지》·《향례지》·《전어지》·《전공지》·《예원지》·《관휴지》·《만학지》를 공역했다. 또 다른 역주서로 《자산어보 : 우리나라 최초의 해양생물 백과사전》이 있고, 《임원경제지 : 조선 최대의 실용백과사전》을 민철기 등과 옮기고 썼다. 현재 임원경제연구소 소장으로, 《임원경제지》 번역 사업에 참여하고 있다.

교열, 교감, 표점
상동

감수

전용훈(한국학중앙연구원 인문학부 철학 전공 교수)

1차 교열

전용훈(全勇勳)

서울대학교 천문학과 졸업, 서울대 과학사 및 과학철학 협동과정에서 석사 및 박사학위 취득. 영국 케임브리지대학 니덤과학사연구소(NRI)와 일본 교토산교대학(京都産業大學) 문화학부에서 박사후 연구원을 지냈다. 현재 한국학중앙연구원 인문학부 교수이다. 저서로 『한국천문학사』(들녘, 2017)를, 번역서로 『밀교점성술과 수요경』(동국대출판부, 2010)을, 그리고 동아시아 천문학, 역법, 점성술 등에 관한 여러 논문을 출간했다.

김정기(金正基)

강원도 춘천 출신. 강원대 국어국문학과를 졸업했고, 태동고전연구소(지곡서당)에서 한문을 공부했다. 강원대 대학원에서 국문학 박사과정을 수료했다. 《번암집(樊巖集)》·《송자대전(宋子大全)》 등을 공역했다. 현재 한국고전번역원 교점번역위원이다.

교감·표점·교열·자료조사

임원경제연구소

🌏 풍석문화재단

(재)풍석문화재단은 《임원경제지》 등 풍석 서유구 선생의 저술을 번역 출판하는 것을 토대로 전통문화 콘텐츠의 복원 및 창조적 현대화를 통해 한국의 학술 및 문화 발전에 기여함을 목적으로 설립되었다.

재단은 ①《임원경제지》의 완역 지원 및 간행, ②《풍석고협집》, 《금화지비집》, 《금화경독기》, 《번계시고》, 《완영일록》, 《화영일록》 등 선생의 기타 저술의 번역 및 간행, ③ 풍석학술대회 개최, ④《임원경제지》 기반 대중문화 콘텐츠 공모전, ⑤ 풍석디지털자료관 운영, ⑥《임원경제지》 등 고조리서 기반 전통음식문화의 복원 및 현대화 사업 등을 진행 중이다.

재단은 향후 풍석 서유구 선생의 생애와 사상을 널리 알리기 위한 출판·드라마·웹툰·영화 등 다양한 문화 콘텐츠 개발 사업, 《임원경제지》 기반 전통문화 콘텐츠의 전시 및 체험교육 등을 목적으로 하는 서유구 기념관 건립 등을 추진 중이다.

풍석문화재단 웹사이트 및 주요 연락처

웹사이트

풍석문화재단 홈페이지 : www.pungseok.net

출판브랜드 자연경실 블로그 : https://blog.naver.com/pungseok

풍석디지털자료관 : www.pungseok.com

풍석문화재단 음식연구소 홈페이지 : www.chosunchef.com

주요 연락처

풍석문화재단 사무국

주   소 : 서울 서초구 방배로19길 18, 남강빌딩 301호

연락처 : 전화 02)6959-9921 팩스 070-7500-2050 이메일 pungseok@naver.com

풍석문화재단 전북지부

연락처 : 전화 063)290-1807 팩스 063)290-1808 이메일 pungseokjb@naver.com

풍석문화재단우석대학교 음식연구소

주　소 : 전북 전주시 완산구 향교길 104

연락처 : 전화 063-291-2583 이메일 zunpung@naver.com

조선셰프 서유구(음식연구소 부설 쿠킹클래스)

주　소 : 전북 전주시 완산구 향교길 104

연락처 : 전화 063-291-2583 이메일 zunpung@naver.com

서유구의 서재 자이열재(풍석 서유구 홍보관)

주　소 : 전북 전주시 완산구 향교길 104

연락처 : 전화 063-291-2583 이메일 pungseok@naver.com

풍석문화재단 사람들

이사장	신정수 ((前) 주택에너지진단사협회 이사장)
이사진	김윤태 (우석대학교 평생교육원장) 김형호 (한라대학교 이사) 모철민 ((前) 주 프랑스대사) 박현출 ((前) 서울시농수산식품공사 사장) 백노현 (우일계전공업그룹 회장) 서창석 (대구서씨대종회 총무이사) 서창훈 (우석재단 이사장 겸 전북일보 회장) 안대회 (성균관대학교 한문학과 교수) 유대기 (공생사회적협동조합 이사장) 이영진 (AMSI Asia 대표) 진병춘 (상임이사, 풍석문화재단 사무총장) 채정석 (법무법인 웅빈 대표) 홍윤오 ((前) 국회사무처 홍보기획관)
감사	홍기택 (대일합동회계사무소 대표)
재단 전북지부장	서창훈 (우석재단 이사장 겸 전북일보 회장)
사무국	박시현, 박소해
고문단	이억순 (상임고문) 고행일 (인제학원 이사) 김영일 (한국AB.C.협회 고문) 김유혁 (단국대 종신명예교수) 문병호 (사랑의 일기재단 이사장) 신경식 (헌정회 회장) 신중식 ((前) 국정홍보처 처장) 신현덕 ((前) 경인방송 사장) 오택섭 ((前) 언론학회 회장) 이영일 (한중 정치외교포럼 회장) 이석배 (공학박사, 퀀텀연구소 소장) 이수재 ((前) 중앙일보 관리국장) 이준석 (원광대학교 한국어문화학과 교수) 이형균 (한국기자협회 고문) 조장현 ((前) 중앙인사위원회 위원장) 한남규 ((前) 중앙일보 부사장)

《임원경제지·위선지》 완역 출판을 후원해 주신 분들

㈜DYB교육 ㈜우리문화 ㈜래오이경제 ㈜도원건강 Artic(아틱) ㈜벽제외식산업개발 ㈔인문학문화포럼 ㈜오가닉시 ㈜우일계전공업 ㈜청운산업 ㈜토마스건축사무소 굿데이영농조합법인 눈비산마을 대구서씨대종회 문화유산국민신탁 엠엑스(MX)이엔지 옹기뜸골 홍주발효식품 푸디스트주식회사 한국에너지재단 강성복 강윤화 강흡모 계경숙 고경숙 고관순 고옥희 고유돈 고윤주 고혜선 공소연 곽미경 곽유경 곽의종 곽정식 곽중섭 곽희경 구도은 구자민 권경숙 권다울 권미연 권소담 권순용 권정순 권희재 김경용 김근희 김남주 김남희 김대중 김덕수 김덕숙 김도연 김동관 김동범 김동섭 김두섭 김문경 김문자 김미숙 김미정 김병돈 김병호 김복남 김상철 김석기 김선유 김성건 김성규 김성자 김 솔 김수경 김수향 김순연 김영환 김용대 김용도 김유숙 김유혁 김은영 김은형 김은희 김익래 김인혜 김일웅 김재광 김정기 김정숙 김정연 김종덕 김종보 김종호 김지연 김지형 김창욱 김태빈 김현수 김혜례 김홍희 김후경 김 훈 김흥룡 김희정 나윤호 노창은 류충수 류현석 문석윤 문성희 민승현 박낙규 박동식 박록담 박미현 박민숙 박민진 박보영 박상용 박상일 박상준 박석무 박선희 박성희 박수금 박시자 박영재 박용옥 박용희 박재정 박종규 박종수 박지은 박찬교 박춘일 박해숙 박현영 박현자 박현출 박형무 박혜옥 박효원 배경옥 백노현 백은영 변흥섭 서국모 서봉석 서영석 서정표 서주원 서창석 서청원 석은진 선미순 성치원 손민정 손현숙 송상용 송원호 송은정 송형록 신나경 신동규 신미숙 신영수 신응수 신종출 신태복 안순철 안영준 안철환 양덕기 양성용 양인자 양태건 양휘웅 염정삼 오미환 오민하 오성열 오영록 오영복 오은미 오인섭 오항녕 용남곤 우창수 유미영 유영준 유종숙 유지원 윤남철 윤명숙 윤석진 윤신숙 윤영실 윤은경 윤정호 이건호 이경근 이경제 이경화 이관옥 이광근 이국희 이근영 이기웅 이기희 이남숙 이동규 이동호 이득수 이명정 이범주 이봉규 이상근 이선이 이성옥 이세훈 이순례 이순영 이승무 이영진 이우성 이원종 이윤실 이윤재 이인재 이재민 이재용 이정란 이정언 이종기 이주희 이진영 이진희 이천근 이 철 이태영 이태인 이태희 이현식 이현일 이형배 이형운 이혜란 이효지 이희원 임각수 임상채 임승윤 임윤희 임재춘 임종태 임종훈 자원스님 장상무 장영희 장우석 장은희 전명배 전영창 전종욱 전지영 전치형 전푸르나 정갑환 정경숙 정 극 정금자 정명섭 정명숙 정상현 정성섭 정소성 정여울 정연순 정연재 정영미 정영숙 정외숙 정용수 정우일 정정희 정종모 정지섭 정진성 정창섭 정태경 정태윤 정혜경 정혜진 조규식 조문경 조민제 조성연 조숙희 조은미

조은필 조재현 조주연 조창록 조헌철 조희부 주석원 주호스님 지현숙 진묘스님 진병춘
진선미 진성환 진인옥 진중현 차영익 차재숙 차흥복 채성희 천재박 최경수 최경식
최광현 최미옥 최미화 최범채 최상욱 최성희 최승복 최연우 최영자 최용범 최윤경
최정숙 최정원 최정희 최진욱 최필수 최희령 탁준영 태경스님 태의경 하영휘 하재숙
한문덕 한승문 함은화 허문경 허영일 허 탁 현승용 홍미숙 홍수표 황경미 황재운
황재호 황정주 황창연 그 외 이름을 밝히지 않은 후원자분